Os Pensadores da Grécia
Tomo I

Dados Internacionais de Catalogação na Publicação (CIP)
(Câmara Brasileira do Livro, SP, Brasil)

Gomperz, Theodor, 1832-1912.
  Os pensadores da Grécia : história da filosofia antiga / Theodor Gomperz ; tradução de José Ignacio Coelho Mendes Neto. -- 1. ed. -- São Paulo : Ícone, 2011. -- (Coleção fundamentos da filosofia)

  Título original: Les penseurs de la Grèce.
  Conteúdo: Tomo I. Filosofia pré-socrática.
  ISBN 978-85-274-1164-6

  1. Filosofia antiga 2. Pré-socráticos I. Título. II. Série.

10-13805   CDD-182

Índices para catálogo sistemático:

1. Pré-socráticos : Filosofia antiga   182

THEODOR GOMPERZ

Os Pensadores da Grécia
História da Filosofia Antiga

— Tomo I —
Filosofia Pré-Socrática

Coleção Fundamentos da Filosofia

Tradução de José Ignacio Coelho Mendes Neto

1ª Edição
Brasil – 2011

© Copyright da tradução – 2011
Ícone Editora Ltda.

Título Original*
Les penseurs de la Grèce, de Theodor Gomperz (1832-1912).

* Tradução do francês a partir da 3ª edição da Payot (1928) da tradução de Auguste Reymond, premiada pela Academia Francesa, feita a partir da 4ª edição alemã (*Griechische Denker*).

Conselho Editorial
Cláudio Gastão Junqueira de Castro
Diamantino Fernandes Trindade
Dorival Bonora Jr.
José Luiz Del Roio
Marcio Pugliesi
Marcos Del Roio
Neusa Dal Ri
Tereza Isenburg
Ursulino dos Santos Isidoro
Vinícius Cavalari

Tradução
José Ignacio Coelho Mendes Neto

Revisão
Juliana Biggi

Projeto gráfico, capa e diagramação
Richard Veiga

Proibida a reprodução total ou parcial desta obra, de qualquer forma ou meio eletrônico, mecânico, inclusive através de processos xerográficos, sem permissão expressa do editor. (Lei nº 9.610/98)

Todos os direitos reservados pela
ÍCONE EDITORA LTDA.
Rua Anhanguera, 56 – Barra Funda
CEP: 01135-000 – São Paulo/SP
Fone/Fax.: (11) 3392-7771
www.iconeeditora.com.br
iconevendas@iconeeditora.com.br

À MEMÓRIA
DE MINHA MÃE
19 de dezembro de 1792 – 30 de abril de 1881
DEDICO ESTE VOLUME

Th. G.

Índice

Prefácio do autor 9
Prefácio à 4ª edição 11

Livro Primeiro
Os Primórdios 13
    Introdução 15
    Capítulo   I   Os Filósofos Naturalistas da Jônia 47
    Capítulo   II   Cosmogonias Órficas 81
    Capítulo   III   Pitágoras e seus Discípulos 97
    Capítulo   IV   Desenvolvimento das Doutrinas Pitagóricas . . 109
    Capítulo   V   A Doutrina Órfico-Pitagórica da Alma 119

Livro Segundo
Da Metafísica à Ciência Positiva 143
    Capítulo   I   Xenófanes 145
    Capítulo   II   Parmênides 155
    Capítulo   III   Os Discípulos de Parmênides 171
    Capítulo   IV   Anaxágoras 189
    Capítulo   V   Empédocles 205
    Capítulo   VI   Os Historiadores 229

Livro Terceiro
A Época das Luzes 243
    Capítulo   I   Os Médicos. 245
    Capítulo   II   Os Atomistas 277
    Capítulo   III   Os Epígonos da Filosofia da Natureza. 319
    Capítulo   IV   Os Primórdios da Ciência do Espírito. 329
    Capítulo   V   Os Sofistas 355
    Capítulo   VI   Protágoras de Abdera 379
    Capítulo   VII   Górgias de Leontinos 409
    Capítulo   VIII   O Desenvolvimento da Ciência Histórica. . . . 425

Prefácio do autor

Durante muitos anos, trabalhei com zelo para incrementar o material que serve de base à história do pensamento grego e para sondar os problemas que essa história levanta. Empreendo hoje a composição de um novo quadro geral desse grande tema. Esta obra, que compreenderá três volumes e na qual eu resumo a atividade de minha vida inteira, será, assim espero, acessível ao círculo estendido das pessoas cultas. O ponto de vista que adotei não é o de nenhuma escola e não tem nada de excludente. Esforcei-me para considerar sem parcialidade as diversas tendências do pensamento antigo, cada uma das quais contribuiu com seu quinhão para erguer o edifício da cultura intelectual moderna, e para prestar a todas elas uma justiça igual e imparcial. Minha exposição ater-se-á antes de mais nada ao desenvolvimento histórico do pensamento, e só assumirá um caráter subjetivo quando for necessário salientar os pontos essenciais, distinguir tão nitidamente quanto for preciso o que é duradouro e importante do que é apenas indiferente e passageiro. Da história da religião, da literatura e das ciências especiais, inserirei na minha obra as partes necessárias à compreensão do movimento especulativo, de suas causas e efeitos. Os limites que separam esses campos parecem-me inteiramente fluidos. O ideal que tenho em mente só poderia ser realizado completamente numa obra que abarcasse e esgotasse a história da vida intelectual e moral da Antiguidade na sua totalidade. Se algum dia uma empreitada tão vasta for concebida e dignamente executada, considerarei que o presente ensaio, infinitamente mais modesto, se tornou ultrapassado e datado.

No meu plano primitivo, o segundo volume devia compreender, como este, três livros: *Sócrates e os socráticos, Platão e a Academia, Aristóteles e seus sucessores*. O terceiro volume estava reservado ao antigo Pórtico, ao jardim de Epicuro, às escolas místicas, céticas e sincréticas. Os desenvolvimentos que julguei dever dar ao meu estudo sobre Platão, cujas razões indico no lugar apropriado, não me permitiram abordar a história do Liceu no segundo volume. Para não conferir uma extensão exagerada à obra, fui também obrigado a reduzir ao estrito necessário a indicação das fontes e de só remeter aos trabalhos modernos nas passagens em que minha exposição menos se afasta deles – e nas quais eu tinha a obrigação de reconhecer minha dependência com relação aos meus predecessores – e naquelas em que ela mais se afasta deles – e nas quais eu tinha o dever de dizer por que eu não podia me ater às opiniões tradicionais.

A segunda edição não difere sensivelmente da primeira. Alguns pequenos erros foram retificados; duas ou três asserções que reconheci serem insustentáveis foram suprimidas; uma quantidade bastante grande de adjunções foi feita às notas. Trata-se essencialmente de material novo divulgado há pouco tempo; assim, por exemplo, as coleções de fragmentos de Heráclito, de Ferécides e de Demócrito enriqueceram-se muito recentemente com descobertas das quais algumas são muito importantes. A terceira edição está mais ou menos para a segunda como a segunda estava para a primeira. Mas há uma diferença. Desta vez, tive a oportunidade de fazer mais retificações e melhoramentos; em contrapartida, os trabalhos dos últimos anos pouco enriqueceram o material das fontes e deram ensejo a poucas adjunções. Quanto às polêmicas, o autor evitou-as tanto quanto possível, embora não lhe tenha faltado a vontade de entregar-se a elas.

Para terminar, permito-me, não para paliar mas para desculpar as imperfeições desta obra, apropriar-me da frase que um dia Gustave Flaubert dirigiu a George Sand: "Faço continuamente tudo que posso para alargar meu cérebro e trabalho com a sinceridade do meu coração; o resto não depende de mim".

Viena, 1895-1902-1910.

Th. Gomperz

Prefácio à 4ª edição

Theodor Gomperz morreu em 29 de agosto de 1912 e, nas suas disposições de última vontade, encarregou-me de cuidar dos seus trabalhos literários e científicos.

Como uma nova edição dos *Pensadores da Grécia* se tornou necessária, penso atender plenamente os desejos frequentemente expressos por meu pai ao realizar somente as modificações com as quais creio estar seguro que ele mesmo teria concordado.

Por conseguinte, antes de mais nada introduzi no texto da obra as modificações que ele mesmo havia anotado no seu exemplar de trabalho. Depois corrigi algumas inadvertências evidentes, tornei mais claras algumas passagens que podiam dar margem a equívocos e suprimi aqui ou ali algumas observações que não me pareciam baseadas em nenhum testemunho antigo.

Orientei-me pelos mesmos princípios no que diz respeito à revisão das notas. (A nota 1 da página 430 e a nota 2 da página 333[1] – esta última combate a opinião de Roscher acerca da data do escrito hipocrático *Sobre o número sete* – ainda foram desenvolvidas pelo próprio autor.) Além disso, esforcei-me para facilitar sua utilização indicando as referências até nos casos em que meu pai as havia dispensado. Verifiquei todas as citações

---

1 Da edição francesa.

dos escritores antigos e, em todos os lugares em que isso me pareceu necessário, remeti às últimas edições. Remeti, em particular, aos *Fragmente der Vorsokratiker* de Diels para todos os textos que foram publicados nessa importante obra[2]. Procedi da mesma maneira no que diz respeito às citações de escritores modernos, salvo nos casos em que isso teria exigido tempo e esforço demasiados. As adjunções às notas que provêm de mim foram assinaladas entre colchetes.

Não discuti intencionalmente as publicações recentes sobre os pensadores estudados neste volume, publicações que meu pai não conheceu ou que só vieram à luz após sua morte, mesmo quando elas traziam fatos novos tão importantes quanto o novo fragmento do livro de Antífon *Sobre a verdade*, que Diels estudou nos *Berliner Sitzungsberichte* de 1916, p. 931 ss., ou a nova interpretação dada por Karl Reinhardt ao *Caminho da Opinião* de Parmênides (*Parmenides und die Geschichte der griechischen Philosophie*, Bonn, 1916). De fato, não pretendo adivinhar qual teria sido a opinião de Th. Gomperz sobre esses pontos. Aqueles entre os leitores que quiserem ter uma ideia sumária dessas publicações ou informar-se rapidamente sobre o seu conteúdo poderão consultar as obras de Uberweg-Prächter e de Zeller-Nestle.

Viena, 8 de setembro de 1921.

H. Gomperz

---

[2] Indicada pela abreviação FVS.

Livro Primeiro

Os Primórdios

> *É a um pequeno povo [...] que foi dado criar o princípio do progresso. Esse povo foi o povo grego. Exceto as forças cegas da natureza, nada se move neste universo que não seja grego em sua origem.*
>
> **Sir Henri-Sumner Maine**
> (*The Rede-Lecture of May 22*, 1875, p. 38)

Introdução

I. País e habitantes. Importância das colônias.

II. Época da tirania. Transformações sociais. Novos gêneros literários.

III. Alargamento do horizonte. Oráculos e jogos nacionais. Empréstimo da escrita.

IV. Situação e destinos da Jônia.

V. Origem das ideias religiosas. Personificação da natureza. Espíritos e demônios. Almas das coisas, almas humanas. Sobrevivência da alma. Culto dos ancestrais. Tripla série de objetos de adoração.

VI. As divindades naturalistas da Grécia. Transformação dos deuses por antropomorfismo. Vitória do politeísmo. Crenças homéricas. Laicização das ideias religiosas. Raridade dos sacrifícios humanos.

VII. Sacrifícios em honra dos mortos. Culto pré-histórico das almas. Despreocupação jônica.

VIII. Explicação da natureza pelos mitos. Processo de personificação.

IX. Hesíodo de Ascra. Sua *Teogonia*. Conteúdo intelectual da *Teogonia*. O caos. Abstrações personificadas.

I

Todos os primórdios são obscuros porque são muito modestos ou muito pouco conspícuos. Escapam aos olhares ou se furtam à observação. Remontamos gradualmente às origens históricas, assim como o viajante segue passo a passo o rio até o ponto em que sua fonte brota à sombra da mata. E atravessamos essas etapas sucessivas com auxílio do raciocínio. Este é de duas espécies, conforme parte dos efeitos ou das causas. O primeiro se dedica a depreender da constatação e da natureza dos efeitos a existência e a natureza das causas. É indispensável, mas incorre em numerosos erros. Pois se cada causa, tomada em si mesma, produz sempre o mesmo efeito, a recíproca não é absolutamente verdadeira. O mesmo efeito não resulta invariavelmente da mesma causa; o fenômeno que foi chamado de "pluralidade das causas" desempenha um papel considerável na vida da natureza como na do espírito. O procedimento contrário garante uma certeza maior. Ele consiste em considerar as causas, os fatores importantes, conhecidos ou cognoscíveis, que devem ter influenciado os fenômenos a esclarecer e cuja medida de influência é a única coisa que pode dar margem a discussão. Para nós que nos propomos estudar os inícios da vida intelectual do povo grego na sua mais alta expressão, temos que examinar primeiro a situação e a natureza do país que ele habitava.

A Grécia é um país montanhoso cercado pelo mar. Os vales são pouco extensos, o solo relativamente ingrato. Essa reunião de circunstâncias já implica alguns dos traços fundamentais do desenvolvimento helênico. Em primeiro lugar, os germes de civilização que podiam ser dispersados por esse território haveriam certamente de durar, manter-se, ser objeto de múltiplos cuidados. O flagelo das invasões, que assola sem obstáculo um país plano e sem barreiras naturais, vem romper-se contra as montanhas como contra os muros de uma fortaleza. Cada rincão montanhoso é um meio propício para uma cultura particular, um teatro para essa vida individual fortemente acentuada que viria a ser tão proveitosa para a civilização variegada da Grécia quanto funesta para a concentração política de suas forças. Porém, à imobilidade particularista que se mostra a nós, por exemplo, numa região fechada como a Arcádia, o desenvolvimento prodigioso do litoral oferecia um contrapeso dos mais salutares. A superfície da Grécia é inferior à de Portugal, mas suas costas são mais extensas que as da Espanha. Uma outra circunstância ainda viria incrementar a variedade dos dons intelectuais da raça. As profissões e ofícios mais diversos tocavam-se num espaço dos mais restritos; famílias de marinheiros e de pastores, de caçadores e de cultivadores contraíam sem cessar alianças umas com as outras e legavam assim aos seus descendentes aptidões e talentos que se completavam do modo mais feliz. Mas "a pobreza que, na Antiguidade, vigorava na Hélade"[3] revelou-se o presente mais salutar que uma boa fada poderia ter deixado no seu berço. Sob três

---

[3] Heródoto, VII 102.

pontos de vista ela favoreceu, no mais alto grau, o progresso intelectual: como incentivo, ela impeliu o desdobramento de todas as forças; ademais era uma proteção adicional contra a conquista: tal como já havia dado a entender o historiador mais profundo da Antiguidade[4], esse país relativamente pobre não deve ter atraído muito o interesse dos invasores; enfim e sobretudo, ela imprimiu um impulso vigoroso ao comércio, à navegação, à emigração e à fundação de colônias[5].

As baías hospitaleiras da metrópole grega abrem-se para o Leste; diante delas, ilhas e ilhotas semeadas em grande quantidade formam uma sucessão de escalas que conduzem aos antigos centros da cultura asiática. A Grécia olha para o lado do Oriente e do Sul e dá as costas ao Ocidente e ao Norte, cuja civilização sempre fora rudimentar. A esse favor da sorte veio acrescentar-se uma circunstância particularmente feliz. O povo fenício, que era politicamente impotente mas afeiçoado ao lucro e não temia, para obtê-lo, lançar-se em aventuras ao mar, parece ter recebido como missão especial servir de intermediário entre a jovem Hélade e os representantes de uma civilização remota. É através dele que foram trazidos aos helenos, da Babilônia e do Egito, os elementos do progresso intelectual sem que tivessem que pagá-los ao preço de sua independência. Como foi mais constante e mais regular o desenvolvimento do país graças a essa feliz circunstância! Que perda de energia nacional lhe foi poupada! É o que nos ensinaria, se isso fosse necessário, um olhar lançado sobre a história dos celtas e dos germanos, aos quais Roma trouxe uma cultura superior à sua, mas que ao mesmo tempo ela subjugou; ou sobre o triste destino dos povos selvagens que, nos dias de hoje, receberam da poderosa Europa os "benefícios" da civilização apenas para deplorá-los amargamente.

No entanto, são as colônias que exerceram a influência decisiva sobre a vida intelectual dos gregos. Foram fundadas em todas as épocas e sob todos os regimes políticos. No tempo dos reis, em que a guerra grassava sem trégua, viu-se com frequência populações estabelecidas há muito tempo serem obrigadas a ceder lugar a recém-chegados e procurar além-mar uma nova pátria. Sob o domínio aristocrático, que repousava inteiramente na união duradoura da propriedade fundiária e da nobreza de origem, era preciso amiúde enviar expedições ao estrangeiro e lá prover de uma nova terra o "fidalgo pobre", que sem isso teria fatalmente provocado desordens. Outros, vítimas das querelas incessantes dos partidos, emigravam por sua vez. Logo se tratou de garantir a um comércio marítimo cada vez mais estendido pontos de apoio sólidos, à indústria florescente o fornecimento de matérias primas, à população cada dia mais numerosa meios de obter víveres.

Recorria-se ao mesmo expediente na democracia para prover ao sustento dos indigentes e evitar os excedentes de população. Foi assim que se constituiu logo de

---

4   Tucídides, I 2.

5   Cf. Bursian, *Geographie von Griechenland*, I 5-8. Nissen, *Italische Landeskunde*, I 216: "Em nenhum lugar encontramos num espaço tão pequeno tamanha variedade de golfos, cabos, cadeias de montanhas, vales, planaltos, planícies e ilhas". G. Perrot, *Histoire de l'Art dans l'Antiquité*, VI 19 ss.

início esse imenso cinturão de colônias gregas que se estendia do país dos cossacos do Don até os oásis do Saara e da margem oriental do Mar Negro à costa da Espanha. Se foi chamada de Grande Grécia a Itália meridional colonizada pelos helenos, o conjunto desses assentamentos merece a denominação de "Grécia Maior". Só o número e a diversidade das colônias já haviam multiplicado a um alto grau as chances que podiam ter os germes de civilização de encontrar aqui ou lá um solo propício ao seu desenvolvimento. Mas essas chances eram aumentadas ainda mais pelo caráter desses assentamentos e pela maneira como eram fundados. Escolhia-se para isso os pontos litorâneos mais suscetíveis de prosperidade econômica. Então eram sobretudo rapazes, cheios de vigor e de coragem, que partiam para longe e que legavam aos seus numerosos descendentes suas aptidões excepcionais. Não são os menos inteligentes, aqueles que se apegam à tradição e vivem da rotina, que dão as costas à sua pátria sem uma necessidade absoluta. Aliás, essas emigrações eram feitas, via de regra, sob a direção de uma única cidade, mas misturava-se a elas com frequência um grande contingente de estrangeiros. Ao cruzamento de raças que se realizava dessa maneira acrescentava-se geralmente – já que os homens partiam em número muito maior que as mulheres – a mistura com sangue não helênico. Todas as colônias eram campos de testes nos quais as nacionalidades grega e não grega fundiam-se em proporções variáveis e nos quais as gerações oriundas dessa fusão punham à prova sua força de resistência e sua energia produtiva. O espírito dos emigrantes libertava-se facilmente das convenções locais e dos cegos preconceitos de raça; todo chauvinismo tornava-se estranho a ele.

O contato com as civilizações estrangeiras, mesmo quando estas não eram muito desenvolvidas, iria alargar consideravelmente o horizonte intelectual[6]. A energia nacional teve um crescimento veloz, o espírito nacional fortaleceu-se na luta que lhe impunham tarefas novas e difíceis. Ali o homem valia mais por si mesmo que por sua origem; ao mérito estava assegurada uma rica recompensa, mas a preguiça encontrava-se em ambiente hostil. A força da simples tradição, de uma rotina desprovida de sentido, esgotava-se rapidamente; de fato, tudo exigia a transformação, a renovação das condições econômicas, políticas e sociais. Foram muitas, sem dúvida, as colônias que sucumbiram aos ataques das populações do interior; em outras, o caráter dos colonos foi sufocado pela preponderância dos nativos. Porém, de modo geral, as relações devotamente mantidas com a cidade-mãe e com a pátria-mãe, e frequentemente avivadas pela chegada de novos emigrantes, permaneceram estreitas o bastante para conservar, para uns e outros, os benefícios de uma influência recíproca e fecunda. As colônias foram o grande campo de testes do espírito helênico; nelas ele pôs à prova suas aptidões na maior variedade de circunstâncias que é possível imaginar e pôde desenvolver os talentos que dormitavam nele. O desenvolvimento alegre da vida colonial durou séculos; na maioria dos campos, a antiga pátria foi

---

[6] Encontraremos outros detalhes sobre o alargamento do horizonte geográfico em H. Berger, *Geschichte der wissenschaftlichen Erdkunde*, I 16 ss. [2ª ed. I 41 ss.], e em Ed. Meyer, *Geschichte des alten Ägyptens*, 367.

ultrapassada por suas filhas de além-mar; quase todas as grandes novidades vieram delas, e chegou um tempo em que ali os enigmas do mundo e da vida humana iriam se impor aos espíritos e tornar-se, por muito tempo, objeto de suas meditações.

II

Um período da história grega apresenta a mais surpreendente analogia com o fim da nossa Idade Média. Com séculos de distância, causas semelhantes produziram efeitos semelhantes[7].

Às grandes viagens de descobrimento que marcam o início da história moderna corresponde, entre os gregos, um extraordinário alargamento do horizonte geográfico[8]. O longínquo Ocidente e o longínquo Oriente do mundo então conhecido perdem seus contornos nebulosos; as lendas correntes sobre esses países dão lugar a conhecimentos seguros e precisos. Pouco depois do ano 800, a costa oriental do Ponto Euxino é colonizada por Mileto (Sínope é fundada em 785, Trebizonda uma geração mais tarde); no início da segunda metade do século, a Eubeia e Corinto fundam os primeiros assentamentos gregos na Sicília (Siracusa, 734); antes do final desse século, a ambiciosa Mileto tinha se instalado solidamente no delta do Nilo. Esse ardor de expatriação prova três coisas. Primeiro um crescimento rápido da população na pátria-mãe e nas colônias mais antigas; em seguida, um desenvolvimento notável da atividade industrial e comercial; enfim, progressos sensíveis na arte de construir navios e nos ramos técnicos ligados a ela. De fato, as frotas mercantes são escoltadas por frotas de guerra; constroem-se embarcações com borda-falsa elevada, aptas a enfrentar as tempestades e os combates e guarnecidas de três fileiras de remadores (os sâmios constroem a primeira galera em 703); batalhas navais são travadas em 664; seja do ponto de vista das relações pacíficas, seja do ponto de vista das empreitadas hostis, o mar assume o mais alto significado para a vida dos gregos. Ao mesmo tempo, um instrumento de importância capital para o comércio é criado: o dinheiro amoedado. Os caldeirões e tripés de cobre[9] deixam de ser os instrumentos de compra e venda, assim como os bois que eram usados para esse fim nas épocas remotas. O metal nobre suplanta esses auxiliares grosseiros e incômodos. Há muito tempo, o ouro e a prata haviam sido trazidos aos mercados pelos babilônios e egípcios na forma de lingotes e anéis; o primeiro desses povos com

---

[7] B. Erdmannsdörffer expõe pontos de vista análogos aos nossos em *Das Zeitalter der Novelle in Hellas* (*Preussische Jahrbucher* 1869).

[8] Heródoto (III 26) fala de sâmios instalados no deserto da Líbia.

[9] Quanto aos caldeirões e tripés, cf. *Ilíada*, IX 264 ss.; *Odisseia*, XIII 13 ss. e 217. Esses objetos servem, nas leis cretenses, de unidades de valor (Comparetti, *Museo italiano*, III, passim) e enfim como efígies acessórias nas moedas cretenses. Se, como quer Svoronos (*Bulletin de correspondance hellénique*, XII 405), são essas moedas que já são mencionadas nas leis cretenses, as passagens de Homero constituem, por si sós, testemunho suficiente. Sobre as barras e anéis egípcios, que serviam mais de medida de valor que de moeda de troca, cf. Ed. Meyer, *Kleine Schriften*, 86.

certeza, o segundo talvez, já imprimia neles um sinal oficial que garantia seu peso e seu título. Dali em diante, o meio de troca mais prático, porque é ao mesmo tempo o mais precioso e o mais durável, recebe sua forma mais cômoda: como moeda cunhada, ele circula de mão em mão. Essa importante invenção, que os jônios da Fócida tinham tomado emprestada dos lídios por volta de 700, facilita e desenvolve o comércio numa medida não menor do que o faz, perto do fim da Idade Média, a introdução da letra de câmbio pelos negociantes judeus e lombardos.

Uma mudança de alcance igualmente largo ocorre na arte militar. Ao lado da cavalaria, que, nos países pobres em forragem e em grãos, sempre constituiu uma prerrogativa dos ricos proprietários, formam-se os corpos de hoplitas; a infantaria pesadamente armada, incomparavelmente mais numerosa que os cavaleiros, desempenha um papel cada vez mais decisivo. É um fato de mesma natureza e tão prenhe de consequências quanto aquele que valeu aos camponeses suíços a vitória sobre os cavaleiros borguinhões e austríacos. Novas camadas sociais acederam ao bem-estar e à cultura e tomaram consciência da sua dignidade e do seu valor. Uma vigorosa burguesia exerce suas jovens forças e suporta cada vez com mais impaciência o jugo dos nobres senhores. Os direitos políticos estão de um lado e o poder real do outro, e essa contradição carrega no seu seio, aqui como alhures, a guerra civil. A luta de classes se desencadeia, levanta os camponeses duramente oprimidos, frequentemente caídos em servidão, e faz nascer dinastias de tiranos que, ao surgir das ruínas da sociedade desagregada, rompem ou eludem as instituições existentes e fundam um regime quase sempre temporário, mas que não deixa de acarretar graves consequências. Os ortagóridos, os cipselídeos, os pisistrátidas, Polícrates e muitos outros podem ser comparados aos príncipes italianos do fim da Idade Média, aos Médici, aos Sforza, aos Visconti, assim como as lutas partidárias dessa época oferecem um antegosto das querelas das corporações e das famílias. A origem das casas principescas que haviam acedido recentemente ao poder era obscura e sua legitimidade duvidosa. Por isso elas procuravam ilustrar-se por meio de empreitadas guerreiras, de alianças com soberanos estrangeiros, de grandes obras de utilidade pública, da construção de edifícios magníficos, de oferendas aos deuses; para realçar seu brilho, concediam sua proteção aos santuários nacionais e seus favores aos escritores e artistas. Mas o efeito mais duradouro desse intermédio histórico deve ser procurado em outro lugar; a Grécia deve-lhe o apaziguamento dos ódios de classe e a derrocada do domínio dos nobres sem que, através disso, a existência das comunidades fosse colocada em risco; graças a ele as antigas constituições, logo restabelecidas, foram preenchidas por um conteúdo novo e mais rico. A "tirania" é a ponte que levou à democracia moderada e desta à democracia absoluta.

Nesse ínterim, o rio da cultura intelectual corria num leito ao mesmo tempo mais largo e mais profundo. Os cânticos heroicos que, durante séculos, haviam ressoado nas cortes jônicas ou nas salas dos castelos, acompanhados pela lira, deixam pouco a pouco de ser ouvidos. Surgem novos gêneros poéticos, vários dos quais não permitem mais ao poeta esconder-se por trás de sua obra. A poesia subjetiva começa. E como poderia ser de outra forma? Não cresceu consideravelmente o número daqueles cuja vida não decorre mais na rotina dos hábitos herdados? As vicissitudes da vida política e a insegurança que dela resulta para a vida econômica dão ao destino do indivíduo uma maior diversidade, ao seu caráter uma marca mais acentuada; elas desenvolvem seu espírito de iniciativa e aumentam sua confiança em si mesmo. Eis que ele fala aos seus concidadãos ou aos membros do seu partido para exortá-los ou invectivá-los, aconselhá-los ou criticá-los; nos seus discursos apaixonados, ele dá livre curso a suas esperanças ou desilusões, a suas alegrias ou tristezas, a suas cóleras e seus desprezos. Agora que ele está frequentemente entregue a si mesmo, que só pode contar com suas próprias forças, seus sentimentos pessoais parecem-lhe dignos de serem revelados ao público. Ele desafoga diante dos seus concidadãos seu coração repleto; ele invoca seu julgamento sobre seus casos de amor e a respeito de suas contestações jurídicas; ele pede-lhes sua simpatia para as mortificações de que foi objeto, para os sucessos que obteve, ou ainda para os deleites que encontrou no seu caminho. Os próprios temas dos antigos gêneros são animados por um espírito novo. As lendas dos deuses e dos heróis são tratadas pelos mestres líricos de modo variado e amiúde contraditório[10]. Os poetas didáticos procuram ordenar e conciliar os elementos mais diversos; transformações múltiplas ocorrem em detrimento da tradição; as façanhas e o caráter dos heróis e das heroínas são objeto de apreciações novas; o favor ou o desfavor incidem sobre alguns deles sem levar em conta os julgamentos consagrados pelo tempo. Por outro lado, personalidades poderosas, conscientes de si mesmas, destacam-se em número cada vez maior do fundo uniforme da multidão. Com o hábito de querer e sentir ao seu modo, o indivíduo adquire o de pensar por e para si mesmo, e exerce esse pensamento sobre um número crescente de assuntos.

III

O grego sempre havia lançado sobre o mundo exterior olhares treinados. Tudo que se apresenta aos sentidos é retratado fielmente nos poemas homéricos, e esse é até um dos seus principais encantos. E agora ele não se contenta mais em ilustrar com palavras e sons as formas e os movimentos; ele se esforça para imitá-los com uma mão cada vez mais hábil. Os povos que o precederam na civilização, e em especial os egípcios, que eram dotados do senso da forma e naturalmente inclinados à alegria e à malícia, foram nisso seus mestres por excelência[11]. Mas a observação dos costumes

---

[10] Pense-se em Estesícoro e na maneira particular como ele tratou o mito de Helena; cf. O. Muller, *Geschichte der griechischen Literatur*, 2ª ed., I 363 ss. [4ª ed., I 337 ss.].

[11] Sobre as influências asiáticas e egípcias sobre o que se convencionou chamar de arte micênica, cf. Schuchhardt, *Schliemanns Ausgrabungen*, Leipzig, 1890, p. 358, e Reisch, *Die mykenische Frage* nas *Verhandlungen der 42. Versammlung deutscher Philologen*, 104. Enquanto o estilo micênico continuou a desenvolver-se em outros lugares, sobretudo na Ática e nas ilhas, seu desenvolvimento deteve-se

dos homens sempre se enriquece de elementos novos. Com a facilidade das viagens multiplicam-se também as oportunidades de viajar. Não é somente o mercador em busca incessante por mais lucros que contribui para tornar conhecido o mundo e a humanidade, é o assassino obrigado a fugir de sua pátria, é o partidário vencido na guerra civil e expulso do seu lar, é o colono inconstante, sempre pronto a mudar de domicílio, é o aventureiro cuja lança está a serviço de quem oferece mais, que come hoje o pão do rei assírio e amanhã regará com cerveja egípcia sua garganta ressecada, que se sente em casa tanto nas areias da Núbia quanto nas margens férteis do Eufrates[12]. O que os indivíduos viram ou aprenderam, o que comunicaram aos seus compatriotas, tudo isso vem misturar-se como em grandes tanques nos pontos em que os membros de todas as tribos e de todas as cidades encontram-se com frequência ou são levados a comparecer a intervalos regulares. Desses encontros, os primeiros eram provocados sobretudo pelo oráculo de Delfos e os segundos pelas festas periódicas, entre as quais os jogos olímpicos ocupavam o lugar mais importante. No sopé dos paredões de rocha escarpados que dominavam o santuário de Apolo Pítico, cidadãos e representantes de todos os estados da metrópole e das colônias encontravam-se continuamente, e ao lado deles apareciam com frequência, pelo menos depois da metade do século sete, enviados de soberanos estrangeiros. Iam todos para interrogar o deus; a resposta, na realidade, era-lhes fornecida sobretudo pelas experiências dos seus antepassados, acumuladas de longa data e prudentemente decantadas pelas mãos dos sacerdotes. Aliás, eram muito poucos os que deixavam o romântico desfiladeiro da montanha sem ter retirado de suas relações pessoais com seus companheiros de estrada sugestões e ensinamentos. A força atrativa dos jogos esplêndidos que eram celebrados no largo vale do Alfeu crescia de uma geração para outra; o programa das festas enriquecia-se continuamente com novos concursos; a afluência dos visitantes, que, de início, vinham somente das regiões circundantes, estendia-se – como mostram os nomes dos vencedores conhecidos a partir do ano 776 – a círculos cada vez mais amplos do mundo helênico. À troca das notícias do momento veio acrescentar-se a observação recíproca dos indivíduos e a discussão das instituições existentes, dos usos, dos costumes, das crenças, tão diferentes umas das outras nos numerosos rincões desse país tão fragmentado. À comparação sucedeu a apreciação; começou-se a refletir sobre os motivos da diversidade, perguntou-se o que era duradouro na mudança, e chegou-se a procurar regras gerais de conduta e de crença. É assim que uma observação aguçada e fecundada levou à comparação, e esta à

---

no Peloponeso, quase certamente em decorrência da conquista dórica. A influência do Egito sobre os primórdios da estatuária grega é reconhecida por, entre outros, Collignon, *Histoire de la sculpture grecque*, I 119, e Lechat, *Bulletin de correspondance hellénique*, XIV 148 ss.

[12] Mercenários gregos gravaram seus nomes nos pés de um colosso em Abu Simbel, na Núbia (*Inscriptiones graecae antiquissimae*, ed. Roehl, Berlim, 1882, p. 127 ss. [nº 482 Gow, *Minerva*, p. 3]. Psamético I e Psamético II empregaram bandos desses mercenários, cujo efetivo chegava a vários milhares de homens. Cf. E. Meyer, *Geschichte des alten Ägyptens*, 360 ss. Alceu, citado por Estrabão (13, 2,3 p. 617), diz que Antimênides, seu irmão, viveu na Babilônia como mercenário.

crítica e ao exame aprofundado. No decurso do tempo, mais de um rio imponente veio alimentar-se nessa fonte; é dela, em especial, que brotaram a poesia gnômica, a descrição dos diversos tipos e caracteres humanos e as palavras de sabedoria que cidadãos com espírito profundo, chefes de Estado com experiência do mundo, espalharam em grande quantidade em torno de si.

Esses novos elementos de civilização encontram um meio rápido de difusão na escrita. Sem dúvida, esta já era familiar aos gregos há muito tempo. Poderiam as relações estreitas com os fenícios, descritas nos poemas homéricos, ocorrer sem que o cliente grego, atento como era, percebesse que o mercador cananeu traçava sinais nas suas tabuletas, e sem que ele tomasse emprestado esse meio maravilhoso de conservar e comunicar seu pensamento? Mesmo antes disso, uma parte pelo menos dos gregos devia ter domínio da escrita. Afinal, a escrita silábica que acaba de ser descoberta nos monumentos cipriotas é ao mesmo tempo pesada e canhestra; supor que ela se seguiu à adoção, na Grécia, da escrita alfabética dos semitas seria admitir que o machado poderia servir de arma depois da invenção do fuzil. Mas um certo tempo deve ter se passado antes que se dispusesse para escrever de uma matéria ao mesmo tempo prática e fácil de encontrar. O desenvolvimento do comércio com o Egito no reinado de Psamético I (pouco depois de 660) veio preencher essa lacuna. O miolo do papiro, estendido em folhas finas e flexíveis, forneceu um produto cuja excelência não podia ser ultrapassada. Desde então, as folhas, cobertas de signos, circulam de cidade em cidade, de país em país e de século em século; o curso dos pensamentos acelera-se, os temas de troca intelectual multiplicam-se, a conservação dos conhecimentos fica mais garantida. A invenção da imprensa, no início da época moderna, não traria uma mudança muito mais considerável. A recitação dos poemas acorrentava os ouvidos, arrebatava o coração do ouvinte, mas só deixava nele uma impressão passageira; começa-se pouco a pouco a apreciá-los através da leitura; no silêncio da solidão, livre de qualquer influência, o leitor aprecia com cuidado, compara à vontade, examina com desconfiança. Logo, enfim, a transmissão literal iria se libertar do último entrave que ainda pesava sobre ela: o da forma poética; os primórdios da composição em prosa aproximam-se.

IV

A costa ocidental da Ásia Menor foi o berço da cultura grega, e particularmente o centro dessa costa e as ilhas adjacentes. Nesse ponto, a natureza espalhou seus dons a mancheias, e aqueles que se beneficiaram estavam ligados à raça jônica, a melhor dotada das raças helênicas sob todos os aspectos[13]. A origem dos jônios permanece obscura.

---

13   O clima da Jônia é descrito por Heródoto, I 142. O estudioso cuja opinião aceito aqui sobre a origem dos jônios é Kretschmer (*Glotta*, I 11 ss. e em particular p. 13). Não tenho condições de decidir até que ponto a modificação trazida por Thumb (*Handbuch der griechischen Dialekte*, 305) tem fundamento.

A mais antiga população grega da metrópole, no dizer dos melhores conhecedores da matéria, era do mesmo sangue que os jônios; os aqueus já representam uma segunda camada que recobriu a camada jônica e foi recoberta, por sua vez, pela camada dórica. O grupo jônico já tinha se disseminado pelas ilhas do lado do Oriente antes da irrupção dos aqueus e havia aportado na Ásia, onde havia encontrado uma nova pátria. Por serem navegadores ousados, em relações incessantes com os povos do interior do continente, eles receberam no mais alto grau a influência fecunda exercida pelo contato com nações estrangeiras mais avançadas[14]. Ao misturar seu sangue com o de outras raças vigorosas, como os cários e os fenícios, sem dúvida nenhuma eles incrementaram e desenvolveram poderosamente as qualidades favoráveis do seu próprio gênio. De todos os gregos, nenhum povo estava menos sujeito do que eles a entorpecer-se no isolamento da vida provincial. Porém, é verdade que eles também eram privados da proteção garantida aos habitantes de um país pobre cercado de montanhas. A vizinhança de povos muito civilizados e politicamente unidos era para eles um incentivo de vida intelectual, mas era ao mesmo tempo um perigo grave para sua autonomia nacional. Depois das invasões devastadoras dos selvagens cimérios veio a conquista do país pelos lídios e pelos persas, que forçou uma parte do povo a expatriar-se e submeteu a outra ao jugo estrangeiro; a partir de então, esta última sofreria os efeitos enlanguescedores da moleza oriental e, de forma lenta mas inexorável, perderia seu vigor e sua virilidade. O resultado dessas influências contrárias, favoráveis ou desfavoráveis, foi um desenvolvimento intelectual maravilhosamente rápido mas relativamente curto. Felizmente, do fruto que caiu cedo demais soltaram-se as sementes; elas foram levadas para longe pelos emigrantes que fugiam da servidão e depositadas no solo fecundo da Ática, onde iriam criar fortes raízes. O produto desse desenvolvimento, que durou somente poucos séculos, foi extraordinário: encerramento da epopeia, eclosão dos gêneros poéticos mencionados acima, herdeiros do anterior, início da pesquisa científica e da reflexão filosófica. Às antigas perguntas que se faziam os homens – "O que é a humanidade?", "O que é Deus?", "O que é o mundo?" – foram dadas outras respostas que suplantaram pouco a pouco ou transformaram as que já haviam sido dadas até então pela crença religiosa.

V

A religião dos gregos é um vaso que nobres espíritos encheram com o mais puro conteúdo. Os deuses que ela adora foram idealizados pelos poetas e escultores, que fizeram deles a expressão mesma da beleza. Contudo, ela teve as mesmas raízes que,

---

[14] Sobre a multiplicidade de aptidões dos jônios e suas causas, cf. as excelentes observações de Grote, *Histoire de la Grèce*, 2ª ed., IV 239 ss., e sobre os efeitos benéficos da mistura de sangues ver Spenger, *Versuch einer Kritik von Hamdânis Beschreibung* etc., (p. 367 da separata do vol. 45 da *Zeitschrift der deutschen morgenländischen Gesellschaft*): "Podemos dizer que a civilização muçulmana, que temos o costume de chamar de civilização árabe, originou-se do cruzamento do sangue e do espírito árabe com o sangue e o espírito persa".

em outros lugares, produziram uma multidão inumerável de divindades, ora amáveis e salutares, ora odiosas e funestas[15].

Nossos pensamentos seguem uma via dupla. Eles obedecem à lei da semelhança e à da sucessão. As ideias similares, por um lado, e por outro aquelas das quais tomamos consciência simultaneamente ou num intervalo curto, despertam-se reciprocamente.

---

[15] O autor, que tratou as questões discutidas aqui num opúsculo publicado em Viena em 1866, *Traumdeutung und Zauberei* [*Essays und Erinnerungen*, 72 ss.], continua atendo-se ao ponto de vista formulado por David Hume na sua *História natural da religião*: "There is an universal tendency among mankind to conceive all beings like themselves, and to transfer to every object those qualities with which they are familiarly acquainted and of which they are intimately conscious" [*The natural history of religion*, seção 3, em *Essays*, ed. Green e Grose, II 317]. A ciência da religião sofre gravemente no momento presente da falta de uma terminologia fixa. O importante termo "animismo" é empregado ora num sentido restrito, ora num sentido amplo pelo estudioso eminente que o introduziu na ciência e cujas obras capitais utilizamos abundantemente; ver sua própria declaração (Tylor, *Civilisation primitive*, I 493). A situação é ainda mais lamentável no que tange ao termo "fetichismo", aplicado ora à adoração de grandes objetos naturais, ora à de espécies inteiras de objetos inanimados, ou ainda à de objetos individuais insignificantes, como por exemplo uma pedra de formato curioso, uma concha de cor estranha etc. Nesse caso, a ambiguidade do termo prejudicou seriamente o progresso da ciência. A reação muito justificada contra a teoria que fazia da adoração dos fetiches da última categoria a mais antiga de todas as formas religiosas, a nosso ver, ultrapassou demasiadamente a meta; em Herbert Spencer, em especial, ela levou a uma depreciação exagerada do fetichismo em geral. A ideia correta de que os objetos de adoração aos quais se deu o nome de fetiches são, em muitos casos, apenas criações religiosas *secundárias*, de que frequentemente se adora neles somente a morada (permanente ou temporária) de um espírito ou uma divindade, foi generalizada e formulada neste princípio: "that fetishism is a sequence of the ghost-theory" (H. Spencer, *Principles of Sociology*, I 345). Cremo-nos autorizados a empregar o termo no seu significado tradicional, embora ele seja contrário à etimologia (a respeito da qual remetemos a Réville, *Prolégomènes de l'histoire des religions*, 3ª ed., 130), e declaramos não estar de modo algum persuadidos pela tentativa do grande pensador inglês de reduzir toda adoração da natureza à adoração de espíritos, e sobretudo dos espíritos dos ancestrais.

O que torna muito plausível a teoria de que toda religião é na origem um culto dos ancestrais ou dos espíritos também é sem dúvida a circunstância de que vemos nascer continuamente deuses dessa natureza (o que ainda ocorre na Índia; cf. Grant Allen, *The evolution of the idea of God*, 32, e Lyall, *Asiatic Studies*, 2ª ed., 1-54). Os grandes objetos naturais estão, por assim dizer, esgotados há muito tempo, e os principais interesses atinentes à vida dos homens já são representados por divindades que remontam a tradições antigas. No entanto, todos os deuses *geralmente* reconhecidos têm uma certa tendência a perder sua credibilidade. Sente-se o desejo de divindades especiais sempre novas que um laço mais estreito deve ligar aos seus adoradores. É precisamente por isso que uma parte do desenvolvimento religioso que ocorre sob os nossos olhos é essencialmente um culto das almas.

A exposição fornecida no texto da origem da religião abarca *todos* os fatores que, a nosso ver, contribuem para isso, ainda que em tal ou tal caso dado eles não entrem em jogo. As pesquisas dos últimos anos apontaram aqui muito mais diferenças do que se conhecia anteriormente. Durante muito tempo, pôde-se duvidar da existência de povos absolutamente sem religião. Na sua obra *Die Weddas auf Ceylon* (Wiesbaden, 1892-3), P. e F. Sarrasin trouxeram a prova inegável de que eles existem. Karl von Steinen (*Unter den Naturvölkern Central Brasiliens*, Berlim, 1894) fez-nos conhecer populações que, por ocasião dos funerais, oferecem aos seus mortos rudimentos de sacrifícios: elas queimam os bens do defunto e aspergem com sangue seus ossos descarnados; mas o culto dos ancestrais e dos espíritos é-lhes tão estranho – pelo menos atualmente – quanto a adoração de objetos naturais. Esta última, segundo a informação que Oscar Baumann teve a gentileza de me fornecer, também falta às tribos africanas dos bantos, ou pelo menos só existe nelas na forma secundária indicada acima. Portanto, quando no texto falamos de homens primitivos é somente num sentido geral e isso só se aplica mediante a reserva expressa aqui.

A imagem de um amigo afastado de nós, por exemplo, não é a única que evoca sua lembrança à nossa alma; os lugares que ele costumava frequentar, as ferramentas que ele costumava utilizar produzem em nós o mesmo efeito. Da ação dessas leis, que chamamos ordinariamente de leis da associação de ideias, decorre imediata e inevitavelmente essa concepção dos fenômenos naturais que chamamos de personificação da natureza. Se o selvagem vê algo se mexer ou observa algum fato que, por seu caráter insólito ou por suas consequências, interessa-o deveras, seu espírito recebe uma impressão profunda; sua faculdade de associação é vivamente excitada e ele não pode deixar de considerar os fatos em tela como efeitos de uma atividade voluntária. Isso pelo simples motivo que sua experiência imediata, renovada a cada dia e a cada hora, sempre mostrou-lhe nos seus movimentos corporais e suas ações corriqueiras a manifestação de uma vontade. A associação que decorre dessa experiência interna é constantemente reforçada nele pela observação de outros seres vivos. Os fatos percebidos e o ato intencional foram associados com tanta frequência no nosso espírito que, ao surgir um dos dois termos dessa dualidade, sempre esperamos ver surgir o outro. Essa expectativa é contida pouco a pouco em limites mais estreitos por experiências diferentes e sobretudo pelo domínio conquistado lentamente sobre a natureza. Mas quando a força de encadeamento das ideias é alimentada por paixões vivas ou não é suficientemente combatida pela experiência específica contrária, ou quando a analogia de um fato não querido com um fato querido vem reforçá-la, essa expectativa rompe todos os obstáculos e reduz o próprio homem civilizado, pelo menos por um momento, ao nível do homem natural. Quanto a esse ponto, podemos estabelecer experimentalmente a verdade desse princípio de explicação. Sem dúvida, não somos mais inclinados como o selvagem a interpretar da maneira que acabamos de indicar um fato simplesmente inusitado e a considerar como ser vivo um mecanismo que desconhecemos, por exemplo um relógio ou uma arma de fogo. Não atribuímos mais de entrada à atividade de seres vivos o raio ou o trovão, as epidemias ou as erupções vulcânicas. Mas se uma sorte incrível nos favorece, se uma desgraça sem precedentes se abate repentinamente sobre nós e nos arrasa – sobretudo se as causas que podemos atribuir-lhe não parecem ter relação com o efeito produzido – ou mesmo se ocorre um evento sem importância por si só mas que parece escapar a todos os cálculos, como por exemplo um lance muito raro num jogo de azar, então o homem, mesmo dotado de cultura científica, não pode deixar – momentaneamente pelo menos – de pensar na manifestação de uma vontade. E, na maioria das vezes, ele não consegue ligar nenhuma ideia precisa ao poder que lhe parece agir e do qual ele crê sentir a intervenção. Fraquezas como essa não têm absolutamente nenhuma relação com a fé em Deus, pelo menos na forma que ela adotou atualmente entre os homens cultivados. Pois não somente atingem também o incrédulo, mas o próprio crente é totalmente incapaz de conciliar essas suspeitas que surgem às vezes nele para logo desvanecer-se diante das ideias que ele próprio formou ou que recebeu de outrem com relação à natureza e à atividade de um ser supremo soberano do universo. Podemos, portanto, nessa flor de superstição que eclode ocasionalmente em todos os peitos, ver a imagem enfraquecida da imensa floração que, outrora, deu origem a uma quantidade inumerável de mitos com mil formas e mil cores.

A esse primeiro passo na via de formação das religiões acrescenta-se insensivelmente um segundo. Uma vez que se admite que todo efeito decorre de uma atividade voluntária, logo se percebe que uma série de efeitos que se reproduzem amiúde estão ligados a um único e mesmo agente natural. Portanto, este é necessariamente visto como o autor vivo dos fenômenos observados e como que dotado de vontade. E como, nessa qualidade, imaginamo-lo agindo exatamente à maneira de um homem, atribuímo-lhe motivos e instintos humanos, paixões e intenções humanas. Observamo-lo com surpresa e admiração; amamo-lo ou tememo-lo, conforme suas manifestações sejam úteis ou nocivas, salutares ou funestas. E quando ele produz, como fazem, por exemplo, os grandes fenômenos naturais que influenciam a vida dos homens de modo duradouro, efeitos alternadamente bons ou maus, o homem se sente compelido a conquistar seu favor, angariar sua benevolência, transformar em disposições amigas aquelas suas disposições que poderiam ser hostis. Ele roga ao céu que envie à terra uma chuva fecundadora ao invés de uma tormenta devastadora; ao sol que lhe conceda um calor suave e revigorante e não ardores que calcinam; aos rios que não devastem o país onde ele mora, mas que carreguem com paciência sobre suas águas sua frágil embarcação. Ele procura aliciar os seres poderosos que dominam sua existência pelos mesmo meios que viu serem tão eficazes para conquistar seus mestres terrestres: por meio de preces, ações de graças, oferendas. Ele pede-lhes sua preciosa benevolência, agradece a eles os benefícios que lhe concedem, implora seu perdão se crê ter provocado sua ira. Enfim, ele reza e sacrifica, e isso segundo as formas que uma suposta experiência lhe demonstrou serem mais eficazes; ele possui um culto e uma religião.

A esses objetos de adoração que podemos chamar de fetiches naturais acrescentam-se logo multidões de espíritos e de demônios. São seres que não são nem absolutamente incorpóreos nem grosseiramente corpóreos. O homem primitivo, a quem todas as distinções sutis do pensamento científico são estranhas, chega a crer na sua existência por uma tripla série de considerações tiradas de constatações externas ou que ele crê externas, de fatos de consciência interna e enfim das observações oriundas da passagem da vida à morte, seja dos homens, seja dos animais.

O perfume de qualquer flor leva o homem natural a crer que existem coisas invisíveis e intangíveis que nem por isso são menos reais; o vento – cuja natureza material lhe é conhecida somente pela metade – dá-lhe o conhecimento de coisas que se sente mas que não se vê. Ele experimenta um sentimento de confusão e temor ao ver sombras que reproduzem os contornos dos objetos sem ter a menor consistência. Ele fica ainda mais espantado ao ver refletirem-se imagens coloridas no espelho das águas. Em ambos os casos, ele observa algo que lembra exatamente tal ou tal corpo, mas que ele tenta em vão agarrar ou mesmo tocar. Mas ele fica impressionado num grau ainda mais alto pelas imagens que vê em sonho. Ele crê percebê-las com todos os seus sentidos; elas se erguem diante dele em pessoa, e no entanto, ao despertar, ele encontra a porta de sua cabana tão bem fechada quanto ele a havia deixado ao adormecer. Diante dele mostravam-se – sem que ele pudesse duvidar – homens, animais, plantas, pedras, utensílios de toda sorte; ele os viu, ouviu, tocou, porém eles não entraram com toda sua realidade corpórea na sua cabana, frequentemente pequena demais para contê-los. Eram – esta é sua conclusão – seres comparáveis aos perfumes, aos ventos, às sombras, eram as almas das coisas[16]. É frequente que os fenômenos produzidos pelo sono exijam ainda uma outra explicação. No sonho, o homem não recebe sempre a visita de almas de pessoas ou de coisas estranhas; ele crê amiúde estar percorrendo vastos espaços e encontrar-se na presença de pessoas que habitam lugares distantes. Ele conclui que *algo* – dessa vez sua *própria alma* ou *uma de suas almas* (pois a crença na pluralidade de almas é tão concebível quanto disseminada) – deixou momentaneamente seu corpo. As mesmas experiências, com a mesma sequência de conclusões, são-lhe fornecidas pelos estados psíquicos que chamamos de alucinações e que, como os sonhos desagradáveis e os pesadelos, são frequentemente produzidos, no selvagem alimentado com irregularidade, pela excitação nervosa devida a um jejum prolongado ou à absorção rápida de comidas demasiado abundantes. Essas almas ou essências das coisas estão em ligação muito estreita com as próprias coisas; o que influencia uma também influencia a outra. Andar sobre a sombra de um homem ainda é considerado um mau presságio nas nossas crenças populares; se alguém se encontra à beira d'água e um crocodilo abocanha a sua imagem refletida, os nativos de uma tribo do Sul da África[17] dirão que ele se tornou senhor da sua pessoa; aquilo que fazem ou sofrem as imagens surgidas em sonho é da mais alta importância para o seu original vivo. Mas a alma adquire, na crença dos povos, um poder incomparavelmente maior, ela se torna verdadeiramente independente em decorrência de uma segunda série de considerações que não provêm do campo da sensibilidade, mas do dos fenômenos da vontade.

Enquanto a vida do homem primitivo decorre sem sobressaltos, na calma dos hábitos adquiridos, ele não se sente inclinado a refletir sobre o foco e a origem de seus desejos e vontades. Mas quando seu sangue entra em ebulição, quando a paixão o inflama e o faz tremer, ele sente palpitar seu coração e se dá conta que essa região do seu corpo é a sede de fenômenos peculiares; ele ressente a necessidade de explicá-los para si mesmo à luz de sua inteligência e das analogias de que dispõe. Quanto mais violento e mais repentino for o choque do qual ele toma consciência, menos ele poderá – dado

---

[16] Sobre as almas das coisas (object-souls), cf. Tylor, *Civilis. primitive*, I 555. O significado dos fenômenos do sonho para a crença nas almas e na imortalidade foi plenamente esclarecido por Tylor, Spencer e seus seguidores. Oscar Peschel, na sua *Völkerkunde* (Leipzig, 1875, p. 271), também reconhece completamente que essa teoria tem fundamento; Siebeck (*Geschichte der Psychologie*, I 6) combate-a com argumentos a nosso ver insuficientes, enquanto se exprime, na p. 9, de modo totalmente análogo ao nosso (p. 21) sobre as circunstâncias que acompanham a extinção da vida e o seu significado.

[17] "Os basutos [...] creem que, se um homem estiver passeando na beira de um rio, um crocodilo pode agarrar sua sombra na água e arrastá-lo para dentro dela", Tylor, *op. cit.*, I 499. Além disso, no que precede valemo-nos fortemente das indicações de Tylor.

o hábito que adquiriu de ligar todo efeito especial a um ser especial – defender-se da impressão de que um ser habita e agita-se no seu seio. Portanto, quando ele se sente tomado de um impulso irresistível; quando, por exemplo, a raiva ruge no seu peito e lhe faz cometer algum assassinato horrível, talvez lamentado logo depois; quando, ao contrário, ele se sente a ponto de derramar sangue e um movimento súbito vem deter seu braço já erguido; então, nesses instantes, impõe-se a ele a crença imperiosa de que um ou mais seres vivem nele para incitá-lo à ação ou impedi-lo de agir.

Porém, a fonte mais fecunda da crença na alma encontra-se nas circunstâncias que acompanham a extinção da vida individual. Mais uma vez, são as mudanças bruscas e inesperadas que produzem a impressão mais profunda sobre o observador e abrem caminho às suas reflexões. Se a morte sempre se assemelhasse a um lento definhamento seguido de uma expiração final, se o defunto mudasse até se tornar irreconhecível, talvez as conclusões tiradas do aniquilamento da vida tivessem adotado um caráter totalmente diferente. Contudo, é frequente que o cadáver não apresente nenhuma alteração externa; o homem que logo antes estava de plena posse de suas forças tornou-se subitamente imóvel e silencioso. De onde veio essa grande, essa terrível metamorfose? É o que pensa aquele que a testemunhou. Aquele *algo*, imagina ele, que conferia ao defunto vida e movimento, deixou-o; na ausência das energias que, há pouco tempo, se podia constatar no falecido, ele vê uma partida no sentido próprio da palavra, um afastamento no espaço. E como o sopro quente, não menos misterioso na sua origem, que se exalava continuamente do corpo vivo extinguiu-se também, não é natural pensar que com ele secou a fonte dos fenômenos vitais? As mortes violentas, nas quais a vida parece deixar o corpo ao mesmo tempo em que o sangue escorre da ferida, despertam às vezes a ideia de que esse líquido vermelho representa a própria vida. Para muitos povos, é a imagem que se apaga na pupila do moribundo que é considerada a causa da vida. No entanto, via de regra, é ao sopro, à respiração, ao vapor quente que se depreende do interior do organismo vivo que esse papel é reservado, e a grande maioria das palavras que, nas mais diversas línguas, designam a *alma* e o *espírito* têm esse significado fundamental. A possibilidade de a alma se separar do corpo já era pressuposta nas duas interpretações paralelas dos fenômenos do sono; sua separação momentânea é considerada a causa do desfalecimento, da morte aparente, do êxtase; por outro lado, a entrada de uma alma estranha no corpo (possessão) parece explicar do modo mais satisfatório os estados doentios de toda sorte, delírios, convulsões etc. Porém, na morte, a separação dos dois elementos é julgada definitiva.

Nada dá a entender que a essência aeriforme que deixou o corpo pereça ao mesmo tempo que ele. Muito pelo contrário: a imagem do defunto querido apresenta-se sem cessar a nós; em outros termos, sua alma nos circunda. E como poderia ser de outra forma? Ela não deve ligar-se enquanto puder aos lugares familiares onde exercia suas ações, aos objetos de sua afeição e ternura? E se ainda restasse dúvida a esse respeito, ela seria logo dissipada pela aparição frequente da imagem querida ou temida, no silêncio da noite, nos sonhos dos sobreviventes.

Admitindo-se que as essências espirituais ou psíquicas sobrevivem à sua ligação com o corpo humano e sem dúvida com o corpo animal, chegava-se a dois resultados: criava-se uma nova série de objetos de adoração paralela aos fetiches e um modelo sobre o qual a imaginação iria formar uma multidão de seres novos, dos quais uns não permitiriam nenhuma apreensão pelos sentidos e os outros entrariam, temporariamente pelo menos, numa morada visível. O homem natural teve motivos e até motivos prementes para fundar esse culto e criar esses seres. Sua dependência das circunstâncias externas não é tão completa quanto se pode imaginar? O desejo de dissipar a escuridão que o cerca por todos os lados não é tão marcado quanto sua impotência em satisfazê-lo de maneira eficaz? Doença e saúde, carestia e abundância, sucesso e fracasso na caça, na pesca e na guerra, seguem-se e alternam-se sem cessar; por mais que o homem primitivo deseje conhecer e influenciar os fatores de sua prosperidade, é igualmente grande sua incapacidade de atingir esse duplo objetivo de maneira racional. O indivíduo ressente no mais alto grau a necessidade de saber, mas ao mesmo tempo o saber real é mínimo no conjunto dos indivíduos; o jogo da imaginação, estimulado de todos os lados, e que nada ou quase nada vem entravar, dedica-se a preencher essa enorme lacuna e emprega para isso uma força criadora que temos muita dificuldade em conceber hoje em dia. De fato, ao estender sobre o homem um teto protetor, a civilização ergueu uma muralha que o separa da natureza. Antes os objetos naturais de adoração multiplicavam-se ao infinito. A floresta e a pradaria, o arbusto e a fonte estão cheios deles. Contudo, com o tempo eles não bastam mais para as necessidades do homem primitivo, pois a ventura e a desgraça, o sucesso e o fracasso nem sempre estão ligados a objetos sensíveis. Qual dentre eles pode ser acusado se a caça, outrora tão abundante, subitamente tornou-se escassa; se o inimigo, vencido com frequência, um belo dia mostrou-se superior em forças; se a paralisia imobilizou os membros ou se a loucura obscureceu a consciência? Toda circunstância externa que dava momentaneamente uma direção ao pensamento confuso tornava-se para ele um guia infalível; entre dois fatos simultâneos ou que se seguiam de perto o laço causal parecia-lhe bem estabelecido; se, por exemplo, um animal até então desconhecido saía pela primeira vez de uma moita no momento em que estourava uma epidemia mortífera, ele era considerado como o autor do mal, e por conseguinte adorado e cumulado de oferendas[18]; em suma, o homem natural era tão ávido por conhecer os seres que trazem a bênção ou a ruína, sua necessidade de socorro e de salvação era tão grande que ele nunca se sentia satisfeito. É por isso que ele implorava a assistência daqueles que, na sua vida, já tinham se mostrado úteis defensores, os espíritos dos parentes defuntos, dos pais, dos ascendentes[19].

---

[18] "Os iacutos, tendo visto pela primeira vez um camelo no momento em que a varíola disseminava-se entre eles, declararam que esse animal era uma divindade hostil e que era ele que lhes havia trazido essa epidemia". Wuttke, *Geschichte des Heidentums*, I 72.

[19] Era preciso mencionar aqui não somente o desejo de ser socorrido pelo poder misterioso dos mortos, mas também e sobretudo o temor que ele inspira. Comparem a esse respeito a exposição (um pouco exagerada, é verdade) de Ihering, *Vorgeschichte der Indoeuropäer* (1894), p. 60.

O culto dos ancestrais é estabelecido, e ao lado dele a adoração de espíritos não confinados dentro de objetos naturais, mas ligados a certos trabalhos ou a certos fatos; acreditou-se em espíritos benfazejos ou funestos de toda espécie. Assim, encontramo-nos diante de três categorias de objetos de culto que se combinam de todas as maneiras, agindo uns sobre os outros e transformando-se uns nos outros.

Nada mais explicável do que ver a personalidade de um antepassado longínquo, aureolada pela lenda, a do criador de toda uma tribo ou de todo um povo, colocada em pé de igualdade com os fetiches naturais, e às vezes identificada com um deles, com o céu, por exemplo; assim como se viu ocorrer o inverso, quando uma nação ou uma família particularmente poderosa contemplava e honrava o céu ou o sol como seu criador. Por outro lado, esses objetos naturais ou até os produtos da arte atraem a atenção dos homens não pelos efeitos poderosos que visivelmente emanam deles, mas pela estranheza da sua forma ou da sua cor, ou pela relação fortuita que têm com um fato memorável: nada mais compreensível do que considerá-los como moradas dos espíritos dos ancestrais ou de quaisquer espíritos, honrá-los como tais e fazer deles fetiches secundários. Nada mais concebível, enfim, do que ver espíritos ou demônios que, na origem, não estão ligados a nenhum lugar determinado, serem confundidos às vezes, em decorrência de uma analogia de nome ou de propriedade, com algum fetiche natural, e finalmente serem amalgamados com ele de forma a unificar-se com ele. De fatos desse tipo, mais ou menos isolados, nunca se pode concluir que uma ou outra das três grandes categorias de objetos de culto, por exemplo a dos fetiches naturais ou a dos demônios livres, ou seja, sem morada fixa, era de início estranha às crenças de um povo e que ela só constitui um elemento tardio e derivado delas. Essa conclusão não seria menos absurda do que se, da adoração comprovada de animais como tais, ou se da deificação de homens, observada hoje ainda com muita frequência num povo civilizado, os hindus, se quisesse concluir que estas são as únicas ou pelo menos as principais fontes das concepções religiosas. Acompanhar com detalhes a marcha dessas transformações, querer isolar o núcleo de uma forma de culto separando-o das adjunções posteriores é uma empreitada sempre difícil e muita vezes até impossível. No entanto, não é menos certo que transformações desse tipo ocorreram e influenciaram do modo mais duradouro a marcha do desenvolvimento religioso. Porém, tendo chegado aqui convém determo-nos nessas considerações e voltar à trilha mais modesta da qual saímos por um instante.

VI

Os deuses helênicos reúnem-se no Olimpo em torno do trono de Zeus; escutam os cânticos de Apolo e das Musas, bebem o néctar em taças de ouro e envolvem-se tanto nas aventuras da guerra como nas do amor. Como se parecem pouco com os primeiros e grosseiros produtos do instinto religioso! Entre esses dois estágios de desenvolvimento abre-se um abismo que pode parecer quase intransponível. Mas ele só o é em aparência.

Quem considerar com atenção os fatos logo verá surgir tantos graus intermediários e termos de transição que terá dificuldade em dizer onde termina uma série de seres e onde começa outra, onde, em especial, termina o fetiche natural e onde começa o deus antropomórfico. Do deus soberano do Olimpo, de Zeus, a filologia comparada nos diz que, de início, ele não era outra coisa senão o Céu. É por isso que "Ele" chove, é por isso que "Ele" lança raios, é por isso que "Ele" ajunta as nuvens. A Terra ainda é em Homero ora a deusa "de busto amplo", ora a deusa "de caminhos largos"; mutável como o camaleão, ela oscila entre duas representações contraditórias. Um antigo teólogo-poeta[20] fez nascer da Terra altas montanhas e o Céu estrelado, para que este a circunde por todos os lados; a Terra, esposa do Céu, gera Oceano de profundos turbilhões; grávida de Oceano, Tétis gera os rios: ainda estamos inteiramente no domínio da simples adoração da natureza. Porém, em Homero[21], o rio Xanto "de bela corrente" inflama-se de cólera porque Aquiles encheu seu leito de cadáveres; ameaçado pelo fogo aceso por Hefesto, o ferreiro dos deuses, ele corre o risco de secar; então ele detém seu curso para escapar às chamas, e ao mesmo tempo pede a ajuda de Hera dos braços brancos, esposa do rei dos deuses, considerada absolutamente como uma mulher. Aqui apreendemos a transformação em curso: é como se tivéssemos ao mesmo tempo diante dos olhos duas espécies de criação religiosa fundamentalmente diferentes, comparáveis a duas camadas de rocha que um terremoto teria misturado sem ordem.

Qual é a causa dessa transformação, que ocorreu entre os gregos como entre vários outros povos? Eis como podemos responder mais ou menos a essa pergunta. O instinto de associação que conduz à personificação da natureza tendia por si mesmo a humanizar cada vez mais os objetos de adoração. Todo efeito que se produz é ligado a uma causa e essa causa é concebida como manifestação de uma vontade, como expressão de uma paixão; essa vontade e essa paixão são assimiladas em seguida às vontades e paixões humanas; enfim, estas pressupõem a forma humana externa e o conjunto de condições da vida humana. Esse desenvolvimento foi entravado enquanto o homem, ainda meio animal, obedecia somente à necessidade, inquietava-se incessantemente com perigos reais ou imaginários e não se julgava digno de atribuir sua forma – a da fraqueza! – às forças imensas da natureza. Os progressos insensíveis da civilização atenuaram essas diferenças de nível; os extremos começaram a aproximar-se. Sem dúvida, jamais houve povo que tenha concebido as grandes potências naturais como selvagens esfomeados à cata de raízes e de bagos. Mas uma raça de posse de um país abundante em caça e que a prática pode falar de caçadores celestes, tais como o Wotan germânico; o proprietário de rebanhos na Índia antiga concebe o deus do céu com os traços de um pastos cujas vacas são as nuvens. O desejo cada vez maior de ideias claras, precisas e lógicas, devido a circunstâncias externas favoráveis, vem reforçar essa tendência. Assim, concepções

---

[20] Hesíodo, *Teogonia*, 126 ss.

[21] *Ilíada*, XXI 356 ss.

vagas, confusas e contraditórias como a de um rio sensível à dor ou nascido do ato gerador tornam-se a exceção onde antes eram a regra. A questão de saber se foi o culto dos ancestrais ou o fetichismo que existiu primeiro é talvez daquelas que não se resolvem com certeza. Mas o demonismo, por mais antigo que possa ser, deve ter ganho abrangência à medida que progredia a divisão do trabalho e que a vida diversificava-se mais, pois os motivos que levavam a criar demônios, isto é, as ocupações e situações dos homens, multiplicavam-se. Os demônios livres opunham menos resistência às tendências antropomórficas que os objetos de adoração emprestados da natureza e logo forneceram o modelo sobre o qual estes foram formados. Nada impedia, e ao contrário mais de um motivo recomendava (basta pensar no que notamos acima a respeito da possessão), que se fizesse entrar os demônios, como os almas, nos corpos, e o que aconteceu com eles foi logo atribuído aos fetiches naturais. No lugar de objetos naturais dotados de vontade e de consciência, e em parte ao lado deles, vemos surgir espíritos ou deuses que têm somente morada nos objetos externos e se servem deles à guisa de instrumentos. O deus concebido como mero habitante de um objeto externo sem se confundir com ele torna-se menos dependente do destino desse objeto; sua atividade não será mais absorvida pela deste último: ele adquirirá um acréscimo de atividade livre.

Um exemplo interessante dessa transformação é fornecido pelas graciosas figuras femininas que os gregos adoraram com o nome de ninfas: o hino homérico a Afrodite[22] conhece as ninfas das árvores ou dríades, que participavam das danças dos imortais e que, na sombra espessa das cavernas, uniam-se a Hermes e aos silenos. Mas os pinheiros e carvalhos de cume elevado, sob cuja casca elas vivem, são mais ainda do que sua morada. Pois, por serem apenas meio divinas, elas nascem, crescem e morrem ao mesmo tempo que eles. Outras ninfas não estão mais submetidas ao mesmo destino; é verdade que elas habitam fontes, deliciosas boscagens e pradarias luxuriantes, mas fazem parte da tropa dos imortais e não faltam à sua assembleia quando Zeus as convoca sob seus esplêndidos pórticos[23]. Concluamos: houve um tempo em que a própria árvore era tida como animada e em que se lhe prestava um culto. Depois veio um segundo período no qual se considerava como elemento de sua vida um ser próprio que podia separar-se dela mas que estava estreitamente ligado ao seu destino. Enfim, esse laço também se rompe; o ser divino conquista, por assim dizer, sua liberdade; de agora em diante, ele plana, indestrutível, acima dos objetos individuais e perecíveis aos quais preside. Este último passo, passo decisivo, é o que estabeleceu definitivamente o politeísmo no lugar do fetichismo. Este subsiste apenas excepcionalmente; encontramos vestígios dele apenas em certos grandes objetos naturais, únicos de sua espécie, tais como a Terra, os astros e o fabuloso Oceano. E aqui ainda, ao lado das velhas figuras que permaneceram ao abrigo dos ataques do antropomorfismo, encontramos amiúde outras imagens formadas

---

[22] *Hino a Afrodite*, 258 ss.
[23] Cf. *Ilíada*, XX 8 e 9.

por influência das novas correntes. Assim como há demônios livres que presidem a categorias inteiras de trabalhos, uma tarefa apropriada para o seu caráter incumbe aos espíritos libertos dos objetos naturais aos quais estavam ligados; eles se tornam o que se chamou de deuses *específicos*: deuses das florestas, dos jardins, das fontes, dos ventos etc. Essa evolução foi favorecida, independentemente da influência do demonismo, pela compreensão cada vez maior da identidade real de séries inteiras de seres; ela deu ao instinto de generalização do espírito humano uma primeira satisfação; por outro lado, o gênio artístico e poético encontrava na contemplação dessa atividade livre uma matéria quase inesgotável[24].

As condições que acabamos de indicar e das quais depende a personificação e idealização subsequente das potências divinas existiam na mais ampla medida no seio do povo grego. A necessidade de noções claras e precisas fazia parte, sem dúvida, das qualidades primeiras do gênio helênico; mas a pureza de atmosfera e a serenidade do céu que reinavam na maioria desses países, os contornos nitidamente marcados das montanhas, os horizontes frequentemente tão vastos e no entanto limitados em quase toda parte, com certeza desenvolveram em alto grau os dons primitivos. O senso estético iria retirar um alimento sempre novo dessas paisagens onde todos os elementos das belezas naturais estavam igualmente representados e reunidos no espaço mais exíguo, da vista dos cumes nevados e das planícies sorridentes, das florestas escuras que cobriam as montanhas, das pradarias salpicadas de flores, das longínquas explorações em terra ou nos mares. O espírito de invenção, o instinto artístico, que mais tarde se desdobraram nos campos mais variados e produziram uma infinitude de criações esplendorosas, tiveram que se apoderar da primeira matéria que se oferecia a eles para dela tirar a satisfação que ainda lhes era recusada alhures. Seria do mais alto interesse acompanhar com detalhes a marcha dessas transformações, mas essa tarefa torna-se muito difícil para nós pelo estado dos monumentos literários que foram conservados. Outrora acreditava-se possuir nos poemas homéricos os produtos da infância do gênio grego. A enxada de Schliemann dissipou essa ilusão. Uma alta civilização material reinou na Grécia oriental, nas ilhas e no litoral da Ásia Menor, em todo caso pouco depois de ano 1500 a.C.; as condições exteriores de vida descritas pelos poetas homéricos são o resultado de um desenvolvimento relativamente longo, preparado pelo Egito e pelo Oriente. Como estavam longe da barbárie primitiva os príncipes e os nobres cujos festins eram temperados pela recitação dos poemas homéricos! Comiam à farta sob os pórticos ricamente decorados, dotados de placas de metal, ornados de frisas de vidro azul sobre um fundo de alabastro de brancura resplandecente, e com tetos artisticamente esculpidos, e bebiam em taças de ouro delicadamente trabalhadas[25]! Sem dúvida, a violência das suas paixões ainda é indômita. De outra forma, a cólera

---

[24] Cf. Welcker, *Griechische Götterlehre*, I 38 ss.

[25] Cf. em especial Schuchhardt, *Schliemanns Ausgrabungen*, sobretudo o último capítulo.

implacável de Aquiles ou de Meléagro não seria o tema favorito da composição poética. Há uma analogia surpreendente entre essa época e a que viu nascer o *Nibelungenlied*; nessa também, os refinamentos da vida e do gosto trazidos do exterior oferecem-se a um povo que guardou intacta a força das paixões primevas. Mas o sentimento de temor que o homem primitivo experimenta na presença dos grandes fenômenos da natureza tinha desaparecido há muito tempo dos espíritos. Os senhores tinham se colocado ao abrigo das dificuldades da vida e eram repletos de uma confiança orgulhosa; por isso eles concebiam cada vez mais a existência dos deuses segundo o modelo da sua própria. As cenas que se passavam no Olimpo eram meramente o equivalente das cenas brilhantes, mas frequentemente tumultuadas, dos seus palácios. Nunca os deuses e os homens se aproximaram a tal ponto uns dos outros, os primeiros cedendo aos segundos uma boa parte de sua dignidade, os segundos emprestando aos primeiros uma parte igualmente grande de suas fraquezas. As virtudes atribuídas aos deuses eram as mais apreciadas por guerreiros valorosos e obstinados, fiéis tanto na amizade como no ódio. Como eles, os deuses eram animados por violentas paixões individuais; o laço do dever era quase sempre para eles um pacto de fidelidade pessoal; na *Ilíada*, pelo menos, só excepcionalmente eles se mostram guardiães do direito enquanto direito[26]. Aos seus protegidos que lhes oferecem ricas oferendas, às cidades que lhes dedicam templos magníficos, às tribos e famílias que souberam conquistar seus favores eles oferecem uma assistência fiel, constante, infatigável. Os escrúpulos morais detêm-nos pouco; eles concedem até a destreza no roubo e no perjúrio àqueles que eles prezam particularmente. Não se preocupam com a justiça ou injustiça; defendem frequentemente uma causa sem indagar se ela é justa. Se fosse de outro modo, como poderiam com o mesmo zelo e devoção prestar auxílio uns aos troianos e os outros aos gregos? Como, na *Odisseia*, Poseidon poderia perseguir o paciente Odisseu com um ódio implacável, enquanto Atena acorre a cada perigo que o ameaça para salvá-lo e prodigar-lhe conselhos? Eles só se submetem à vontade soberana do deus do céu, e mesmo assim resistem com frequência e tentam inicialmente, para escapar a ela, todos os meios que lhes sugerem a astúcia e a dissimulação. Aliás, o poder do senhor do Olimpo – que, nisso, se assemelha evidentemente ao seu modelo terrestre – não repousa de modo algum na base inabalável da lei; pois ele não se vê frequentemente forçado a recorrer a ameaças e até à violência para garantir a execução das suas ordens? Um único limite, porém intransponível, opõe-se às pretensões e às vontades contraditórias dos imortais: é o da necessidade sombria, da Moira, da qual os deuses não podem se esquivar mais do que os homens e em cuja

---

[26] Na *Odisseia*, o ponto de vista moral destaca-se de modo incomparavelmente mais forte. A morte dos pretendentes, em especial, aparece como uma punição divina; cf. sobretudo XXII 413 ss. É verdade que, somente alguns versos mais adiante, 475 ss., encontramos traços da selvageria mais completa. Da mesma forma, depois dos versos 109 ss. do canto XIX, cujo caráter moral é acentuado num grau espantoso, ficamos muito surpresos ao ver, no v. 395, o roubo e o perjúrio representados como dons feitos por Hermes ao seu favorito Autólico. Na *Ilíada*, Zeus aparece como o vingador da injustiça, XVI 385 ss.; em III 278, trata-se das penas reservadas no Hades aos perjuros.

aceitação se manifesta um pressentimento obscuro das leis da natureza. É assim que, nos mais antigos monumentos da vida intelectual dos helenos que possuímos, os deuses chegaram ao último grau do antropomorfismo, a um grau que não podiam ultrapassar sem que seu direito às preces e à adoração fossem postos em risco. E, em alguns casos, esse limite é até ultrapassado. A famosa aventura de Ares e Afrodite, cuja narrativa regozija os feácios, denota uma transformação das concepções religiosas que – como o culto exclusivo da beleza durante o Quinhentos – não teria podido difundir-se nas camadas populares sem comprometer o próprio fundo das crenças.

Aquele que quiser tomar consciência do arrebatamento que provocavam as cerimônias da religião grega primitiva o procurará em vão nas cenas da epopeia de corte. Nelas os prazeres e alegrias terrestres, as delícias de uma vida refinada relegaram a segundo plano o lado sombrio da religião e, se nos for permitida esta expressão, inundaram-nos com sua luz. Esse fato destaca-se de modo mais claro justamente nos episódios isolados que parecem contradizê-lo[27].

O homem dos tempos homéricos crê estar sempre e em toda parte cercado de deuses; ele sente-se sempre e em toda parte na dependência deles. Se uma empreitada tem êxito ou fracassa, se a lança atinge seu alvo ou se o inimigo escapa dela, ele o explica por meio do favor ou da hostilidade de um demônio; se ele concebe algum plano engenhoso, se toma alguma decisão salutar é porque um deus o inspirou; também é um deus que, outras vezes, vem cegar sua razão. Conquistar a benevolência dos imortais, esconjurar seu desfavor, é para isso que tendem todos os seus esforços. As situações mais desesperadas não faltam nas vicissitudes dos combates descritos sobretudo pela *Ilíada*. E no entanto o fiel nunca sacrifica aos deuses o mais precioso entre todos os tesouros de que dispõe: o próprio homem. O sacrifício humano, tão pouco estranho à religião dos gregos quanto à da maioria dos outros povos e que deixa traços nela até os tempos históricos mais conhecidos, está ausente do quadro da civilização que os poemas homéricos apresentam aos nossos olhos. Ou melhor, essa prática cruel é mencionada uma vez, mas, aqui cabe dizê-lo, essa exceção só faz confirmar a regra. Nos funerais solenes que Aquiles presta ao seu amigo Pátroclo[28], são degolados numerosos bois e ovelhas, quatro cavalos, os dois cães favoritos do defunto e além disso doze jovens troianos, que são em seguida queimados com o cadáver. A forma do sacrifício – cremação completa das vítimas – é precisamente a que o ritual posterior nos mostra em prática quando se quer honrar as divindades subterrâneas. O cadáver é primeiramente regado com o sangue das vítimas animais e humanas; a alma do morto é considerada presente; ela sacia-se com as oferendas com as quais é honrada. Aquiles cumpre assim – e clama-o à alma do seu amigo quando ela lhe aparece primeiramente durante a noite, depois

---

[27] Cf. Diels, *Sibyllinische Blätter*, 78 nota 1.

[28] *Ilíada*, XXIII 22 ss. e 174-177. Aqui utilizamos abundantemente a obra capital de Erwin Rohde, *Psyche, Seelenkult und Unsterblichkeitsglaube*, em especial p. 14 ss. do 1º vol., 2ª ed.

no próprio momento da cerimônia – uma promessa solene. Porém, é estranho que a descrição dessa cena horrível não oferece essa minúcia, essa abundância de detalhes que chamamos justamente de épica e que caracteriza especialmente Homero. Ao contrário, o poeta sobrevoa com pressa intencional, poder-se-ia dizer, essa cerimônia aterradora. Ela lhe repugna tanto quanto aos seus ouvintes; ela parece ser um resto derradeiro de concepções e costumes outrora vivos e agora caídos no esquecimento[29]. Outros indícios do mesmo tipo reforçam essa impressão. Os poemas homéricos já não nos oferecem traços de sacrifícios – sangrentos ou não – em honra dos mortos, de expiação do assassinato, de um culto das almas ou dos ancestrais, não mais do que ideias que implicam essas práticas religiosas, ou seja, da fé na sobrevivência de seres que, do fundo de sua tumba, exercem malefícios e exigem novas satisfações sem cessar, sob pena de vinganças terríveis. Sem dúvida, as almas sobrevivem aos corpos, mas habitam quase exclusivamente – "cabeças vãs e inconsistentes" – as moradas subterrâneas; sombras pálidas, formas exangues, seu poder é mínimo ou mesmo nulo. Mas era muito diferente nas épocas remotas e muito diferente – como os resultados seguros das escavações e inferências não menos seguras nos permitem dizer – numa época ainda mais recente. Portanto, é necessário deter-se um instante nesses pontos tão importantes para a história do culto das almas e da religião em geral.

VII

O sacrifício de prisioneiros ou de escravos era praticado muito antigamente por ocasião dos funerais dos chefes: é uma prática ainda hoje muito disseminada. Quando os citas prestavam as últimas obrigações a um dos seus reis, degolavam uma das suas concubinas, cinco escravos (o cozinheiro, o escanção, o camareiro, um escudeiro e um porteiro) e enterravam-nos com ele, junto com seus cavalos favoritos; além disso, colocavam ao lado dele, na sua tumba, uma quantidade de utensílios preciosos, copas de ouro etc. Um ano depois, degolavam-se ainda cinquenta escravos selecionados; colocavam-nos sobre outros tantos cavalos também mortos e cercava-se com eles o monte funerário como uma guarda de honra[30].

A enumeração de práticas desse tipo – entre as quais se deve incluir o hábito dos hindus de queimar as viúvas – preencheria volumes. Percebe-se nelas, é evidente, uma longa série de graus que vão da barbárie pura até os refinamentos da ternura. Aos sacrifícios humanos sucedem os sacrifícios de animais, a estes as oferendas líquidas e, em geral, as oferendas não sangrentas. Nos dramas de Ésquilo e de Sófocles, o túmulo de Agamenão, em Micenas, recebe libações de leite, cachos de cabelos e coroas de flores.

---

[29] Cf. Preller, *Griechische Mythologie*, 2ª ed., I 99, 201 ss., 542 [= 4ª ed., I 128, 260 ss., 693]; II 310.

[30] Sobre os sacrifícios oferecidos aos mortos pelos citas, cf. Heródoto, IV 71 ss. Cf. Schuchhardt, *op. cit.*, 180 ss., 240, 331, 340.

Os túmulos reais descobertos recentemente no sítio dessa cidade e que datam de tempos muito remotos conservaram restos de oferendas muito mais eficazes e significativas: ossos de homens e de animais e uma quantidade de armas, taças e outros utensílios. Esses túmulos, assim como o túmulo com cúpula de Orcômenes na Beócia (construções em que se constata a presença de altares), testemunham que as almas dos mortos gozavam de uma adoração no sentido próprio do termo. O culto dos ancestrais e das almas, que sem dúvida não faltou em nenhum povo, ainda hoje é disseminado tanto entre os selvagens mais incultos de todos os continentes quanto entre as populações muito civilizadas da China, onde ele constitui a parte mais essencial da religião de Estado. Nas crenças dos povos arianos, ele também ocupa um lugar preponderante, tanto entre os gregos quanto entre os romanos – estes adoravam seus ancestrais com o nome de Manes – ou entre os hindus, que os chamavam de pitaras. Quando, em Atenas, uma família se extinguia, isso era considerado uma desgraça por diversos motivos, um dos quais era que seus ancestrais encontrar-se-iam então privados das honras às quais tinham direito[31]. O povo, no seu conjunto, e as numerosas comunidades, iguais a círculos concêntricos, das quais ele era composto, cultuavam ancestrais reais ou imaginários; e essa necessidade era sentida tão profundamente que até as corporações, as tribos ou corpos de ofícios inventavam um ancestral comum quando não o tinham. Essa tendência tem relação estreita com os inícios do Estado e da comunidade, que, na origem, eram consideradas como meras famílias ampliadas. Aqui, só nos preocupamos com sua raiz mais profunda, a crença na sobrevivência das almas, na forma de seres que influenciavam de modo duradouro a felicidade e a infelicidade dos vivos. Já tomamos conhecimento da origem dessa crença; as transformações que ela sofreu ocupar-nos-ão mais adiante; por enquanto, trata-se apenas de afastar um mal-entendido que perturba a inteligência histórica.

Em Homero, as almas de certo modo volatilizaram-se e já não passam de sombras pálidas e sem força; por conseguinte, o culto que lhes era prestado e as práticas dele decorrentes quase desapareceram das duas grandes epopeias gregas; mas o testemunho que nos fornece a etnografia comparada não deveria nunca ter deixado estabelecer-se a opinião de que encontramos nelas a mais antiga forma dessa parte da religião helênica. As escavações de sítios do período de civilização que chamamos hoje de período micênico dissiparam todas as dúvidas possíveis. A que causas se deve essa mudança das concepções religiosas, mudança limitada com certeza não somente do ponto de vista do tempo, mas também do espaço e até, segundo toda probabilidade, a certas classes da população? A essa pergunta no momento só podemos responder por conjecturas. Atribuiu-se uma influência decisiva à prática da cremação, que começou a prevalecer nessa época, e à crença ligada a ela e claramente expressa por ela, a saber que a chama devorante separa definitivamente o corpo da alma e bane esta para o reino das tre-

---

[31] Cf. Rohde, *op. cit.*, trad. fran. I 207 nota 3, bem como as minhas *Beiträge zur Kritik und Erklärung griechischen Schriftsteller*, II nº 6 [= *Hellenika*, I 223].

vas[32]. É preciso sem dúvida levar em conta na mesma ampla medida a distância que a imigração instaurava entre os colonos, de um lado, e os túmulos dos seus ancestrais e os locais de culto ligados a eles, do outro lado. Porém, em todo caso, também é preciso atribuir um alcance considerável ao espírito da poesia homérica, espírito claro e luminoso, apaixonado pelo mundo e pela vida, que afasta por instinto os espectros e almas penadas, bem como as feiuras e monstruosidades. Não somente as aparições de almas, mas as divindades mágicas tais como Hécate, os demônios disformes tais como os gigantes de cinquenta cabeças e cem braços, as lendas grosseiras e cruéis do mundo primitivo, como a da mutilação de Urano, passam para segundo plano; doravante os monstros do tipo dos Ciclopes só servem para divertir os ouvintes[33]. Em todos esses casos, o senso de beleza, reforçado pouco a pouco, e o prazer de viver, desenvolvido pelos progressos da civilização material, não podem ser vistos como os principais fatores dessa orientação moral? Ou seria realmente justificado crer que já nessa época remota o povo que criou a filosofia e as ciências da natureza arriscava as primeiras explicações racionalistas? Em outros termos, será ao caráter ligeiro da raça jônica ou ao seu gênio luminoso que devemos atribuir em primeiro lugar essa transformação da ideia da alma que se manifesta em Homero? Por enquanto, não é possível resolver essa questão com certeza. Mas se ela pode ser posta, é graças à penetração de espírito, ao poder de análise de um dos sábios mais eminentes de nossa época, que estudou particularmente esse campo da história religiosa, Erwin Rohde, o autor de *Psiquê*.

VIII

Pouco a pouco, de simples jogo a imaginação elevara-se à altura do senso artístico. A personificação da natureza deu-lhe uma matéria quase inesgotável; por outro lado, ela ofereceu a primeira satisfação ao senso científico, ávido por lançar alguma luz sobre a profunda escuridão em que vivemos e respiramos. Na realidade, o livre jogo da associação de ideias, levando a admitir que os fenômenos do mundo exterior são atos de seres dotados de vontade, deu uma resposta ao instinto invencível que nos leva a procurar as origens e as causas dos eventos. É uma espécie de filosofia natural, suscetível de um desenvolvimento tanto mais extenso à medida que a observação se dirige a um número maior de fatos e que as formas atribuídas às potências naturais que transformamos em seres vivos definem-se mais e mais. O homem primitivo não é apenas um poeta que crê na verdade das suas ficções; ele é também, ao seu modo, um pesquisador, e o conjunto das respostas que ele dá às perguntas pelas quais ele se

---

[32] Essa conjectura sobre a influência da incineração foi formulada por Rohde, *op. cit.*, I 23 ss. Todavia, vemos que "os dois modos de funerais eram igualmente usitados na Antiguidade védica" (Zimmer, *Altindisches Leben*, 401 ss.; cf. também p. 415) sem que o culto dos ancestrais tenha se esmaecido.

[33] Comparar p. ex. *Ilíada*, I 396 ss., com Hesíodo, *Teogonia*, 148 ss. Aqui o combate dos titãs, lá o que se poderia chamar de uma revolução palaciana dos olimpianos.

sente continuamente premido acaba por formar um tecido que envolve tudo e cujos fios constituem o que chamamos de mitos. As lendas populares de todos os tempos e de todos os povos oferecem exemplos disso, alguns dos quais coincidem de modo espantoso, enquanto os outros se contradizem da maneira mais surpreendente. Os dois grandes corpos celestes são vistos quase por todos os povos como um casal ou como irmão e irmã; e não se poderia contar as sagas que explicam as fases da lua por meio de peregrinações dessa deusa e os eclipses do sol e da lua ora como consequências de brigas domésticas, ora como resultado de ataques de dragões e de monstros diversos. Por que o sol perde sua força no inverno? Porque esse deus (Sansão) – responde o semita – deixou-se cativar pela deusa da noite, cedeu às suas seduções perturbadoras e foi despojado por ela da sua brilhante cabeleira; quando, junto com seus longos cachos de cabelos, sua força o abandonou, ele foi cegado sem dó[34].

Para o antigo hindu, as nuvens são vacas; quando são ordenhadas, a chuva refrescante cai sobre a terra; se ela demora para vir, são os maus espíritos que levaram os rebanhos e esconderam-nos nas cavernas rochosas. O deus do céu (Indra) deve descer na forma de tempestade para libertá-las de sua prisão e arrancá-las das mãos dos ladrões.

O terrível espetáculo que oferece uma erupção vulcânica ao olhar do homem primitivo parece-lhe muito naturalmente ser obra de um demônio que vive nas profundezas da terra. Muitos povos contentam-se com essa explicação, mas também há outros que fazem uma nova pergunta: como pode um demônio tão poderoso ter sido banido para as trevas subterrâneas? E a resposta – quase evidente – é a seguinte: ele sucumbiu num combate contra um demônio ainda mais poderoso do que ele. Assim respondiam os gregos, que viam em Tifão e em Encélado adversários vencidos e severamente punidos por sua temeridade pelo deus soberano do céu.

A terra faz sem cessar saírem do seu seio novos frutos; como não seria ela um ser feminino, e quem então a teria fecundado, se não fosse o céu estendido por cima dela, que lhe envia chuvas vivificantes? Esse mito, muito difundido, sofreu diversas modificações. Por que, perguntavam-se maoris e chineses, fenícios e gregos, o céu e a terra estão agora tão afastados um do outro, ao invés de viverem em vizinhança íntima, como convém aos esposos? Os habitantes da Nova Zelândia respondem que faltava espaço para os rebentos de Rangi (o Céu) e de Papa (a Terra) enquanto estes permaneciam unidos. Então eles decidiram escapar da opressão que sofriam e da escuridão que os envolvia; um deles, o poderoso deus das florestas, conseguiu – depois de numerosas tentativas inúteis de seus irmãos – separar à força os seus pais. Mas o amor dos dois esposos sobreviveu à separação. Do seio da Terra sobem sempre em direção ao céu suspiros apaixonados, que os homens chamam de nuvens; dos olhos do Céu aflito escapam com frequência

---

34 Sobre o sol e a lua, cf. Tylor, *op. cit.*, 329-332. Sobre o caráter solar de Simson (Sansão), cf. Goldziher, *Der Mythos bei den Hebräern*, 128. Essa narrativa é uma das mais transparentes entre todos os mitos naturalistas. A respeito do que se segue, cf. A. Kaegi, *Der Rig-Veda*, 2ª ed., 59 ss.; Tylor, *op. cit.*, II 270, assim como Ésquilo, *Prometeu*, 369 ss. Kirchhoff [= 363 ss. Wilamowitz].

lágrimas, que os homens chamam de gotas de orvalho[35]. Esse mito, tão engenhoso quanto poético, nos dá a chave de um mito grego análogo, mas incomparavelmente mais grosseiro e que só chegou até nós de modo fragmentado. A Terra, como conta Hesíodo, estava incomodada, oprimida pela multidão de rebentos gigantescos que o Céu tinha gerado nela mas que ele reprimia nas profundezas dela ao invés de deixá-los chegar até a luz. Gemendo sob o peso que a esmaga, ela imagina um ardil cuja execução ela confia a um de seus filhos. Mediante uma foice afiada, Cronos mutila seu pai Urano para pôr fim à sua produção; a partir de então Urano não pode mais aproximar-se de Gaia e partilhar com ela seu amor; assim – podemos acrescentar – Cronos abre espaço para seus irmãos e irmãs até então oprimidos no seio materno[36].

O processo de personificação – como pudemos perceber – não se detém nas coisas; ele se estende às suas propriedades, aos seus estados, às suas energias. A Noite, as Trevas, a Morte, o Sono, o Amor, o Desejo, a Cegueira são vistos pelos gregos como seres individuais cuja personalidade, é verdade, desenvolve-se de modo desigual. Uns encarnaram-se completamente, enquanto outros não se destacam mais da ideia que lhes deu origem do que um baixo-relevo da parede que ele decora. As relações que existem entre essas energias ou esses estados são explicadas por analogias tiradas da vida humana ou animal. A semelhança, por exemplo, é identificada com o laço de parentesco; o sono e a morte são dois irmãos gêmeos; a sucessão dos efeitos torna-se uma descendência; assim o dia é cria da noite ou inversamente. Em todos os grupos de seres da mesma natureza – e essa maneira de pensar deixou traços profundos na nossa língua – vemos tribos, gêneros ou famílias. Enfim, o hábito de explicar por ficções míticas um estado que dura ou fenômenos do mundo exterior que sempre se reproduzem leva a resolver de modo análogo os grandes enigmas da vida e do destino humano. Por que, indaga o grego numa época conturbada, entregue ao pessimismo, os bens que a vida nos oferece são sobrepujados pelos males? Essa questão transforma-se logo para ele na seguinte: que evento, que pessoa é a causa da entrada do mal no mundo? E sua resposta é, em suma, a que um francês do século passado – Alexandre Dumas pai –, que tinha estudado a gênese de uma quantidade de crimes, formulou nestes termos que ficaram

---

[35] O mito poético dos maoris foi recolhido há mais ou menos quarenta anos por Sir George Grey (cf. Tylor, *op. cit.*, I 368 ss.). Uma versão que concorda nos pontos essenciais encontra-se em Bastian, *Allerlei aus Volks-und Menschenkunde*, I 314. Tendo um dos filhos de Rangi e de Papa "visto aparecer a luz do sol sob a axila de Rangi" – ou seja, tendo assim sido despertado neles o desejo de uma luz até então desconhecida –, todos exclamaram de uma só vez: "Matemos nosso pai, pois ele nos encerrou nas trevas". No entanto, eles acabam por seguir o conselho de um deles, que propõe não matar seu pai, mas elevá-lo nos ares. Comparar a lenda chinesa igualmente em Tylor, *op. cit.*, I 373. A lenda fenícia é exposta por Eusébio, *Praep. Evang.*, I 10 [p. 36ᵉ], segundo Fílon de Biblos e sua autoridade, Sanchuniathon. Notar em especial as palavras: ὡς καὶ διαστῆναι ἀλλήλων ὁ δὲ οὐρανὸς ἀποχωρήσας αὐτῆς κτλ.

[36] Hesíodo, *Teogonia*, 154 ss.

célebres: "Procurem a mulher!"[37]. Contudo, o antigo grego deu a sua acusação contra o sexo frágil a forma de uma narrativa. Ele conta como Zeus, para punir Prometeu por ter roubado o fogo e aumentado o orgulho dos homens comunicando-o a eles, concerta-se com os outros deuses para criar e enviar sobre a terra uma mulher dotada de todas as seduções e que será a mãe de todas as mulheres. De outra vez em que o grego pensou nessa questão obscura, foi a curiosidade, a sede de conhecer que lhe apareceu como a raiz de todo mal. Ele imagina que, se os deuses nos tivessem concedido todos os bens e trancado todos os males num vaso exortando-nos a não abri-lo, a curiosidade humana e sobretudo a curiosidade feminina teria ludibriado a proibição divina. Os dois mitos confundem-se num só: é a mulher, dotada pelos deuses de todos os dons da sedução (Pandora = dotada de todos os dons), que, incitada pela curiosidade, levanta a tampa do baú fatal e deixa escapar o seu conteúdo. Mais uma vez, somos surpreendidos por essa maravilhosa uniformidade da criação mítica entre os povos mais diversos. Será realmente necessário lembrar a lenda hebraica de Eva (a genitora) e as consequências funestas de sua curiosidade culposa?

IX

A abundância dos mitos, a multidão de deuses deviam acabar por desconcertar e cansar o espírito dos crentes. De tanto multiplicarem-se, de florescerem, as lendas tinham formado uma floresta inextricável de cujos troncos cresciam novos galhos sem cessar. Era preciso um machado para abrir clareiras e um braço vigoroso para manejá-lo. Nem um nem outro faltariam. A energia e inteligência de um camponês realizaram esse rude trabalho. Esse camponês é o mais antigo poeta didático do Ocidente, Hesíodo, de Ascra na Beócia (séc. VIII a.C.), cidadão de um país onde o ar era menos ligeiro e a inteligência menos refinada que em outras partes da Grécia. Era um homem de espírito claro, mas um pouco pesado, hábil na administração de sua casa e de sua propriedade, versado nas questões de direito; sua imaginação não se elevava muito alto e seu coração não encerrava tesouros de sensibilidade: era um romano entre os gregos. O autor de *Os trabalhos e os dias* possuía uma inteligência sóbria, o amor da ordem severa, a economia estrita de um excelente homem de negócios que está acostumado a manter corretamente suas contas, não tolera contradição e evita qualquer excesso. É com esses sentimentos que ele faz um inventário do Olimpo, se podemos falar assim, incluindo todas as figuras divinas no plano de sua obra e no contexto da unidade genealógica. Ele poda os ramos vorazes da poesia épica, recupera, mesmo quando elas são feias e grosseiras, as tradições primitivas, muitas vezes parcialmente incompreensíveis,

---

[37] É a frase que Alexandre Dumas pai empresta ao chefe de polícia Jackal em *Os moicanos de Paris*. Sobre o que segue, cf. Hesíodo, *Teogonia*, 570 ss., e *Os trabalhos e os dias*, 90 ss. Sobre o mito de Pandora, cf. também Buttmann, *Mythologus*, I 48 ss., que teve razão em aproximá-lo da lenda de Eva, mas não o teve em identificá-lo com ela.

do povo miúdo da sua pátria, e cria assim, na sua *Teogonia*, um quadro abrangente e finalmente bem amarrado em todas as suas partes, mas raramente iluminado por um raio de poesia verdadeira, e no qual quase nenhum traço sugere a alegria de viver. A alta Antiguidade já gostava de associar os nomes de Homero e Hesíodo porque, nas palavras de Heródoto, eles tinham dado aos gregos a sua teologia[38]. Na realidade, eles são opostos. A imaginação sem limites dos bardos jônicos, que não se preocupa com as contradições das lendas, não é menos oposta à sabedoria pé-no-chão e metódica do camponês beócio do que o humor orgulhoso e despreocupado dos seus nobres ouvintes o é do caráter triste dos camponeses pressurosos aos quais Hesíodo dedica seus versos.

A "teogonia" encerra também uma cosmogonia; a origem dos deuses explica ao mesmo tempo a origem do mundo. É sobretudo esta última que nos interessa aqui, e é ao poeta didático que damos a palavra. No início, diz ele, nasceu o Caos, depois Gaia (a Terra) de busto amplo, depois Eros, o mais belo dos deuses, que doma os sentidos dos homens e dos imortais e adormece a força de seus membros. Do Caos saíram as Trevas e a Noite sombria, que, ao se unirem, geraram o Éter sutil e Hemera (o Dia). De início, Gaia gerou dela mesma Urano (o céu estrelado), as altas montanhas e Pontos (o Mar); depois, fecundada por Urano, deu à luz o rio Oceano, que circunda a terra com suas águas, e uma longa série de rebentos entre os quais – ao lado de monstros poderosos e seres que têm quase todos um significado alegórico – os deuses do relâmpago, chamados Ciclopes, e a grande deusa marinha, Tétis. Da união de Oceano e de Tétis nascem os rios; dois outros filhos do Céu e da Terra geram o Sol, a Lua e a Aurora. Esta última concebe do deus astral (Astreu), assim como ela neto do Céu e da Terra, os ventos, a estrela da manhã e os outros astros que brilham no firmamento.

Uma parte dessa exposição é de uma simplicidade pueril e não é necessário explicá-la aqui. "O menor sai do maior"; é por isso que as montanhas surgiram da terra; é por isso que o poderoso Oceano é o pai dos rios e riachos, menos importantes do que ele; é também por isso que o pequeno astro que reluz de manhã é filho da vermelhidão que se espalha por todo o Oriente no momento em que o dia vai nascer. E como poderiam os outros astros não serem seus irmãos? Mas compreende-se menos facilmente que o Dia saia da Noite. De fato, o contrário também é possível em si mesmo; e, na verdade, o autor de um antigo hino da Índia indaga se o Dia foi criado antes da Noite ou a Noite antes do Dia[39]. Mas a opinião representada por Hesíodo é talvez a mais natural, pois as trevas aparecem como um estado que dura por si mesmo e que não necessita de nenhuma explicação, enquanto a claridade sempre é provocada por um fato particular: é o sol que nasce, o raio que escapa da nuvem ou uma chama acesa pela mão do homem.

---

[38] Heródoto (II 53) associa nesse sentido Homero e Hesíodo.

[39] Cf. Kaegi, *op. cit.*, 117. Em Homero também (*Ilíada*, XIV 259 ss.) a Noite aparece como uma divindade superior, que o próprio Zeus considera com um temor respeitoso. Na cosmogonia dos maoris, a "Noite-Mãe primitiva" está na origem de todos os seres. Ela é seguida pela Manhã, pelo Dia, pelo Espaço Vazio etc. Cf. Bastian, *op. cit.*, 307.

Esses são os pensamentos rudimentares do espírito humano, que procura a explicação das coisas; compreendem-se por si mesmos; não é necessário interpretá-los. Já não se pode dizer o mesmo da parte mais importante dessa narrativa, na qual o poeta descreve a origem propriamente dita do mundo.

Nela, somos surpreendidos primeiramente pela brevidade e secura da exposição. Caos, Gaia, Eros, três personagens que saem um depois do outro dos bastidores – como depois dos três toques tradicionais. Nenhuma palavra sobre o motivo de seu aparecimento. Um simples "Mas depois" serve de transição entre o nascimento do Caos e o da Terra. Como conceber esse nascimento? A Terra sai do Caos ou não? E se sim, por qual processo? Sobre todas essas questões, silêncio completo. E o que significa o papel preponderante atribuído ao deus do amor? Novo enigma sem solução. Sem dúvida, é bastante natural responder: "Para que nascimentos possam ocorrer, é necessário que o princípio do amor ou da produção do qual eles dependem tenha surgido no mundo". Mas então por que o poeta didático não faz uso nenhum desse princípio na sequência da sua obra? Por que ele se cala sobre a relação que ele parece querer estabelecer entre o amor e o nascimento dos seres? Por que ele dá até a impressão de velá-lo intencionalmente? Afinal, os epítetos que ele dá a Eros e o modo como, em outra passagem, ele o faz aparecer ao lado de Hímero (o Desejo) no cortejo de Afrodite não lembram em nada o ser poderoso, criador da vida e dos mundos, que, por si só, teria seu lugar aqui, e que encontramos em outros ensaios cosmogônicos, em ensaios que descrevem sua origem e a missão que lhe cabe[40]. Uma coisa fica clara como o dia. Hesíodo conta a formação do mundo de maneira sumária, tocando apenas superficialmente os pontos mais essenciais; ele está separado por um profundo abismo daqueles que, para resolver o imenso enigma, lançam mão de todos os recursos do espírito, ainda que esse espírito estivesse ainda na infância. O que ele nos dá não passa de uma casca. Outrora ela continha um animal vivo, e assim como a casca não se teria formado sem o animal que a produziu para morar nela, o fragmento que nos resta não existiria sem a alma viva da qual ele formava o invólucro. Ou, para empregar uma outra imagem, encontramo-nos em presença de um herbário de pensamentos ressecados, dos quais não podemos mais observar o crescimento e seguir o desenvolvimento gradual. Na falta disso, somos obrigados a recorrer a inferências cujo ponto de partida procuraremos no significado dos nomes que o poeta empregou, embora certamente ele os compreendesse somente pela metade. Desses nomes, temos que deduzir a sequência de pensamentos da qual eles já não representam mais que o resíduo. Essa tarefa será facilitada pelo estudo das ideias de mesma natureza que encontramos em outros povos e entre os próprios gregos. Já esboçamos brevemente a figura de Eros. Vamos primeiro tentar apreender o significado do Caos.

---

[40] Sobre o deus do amor em Hesíodo, comparar Schoemann, *Opuscula academica*, II 64-67.

O conceito do Caos aproxima-se daquele do espaço vazio tanto quanto os sonhos do homem primitivo podem aproximar-se das especulações dos pensadores. O primeiro tenta imaginar um estado de coisas primordial, tão afastado quanto possível do estado atual do mundo. Num dado momento, a terra não existia, e menos ainda o que ela contém; a abóbada do céu tampouco existia. O que havia, então? O vazio abissal que separa o céu e a terra, prolongado indefinidamente pela imaginação para cima e para baixo, das profundezas subterrâneas às regiões supraceleste. Os babilônios chamam-no de *Apsu*, o abismo, ou *Tiamat*, a profundeza[41]; para os escandinavos é o *ginnunga gap* (*"the yawning gap"*), o vazio abissal, designação cuja segunda parte lembra o alemão *gaffen*, enquanto a primeira é tirada da mesma raiz que o alemão *gähnen* e que o grego *chaos*[42]. Esse vazio abissal era visto, aliás, como totalmente escuro pela simples razão que, na hipótese da qual saiu todo esse sistema, ainda não existia nenhum dos astros que nos iluminam. É igualmente por causa dessa circunstância que a imaginação do pensador considera muito mais a profundeza do que a altura do Caos: no seu espírito, a imagem da altura está quase indissoluvelmente ligada à da luz. Esse caos ocupa para ele todo o espaço que ele conhece ou que ele supõe e que costuma preocupá-lo. Afinal, nem sua ciência nem seu pensamento vão além da terra e da abóbada estendida acima dela e salpicada de estrelas; seus pressentimentos, sua curiosidade não ultrapassam esse limite. O esforço de sua inteligência esgota-se quanto consegue prolongar indefinidamente o vazio que separa o céu da terra. As duas outras dimensões do espaço não o preocupam. Portanto, parece igualmente errado dizer que ele lhe atribuía uma extensão finita ou uma extensão infinita.

Assim, Hesíodo fez não somente o inventário das lendas populares e ingênuas, mas também o das mais antigas tentativas de especulação. Este último, é verdade, foi feito de maneira rudimentar e incompleta; suas raras alusões nos informam que, já naquela época, essas tentativas existiam, e ele indica os seus contornos mais gerais. Mas é só. Tentaremos reencontrar seu conteúdo – de modo pelo menos aproximativo – nas fontes posteriores. Então será o momento de marcar mais exatamente o grau de desenvolvi-

---

41 Sobre Apsu e Tiamat, cf. Sayce em *Records of the Past*, 2ª série, I 122 ss.; Lenormant-Babelon, *Histoire ancienne de l'Orient*, 9ª ed., V 230 ss.; Halévy nos *Mélanges Graux*, 58-60; e Jensen, *Kosmologie der Babylonier*, 300. Fritz Hommel traduz *Apsu* por "Oceano Celeste" e *mummu-ti'* amat por "Caos = fundo do mar" (*Deutsche Rundschau*, julho de 1891, p. 110 e 111). Sobre o Caos dos escandinavos, cf. James Darmesteter, *Essais orientaux*, 177 ss. Na cosmogonia dos índios Chippeway encontra-se um mar primordial, imenso e deserto, análogo ao Caos. Cf. Fritz Schultze, *Der Fetischismus*, 209. A Índia antiga também fornece um paralelo nesta passagem do *Rig Veda*, X 129 v. 1-4:

    Naquele tempo, não havia nem Ser nem Não-ser
    O espaço aéreo não existia, nem o Céu que o recobre;
    O que se passava? E onde? Sob a proteção de quem?
    A água era? Existia o profundo abismo?

42 Schoemann, *op. cit.*, deduz da ideia de "abertura oscitante", contida no grego "Chaos" (cf. χαίνω e χάσμα), que o caos foi concebido como limite. A nosso ver, é emprestar a esses pensadores primitivos noções muito mais precisas que aqueles que temos o direito de pressupor neles.

mento filosófico que denotam essas tentativas. Mas não nos separaremos de Hesíodo sem chamar a atenção do leitor para um aspecto de sua exposição que apresenta igualmente um caráter mais especulativo. Uma boa quantidade dos seres que ele introduz na sua obra e inclui nas suas genealogias oferecem pouco ou nada dessa intensidade de vida que parece própria das criações da fé ingênua do povo[43]. Dificilmente se acreditará, por exemplo, que os "discursos mendazes" tenham sido considerados seriamente como seres pessoais. E no entanto eles fazem parte dos descendentes de Éris (a Discórdia), entre os quais encontramos também o "Trabalho Árduo", as "Dores Acompanhadas de Lágrimas" e "as Batalhas e a Carnificina". O mesmo acontece com os rebentos da Noite, aos quais pertencem não somente as figuras relativamente vivas de Éris, do Sono e da Morte, das "Moiras" (personificação do destino), mas também puros fantasmas como a "Velhice Funesta" e o "Engodo" – este último evidentemente porque ele teme a luz; a primeira unicamente porque as coisas que nos afligem parecem ser do reino das sombras. Também não falamos de *negras* preocupações e de pensamentos *sombrios*? Em que medida Hesíodo dependia ainda de seus predecessores a esse respeito? Seria difícil dizer. Talvez, no entanto, seja nessas abstrações que se deva ver justamente o produto de seu próprio pensamento.

---

[43] Cf. Hesíodo, *Teogonia*, 224 ss. e 211 ss. Com exceção do que ele diz sobre o "redator" – que pode muito bem ter sido Hesíodo –, O. Gruppe exprime uma opinião judiciosa sobre a descendência da Noite em *Die griechischen Kulte und Mythen*, I 571. Incomparavelmente mais vivas do que essas sombras de Hesíodo são as figuras homéricas que se poderia facilmente chamar de alegóricas, por exemplo *Até* (Desvario) e as *Litai* (Preces). Cf. em especial *Ilíada*, XIX 91 ss. e IX 502 ss.

Capítulo I

Os Filósofos Naturalistas da Jônia[44]

I. O problema da matéria. Matérias primordiais ou fundamentais.

II. Tales de Mileto. Desenvolvimento da teoria da matéria.

III. Anaximandro de Mileto. Sua teoria do céu e sua teoria da matéria primordial. Sua cosmogonia. Nascimento dos seres organizados. Períodos cósmicos.

IV. Anaxímenes de Mileto. Recuo na teoria do céu.

V. Heráclito de Éfeso. Heráclito e a crença popular. Seu desprezo pelos homens. Sua originalidade. O fogo primordial dotado de inteligência. A destruição periódica do universo pelo fogo. O esvaimento das coisas. Relatividade das propriedades. Coexistência dos contrários. Deduções da teoria da relatividade. Lei da oposição. Opiniões sociológicas de Heráclito. Reinado de uma lei universal. Lei e razão universais. Deduções morais. Heráclito, o Pórtico e a época atual.

---

44 Abordaremos aqui algumas questões de alcance geral. Para nós, o limite entre a filosofia e a ciência é flutuante; todas as tentativas que se fez para circunscrever nitidamente o domínio da primeira parecem-nos igualmente fracassadas. As definições tradicionais da filosofia são ou demasiado amplas ou demasiado estreitas. Na realidade, ou elas se aplicam a uma parte apenas da filosofia (como a de Herbart: "crítica e reconstrução dos conceitos"), ou elas não se aplicam somente a ela. Afinal, se falarmos da "ciência dos princípios" ou da "procura da essência das coisas e das leis gerais dos fenômenos", não vemos por que as verdades fundamentais da física e da química ficariam de fora do âmbito dessas definições. Com certeza, há uma grande diferença entre as questões de princípio e as questões de detalhe das ciências. Mas só se pode querer destacar as primeiras das ciências particulares e reservar o estudo delas a uma disciplina independente à condição de crer que dispomos, para a solução das questões de princípio, de outros meios de conhecimento além daqueles usados para a solução das questões de detalhe. Cada ciência carrega em si mesma sua filosofia. A filosofia da linguagem, por exemplo, constitui o andar superior da linguística e não um edifício independente e distinto da mesma. Quem quisesse, mediante os termos de filosofia da natureza e da linguagem, entender outra coisa além das mais altas generalizações dessas ciências correria hoje o risco de não ser levado a sério por aqueles que as cultivam. Aqui somente o estudo do desenvolvimento histórico pode proporcionar clareza. Pela sua própria natureza, a filosofia era uma ciência universal e, do ponto de vista dos antigos, uma força que dirigia e determinava a vida. À medida em que os ramos separados da ciência ganham extensão, sobretudo a partir do momento em que eles são capazes de preencher totalmente a carreira de um estudioso, eles cristalizam-se, por assim dizer, na água-mãe e tornam-se disciplinas especiais. Poder-se-ia crer que a antiga ciência universal era destinada a decompor-se inteiramente, ao longo do tempo, em ciências particulares. Mas seria exagerar, pois sempre restarão duas coisas: 1) os elementos de saber comuns a todas as disciplinas, ou seja, a teoria do conhecimento e a dos métodos no sentido mais amplo; 2) as tentativas ocasionais, mas bastante raras, empreendidas por espíritos superiores, de reunir os resultados mais altos de numerosas disciplinas, se possível de todas, os cumes, por assim dizer, da sabedoria total, e formar com eles um único conjunto sobre o qual se possa fundar uma visão do mundo e da vida. (A concepção que se aproxima mais do nosso ponto de vista encontra-se na introdução de Wundt ao seu *Système de Philosophie*, 3ª ed., I 1 ss.) Na presente obra, por razões de conveniência, o tema foi restrito aos limites impostos pelo espaço, pelos conhecimentos de que dispunha o autor e por aqueles que ele podia supor nos seus leitores.

Não nos estenderemos longamente sobre a divisão cronológica do nosso assunto. As diversas escolas e os grupos de escolas serão objeto de nosso estudo cada qual por sua vez, sem introdução especial. A divisão mais judiciosa da história da civilização antiga, logo também da ciência e da filosofia antigas, é sem dúvida a proposta por Paul Tannery, *Pour l'histoire de la science hellène*, 1-9. O período que se estende aproximadamente do ano 600 a.C. ao ano 600 d.C. é dividido por ele em quatro períodos de mais ou menos três séculos cada, que podemos chamar resumidamente de *helênico, helenístico, greco-romano* e *paleo-bizantino*. O primeiro começa no início da literatura em prosa e vai até a época de Alexandre, o segundo de Alexandre ao século de Augusto, o terceiro até Constantino e o quarto até Justiniano ou – como Tannery prefere – até Heráclio. Essa divisão tem a vantagem de coincidir com as fases reais do desenvolvimento da cultura, mas pode-se criticar nela a grande desigualdade de valor – pelo menos no que tange à história da filosofia – dos quatro períodos assim delimitados. Um outro ponto de vista digno de ser levado em consideração é aquele exposto por Diógenes Laércio, III 56, modificado por I 18. A ampliação progressiva da filosofia é comparada por ele à da tragédia, que possuía de início um, depois dois e enfim três atores. Assim, na origem, os pensadores tratavam somente de física; Zenão de Eleia acrescentou a dialética, e enfim Sócrates completou o campo de suas pesquisas incluindo nele a moral. Uma comparação tão engenhosa merecia ser mencionada; contudo ela não é nem absolutamente exata em si mesma, nem aplicável como princípio de divisão, e isso por motivos que se apresentam por si mesmos ao espírito. A grande figura de Sócrates não representa para nós um coroamento, mas a transição entre duas épocas principais. Afinal, desde o seu aparecimento a filosofia não se move por caminhos absolutamente novos, mas por caminhos diferentes. A partir desse momento, a preponderância da filosofia natural dá lugar à da ética.

Uma palavra agora a respeito dos *fins* aos quais deve tender o estudo histórico da filosofia antiga. São os fins do estudo histórico em geral, modificados pela natureza particular desse tema científico. O interesse histórico decorre de três poderosos impulsos: da alegria ingênua proporcionada pelo conhecimento do passado, sobretudo naquilo que ele teve de grandioso, de magnífico; do desejo de utilizar ou aplicar as lições que se pode tirar desse conhecimento; enfim da necessidade puramente científica e desinteressada de conhecer, que, nas questões históricas, almeja penetrar as leis da evolução. Sobre o primeiro e o terceiro desses impulsos, haveria muito a dizer no caso particular que nos ocupa; mas há mais ainda a dizer sobre o segundo. Diante dos imensos progressos que as ciências fizeram durante tantos séculos, pode-se, de fato, indagar se há algum proveito a tirar do estudo dos pensamentos e das doutrinas de uma época tão remota. Para dissipar essa dúvida, caberia lembrar que esses progressos não foram de modo algum os mesmos em todas as áreas; que foram incomparavelmente menores na das ciências morais que na das ciências naturais; que, mesmo com relação a estas últimas, certas questões fundamentais ainda aguardam solução e que os problemas mais gerais e mais difíceis certamente mudaram de aspecto com frequência, mas permaneceram os mesmos nos seus princípios. Todavia, é infinitamente mais importante lembrar que há um meio *indireto* de utilização ou aplicação e que esse meio tem o maior alcance no caso de que tratamos. Quase toda nossa cultura intelectual é de origem grega. O conhecimento aprofundado dessas origens é a condição indispensável de nossa *libertação* de sua influência demasiado poderosa. A ignorância do passado, em tal caso, não somente não é desejável, é simplesmente uma impossibilidade. Pode-se não estar informado sobre as doutrinas e obras dos grandes mestres da Antiguidade, de Platão ou Aristóteles; pode-se mesmo nunca ter ouvido seus nomes; mas não se deixa de ser dominado pela sua autoridade. Não somente sua influência estende-se sobre nós por intermédio de seus sucessores antigos ou modernos, mas o conjunto de nosso pensamento, as categorias nas quais ele se move, as formas de linguagem de que se serve e que, por conseguinte, o governam – tudo isso é em grande medida um produto artificial, e antes de mais nada a criação dos grandes pensadores do passado. Se não quisermos tomar o produzido pelo primordial, o artificial pelo natural, devemos esforçar-nos para conhecer a fundo o processo desse devir.

Algumas palavras agora sobre as fontes principais de nosso conhecimento. Apenas uma parte muito pequena das obras dos grandes pensadores originais da Antiguidade chegou até nós. Possuímos as de Platão na íntegra; a metade das de Aristóteles, a saber os escritos destinados à sua escola, mas não as obras populares que ele compôs exclusivamente ou quase exclusivamente em forma de diálogos; depois um certo número de pequenos fragmentos de Epicuro, de extensão infinitamente menor; enfim as *Enéades* do neoplatônico Plotino. O resto é composto ou de fragmentos ou de obras de discípulos, de continuadores, de colecionadores, de comentadores, de analistas. *Toda a filosofia pré-socrática não passa de um campo de destroços.* Exceto Platão e Xenofonte, o socratismo, apesar de seus numerosos ramos, também só deixou ruínas; o mesmo ocorreu com a média e a nova Academia, com o neo-pitagorismo, com o antigo e o médio Pórtico e, salvo o poema didático de Lucrécio, com a literatura epicurista. Todavia, esta última, graças às cinzas protetoras de Herculano, é de nosso conhecimento através de numerosos e consideráveis fragmentos. De todas as escolas, o novo estoicismo foi a melhor tratada pelo destino. Sêneca, Epicteto e Marco Aurélio ainda falam para nós como falavam para seus contemporâneos. As doutrinas e demonstrações dos céticos chegaram até nós de modo bastante completo graças à análise extensa deixada por um escritor posterior, Sexto Empírico; conhecemos igualmente a filosofia religiosa alexandrina através das obras originais de Fílon. Reservamos para mais tarde detalhes mais precisos. Dissemos o suficiente para que o leitor apreenda a importância da *tradição indireta*.

É preciso distinguir, nessa tradição, dois elementos principais: a *doxografia* e a *biografia*, isto é, as indicações relativas às *doutrinas* e as relativas à *vida* dos filósofos. As primeiras estão hoje reunidas, pelo menos no essencial, na notável obra de Hermann Diels, os *Doxographi graeci* (Berlim 1879). Foi demonstrado que a fonte principal de todas as coleções doxográficas posteriores – pelo menos na medida em que se leva em conta a *física* no sentido antigo e abrangente desse termo – era uma obra, hoje perdida, de Teofrasto (Φυσικῶν δόξαι). Numerosos escritores recorreram a ela seja diretamente, seja indiretamente, entre outros Cícero e Aécio (entre 100 e 130 d.C.). Possuímos essa obra sob diversas formas. Uma delas é a obra intitulada *Placita philosophorum* e falsamente atribuída a Plutarco; uma segunda é constituída pelas partes relativas à física do *Florilegium* de Estobeu (cerca de 500 d.C.); uma terceira encontra-se num escritor eclesiástico, Teodoreto, que viveu em torno do meio do século V. Além disso, é na obra doxográfica de Teofrasto que repousa indiretamente uma outra fonte muito importante, a saber a *Refutação de todas as heresias*, do padre Hipólito (começo do século III). O primeiro livro era conhecido há muito tempo com o título especial de *Philosophoumena* e atribuído a Orígenes; em 1842, descobriu-se os livros 4 a 10, que deram a conhecer imediatamente o nome do verdadeiro autor.

I

O desenvolvimento fecundo da especulação estava subordinado à aquisição prévia de conhecimentos especiais. Nesse ponto, os helenos tiveram a sorte de receber uma herança. Quando o caldeu observava o curso dos astros no céu claro e transparente da Mesopotâmia e arrancava dos eclipses dos grandes corpos celestes a lei experimental de seu retorno, ou quando o egípcio media seu solo, ao mesmo tempo devastado e fertilizado pela cheia do Nilo, para fixar a parte de imposto relativa a cada propriedade e, para isso, criava uma arte que implicava o início da geometria, ambos, sem se darem conta e sem querer, preparavam o desenvolvimento futuro da ciência helênica. Nisso ainda, podemos reconhecer um dos favores – talvez o maior – que o destino concedeu ao povo grego. Os primeiros passos no caminho da pesquisa científica – até onde nossos conhecimentos históricos nos permitem afirmar – sempre se deram unicamente nos países onde uma classe organizada de sacerdotes ou de cientistas juntava aos indispensáveis lazeres a não menos indispensável estabilidade da tradição. Porém, mesmo aí, os primeiros passos foram amiúde os últimos porque as doutrinas científicas assim adquiridas cristalizaram-se com demasiada frequência em dogmas imutáveis, amalgamando-se com crenças religiosas. Os limites dos quais a criança não

---

O elemento essencialmente *biográfico* da tradição concentrou-se sobretudo numa grande coletânea que é obra de Diógenes Laércio. Diógenes é um escritor absolutamente medíocre; o que o caracteriza são inacreditáveis inadvertências. Apesar disso, sua obra, composta, ou melhor, compilada provavelmente no primeiro terço do século III d.C., tem para nós um valor inestimável. Usener crê ter reconhecido sua fonte imediata e principal na obra de um escritor do tempo de Nero, Nícias, de Niceia na Bitínia. Este último, sem dúvida, baseou-se numa literatura extremamente rica, cujas fontes mais remotas foram as biografias de filósofos redigidas primeiramente na forma de "diadoquias", ou seja, de "sucessões" ou histórias das diversas escolas, por Sótion de Alexandria, que viveu por volta do fim do século III a.C. (Duas amostras desse gênero histórico nos foram restituídas recentemente; elas são da lavra do epicurista Filodemo.) O restante da abundante literatura que se desenvolveu nos quatro séculos que separam Diógenes Laércio de Sótion encontra-se na obra desse compilador.

Em cada seção da nossa obra, indicaremos as fontes principais; quanto às monografias modernas ou aos trabalhos de conjunto, só falaremos deles nos limites demarcados pelo nosso prefácio. A bibliografia mais completa encontra-se no *Grundriss der Philosophie des Altertums* de Uberweg-Heinze [12ª ed. revista por Praechter, 1926] e a discussão mais extensa e mais aprofundada de todas as questões relativas ao tema na obra capital de Eduard Zeller, *Die Philosophie der Griechen* [cujo vol. I foi publicado na 6ª ed. por Nestle, 1919-1920]. Consulte-se também a *Geschichte der Philosophie* de Windelband, na qual está resumido o conjunto desse vasto tema [7ª ed., 1916] e o escorço menos sumário de H. d'Arnim, *Kultur der Gegenwart*, I 5. Entre as obras um pouco antigas mas ainda não totalmente envelhecidas, convém citar sobretudo o *Handbuch der Geschichte der griechisch-römischen Philosophie*, de Christ-Aug. Brandis. Quanto às compilações importantes, indicaremos as duas mais notáveis, as de Diels (*Die Fragmente der Vorsokratiker*, 3ª ed., Berlim, 1912) e de H. d'Arnim (*Veterum Stoïcorum fragmenta*, Leipzig, 1903-1905). A *Historia philosophiae graecae e fontibus contexta* de Ritter e Preller [9ª ed. revista por Wellmann, 1913] cumpre provisoriamente o papel de coleção abrangente de fragmentos filosóficos.

consegue abrir mão tornam-se uma corrente que entrava e paralisa os movimentos do homem feito. Por um favor especial da sorte que iria assegurar seu livre progresso intelectual, o povo grego teve predecessores que possuíam corporações de sacerdotes, mas ele mesmo sempre careceu delas. Assim, o futuro promotor do desenvolvimento científico da humanidade estava ao mesmo tempo exposto às vantagens e ao abrigo dos inconvenientes que resultam da existência de uma classe sacerdotal. Apoiado nos trabalhos preliminares dos egípcios[45] e dos babilônios, o gênio helênico pôde desenvolver-se livre de todo empecilho e alçar-se num único voo até os cumes mais altos. Criador da ciência propriamente dita, da ciência generalizadora, ele encontrou-se entre os dois povos que o conduziram até ela preparando e fornecendo-lhe os materiais necessários numa situação que lembra a de Goethe entre Lavater e Basedow: "Prophete rechts, Prophete links, das Weltkind in der Mitten"[46].

O desenvolvimento dos conhecimentos físicos, o crescimento, nesses séculos remotos, do domínio que os gregos exerciam sobre a natureza produziram uma dupla série de consequências. No âmbito religioso, a concepção que fazia do universo o teatro tumultuado de vontades caprichosas e inumeráveis, cruzando-se e contrariando-se sem cessar, foi mais e mais minada; a inteligência sempre crescente que se adquiriu a respeito da ação das leis no curso das coisas trouxe a subordinação dos numerosos deuses particulares à vontade soberana de um chefe supremo. O politeísmo tendeu cada vez mais ao monoteísmo, evolução cujas fases sucessivas nos interessarão mais adiante. Porém, o conhecimento mais exato, a observação aprofundada dos fenômenos naturais levou ao mesmo tempo a especulações sobre a constituição dos agentes materiais; o mundo dos deuses, dos espíritos e dos demônios já não era mais o único que fascinava os olhos dos pesquisadores. A cosmogonia começou a desprender-se da teogonia. O problema da matéria passou para o primeiro plano das preocupações. Existem tantas matérias diferentes na sua essência quanto tendem a nos fazer crer as diferenças sensíveis entre as coisas? Ou será possível reduzir essa infinita pluralidade a um número menor, talvez muito pequeno, ou até à unidade? A planta tira seu alimento da terra, do ar e da água; ela serve de alimento ao animal; os restos e excrementos deste, por sua vez, servem de adubo para a planta até que, finalmente, como o corpo do animal, ela se decompõe. Esses elementos que se movem em circulação perpétua seriam essencialmente estranhos uns aos outros? Ou então resultariam da simples

---

[45] Agora conhecemos melhor a geometria egípcia graças ao papiro Rhind, publicado por A. Eisenlohr, Leipzig, 1877, com o título de *Ein mathematisches Handbuch der alten Ägypter*. Ver sobre isso Bretschneider, *Die Geometrie und die Geometer vor Euklides*, 16-20. Cf. Heródoto, II 109; Arist., *Metaf.*, I 1 [p. 981 b 23]; Platão, *Fedro*, 274c. Heródoto, *loc. cit.*, afirma que os gregos tomaram emprestado dos babilônios os instrumentos astronômicos elementares. Sobre a previsão dos eclipses pelos babilônios, cf. Lenormant, *La Divination chez les Chaldéens*, I 46, ou J. Ménant, *La Bibliothèque de Ninive*, 93 ss.

[46] [N.T.: "Um profeta à direita, um profeta à esquerda, o leigo no meio".]

transformação de matérias primordialmente homogêneas, ou mesmo de uma única matéria? O mundo não terá saído de uma tal matéria, e não do simples vazio, do caos ou do nada, e não volta para ela? Será possível reconhecer uma lei geral nessa série de metamorfoses e formulá-la? Essas eram as perguntas que começavam a ser feitas pelos espíritos meditativos, prontos para abordar a ciência positiva.

Na verdade, por mais espantoso que isso possa parecer, um germe de especulações análogas já se encontra nos poemas homéricos. Basta lembrar os trechos em que a água e a terra são designadas como os elementos nos quais se dissolve o corpo humano; e sobretudo aqueles em que Oceano é considerado a fonte primordial de todas as coisas, ou então, associado à deusa marinha Tétis, como o casal do qual descendem todos os deuses[47]. Aqui encontravam-se os últimos ecos do fetichismo primitivo com os primeiros chamados da ciência positiva. No entanto, agora essas concepções despojam-se de todo invólucro místico; melhor ainda, elas são perseguidas com um rigor implacável e até as suas últimas consequências. Surgem duas proposições essenciais da química moderna, importantes quando tomadas separadamente, duplamente importantes quando reunidas: a existência dos elementos da matéria e a indestrutibilidade desta. Uma dupla série de considerações levou à segunda dessas teses. Se a matéria pudesse, como mostrava o ciclo da vida orgânica, sair intacta de tão múltiplas transformações, não era natural imaginar que ela era absolutamente indestrutível e que ela só se esvanecia em aparência? Por outro lado, a observação atenta mostrou que, mesmo nos casos em que tudo parece levar a supor um aniquilamento real, não nos encontramos na presença de uma passagem da matéria para o não-ser. A água que fazemos ferver não gera vapor? Os corpos sólidos que queimamos não produzem fumaça e não deixam cinzas? Constatamos aqui uma genial antecipação das doutrinas modernas, cuja verdade só foi demonstrada, com balança em mãos, pelos grandes químicos do século XVIII, especialmente por Lavoisier. E tem mais: a especulação dos "fisiólogos" jônicos ultrapassou em outro ponto os resultados da ciência atual. O voo ousado do seu pensamento não se deteve na concepção de uma multiplicidade de elementos indestrutíveis; ele levou-os a admitir que toda pluralidade material decorre de uma única matéria primordial. Nisso – podemos dizê-lo com toda propriedade – a inexperiência foi mãe da sabedoria. O desejo de simplificar, uma vez desperto, assemelhava-se a uma pedra posta em movimento, que rola cada vez mais longe até que um obstáculo a detenha. Do inumerável ele conduziu-os à pluralidade limitada, e desta à unidade. Ele não foi perturbado no seu caminho; fatos discrepantes não lhe opuseram barreiras nem lhe deram intimação para parar. E foi assim que a ingenuidade impetuosa da infância formulou um pensamento que, hoje, triunfando sobre dificuldades sem número, começa a ressurgir no céu de uma ciência mais madura e mais circunspecta. De fato, os mais avançados dos cientistas de hoje

---

47 *Ilíada*, VII 99: ἀλλ' ὑμεῖς μὲν πάντες ὕδωρ καὶ γαῖα γένοισθε, e *Ilíada*, XIV 246 e 302. Ver também Gênesis, 3.19.

emitem a opinião de que os setenta ou oitenta elementos conhecidos pela química atual não representam os resultados definitivos da análise, mas apenas uma parada momentânea na via da decomposição progressiva da matéria[48].

II

Tales de Mileto[49] é tido como o iniciador de todo esse movimento. Esse homem extraordinário era o produto de um cruzamento de raças; o sangue grego, o sangue cário e o sangue fenício circulavam em suas veias. Ele era dotado das aptidões mais diversas da população da Jônia e a tradição pintou sua figura com as cores mais cintilantes. Ora ela mostra nele o modelo do sábio, alheio ao mundo, enfurnado nas suas pesquisas e que acaba caindo num poço ao contemplar os astros; ora ela o faz utilizar seus conhecimentos com intuito de ganho pessoal; outra vez, se podemos acreditar no que é contado, ele deu

---

[48] J. Liebig escreveu a Friedrich Wöhler em 15 de abril de 1857: "Pode parecer arriscado até falar nisso; todavia, nunca devemos perder de vista que os metais são tidos como simples não porque sabemos que o são, mas porque não sabemos que não o são" (*Briefwechsel* etc., II 43). Herbert Spencer exprimia-se de modo análogo num trabalho publicado inicialmente em 1872 e que se encontra nos seus *Essays* (ed. de 1891, I 372): "O que os químicos chamam, por comodidade, de substâncias elementares são simplesmente substâncias que até agora eles não conseguiram decompor; mas [...] eles não ousam dizer que elas são absolutamente indecomponíveis". Cf. L. Barth no *Almanach der kaiserlichen Akademie der Wissenschaften*, Viena, 1880, p. 224: "De fato, não há um químico que ainda considere absolutamente segura e certa a existência dos mais ou menos 70 elementos atualmente conhecidos; qualquer especialista reconhece que é provável, para não dizer certo, que esse número deve ser reduzido". Também Lothar Meyer, *Die modernen Theorien der Chemie*, 4ª ed., 133: "É perfeitamente concebível que os átomos de todos os elementos ou de muitos dentre eles sejam compostos essencialmente de pequenas partículas de uma única matéria primordial, talvez de hidrogênio". A história dessa hipótese, que foi formulada por Proust em 1815, é traçada na obra de Meyer. Ficamos contentes de encontrar um complemento à nossa exposição, que insiste sobretudo no lado objetivo ou científico da questão; é o escrito de Karl Joël *Der Ursprung der Naturphilosophie aus dem Geiste der Mystik*, 1903 (2ª ed. Iena, 1926). É um desenvolvimento, rico em paralelos interessantes e em observações perspicazes, da seguinte ideia: "É da mística que provém a doutrina da unidade da natureza, doutrina que nenhuma indução pode fornecer".

[49] Principais fontes: Dióg. L., I 22-44 (FVS 1 A 1). Heródoto, I 170 [FVS 1 A 4], diz que Tales era de origem fenícia (τὸ ἀνέκαθεν γένος ἐόντος Φοίνικος). As objeções que se levantou recentemente contra essa afirmação e cujo último resumo foi feito por E. Meyer (*Philolog.*, nova série, II 268 ss. = *Forschungen zur alten Geschichte*, nº 3, I 128) equivalem a dizer que *é possível* que Heródoto tenha se enganado. Porém, como não conhecemos de modo algum a fonte de suas informações e como, *a priori*, é extremamente improvável que os gregos tivessem concordado em tornar seus grandes homens estrangeiros, parece-nos que, dessa *possibilidade* à *certeza* há uma distância muito grande. A mãe de Tales tinha um nome grego (Cleobulina); o pai chamava-se Exâmies, um nome cário (cf. Diels, *Archiv fur Geschichte der Philosophie*, II 169).

Principais trechos relativos ao que segue: Platão, *Teeteto*, 174a; Heródoto, I 74 e 170 (o relato que ele faz em I 75 é muito duvidoso) [FVS 1 A 9; A 5; A 4; A 6]. Sobre Tales no Egito, ver a importantíssima *História da Geometria* de Eudemo (colega de Teofrasto), em *Eudemi Rhodii quae supersunt*, compil. L. Spengel [fr. 84], p. 113 ss. [FVS 1 A 11]. Sobre a tentativa de Tales de explicar a enchente do Nilo, ver Dióg. L., I 37; Diodoro, I 38, entre outros [cf. FVS 1 A 16]. Sobre Tales como geômetra, cf. Allman, *Greek geometry from Thales to Euclid*, 7 ss.

aos seus compatriotas, os jônios da Ásia Menor, um conselho surpreendentemente sábio e previdente: o de criar uma instituição absolutamente desconhecida dos gregos dessa época, um estado federativo. Sem dúvida alguma, ele era ao mesmo tempo mercador, estadista, engenheiro, matemático e astrônomo. Ele havia adquirido sua grande cultura em viagens longínquas: tinha ido até o Egito, onde o enigma das enchentes do Nilo o preocupara. Foi o primeiro a fazer da arte rudimentar da agrimensura – na qual os egípcios viam apenas o meio de resolver este ou aquele problema dado – a geometria dedutiva propriamente dita, fundada em proposições gerais. Uma das demonstrações elementares dessa ciência leva até hoje o seu nome. Relata-se, e o fato em si não tem nada de inacreditável, que ele indicou aos seus mestres egípcios o meio, procurado em vão por eles, de medir a altura das pirâmides. Ele fê-los observar que, na hora em que a sombra de um homem ou de qualquer objeto é igual ao seu tamanho real, a sombra desses monumentos não podia nem ultrapassar sua altura verdadeira, nem ser inferior a ela. Da ciência babilônica – com cujos elementos ele havia podido familiarizar-se em Sardes[50] – ele tomou emprestado a lei do retorno periódico dos eclipses, que lhe permitiu prever, para grande espanto dos seus compatriotas, o eclipse total do sol de 28 de maio de 585. Afinal, é impossível que ele tenha chegado a esse resultado teoricamente, haja vista a ideia pueril que ele tinha da forma da Terra: a de um disco plano que boiava na água[51]. Seus conhecimentos meteorológicos tiveram certamente a mesma origem[52]. Sabemos que ele os empregou com propósitos práticos e que, graças a eles, ele pôde prever uma colheita de azeitonas particularmente abundante, alugar numerosos lagares e obter assim um lucro considerável. As noções astronômicas que ele adquiriu serviram aos navegadores da sua pátria, que percorriam então os mares e comerciavam com muito mais ardor que todos os outros gregos. Ele fê-los ver que, de todas as constelações, a Pequena Ursa é a que indica mais exatamente o Norte. É incerto se ele escreveu livros; não é provável que ele tenha difundido desse modo sua doutrina sobre a essência das coisas[53], pois Aristóteles a conhece, mas ignora no que Tales a

---

[50] A Lídia estava sob influência da civilização babilônico-assíria. Disso são testemunhos: a árvore genealógica de sua dinastia, que remonta ao deus Bel, muitos traços da história lendária e sobretudo o protetorado da Assíria sobre os reis Giges e Ardis, que conhecemos através das inscrições cuneiformes. Não é duvidoso que os jônicos, ávidos por ciência como eram e vizinhos da magnífica capital de Sardes, que eles visitavam (Heródoto, I 29), não tenham se familiarizado ali com os elementos da cultura babilônica. Cf. Georges Radet, *La Lydie et le monde grec au temps des Mermnades*, Paris, 1893. O eclipse do sol previsto por Tales é o nº 1489 do *Cânone dos Eclipses* de Th. Von Oppolzer (*Denkschrift der mathematisch-naturwissenschaftlichen Classe der kaiserlichen Akademie der Wissenschaften*, vol. 52). Sobre Tales como astrônomo, cf. Sartorius, *Die Entwicklung der Astronomie bei den Griechen* (Haile, 1883).

[51] Sobre a forma da Terra, cf. Arist., *De cælo*, II 13 [294 a 28 = FVS 1 A 14] e *Doxogr.*, 380, 21.

[52] As previsões meteorológicas como a que menciona Arist., *Polít.*, I 11 [FVS 1 A 10], são frequentes "no grande tratado astrológico", diz Lenormant, *loc. cit.*

[53] Os escritos atribuídos a Tales já foram declarados apócrifos na Antiguidade, segundo Dióg. L., I 23.

fundava e fala dela de maneira puramente conjectural[54]. O alimento das plantas e dos animais é úmido e o calor da vida depreende-se da umidade; por outro lado, a semente das plantas e o sêmen dos animais são constituídos de elementos úmidos; esses são, segundo Aristóteles, os motivos que teriam levado Tales a declarar que a água, princípio de tudo que é úmido, é também a matéria primordial. Tais considerações realmente o determinaram? Ou então – e nesse caso em que medida – teria ele sido influenciado por especulações mais antigas, gregas ou estrangeiras? Isso é tão pouco claro para nós, pelo menos atualmente, quanto sua atitude para com a religião[55].

A doutrina da matéria primordial admitia e iria provocar um triplo desenvolvimento. O lugar que Tales atribuía à água na hierarquia das matérias não podia permanecer incontestado. Outras matérias entre as mais disseminadas, particularmente a mais fluida de todas, o ar, e a mais poderosa, o fogo, iriam encontrar partidários e defensores. Além disso, impor-se-ia à penetração de um espírito genial a ideia de que era preciso procurar a forma primitiva da matéria abaixo e além das suas formas atuais e sensíveis e não entre estas. Enfim, essa teoria continha um germe de ceticismo que, mais cedo ou mais tarde, adquiriria seu pleno crescimento. Afinal, se para Tales ela talvez significasse apenas que todas as coisas saem da água primordial e voltam para ela, ela não podia deixar de tomar pouco a pouco um significado mais extenso, a saber que a forma primitiva da matéria é a única verdadeira e real e que todas as outras podem não passar de simples

---

[54] Arist., *Metaf.*, I 3 [FVS 1 A 12]. No *De anima*, I 2 [FVS 1 A 22], Aristóteles relata, confiando em dados tradicionais (ἐξ ὧν ἀπομνημονεύουσι), que Tales teria dito que o ímã possui uma alma. Se a informação é exata, encontramo-nos em presença de um resto de concepção absolutamente fetichista. A opinião atribuída a Tales por Aristóteles no mesmo tratado (I 5 [FVS 1 A 22]) segundo a qual "tudo está cheio de deuses" é atribuída alhures (Dióg. L., VIII 32) a Pitágoras: "O ar, teria dito este último, está cheio de almas, e estas são chamadas de heróis e demônios". Isso é um elemento da religião naturalista mais primitiva, que se encontra ainda hoje nas crenças populares dos finlandeses, entre os khonds da Índia e entre os algonquins da América do Norte; cf. Tylor, *Civilis. primitive*, II 169, 170 ss., 172, 187 ss. Teríamos o direito de supor que nisso Tales foi influenciado pelas concepções religiosas dos babilônios, idênticas às concepções acadianas, que admitem espíritos inumeráveis, cujo parentesco com os espíritos dos finlandeses Lenormant tentou estabelecer em *La Magie chez les Chaldéens*? (Cf. o registro s.v. *Espíritos*.)

[55] A concepção de Tales – a Terra flutuando como um disco de madeira sobre a água e o universo repleto de matéria primordial, ou seja, concebido como uma massa líquida – coaduna-se, como mostra Tannery em *Pour l'histoire de la science hellène*, 70 ss., em certa medida com a ideia egípcia da água primordial *Nun*, dividida em duas massas separadas. Os antigos babilônios admitiam igualmente um Oceano superior e um Oceano inferior; cf. Fritz Hommel, *Der babylonische Ursprung der ägyptischen Kultur*, Munique, 1892, p. 8. Pode-se também comparar com o livro do Gênesis, I 7. A concordância entre a doutrina fundamental de Tales e a da seita semijudaica dos sampseanos permanece totalmente obscura; cf. Hilgenfeld, *Judentum und Judenchristentum*, 98, segundo Epiphan. Haeres, 33 (resp. 53) 1 [p. 461 fim = II 1 118 Ochler]; cf. também Plutarco sobre os sírios, *Quaest. conviv.*, VIII 8 4 [739 e] (*Mor.* 891, 7 ss. Dubner). A tendência atual é considerar Tales como um simples intermediário entre estrangeiros e gregos; no entanto, essa tendência tem contra ela o modo como a melhor autoridade, Eudemo, *op. cit.*, fala dos trabalhos geométricos de Tales e da relação em que se encontram com a matemática egípcia.

ilusões. A partir do momento em que se admitia que o ferro ou a madeira, por exemplo, não são verdadeiramente ferro ou madeira, mas água ou ar, seria possível que a dúvida quanto à veracidade do testemunho dos sentidos se detivesse aí?

III

Anaximandro (nascido em 610) seguiu o segundo desses caminhos[56]. Ele era filho de Praxíades, milésio como Tales, provavelmente seu amigo e seu discípulo, e ele pode ser considerado como o verdadeiro criador da ciência da natureza na Grécia, e por conseguinte no Ocidente. Foi o primeiro que não temeu abordar cientificamente as graves questões da origem do universo, da Terra e de seus habitantes. Nele era vigoroso o senso de identidade, a faculdade de penetrar analogias escondidas profundamente, e poderoso o desejo de depreender do que se apresenta aos sentidos aquilo que se furta à sua percepção. Sem dúvida, suas tentativas são frequentemente pueris, cheias de tateamentos, mas sua personalidade não deixa de impor respeito, pois ele abriu caminhos e desbravou trilhas. Infelizmente, as informações que temos sobre ele são demasiado incompletas, desconexas e contraditórias para que possamos seguir o andamento do seu pensamento. Seu tratado *Da Natureza*, primeira exposição em prosa de doutrinas científicas que a literatura grega possuiu – e que, infelizmente, perdeu demasiado cedo – era o fruto maduro de uma vida dividida entre as meditações profundas e o cuidado dos negócios de Estado. Somente pouco tempo antes de sua morte, ocorrida aos sessenta e três anos de idade (547), ele decidiu publicar essa obra, da qual chegaram até nós algumas linhas, mas nenhuma frase completa. Seus trabalhos preliminares, que ele coroou com essa última obra, eram variados e do mais alto mérito. Ele tem a glória de ter dado aos gregos o primeiro mapa geográfico e o primeiro mapa celeste. Para estabelecer seu mapa terrestre, ele utilizou – por não ter participado de viagens de descoberta – a soma das informações que afluíam mais do que a qualquer outra parte da Grécia à sua pátria jônica, ponto de partida de numerosas expedições por terra e por mar até os limites do mundo então conhecido. Mapas terrestres também foram estabelecidos no Egito antigo, mas eles se limitavam à reprodução gráfica de distritos isolados[57]; a ideia de um mapa que abarcasse o conjunto do mundo havia permanecido estranha aos habitantes do vale do Nilo; aliás, por não empreenderem viagens longínquas por mar e por não possuírem colônias afastadas, eles não tinham os materiais

---

[56] Principais fontes: Dióg. L., II 1 ss. [FVS 2, 1] (muito incompleto) e [Hipólito I, 6] *Doxogr.* [559; FVS 2, 11]. Uma única frase curta conservada por Simplício, *In Aristot. Phys.*, 24, 13, Diels [FVS 2, 9]. (Esse zeloso comentador das obras aristotélicas, que viveu no século VI d.C., conservou mais fragmentos da literatura filosófica pré-socrática que qualquer outro escritor.) Além disso, algumas palavras citadas por Arist., *Física*, III 4 [FVS 2, 15].

[57] Dois deles foram conservados: um representa um distrito mineiro, o outro um território que é impossível determinar. Erman, *Ägypten und ägyptisches Leben*, 619.

necessários. A tábua de Anaximandro, pelo que nos dizem os antigos, representava a terra circundando uma bacia fechada e envolta ela mesma por um mar exterior. Quanto aos instrumentos de pesquisa geográfica e astronômica, o pai da geografia científica conheceu sem dúvida o gnômon, invenção dos babilônios, que consistia numa haste fincada num plano horizontal e que permitia encontrar, em qualquer dia e qualquer estação do ano, por meio do comprimento e direção de sua sombra, o Sul verdadeiro de qualquer localidade, e bastava para determinar os quatro pontos cardeais e os dois solstícios[58]. De acordo com uma tradição – que, na verdade, indica uma vez o seu nome e outra vez o de seu sucessor Anaxímenes – nosso milésio teria estabelecido um desses instrumentos em Esparta. A história da ciência não reconhece nele o autor de proposições matemáticas novas, mas atribui-se a ele a composição de um resumo das doutrinas geométricas. Em todo caso, ele não carecia de cultura matemática, como provam suas indicações – de interpretação pouco segura no momento – sobre a grandeza dos corpos celestes[59]. Como astrônomo, Anaximandro foi o primeiro a romper, e quase completamente, com as concepções pueris da alta Antiguidade. Sem dúvida, para ele a Terra ainda não é uma esfera; mas ela tampouco é um disco plano em repouso sobre uma base e recoberto pela abóbada celeste como por um sino. Ele não fazia mais o sol mergulhar a cada crepúsculo nas águas do Oceano e não imaginava que ele retornava, por esse caminho, do Ocidente ao Oriente. Se um movimento constante e regular devia explicar o fato de que o sol e os outros astros emergem do céu oriental após terem desaparecido no céu ocidental, só restava uma alternativa: fazer com que continuassem sob a Terra o movimento circular que executam diante de nossos olhos acima do horizonte. Essa concepção tinha a seu favor o apoio de uma observação: as constelações vizinhas do polo nunca se põem, mas descrevem um movimento circular. Por conseguinte, o hemisfério celeste que vemos devia ser, na verdade, apenas a metade de uma esfera completa. À abóbada que se curva acima de nossas cabeças opõe-se uma segunda, cavada abaixo de nossos pés. Assim, a Terra fica privada da base na qual repousava até então e que devia descer a profundezas infinitas; a partir de então, ela plana livremente no espaço. Em vez de um disco plano, é concebida na forma de um fragmento de coluna ou de um cilindro que, para manter um equilíbrio estável, deve ter um diâmetro consideravelmente maior que sua altura. A proporção de três para um preenchia a condição requerida e impunha-se provavelmente ao velho pensador pela sua simplicidade. Mas como explicar que essa Terra, semelhante a um pandeiro,

---

[58] Heródoto, como já dissemos, informa (II 109) que o gnômon foi tomado de empréstimo aos babilônios; Dióg. L., *loc. cit.*, fala da instalação de um desses instrumentos em Esparta por Anaximandro, enquanto Plínio, *História Natural*, II 187 [FVS 3 A 14 a] a atribui a Anaxímenes. Sobre o que segue, cf. Bretschneider, *op. cit.*, 62.

[59] Sobre tais indicações, cf. *Doxogr.*, 68 [FVS 2, 21] e também Diels no *Archiv fur Gesch. der Philos.*, X 228 ss. Sobre a forma da Terra, cf. Hipólito, I 6 = *Doxogr.*, 559, 22 [FVS 2, 11]; sobre seu estado flutuante, Arist., *De cælo*, II 13 [FVS 2, 26].

pudesse ficar assim suspensa no vazio? Anaximandro recorria para isso a um raciocínio bem estranho: se ela fica assim imóvel, é porque ela está igualmente distante de todos os pontos da esfera celeste. Daí resulta, por um lado, que a gravidade, para ele, não podia confundir-se com a tendência para baixo. Por outro lado, a forma da dedução nos faz ver no nosso milésio o primeiro precursor daqueles metafísicos que preferiam apoiar a lei da inércia em motivos *a priori* do que na experiência[60]. "Um corpo em repouso, dizia-se, não pode pôr-se em movimento se uma causa externa qualquer não agir sobre ele, pois, para fazê-lo, ele deveria mover-se de baixo para cima ou de cima para baixo, para frente ou para trás etc." Porém, como ele não tem nenhum motivo para fazer um ao invés do outro, ele não pode mover-se em sentido algum. Aristóteles também, que julga o argumento do velho pensador ao mesmo tempo engenhoso e falso, compara essa Terra imóvel a um esfomeado que pereceria porque não tem motivo para servir-se de um e não de outro dos pratos que o cercam a uma distância igual. Contudo, precisamos agora examinar a tentativa de cosmogonia de Anaximandro.

Por ocasião da teogonia hesiódica, já travamos conhecimento com a teoria do caos primitivo no qual se encontrava o universo. Mostramos então que tínhamos chegado à concepção do caos por meio da ampliação infinita do vazio que se instala entre o céu e a terra. Ao mesmo tempo, observamos que, das três dimensões do espaço, esses pensadores primitivos consideram somente um, a altura ou profundidade, sem preocupar-se com o que poderia ocorrer com as duas outras. Desenvolvido de modo lógico, o mesmo pensamento postularia, no lugar de uma fenda abissal, o espaço ilimitado em todos os sentidos. De fato, Anaximandro colocava esse espaço repleto de matéria no começo de todo devir[61]. Mas qual era essa matéria primordial estendida ao infinito? Nenhuma, podemos responder, das que conhecemos. Pois essas matérias que, sem fim e sem trégua, passam uma para dentro da outra e saem uma da outra apareciam-lhe como meros fatores de título, de certo modo, igual – pelo menos do ponto de vista de que nenhuma delas podia reivindicar o papel de produtora de todas as outras. A água primordial de Tales, em especial, mostrava-se perfeitamente imprópria para preencher essa função. Afinal, sua própria existência já não implica o calor, ou seja, segundo as concepções da época, a *matéria* do calor ou o fogo? Pois o sólido é transformado em líquido pela fusão, isto é, pela adjunção de *matéria ígnea*. O elemento aeriforme, o vapor de água por exemplo, é produzido pela ação do fogo sobre o líquido. Assim, o sólido e o ígneo pareciam ser os únicos que presidiam a todas as formações particulares. Todavia, a oposição que reinava entre eles fazia deles um par cujos membros, completando-se naturalmente, adquiririam existência simultaneamente. De fato, Anaximandro fazia-os sair através de uma

---

[60] Stuart Mill, *Lógica*, I, V cap. 3 § 5.

[61] Anaximandro chamava sua matéria primitiva de "o infinito" (τὸ ἄπειρον) e negava-lhe toda diferenciação material; é por isso que Teofrasto o chamou de matéria indefinida (ἀόριστος φύσις); cf. *Doxogr.*, 476, 18 e 479, 13 [FVS 2, 9; 2, 9 a].

"secreção"[62], na forma de "frio" e de "calor", da matéria primordial, que reunia em si todas as propriedades particulares. Mas como ele concebia a formação da infinita variedade das matérias particulares? Ignoramo-lo completamente. Todavia, podemos supor que uma diferenciação posterior das formas fundamentais da matéria devia continuar o processo já descrito. Seja como for quanto a esse ponto, as matérias arrastadas por um movimento turbilhonante dispuseram-se umas sobre as outras segundo sua densidade. O núcleo interno foi formado pela terra, cuja superfície era recoberta de água; esta era envolta numa camada de ar que, por sua vez, era rodeada por um círculo de fogo "como a árvore é rodeada de casca"[63]. Aqui se apresentava ao espírito sistemático do milésio um duplo problema. A terra constitui ainda hoje o núcleo dessa construção, o ar seu invólucro externo. Mas a água não forma mais uma cobertura uniforme da terra e o fogo só é visível agora em pontos isolados – embora numerosos – do céu. De onde provém, ele indaga, essa reviravolta da repartição primitiva e regular das matérias da terra? Eis como ele responde a essa questão: o mar existente atualmente não é mais que um resto da camada de água original; a evaporação pelo calor do sol reduziu seu contorno ao longo do tempo. Essa opinião encontrava um apoio nas observações geológicas que permitiam constatar um recuo do mar[64] em muitos pontos do litoral mediterrâneo. Observar a formação dos deltas, recolher conchas marinhas no continente, foi certamente de fatos dessa natureza que Anaximandro tirou as conclusões importantes que sustentavam sua doutrina. Quanto ao círculo de fogo, ele devia, um dia, ter se deslocado em decorrência desse movimento turbilhonante. A mesma força, segundo ele, também arrastou massas de ar que, assim, se condensaram e envolveram as massas de fogo[65]. Anaximandro concebia os invólucros de ar assim produzidos, que escondiam os fogos, na forma de rodas dotadas de aberturas análogas à boca de um fole, das quais o fogo jorra continuamente. Como ele foi levado a essa concepção? Acreditamos poder responder como segue: o sol, a lua e as estrelas giram em torno da Terra; porém, massas de fogo circulando regularmente no espaço não correspondiam a nenhuma analogia conhecida, enquanto a rotação de rodas era algo observável no cotidiano. Assim, as órbitas abstratas foram substituídas por objetos concretos e o problema foi consideravelmente simplificado. Enquanto as rodas subsistissem e durasse a força de impulsão que lhes fora dada, o curso dos astros estava garantido. Enfim, os eclipses eram explicados pelas obstruções às quais estão sujeitas as bocas da roda solar e da roda lunar.

---

[62] Secreção (ἔκκρισις) da matéria primitiva, segundo Teofrasto (*Doxogr.*, 133-134 [FVS 2, 1; 2, 9; 2, 11; 2, 14]).

[63] Pseudo-Plutarco em Eusébio, *Praep. evang.*, I 8 (*Doxogr.*, 579, 15) [FVS 2, 10]. Sobre os fatos utilizados no que segue, ver *Doxogr.*, 133, 134, 342, 345, 381, 494, 495 [FVS 2, 1; 2, 9; 2, 11; 2, 14; 2, 18; 2, 27].

[64] Cf. Fílon, *De aeternitate mundi*, c. 23-24 (segundo Teofrasto).

[65] Cf. Teichmuller, *Studien zur Geschichte der Begriffe*, 14-16; *Neue Studien zur Geschichte der Begriffe*, II 276 ss., e *Doxogr.*, 25.

O enigma da criação dos seres organizados também preocupou o espírito fecundo em recursos do milésio[66]. Os primeiros animais devem ter saído do lodo marinho – sem dúvida, é principalmente por esse motivo que o corpo do animal é composto de elementos sólidos e elementos líquidos, motivo que, como já vimos, levava a considerar a água e a terra como seus elementos na época homérica. Contudo, a riqueza do mar em seres vivos de toda sorte e a descoberta de restos de animais marinhos fósseis podem ter contribuído para estabelecer essa opinião. Além do mais, Anaximandro atribuiu a esses animais primitivos peles eriçadas que eles teriam perdido ao passar do mar para o *habitat* terrestre; e essa hipótese pode ter-lhe sido sugerida pela metamorfose que sofrem as larvas de muitos insetos. É quase certo que ele viu nos descendentes desses animais marinhos os antepassados dos animais terrestres; ele teria, portanto, tido um vago pressentimento da teoria moderna da descendência. Ele pronunciou-se de modo preciso sobre a origem do gênero humano. Não lhe era permitido fazer com que os primeiros homens saíssem da terra sem outra explicação, à maneira dos mitólogos, sobretudo, segundo nosso conhecimento, por causa de uma consideração: a criança pequena tem mais necessidade que qualquer outro ser de cuidados prolongados e não teria podido manter sua existência pelos simples meios naturais. É por isso que Anaximandro se pôs a procurar analogias que pudessem resolver esse enigma. Ele encontrou uma na crendice popular: dizia-se que os tubarões engolem sua cria assim que os ovos eclodem e os expelem em seguida, e repetem essa operação enquanto o jovem animal não tiver adquirido a força necessária para continuar a viver por si só. De maneira análoga, os antepassados do gênero humano teriam nascido no interior do corpo dos peixes e só os teriam deixado quando estivessem prontos para a vida. A crença dos babilônios na existência primitiva de peixes-homens[67] teria influenciado nosso filósofo? É impossível decidir, pelo menos por enquanto. Porém, seja qual for o modo como Anaximandro tenha tentado explicar o nascimento dos mundos, das formas da matéria, dos seres e dos objetos individuais, uma coisa estava inabalavelmente estabelecida para ele: tudo que nasce está destinado a perecer. Somente a matéria primordial, da qual tudo saiu e para a qual tudo deve voltar, era tida a seu ver como incriada e imperecível. Essa con-

---

[66] Enigma da criação orgânica: cf. *Doxogr.*, 135, 430 e 579 [FVS 2, 30; 2, 10]; ver também Plutarco, *Quaest. conviv.*, VIII 8, 4 [p. 730 e; FVS 2, 30] com a excelente correção de Döhner: γαλεοί em vez de παλαιοί. Meu colega Ed. Suess teve a gentileza de chamar minha atenção para dois pontos: 1) a opinião de Anaximandro, que encontrou mais tarde uma expressão típica no dito *omne vivum ex aqua*, é considerada cada vez mais pelos paleontólogos como uma verdade certa. (No entanto, a teoria da "origem pelágica" de toda vida é combatida em detalhe por Simroth, *Die Entstehung der Landtiere*, Leipzig, 1892. Mas mesmo esse cientista aproxima-se da hipótese de Anaximandro – "lodo marinho" – p. 67: "Na zona do litoral reúnem-se os três fatores da vida, água, ar e o elemento sólido com sua profusão de alimento".) 2) Nisso Anaximandro pode ter sido influenciado sobretudo pela observação de que os sapos vivem primeiro na água na forma de girinos (dotados de brânquias) e só se tornam gradualmente aptos a viver na terra (por meio da formação de pulmões).

[67] Sobre o homem-peixe babilônico Oannes, cf. George Smith, *The Chaldean account of Genesis*, 39 ss.

vicção enchia-o de uma satisfação ao mesmo tempo religiosa e moral. Toda existência particular parecia-lhe uma usurpação; os seres que se despossuem uns aos outros e aniquilam-se sucessivamente "devem sofrer o castigo e a pena segundo a ordem do tempo". A destrutibilidade das coisas individuais, a caducidade e a mortalidade dos seres vivos, a circulação da matéria amplificavam-se no seu espírito e faziam-no conceber uma ordem natural geral que, para ele, equivalia a um ordenamento jurídico universal. Tudo que existe, ele poderia ter dito junto com Mefistófeles, é digno de perecer. Somente a matéria eterna, dotada de energia, imortal e sempre jovem, parecia-lhe divina. Igualmente divinos mas, na condição de seres criados e consequentemente também perecíveis, deuses de segunda ordem[68], eram para ele os mundos ou os céus particulares que, uns após os outros, talvez também uns ao lado dos outros, gozam de uma existência relativamente longa, mas sempre temporária. Por quais processos eles sempre voltam ao seio materno da matéria primitiva, o filósofo não diz, mas podemos supor. Assim como diferenciações da essência primordial geraram sua existência, são as misturas e combinações das matérias que, ao longo de extensos períodos, põem fim a toda existência particular e, pouco a pouco, trazem tudo de volta à unidade indistinta da essência primitiva. Mas apenas, sem dúvida, para que esta empregue a inesgotável energia vital da qual é dotada para provocar incessantemente novas eclosões, e seu invencível poder para provocar novas destruições.

IV

O terceiro dos grandes milésios, Anaxímenes, filho de Eurístrato, morto entre 528 e 524, seguiu o caminho aberto por Tales[69]. Em vez da água, é o ar que, para ele, é o princípio primordial; é do ar que se forma tudo, "o que era, o que é e o que será"[70]; e o ar ocupa tão bem o lugar do elemento destronado que agora é ele que serve de suporte para a Terra, considerada novamente como um disco plano. A preferência que Anaxímenes acordava ao ar não é exatamente difícil de explicar. É evidentemente devido à sua maior mobilidade e sua maior difusão que ele parecia merecer prevalecer sobre o elemento líquido. O próprio Anaxímenes insiste expressamente na primeira dessas propriedades no único fragmento que possuíamos da obra que ele compusera numa prosa "simples e sem pretensão". E como a matéria – conforme a doutrina comum a todos

---

68 Cf. Cícero, *De natura deorum*, I 25 [FVS 2, 17] (onde, diga-se de passagem, o que Cícero diz sobre Tales [FVS 1 A 23] está em contradição flagrante com a descrição feita por Aristóteles do desenvolvimento da filosofia na *Metaf.*, I 1-5, e é, por conseguinte, totalmente inacreditável), e também *Doxogr.*, 302, 579 [FVS 2, 17; 2, 10] e Simplício, *Física*, 1121, 5 ss. Diels [FVS 2, 17]. O budismo admite deuses perecíveis (*Buddhistischer Katechismus*, Brunswick, 1888, p. 27 e 54).

69 Principais fontes: Dióg. L., II cap. 3 [FVS 3 A 1]; Teofrasto em Simplício, *Física*, 24, 26 Diels [FVS 3 A 5]; Hipólito, I 7 (*Doxogr.*, 476 e 560) [FVS 3 A 7].

70 Essas palavras parecem ser do próprio Anaxímenes; cf. Filodemo, *Sobre a piedade* (ed. Gomperz p. 65), completado por Diels, *Doxogr.*, 532, e Hipólito, *op. cit.*, § 1.

os pensadores que chamamos de fisiólogos jônicos – contém em si mesma a causa de seu movimento, nada era mais natural que atribuir a primazia à sua forma mais móvel, aquela que, no mundo orgânico, era considerada a representação da própria vida, já que o nome grego para a alma, *psyché*, significa sopro. Nosso filósofo não comparou o ar que envolve o mundo e faz dele uma unidade com o sopro que, conforme se pensava, garante a existência do corpo do homem e dos animais[71]? Ele imaginava esse elemento suficientemente abundante para que a terra, a água e o fogo não fossem mais do que ilhas nesse oceano que as banhava de todos os lados com suas ondas ligeiras, que penetrava em todos os poros e todos os interstícios das outras matéria e banhava suas partículas mais ínfimas. Assim como seus predecessores, ele atribuía à matéria primordial uma extensão ilimitada e um movimento incessante; quanto às outras formas da matéria, ele as fazia sair dela por um processo que ele não tomava da imaginação especulativa, mas da observação dos fatos. Ele foi o primeiro – e é nisso que consiste seu título de glória imperecível – a atribuir uma causa real, uma *vera causa* no sentido de Newton, a todas as modificações da matéria. Para ele não são mais, como para Anaximandro, o calor e o frio que saem da matéria primordial através do misterioso processo da "secreção"; são a *condensação* e a *rarefação*, ou seja, a união mais ou menos íntima de suas partículas, que dão às diversas formas da matéria seu caráter particular. No seu estado de difusão média, que é de certo modo seu estado normal, o ar é invisível; quando suas partículas se afastam umas das outras ele transforma-se em fogo; se, por outro lado, a condensação aumenta, ele passa ao estado líquido e finalmente ao estado sólido[72]. Do fragmento de Anaxímenes depreende-se que todas as matérias são suscetíveis de serem trazidas para cada um desses estados, quer tenhamos conseguido fazê-lo ou não. Esse princípio científico será apreciado pelo seu justo valor por todos aqueles que sabem que ele só se firmou definitivamente há um século, ao custo de sérias lutas, e que se tornou então o apanágio apenas de uma elite de pesquisadores. Melhor ainda: se nossos sentidos fossem suficientemente poderosos – o que podemos ler nas entrelinhas – poderíamos ver, em todas essas transformações, as mesmas partículas de matéria ora mais próximas, ora a uma distância maior umas das outras. Assim, a doutrina de Anaxímenes prenuncia a atomística, isto é, a concepção do mundo material que, quer seja expressão definitiva da verdade ou não, de todo modo permanece até nossos dias como um instrumento

---

71 Comparação da respiração com o ar: *Doxogr.*, 278 [FVS 3 B 2].

72 "Nada é mais curioso do que ver como, ainda no século XVIII, se contestava por razões metafísicas o que havia reconhecido o gênio penetrante de Anaxímenes. O químico G.-E. Stahl escreveu em 1731 nos seus *Experimenta, observationes et animadversiones*, § 47, o seguinte: '*Elastica illa expansio aeri ita per essentiam propria est, ut nunquam ad vere densam aggregationem nec ipse in se nec in ullis mixtionibus coivisse sentiri possit*'. Quatro anos antes, o botânico Stephen Hales, nas suas *Vegetable staticks*, já havia dito, exatamente como Anaxímenes, 'que o ar da atmosfera [...] entra na composição da maioria dos corpos; que ele existe dentro deles em forma sólida, despojado de sua elasticidade [...]; que esse ar é, de certo modo, o elo universal da natureza'. Por isso o sr. Hales acaba comparando o ar a um verdadeiro Proteu" etc. (Obras de Lavoisier, I 459-460).

de pesquisa científica de uma fecundidade inesgotável. O que importa, depois disso, que Anaxímenes tenha se esforçado para apoiá-la em experiências miseravelmente interpretadas[73]? Sua glória não é atingida por isso. É assim que ele acreditava encontrar uma confirmação de sua tese fundamental no fato de que o ar é frio quando escapa dos lábios aproximados e quente quando os lábios estão amplamente abertos!

Dado o imenso progresso que a indução universal de Anaxímenes trouxe para a teoria da matéria, espera-se dele um aperfeiçoamento análogo das doutrinas astronômicas. Mas essa expectativa é frustrada. Encontramo-nos aqui pela primeira vez na presença de um fato que se reproduzirá com frequência na história das ciências. O raciocínio indutivo e o raciocínio dedutivo não estão, sem dúvida, em oposição de princípio, como o estudo de Buckle fez crer a muitas pessoas nos tempos modernos; mas os representantes mais ilustres de um desses procedimentos de pesquisa são amiúde, e num grau surpreendente, incapazes de fazer uso do outro. As conclusões demasiado extensivas, as construções temerárias de Anaximandro ofereciam muitos lados fracos, e seu sucessor, mais prudente, mais cioso de manter-se no campo dos fatos, percebê-los-ia facilmente. Ele tinha penetração suficiente para não se contentar com a hipótese pueril segundo a qual os eclipses eram devidos a obstruções momentâneas das rodas do sol e da lua. Mas seu olhar não abarcava um horizonte amplo o bastante para reconhecer a correção da teoria da atração ousadamente antecipada por Anaximandro e empregada por ele para explicar como a Terra pode planar no espaço; e ele não soube dar a ela os desenvolvimentos que ela comportava. Assim, as vantagens que lhe garantia seu espírito crítico eram mais do que compensadas por sua falta de imaginação construtiva, e ele desceria alguns degraus da altura atingida por seu predecessor. Já dissemos que ele havia retornado à concepção primitiva que fazia da Terra um disco plano em repouso sobre uma base. Disso resultava naturalmente que, segundo ele, o sol não se movia durante a noite por debaixo da Terra, mas lateralmente, em torno dela. Como explicar então que ele fica invisível desde o anoitecer até o amanhecer? Supondo que montanhas situadas ao Norte o escondem dos olhares, ou admitindo que, durante a noite, ele se afasta mais da Terra que durante o dia[74]. Não nos deteremos nos detalhes de sua astronomia bastante rudimentar. Notemos apenas – particularidade interessante – essa afirmação de que os astros luminosos são acompanhados por corpos escuros, análogos à Terra, afirmação evidentemente destinada a explicar os eclipses por meio de ocultações – e por conseguinte, no fundo, de maneira exata. Entre as hipóteses que ele levantou para dar conta de fenômenos meteorológicos e outros, como neve, granizo, raio, arco-íris, terremotos, fosforescência marinha, algumas nos surpreendem; com relação aos dois

---

73   Cf. Plutarco, *De primo frigido*, 7 [p. 97 e] (1160, 12 Dubner) [FVS 3 B 1].

74   Cf. Hipólito, *loc. cit.*, § 6, e Arist., *Meteoros*, II 1 (354 a 28) [FVS 3 A 14]. Notável coincidência com concepções egípcias: "Ela [a barca solar] continuava seu curso, por fora do céu, num plano paralelo ao da Terra, e corria *para o Norte*, escondida dos olhos dos vivos *pelas montanhas* que serviam de apoio ao firmamento" [N.T.: itálicos acrescentados por Gomperz] (Maspéro, *Bibliothèque égyptologique*, II 335).

primeiros, ele formula teorias aproximativas ou até absolutamente corretas; outras, é verdade, são radicalmente falsas, mas nem por isso são menos engenhosas e de grande alcance em princípio[75]. Podemos completar como segue o raciocínio no qual se baseia sua explicação da fosforescência do mar: quando o ar, no estado da sua maior difusão, se transforma em fogo, ele queima e ilumina; mas essas propriedades não se abatem sobre ele – se podemos exprimir-nos assim – como uma revoada de pássaros no instante em que ele entra nessa condição; elas são-lhe sempre inerentes e circunstâncias favoráveis podem a qualquer momento torná-las visíveis. O poder iluminante de um corpo, mesmo se for fraco, torna-se sensível quando esse corpo se destaca sobre um fundo particularmente escuro. Ora, a água do mar, durante a noite, é tão escura quanto é necessário para que as faixas de ar que penetram nos vazios abertos nela pelos remos sejam postos em evidência e tornem-se luminosas. Aqui desponta pela primeira vez a ideia segundo a qual as propriedades dos corpos não estão sujeitas a mudanças bruscas, mas que a qualidade da matéria é constante, ideia que, como veremos, será posteriormente defendida com o último rigor e será igualmente afirmada pelos filósofos naturalistas posteriores. Enfim, Anaxímenes concorda com Anaximandro ao admitir períodos cósmicos e crer em deuses de certo modo secundários, ou seja, saídos da "divina" matéria primordial e, consequentemente, sem dúvida perecíveis[76].

V

É na sombra de um santuário, longe do tumulto ensurdecedor do mercado e do barulho dos estaleiros de Mileto, que surgiu a doutrina de Heráclito[77]. Entre os filósofos que encontramos até aqui, ele é o primeiro que não calcula nem mede, não desenha nem trabalha com suas mãos; é o primeiro cérebro especulativo, e a fecundidade verdadeiramente maravilhosa que ele demonstra nos instrui e encanta até hoje. Mas é também um filósofo exclusivo no sentido menos favorável do termo, isto é, um homem que, sem ser realmente superior num único campo, se considera superior aos melhores representantes de todos. Ele escreveu numa linguagem imagética, mas nem sempre isenta de artifício, uma obra profunda da qual nos restam numerosos fragmentos; além

---

[75] Sobre os ensaios meteorológicos de Anaxímenes, cf. *Doxogr.*, 136-137, segundo Teofrasto [cf. FVS 3 A 6; A 7].

[76] Cf. Agostinho, *De Civitate Dei*, VIII 2 [FVS 3 A 10].

[77] Principais fontes: Dióg. L., IX 1 [FVS 12 A 1] e mais de 100 fragmentos, hoje reunidos e acompanhados de todos os documentos literários pertinentes nos *Heracliti Ephesii reliquiae* de J. Bywater, Oxford, 1877. As pretensas cartas de Heráclito, que datam de diversas épocas e foram escritas por autores diferentes, formam uma fonte secundária. Elas encontram-se igualmente na obra de Bywater. Uma nova compilação, o *Herakleitos von Ephesos* em grego e alemão por H. Diels, foi publicada em Berlim em primeira edição em 1901, em 2ª ed. em 1909 (cf. nossas resenhas na *Deutsche Literatur-Zeitung* 1902, nº 15, e 1910, nº 1). Os fragmentos encontram-se igualmente nos FVS [12 B] com a mesma numeração.

disso, dispomos sobre sua vida de indicações pouco numerosas mas importantes; essas duas fontes de informação permitem-nos conceber da imponente figura daquele que era apelidado o "Obscuro" uma ideia mais nítida que a de qualquer um dos pensadores que o precederam ou que viveram ao mesmo tempo que ele. Logo cedo, no entanto, a lenda dedicou-se a tecer seus fios em torno da pessoa desse filósofo "resmungão"[78]. Não conhecemos nem o ano de seu nascimento, nem o da sua morte; situava-se seu acme por volta da sexagésima nona Olimpíada (504-501 a.C.), fundando-se provavelmente num evento do qual ele participou e cuja data podia ser determinada[79]. Afinal, o descendente dos reis de Éfeso, que podia pretender ele mesmo à dignidade ao mesmo tempo real e sacerdotal, mas que renunciou a ela por consideração por seu irmão, interveio sem dúvida ativamente e reiteradamente no destino de sua pátria; diz-se até que ele persuadiu o tirano Melancomas a abdicar da autoridade que havia usurpado. Porém, a composição de sua obra não poderia ser anterior a 478, pois ela faz alusão a eventos políticos que não podemos situar antes disso.

A solidão e a contemplação da natureza foram as musas de Heráclito. Esse homem altivo, cheio de uma confiança indômita em si mesmo, não se sentou aos pés de nenhum mestre. Mas quando, criança pensativa, ele vagabundeava pelas colinas tão maravilhosamente belas que rodeiam sua cidade natal, cobertas por uma vegetação de luxuriância quase tropical, sua alma ávida de saber abria-se às intuições da vida universal e das leis que a regem[80]. Os grandes poetas de seu povo tinham alimentado sua imaginação infantil e povoado-a de narrativas magníficas, mas quando seu espírito amadureceu ele não encontrou mais nelas a satisfação que procurava, pois a dúvida sobre a realidade das criações míticas já havia sido despertada, especialmente por Xenófanes; as almas abertas às impressões novas tinham concebido um ideal mais alto, que empurrava para segundo plano os deuses homéricos, animados por paixões e desejos humanos. Para ele, longe de honrar, ele gostaria de ter "banido dos concursos públicos e golpeado com

---

[78] [N.T.: a expressão usada na tradução francesa do texto de Gomperz é "*Jean qui pleure*" (entre aspas no original). Tal expressão, que passou para a linguagem corrente na forma binômica "*Jean qui rit, Jean qui pleure*" ("João que ri, João que chora"), provém de um poema de Voltaire de 1772 intitulado "Jean qui pleure et qui rit". Nessa sátira moralista de cinco estrofes, Voltaire apresenta em primeira pessoa um eu lírico que ora se acabrunha, ora se alegra conforme os estímulos físicos, naturais e sociais que agem sobre seu corpo são desagradáveis ou agradáveis. Ele ilustra dessa forma uma concepção materialista do psiquismo e da conduta do ser humano. É curioso que, na última estrofe, ele cita justamente Heráclito e Demócrito como modelos, respectivamente, da tristeza extrema e da jovialidade.]

[79] Como seu acme coincide com a época da revolta da Jônia, pode-se supor que foi sua atitude nesse evento (ele tomou talvez partido contra Hecateu, que ele critica em sua obra) que deu ensejo a essa indicação. Se é verdade, como pretende a tradição, que ele trocava cartas com Dário (cf. cartas 1-3), é possível que ele tenha reconhecido claramente a inutilidade dessa tentativa; aliás, ele podia imaginar que o regime aristocrático, ao qual se dirigia sua preferência, estaria melhor garantido pela suserania da Pérsia. De fato, a libertação, que ocorreu em 479, levou à democracia, cuja existência é suposta pelos fragmentos de sua obra.

[80] O autor fala de Éfeso *de visu*. Cf. frag. 119, 126, 130, 127, 125, 16 Bywater (= 42, 5, 15, 40 Diels) e frag. 112, 18, 111, 113 Bywater (= 39, 108, 104 e 29, 49 Diels).

varas" o poeta que, em conluio com Hesíodo – para tomar emprestada a linguagem do historiador Heródoto – dera aos gregos a sua teologia. Ele se mostra igualmente hostil com relação a todas as formas da religião popular: a adoração das imagens, que equivale, segundo ele, a "tagarelar com muralhas"; os sacrifícios expiatórios, que substituem uma impureza por outra, "como se aquele que tivesse rastejado na lama quisesse purificar-se pela lama"; as "infames" práticas do culto de Dionísio, bem como as cerimônias "sacrílegas" dos mistérios. Ele não despreza menos a "polimatia" de Hesíodo, "que a maioria segue como mestre", do que a do matemático-filósofo Pitágoras, a do rapsodo-filósofo Xenófanes ou a do historiador e geógrafo Hecateu. Ele aprendeu com todos eles, mas não admite ser discípulo de nenhum. Ele só tem uma palavra de elogio ardoroso para a filosofia simples e prática de Bias. Ele sofreu forte influência de Anaximandro e testemunha-lhe seu reconhecimento não o incluindo – como tampouco Tales e Anaxímenes – na lista dos mestres desdenhados da polimatia, "que não forma o espírito". O que há de melhor nele, ele se orgulha de só devê-lo a si próprio, pois "de todos aqueles cujos discursos ele ouviu, nenhum atingiu a verdadeira inteligência". Se ele sente pelos poetas uma raiva tão sombria, e pelos pensadores uma desconfiança tão fria, qual não deve ser a profundeza de seu desprezo pela massa do povo! Suas invectivas abatem-se sobre ela como golpes de porrete: "Eles entopem a pança como o gado", "milhares dentre eles não equivalem a um único homem excelente". Como esse "insultador da turba"[81] teria se preocupado com o favor da multidão? Como teria ele tido a ideia de se fazer compreender por ela na sua exposição? Sua enigmática sabedoria dirige-se apenas a alguns raros eleitos; os outros, os da massa, parecem-se com os cachorros, "que latem para quem não conhecem", ou então com o "asno que prefere ao ouro uma meda de feno". Ele antevê a crítica que incidirá sobre a forma oracular e o conteúdo sombrio de sua obra, mas evita-a referindo-se aos mais ilustres dos seus modelos. O deus pítico tampouco "revela nem oculta nada; contenta-se em dar a entender"; "a sibila, da sua boca em fúria, lança palavras que não fazem rir, que não são ornadas nem maquiadas", mas sua voz, graças ao deus que fala através dela, prolonga-se por mil anos. Essa recompensa tardia basta-lhe amplamente, pois "os homens valentes preferem escolher uma coisa a todas as outras: uma glória imperecível".

O desprezo que nosso sábio demonstra pelos homens justificava-se amplamente pelas condições políticas e morais nas quais se encontrava então sua pátria. Há mais de meio século, o jugo estrangeiro pesava sobre os gregos da Ásia Menor. Esse jugo não era particularmente opressivo; na verdade, as dinastias principescas indígenas serviam frequentemente de intermediárias entre os países sujeitados e o frouxo ajuntamento em que consistia o reino feudal dos persas. Mas teria sido um milagre se a perda da

---

[81] Esse nome (ὀχλολοίδορος) foi-lhe dado por Tímon o Fliásio no seu poema satírico sobre os filósofos (*Sillographorum graecorum reliquiae*, ed. C. Wachsmuth, Leipzig, 1885, p. 135 frag. 29) [= *Poet. philos. frag.*, p. 195, frag. 43, Diels; FVS 12 A 1, § 6]. Sobre o que segue, cf. frag. 115, 51, 11, 12, 111 (= 97, 9, 93, 92, 29 Diels).

independência nacional não tivesse acarretado um abatimento do espírito público e uma recrudescência dos interesses privados. Aliás, o terreno fora preparado há muito tempo para essa decadência. A vida mais mole, os hábitos refinados do Oriente tinham relaxado o vigor juntamente com a rudeza do caráter dos antigos gregos. Não espanta que um moralista atrabiliário da estirpe do nosso filósofo encontrasse muito o que repreender nos seus compatriotas e julgasse-os pouco dignos de exercer a soberania no momento em que, após a queda da dominação persa, surgiu a democracia. Em todo caso, nas guerras civis dessa época ele esteve do lado dos aristocratas e defendeu sua causa com um furor proporcional ao desprezo com o qual acreditava poder abater seus adversários. No paroxismo de sua paixão, ele pronunciou este dito característico de seu ódio: "Os efésios fariam bem em enforcar-se homem a homem e ceder a cidade aos seus filhos menores, pois expulsaram Hermodoro dizendo: 'Não deve haver nenhum homem excelente entre nós'; e se surgir algum, que vá morar em outra parte, entre outros homens". O banido louvado tão calorosamente nesse trecho tinha encontrado longe dali uma nova e gloriosa atividade. Os redatores da lei romana das XII Tábuas tinham recorrido a seus conhecimentos jurídicos e sua memória foi honrada com uma estátua que Plínio ainda viu[82]. Quanto ao velho amigo de Hermodoro, sentindo-se cansado do jugo popular, deixou a cidade conspurcada pela arbitrariedade e injustiça e retirou-se na solidão das florestas da montanha, onde terminou seus dias depois de ter depositado no templo de Ártemis o rolo de papiro no qual havia consignado o fruto de uma vida de pensamento e que ele legava aos séculos por vir.

O pleno gozo desse livro precioso foi recusado já à Antiguidade. Ele continha desigualdades e contradições tão chocantes que mesmo Teofrasto só podia explicá-las referindo-se aos distúrbios intelectuais dos quais o autor teria sofrido. Aristóteles queixa-se das dificuldades que a construção atravancada da frase oferecia ao leitor, e uma multidão de comentadores, entre eles homens muito distintos, esforçaram-se para esclarecer as obscuridades que proliferavam nessa obra. Não podemos nem restabelecer na sua sequência exata nem atribuir com certeza às três seções nas quais ela se dividia – física, moral e política – os fragmentos que chegaram até nós[83].

A grande originalidade de Heráclito não reside na sua teoria da matéria primordial, nem mesmo na sua teoria da natureza em geral; contudo, ele foi o primeiro a perceber entre a vida da natureza e a do espírito relações que, desde então, não ficaram na sombra; ele foi o primeiro a construir generalizações que recobrem como com uma imensa abóbada os dois campos do conhecimento humano. Em sua concepção fundamental, ele aproximava-se muito de Anaximandro. A caducidade de todas as criações individuais, a transformação perpétua das coisas, a ordem natural concebida como ordem

---

[82] Cf. frag. 114 Bywater (= 121 Diels) e Plínio, *Hist. Nat.*, XXXIV 21 [FVS 12 A 3 a].

[83] Teofrasto em Dióg. L., IX 6. Arist., *Retór.*, III 5 [FVS 12 A 4]. Comentadores: entre eles Cleanto, o segundo chefe do Pórtico (Dióg. L., VII 174) [= frag. 481 Arnim]. Pode ser que a divisão em três seções date somente dos bibliotecários de Alexandria.

moral, todas essas ideias eram tão familiares ao seu espírito quanto ao do maior dos seus predecessores. O que o separava dele era seu temperamento inquieto, sua aversão ao estudo paciente dos fatos particulares, o feitio mais poético de sua imaginação, seu gosto pela riqueza e pela plasticidade das formas. É por isso que a matéria primordial de Anaximandro, desprovida de toda determinação qualitativa precisa, não podia ser suficiente para ele, não mais do que a substância primeira invisível e incolor de Anaxímenes. A forma material que lhe parece corresponder melhor ao processo da vida universal, e consequentemente a mais elevada em dignidade, é aquela que nunca oferece sequer a aparência do repouso ou de um movimento insensível; aquela na qual lhe parece residir o próprio princípio do calor vital dos seres organizados superiores, e por conseguinte o elemento por excelência da vida: o fogo, que anima e devora tudo. "Essa ordenação única de todas as coisas [= o mundo]", ele exclama, "não foi criada por nenhum dos deuses, nem por nenhum dos homens; ela sempre foi, ela é e será sempre – fogo eternamente vivo, que se acende por medida e se apaga por medida". Num ciclo menor e num ciclo maior, ele fazia o fogo primitivo descer às outras formas – mais baixas – da matéria, e destas, pelas mesmas vias, "pois o caminho de cima e o de baixo são um só", ele o fazia subir novamente à sua forma original. O fogo transforma-se em água e esta – metade dela – sobe imediatamente como "sopro ígneo" até a abóbada do céu; a outra metade torna-se terra; a terra vira novamente água e, por essa via, retorna finalmente ao estado de fogo. Como agentes desse ciclo, podemos considerar a evaporação, o degelo, a congelação; e devemos perceber que, para a física ingênua de Heráclito, a extinção de um incêndio por meio de água podia ser equiparada à transformação do fogo em água. Não somente a fonte de jorramento incessante do nascimento e da destruição é o princípio primordial do nosso poeta-pensador; não somente esse princípio é divino para ele como era para seus predecessores; mas ele vê nele ao mesmo tempo o representante da inteligência universal, a norma tornada consciente de toda existência, que "não quer ser chamada de Zeus" porque não é uma essência individual e pessoal, e que no entanto "quer ser chamada assim" porque é o princípio soberano do mundo e ao mesmo tempo o princípio supremo da vida – basta pensar no termo ζῆν (viver) e nas formas correspondentes do nome de Zeus. Mas não podemos considerar essa essência primitiva como uma divindade que age com vistas a um objetivo e escolhe os meios mais apropriados para atingi-lo. Heráclito compara-a a um menino que se diverte, que se delicia jogando gamão sem objetivo, que ergue colinas de areia na beira do mar somente para derrubá-las[84].

Construção e destruição, destruição e construção, essa é a norma que rege todos os campos da natureza viva, tanto os menores como os maiores. E o próprio cosmo, saído do fogo primitivo, não deve retornar a ele? Esse duplo processo produz-se e produzir-se-á para sempre em períodos fixos de enorme duração. Nesse ponto, as

---

[84] Cf. frag. 20, 69, 21, 65, 79 Bywater (= 30, 60, 31 a, 32, 52 Diels).

observações geológicas de Xenófanes e de Anaximandro tinham aberto caminho para a especulação de Heráclito. Apoiando-se na condição de último desses filósofos sobre as constatações fáceis de se obter ao longo do Mediterrâneo, o pensador de Éfeso devia naturalmente concluir que, na origem, esse mar tinha uma extensão mais considerável. Partindo da sua doutrina física fundamental, ele iria mais longe e formularia a seguinte tese: assim como a terra saiu da água, a água saiu do fogo. Foi assim que ele recuou em pensamento a uma época em que só existia o fogo. Porém, como ele tinha se apropriado da crença de Anaximandro num retorno periódico dos fenômenos, esse processo de desenvolvimento não podia ser considerado como realizado uma única vez. É do fogo que saíram as outras formas da matéria e é em fogo que elas se transformarão novamente um dia, para que o processo de diferenciação recomece e se produza a mesma série de mudanças. Pela extensão de sua visão, Heráclito aproxima-se dos maiores naturalistas da época moderna e – devemos ver nisso um simples acaso ou um pressentimento genial? – concorda com eles, pelo menos se considerarmos o sistema solar, na representação exata desse ciclo cósmico. No ponto de partida como no término desse período, encontra-se uma esfera de fogo.

Sem dúvida, essa concepção implicava contradições com a natureza das coisas e com a teoria fundamental do filósofo. Será que ele mesmo as percebeu, e nesse caso como as evitou? Isso nós ignoramos. "O fogo alimenta-se dos vapores que se elevam do úmido." Então a própria fonte da qual o fogo se alimenta não deveria secar pela diminuição e aniquilação final do elemento úmido? E como a matéria, aumentando de volume com o esquentamento que sofre, caberá no espaço já anteriormente preenchido? Os sucessores de Heráclito, ou seja, os estoicos, resolveram a dificuldade supondo um imenso espaço vazio pronto para servir a esse fim. Mas podemos considerar certo que o próprio pensador efésio não pensou nesse expediente; se ele tivesse admitido o espaço vazio, ele teria sido um precursor de Leucipo, e nossas fontes não teriam deixado de observar isso[85].

Mas Heráclito não se contenta em atribuir à matéria a mudança contínua das formas e das propriedades; ele também lhe atribui um movimento incessante no espaço. Para ele, ela é viva. E não somente no sentido em que o entendiam seus predecessores imediatos e que lhes rendeu com razão o cognome de "animadores da matéria" (hilozoístas). Eles tinham procurado a causa de todo movimento na própria matéria e não num agente externo. Nisso, o efésio segue seus passos. Mas seu fogo "eternamente vivo" não o é apenas nesse sentido; os fenômenos de assimilação e desassimilação no mundo orgânico, tanto animal quanto vegetal, causaram evidentemente uma impressão tão forte sobre

---

[85] Cf. frag. 32 Bywater (= 6 Diels) e a observação de Bywater. A doutrina da conflagração universal foi declarada uma adjunção estoica por vários estudiosos modernos, como Schleiermacher (que foi o primeiro a reunir e editar os fragmentos, *Philosophische Werke*, II 1-146), Lassalle (*Die Philosophie Herakleitos des Dunklen*, 1858), e Burnet (*Early Greek Philosophy*, Londres, 1892). No entanto, essa opinião é refutada de maneira decisiva pelo frag. 26 Bywater (= 66 Diels), entre outros.

o seu espírito que é essa analogia que regula sua concepção geral das transformações materiais. Tudo que vive está sujeito a uma incessante destruição, a um incessante renovamento. Se a matéria era considerada viva do ponto de vista indicado acima, não espanta que, em virtude da associação de ideias, ela tenha sido considerada a seguir, e de um ponto de vista novo, organicamente viva. Disso deriva a teoria heraclítica do escoamento das coisas. Quando nosso olho crê perceber algo permanente, ele é vítima de uma ilusão; tudo está, na realidade, em perpétuo devir. Essa transformação não tem por resultado a destruição do objeto submetido a ela porque as partículas de matéria que se desprendem dele são substituídas pelo afluxo incessante de novas partículas. A imagem favorita de que Heráclito se serve para exprimir essa ideia é a do rio que corre. "Não podemos entrar duas vezes no mesmo rio, pois ele arrasta sem cessar novas águas". E como o rio, na condição de massa de água contínua, permanece o mesmo mas muda do ponto de vista das gotas das quais ele é formado, Heráclito refinou essa ideia num paradoxo: "Entramos no mesmo rio e não entramos; somos e não somos"[86].

A essas falsas analogias misturavam-se observações exatas e ligavam-se conclusões de vasto alcance. Dentre estas últimas, constava talvez a ideia de que as impressões do olfato e – como provavelmente se acreditava então – as da vista eram produzidas por pequenas partículas de matéria que se desprendem constantemente dos corpos. Seja como for quanto a esse ponto, nota-se em Heráclito uma opinião que concorda de maneira espantosa com as teorias da física atual. A concordância chega a ser tão exata que a exposição sucinta dessas teorias quase se confunde palavra por palavra com uma análise antiga da doutrina heraclítica. Vários filósofos, diz Aristóteles (que só pode ter tido em vista o efésio e seus discípulos), sustentam que "é falso que somente algumas coisas se movem e as outras não, pois todas se movem e a todo momento, embora tais movimentos escapem à nossa percepção"[87]. "A ciência atual" – assim se exprime um filósofo naturalista atual – "considera estabelecido que as moléculas de matéria estão constantemente em movimento [...] embora tais movimentos escapem à nossa percepção"[88]. Considerem agora que Heráclito escrevia numa época à qual nossa teoria do calor era estranha, assim como nossa óptica e nossa acústica; que nunca tinha ouvido falar de ondas do ar ou do éter; que ignorava absolutamente que toda impressão de calor reside num movimento molecular, mesmo nos corpos sólidos; que não tinha a mínima noção da natureza dos fenômenos químicos e celulares; que, enfim, não tinha o auxílio do

---

[86] Cf. frag. 41 e 81 Bywater (= 91 e 12, bem como 49a Diels).

[87] Arist., *Física*, VIII 3 [253 b 9].

[88] Cf. Lewes, *Problems of life and mind*, II 299. Grove, *On the correlation of physical forces*, 22, faz afirmação semelhante: "[...] though as a fact we cannot predicate of any portion of matter that it is absolutely at rest". Também H. Spencer, *On the study of sociology*, 118: "[...] but now when we know that all stars are in motion and that there are no such things as everlasting hills – now when we find all things throughout the Universe to be in a *ceaseless flux*" [N.T.: itálicos acrescentados por Gomperz] etc. Cf. Schuster, *Heraklit von Ephesus*, nas *Acta societatis philologiae Lipsiensis*, III 211.

microscópio, graças ao qual um movimento se revela ao nosso olhar espantado, mesmo ali onde o olho nu só percebe imobilidade, e que nos conduz à ideia, já suspeitada por nós, de que o domínio do movimento se estende infinitamente para além do da nossa percepção. Quem considerar tudo isso terá a mais alta noção da genial penetração do pensador de Éfeso; mas o que talvez o espantará mais do que tudo é que essa grandiosa antecipação não tenha produzido mais frutos para o conhecimento dos fenômenos particulares da natureza. A decepção que sentimos com isso não deve diminuir a glória do efésio. Ao proclamar que existem movimentos invisíveis, ele derrubou a muralha que impedia que se penetrasse os segredos da natureza; mas era necessária uma segunda hipótese decisiva para tornar verdadeiramente fecunda a de Heráclito: era preciso supor partículas de matéria invisíveis, indestrutíveis e invariáveis, das quais todos os corpos fossem compostos e que saíssem ilesas de todas as mudanças de forma desses corpos. Essa grande descoberta estava reservada aos atomistas. Heráclito, pouco inclinado pelo feitio poético do seu espírito a inaugurar e desenvolver a explicação mecânica da natureza, tirou de sua doutrina fundamental conclusões destinadas a esclarecer outros campos do conhecimento.

As mudanças de propriedades na sucessão do tempo encontraram sua contrapartida exata na existência simultânea de qualidades contrárias. Aqui, mais uma vez, ao olhar atento revela-se uma multiplicidade que parece pôr em perigo a unidade do objeto e de sua constituição. Com relação a outros objetos, diferentes uns dos outros, um objeto comporta-se de maneira diferente e frequentemente oposta."A água do mar é a mais pura e a mais poluída; para os peixes, ela é potável e salutar; para os homens, ela é intragável e funesta." Nessa frase, Heráclito não queria consignar uma observação isolada; isso é evidente por si mesmo para qualquer um que conheça os fragmentos de sua obra; é a doutrina da relatividade das propriedades que faz sua primeira aparição e, conforme seu hábito, nosso filósofo leva-a imediatamente a suas consequências extremas:"O bem e o mal são uma única e mesma coisa"[89]. Isso nos lembra o paradoxo citado acima:"Somos e não somos". De fato, a imagem do rio, por um lado, e a doutrina da relatividade, do outro, levam ao mesmo resultado: os estados sucessivos de um objeto, suas propriedades simultâneas, levam amiúde a marca de uma diversidade fundamental e às vezes até de uma completa oposição. Toda determinação, toda estabilidade do ser desaparecem para o nosso pensador; ele compraz-se com proposições que desafiam o senso comum; ele esquece ou desdenha as restrições que são as únicas capazes de dar a elas um sentido inteligível ou aceitável. Para nós, o rio permanece, num certo sentido, o mesmo; em outro, ele torna-se diferente; de um certo ponto de vista, A é "bom", de outro é "mau". O efésio preocupa-se pouco com essas distinções: a inexperiência de seu pensamento faz dele cúmplice de seu orgulho de pensador; quanto mais estranhos os resultados aos

---

[89] Cf. frag. 52 Bywater (= 61 Diels) e frag. 57 Bywater (= 58 Diels). No que segue, recorremos amplamente à nossa dissertação *Zu Heraklits Lehre und den Uberresten seines Werkes* (*Wiener Sitzungsberichte* 1886, 997 ss.).

quais ele chega, mais eles satisfazem seu gosto pelos paradoxos, sua predileção pelas afirmações obscuras e enigmáticas, seu desprezo pelas verdades claras e acessíveis a todos. O fato de que os contrários não se excluem, mas atraem-se e condicionam-se reciprocamente, ou até são idênticos, parece-lhe ser agora uma verdade demonstrada, uma lei fundamental que rege todos os domínios da vida física e espiritual.

Devemos criticá-lo por isso? Absolutamente não. Quando se trata de verdades desconhecidas e desdenhadas, e sobretudo de verdades que, pela sua natureza, são quase obrigatoriamente desconhecidas e desdenhadas, o mais difícil e essencial é que sejam descobertas, pouco importando a maneira como isso ocorre. Os exageros nos quais caem aqueles que as descobrem são tão perdoáveis quanto explicáveis, e com o tempo tornam-se até mais úteis que nocivos. Isso porque o vingador da lógica ofendida não será aguardado por muito tempo; as tenazes que podam os brotos loucos do pensamento cumprirão cedo ou tarde sua tarefa. Mas a extravagância com a qual essas verdades facilmente desdenhadas foram enunciadas, o caráter absoluto que lhes foi dado emprestam-lhes um brilho, um relevo que as preserva para sempre do esquecimento. E sobretudo sua ponta paradoxal enfia-as profundamente no espírito de seu autor e faz delas, para ele, um bem inalienável e sempre presente. É assim que as orgias especulativas de Heráclito parecem ser a fonte da contribuição mais preciosa que ele trouxe ao tesouro do pensamento e da ciência humanos. Pois eu realmente não saberia por onde começar e por onde acabar se quisesse destacar plenamente a imensa importância das verdades fundamentais contidas nesses exageros. Se a teoria da sensação reconhece a parte que cabe à subjetividade do eu, é graças à relatividade; o fato de que o mesmo objeto do mundo externo possa agir de modo diferente sobre órgãos diferentes, sobre indivíduos diferentes, ou até sobre o mesmo indivíduo segundo os estados diversos em que ele se encontra, essa ideia, que logo seria familiar para os pensadores gregos e que seria a única a protegê-los de um ceticismo vão e perverso, estava contida – como a flor na semente – na doutrina heraclítica da relatividade. Nela também se encontrava a constatação ainda mais profunda e indispensável de que as opiniões, as leis e as instituições que são apropriadas e salutares para uma fase do desenvolvimento humano tornam-se, numa outra fase, insuficientes e funestas. Como diz Fausto, "a razão torna-se desrazão, o benefício transforma-se em flagelo", pelo único motivo de que o mesmo objeto exerce efeitos muito diferentes e até opostos em época diferentes e em relação com fatores de outra natureza. O fermento que reage mais energicamente contra o conservadorismo cego em todos os campos – gosto, moral, instituições políticas e sociais – é o relativismo; ele fez falta e ainda faz hoje em todo lugar onde o clamor: "Isso sempre foi assim" foi e é considerado uma resposta suficiente a todas as tentativas de reforma. Mas não é apenas para o progresso que ele se mostrou útil; ele também o foi, em todos esses campos, para a manutenção do que era digno de ser mantido; pois essa doutrina é a única capaz de explicar e de justificar de maneira satisfatória as vicissitudes e as mudanças, as contradições, a contradição entre a opinião que julga bom aqui e agora o que ele julgava ruim ontem ou alhures. Lá onde ela falta, toda transformação das instituições existentes e até a simples constatação de que as mesmas normas não se aplicam em toda parte e para sempre geram uma dúvida profunda e incurável sobre a legitimidade das instituições em geral. Uma filosofia só pode satisfazer a variedade das formas da vida humana, a flexibilidade de nossa natureza, as modificações que sofre nosso caráter conforme a época e o lugar, se dobrar-se a essas metamorfoses dignas de Proteu; quanta insuficiência mostra aquela que só vê salvação no imobilismo, para a qual toda mudança parece levar ao reino da arbitrariedade e do acaso!

Agora chegamos à doutrina da coexistência dos contrários[90]. Nosso poeta-pensador não se cansa de explicá-la. A "dissonância está em harmonia consigo mesma"; "a harmonia invisível [ou seja, a que resulta dos contrários] é melhor que a visível". "A doença tornou a saúde desejável, a fome a saciedade e o cansaço o repouso"! Ora com uma concisão digna de um oráculo, ora com uma precisão e uma amplitude reluzentes, ele formula a proposição segundo a qual a lei do contraste rege não só a vida dos homens mas também a natureza e "que não seria melhor para eles obter o que desejam", isto é, ver todos os contrários desfazerem-se numa vã harmonia. Ele vai tão longe nesse sentido que critica fortemente Homero por ter querido "desenraizar todos os males da vida", por ter desejado que "a discórdia desaparecesse do círculo dos deuses e dos homens" e por ter assim incitado "à ruína do universo". São verdadeiramente inumeráveis as aplicações que essas máximas permitem ou exigem. Tudo que designamos no sentido mais amplo com o nome de polaridade no campo das forças naturais; a necessidade da mudança para a produção da sensação em geral e em especial das sensações de prazer; a existência indispensável, para todo bem, dos males que lhe são opostos; a necessidade para o desenvolvimento e incremento das energias humanas da competição e do que chamamos hoje de luta pela vida; a necessidade da coexistência de elementos opostos no Estado e na sociedade; tudo isso e muitas outras coisas está obscuramente indicado ou claramente desenvolvido nas passagens que acabamos de citar. E o olhar do nosso filósofo vai sempre do mundo inanimado para o mundo animado ou inversamente. Mas engano-me: essa distinção, para ele, é como se não existisse; ele considera o mundo como um fogo eternamente vivo e, para ele, a alma, elemento da vida, e a própria divindade não são outra coisa senão fogo.

Temos alguma dificuldade em atribuir ao velho filósofo naturalista, em matéria de sociologia, a opinião que acabamos de relatar; mas, nesse ponto, o próprio texto de uma de suas máximas é absolutamente isento de equívoco. Para ele, πόλεμος (*pólemos*, a guerra) é "pai e rei" de todas as coisas, de todos os seres[91]. Se o fragmento terminasse com essas palavras, ninguém teria tido a ideia de interpretá-lo de outro modo que num sentido puramente físico ou cosmológico. Na verdade, do ponto de vista do

---

90   Cf. frag. 45, 47, 104 Bywater (= 51, 54, 110/1 Diels); frag. 43 Bywater (= A 22 Diels). Numerosos exemplos do que segue na nossa dissertação, p. 1039-1040.

91   Cf. frag. 44, 84 Bywater (= 53 e 125 Diels).

efésio, em toda parte revela-se um jogo de energias e de propriedades opostas, que se atraem e se condicionam reciprocamente; para ele, uma lei da polaridade parece abarcar a vida universal e compreender nela todas as leis particulares. O repouso sem luta é o entorpecimento, a imobilidade, a ruína de tudo. "A mistura decompõe-se quando não a sacudimos." O movimento incessante que cria e conserva a vida tem por base o princípio da luta, da guerra; são os epítetos de "pai" e "rei" que, diríamos dessa vez, caracterizam-no como produtor, ordenador e conservador. Era essa a conclusão na qual podíamos nos deter outrora, mas hoje já não é assim, pois, no meio do século XIX, um feliz achado[92] nos deu a continuação do fragmento: "Ela [a guerra] designou uns como deuses, outros como homens, uns como escravos, outros como livres". Os escravos são os prisioneiros de guerra e seus descendentes; os livres são seus vencedores e senhores. Assim, não há como se enganar, o que Heráclito quer dizer é que a guerra, ao submeter a teste as forças, opera a distinção entre os poderosos e os fracos, funda o Estado e organiza a sociedade. Ele louva-a por ter sancionado essa diferença de valor, e o que essa diferença era para ele os dois termos opostos ao escravo e ao livre nos mostram: são os homens por um lado e por outro os deuses. Também foi a guerra que estabeleceu a divisão entre os membros dessa classe: o que o homem livre é com relação ao escravo, o homem tornado deus é com relação ao homem ordinário[93]. Afinal, ao lado da multidão das almas comuns que habitam o mundo inferior e que, neste reino do úmido e do turvo, possuem como meio de conhecimento apenas o sentido do olfato, há, segundo Heráclito, espíritos privilegiados que, da vida terrestre, se elevam para a existência divina. Ele concebe uma hierarquia de seres, de níveis diversos, diversos também em valor, em mérito, em excelência. Ele equipara a diferença de nível a uma diferença de valor e procura em seguida a causa desta última. Ele encontra-a na fricção das forças que se produz na guerra, tomada ora no sentido mais estrito da palavra, ora num sentido mais ou menos metafórico. Essas nuanças são necessárias como intermediárias entre o significado cosmológico e o significado social do termo. No entanto, não cabe dar importância demasiada à atenuação que a metáfora produziria no pensamento de Heráclito. A moleza de seus compatriotas jônicos, que Xenófanes já criticava por sua ociosidade voluptuosa, a indolência de seus concidadãos, da qual se queixa Calinos[94], o triste destino que sofreu sua pátria, tudo isso evidentemente exagerou em alto grau a importância que ele atribui às virtudes guerreiras. "Aqueles que tombaram na guerra", exclama ele, "são honrados pelos deuses e pelos homens, e os mortos maiores obtêm a sorte mais propícia"[95]. Mas para o filósofo, cuja força reside numa generalização genial,

---

[92] A saber a descoberta das partes perdidas da obra de Hipólito em 1842.

[93] Além do frag. 38, cf. o muito importante frag. 47 Bywater (= 98 e 54 Diels) e, a esse respeito, minha dissertação, p. 1041. Não posso, desta vez, declarar-me de acordo com E. Rohde (*Psyché*, p. 387).

[94] Calinos frag. 1, em Bergk, *Poetae lyrici graeci*, 4ª ed., II 3.

[95] Cf. frag. 101 e 102 Bywater (= 25, 24 Diels).

até as experiências mais dolorosas são somente uma oportunidade para continuar e desenvolver o curso do seu pensamento. E dessa vez seu objetivo consistia certamente em nada menos que mostrar de maneira geral que a resistência e a luta são a condição fundamental da manutenção e do aperfeiçoamento progressivo da energia humana.

Por mais numerosas e profundas que sejam as ideias que acabamos de enumerar, Heráclito nos reserva uma surpresa ainda maior. Das leis particulares que ele acreditou constatar tanto na vida da natureza como na dos homens, ele elevou-se à ideia de uma lei única que abarca o conjunto do universo. A ação estrita dessa lei, que não tolera nenhuma exceção, não pôde escapar da acuidade do seu olhar. Ao reconhecer e proclamar a existência dessa regra, dessa causalidade absoluta, ele assinalou uma virada no desenvolvimento intelectual da nossa raça. "O sol não ultrapassará as medidas, senão as Erínias, vingadoras do direito, puniriam-no com certeza"; "Aqueles que falam com inteligência devem apoiar-se no universal como uma cidade na lei, e até muito mais, pois todas as leis humanas são alimentadas pela única lei divina"; "Embora esse Logos [essa lei fundamental] exista desde sempre, ele é sempre incompreendido pelos homens, seja antes de tê-lo ouvido, seja quando o ouvem pela primeira vez"[96]. Como Heráclito conseguiu galgar esse cume do conhecimento? A essa pergunta podemos responder inicialmente: recolhendo e concentrando as tendências que animam toda a sua época. A explicação do mundo por meio da intervenção arbitrária e caprichosa de seres sobrenaturais não bastava nem para o conhecimento mais aprofundado que se tinha da natureza, nem para as aspirações morais mais amplas que haviam surgido. A exaltação progressiva e em seguida o aperfeiçoamento moral do deus supremo ou deus do céu, a tentativa sempre renovada de derivar a multiplicidade cambiante das coisas de uma única matéria primordial, tudo isso é testemunha da crença cada vez maior na homogeneidade do universo e na unidade do poder que o rege. O caminho estava aberto para o conhecimento das leis soberanas. E esse conhecimento iria tomar uma forma mais e mais rigorosa. A base da pesquisa exata foi lançada inicialmente pelos astrônomos, logo também pelos físicos-matemáticos, entre os quais o primeiro lugar cabe a Pitágoras. A notícia dos resultados de suas experiências extraordinárias com acústica deve ter produzido uma tal impressão que mal se pode imaginar. O mais "aéreo" dos fenômenos, o som, tinha, por assim dizer, sido captado e submetido ao jugo do número e da medida; o que ainda poderia resistir a esses domadores dos fatos? Logo, da Itália meridional este brado ressoou através da Hélade: "A essência das coisas é o número!". É evidente que o efésio não podia fechar seu espírito a essas influências, e isso é, pelo menos em parte, reconhecido atualmente. O papel que as ideias de harmonia, de contraste e sobretudo de medida desempenham nas suas especulações deve-se certamente, em sua maior parte, à ação do pitagorismo, em menor parte à de Anaximandro. Por menos que ele próprio fosse talhado para a pesquisa exata – sua

---

[96] Cf. frag. 29, 91, 2 Bywater (= 94, 114 e 1 Diels).

paixão era demasiado viva, seu espírito propenso demais a inflamar-se, inclinado demais a inebriar-se e contentar-se com metáforas –, mais ele era qualificado para servir de arauto da nova filosofia. Nisso, e sem dúvida também por força das múltiplas injustiças de que ele foi culpado com relação aos verdadeiros criadores da ciência, ele realmente se parece com o chanceler Bacon, ao qual foi recentemente comparado de outro ponto de vista e com muito menos razão[97]. Porém, não eram somente o poder verbal e a plasticidade da expressão que eram maravilhosas nele. Sem dúvida, sua interpretação dos fenômenos particulares é, na maior parte das vezes, pueril: "O homem ébrio é guiado por uma criança imberbe e tropeça porque sua alma está molhada", "A alma seca é a mais sábia e a melhor"; mas em que grau extraordinário era desenvolvida nele a faculdade genial de reconhecer e depreender a analogia de sob os revestimentos mais heterogêneos! Muito poucos homens souberam como ele estender a toda a hierarquia dos seres, ao conjunto da vida natural e da do espírito, as descobertas que fizeram num campo especial e limitado. Como já observamos, para ele não se tratava, é verdade, de erguer uma ponte sobre o abismo que separa a natureza do espírito; esse abismo não existia para ele nem para seus predecessores em geral. Desse ponto de vista, a escolha que ele havia feito em termos de matéria primordial foi para ele um elemento de progresso. Pensando que o mundo era feito de fogo, ou seja, da matéria da alma, ele podia sem escrúpulos estender aos fenômenos psíquicos e aos fenômenos políticos ou sociais que deles decorrem as generalizações que tinha tirado de qualquer âmbito da vida da natureza. Daí a amplitude compreensível de suas generalizações, cujo coroamento supremo se encontra na constatação da lei universal à qual tudo está submetido.

Mas um motivo especial levava-o ainda a galgar esse cume e a proclamar solenemente, como meta suprema do conhecimento, a lei universal que rege todos os fenômenos: esse motivo era tirado de sua doutrina do escoamento das coisas combinada com sua teoria tão imperfeita da matéria. Ele devia temer, sem isso, não deixar subsistir nenhum objeto de conhecimento verdadeiro; nesse caso, parece que a crítica que Aristóteles fez a ele equivocadamente o teria atingido com razão[98]. Porém, com isso, tal perigo ficava afastado. No meio de todas as vicissitudes dos objetos particulares, de todas as metamorfoses da matéria, apesar da destruição que atingiria, a intervalos regulares, o próprio edifício do universo, e da qual este renasceria sem cessar, a lei universal permanece firme, intangível, imutável, ao lado da matéria primitiva, concebida ela mesma como animada e inteligente; ela se confunde com esta última, segundo uma concepção mística e pouco clara, a título de razão universal ou de divindade soberana, e, junto com ela, constitui a única coisa permanente no rio – sem começo nem fim – dos fenômenos. Conhecer a lei ou a razão universal é o dever supremo da inteligência; dobrar-se, submeter-se a ela

---

[97] A comparação com o chanceler Bacon é de Schuster, *loc. cit.*, 41 obs. 1. Sobre o que segue, cf. frag. 73 e 74 (= 117 ss. Diels).

[98] *Metaf.*, I 6 [987 a 33]: ὡς τῶν αἰσθητῶν ἀεὶ ῥεόντων καὶ ἐπιστήμης περὶ αὐτῶν οὐκ οὔσης.

é a regra suprema da conduta. Seguir seu próprio sentimento e sua própria vontade é incorporar em si a falsidade e o mal, que, no fundo, são a mesma coisa. A "presunção" é comparada por ele a uma das mais terríveis doenças que podem atingir o homem, àquela que, em toda a Antiguidade, foi tida como possessão demoníaca, a epilepsia; "o orgulho deve ser sufocado como um incêndio". Só há uma coisa sábia: é "conhecer a razão, que governa tudo e em toda parte". Na realidade, não é fácil satisfazer essa exigência, pois a verdade é paradoxo: afinal, "a natureza gosta de se esconder" e "escapa ao conhecimento pela sua inverossimilhança". Mas o pesquisador deve dedicar todos os seus esforços a isso; ele deve ser pleno de alegria e coragem e estar constantemente alerta contra as surpresas, pois "se você não espera o inesperado, você não atingirá a verdade, que é difícil de discernir, dificilmente acessível". "Não devemos construir hipóteses frívolas acerca dos mais altos objetos"; o capricho não deve nos guiar, "pois a punição atingirá a forja das mentiras e as falsas testemunhas". As instituições humanas só duram enquanto concordam com a lei divina, pois esta "alcança tão longe quanto quer, basta para tudo e domina tudo". No entanto, dentro desses limites, reina a lei, pela qual "o povo deve lutar como por uma muralha"; contudo, essa lei não é, evidentemente, o bel-prazer da multidão de cem cabeças desprovida de razão, mas a inteligência, e com frequência "o conselho de um só", ao qual, por causa de sua sabedoria superior, "é devida a obediência"[99].

A influência do nosso filósofo exerceu-se sobre a posteridade de modo curioso e em dois sentidos opostos. Como fator histórico, ele oferece o mesmo aspecto duplo que apresentam, segundo ele, as coisas. Ele foi a fonte principal e primitiva de uma tendência religiosa e conservadora, mas também, e no mesmo grau, de uma tendência cética e revolucionária. Ele é – poderíamos dizer tomando de empréstimo sua linguagem – e não é um baluarte do conservadorismo; ele é e não é um campeão da revolução. No entanto, o centro de gravidade de sua influência encontra-se, por força do seu gênio particular, do lado que indicamos em primeiro. No seio da escola estoica, essa influência constitui o polo oposto às tendências radicais do cinismo. Da absoluta dependência na qual, conforme seu ensinamento, se encontram os fenômenos com relação a uma lei superior, decorreu o rigoroso determinismo dessa seita, o qual, naquela época como sempre, ameaçava degenerar em fatalismo, salvo nos cérebros mais esclarecidos. Daí vem a disposição para a renúncia e quase para o quietismo, que já se anuncia nos versos de Cleanto; daí vem a submissão voluntária aos desígnios da sorte, da qual Epicteto e Marco Aurélio foram os apóstolos. É também em Heráclito que encontramos os primeiros sintomas da tendência que terão os estoicos a adaptar suas doutrinas às crenças populares. Podemos igualmente rememorar seu discípulo dos tempos modernos, Hegel, com sua filosofia da Restauração, com sua glorificação do elemento tradicional no Estado e na Igreja, e enfim seu dito famoso: "O que é real é

---

[99] Cf. frag. 132, 103, 19, 10, 116 Bywater (= 46, 43, 41, 123 e 86 Diels) e 7, 48, 118, bem como 91, 100, 110 Bywater (= 18, 47, 28, 114, 44, 33 Diels).

razoável e o que é razoável é real"[100]. Mas, por outro lado, o radicalismo neo-hegeliano, como pode mostrar o exemplo de Lassalle, também está em estreita conexão com Heráclito. E se quisermos conhecer o paralelo mais surpreendente, o equivalente mais exato do efésio produzido pelos tempos modernos, devemos procurá-lo em Proudhon, esse poderoso pensador subversivo, que não apenas tem em comum com ele algumas doutrinas isoladas absolutamente características, mas lembra-o tanto pelo fundo do seu espírito quanto pela forma paradoxal que, por causa desse espírito, ele deu a suas teorias[101].

A chave dessa contradição é fácil de achar. A essência mais íntima do heraclitismo manifesta-se na extensão do olhar que ele nos faz lançar sobre a multiplicidade das coisas, na amplidão do horizonte intelectual que ele nos faz abarcar. Ora, a faculdade e o hábito de ver as coisas assim do alto e de longe reconciliam-nos tanto com as imperfeições da natureza quanto com as durezas do desenvolvimento histórico, pois fazem-nos ver com frequência o remédio ao lado do mal, o antídoto ao lado do veneno; ensinam-nos a reconhecer no conflito aparente uma profunda harmonia interna, na feiura e maldade dos termos de transição indispensáveis etapas no caminho da beleza e da bondade. Levam-nos a julgar com indulgência tanto as leis do universo quanto os eventos históricos. Provocam "teodiceias, têm por efeito a reabilitação tanto de indivíduos como de épocas e civilizações inteiras. Dão origem ao sentido histórico e não são estranhos às correntes de otimismo religioso; afinal, o despertar dessas tendências na época do romantismo não foi acompanhado por um despertar do heraclitismo? Por outro lado, essa disposição de espírito tem também por efeito o de impedir a formação de juízos cortantes na sua parcialidade, em detrimento do autoritarismo. A mobilidade e flexibilidade do pensamento levadas ao mais alto grau são essencialmente contrárias à imutabilidade das instituições. Quando tudo parece arrastado por um perpétuo devir, quando todo fenômeno particular, considerado como elo na cadeia das causas, deixa de ser outra coisa senão a fase passageira de um desenvolvimento, quem se sentiria disposto a considerar eterna e intangível uma forma qualquer dessa série incessante de metamorfoses e a prosternar-se diante dela?

Pode-se dizer com razão: "O heraclitismo é conservador porque, em todas as negações, enxerga o elemento positivo; ele é radical-revolucionário porque, em todas as afirmações, descobre o elemento negativo. Ele não conhece nada absoluto, nem no bem, nem no mal. Por isso ele não pode rejeitar nada absolutamente, nem tampouco admitir algo sem restrições. A relatividade dos seus julgamentos inspira-lhe a justiça de suas apreciações históricas, mas também o impede de considerar definitiva qualquer instituição existente".

---

[100] Cf. Haym, *Hegel und seine Zeit*, 357 ss.; ver também Hegel, *Gesammelte Werke*, XIII 328 e 334.

[101] Sobre a afinidade intelectual de Proudhon com Heráclito, cf. nossa dissertação, p. 1049-1055.

Porém, devemos agora deixar de lado as consequências das doutrinas de Heráclito, embora ainda sejam sentidas até hoje, e voltar às suas fontes. Já encontramos mais de uma vez, entre os homens que exerceram influência sobre o pensador de Éfeso, os nomes de Pitágoras e Xenófanes. Esses filósofos tampouco careceram de precursores. A vida intelectual desses séculos é tão ativa, oferece tantas correntes que se justapõem ou se misturam, que é quase impossível seguir uma sem perder de vista momentaneamente outras não menos importantes. Portanto, parece-nos chegado o momento de retroceder e voltar a temas que talvez tenhamos deixado de lado por mais tempo do que deveríamos[102].

---

102 Uma palavra de explicação para justificar a ordem que seguimos e que faz com que estudemos Heráclito antes de Pitágoras e Xenófanes, embora admitamos que ele tenha sido influenciado por eles. As interdependências na marcha do desenvolvimento intelectual dessa época podem ser comparadas a uma série de fios orientados paralelamente no sentido do comprimento e ligados por uma grande quantidade de fios transversais. Portanto, somos obrigados a escolher entre dois métodos: ou seguir os fios principais (no presente caso, Tales, Anaximandro, Anaxímenes, Heráclito, de um lado, Pitágoras, Xenófanes, Parmênides etc., do outro) e mencionar por antecipação as influências secundárias, ou saltar continuamente de um dos fios principais para outro, o que teria por efeito embaralhar a exposição de maneira intolerável. Xenófanes e Parmênides estão em relação muito estreita. Heráclito combateu Xenófanes e Parmênides polemizou com Heráclito. Portanto, caso se quisesse levar em conta todas essas relações, seria preciso colocar Heráclito depois de Xenófanes e antes de Parmênides, e assim separar violentamente dois pensadores estreitamente unidos.

Capítulo II

Cosmogonias Órficas

I. Formas diversas da crença na imortalidade. Homero e Hesíodo. Transfiguração das almas e suplícios infernais.

II. Doutrinas órficas. Ferécides de Siros; sua cosmogonia; combate dos deuses. Ferécides, o primeiro dos ecléticos.

III. As cosmogonias órficas; sua relação com a teoria de Ferécides. O ovo do mundo. Influências estrangeiras. Relações muito antigas entre os povos. Traços panteísticos.

I

A inclinação para a alegria, o gosto pelos prazeres da vida, a perfeita serenidade que a epopeia da corte manifesta, e que às vezes ela leva até a frivolidade, teriam produzido uma reação? Ou será que, ao elevar-se ao poder e ao bem-estar, as camadas inferiores do povo fizeram prevalecer sua concepção da vida – a dos burgueses e dos camponeses? O que é certo é que a religião e a moral da Grécia pós-homérica apresentam um caráter essencialmente diferente do da era anterior. Os traços sérios, graves e até sombrios começam a predominar. A expiação do assassinato, o culto às almas, os sacrifícios em honra dos mortos[103] aparecem pela primeira vez ou tornam-se a regra ali onde antes eram somente a exceção. E não nos encontramos aqui na presença de criações exclusivamente novas, pois uma parte pelo menos igualmente importante compõe-se de antigas instituições que revivem ou que, pela primeira vez, se tornam visíveis aos nossos olhos; é o que provam as numerosas e profundas analogias desses usos com os dos povos de mesma raça, e sobretudo os dos parentes mais próximos dos gregos, os da Itália. Porém, não se deve duvidar de que a crença na imortalidade da alma sofreu uma transformação progressiva, e como essa crença exerceu uma influência importante sobre o desenvolvimento da especulação filosófica na Grécia, devemos dedicar-lhe um estudo aprofundado.

As imagens do além preocupam desde sempre o espírito dos homens. Elas recebem sua forma e sua cor das condições e das disposições cambiantes dos povos. De início tal futuro surge como uma simples continuação do presente. As pessoas felizes contemplam-no com alegria, as infelizes com apreensão sombria. Para os príncipes e os nobres, o além é uma sucessão quase ininterrupta de caçadas e banquetes; os criados e escravos veem nele uma série indefinida de duras corveias. Mas todo futuro é incerto e deixa livre curso às perspectivas mais diversas: pressentimentos angustiantes, esperanças exaltadas. Pois se o desejo pode ser chamado de pai do pensamento, a inquietude é a mãe; e seus descendentes reproduzem seus traços em proporções variadas. Quando o mundo terreno oferece uma superabundância de bens, o porvir aparece frequentemente como um reflexo terno e vaporoso da existência terrestre; quando esta deixa amplo espaço para os desejos e arrependimentos, a fantasia gosta de mergulhar seu pincel nas cores da esperança; enfim, o excesso de males e o hábito de sofrer gerado por ele desgastam ao mesmo tempo a força de querer e a de esperar, e confinam a imaginação a

---

[103] Cf. Lobeck, *Aglaophamus*, I 300 ss., e Grote, *Histoire de la Grèce*, 3ª ed., I 33, que no entanto exagera nesse ponto as influências estrangeiras. Diels mostrou, em *Sibyllinische Blätter*, 78 e alhures, que, mais provavelmente, os usos e crenças mais antigos foram reprimidos pela cultura refletida na epopeia; cf. também a exposição magistral de Rohde em *Psyché*, 130 e 213 ss. Tylor mostrou com excelência na sua *Civilis. primitive*, II 77 ss., e em vários outros lugares, como a teoria da retribuição saiu do que ele chama de *continuance theory*.

perspectivas sombrias do além. Às circunstâncias externas vem juntar-se a diversidade de temperamento dos povos. Mas, em suma, na medida em que somente os fatores enumerados até aqui entram em jogo, a imagem do porvir parece-se com a realidade atual, embora, por força das condições indicadas, ela apresente cores ora mais claras, ora mais escuras. Não é difícil distinguir os motivos que, ao longo dos séculos, produzem uma evolução dessa imagem. O último termo da transformação encontra-se na concepção da vida futura que se pode designar pelo nome de retributiva. Porém, um primeiro delineamento dessa concepção está contido na seguinte constatação de fato: o destino presente dos indivíduos é determinado, sob muitos pontos de vista, pelas suas disposições intelectuais e morais. O forte, o bravo, o circunspecto, o resoluto alcançam amiúde na terra o poder e a felicidade; a partir daí, por um raciocínio evidente – se não for pelo simples efeito da associação de ideias –, não se será levado a crer que o mesmo destino caberá a eles também no reino das almas? Um outro fator é o favor ou desfavor que os deuses demonstram para com o indivíduo. Seus favoritos e sobretudo sua prole não devem ter primazia no além sobre aqueles que não são ligados por nenhum elo dessa natureza aos senhores do destino humano? E se a prece e o sacrifício têm por efeito atrair a benevolência dos deuses, não é natural que o favor assim obtido repercuta sobre a sorte futura dos homens? Na mesma medida, enfim, em que o Estado e a sociedade se fortalecem, em que as energias poderosas da natureza adquirem um significado moral e, ao lado dos antepassados deificados, são consideradas guardiãs e protetoras das instituições humanas, como é que o pensamento não deduziria – bastante tarde, é verdade, e insensivelmente – que a morte não opõe ao poder dos juízes celestes uma barreira intransponível, mas que, ao contrário, a recompensa e a punição podem encontrar ou atingir o benfeitor dos homens, assim como o criminoso, além da tumba[104]?

O desenvolvimento do povo grego coloca nitidamente diante de nossos olhos algumas dessas fases. Numa época ou numa condição social cheia de paixões indomáveis, na qual retumba sem trégua o fragor das armas e que, por conseguinte, oferece o alimento mais abundante a toda a escala dos sentimentos humanos, não há lugar algum para os sonhos com o além nem para a saudade dos dias melhores de antanho. O presente, saturado sob todos os pontos de vista, absorve tanto o futuro longínquo quanto o passado remoto. Mesmo nas raras horas de lazer em que descansam dos combates, os heróis homéricos deleitam-se com descrições de batalhas e relatos de aventuras, tanto daquelas das quais eles próprios participaram como daquelas dos seus antepassados

---

[104] A forma de punição mais simples é o aniquilamento. Os especialistas discutem ainda a questão de saber se, segundo as ideias védicas, os maus em geral são julgados dignos de sobreviver. O eminente sanscritista Roth negou-o, enquanto Zimmer, *Altindisches Leben*, 416, afirma o contrário baseando-se em argumentos que não parecem decisivos. Para uma época posterior ao Rig Veda, a crença num lugar de expiação e em suplícios infernais é atestada com certeza (*ibid.* 420-421).

ou dos seus deuses, que eles concebem tão perfeitamente semelhantes a eles mesmos. As almas que habitam o mundo subterrâneo levam uma existência morna, sem vigor, de modo algum invejável. Mover-se sob a luz do sol é o desejo mais ardente dos guerreiros que combatem ao redor de Troia; Aquiles preferiria – simples e pobre jornaleiro – levar neste mundo uma existência miserável a exercer a realeza sobre as Sombras. Se, às vezes, um dos combatentes é arrebatado pelos deuses e autorizado a compartilhar sua felicidade, é um favor puramente pessoal e não a recompensa por gloriosos feitos, e aquele que dela se beneficia – por exemplo Menelau – não é superior em nenhum aspecto aos seus companheiros de armas menos felizes. Já não é assim nas épocas – ou devemos dizer camadas sociais? – às quais se dirige Hesíodo. Para elas, o presente é triste e o desejo de glória e felicidade compele a imaginação a embelezar tanto o passado quanto o futuro. Os homens voltam seus olhares com saudades para uma "época de ouro" há muito desaparecida; a decadência gradual do fado terrestre passa para eles ao estado de fato e torna-se um problema cuja solução, como já vimos, preocupa os espíritos cultivados; a condição das almas depois da morte assume frequentemente o aspecto de uma glorificação. Os defuntos são elevados com frequência ao estatuto de demônios que zelam pelo destino dos vivos. Os "Campos Elísios", as "Ilhas Bem-aventuradas" começam a encher-se de habitantes. Mas tudo isso é absolutamente desprovido de precisão dogmática; toda essa ordem de ideias permanece por muito tempo vaga, oscilante, confusa. E se, já em Homero, podemos reconhecer um primeiro germe do dogma da retribuição – nas penas que sofrem nos infernos alguns criminosos insolentes e inimigos declarados dos deuses – passam-se no entanto muitos séculos até que esse germe alcance seu desenvolvimento completo. As torturas de Tântalo e de Sísifo são seguidas pelas de Ixião e de Tâmiris; mas se a insolência e a insubordinação para com os deuses são punidas por estes no Tártaro, a sorte póstuma da enorme maioria dos homens ainda é considerada um complemento independente de seus méritos ou seus erros. E, acima de tudo, seja qual for a coloração dos painéis da vida no além, a religião de Estado, que pode ser considerada a expressão da consciência das classes dirigentes, toma conhecimento da fé na imortalidade apenas superficialmente; é para a vida presente que se dirigem, tanto depois como antes, as preocupações dominantes do homem antigo, pelo menos na medida em que podemos deduzir dos cultos oficialmente reconhecidos seus pensamentos e desejos.

Todavia, à corrente principal da vida religiosa opõem-se contracorrentes; por outro lado, ela recobre correntes ocultas; e essas correntes secundárias ganham força pouco a pouco, apesar de enfraquecimentos momentâneos, e acabam constituindo um rio que rói e esvazia o próprio núcleo da religião helênica. Elas têm em comum – tanto o culto dos mistérios quanto as doutrinas órfico-pitagóricas – uma forte preocupação com o destino póstumo da alma, e essa preocupação, por sua vez, decorre do fato de que os homens apreciam menos sua condição atual e enxergam a vida com cores sombrias.

II

As doutrinas órficas, assim chamadas devido ao lendário bardo trácio Orfeu, sob cujo nome circulavam os livros sagrados dessa seita, foram conservadas em redações múltiplas, amiúde muito divergentes. Mas nossa fonte de informação mais abundante remonta apenas aos últimos tempos da Antiguidade: devemo-la aos neoplatônicos, últimos herdeiros do grande filósofo; eles retornavam com predileção a essas doutrinas, que apreciavam porque apresentavam grande afinidade com as suas, e faziam nos seus escritos numerosas análises parciais destas, frequentemente acompanhadas de preciosas citações dos poemas órficos[105]. No entanto, como a doutrina órfica não forma um todo estritamente homogêneo, mas sofreu ao longo do tempo desenvolvimentos variados, compreende-se a desconfiança com a qual foram acolhidos e examinados esses testemunhos tardios. À primeira vista, a crítica parece ter razão em só considerá-los plenamente válidos para a época da qual datam. Mas os caminhos pelos quais ela enveredou nessa matéria são muito escorregadios; algumas descobertas recentes mostraram-no do modo mais surpreendente. Tabuletas de ouro encontradas em túmulos da Itália meridional, datadas em parte do século IV e em parte do começo do século III a.C.[106], fornecem ecos de versos órficos que até agora só conhecíamos por uma citação de Proclo, neoplatônico do século V de nossa era; assim, a garantia que temos de sua antiguidade aumentou de uma só vez em sete séculos[107]! Nesses casos, portanto, a crítica tinha realmente degenerado em hipercrítica; o excesso de prudência científica revelou ser falta de juízo científico. É melhor, em suma, tolerar uma leve parte de erro nos detalhes do que impedir voluntariamente o conhecimento íntimo do sistema pela aplicação demasiado rigorosa de um método justificado em si mesmo, mas que só atribuiria os elementos desse sistema à época na qual sua existência é indubitavelmente atestada. Aliás, os estudos recentes, ao recolher e examinar com cuidado as alusões e indicações oferecidas aqui e ali pelos textos, conseguiram suplantar em muitos pontos a ausência de testemunhos diretos.

---

[105] A reunião mais recente dos poemas órficos é a de O. Kern, *Orphicorum fragmenta*, Berlim, 1922 [os "altbezeugten" – fragmentos tradicionalmente reconhecidos – estão reproduzidos em FVS 66]. As precedentes foram as de G. Hermann, Leipzig, 1805, e Eug. Abel, *Orphica*, Leipzig-Praga, 1885.

[106] As tabuletas da Itália meridional, bem como peças análogas descobertas em Creta e em Roma, foram reunidas e comentadas por Comparetti, *Laminette Orfiche*, Florença, 1910 [e por Olivieri, *Lamellae aureae Orphicae*, Bonn, 1915; são encontradas igualmente em FVS 66 B 21 ss.]. Parte dessas tabuletas data certamente do século IV e outra parte do início do século III.

[107] Citação de Proclo [*ad Platonis Rempublicam*, II 339, 20 Kroll], frag. 224 Abel: ὁππότε δ'ἄνθρωπος προλίπῃ φάος ἠελίοιο, fragmento quase idêntico ao texto órfico de Comparetti, p. 6 ss. [= Olivieri, p. 16; FVS 66 B 20, 1]: ἀλλ' ὁπόταμ ψυχὴ προλίπῃ φάος ἀελίοιο. O. Kern também chamou a atenção para essa coincidência e outras análogas (*Aus der Anomia*, Berlim, 1890, p. 87).

Esforcemo-nos primeiramente para imaginar o estado intelectual dos homens que Aristóteles chama de "teólogos"[108] e que podemos talvez designar como a ala direita dos mais antigos pensadores gregos. Seu feitio de espírito é menos científico que o dos "fisiólogos", mas eles ressentem tanto mais fortemente a necessidade de assistir, através da imaginação, ao nascimento e ao desenvolvimento do universo. As lendas divinas que circulavam entre seus compatriotas pareciam-lhes insuficientes, seja porque contradiziam suas aspirações morais, seja porque só davam respostas demasiado vagas ou grosseiras à questão de saber de onde e como surgiram as coisas. O pensamento especulativo propriamente dito só pode fornecer indicações para resolver esses enigmas tão velhos quanto o mundo. O desenvolvimento pleno dessas indicações, exigido por um pensamento ainda sob a influência dominante dos mitos, só pode ser realizado se lendas vindas de outra parte preencherem as lacunas. Portanto, eles procuram-nas com ardor, e a melhor fonte para obter uma ampla colheita são as tradições locais e as das nações estrangeiras, sobretudo as daquelas nações envoltas numa aura de cultura antiga. Esses três elementos – especulação cosmogônica propriamente dita, tradições locais gregas e tradições estrangeiras – constituirão o tecido da nova doutrina. O fato de que foi assim na realidade é mostrado por um olhar sobre o conteúdo e sobretudo o caráter das doutrinas órficas e daquelas que estão em estreita relação com elas. Essa mistura aparece claramente na cosmogonia de Ferécides de Siros[109], de que trataremos em primeiro lugar, já que Ferécides é quase certamente o mais antigo representante dessa tendência. Ele publicou em meados do século VI um escrito em prosa intitulado *Pentemychos* (o antro de cinco dobras), do qual foram conservadas algumas citações literais. Ele sofreu a influência de antigos correligionários, talvez especialmente do poeta Onomácrito, que vivia na corte do tirano ateniense Pisístrato e de seus filhos. Ferécides ocupava-se, portanto, de astronomia; ele tomara provavelmente emprestado dos babilônios os princípios dessa ciência, e muito tempo depois dele ainda se mostrava seu relógio de sol aos visitantes da ilha. Como filósofo ele admitia três essências primordiais, existentes por toda a eternidade: Cronos ou o princípio do tempo; Zeus, chamado por ele de Zas, o que tem por efeito, sem dúvida, lembrar a interpretação dessa palavra que já encontramos uma vez em Heráclito e que tendia a fazer do deus soberano o princípio supremo da vida; enfim, a deusa da terra, Ctônia. Do sêmen de Cronos saíram o Fogo, o Ar e a Água, e destes saíram múltiplas gerações de deuses. Dois outros elementos que só encontramos numa tradição posterior, e por isso talvez adulterada, levam o nome de "Fumaça" e "Trevas", e completam o número de matérias

---

[108] Arist., por exemplo *Metaf.*, XII 6 [FVS 66 B 9], onde são contrapostos aos físicos.

[109] Os fragmentos de Ferécides foram reunidos e conjugados a fragmentos análogos por O. Kern, *De Orphei, Epimenidis, Pherecydis theogoniis quaestiones criticae*, Berlim, 1888 [FVS 71]. Ver a esse respeito Diels no *Archiv fur Geschichte der Philosophie*, II 91, 93-94, 656-657.

fundamentais indicado pelo título da obra[110]. Cada uma dessas matérias ocupava na origem uma região especial do mundo. Mas foi travado entre os deuses um combate no qual o deus-serpente, Ofioneu, marchou com suas tropas de encontro a Cronos e seu séquito de deuses. Ao fim da luta, um dos grupos de combatentes foi precipitado nas profundezas do mar, que Ferécides chama pelo nome provavelmente babilônico de Ogenos[111], que corresponde ao grego Oceano. Eis alguns outros traços de sua cosmogonia. Zas ou Zeus, depois de ter formado o mundo, transforma-se no deus do amor, Eros; depois ele confecciona "um poderoso e belo traje no qual ele tece a imagem da Terra, de Ogenos e das moradas de Ogenos" e que ele estende sobre o "carvalho alado"; enfim, "sob a Terra encontra-se a região do Tártaro, guardada pelas filhas de Bóreas, as Harpias e Tiela, na qual Zas precipita todos os deuses que se corrompem com ações criminosas". Se acrescentarmos ainda que Ctônia muda de nome e torna-se Gê "depois que Zas atribui-lhe a Terra" (e que a mãe dos deuses, Reia, para ele chama-se Ré, talvez por oposição a Gê), teremos mencionado tudo que conhecemos das doutrinas de Ferécides com relação ao nascimento dos deuses e do universo.

---

[110] Recorro aqui a Agostinho, *Conf.*, III 6, 11, e à nota de K. Raumer sobre essa passagem [*De haeres.*, 46; *Contra epistulam fundamenti*, 18; cf. 15 e 21]. Bastará, sem dúvida, que sua atenção tenha sido chamada sobre esse ponto para que outros reconheçam claramente que essa doutrina maniqueísta remonta a Ferécides.

[111] Hommel, *Der babylonische Ursprung der ägyptischen Kultur*, 9, deriva o grego Ὠκεανός do sumério *Uginna* = círculo, totalidade. É mais natural ainda derivar daí a palavra enigmática e completamente isolada que é *Ogenos*, obviamente na hipótese – a ser estabelecida mais tarde – de que Ferécides se inspirou em tradições estrangeiras. Além da semelhança entre os nomes, cabe considerar a seguinte circunstância. O partido que sucumbe no combate dos deuses é precipitado no Ogenos. Ora, o chefe dos vencidos, qual seja, o deus-serpente Ofioneu, é evidentemente uma divindade ctônica ou telúrica. Sua morada permanente e a de seus companheiros é o mundo inferior, que, de acordo com a concepção helênica, se encontra nas profundezas da terra, enquanto, de acordo com a concepção babilônica, ele se encontra sob o Oceano (cf. Hommel, *loc. cit.*, 8). O Ofioneu de Ferécides não é idêntico também à deusa babilônica do Caos, que tem forma de serpente? Cf. a esse respeito Jensen, *Kosmologie der Babylonier*, 302. Um empréstimo desse tipo à mitologia fenícia, que é estreitamente aparentada à da Babilônia, é suposto pelo menos por Fílon de Biblos (*apud* Eusébio, *Præp. evang.*, VI 10, 50 p. 41 d = I 93 Gaisford) e hoje certamente não é mais possível chamar Fílon de "falsificador", como fez Zeller (*Philos. der Griechen*, 5ª ed., I 86) [= 6ª ed., I 118], e rejeitar seu testemunho. Cf. C. Wachsmuth, *Einleitung in das Studium der alten Geschichte*, Leipzig, 1895, p. 406. Sobre esse ponto, deve-se notar em especial que Halévy (*Mélanges Graux*, 55 ss.) estabeleceu a identidade essencial entre a cosmogonia fenícia descrita por Fílon (ou pela sua fonte, Sanchuniathon) e a cosmogonia babilônica; cf. também Renan nas *Mémoires de l'Académie des Inscriptions*, XXIII 251. Robert Eisler, *Weltenmantel und Himmelszelt* (Munique, 1910), II 321 ss., vai muito mais longe na afirmação de influências estrangeiras. Resta saber qual julgamento os especialistas em línguas orientais farão das hipóteses desse estudioso. Um fragmento novo, da maior importância, foi publicado por Grenfell e Hunt, *New classical fragments and other Greek and Latin papyri*, Oxford, 1897. Ele nos faz conhecer em Ferécides um narrador jovial; cf. a resenha do autor no *Akademische Anzeiger*, 3 de março de 1897. Quanto à explicação desse fragmento, devemo-la sobretudo a H. Weil, *Revue des Études grecques*, X 1 ss. Parece agora que não existe fundamento para identificar o "carvalho alado" com a Terra que flutua livremente no espaço (Weil, *op. cit.*, p. 5); assim, cai a hipótese daqueles que queriam colocar Ferécides depois de Anaximandro (Diels, *Archiv*, II 656 ss.). O fragmento encontra-se atualmente em Diels, *Vorsokratiker*, 508, 4-15 [71 B 2].

Estranho amálgama no qual entra um pouco de ciência, uma dose de alegoria e muita mitologia! Tentemos orientar-nos nesse ciclo desconcertante de ideias. Assim como os "fisiólogos", nosso pensador reconhece princípios primordiais eternos e esforça-se para reduzir a algumas matérias fundamentais a multiplicidade dos elementos que constituem o mundo material. Ele também concorda com eles no ponto – muito característico – em que faz sair dessas matérias a multidão dos deuses secundários. Mas diverge deles porque vai menos longe na simplificação da matéria, não conhece uma única matéria fundamental e, se compreendemo-lo bem, não considera nem mesmo o ar como formado de um elemento único. Contudo, o principal é que suas matérias fundamentais não são matérias primordiais; no lugar destas, ele admite essências primitivas que, é preciso reconhecer, não são concebidas como grosseiramente materiais e dão origem às matérias propriamente ditas. Embora ele só descreva expressamente a origem dos três elementos que predominam no mundo superior, o paralelismo da exposição parece forçar a admitir que os dois outros, que pertencem ao reino das trevas (e cujo conhecimento devemos somente às alusões fortuitas de Santo Agostinho), são produzidos pelo deus-serpente, que preside ao mundo inferior. Poderíamos ser tentados aqui a atribuir ao nosso "teólogo" uma posição intermediária entre Hesíodo e os filósofos naturalistas. Mas isso não bastaria para dar uma ideia completa das suas relações. Na *Teogonia*, os fatores naturais tidos como vivos, a "Terra de busto amplo", o "Céu imenso" etc., desempenham os papéis principais ao lado de alguns princípios divinos. Em Ferécides, não é mais permitido falar de fetiches naturais. Zas e Cronos aparecem mais como seres espirituais e Ctônia é expressamente distinta da "Terra", da qual ela só recebe o nome depois de ter recebido das mãos de Zas a terra propriamente dita, no sentido material. É como se ele quisesse dizer: "O espírito da Terra existe antes da Terra e só é associado a ela posteriormente, como a alma ao corpo". Portanto, anuncia-se aqui um modo de pensamento muito característico, muito importante para a compreensão das relações entre o espírito e o corpo nos órficos em geral (no sentido restrito do termo) e no próprio Ferécides.

O fato de que um combate dos deuses precede o estabelecimento do regime ao qual o universo está submetido é uma concepção tão comum nas mitologias gregas e não-gregas que não podemos nos espantar ao encontrá-la também em Ferécides. Na base dessa ideia muito disseminada encontra-se sem dúvida, diga-se de passagem, uma dupla consideração que iria se oferecer naturalmente ao espírito do homem primitivo. O reinado da ordem não podia aparecer para ele como fato inicial; de fato, os seres poderosos que ele acreditava entrever por trás do mundo exterior eram concebidos por ele animados por uma vontade tão arbitrária e por paixões não menos indomáveis que as dos membros mais consideráveis da sociedade humana, a única que ele conhecia e que estava tão afastada da disciplina e da paz. Por isso essa conjectura de que a regularidade observável nos fenômenos da natureza é uma lei imposta aos vencidos pela vontade do vencedor. E essa conjectura impor-se-ia tanto mais a eles porque, justamente, os mais violentos agentes naturais só exercem de maneira relativamente rara sua plena ação; os terremotos, as tempestades, as erupções vulcânicas são apenas interrupções ocasionais e de curta duração da paz habitual da natureza. Pensava-se que esse estado de coisas não podia ter existido sempre; essas terríveis potências, tão hostis à vida humana, desencadearam-se sem dúvida outrora, livres de qualquer obstáculo; se hoje limites estreitos foram impostos à sua fúria devastadora, só pode ser pelo triunfo de seres ainda mais poderosos, que um dia entraram em luta com elas e domaram-nas enfim. A forma mais precisa que esse combate das forças supraterrestres com as forças subterrâneas tomou em Ferécides lembra tanto, numa grande quantidade de pormenores, a lenda babilônica da origem do mundo, que juízes muito competentes inclinam-se a admitir que o pensador grego tomou-os emprestado desta última. Se depois Zas, com vistas à formação do mundo, transforma-se em deus do amor, não precisamos procurar muito longe o motivo dessa concepção. A ideia de que o instinto de reprodução é o único que aproxima os princípios de mesma natureza e que garante a duração das espécies e dos gêneros existentes é somente a generalização de um fato constatado no campo da vida orgânica; já encontramos essa ideia em Hesíodo e numa forma, por assim dizer, petrificada, e por isso concluímos que ela havia deixado de viver há muito tempo. É sem dúvida ao culto dedicado ao deus do amor em alguns santuários muito antigos, por exemplo em Téspis na Beócia, que se ligou o mito especulativo de "Eros criador do universo".

Enfim, o que é mais difícil de compreender para nós não são tanto os detalhes das teorias do teólogo de Siros, mas o estado de espírito do qual elas saíram e no qual se aliam tão estranhamente a ciência e a fé nos mitos. Não temos motivo nenhum para duvidar das aspirações desse homem à verdade; nada nele denota uma tendência a impressionar as imaginações com milagres de charlatão. Como conceber então que, sem ser poeta, sem vangloriar-se de penetrar os segredos do universo na embriaguez do delírio e da possessão demoníaca, ele nos oferece um quadro, levado até os detalhes, da origem desse universo e dos deuses com a confiança de quem pretende ter recebido uma revelação? Para nós, pelo menos, não há outra explicação possível do enigma além daquela que já indicamos. Seu pensamento especulativo pode ter-lhe fornecido algumas das partes constitutivas de sua doutrina, em especial a doutrina das matéria primordiais; outras ele tomou emprestado, como acabamos de dizer, das pesquisas de seus predecessores; mas ele não podia recorrer a nenhuma dessas fontes para pintar com cores tão ricas seu quadro panorâmico; ele deve-o sem dúvida a tradições nacionais ou estrangeiras às quais ele deu seu consentimento porque, nos seus traços essenciais, elas concordavam com os resultados de suas investigações; justamente por essa razão, ele deve tê-las transposto, transformado e fundido com uma arbitrariedade da qual ele não tinha consciência. Nada é mais difícil, mas nada é mais indispensável do que ter uma ideia dessa crítica incompleta que rejeita muitas lendas mas aceita com perfeita fé outras que repousam num fundamento totalmente idêntico; que, por conseguinte, não toma posição de princípio com relação à tradição como tal, mas, com uma ingenuidade espantosa, pretende encontrar tanto nos mitos divinos como nos nomes dos deuses a chave das profundezas mais secretas do enigma universal. Assim, podemos ver em Ferécides um dos mais antigos representantes desse ecletismo meio crítico, meio crédulo que será, em outras épocas e outros povos, o de tantos pensadores.

III

Entre os sectários órficos, escritos diversos e contraditórios circularam simultaneamente ou sucessivamente sobre a vida e os ensinamentos do fundador da doutrina, como também foi o caso de outras comunidades religiosas. Parece-nos tão inapropriado falar aqui de "falsificação" consciente ou de obras "apócrifas" quanto o seria aplicar semelhantes qualificativos ao *Deuteronômio* de Moisés no Antigo Testamento ou à doutrina do Logos no Novo Testamento. A cosmogonia órfica também foi exposta em redações múltiplas cuja sucessão não é possível determinar com certeza. Mas nada impede de supor que várias delas eram correntes ao mesmo tempo, sem que os leitores cheios de fé dessas "santas escrituras" ficassem chocados com as contradições flagrantes que elas podiam apresentar. Conhecemos quatro delas de maneira mais ou menos completa[112]. Uma delas foi analisada por Eudemo, aluno de Aristóteles, que havia composto uma *História da Astronomia*; mas dessa análise só nos chegou esta seca menção: a Noite desempenhava o papel de princípio primordial. Essa opinião transparece no verso de Homero no qual Zeus teme fazer algo que possa desagradar à Noite e parece assim reconhecê-la como superior a ele. Os maoris também conhecem "a Noite, mãe antiga", e essa divindade desempenha o papel mais importante nas doutrinas cosmogônicas dos gregos, tanto no lendário Museu como no vidente Epimênides, tanto no contador de lendas Aquesilau quanto num quarto autor cujo nome permanece desconhecido. Não vale a pena mencionar a segunda versão, exposta numa dúzia de hexâmetros relativos à origem do universo que o poeta alexandrino Apolônio, nas suas *Argonáuticas*, coloca na boca de Orfeu. De fato, o autor do poema não pretende fazer uma citação autêntica e o conteúdo desse trecho não poderia justificar uma tal pretensão. O princípio da "Discórdia", que nele separa os quatro elementos, pertence, tal como estes últimos, ao filósofo naturalista posterior Empédocles. Além disso, o combate dos deuses é descrito em concordância parcial com Ferécides, porém sem que as ligeiras divergências de Apolônio deem a impressão de datar de uma antiguidade mais remota. Pois enquanto o teólogo de Siros mostra o deus-serpente e Cronos em liça pelo poder e atribui ao vencedor o mundo superior e ao vencido o mundo subterrâneo como residência e reino, aqui Ofioneu é inicialmente senhor do Olimpo; no entanto, como as serpentes, em virtude de sua própria natureza, pertencem, sem dúvida em todas as mitologias, ao reino terrestre, só podemos ver aqui um desvio da forma primitiva, um desenvolvimento artificial da lenda. Tampouco deteremos o leitor longamente na terceira versão. De fato, ela é expressamente oposta por aqueles que a relatam à doutrina órfica corrente; os traços que a diferenciam desta última não apresentam um caráter mais antigo e as autoridades nas quais ela repousa – Jerônimo e Helânico – são de data incerta

---

[112] Sobre as quatro versões da teogonia, cf. a obra citada de Kern, p. 115 nota 1.

e valor duvidoso. A situação é totalmente diversa no caso da quarta e última, que narra ao mesmo tempo o nascimento dos deuses e do mundo e que se encontrava outrora no que se chamou de *Rapsódias*. Estudiosos modernos, inspirando-se no exemplo de um mestre dessa ciência, Christian August Lobeck, mostraram com plena certeza que os pensadores e poetas do século VI a.C. conheciam-na e utilizavam-na, enquanto os motivos nos quais outros se apoiavam e ainda se apoiam para contestar sua alta antiguidade revelaram-se pouco fundados. Não podemos deixar inteiramente de lado essa controvérsia, que aborda questões de princípio da mais alta importância[113]. Mas, antes de mais nada, indiquemos o conteúdo essencial dessa cosmogonia. Na origem encontra-se, como em Ferécides, Cronos ou o Tempo, que existia por toda a eternidade, enquanto o princípio da luz ou do fogo, denominado Éter, e o "abismo imenso" chamado Caos, só vieram a existir mais tarde. Em seguida, o "poderoso Cronos" formou, do Éter e do Caos cheio de "escura neblina", um "ovo de prata". Deste saiu o "primogênito" dos

---

[113] Depois de Christian August Lobeck (*Aglaophamus*), O. Kern foi o que mais trabalhou para estabelecer a alta antiguidade – muito contestada – da teogonia rapsódica, ou pelo menos do seu conteúdo essencial, e apresentou para tanto motivos que me parecem absolutamente excelentes. Considero totalmente infundada, apesar da surpreendente adesão de Rohde, *Psyché*, 2ª ed., II 416 em nota, a pretensa prova de Gruppe segundo a qual Platão nunca teria conhecido a teogonia rapsódica (*Jahrbuch für Philosophie*, supl., XVII 689 ss.). Examinada sob seu verdadeiro aspecto, a divergência entre Rohde e eu reduz-se, todavia, a muito pouca coisa. Afinal, Rohde concede que "a concordância das rapsódias com a doutrina e a poesia órficas" ainda é demonstrável em vários pontos, e eu estou plenamente disposto a reconhecer que a amplitude dessa obra (24 livros) e os indícios seguros da interpenetração das diversas formas dos mitos forçam-nos a admitir que a teogonia rapsódica está bastante afastada do ponto de partida da literatura órfica. Faltam-nos, pelo menos atualmente, os meios necessários para transformar essa determinação relativa de idade numa determinação absoluta. É também a opinião de Diels: ele considera "provável que a forma primitiva da teogonia órfico-rapsódica data do século VI" e acrescenta que "o misticismo órfico-escatológico ainda lhe parece consideravelmente mais antigo" (*Archiv*, II 91). Os argumentos apresentados por Zeller para apoiar sua opinião (*Philos. der Griechen*, 5ª ed., I 98, 88 nota 5 e 90 nota 3) [6ª ed., I 132, 121 nota 1, 124 nota 2] parecem-me pouco concludentes. Como Arist., *Metaf.*, XIV 4 [1091 b 4], fala de "antigos poetas" que admitiam divindades primordiais "tais como a Noite e o Céu, ou o Caos e Oceano", ele não teria, segundo Zeller, conhecido nenhuma exposição na qual Fanes desempenha um papel. Na realidade, mesmo de acordo com a teogonia rapsódica, Fanes não é, como o próprio Zeller reconhece na p. 95 [= 6ª ed., I 130], a divindade primordial propriamente dita. Ele é, ao contrário, precedido por Cronos (o Tempo), que gera "o Éter e o sombrio e incomensurável Abismo ou Caos" e, desses dois seres, forma o ovo do mundo, do qual finalmente sai Fanes. Considero pouco fundada a conclusão que Zeller tira desse trecho da *Metafísica*: "Tais palavras […] supõem uma cosmologia na qual a Noite ocupava a posição principal, seja sozinha, seja com outros princípios igualmente primordiais". A situação é diferente no cap. 6 do livro XII da *Metafísica* [1071 b 27], no qual se trata de "teólogos que fazem tudo sair da Noite", οἱ ἐκ Νυκτὸς γεννῶντες. Não posso admitir, como Zeller, que esses dois trechos se referem exatamente à mesma cosmogonia órfica, pois as palavras "tais como" (οἷον), no primeiro, já parecem fazer alusão a vários. Os plurais "os antigos poetas" e "os teólogos" também fazem pensar em outra coisa que não é um sistema único e bem definido. O que me parece menos aceitável na discussão à qual Zeller submete esse ponto é a suposição de que se teria começado, por volta do século III, a revestir as ideias estoicas com um aparato mítico completamente novo. É arriscado, sem dúvida, afirmar de modo totalmente geral que a força de criação mítica estava como que extinta na época helenística. Mas é certamente muito mais arriscado pretender que mitos panteísticos não poderiam ter sido criados no século VI ou V ou que não poderiam ter sido produzidos pela transformação de tradições em parte locais, em parte não-gregas.

deuses, Fanes ou o Brilhante, também denominado deus do amor (Eros), a Sabedoria (Métis) ou Erikapaios, nome que ainda não foi explicado de modo seguro. Como depositário de todos os germes da vida, ele é ao mesmo tempo macho e fêmea; de si mesmo produziu a Noite, depois um terrível deus-serpente, Equidna; unindo-se à Noite, gerou o Céu e a Terra (Urano e Gaia), ancestrais da raça "secundária" dos deuses. Não diremos nada dos Titãs, dos Gigantes, das Parcas e dos monstros de cem braços ou Hecatônquiros porque a teogonia órfica não diferia essencialmente, quanto a esses seres, da de Hesíodo. Cronos e Reia pertencem também à segunda geração dos deuses. Mas seu filho, "Zeus, cabeça e centro ao mesmo tempo, Zeus de quem tudo procede", "Zeus, origem da Terra e do Céu salpicado de estrelas"[114], engole Fanes e assim reúne nele os germes de todas as coisas; ele os faz renascer de si mesmo criando a terceira e última geração dos deuses e todo o mundo visível.

Esforcemo-nos para apreender a ideia fundamental dessa exposição, para penetrar seu caráter especial, e ao mesmo tempo, se possível, para determinar sua origem histórica, a fim de contribuir, do nosso lado, para a solução do problema indicado anteriormente. Não podemos evitar a impressão de que os elementos dessa cosmogonia não são absolutamente homogêneos e que só foram fundidos muito tardiamente. De fato, o princípio da luz e do fogo, ou seja, o éter, aparece na formação do universo antes de Fanes, o primogênito dos deuses, cujo nome significa o Brilhante. Se não há nisso uma contradição, pelo menos é uma concepção que não se pode atribuir ao primeiro período mítico. Esta sempre visa a efeitos poderosos e abster-se-ia de atenuá-los antecipadamente. É tentador pensar que aqui duas camadas de especulação mitológica se interpenetraram, uma de certo modo mais naturalista e a outra mais inclinada a criar divindades propriamente ditas. "Ao longo do tempo, por influência da luz e do calor, o mundo formou-se da matéria obscura que flutuava no espaço", mais ou menos, podemos acrescentar, como uma planta cresce e desenvolve-se aos raios vivificantes do sol; essa é sem dúvida a ideia que encontrou sua expressão mítica na primeira parte dessa cosmogonia. "Das trevas primordiais e desprovidas de forma saiu um princípio luminoso e divino que formou o mundo", eis uma segunda ideia, essencialmente diferente da primeira. O elo entre essas duas ideias é representado pelo termo com o qual os poemas órficos designam Fanes: "filho do éter resplandecente". O mito do ovo do mundo tampouco parece encontrar-se aqui na sua forma original, pois saiu sem dúvida do seguinte raciocínio intuitivo: o mundo é animado e nasceu. Seu nascimento deve ter sido análogo ao de um ser vivo. A curvatura do céu em forma de esfera lembra a forma de um ovo; portanto, pensou-se então, houve outrora um ovo que se rompeu; a metade superior foi conservada e constitui a abóbada celeste; da metade inferior saiu a terra com os seres que a povoam. Mas nada obriga a admitir que a deformação dessa lenda ocorreu somente em solo grego. Os gregos compartilhavam esse mito muito

---

[114] Abel, *Orphica*, frag. 46 [cf. FVS 66 B 6].

disseminado com os persas e os hindus, com os fenícios, os babilônios e os egípcios[115]; entre estes últimos, ele apresenta-se exatamente da mesma forma que na cosmogonia órfica. Eis, de fato, os termos nos quais se exprime uma cosmogonia egípcia: "No começo não havia nem Céu nem Terra; o Tudo era cercado de espessas trevas e cheio de uma água primordial ilimitada [chamada pelos egípcios de *Nun*], que encerrava em seu seio os germes machos e fêmeas, ou os primeiros delineamentos do mundo futuro. O espírito divino primitivo, inseparável da matéria água, sentiu-se inclinado para a atividade criadora, e sua palavra chamou o mundo à vida... O primeiro ato da criação começou pela *formação de um ovo*, que foi tirado da água primordial e do qual saiu a luz do dia (Rá), causa imediata da vida no âmbito do mundo terrestre"[116]. É verdade que, numa outra versão – e sem dúvida não será inútil chamar a atenção para as formas múltiplas da lenda no vale do Nilo –, é ao deus Ptá que se atribui a criação do ovo. É ele que, segundo seus adoradores, moldou – como um oleiro na sua roda – o ovo do qual saiu o mundo. Não terá escapado ao leitor atento que, por essa atribuição à água primordial dos germes machos e fêmeas, o mito egípcio apresenta uma analogia notável com a lenda órfica, que confere ao deus luminoso, organizador do mundo, os atributos ao mesmo tempo masculinos e femininos. Essa natureza dupla lembra ainda mais vivamente, sem dúvida, as divindades hermafroditas, que são bastante raras no panteão babilônico[117]. Se acrescentarmos que o princípio do tempo que consta do início da nossa cosmogonia – sem falar no *Avesta* dos persas, no qual ele aparece com o nome de Zrvan Akarana[118], ou duração ilimitada – encontra-se também, segundo o testemunho irrecusável de Eudemo[119], na cosmogonia dos fenícios, teremos dito o

---

115 Sobre os persas e hindus, cf. Darmesteter, *Essais orientaux*, 169, 173, 176; sobre os fenícios e babilônios, cf. Halévy, *Mélanges Graux*, 61, e Welcker, *Griechische Götterlehre*, I 195; enfim, esta notável indicação da *Índia* de Alberuni, trad. Sachau, I 222-223: "If this our book were not restricted to the ideas of one single nation, we should produce from the belief of the nations who lived in ancient times in and round Babel ideas similar to the egg of Brahman". No que diz respeito aos egípcios, tomo minha citação de Brugsch, *Religion und Mythologie der alten Ägypter*, 101. A versão relativa ao deus Ptá encontra-se em Erman, *Ägypten und ägyptisches Leben*, 253. Cf. também Dieterich, *Papyrus magica* no *Jahrbuch fur Philologie*, supl., XVI 773 [= *Kleine Schriften*, 27]. A opinião de Lepage Renouf, *Proceedings of the Society of Biblical Archeology*, XV 64 e 289 nota 2, que recusa o ovo do mundo à mitologia egípcia, é por enquanto isolada. Não devemos omitir que o mito do ovo do mundo encontra-se até ali onde não se pode de modo algum pensar num empréstimo, como entre os letões, nas ilhas Sandwich, entre os peruanos (cf. Lukas, *Die Grundbegriffe in den Kosmogonien der alten Völker*, 261 ss.) e entre os finlandeses, segundo Comparetti, *Il Kalevala*, 132. Um exame imparcial não deveria ignorar a concordância bastante exata das formas que esse mito tomou em algumas das nações citadas no texto.

116 [N.T.: itálicos acrescentados por Gomperz.]

117 Cf. Lenormant-Babelon, *Hist. anc. de l'Orient*, 9ª ed., V 250.

118 Cf. *Avesta* I, trad. James Darmesteter (*Sacred Books of the East*, IV), Introd., p. 82, e Fargard, XIX 9, p. 206.

119 *Eudemi Fragmenta*, compil. Spengel, frag. 117 fim, p. 171 [= Damáscio 125; I 322 Ruelle]; aí também se trata da doutrina dos magos, ou seja, da religião de Zoroastro, e do lugar que nela ocupa o princípio do tempo.

bastante para que nossos leitores admitam que as tradições estrangeiras não deixaram de ter influência sobre a origem da doutrina órfica.

O foco do qual irradiaram essas tradições foi, com toda probabilidade, a região que não apenas consideramos um dos centros antigos, mas na qual se pode também ver o berço da civilização, isto é, a região situada entre o Eufrates e o Tigre e sobre a qual reinava a Babilônia. Esse modo de ver certamente provocará as mais vivas objeções, talvez até o sarcasmo dos estudiosos para os quais é desonrar os gregos fazê-los comparecer à escola das nações que os precederam na cultura e fazê-los tomar emprestado delas suas primeiras noções científicas e religiosas. Mas o espírito de estreiteza e teimosia que pretende, se podemos dizer, alçar o povo grego sobre um tamborete isolador para subtraí-lo à influência dos povos civilizados antes dele não pode subsistir na presença dos fatos cada vez mais numerosos, cada vez mais importantes e mais claros que não param de se manifestar. Quase não se encontra mais ninguém hoje em dia que negue o que, há apenas algumas décadas, se negava com tanta segurança e obstinação, a saber que os gregos devem ao Oriente os elementos de sua civilização material e os primeiros modelos de sua arte. A resistência que encontrou a opinião correspondente no que tange à ciência e à religião foi, sem dúvida, poderosamente alimentada pelos ensaios prematuros, parciais e desprovidos de método das gerações anteriores; mas essa corrente, por ter sido criada por estudiosos muito eminentes, como era por exemplo Lobeck, nem por isso deve deixar de ceder diante de uma apreciação completa e imparcial dos fatos históricos. Por serem mercenários e negociantes, marinheiros em busca de aventura e colonos prontos para o combate, os helenos, como vimos, encontraram-se logo cedo em relações múltiplas e estreitas com os povos estrangeiros. No bivaque, no bazar e no caravançarai, no convés dos navios iluminados pelas estrelas e na meia-luz íntima do apartamento conjugal que o emigrante grego partilhava muito frequentemente com uma indígena, ocorria uma troca perpétua de conversas que, certamente, versavam tanto sobre as coisas do céu quanto sobre as da terra. Mas as doutrinas religiosas estrangeiras – às quais o heleno devia há muito tempo grande quantidade de suas divindades e seus heróis, por exemplo a Aschthoreth semítica (Afthoret, Afrodite) e seu favorito Adônis, e mais tarde a deusa trácia Bendis e a frígia Cibele – recebiam uma acolhida tanto mais solícita porque as antigas tradições nacionais satisfaziam menos o ardor cada vez maior de saber, o instinto de pesquisa científica sempre crescente de uma era inclinada ao intelectualismo. O orgulho chauvinista opunha somente uma fraca barreira a essas influências. Os gregos foram desde sempre, e num grau espantoso, dispostos a reconhecer seus próprios deuses nos dos outros povos e a atenuar por meio de transposições de sentido ou acomodações flexíveis as contradições existentes entre suas tradições e as tradições estrangeiras; o historiador Heródoto dá muitos exemplos desse procedimento, tão divertidos quanto instrutivos. Porém, no que concerne à Babilônia, à sua posição central e influência preponderante do ponto de vista da história religiosa, basta mencionar em algumas palavras alguns dos resultados decisivos dos estudos atuais. Para provar a simples possibilidade do transporte das doutrinas religiosas da Mesopotâmia para o Egito, o autor deste livro reuniu, há alguns anos, uma quantidade de fatos para provar as antigas e ativas relações dos habitantes desses dois países. Os papéis nos quais eles foram consignados podem agora, sem arrependimentos, serem jogados no lixo, pois essas provas foram confirmadas e superadas pelos resultados maravilhosos das escavações recentes. Refiro-me aos arquivos cuneiformes descobertos em Tell el-Amarna no Egito[120], que não somente revelaram uma correspondência diplomática travada por volta do ano 1500 a.C. entre os soberanos dos dois países, mas também – combinados aos resultados das últimas escavações de Laquis na Palestina – informaram-nos que a escrita e a língua babilônicas serviam de meio de comunicação em vastos territórios da Ásia anterior, que havia no Egito estudiosos muito bem informados sobre ambas e que, às margens do Nilo – o que antes teria parecido quase inacreditável – havia interesse suficiente pelas tradições religiosas da Babilônia para transcrever nas bibliotecas de tijolo dos santuários babilônicos os documentos mais antigos referentes a elas. A Índia tampouco deixou de sofrer a influência dessa metrópole da civilização; é o que já prova suficientemente uma palavra significativa tomada de empréstimo dos babilônios e que se encontra nos hinos do Rig Veda, a palavra *mine*, como designação de peso. Outras provas importantes e de natureza diversa tendentes a estabelecer as antigas trocas culturais entre as regiões do Eufrates e do Tigre e as do Indus e do Ganges – trocas nas quais as primeiras davam mais do que recebiam – serão logo publicadas por um estudioso com estatuto de autoridade[121].

Contudo, depois dessa digressão forçada, retornemos ao nosso objeto. A absorção de Fanes por Zeus é calcada em modelos mais antigos: Cronos já havia engolido seus filhos; o próprio Zeus engoliu Métis para extrair de sua própria cabeça Atena, que aquela levava no ventre[122]. O emprego desse procedimento grosseiro parece decorrer do desejo de fundir num mesmo todo lendas divinas até então isoladas e independentes. O próprio procedimento é evidentemente baseado numa concepção anterior panteística do deus supremo, que carrega dentro de si todas as energias e todas as sementes vitais. No entanto, como, na nova cosmogonia, esse papel era atribuído ao deus luminoso ou Fanes, era necessário um fato através do qual o último organizador do mundo, coroamento final de uma série de gerações de deuses, pudesse tomar posse da dignidade que, sem prestar atenção, o mito já havia conferido ao "primogênito dos deuses". O caráter panteístico da cosmogonia órfica que se manifesta aqui lançou

---

[120] Sobre os arquivos em caracteres cuneiformes de Tell el-Amarna e de Laquis, cf. Winkler nas *Mitteilungen aus den orientalischen Sammlungen der kgl Museen zu Berlin*, I-III; Bezold e Budge, *The Tell el Amarna tablets in the British Museum*, 1892; e Flinders Petrie, *Tell el Hesy* (Laquis), 1890. Sayce traduziu parte desses arquivos em *Records of the Past*, N.S., vol. III n° 4 (1890).

[121] A promessa feita aqui não se concretizou em decorrência da morte prematura de meu sábio colega, o sanscritista Georg Buhler.

[122] Comparar também com isso o engolimento do coração de Zagreu por Zeus, que desempenha um papel no mito capital dos órficos.

sobre a alta antiguidade dessa doutrina dúvidas que, a nosso ver, são absolutamente infundadas. Parece-nos que não deve, de modo algum, parecer inacreditável que esse panteísmo relativamente moderado tenha florescido no século VI ou mesmo já no VII no círculos necessariamente estreito dos conventículos órficos, se lembrarmo-nos do caráter claramente panteístico das mais antigas doutrinas dos filósofos naturalistas, ou ainda do fato que Ésquilo, antes do meio do século V, ousava fazer proferir de cima do palco para o povo ateniense reunido versos como os seguintes:

> *Zeus é o Céu, Zeus é a Terra, Zeus é o Ar,*
> *Zeus é o Tudo, e o que existe além do Tudo*[123].

Porém, se compararmos o conjunto dessa doutrina com a de Ferécides, perceberemos tanto concordâncias quanto divergências absolutamente importantes. À trindade dos seres primordiais de Ferécides (Cronos, Zas e Ctônia) correspondem aqui Cronos, Éter e Caos. Estes dois últimos já são conhecidos desde Hesíodo, mas mudaram um pouco de posição e de caráter. Em Hesíodo, o Éter é apenas um de vários princípios luminosos e não ocupa nenhum lugar privilegiado. O Caos também mudou de natureza, pois não designa mais a simples fenda aberta entre a altura suprema e a derradeira profundeza, mas uma matéria informe que voga nesse abismo, "uma escura neblina". O éter ou princípio da luz e do fogo é evidentemente oposto aqui a essa massa inerte; ele representa o elemento animador e vivificante do qual Ferécides fez um princípio divino de vida, personificando-o com o nome de Zas. A mesma relação existe, sem dúvida nenhuma, entre o Caos e o espírito ou divindade da terra, Ctônia. Até onde é possível pronunciar-se em questões dessa dificuldade, não podemos impedir-nos, haja vista a forma de certo modo intermediária dessa doutrina entre Hesíodo e Ferécides, de declará-la anterior a este e posterior àquele. Essa conclusão é apoiada pelo fato de que a teogonia órfica faz, como Hesíodo, nascer o Éter e o Caos no tempo, enquanto o pensador de Siros, concordando nesse ponto com os fisiólogos aos quais ele se opõe essencialmente sob todos os outros aspectos, requer sem distinção uma existência eterna para suas três essências universais. Todavia, muito mais fértil em consequências que essas tentativas pueris de explicação do mundo foi a doutrina órfica da alma; ela baseia-se numa concepção essencialmente nova da vida e produziu no curso do helenismo uma ruptura que minou sua beleza e harmonia e preparou sua destruição final. Porém, no ponto em que chegamos, os traços da doutrina órfica embaralham-se tanto com os de outro movimento intelectual ainda mais profundo que não podemos prosseguir no nosso estudo sem estudar esse movimento e esboçar a figura imponente do seu autor.

---

[123] Esses dois versos pertencem ao drama intitulado *As Filhas do Sol* (*Fragm. tragicorum græcorum*, 2ª ed. Nauck, frag. 70, p. 24).

Capítulo III

Pitágoras e seus Discípulos

I. Pitágoras; suas viagens. A confraria pitagórica.

II. Fundamento da teoria dos números; sua gênese. Mística pitagórica. Números sagrados. O espírito matemático; suas vantagens e fraquezas.

III. Forma esférica da Terra.

I

"Pitágoras, filho de Mnesarco, levou o estudo e a pesquisa mais longe que todos os outros homens; obteve uma sabedoria feita de polimatia e artes malignas". Essa invectiva de Heráclito e uma segunda que já conhecemos[124] constituem os dois únicos testemunhos quase contemporâneos que temos da atividade desse homem que uma multidão numerosa de discípulos celebrou e admirou no mais alto grau e que a posteridade honrou quase como um semideus. O filho do talhador de pedras Mnesarco[125], nascido entre 590 e 570 na ilha de Samos, célebre então por sua marinha, seu comércio e o desenvolvimento que as artes haviam tido ali, é uma das figuras mais características que a Grécia – e talvez o mundo – produziu. Matemático eminente, criador da acústica, autor de descobertas astronômicas capitais e ao mesmo tempo fundador de uma seita religiosa e de uma comunidade que podemos aproximar das ordens de cavalaria da Idade Média, teólogo e reformador moral, ele reuniu na sua pessoa uma riqueza de dons da natureza mais variada e às vezes mais contraditória. Não foi conservada uma única linha de seu punho, e parece até praticamente estabelecido que ele nunca recorreu à escrita para comunicar seus pensamentos e que atuou sobre seu círculo unicamente pelo poder da palavra e do exemplo; por isso é difícil separar sua figura de tradições que, como um rio, ganham volume à medida que se afastam de sua nascente.

Uma delas – que, na verdade, não foi atestada absolutamente – faz dele um discípulo de Ferécides[126]. Embora não tenha percorrido o mundo, como afirmaram os antigos,

---

[124] [N.T.: cf. liv. I, cap. I, início da seção V, onde Gomperz menciona a hostilidade de Heráclito para com a polimatia de Hesíodo, Pitágoras, Xenófanes e Hecateu.]

[125] O acme de Pitágoras é fixado por Apolodoro no ano 532-1. Para mais detalhes, ver Diels, *Chronologische Untersuchungen uber Apollodors Chronika* (*Rheinisches Museum fur Philologie*, nova série, 31, p. 25-26) [e F. Jacoby, *Apollodors Chronik*, em *Philologische Untersuchungen*, XVI 215 ss.]. O texto trata das escassas indicações dos contemporâneos. Informações mais detalhadas sobre sua vida – misturadas a muitas fábulas – são fornecidas somente por Porfirio (na sua *Vida de Pitágoras*) e por Iâmblico num escrito com o mesmo título. Essas duas biografias encontram-se no apêndice ao Diógenes Laércio da ed. Didot, Paris, 1850. Cf. *Porphyrii opuscula selecta*, 2ª ed. Nauck, Leipzig, 1886, e *Iamblichi de vita Pythagorica liber*, ed. Nauck, Petersburgo 1884. Cf. também Zeller, *Pythagoras und die Pythagorassage*, nos *Vorträge und Abhandlungen geschichtlichen Inhalts*, Leipzig, 1865, p. 30 ss. O fato de que Pitágoras não escreveu nada deduz-se legitimamente de Diog. L., VIII 6 [FVS 4, 19]. Os *aurea dicta* atribuídos a ele são, na sua totalidade, apenas uma compilação que data certamente do início do século IV d.C. No entanto, encontram-se entre eles alguns fragmentos antigos e autênticos, versos que datam da época de Pitágoras e dos quais ele é talvez o autor. Ver sobre isso o estudo magistral de Nauck nas publicações da academia imperial russa de ciências (*Mélanges gréco-romains*, III 546 ss.).

[126] A dúvida sobre o fundamento dessa tradição poderia ser exprimida de modo ainda mais enérgico do que o fizemos. Rohde observa, certamente com razão (*Psyché*, 2ª ed., II 167 nota 1), que é a coincidência – pretensa, acrescentemos – das doutrinas "que levou os escritores posteriores a fazer do velho teólogo o mestre de Pitágoras". Na realidade, o lexicógrafo bizantino Suidas é o único que nos informa que Ferécides já havia ensinado a metempsicose (s.v. Φερεκύδης). E ainda o faz com essa ressalva: "alguns contam" (τινὲς ἱστοροῦσιν); se ele fala de Pitágoras como aluno de Ferécides, ele tem

parece indubitável que ele reuniu em viagens longínquas os elementos variados de sua cultura para depois construir um sistema de cores múltiplas e cintilantes. Senão, como teria ele estancado sua sede de ciência numa época relativamente pobre em obras literárias? Como teria merecido o elogio contido no insulto do sábio de Éfeso? Seria um verdadeiro milagre se o adepto da matemática não tivesse visitado o Egito, pátria dessa ciência, para onde, um ou dois séculos mais tarde, Demócrito, Platão, Eudóxio ainda rumavam para estudá-la. Aliás, não se pode duvidar seriamente que ele não tenha tomado de empréstimo aos sacerdotes egípcios toda sorte de práticas que foram tidas como características de sua confraria. O historiador Heródoto, cujo testemunho a esse respeito não se pode infirmar, não hesita em chamar de "pitagóricos e egípcios" os "órficos e báquicos", e atribui com bastante distinção a mesma origem a uma outra doutrina pitagórica capital, a da transmigração das almas[127]. Teria Pitágoras também visto as cúpulas de ouro da Babilônia? Não sabemos, mas a probabilidade leva a crer que seu desejo de instrução levou-o a visitar igualmente esse berço de uma civilização imemorial e que lá ele recolheu tradições nacionais e estrangeiras. Quando atingiu a idade adulta, ele deixou sua ilha natal, governada então pelo tirano Polícrates, e foi à Itália meridional, onde suas tentativas de reforma encontraram solo mais favorável. Ele desenvolveu sua maior atividade na cidade de Crotona, famosa então pela salubridade de sua localização, a excelência de seus médicos e o vigor de seus atletas, e cujo sítio hoje está deserto, enquanto seu nome, na forma Cotrona, tornou-se o de uma modesta cidadezinha. A colônia aqueia acabava de sucumbir na luta contra sua antiga rival, a frívola Síbaris; a humilhante derrota tinha preparado os espíritos para inovações morais, religiosas e políticas. Essas disposições favoráveis foram utilizadas pelo recém-chegado, que ardia de impaciência de pôr em prática suas ideias. Disso resultou a fundação de uma comunidade que reunia no seu seio representantes de ambos os sexos, admitia diversos

---

a precaução de acrescentar igualmente que é apenas algo "que se diz" (λόγος) [FVS 71 A 2]. Tudo isso repousa numa base muito frágil, e o que mostra isso é precisamente a indicação à qual – sem razão, a nosso ver – Rohde confere alguma importância: "No seu escrito místico [o de Ferécides] deve-se ter achado alusões a tais doutrinas (cf. Porfírio, *Antr. Nymph.*, 31)" [FVS 71 B 6]. Se Porfírio diz nesse trecho que, pela sua doutrina das diversas cavernas, portas etc., Ferécides fez uma alusão obscura (αἰνιττόμενος) ao destino das almas (γενέσεις e ἀπογενέσεις), creio que disso só se pode concluir com certeza uma coisa, a saber que foi preciso recorrer aos artifícios de interpretação dos neoplatônicos para encontrar uma alusão a essa doutrina no escrito de Ferécides. Das provas tentadas por Preller (*Rhein. Mus.*, nova série, IV 388) e às quais remete Rohde, na verdade resta somente a vaga assertiva de Cícero (*Tuscul.*, I 38) [FVS 71 A 5] segundo a qual Ferécides ensinava a imortalidade da alma – mas que não nos ensina nada sobre a questão decisiva de saber *em que* Ferécides modificou a antiga crença grega na sobrevivência das almas.

127   Chaignet, *Pythagore et la philosophie pythagoricienne*, I 40-41 e 48, mostra com boas razões que é muito crível que Pitágoras tenha visitado o Egito. Sobre as práticas tomadas de empréstimo aos sacerdotes egípcios, cf. Heródoto, II 81 [FVS 4, 1] (e II 37, onde, é verdade, os pitagóricos não são citados, mas a concordância quanto à proibição – bem conhecida em toda a Antiguidade – de comer favas é espantosa; Rohde, *op. cit.*, II 164 nota 1, explicou muito bem por que Aristóxenes negou essa proibição). Todavia, cf. L. v. Schröder, *Das Bohnenverbot bei Pythagoras und im Veda* (*Wiener Zeitschrift fur Kunde des Morgenlands*, XV 187 ss.).

graus de iniciação e, graças a prudentes gradações na severidade da regra, exercia sua influência sobre vastos círculos. Um despertar poderoso das almas, que se manifestou no interior pelo estabelecimento de um regime aristocrático rigoroso e no exterior por sucessos militares, foi o fruto dessa reforma, que não permaneceu por muito tempo confinada a Crotona, mas propagou-se para outras cidades da Magna Grécia, como Tarento, Metaponto e Caulônia. Uma reação não podia deixar de acontecer. A luta de classes já existente ganhou violência assim que o partido aristocrático, transformado por dogmas e usos particulares numa confraria religiosa e social fortemente organizada e que se tornara um Estado dentro do Estado, comportou-se para com a massa dos cidadãos com mais rigidez e arrogância do que antes. O partido popular queixava-se por não ter participação suficiente nos privilégios políticos; a isso acrescentou-se sua aversão pelo intruso e por suas inovações singulares, e sobretudo o ressentimento pessoal daqueles que haviam solicitado sua admissão na comunidade e não haviam sido julgados dignos desta. Uma catástrofe tão terrível quanto aquela que, na Idade Média, pôs fim à ordem dos templários abateu-se sobre a associação pitagórica de Crotona, cujos membros, segundo se afirma, encontraram a morte no incêndio do local de suas reuniões pouco antes do ano 500. Não temos informações suficientes sobre esse evento para saber se o próprio Pitágoras foi vítima ou se já tinha morrido nessa data. As sucursais da ordem sofreram a mesma sorte. A partir daí, sem dúvida, a doutrina de Pitágoras ainda teve aderentes, mas a associação como tal estava acabada. Na metrópole, foi o solo da Beócia que se mostrou mais favorável aos membros dispersados da escola; o grande Epaminondas teve aulas com alguns deles; outros foram para Atenas e prepararam a fusão das doutrinas pitagóricas com as das outras escolas filosóficas, em especial da escola socrática. No fim, o pitagorismo decompôs-se, por assim dizer, nos elementos disparatados que o gênio de uma personalidade poderosa fizera entrar no âmbito de um sistema. O lado positivo e científico da doutrina, isto é, a matemática e a física, foi retomado por especialistas, enquanto as práticas e máximas religiosas ou supersticiosas continuaram a ser observadas nos círculos órficos.

II

É no primeiro desses campos que a escola pitagórica adquiriu títulos imperecíveis. Inclinamo-nos com respeito diante do gênio desses homens que desbravaram o caminho da ciência, que nos ensinaram a penetrar o segredo das forças naturais e, consequentemente, a dominá-las. Cabe aqui uma observação de alcance geral. Criticou-se às vezes nos pitagóricos, tanto na Antiguidade como nos dias de hoje, e não inteiramente sem razão, os caprichos de sua imaginação, o caráter aventureiro de sua doutrina. Porém, sente-se um legítimo prazer ao mostrar que as faculdades imaginativa e emotiva, e o senso do belo e do harmônico que reside nelas, não têm por único efeito entravar por vezes a pesquisa científica, mas que também a fecundaram da maneira mais decisiva; que, ao dar-lhe asas, lhe permitiram atingir cumes inacessíveis ao simples raciocínio.

Pitágoras cultivava com ardor a música, que, no círculo dos seus aderentes, sempre desempenhou um papel considerável como meio de excitar ou amainar as paixões. Ora, sem essa arte ele certamente nunca teria chegado à sua descoberta mais importante e mais fecunda, a de demonstrar que a altura dos sons depende do comprimento das cordas que vibram. O monocórdio no qual, de acordo com uma tradição digna de fé, ele fez suas experiências que fundariam a acústica, "era composto por uma corda estendida sobre uma caixa de ressonância com um cavalete móvel, que permitia dividir a corda em partes de comprimentos diversos e produzir assim sons diferentes, mais agudos ou mais graves, numa só e mesma corda"[128]. Foi grande o espanto desse pesquisador, versado tanto em matemática como em música, quando essa experiência simples lhe revelou subitamente o reinado maravilhoso de uma lei num campo até então absolutamente fechado à investigação científica. Sem que, na realidade, ele pudesse determinar o número de vibrações necessárias para a produção de cada som, mas apenas medindo o comprimento da corda, causa material da qual resulta cada um desses sons, ele submeteu às regras matemáticas e introduziu na categoria das quantidades calculáveis um fato até então intangível, indeterminável e, por assim dizer, imaterial. É um dos golpes de sorte mais extraordinários que se conhece na história das ciências. Enquanto em outras áreas – basta pensar na queda dos corpos e na inércia – as leis fundamentais estão profundamente escondidas e só podem ser isoladas e tornadas visíveis aos olhos do observador por meio dos aparelhos mais engenhosos, aqui a mais simples experiência que se pode imaginar basta para esclarecer um princípio ao qual está sujeito um ciclo imenso de fenômenos naturais. Os intervalos dos sons – quarta, quinta, oitava etc. – que até então somente o ouvido aguçado e treinado do músico podia distinguir com certeza, mas que não se podia nem explicar para outras pessoas nem relacionar a causas tangíveis ou inteligíveis, estavam agora ligados a relações numéricas claras e precisas. O fundamento da mecânica dos sons estava lançado; que outra mecânica ainda podia parecer inacessível? Foi grande a alegria causada por essa maravilhosa descoberta; ela contribuiu seguramente para que as especulações dos pitagóricos ultrapassassem todos os limites da prudência. Desse ponto, que é o mais claro da doutrina, só há um passo a dar para cair no mais obscuro, a mística dos números, que, à primeira vista, nos parece tão incompreensível, até oposto à razão. Um dos fenômenos mais furtivos, o som, mostrara-se mensurável no espaço. Mas a medida de tudo que é espacial é o número. Portanto, nada mais natural que considerar o número como a base e essência das coisas, embora ele seja somente a expressão do reinado de leis universais.

---

[128] Röth, *Geschichte unserer abendländischen Philosophie*, II 785-786. No que segue, acato também sua maneira de representar e conceber essa experiência fundamental da acústica. A mais antiga autoridade nessa questão é Xenócrates, segundo o trecho de Heráclides conservado por Porfírio (que se encontra nos *Musici Scriptores graeci*, ed. Jan, p. 53). Cf. Nicômaco, *Ench.*, 5 e 6 (*ibid.* p. 244 ss.), Dióg. L., VIII 12; Téo de Esmirna, p. 56, 10 ss. Hiller.

Lembremo-nos das tentativas vãs, pois contraditórias, dos fisiólogos jônicos para descobrir o elemento estável em todas as mudanças, aquele que sobrevive a elas, em uma palavra: a matéria primordial. As hipóteses de Tales e de Anaximandro não podiam fornecer uma satisfação duradoura, mas a aspiração, que lhes era comum, de encontrar, segundo o dito de Schiller, "o polo fixo no fluxo dos fenômenos", podia e até devia sobreviver ao seu fracasso. Então ofereceu-se aos olhos espantados de Pitágoras e de seus discípulos o sugestivo espetáculo da regularidade universal da natureza ligada a relações numéricas. Não espanta que esse princípio formal relegasse por algum tempo o princípio material a segundo plano e substituísse-o, sendo concebido, poder-se-ia dizer, como quase material. A questão do princípio primordial foi abandonada ou, falando mais exatamente, apresentou-se de outra forma. A essência do mundo não era mais o fogo, nem o ar, nem mesmo uma essência primitiva que encerrava nela todas as oposições materiais, como o infinito de Anaximandro; o trono vacante foi ocupado pela expressão da lei geral, pelo próprio número. Mas quanto a considerar este último como a essência íntima do mundo e não como a simples expressão de relações, essa inversão quase incompreensível da opinião natural não decorria somente das soluções dadas até então a esse problema e que acabamos de lembrar; chegava-se também a ela partindo de outra consideração. A qualidade da matéria desempenhava nas pesquisas dessa escola um papel infinitamente menor que as formas geométricas que essa matéria era suscetível de assumir. Aqui o hábito crescente da abstração levava a atribuir aos conceitos tanto mais autoridade e valor quanto mais estivessem afastados da realidade concreta. Possuímos a faculdade de separar de um corpo, por meio de pensamento, as superfícies que o circundam, dessas superfícies as linhas que as delimitam ou, mais exatamente, de abstrair momentaneamente tudo que é corpóreo ou superficial e de considerar as superfícies e as linhas como se, na verdade, fossem algo em si mesmas. Os pitagóricos atribuíam a essas abstrações, conforme assegura expressamente Aristóteles[129], uma realidade não somente plena, mas mais alta que a dos objetos concretos dos quais elas derivam. O corpo, pensavam eles, não pode existir sem as superfícies que o circundam, mas estas podem existir sem ele. Julgavam do mesmo modo as linhas com relação às superfícies, e enfim os pontos dos quais a linha é composta. Mas esses pontos, últimas unidades do espaço, que concebemos como desprovidos não somente de espessura, mas também de comprimento e de largura, e por conseguinte de qualquer extensão – abstração que tem sua utilidade quando não se trata da própria extensão, mas somente de uma limitação da extensão –, os pitagóricos identificavam-nos com a unidade, ou seja, com o elemento do número. É assim que este lhes pareceu de certo modo ser o princípio fundamental, não somente ao qual o mundo se reduz para o pensamento, mas também do qual ele saiu, de que ele se compõe, com o qual é construído. A linha, determinada por dois pontos, era identificada com a dualidade; a superfície com a

---

[129] *Metaf.*, I 5 [FVS 45 B 4]; III 5 [1001 b 26]; VII 2 [FVS 45 B 23].

tríade, o volume com a tétrade. Esse erro foi favorecido por uma particularidade da língua e do pensamento gregos, particularidade tão inocente em seu princípio quanto perigosa nas suas consequências[130]. A analogia entre os números e as figuras geométricas levou a nomear as propriedades dos primeiros por meio de expressões que, na verdade, convêm apenas às segundas. Nós também, embora não falemos mais em números oblongos ou cíclicos, ainda falamos, seguindo nisso o uso de nossos mestres gregos, em números quadrados ou cúbicos; mas, por meio dessa designação, não dizemos outra coisa senão que esses produtos estão com seus fatores na mesma relação que os números que exprimem a superfície ou o volume de um corpo estão com os números que servem para medir suas dimensões lineares. Será ir longe demais dizer que esse procedimento artificial de expressão estava destinado a embaralhar espíritos ainda pouco habituados a manejar abstrações? O paralelismo entre as duas séries de fenômenos não poderia ser considerado uma identidade? A forma ou a figura da extensão não podia parecer essencialmente idêntica ao número que exprime a quantidade de unidades de espaço contidas nela? O número não devia ou pelo menos não podia ser enxergado como um princípio, ou, como dizemos ainda hoje, uma *raiz* da superfície e do volume? E em especial a expressão "elevar um número ao cubo" não podia gerar diretamente a ilusão de que um corpo, isto é, um objeto, nasce de um número como um composto é formado por seus elementos? E em expressões enganadoras como as que acabamos de citar, a doutrina pitagórica dos números não está contida inteiramente em germe, ou pelo menos mais da sua metade?

Mais que a metade, afirmamos; pois uma parte da teoria dos números, e até a parte mais surpreendente, parece, pelo menos à primeira vista, esquivar-se dessa explicação. Não somente o mundo material, mas também o mundo espiritual foi reduzido aos números. A saúde, por exemplo, era considerada idêntica ao número sete; o amor e a amizade equivalentes à harmonia, e como esta encontra sua expressão mais perfeita na oitava, ao número oito; a justiça a um quadrado, evidentemente pela razão de que a ideia da retribuição "olho por olho" faz pensar na formação de um número por meio de dois fatores iguais. Uma aplicação análoga da lei da associação de ideias ligava sem nenhuma dúvida os conceitos aos números correspondentes, mesmo nos casos em que não conseguimos entender a aproximação.

Mas qual era o objetivo desse jogo cerebral perseguido com uma gravidade absoluta? O que pensavam os pitagóricos ao declarar que os números eram a verdadeira essência das coisas, até nos campos intelectual e moral? A resposta a essa questão poderia ser formulada mais ou menos nos seguintes termos: a partir do momento em que o número se tornara o tipo da realidade no mundo dos corpos, tornava-se inevitável que se atribuísse a mesma natureza às outras realidades – e nessa época e por muito tempo depois, os conceitos que consideramos abstrações eram tidos como realidades. Por mais

---

[130] Sobre esse ponto, Zeller exprime ideias exatamente análogas às nossas em *Philos. der Griechen*, 5ª ed., I 404-406 [= 6ª ed., I 510-513].

difícil que seja para nós adotar esse ponto de vista, eles viam-se de certa forma obrigados ou a negar a existência da saúde, da virtude, do amor, da amizade etc., ou de ver sua essência íntima naquilo que se revelara a essência de todo o real, isto é, nos números[131]. Também devemos lembrar-nos da fascinação exercida por eles, não somente, como mostra a história das religiões, sobre o espírito das massas, sempre propenso à ilusão, mas também e eventualmente sobre espíritos vigorosos e desenvoltos; devemos imaginar como é inebriante a atmosfera sutil dessas abstrações gerais para aqueles que vivem exclusivamente nas suas alturas ou que não encontram um contrapeso suficiente em ocupações ou faculdades de outra natureza. A "santidade" do número três já se encontra em Homero, todas as vezes que um herói reúne numa mesma invocação uma trindade de deuses, por exemplo Zeus, Atena e Apolo. O culto dos ancestrais honra particularmente, na série dos ascendentes, o pai, o avô e o bisavô com o nome de *tritopatores* ou trindade dos pais; o número três e seu quadrado nove desempenham o papel mais importante não apenas entre os gregos e os itálicos, mas também entre os arianos do Oriente: no número das vítimas expiatórias, das libações, das cerimônias fúnebres, das Graças, das Parcas, das Musas etc.; não é necessário mencionar o *Trimurti* hindu, trindade de Brahma, Vishnu e Shiva, e as concepções religiosas análogas; as trindades das essências primordiais entre os órficos e em Ferécides. Os pitagóricos atribuíam a santidade desse número ao fato de que ele contém nele o começo, o meio e o fim, e esse argumento não deixou de impressionar até um grande espírito como Aristóteles[132]. Nas especulações de Giordano Bruno[133] e Auguste Comte[134], não ficamos pouco surpresos ao encontrar ecos da teoria pitagórica dos números. O papel que nela desempenham a tríade, a tétrade e a década é substituído, na fase religiosa do pensamento de Comte, pelo significado que ele atribui aos números primos. Enfim, um dos líderes dos filósofos naturalistas do século passado, Laurent Oken, não hesitou em escrever entre seus aforismos a seguinte frase: "Tudo que é real, determinado, finito, tornou-se assim por meio dos números, ou, mais exatamente, tudo que é real não é absolutamente outra coisa senão um número"[135]. Portanto, não devemos absolutamente nos espantar ao ouvir os pitagóricos dizerem esta coisa estranha: que a unidade ou mônada contém as duas oposições fundamentais, bases do universo, o ilimitado e o limitado; que da sua mistura, operada pela harmonia,

---

[131] Ver as provas, desta vez muito dispersas, em Brandis, *Handbuch der Geschichte der griechisch--römischen Philosophie*, I 469 ss. [cf. FVS 32 A 11-14; B 20 e 20a; 33, 2-3; 45 B 4; B 6-7; B 15 e B 21, ambos no final].

[132] Cf. Arist., *De cælo*, I 1 [FVS 45 B 17]. Sobre a santidade do número 3, cf. Usener, *Der heilige Theodosios*, 135, e *Ein altes Lehrgebäude der Philologie* (*Munchner akad. Sitzungsberichte*, 1892, p. 591 ss. [= *Kleine Schriften*, II 272 ss.]), assim como *Dreiheit*, 1903.

[133] Cf. seu livro *De monade, numero et figura*.

[134] Cf. sua *Política positiva*, I, prefácio, e sua *Síntese subjetiva*.

[135] *Lehrbuch der Naturphilosophie*, 2ª ed., p. 12 [= 3ª ed., p. 11]. Sobre o que segue, cf. Arist., *Metaf.*, I 5 [FVS 45 B 5].

saíram os números que constituem a essência de todas as coisas e, do mesmo modo, o mundo (de fato, os números ímpares correspondem ao limitado e os pares ao ilimitado); e que, além disso, a década, como soma dos quatro primeiros números (1+2+3+4=10), é o mais perfeito de todos. Não devemos igualmente nos espantar com uma doutrina de origem babilônica, acolhida com entusiasmo e venerada com muita honra pelos pitagóricos, aquela exposta pela "tabela das oposições"[136]. De acordo com essa tabela, da oposição entre o limitado e o ilimitado, causa do universo, saiu uma série de nove outras oposições: ímpar e par, unidade e pluralidade, direita e esquerda, masculino e feminino, reto e curvo, luz e escuridão, bem e mal, quadrado e retângulo. Desse ponto elevou-se logo cedo uma névoa que, no espírito caducante de Platão, envolveu a brilhante teoria das ideias e estendeu sua obscuridade sobre numerosas tentativas posteriores de especulação. Quando, no início de nossa era, o antigo mundo esgotado concentrou num só a maioria dos sistemas positivos, o neopitagorismo completou o caldo pouco apetitoso assim obtido acrescentando, por sua vez, o misticismo, único condimento que podia torná-lo aceitável para o paladar indiferente dos contemporâneos.

Portanto, exclamar-se-á talvez com espanto mais de um leitor, os primeiros pesquisadores "exatos" foram os primeiros e os mais influentes místicos? Pois sim! E esse espanto parece-nos trair um conhecimento insuficiente da natureza do espírito matemático. Sem dúvida, a clareza e a penetração do pensamento – que às vezes podem desenvolver-se a ponto de fazer com que se ignore propositadamente os enigmas obscuros do mundo – são fruto da pesquisa indutiva, e esta é sempre precedida pelo archote brilhante da ciência do espaço e do número. Mas a experiência e a observação ocupavam somente um lugar relativamente restrito no pitagorismo, pois a arte da experimentação estava ainda na infância e as disciplinas matemáticas ainda não tinham feito progresso suficiente para serem aplicadas de maneira mais extensa ao estudo da natureza. Com exceção da experiência de acústica que mencionamos anteriormente, não temos conhecimento de que o fundador da escola tenha tentado algo nesse campo, enquanto os serviços prestados por ele à geometria e à aritmética não são contestados por ninguém: basta pensar no teorema que leva seu nome e na teoria das proporções[137]. Mas o espírito exclusivamente matemático apresenta características muito diferentes. O matemático puro é sempre propenso aos juízos absolutos. E como poderia ser de outra forma? Ele só conhece demonstrações exatas ou demonstrações falsas. O senso dos matizes, a arte de dobrar-se aos fatos, a hábil flexibilidade do espírito histórico são-lhe estranhos. Daí advém, diga-se de passagem, a oposição nítida que se constata entre Heráclito, o pai do relativismo, e o absolutismo dos "matemáticos". A atitude

---

[136] O trecho essencial é de Arist., *Metaf.*, I 5 [FVS 45 B 5]. É conforme uma indicação de Lenormant-Babelon, *Hist. anc. de l'Orient*, 9ª ed., V 181, que atribuo a essa tabela uma origem assírio-babilônica.

[137] O testemunho principal é o de Eudemo [frag. 84], p. 114, ed. Spengel [FVS 4, 6 a]. Cf. Cantor, *Vorlesungen uber Geschichte der Mathematik*, 1ª ed., I 124 ss. [= 2ª ed., I 137 ss.].

destes últimos para com o que é apenas provável e para com o indemonstrável depende numa medida espantosa dos acasos do temperamento e da educação. Eles sentem-se totalmente confusos diante das tradições religiosas e populares. Um rejeita-as em bloco como absurdas porque insultam sua razão, outro aceita-as sem a menor objeção porque sua antiguidade as torna respeitáveis aos seus olhos. Enfim, o orgulhoso edifício das ciências é construído com deduções; a base experimental sobre a qual repousam estas últimas desaparece sob a imensa superestrutura que ela sustenta; aliás, ela mesma tem uma superfície medíocre, e o espírito familiarizou-se há tanto tempo com ela que desconhece facilmente sua origem empírica. Assim se explica que, para aqueles que cultivam essas disciplinas, o encadeamento sólido de uma doutrina acaba frequentemente tomando o lugar das provas externas quando estas faltam; para eles, o rigor das deduções concilia-se muito bem com a arbitrariedade e a subjetividade no estabelecimento das premissas. Lembremos, além disso, que a escola pitagórica foi fundada numa época de extraordinária credulidade; que o próprio Pitágoras era movido por instintos religiosos pelo menos tão intensos quanto seu ardor científico; que sua personalidade não só se impunha pelo seu poder, mas também estava envolta na auréola que a pregação de doutrinas novas e a introdução de práticas estranhas costumam dar aos inovadores bem-sucedidos; lembremo-nos de tudo isso e então julgaremos compreensíveis muitas coisas que antes nos pareceram inexplicáveis. Os antigos pitagóricos eram depreciados por causa da sua falta de crítica e de suas tendências supersticiosas; eram tidos como espíritos rudes, e quase se poderia dizer grosseiros. Mais que os adeptos das outras escolas, eles juravam pela palavra do mestre: "foi ele que disse" (αὐτὸς ἔφα) era sua exclamação favorita; para eles era o talismã que baniria todas as dúvidas, repeliria todos os ataques dos adversários. Não se deixou de criticá-los por dobrarem os fenômenos naturais a opiniões preconcebidas e por suprirem com ficções as lacunas do seu sistema. "Vivendo e movendo-se na ciência dos números", diz Aristóteles, "eles reuniram e coordenaram todas as concordâncias que conseguiam estabelecer entre os números e as harmonias de um lado, as condições e partes do céu e o conjunto do universo do outro lado. E se, aqui ou ali, havia alguma lacuna, eles recorriam a uma doce violência para que tudo, na sua teoria, formasse o acordo perfeito. Como, por exemplo, a década era para eles a perfeição e continha nela toda a série dos números, eles afirmavam que o número de planetas é dez; porém, como na realidade só se veem nove, eles inventaram a Anti-Terra para ter o décimo." O mesmo escritor caracteriza com mais acuidade ainda seu procedimento com a seguinte frase: "Mais do que isso, eles constroem também uma segunda Terra, oposta à nossa, que designam pelo nome de Anti-Terra; e, ao fazer isso, eles não consideram os fatos para explicá-los por meio de teorias, mas solicitam-nos no intuito de estabelecer certas opiniões e teorias favoritas; pretendem, por assim dizer, desempenhar um papel na formação do universo"[138].

---

[138] Essas duas citações são tiradas da *Metaf.*, I 5, e do *De cælo*, II 13 [FVS 45 B 4; B 37].

III

Mas para apreciar a correção desse juízo é necessário dar uma olhada na astronomia dos pitagóricos. É nesse campo de atividade que as fraquezas e as vantagens do seu método mostram-se com mais clareza e combinam-se do modo mais íntimo; às vezes, chegam a fundir-se num todo indissolúvel. Lembramos que Anaximandro já havia libertado a Terra do seu suporte imaginário e feito com que ela planasse livre no espaço, colocando-a no centro do universo. Pitágoras e seus discípulos imediatos parecem não ter posto em dúvida nem sua imobilidade nem sua posição central[139]. Mas Anaximandro, ao abandonar a concepção primitiva que fazia da Terra um disco plano, contentara-se em dar-lhe a forma de um pandeiro. Pitágoras foi mais longe. Ele reconheceu e proclamou que ela era esférica. Que consideração o levou a essa primeira descoberta? Ele deve-a a uma explicação exata dos fenômenos? Teria ele constatado, por exemplo, a rotundidade da sombra que a Terra projeta sobre a lua no momento dos eclipses? Ou então admitia ele sem razão que, se o próprio céu era uma esfera, cada um dos corpos celestes também devia sê-lo? Ou, enfim, deixara-se guiar pelo preconceito segundo o qual a forma desses corpos devia ser a "mais perfeita", isto é, a forma esférica? Ignoramos qual desses motivos teve maior participação na conclusão de Pitágoras ou se um deles teve o mérito exclusivo. Seja como for, um passo novo e grande havia sido dado em direção à teoria de Copérnico, ou seja, da verdade. Pois o filósofo de Samos atribuía a forma esférica não apenas à Terra, mas sem dúvida também à lua, cujas fases tinham talvez sugerido a primeira ideia da teoria verdadeira, ao sol e aos planetas; e assim o globo que habitamos perdia a posição particular e privilegiada que lhe havia sido conferida indevidamente. Ele tornava-se um simples astro no meio dos astros. A forma esférica era também aquela que o tornava mais apto a mover-se no espaço. O navio, poder-se-ia dizer, tinha recebido a forma mais apropriada para a viagem; as amarras haviam sido cortadas; só faltava um motivo para fazê-lo sair do porto onde estava ancorado. Esse motivo for fornecido pela pressão exercida pela

---

[139] Sobre esse assunto e o que segue, cf. principalmente Schiaparelli, *I precursori di Copernico nell' antichità* (*Memorie del Reale Istituto Lombardo*, XII 383). Essa argumentação conclusiva é tomada de empréstimo por H. Berger, *Wissenschaftliche Erdkunde der Griechen*, 1ª ed., II 4 ss. [= 2ª ed., 185 ss.], que acrescenta, por sua vez, muitas coisas excelentes. Cf. ainda Rudolf Wolf, *Geschichte der Astronomie*, 5, 26 e 28. Berger deixa aberta a questão de saber se a descoberta da esfericidade da Terra é de origem não-grega. Ele poderia tê-la resolvido negativamente. Ele mesmo sabe muito bem que essa opinião era estranha aos babilônios, segundo Diodoro, II 31, cuja indicação é absolutamente confirmada pelo estudo das fontes originais. Num ensaio citado por Berger, p. 7 nota 3 [= 2ª ed., 177], H. Martin atribui aos egípcios o conhecimento da esfericidade da Terra. Essa opinião é contradita pela exposição feita por um dos estudiosos mais autorizados dessa matéria, Maspéro, *Histoire ancienne des peuples de l'Orient classique*, "Les Origines", p. 16 e 17, sobre as concepções egípcias a esse respeito.

observação cada vez mais atenta dos fatos combinada às hipóteses da escola pitagórica. Ao mesmo tempo, ela levou à concepção de um sistema astronômico que, sem dúvida, foi frequentemente ridicularizado, mas que, considerado sob a luz clara da ciência imparcial de hoje, se revela uma das criações mais características e mais brilhantes do espírito grego.

Capítulo IV

Desenvolvimento das Doutrinas Pitagóricas

I. O sistema cósmico de Filolau. Movimento diurno da Terra. O fogo central. Motivos dessa teoria do fogo. Beleza dessa imagem do mundo.

II. A harmonia das esferas. A Anti-Terra fictícia. Ecfanto ensina a rotação da Terra em torno de seu eixo. Aristarco, Copérnico da Antiguidade.

I

Voltaire chamou a astronomia pitagórica, à qual está ligado o nome de Filolau, de "baboseira", e Sir George Cornewall Lewis fustigou-a com o nome de "fantasmagoria"[140]. Aqui tanto o grande francês, amiúde precipitado nos seus julgamentos, quanto o inglês, mais inclinado a excessos de consciência, enganaram-se. Essa astronomia é sem dúvida uma mistura de verdade e de ficção. Mas a verdade formava o grão prestes a germinar, do qual sairia um broto vigoroso, enquanto a ficção era apenas a casca que logo se rasgaria e seria dissipada como uma nuvem num sopro de vento.

Para compreender as origens dessa cosmografia, é necessário deter-se um instante nos fenômenos mais ordinários do céu. Cada dia, o sol percorre sua rota de Leste a Oeste. Mas, ao mesmo tempo, a partir do solstício de inverno, ele ergue-se mais alto no céu, para depois descer gradualmente, a partir do solstício de verão, do ponto culminante que alcançara. Combinados um com o outro, seu movimento diurno e seu movimento anual oferecem a imagem de voltas de parafuso ou espirais análogas às que apresenta uma concha de caracol, ou seja, os intervalos compreendidos entre os círculos tornam-se mais e mais estreitos à medida que se aproximam do ápice. Essa imagem estava fadada a não satisfazer os espíritos que se dispunham a estudar os movimentos celestes com a convicção de que devem ser "simples, constantes e regulares"[141]. Pode-se taxar essa convicção de preconceito. Era, pelo menos em parte, uma opinião preconcebida, mas foi legitimada pelos fatos à medida que eles foram conhecidos com mais exatidão, e mesmo quando faltou essa confirmação tal preconceito prestou os melhores serviços como método de pesquisa; pode-se dizer o mesmo da presunção análoga de uma finalidade geral na estrutura dos organismos. O meio de livrar-se de toda irregularidade e confusão não era impossível de encontrar. Um movimento composto pode ser irregular sem que o sejam os movimentos simples dos quais ele é a resultante. Bastava considerar as coisas separadamente: o objetivo era alcançado se o movimento diurno do sol fosse considerado independentemente do movimento anual. Então despontou no espírito desses pesquisadores primitivos a ideia genial de que o movimento diurno do sol, assim como o da lua e do céu estrelado em geral, não é real, mas apenas aparente. A hipótese de que a Terra se move de Oeste para Leste dispensava a crença no movimento oposto do sol, da lua, dos planetas e do céu das estrelas fixas. Teriam esses pitagóricos imediatamente

---

[140] Voltaire, *Œuvres complètes*, ed. Baudoin, LVIII 249 [*Dict. phil.*, verbete "Sistema"]. Sir George Cornewall Lewis, *An historical survey of the astronomy of the ancients*, 189. A maioria das indicações de fato sobre as quais se baseia nossa exposição estão reunidas na magistral dissertação, citada acima, de Schiaparelli. Também aproveitamos muito a interpretação que ele dá nesse trabalho e num segundo não menos notável: *Le Sfere omocentriche* etc., Milão, 1876. O primeiro que lançou alguma luz sobre essa confusão foi Böckh, no seu livro *Philolaos des Pythagoreers Lehren*. Trataremos em outro lugar da personalidade desse pitagórico e das outras doutrinas que lhe podem ser atribuídas com maior certeza.

[141] Cf. Gemino *apud* Simplício, *Física*, 202, 26-27 Diels.

reconhecido e ensinado a rotação da Terra em torno do seu eixo? Não era bem isso, mas um movimento cujos efeitos eram exatamente os mesmos. Era, de certa forma, a rotação em torno de seu eixo de um globo terrestre consideravelmente aumentado na sua circunferência. Eles faziam a Terra girar em vinte e quatro horas em torno de um centro de cuja natureza trataremos logo adiante. Antes disso, um instante de reflexão convencerá o leitor de que, para qualquer ponto da superfície terrestre, no que tange à sua posição com relação ao sol, à lua e às estrelas, é perfeitamente indiferente que a esfera sobre a qual ele se encontra gire em torno de seu eixo no período de um dia ou que, apresentando sempre sua face do mesmo lado, ela descreva um movimento circular que a leve de volta ao seu ponto de partida exatamente ao término do mesmo período. Não há como exagerar a grandeza dessa descoberta. Ao proclamar que há movimentos celestes aparentes, os pitagóricos romperam a barreira que se opunha aos progressos posteriores. Ao deixar de ensinar que a Terra está no centro do mundo e que ela se mantém imóvel, eles abriram o caminho que levaria à teoria de Copérnico e que, na realidade – fato geralmente muito pouco conhecido –, levou até ela num tempo surpreendentemente curto. Não devemos nos espantar que a teoria da rotação não tenha sido descoberta em primeiro lugar, mas somente um equivalente dela. Nunca percebemos o movimento de um astro em torno de seu eixo, enquanto observamos dia após dia, hora após hora, os deslocamentos dos corpos celestes no espaço. Portanto, era apenas natural que a imaginação científica, no esforço poderoso que fez para afastar pela primeira vez a ilusão das aparências sensíveis, tenha substituído a imobilidade aparente da Terra por um movimento análogo aos modelos conhecidos e não por um movimento único em sua espécie, fora de tudo que havia sido constatado até então.

Em torno do mesmo centro que a Terra, também fizeram girar esses astros, que até então se acreditava que se moviam em volta da própria Terra como em volta de um centro: primeiro a lua, que devia completar seu curso em um mês; depois o sol, que devia completar o seu em um ano; depois os cinco planetas visíveis a olho nu, que deviam, exceto Mercúrio e Vênus, levar um tempo consideravelmente maior; enfim o céu das estrelas fixas, cuja revolução diurna se reconhecia ser puramente aparente, era igualmente dotado de um movimento circular, mas de uma lentidão extrema, quase certamente por simples analogia com os outros corpos celestes, pois não é nada provável que já tivessem percebido essa mudança de posição que conhecemos com o nome de precessão dos equinócios[142]. Como também se conhecia a inclinação do plano no qual

---

[142] É sem razão, a nosso ver, que Schiaparelli nega o movimento do céu das estrelas fixas no sistema de Filolau; cf. *I precursori* etc., p. 7 da separata. Se assim fosse, deveríamos atribuir às nossas autoridades, especialmente a Aristóteles, que fala em dez corpos celestes em movimento (*Metaf.*, I 5 [FVS 45 B 4]), um erro dificilmente compreensível. Aliás, é contrário ao senso de simetria tão fortemente marcado dos pitagóricos supor que eles tenham atribuído o repouso unicamente ao céu das estrelas fixas. Sem dúvida, eles não podiam mais crer no movimento diurno desse céu, que eles haviam justamente substituído pela rotação da Terra. "Que alternativa resta então", pergunta Böckh, *op. cit.*, p. 118, "senão identificar o movimento do céu das estrelas fixas à precessão dos equinócios?" Mais tarde, Böckh

ocorre a cada dia o movimento do sol (ou, como se admite agora, da Terra) com relação ao plano dos movimentos anuais do sol, da lua e dos planetas, em outros termos a posição oblíqua ora do equador, ora da eclíptica, a nova concepção era absolutamente suficiente para explicar a mudança das estações.

Mas qual era o centro em torno do qual os corpos celestes deviam se mover em círculos concêntricos? Não era um centro ideal, mas um corpo real, o fogo universal ou central, "ficção absurda e fantástica", dizem os detratores da teoria de Filolau; "resultado de raciocínios por analogia cuja força devia ser quase irresistível", podem responder aqueles que, com um julgamento justo, sabem colocar-se nas condições em que se encontrava então o pensamento científico. A opinião de que os corpos celestes descrevem círculos não somente se aproximava muito da verdade, mas também – para não falar dos arcos de círculo que o sol e a lua descrevem no firmamento – era, por assim dizer, ordenada pelo fato de que as estrelas fixas que circundam o polo e nunca se põem executam, aos nossos olhos, movimentos circulares. E se este último movimento, como o do céu das estrelas fixas em geral, tinha sido reconhecido como apenas aparente, o movimento diurno da Terra que o substituíra tinha conservado, mesmo assim, o mesmo caráter. Assim foi dado o modelo ao qual corresponderiam os movimentos dos corpos celestes em geral. Mas qual experiência tentada na Terra nos mostra movimentos circulares sem um centro real? A roda move-se em torno de seu eixo; a pedra que jogamos com uma funda gira em torno da mão que a segura e põe em movimento. E enfim, quando uma festa religiosa convidava à dança os homens e as mulheres da Grécia, era em torno do altar de uma divindade que se executava o ritmo dos seus passos.

---

renunciou a essa opinião (*Manetho und die Hundsternperiode*, 54), mas acabou voltando a ela, embora com hesitação (*Das kosmische System des Platon*, 95). A precessão dos equinócios é um fenômeno cujo conhecimento, como assinala com razão Martin (*Études sur le Timée de Platon*, II 98), exige apenas observações longas e assíduas, mas sem nenhuma teoria matemática. Dificilmente pode-se crer que uma mudança na posição dos astros que, ao longo de apenas um ano, chega a mais de 50 segundos pudesse permanecer despercebida por muito tempo. Mas isso torna-se absolutamente inacreditável quando se considera o fato para o qual um especialista, o Dr. Robert Fröbe, do observatório de Viena, infelizmente já falecido, chamou minha atenção. As indicações fornecidas por Filolau e outros antigos pitagóricos sobre a velocidade angular dos movimentos planetários são aproximadamente corretas. Elas só puderam sê-lo graças a observações prolongadas e reiteradas, já que não se possuía nenhum outro meio de eliminar os erros mais grosseiros – então inevitáveis – de observação. Todavia, não podemos omitir que Martin, no artigo "Astronomia" do *Dictionnaire des Antiquités*, I 493b-494a, retornou como Böckh à sua primeira opinião e nega o conhecimento da precessão dos equinócios entre os predecessores de Hiparco. Também o fazem Boll, numa carta endereçada a nós, e Heiberg, *Einleitung in die Altertumswissenschaft*, II 404. Os babilônios tampouco já conheciam a precessão no século III a.C. Essa é, pelo menos, a opinião da maior autoridade nesse campo, o padre Kugler (*Sternkunde und Sterndienst in Babel*, II 24 ss.), o qual, segundo me informa num gentil comunicado de sua parte, propõe-se a expor novamente sua opinião e ampará-la em novos argumentos numa brochura que deve ser publicada em breve com o título "Im Bannkreis Babels" [1910]. É o que sustentam também do modo mais resoluto Bezold, *Astronomie, Himmelschau und Astrallehre bei den Babyloniern*, 1910, p. 25 ss., e Cumont *Babylon und die Griechische Astronomie* (*Neue Jahrbucher*, 1911), p. 6 da separata.

Mas por que, perguntará talvez algum leitor, se inventou um fogo central quando na realidade existe um fogo visível a todos os olhos? Era preciso um centro de movimento e uma fonte de força e vida. Por que, em vez de atribuir ao sol que ilumina todos nós o nível que lhe convém, imaginou-se um corpo luminoso cujos raios o olho humano nunca contemplou e nunca contemplará, já que a Terra só era considerada habitável na sua face que lhe é oposta? Por que, em vez de entregar-se a hipóteses vãs, subtraídas como de propósito a toda verificação, não se chegava diretamente e se parava, satisfeito, na teoria heliocêntrica?

A nosso ver, essa pergunta tem não menos de três respostas perfeitamente concludentes. Independentemente do fato de que a ruptura com as aparências sensíveis só se opera geralmente de forma gradual e que o espírito humano segue de preferência o caminho de menor resistência, a teoria heliocêntrica só viria depois dessa da rotação em torno de um eixo. Era possível fazer a Terra girar em torno do sol ao mesmo tempo num período de um dia e de um ano? Já vimos que a teoria da rotação fora precedida pelo seu equivalente pitagórico. Um segundo e poderoso obstáculo à proclamação da doutrina heliocêntrica ou copernicana residia, cremos nós, na exata semelhança que existe entre o sol e a lua. O fato de que o grande lume do dia e sua irmã mais modesta da noite, que as duas tochas do céu que se revezam reciprocamente e cujo curso mede toda duração, que os dois corpos luminosos tão estreitamente ligados pudessem diferir totalmente um do outro no ponto mais essencial, de que a lua pudesse ser uma viajante incansável e o sol consagrado ao repouso contínuo eram coisas em que certamente não se estava disposto a acreditar, a menos que todas as outras possibilidades fossem vedadas ao conhecimento. Em terceiro lugar e acima de tudo, o sol, como corpo central, não podia de modo algum dar ao espírito a satisfação que o fogo central estava destinado a dar-lhe. Nosso sol é o centro de um sistema ao lado do qual incontáveis outros sistemas existem sem plano visível, sem ordenação reconhecível. O espírito humano não se dobra a uma constatação dessa natureza, como a tudo que exige uma renúncia, enquanto a pressão dos fatos não lhe retirar toda escolha. Antes de mais nada, ele procura ter do universo uma imagem única; repugna-lhe introduzir discrepâncias. Tal desejo provém da tendência natural do espírito para simplificar suas concepções e, nesse caso particular, acrescentavam-se certamente necessidades estéticas e religiosas fortemente desenvolvidas.

Afinal, quem poderia ter a ideia de contestar que o sentimento e a imaginação têm uma participação essencial na composição desse quadro? O movimento circular dos corpos divinos dos quais se compõe o universo e cujo número havia sido elevado à década sagrada pelo acréscimo da Anti-Terra fictícia era chamado de "dança". Ao ritmo dessa dança sideral somava-se o da grande onda sonora constantemente ondulante que dela resultava e que é tão conhecida e tão frequentemente citada com o nome de harmonia das esferas. O centro do coro celeste, o fogo universal, entre vários outros nomes – como "Mãe dos Deuses" e "Citadela de Zeus" –, tinha dois especialmente significativos. Ele se chamava o "Altar" e a "Fogueira do Todo". Assim como os adoradores circundam o altar, os astros circulam em torno da fonte primeira e sagrada de toda vida e de todo movimento. E assim como a fogueira constituía o centro de toda habitação humana e era objeto de culto, assim como a chama que ardia sem interrupção na fogueira do Pritaneu constituía o centro reverenciado de toda comunidade grega, assim também a fogueira universal era o centro do Todo ou do Cosmos. Desse ponto irradiam a luz e o calor, dele o sol toma emprestado os fogos que lança sobre as duas Terras e a lua, tal como a mãe da noiva, no dia das núpcias, acende a chama que brilhará na nova morada naquela que arde na sua, tal como a colônia recém-fundada toma emprestado seu fogo à fogueira da metrópole. Todos os elementos da concepção helênica do mundo convergem aqui: a alegria exaltada de viver, o sentimento de amor e de respeito inspirado por um universo repleto de energias divinas, o senso elevado de beleza, simetria e harmonia, e acima de tudo o prazer íntimo proporcionado pela paz do Estado e da família. Assim, o universo, envolto pelo círculo de fogo do Olimpo como por uma muralha, foi ao mesmo tempo, para aqueles que o consideravam dessa forma, uma morada amada, um santuário e uma obra de arte. Nunca mais e em nenhum outro lugar se concebeu uma imagem do mundo tão elevada e tão benfazeja para o coração[143].

II

Contudo, precisamos ver agora a que preço a inteligência pagava essa satisfação verdadeiramente maravilhosa concedida ao sentimento. Esse preço não era exagerado, pois mesmo nos "sonhos dos pitagóricos" costuma esconder-se uma parcela de verdade, e quando faltava essa parcela pelo menos estavam seguindo um caminho que não podiam trilhar muito longe sem chegar finalmente à verdade. À primeira vista, o que é mais arbitrário que a teoria da harmonia das esferas? Sem dúvida, em última análise, ela decorria de uma necessidade estética que pode ser formulada na seguinte questão: "como pode ser que o mais magnífico dos espetáculos oferecidos ao olho seja completamente nulo para o ouvido?". Mas a hipótese na qual repousava a resposta não era desrazoável. Se o espaço no qual gravitam os astros não é absolutamente vazio, a matéria que o preenche deve sofrer vibrações que, por si mesmas, podem ser perceptíveis pela audição. Será que não há, indagou em nossa época um cientista eminente, o distinto embriologista Charles Ernest von Baer[144], uma ressonância do espaço universal, uma harmonia das

---

143 Cf. Estobeu, *Ecl.*, I 22 (I 196 Wachsmuth) = Aécio nos *Doxogr.*, 336-337 [FVS 32 A 16]. Conjecturou-se, com as melhores razões, que a tocha portada pela mãe da noiva na cerimônia do casamento era acesa "na fogueira familiar" (cf. Hermann-Blumner, *Griech. Privataltertumer*, 275 nota 1: "Vem daí a expressão ἀφ' ἑστίας ἄγειν γυναῖκα, Iâmblico, *Vita Pythagorae*, cap. 18 § 84"). Parece impossível não admitir que a nova fogueira era acendida com essa mesma tocha, sobretudo quando pensamos no uso totalmente análogo na ocasião da fundação das colônias. Sobre esta última cerimônia, cf. Heródoto, I 146; o Escoliasta de Aristides, III p. 48, 8 Dindorf; o *Etym. Magn.*, p. 694, 28 Gaisford.

144 Charles-Ernest von Baer, nos seus *Reden... und kleinere Aufsätze*, 2ª ed., I 264. Sobre a harmonia das esferas, cf. Th. Reinach, *La Musique des Sphères* na *Revue des Études grecques*, XIII 432 ss.; sobre a razão pela qual não a ouvimos, cf. sobretudo Arist., *De cælo*, II 9 [FVS 45 B 35].

esferas perceptível por ouvidos completamente diversos dos nossos? E quando outros se espantavam diante deles porque, na realidade, não ouvimos esses sons celestes, os filósofos pitagóricos davam uma resposta realmente engenhosa. Eles observavam que os ferreiros se tornam surdos aos golpes contínuos e regulares dos martelos nas bigornas, e com isso eles antecipavam a teoria de Thomas Hobbes segundo a qual a sensação só pode ser produzida por uma mudança na excitação dos sentidos, uma interrupção ou modificação do grau ou da qualidade do fenômeno externo. O fato de crer que as diferenças de velocidade nos movimentos dos astros eram capazes de produzir não apenas sons de alturas diferentes, mas também de harmonizá-los, era pura fantasia. Nisso a imaginação artística dos pitagóricos podia conceder-se livre curso porque, mesmo se eles determinavam com uma boa aproximação os arcos de círculo percorridos pelos planetas em períodos dados, ou seja, as velocidades angulares dos seus movimentos, eles não tinham absolutamente nenhuma condição de calcular as distâncias dos planetas e as velocidades absolutas que decorrem delas.

Porém, mais uma vez, sentir-nos-emos imediatamente inclinados a julgá-los com indulgência. Cabe considerar, de fato, que a hipótese bem fundada de uma ordenação, de uma lei severa que rege o conjunto do cosmo só podia se aplicar, no círculo dos pitagóricos, às relações geométricas, aritméticas e – devido ao fato de que sua doutrina da natureza era parte da acústica – às relações musicais. A todas essas relações eram atribuídas a simplicidade, a simetria, a harmonia. Quanto às forças que produzem os movimentos celestes, eles não sabiam nada sobre elas e não faziam ideia de sua existência. É por isso que, diga-se de passagem, se eles tivessem tido conhecimento das órbitas elípticas dos planetas, sua necessidade de ordem não teria recebido nenhuma satisfação, pois eles não poderiam ter reconhecido nessa linha curva a resultante de duas forças que agem em linha reta."O céu deles", diz Aristóteles,"é somente número e harmonia"[145]. Pode-se dizer que uma visão justa e da mais alta importância era expressa numa forma ainda pouco apropriada; eram incapazes de enxergar a ação de uma lei ali onde ela realmente existe, mas era melhor procurá-la ali onde ela não existe do que não procurá-la de modo algum. Aliás, se para eles o sol brilhava com uma luz emprestada, é preciso acusar essencialmente o paralelismo, já mencionado acima, que eles estabeleciam entre o sol e a lua. Talvez também a unidade do universo tal como a concebiam teria parecido comprometida se tivessem suposto, tão perto do centro, uma segunda fonte de luz independente da primeira. E não podiam certamente abrir mão inteiramente dessa segunda fonte. Era encontrada no "Olimpo", do qual já falamos. Tal nome designava um círculo que circunda todo o universo e abarca todos os elementos na sua absoluta pureza; desse círculo o céu das estrelas fixas e talvez os planetas tiravam toda a sua luz, e o sol, que sem isso ficaria exposto a eclipses demais, uma parte da sua. Este último astro era considerado como um corpo ao mesmo tempo poroso e vítreo, de modo a poder

---

[145] Arist., *Metaf.*, I 5 [FVS 45 B 4].

reunir em si e projetar para longe os raios luminosos. No que diz respeito à Anti-Terra, devemos certamente crer com Aristóteles que a "santidade" da década desempenha um papel nessa segunda e estranha ficção. Todavia, como a introdução de um novo corpo e sua inserção entre a Terra e o fogo central acarretariam numerosas e importantes consequências, é impossível duvidar que pararam nela, pelo menos em parte, devido a essas consequências, e ela impôs-se ao espírito dos pitagóricos por outros motivos além daquele do qual fala o Estagirita. Por falta de informações, não podemos formular aqui nenhum juízo seguro. Sem dúvida, a opinião de Böckh, que via na Anti-Terra uma barreira destinada a privar os habitantes da Terra da visão do fogo universal e a explicar a invisibilidade deste último, mostra-se defeituosa, pois o hemisfério ocidental da Terra, voltado para esse fogo, basta perfeitamente para esse objetivo. É mais provável que a Anti-Terra tenha sido imaginada porque se acreditava poder explicar mais facilmente a extrema frequência dos eclipses da lua se, para isso, se dispusesse não somente da sombra da Terra, mas também da do astro que lhe era oposto[146].

Porém, muito mais eloquente que a língua dos raciocínios é a dos fatos históricos. Estes mostram na hipótese do fogo central um estímulo e não um obstáculo para o progresso científico. Em menos de um século e meio, resultou dela a doutrina heliocêntrica. As excrescências fantásticas do sistema de Filolau caíram pedaço por pedaço, começando pela Anti-Terra. Essa ficção recebeu o golpe fatal do alargamento do horizonte geográfico. Quando, no mais tardar no século IV, se obteve informações mais exatas sobre a grande viagem de exploração do cartaginês Hannon e se soube que ele atravessara as Colunas de Héracles (Gibraltar) e ultrapassara o limite ocidental da Terra, até então considerado intransponível[147], quando, pouco depois, a configuração da Ásia oriental assumiu contornos mais precisos graças à expedição de Alexandre na Índia, começou a vacilar o solo sobre o qual se erguera a construção das hipóteses pitagóricas. Era como se tivessem subido na plataforma da qual se deveria ver a pretensa Anti-Terra. E como não a viam, nem o fogo central, retirado ele também do seu último esconderijo, essa parte da cosmografia pitagórica desmoronou. E não foi só isso. Além do centro fictício do suposto movimento circular da Terra, este último foi igualmente abandonado; e no lugar do que chamamos de equivalente da teoria da rotação, esta última fez sua aparição. Ecfanto, um dos mais jovens pitagóricos, ensinou o movimento da Terra em torno de seu eixo. Essa primeira etapa no caminho da teoria heliocêntrica foi logo seguida por uma segunda. O notável aumento de clareza que sofrem às vezes

---

146 Não há dúvida que os eclipses do sol são mais frequentes. No período considerado por Oppolzer no seu *Canon der Finsternisse*, contam-se 8000 eclipses do sol contra 5200 da lua. Porém, em qualquer ponto da Terra, observa-se um número sensivelmente mais considerável dos segundos que dos primeiros.

147 Sobre o *Périplo* de Hannon e a importância dessa viagem de descoberta para a transformação da doutrina do fogo central, cf. Schiaparelli, *I precursori* etc., p. 25 da separata, e H. Berger, *Wissenschaftliche Erdkunde*, II 387 [trecho suprimido da 2ª ed.].

os planetas fora observado primeiramente em Mercúrio e Vênus. Não se podia deixar de explicar o fenômeno pela sua causa verdadeira, isto é, por uma maior proximidade desses astros com relação à nossa Terra. E assim despontava a impossibilidade de fazê-los percorrer círculos concêntricos em volta desta última. E como justamente esses dois vizinhos mais próximos do sol revelavam muito manifestamente sua dependência desse lume por uma revolução que se cumpre dentro de um ano solar, foram os primeiros entre todos os planetas cujo movimento foi relacionado ao do sol. Essa descoberta capital deveu-se a um homem que, num corpo disforme, escondia um espírito superior, um autêntico gênio: Heráclides de Heracleia, no Mar Negro[148]. Discípulo de Platão e de Aristóteles, ele também tinha acompanhado com ardor as lições dos últimos pitagóricos e era igualmente versado em todos os campos da ciência e da literatura. Mas não ficariam nisso. Como Marte apresentava igualmente aos observadores, apesar da imperfeição dos meios de estudo de que se dispunha então, diferenças sensíveis de brilho luminoso, estava estabelecido um elo entre os dois planetas inferiores e pelo menos um dos planetas externos. Aproximavam-se do ponto de vista sustentado nos tempos modernos por Tycho Brahe, que consiste em fazer todos os planetas, exceto a Terra, girarem em torno do sol, e a fazer este girar com todo seu cortejo planetário em torno de nós. Enfim, o último passo, o passo decisivo, foi dado pelo Copérnico da Antiguidade, Aristarco de Samos (280 a.C.). Esse evento científico foi preparado pelos trabalhos de Eudóxio, que levaram a crer que o sol é incomparavelmente maior que a Terra. Aristarco calculava que ele era sete vezes maior. Por mais imperfeita que fosse essa avaliação, por mais longe que ela estivesse da realidade, todavia ela bastava

---

[148] Sobre Heráclides, cf. sobretudo Dióg. L., V cap. 6. Fazemos de Heráclides, no nosso texto, um precursor imediato de Aristarco. Para isso, baseamo-nos na indicação de Gemino (Simplício, *Física*, 292, 20 ss. Diels), que não é isenta de dificuldades. Depois de ponderadas reflexões, não creio poder admitir a explicação que Diels fornece dessa passagem na sua dissertação *Uber das physikalische System des Straton* (*Berliner Sitzungsberichte* 1893, 18 nota 1). É preciso ou corrigir essa passagem, tal como propôs Bergk (*Funf Abhandlungen zur Geschichte der griechischen Philosophie und Astronomie*, 149) ou de maneira análoga, ou então considerar as palavras Ἡρακλείδης ὁ Ποντικός como adjunção de um leitor bem informado (Tannery considera-as agora como adjunção de um leitor mal informado, *Revue des Études grecques*, XII 305: "sur Héraclide du Pont"). As provas dos progressos da astronomia que descrevemos no texto, assim como sua explicação, são dadas por Schiaparelli, *op. cit*. A teoria de Aristarco foi mencionada por Copérnico num trecho suprimido mais tarde por ele: "Credibile est hisce similibusque causis Philolaum mobilitatem terræ sensisse, quod etiam nonnulli Aristarchum Samium ferunt in eadem fuisse sententia" etc. (*De revolutionibus cœlestis*, ed. Thorun, 1873, p. 34 nota). As questões tratadas aqui foram desde então discutidas em diversas ocasiões: por Hultsch no *Jahrbuch fur Philologie*, 1896 ("Uber das astronomische System des Herakleides"), em que, no entanto, este último é tido também como autor da teoria da revolução da Terra em torno de seu eixo, e não como o sucessor de Ecfanto, como o é no artigo "Astronomia" do dicionário de Pauly-Wissowa (II, 1837); por Schiaparelli, "Origine del sistema planetario presso i Greci", Milão, nas atas do Instituto Lombardo, 1898; por Tannery no estudo citado acima. A conjectura deste último, adotada por H. Staigmuller (*Archiv*, XV 144), a saber que Ecfanto ou então Hiketas não eram personagens reais, mas simples interlocutores num diálogo de Heráclides, parece-me pouco fundada; essa não é a opinião de W. H. Heidel, *Transactions of the American Philology Association*, XL 6 (1910), e de Otto Voss, *De Heraclidis Pontici vita et scriptis*, Rostock, 1896, p. 64.

para mostrar como era absurdo fazer girar como um satélite essa poderosa esfera de fogo em torno do pequeno astro que habitamos. A Terra fora despojada da soberania que tinha reconquistado há pouco; a teoria geocêntrica fora substituída pela teoria heliocêntrica; fora atingido o objetivo para o qual Pitágoras e seus discípulos haviam aberto o caminho e dirigido seus esforços... Mas logo depois ele seria abandonado e daria lugar, durante uma longa sequência de séculos, às antigas ilusões protegidas pelo sentimento religioso.

Mas voltemos dessa antecipação dos fatos históricos ao nosso ponto de partida, às antigas doutrinas pitagóricas. Nada mais nos impede de retomar o fio que fomos obrigados a abandonar no final do penúltimo capítulo.

Capítulo V

A Doutrina Órfico-Pitagórica da Alma

I. A doutrina da transmigração das almas. Seus motivos psicológicos. Essa doutrina não é originária da Grécia.

II. O mito principal dos órficos. Libertação do ciclo dos nascimentos.

III. Motivos da psicologia órfica. Essência do misticismo religioso. Os mistérios gregos. Um paralelo egípcio; será mais que um paralelo? O orfismo e a tirania. Influência posterior do movimento órfico.

IV. As almas e as poeiras que se agitam no raio de sol. Renovação futura de todos os seres e de todos os fenômenos. O processo cósmico retorna sobre si mesmo. Teoria dos ciclos; astrologia e metempsicose. A causalidade e o retorno de um estado primitivo. A balança da matéria e das energias do universo. Hípaso de Metaponto.

V. Alcmeão de Crotona; ele reconhece no cérebro o órgão central do pensamento. Fisiologia e psicologia de Alcmeão. Sua explicação para a morte. Alcmeão não criou um sistema.

I

A doutrina órfica e o pitagorismo poderiam ser chamados de encarnações masculina e feminina da mesma tendência fundamental. Naquela predomina a imaginação visionária, neste o desejo de compreender e de saber; naquela a necessidade de salvação pessoal, neste a preocupação com o Estado e a sociedade; naquela a aspiração à pureza, o temor da mácula, neste a preocupação em melhorar os costumes e a ordem civil; naquela a falta de uma confiança vigorosa em si mesmo e o ascetismo contrito, neste a disciplina severa, a cultura moral alimentada pela música e pelo exame de consciência. Os membros da comunidade órfica formam uma confraria religiosa, os da comunidade pitagórica são reunidos pelos laços de uma ordem de cavalaria meio política. O orfismo não conhece a pesquisa matemática e astronômica, o pitagorismo não cultiva a poesia cosmogônica e teogônica. Porém, apesar dessas diferenças de grau e mesmo no meio dessas divergências, constata-se a mais surpreendente concordância, uma concordância tal que as duas seitas se confundem frequentemente uma com a outra e que às vezes é impossível dizer qual das duas deu e qual recebeu.

No que diz respeito a uma parte importante da teoria da alma, aquela que chamamos de metempsicose, pode-se, todavia, tentar com grande chance de sucesso fazer essa divisão. "Segundo os mitos pitagóricos", diz Aristóteles[149], "qualquer alma entra em qualquer corpo". E – sem falar nos testemunhos de numerosos escritores posteriores – Xenófanes[150], contemporâneo ligeiramente mais jovem de Pitágoras, conta em versos que ainda possuímos um fato característico. Ao ver um dia um cão ser maltratado e ao ouvi-lo ganir, o filósofo de Samos, tomado de compaixão, exclamou: "Solte-o e não bata nele! Pois é a alma de um homem que me era caro e que reconheço pelo som de sua voz". Uma anedota desse tipo – e Xenófanes caracteriza-a como tal ao acrescentar as palavras "segundo se diz" – sem dúvida não teria nascido se o dado sobre o qual repousa esse incidente particular não tivesse sido considerado característico do homem ao qual foi atribuído; aliás, segundo Empédocles já garante, Pitágoras contava uma quantidade de coisas peculiares sobre a preexistência de sua própria alma. Detenhamo-nos alguns instantes nessa crença estranha. Na verdade, é somente para nós que parece estranha essa crença que já compartilhavam os druidas gauleses e os drusos da Idade Média e à qual se filiam ainda hoje os zulus e os groenlandeses, os índios da América do Norte e os daiaques de Bornéu, os carienses da Birmânia e os habitantes da Guiné, bem como os inúmeros seguidores das religiões bramânica e budista; à qual, enfim, Spinoza e

---

149 Arist., *De anima*, I 3 fim [FVS 45 B 39].

150 Dióg. L., VIII 36 [FVS 11 B 7]. Recentemente foi posto em dúvida se esses versos fazem alusão a Pitágoras. Tais dúvidas parecem-me absolutamente infundadas. Tampouco creio que seja justificada aquela que se exprimiu a respeito do testemunho de Empédocles, v. 415 ss. Stein = *Vorsokratiker*, 211, 14 ss. [21 B 129].

Lessing não recusavam sua simpatia e seu assentimento[151]. Sua ampla difusão no espaço e no tempo já prova que ela tem raízes profundas no pensamento e no coração dos homens. É preciso dizer, antes de mais nada, que aqueles que fazem as almas humanas passarem para os corpos dos animais e até para as plantas ou reciprocamente (o que não é o caso para todas as nações ou seitas que acabamos de mencionar) não deviam ter esse sentimento de orgulho que ergue barreiras intransponíveis entre os reinos da natureza. Eis quais devem ter sido as principais etapas do desenvolvimento dessa ideia. Em primeiro lugar, esta questão: por que a alma, cuja liberdade de movimento se acreditava ter reconhecido nos fenômenos do sonho, do êxtase e da possessão, não escolheria uma nova morada quando seu abrigo caduco caísse em ruínas? Por que ela não mudaria de corpo mais ou menos como uma pessoa troca de roupa? De onde, poder-se-ia perguntar em seguida, provêm todas as almas que, num curto espaço de tempo, habitam e animam homens, animais e plantas? Será necessário que elas sejam tão numerosas quanto os seres efêmeros aos quais elas se associam temporariamente? Se, por exemplo, uma criança morre na mais tenra idade, é possível que sua alma tenha sido criada para esse curto momento e que ela tenha tido que esperar desde a origem das coisas por essa encarnação passageira? E depois desta vida? A essência espiritual que possui a faculdade de animar um corpo de homem ou de animal deve exercê-la por algumas semanas, alguns dias, algumas horas ou mesmo alguns instantes apenas para depois ganhar o descanso eterno? Mesmo que se abstraia esse caso extremo, não é mais natural imaginar que essas essências superiores são imperecíveis ou perecíveis em número menor que os seres materiais e grosseiros que elas presidem e que desapareçam e reapareçam sem cessar? Os oficiais de um exército não são menos numerosos que os soldados sob suas ordens? E enfim, logo que o pensamento começou a assumir um caráter mais rigoroso, as inferências por analogia que se ofereciam nesse campo também devem ter tomado uma forma cada dia mais firme. A alma sobrevive ao corpo – essa foi e é ainda, quase sem exceção, a crença geral da humanidade. Como nenhum motivo levava a admitir que ela acaba por extinguir-se, sua sobrevivência foi considerada cada vez mais ilimitada, e quando o conceito de eternidade se formou ela foi tida como absolutamente imortal. Depois, como tudo que nasce se revelava perecível, impor-se-ia com força quase irresistível a ideia de que o que não acaba tampouco começou, que à duração sem fim da existência futura deve corresponder a eternidade da preexistência. Enfim, quando despontou – na verdade, exclusivamente no espírito dos povos de cultura avançada – a ideia de que, mesmo no campo da matéria, não há nem nascimento nem destruição no sentido próprio desses termos, mas apenas um ciclo perpétuo de

---

151   Cf. a nota de Wilkinson em *History of Herodotus* de Rawlinson, 3ª ed., II 196. Sobre os drusos, cf. Benjamim de Tudela (século XII) em Tylor, *Civilis. primitive*, II 20. Os outros detalhes etnográficos também foram tirados de Tylor, *op. cit.*, cap. 12; todavia, não posso admitir como ele que a semelhança corporal e intelectual dos descendentes com seus ancestrais (II 11) seja uma explicação suficiente para a crença na metempsicose.

metamorfoses, como se poderia não formular a hipótese paralela no campo psicológico? Não se deveria pensar que há um ciclo semelhante no mundo dos espíritos, que uma única e mesma essência reveste uma quantidade inumerável de invólucros terrestres para voltar à sua forma anterior depois de uma série infinita de metamorfoses?

Essas reflexões e outras da mesma natureza podiam gerar a crença na transmigração das almas tanto entre os gregos como entre muitos outros povos. No entanto, não parece que isso tenha efetivamente acontecido[152]. Ninguém relata nada semelhante e, se tal crença estivesse estabelecida na Grécia desde os tempos mais remotos, o fato não teria passado despercebido do filósofo Xenófanes, que havia viajado muito e que era muito versado nessas questões; nesse caso, ele não teria tido a ideia de mencionar essa doutrina como característica de Pitágoras e de zombar dele por esse motivo. Uma outra consideração, de alcance mais geral, também vem confirmar nossa opinião. O amor pelos animais, que é, por assim dizer, o terreno no qual germina essa doutrina, nunca desenvolveu-se em alto grau no seio do povo grego; este nunca teve, salvo algumas exceções totalmente isoladas, animais sagrados, como ainda possuem os hindus e possuíam os egípcios. Enfim, o fato de que Pitágoras tenha inventado do nada uma crença popular em tantos lugares pode ser considerado *a priori* como improvável no mais alto grau. Assim, o problema geral reduz-se a essa questão particular: de qual povo, de qual ciclo de crenças esse filósofo, célebre antes de mais nada pela extensão universal de suas "informações", tomou emprestado essa doutrina? Heródoto responde indicando o Egito, de onde, segundo o que ele diz, homens que ele conhece bem, mas cujos nomes não quer fornecer, transplantaram-na na Grécia[153]. Porém, as informações diretas que possuímos agora sobre a teoria egípcia da sobrevivência das almas impedem-nos de aceitar como definitiva a explicação do historiador. O "Livro dos Mortos" conhece o privilégio das almas virtuosas de revestir formas variadas de animais e até de plantas; a alma virtuosa pode aparecer "hoje na forma de uma garça, amanhã na de um escaravelho, depois de amanhã na superfície da água como flor de lótus"[154]; ela pode encarnar como fênix, ganso, andorinha, maçarico, grou, víbora. A alma criminosa, que erra sem repouso entre o céu e a terra, também está à espreita de um

---

[152] A origem não-grega da metempsicose é provada indiretamente pelos esforços vãos daqueles que afirmam que ela é grega; é assim que Dieterich, na bela obra intitulada *Nekyia*, contenta-se finalmente com possibilidades simples e vagas (p. 90).

[153] Heródoto, II 123 [FVS 4, 1].

[154] A citação é de Erman, *Ägypten und ägyptisches Leben*, 413. O que segue foi tirado de Maspéro, *Bibl. égyptol.*, II 467 nota 3 e 466. Maspéro, *op. cit.*, I 349, atribui a metempsicose à crença egípcia da época em que esse país entrou em contato com a Grécia. Mais tarde, segundo ele, essas teorias teriam caído em descrédito ou até desaparecido completamente. Num trabalho posterior (no trecho citado em primeiro lugar), Maspéro modifica seu julgamento como segue: "Não se deve esquecer que a assunção de todas essas formas é puramente voluntária e não marca de modo algum a passagem da alma humana por um corpo de animal".

corpo humano do qual possa fazer sua morada para afligi-lo com doenças, para incitá-lo ao assassinato e à demência. Contudo, do ciclo regular de peregrinações "cumprido pela alma do defunto através de todos os animais da terra, do mar e dos ares para entrar num corpo humano ao fim de um período de três mil anos", desse ciclo do qual fala Heródoto, os textos egípcios, ou pelo menos aqueles que foram decifrados até agora, não sabem absolutamente nada. Quer seja essa ou não a última palavra de uma ciência incessantemente renovada e cujos materiais são ricos em contradições, devemos, pelo menos provisoriamente, recusar nossa adesão à afirmação de Heródoto. Em todo caso, a teoria pitagórica concorda muito mais exatamente com a da Índia, não somente nos seus traços gerais, mas até nos detalhes – como, por exemplo, o vegetarianismo – e nas fórmulas que resumem toda a crença (o "ciclo" e a "roda" dos nascimentos). Aqui não é fácil crermos num simples acaso. Sem dúvida, deveríamos abandonar a ideia de uma derivação dessa natureza se ela nos obrigasse a fazer Pitágoras frequentar a escola dos sacerdotes hindus ou a sofrer, mesmo de maneira mediata, a influência da religião de Buda. Mas podemos abrir mão de ambas suposições demasiado aventurosas. A crença hindu na transmigração das almas precedeu a eclosão do budismo[155]. O filósofo grego tinha sede insaciável de saber; portanto, supor que, por intermédio da Pérsia, ele tenha recebido uma noção mais ou menos exata das doutrinas religiosas do Oriente não é realmente uma temeridade muito grande, sobretudo se consideramos que os gregos asiáticos e uma parte da nação hindu obedeciam, antes já de Pitágoras deixar sua pátria jônia, ao mesmo senhor, ao fundador do império persa, a Ciro. Mas seja qual for a fonte da qual foi tirada essa crença, em todo caso ela confundiu-se muito cedo com as doutrinas órficas[156], e é necessário apresentar aos olhos do leitor a doutrina órfico-pitagórica, da qual só conhecemos unidas as correntes primitivamente separadas, e sobretudo a teoria fundamental da qual a metempsicose constitui apenas uma parte, embora muito importante.

---

[155] Sobre a anterioridade, com relação ao budismo, da crença dos hindus na metempsicose, cf. Jacob, *A manual of Hindu Pantheism*, 2ª ed., p. 25. Essa crença, segundo me informou meu colega o prof. Buhler, surgiu na religião e na literatura bramânicas numa época que não se pode determinar exatamente, mas muito antiga. A obra principal na qual está exposta a nova doutrina aparece já nos mais antigos escritos budistas datando de uma antiguidade lendária. L. von Schröder (*Pythagoras und die Inder*, 1884) pronunciou-se a favor da origem hindu da metempsicose, bem como, recentemente, Adolf Furtwängler (*Die antiken Gemmen*, III 262 ss.), que aprova os argumentos expostos por nós.

[156] Sobre o que segue, cf. antes de mais nada Rohde, *Psyché*, cujo único engano foi, a nosso ver, ter exagerado a influência do povo trácio. De fato, Heródoto, IV 95 [FVS 4, 2], diz com razão que esse povo era pouco inteligente e pouco civilizado; na realidade, ele era grosseiro e vivia de rapina. Por outro lado, Rohde não aprecia por seu justo valor os elementos morais do orfismo. Discutir aqui essas questões controvertidas levar-nos-ia longe demais. Sobre o segundo ponto, remetemos à *Nekyia* de Dieterich, p. 193-194; sobre o primeiro, contentar-nos-emos em lembrar que os traços mais característicos do orfismo – consciência do pecado, necessidade de purificação e de redenção, castigos infernais etc. – nunca foram identificados entre os trácios.

II

Essa teoria comum pode ser resumida numa expressão única, mas muito significativa: a queda da alma por causa do pecado. A alma é de origem divina, a terra é indigna dela; o corpo é para ela uma cadeia, uma prisão, um túmulo. Somente seu próprio erro podia precipitá-la dos esplendores celestes para as impurezas desta vida. Ela deve sofrer o arrependimento e pagar a pena por esse crime; somente a expiação e a purificação permitem-na retornar à sua pátria primeira, ao mundo do divino. Essa purificação e essa expiação são cumpridas de duas maneiras: pelos castigos infernais e pelo ciclo dos nascimentos. É difícil acreditar, aliás, que esses dois meios de caráter tão diferente tenham sido unidos desde o início para atingir o mesmo objetivo. Por isso, e por outros motivos ainda, é permitido supor que os castigos infernais agregaram-se, soldaram-se à metempsicose pitagórica, bem como ver neles um acréscimo posterior dos órficos.

Até agora, só conhecemos estes últimos como autores de doutrinas cosmogônicas particulares, e nessa ocasião pudemos ter uma ideia do seu modo de pensar. Para aprofundar, para completar essa ideia, devemos examinar o mito que, na sua doutrina, ocupa a posição central. Trata-se da lenda de Dionísio-Zagreu. O filho de Zeus e de Perséfone recebeu, ainda criança, de seu divino pai o império do mundo. Ele vê-se confrontado às emboscadas dos Titãs, que anteriormente já haviam atacado Urano e foram vencidos por ele. O rebento dos deuses escapa de seus desígnios ardilosos recorrendo a múltiplas metamorfoses, até que enfim, apanhado por eles em forma de touro, é despedaçado e devorado. Atena consegue furtar deles o coração de sua vítima, e Zeus engole-o para fazer nascer o "novo Dionísio". Em seguida, para puni-los por seu crime, Zeus atinge os Titãs com seus relâmpagos. Das cinzas deles brota o gênero humano, em cuja natureza o elemento titânico está misturado ao elemento dionisíaco derivado do sangue de Zagreu. Os Titãs são a encarnação do princípio do mal, Dionísio a do princípio do bem. Sua união é a causa da luta do divino e do antidivino que, com tanta frequência, estoura e ruge no peito do homem. Assim, essa lenda estranha, cujos outros significados não precisamos estudar aqui, desemboca num mito destinado a explicar a dualidade da natureza humana, a oposição que reina em seu seio e o rasga.

O sentimento profundo dessa oposição, desse contraste marcante entre as máculas e os sofrimentos terrestres de um lado e a pureza e a felicidade divinas do outro, forma o núcleo da concepção órfico-pitagórica da vida. Dessa fonte decorre o desejo de purificação e expiação, condição da redenção final. É difícil atingir esse objetivo; uma única existência terrestre não basta para libertar a alma da mancha original e das impurezas acrescentadas pelos seus próprios pecados. Uma longa sequência de novos nascimentos forma, por assim dizer, uma expiação prolongada por milhares de anos, interrompida e agravada pelos castigos que ela sofre no "mar de lama"; é somente muito tarde – se ela conseguir – que, libertada enfim dos seus tormentos, ela chega ao ponto de partida de sua viagem; puro espírito, ela retoma seu lugar na morada dos deuses de onde descera. "Fugi do círculo das penas e das tristezas", exclama num arroubo de esperança a alma que "sofreu a pena completa por suas obras de iniquidade" e que agora, "implorando seu socorro", avança em direção da "rainha dos locais subterrâneos, a santa Perséfone, e das outras divindades do Hades"; ela glorifica-se de pertencer à sua "raça bem-aventurada", ela pede-lhes que a enviem agora para "as moradas dos inocentes" e espera delas a palavra salvadora: "Serás deusa e não mais mortal". De fato, é o que lemos nas três tabuletas de ouro (cf. liv. I, cap. II, seção II, 1º §) que, nos séculos IV e III a.C., foram colocadas em túmulos nos arredores da antiga Thurii, ou seja, numa região que outrora fora hospitaleira para com os pitagóricos. Nessas composições poéticas deve-se ver redações diversas de um texto comum mais antigo. Vários outros fólios datados em parte da mesma época foram encontrados nas mesmas localidades; outros foram descobertos na ilha de Creta e datam da época romana posterior[157]; todos prescrevem para a alma seu caminho no mundo subterrâneo. Em formas e formulações específicas, concordam exatamente uns com os outros e com aqueles cujo conteúdo fornecemos acima. Todos juntos formam os restos ainda muito incompletos de uma obra que podemos com razão chamar de o "Livro dos Mortos" órfico e que esperamos possuir em breve, senão na íntegra, pelo menos nas suas partes essenciais.

III

Mencionemos aqui uma possibilidade. A "queda da alma pelo pecado" é tão estranha aos textos sagrados que acabamos de discutir quanto às declarações de nossa autoridade mais antiga com relação à doutrina órfica (estamos falando do poeta Píndaro). Esses dois fatos podem ser fortuitos, pois nossa informação é muito fragmentária. Mas talvez também haja fundamento para procurar uma outra explicação. Esse dogma essencial do orfismo pode ter subido um desenvolvimento posterior. Pode ser, o que não é nem um pouco improvável, que a queda da alma tenha sido tematizada somente mais tarde, e da seguinte maneira: "Este mal também é castigo por um erro". Se adotarmos essa hipótese, restam-nos como elementos primitivos da doutrina os três seguintes: concepção pessimista da vida, que depreciava a existência e os bens terrestres; confiança absoluta numa justiça divina que pune todos os crimes e recompensa todas as boas ações; persuasão de que a alma é de natureza e origem divinas. Contentar-nos-emos provisoriamente em registrar essa visão melancólica, em contraste tão perfeito com a despreocupação e jovialidade da época homérica, sem tentar explicá-la. Já pudemos constatar os primórdios dessa transformação em Hesíodo; concordaremos sem hesitar que são classes diferentes da população que manifestam seus sentimentos aqui e na epopeia; não oporemos maiores dificuldades para reconhecer que duras experiências na guerra e na paz prepararam os espíritos helênicos para receber essas doutrinas sombrias.

---

[157] Cf. a obra de Comparetti mencionada acima (liv. I, cap. II, seção II, 1º §, em nota). Encontram-se paralelos budistas com o que precede em Rhys Davids, *Buddhism, its history and literature*, 161.

A crença firme numa retribuição celeste pressupõe – como todos concordarão – o reconhecimento, pelo menos em princípio, da primazia do direito e da lei; enquanto as condições políticas e sociais forem regidas pelo favor pessoal ou – no caso mais favorável – por uma relação de fidelidade pessoal (cf. Introdução, VI, fim do 4º §), a garantia dessa retribuição está necessariamente ausente. A fé numa recompensa ou numa punição, da qual já indicamos uma vez a origem, torna-se muito mais compreensível se nos lembramos, por exemplo, da natureza das Erínias[158]: de início, essas deusas não eram outra coisa senão as almas irritadas das vítimas de assassinato que procuravam vingar-se de seus assassinos. Assim como, na terra, o direito que o Estado assume de punir deriva da vingança privada do indivíduo e da família, assim também, nos locais de expiação do além, o direito de derramar sangue passou do ofendido para os deuses. A prova da correção desse raciocínio é fornecida por esses quadros dos infernos onde vemos o malfeitor atormentado pela alma ou pelo espírito vingador de sua vítima. Aliás, é sobretudo nas épocas ou nas camadas da população propensas ao pessimismo que a crença na retribuição iria direcionar-se para a vida futura. Nas classes ou nas épocas felizes, não se pensa nisso; Ésquilo, por exemplo, que, mais do que qualquer outro poeta grego, era imbuído dessa crença, mal lança um olhar além dos limites da existência terrestre; o herói de Maratona contenta-se com o grande espetáculo da justiça divina do qual foi testemunha e no qual desempenhou o papel de ator. Enfim, se quisermos compreender e explicar a crença na origem divina da alma, devemos antes de mais nada precaver-nos contra analogias enganosas.

O fato de que a alma do defunto goze no círculo dos deuses de uma felicidade absoluta, de que participe constantemente de banquetes com eles e se entregue aos outros prazeres dos sentidos é a concepção dos antigos hindus e germânicos; era a dos índios da América Central e provavelmente também dos trácios, mas não tem nada em comum com o núcleo da doutrina órfica[159]. Além disso, nada autoriza a fazer derivar puramente e simplesmente essa crença na natureza superior da alma das experiências comuns aos místicos de todos os países e todos os tempos.

Comunhão direta com a divindade, assimilação à divindade, identificação com a divindade, tais são os objetivos que se propõe em todo lugar e em toda época o misticismo religioso. Porém, embora esse objetivo seja sempre o mesmo, os caminhos que levam até ele são muito numerosos. Hoje é o barulho surdo dos pandeiros, o som grave das flautas, o estrondo ensurdecedor dos pratos; amanhã é o turbilhão furioso de uma dança na qual a razão se afoga; outras vezes, o fiel afunda na mais monótona

---

[158] Sobre as Erínias, cf. Rohde, *Psyché*, trad. fran. p. 220 ss., e para maiores detalhes *Rhein. Mus.*, L 6 (*Kleine Schriften*, II 229).

[159] Sobre essas representações grosseiras da felicidade no além, cf. Dieterich, *op. cit.*, 79-80. Os numerosos paralelos citados por ele e aos quais eu gostaria de acrescentar a ampla citação (tirada das fontes mais diversas da Índia antiga) que se encontra em Muir, *Sanscrit Texts*, V 307 ss., fazem com que pareça muito arriscada a conclusão de que os dogmas órficos são originários da Trácia.

das contemplações; enfim, ele hipnotiza-se fixando seu olhar num objeto brilhante. Assim a bacante grega ou o asceta bramânico, o dervixe muçulmano ou o monge budista mergulham num êxtase que os livra do fardo da consciência e os transporta para o seio da divindade ou para os abismos do Absoluto[160]. Assim que as tormentas de uma tal epidemia espiritual se acalmam, em vez do frenesi ou do embotamento nervoso difunde-se em vastos círculos populares o *mystérion* ou *sacramentum*, que proporciona ao fiel o sentimento da comunhão com Deus e liberta-o momentaneamente dos obstáculos estorvantes da vida individual. Em vez dos atos inspirados pelo delírio, nos quais o homem perde a noção de sua natureza e crê ser um deus – basta pensar nos Βάκχοι e Σαβάζιοι, nos Rás e Osíris dos egípcios etc. – aparecem cerimônias simbólicas: carregam-se vasos sagrados, consomem-se comidas e bebidas divinas; às vezes o rito lembra a união dos sexos, e tudo isso contribui para fazer nascer a ilusão de uma identificação com a divindade. Esse é, em especial, o núcleo dos mistérios gregos de Bakchos e daqueles que eram celebrados em Elêusis. Ali, como em outros lugares, a religião nas suas formas iniciais não tem absolutamente nada a ver com a moral. Ao suprimir toda regra de conduta, o êxtase leva muito mais à imoralidade; a austeridade da vida e os furores das Mênades sempre formaram o mais surpreendente dos contrastes. Não falaremos das desordens que assinalam amiúde os mistérios clandestinos tanto do mundo helênico quanto dos outros povos. Sem dúvida, na medida em que se desenvolvem os elementos altruístas da natureza humana contidos como que em germe nos sentimentos da família, os deuses que, no início, eram concebidos como amorais – para não dizer imorais – são elevados à dignidade de guardiões e garantes de tudo que é caro ao Estado e à sociedade, e os objetos de adoração assim moralizados refletem, por sua vez, os raios com os quais os iluminaram as novas e mais puras aspirações da humanidade. É assim que os cultos místicos da religião helênica – e principalmente o mais influente entre eles, aquele que era consagrado, em Elêusis, às divindades subterrâneas – tampouco ficaram completamente indiferentes às exigências da moral. Os malfeitores, e sem dúvida não apenas aqueles que haviam se tornado culpados de assassinato, eram excluídos da participação nesses ritos que prometiam a felicidade eterna. O orfismo também possuía seu culto secreto; é verdade que ele nos é quase desconhecido; todavia, sabemos que nele o mito essencial dessa seita era objeto de uma representação dramática, tal como o mito de Deméter em Elêusis, embora com menos magnificência e aparato. Mas o que distingue o ramo órfico da religião grega dos outros mistérios é a importância extraordinária que ele conferia à moral; desse ponto de vista, ultrapassava até a religião apolínea, cujo centro

---

[160] Sobre o emprego da hipnose na meditação ascética dos budistas, cf. H. Kern, *Histoire du Bouddhisme dans l'Inde* (trad. G. Huet), I 401 ss. Provas do que segue podem ser encontradas em Rohde, *Psyché*, trad. fran. p. 274 ss.; em Ed. Meyer, *Geschichte Ägyptens*, 87; no artigo "Elêusis" (por F. Lenormant) do *Dictionnaire des Antiquités*, de Daremberg e Saglio; e em Dieterich, *De hymnis orphicis capitula quinque*, 38.

era Delfos. Nessa exaltação da consciência moral, somos autorizados a ver a própria essência do terceiro elemento da doutrina órfica da alma, que é o mais importante e o mais característico.

Uma comparação ajudará a entender melhor nosso pensamento. O 125º capítulo do "Livro do Mortos" egípcio contém uma confissão negativa dos pecados que parece ser a ampliação do que as tabuletas de ouro da Itália meridional condensam em poucas palavras[161]. Tanto ali como aqui, a alma do defunto proclama com ênfase sua "pureza" e funda unicamente nesta última sua esperança numa imortalidade bem-aventurada. Se a alma do órfico pretende ter expiado as "obras de iniquidade" e por conseguinte sabe estar livre de mácula que delas resulta, a alma do egípcio enumera todos os erros que soube evitar na sua peregrinação terrestre. Poucos fatos na história da religião e dos costumes são de tal natureza que nos espantem mais que o conteúdo dessa antiga confissão. Vemos nela, porém não em número esmagador, faltas ritualísticas. E ao lado dos preceitos de moral civil que são aceitos por todas as comunidades civilizadas, revela-se a expressão de um sentimento moral pouco comum, que pode até nos surpreender pela sua delicadeza requintada: "Não atormentei a viúva! Não afastei o leite da boca do recém-nascido! [...] Não tornei o pobre mais pobre! [...] Não mandei um chefe de trabalhadores executar mais trabalhos do que devia fazer! [...] Não fui negligente! Não fui ocioso! [...] Não prejudiquei o escravo junto ao seu amo! [...] Não fiz ninguém verter lágrimas!". Mas a moral que se depreende dessa confissão não se contentou em proibir o mal; ela também prescreveu atos de beneficência positiva: "Por toda parte", exclama o defunto, "espalhei a alegria! Saciei aquele que tinha fome, estanquei a sede de quem a tinha, vesti aquele que estava nu! Dotei de uma barca o viajante detido na sua viagem!". E a alma justa, depois de ter passado por inúmeras provações, chega enfim ao coro dos deuses: "Minha impureza", ela exclama cheia de júbilo, "foi banida, e livrei-me do pecado que se ligava a mim. [...] Chego neste país dos eleitos glorificados. [...] Vós que ocupais a primeira fila", ela acrescenta, dirigindo-se aos deuses já nomeados, "tendei-me as mãos... tornei-me um de vós!".

Temos diante dos olhos mais que um simples paralelo? Estamos na presença de uma coincidência fortuita ou devemos crer na influência de um país sobre o outro? Nada sabemos. É permitido apenas lembrar que o desenvolvimento da doutrina órfica seguiu – e não de muito longe – o estabelecimento de relações estreitas entre a Grécia e o Egito. Tampouco deveríamos nos surpreender que os gregos – que contemplavam com veneração profunda as maravilhas da arquitetura e da escultura egípcias e que, por força da juventude de sua civilização, sentiam-se, nas palavras de Platão[162], "crianças"

---

[161] Cf. Maspéro, *Bibl. égyptol.*, II 469 ss. Acrescentei dois pontos da confissão segundo Brugsch, *Steininschrift und Bibelwort*, 253-4, contaminação perfeitamente legítima, como me asseguram estudiosos competentes, porque a confissão negativa dos pecados oferece múltiplas variantes nos diversos textos. Sobre esse ponto, cf. também Maspéro, *Histoire ancienne*, 191.

[162] *Timeu*, 22 B.

perto da antiguidade da dos seus vizinhos – tenham tido, no contato com os egípcios, impressões religiosas e morais indeléveis. Podemos esperar que os estudiosos por vir terão condições de dizer, com imparcialidade, se foi realmente assim. Para nós, o exemplo que acabamos de dar do Egito basta para mostrar como uma concepção mais profunda da moral e a crença na natureza divina da alma caminharam juntas não somente na Grécia, mas também em outros países. Aliás, nada mais compreensível. A distância entre os deveres severos que o homem superior impõe à sua vontade e aos seus sentimentos, de um lado, e do outro os instintos brutais que colocam com tanta frequência obstáculos ao cumprimento desses deveres não deve necessariamente levar a crer que há uma abismo entre as duas partes constitutivas da natureza humana e que elas não podem derivar da mesma origem? Essa opinião, que dividia, por assim dizer, a natureza humana em duas metades estrangeiras e inimigas, mostrar-se-ia favorável no mais alto grau ao desenvolvimento da consciência, ao combate contra as pulsões odiosas e más. Porém, por esse mesmo meio, qual sombra dessa luz, começa o dilaceramento da personalidade, a destruição da harmonia interna, a hostilidade contra a natureza e a renúncia ascética às suas exigências, mesmo que inofensivas ou salutares. Tudo isso encontra-se reunido nos puritanos da Antiguidade, juntamente com uma longa série de práticas inúteis e interpretações míticas sem beleza que levaram com muita frequência a julgar de modo injusto esse grande movimento.

A origem deste último será sem dúvida mais compreensível para nós se considerarmos as condições históricas nas quais ele surgiu. A crise religiosa aparece como consequência da crise social. Ela é o fenômeno concomitante da luta de classes que preencheu o século VII e parte do VI. Já nessa ocasião, a dura necessidade dos tempos ensinou a rezar. Foram sobretudo, talvez, as vítimas da conquista e de um regime oligárquico sem piedade que lançaram seus olhares perdidos em direção a um além melhor e pediram à divindade uma compensação pelos males que sofriam neste mundo. Em todo caso, o orfismo tem raízes nos círculos burgueses, não nos da nobreza. O horror ao derramamento de sangue[163], que desempenha um papel tão capital na moral dessa seita, denota uma classe social que não buscava a glória militar e não brilhava pelos seus feitos guerreiros. A "Justiça" e a "Lei" (Diké e Nomos)[164], que ocupam um lugar preponderante no panteão órfico, são sempre invocadas preferencialmente pelos fracos e oprimidos, não pelos fortes e poderosos. Por isso, estamos autorizados a falar de uma oposição consciente à concepção que tinham da vida as classes dirigentes, de uma oposição ao seu ideal, assim como de uma revolta aberta contra a religião reinante. O resultado dessa revolta é que uma divindade acolhida relativamente tarde no Olimpo grego, ou seja, o Dionísio da Trácia, desempenha nesse sistema o papel de maior destaque. E notem bem

---

163 Cf. Aristófanes, *As rãs*, 1032: Ὀρφεὺς μὲν γὰρ τελετάς θ' ἡμῖν κατέδειξε φόνων τ' ἀπέχεσθαι [FVS 66 A 11].

164 Sobre Diké e Nomos, comparar os *Orphica*, *passim* e sobretudo os fragmentos 33; 125, 1; 126, Abel [FVS 66 B 14].

que não são proezas comparáveis às de Héracles, o deus da nobreza, que constituem o mito central da nova fé; são, ao contrário, os sofrimentos imerecidos do deus popular Dionísio. O excesso de poder dos opressores, que um dia serão atingidos pela vingança da divindade suprema, a fraqueza dos inocentes que sofrem, mas que confiam no triunfo definitivo do direito, não são o paralelo exato dos execráveis Titãs e do jovem deus sem apoio? Sem dúvida, não era esse o sentido primitivo da lenda, destinada mais, como se supôs provavelmente com razão, a explicar orgias e sacrifícios grosseiros, que consistiam em rasgar e devorar animais vivos. Mas quantas vezes a imaginação religiosa não se apoderou dos mitos que lhe eram fornecidos pela tradição para infundi-los com um conteúdo novo e relacioná-los a novas ideias? A animosidade contra aqueles que eram ao mesmo tempo os representantes da religião de Estado e os guardiões das tradições nacionais devia produzir nos conventículos órficos efeitos análogos aos que ela produzia nas cortes dos "tiranos". Uns e outros, órficos e tiranos, não eram, se nosso modo de ver é o certo, representantes das mesmas classes populares, dos cidadãos desprovidos de todo direito e dos camponeses escravizados (cf. Introdução, seção II, dois últ. §)? O paralelismo é surpreendente. Lembrem que o mesmo Clístenes que rompeu o poder dos nobres de Sicíone e substituiu por termos grosseiros e insultantes os nomes antigos e gloriosos das tribos dóricas também proibiu a recitação dos cantos homéricos e privou de suas honras o herói nacional Adrasto, que havia sido erigido em semideus, para atribuí-las a Dionísio[165]. Tendências cosmopolitas também caracterizavam essas dinastias, que gostavam de firmar alianças com príncipes estrangeiros e cujos membros, às vezes (como aconteceu em Corinto), tinham nomes exóticos, emprestados da Frígia e do Egito, tais como Górdio e Psamético. É exatamente assim que os órficos associaram aos seus deuses indígenas não somente os deuses trácios, mas também deuses fenícios, os cabiras, e – como tentamos mostrar – não deixavam de se inspirar nas cosmogonias egípcias e babilônicas (cf. liv. I, cap. II, fim da seção III). Portanto, não é puramente por acaso que vemos Onomácrito, o fundador da comunidade órfica de Atenas, habitar a corte dos pisistrátidas e nela gozar da proteção e do favor que esses príncipes lhe conferiam.

Ainda cruzaremos muitas vezes a senda do orfismo. Conheceremos seus frutos benfazejos e observaremos suas excrescências grotescas. Notaremos a influência poderosa que ele exerceu sobre Platão e, essencialmente através dele, sobre os tempos posteriores. Não deixaremos de constatar então que, naquelas épocas, o divórcio entre o corpo e a alma, o dualismo psíquico, amplificou-se até tornar-se um divórcio entre o mundo e a divindade, um dualismo no sentido próprio do termo, enquanto o próprio orfismo nunca inferiu essa consequência que dormitava no seu princípio fundamental, mas contentou-se com um panteísmo esclarecido, que ressaltava com força a unidade da natureza no conjunto de suas manifestações. Enfim, graças às escavações maravilhosas

---

[165] É verdade que os "sofrimentos" de Adrasto já haviam desempenhado um papel importante no seu culto, segundo Heródoto, V 67.

dos últimos tempos, e sobretudo graças à descoberta do *Apocalipse* de Pedro, pode-se ver, como à luz do dia, o curso inferior desse rio caudaloso, cuja fonte ainda está envolta numa escuridão profunda, desembocar no mar do cristianismo primitivo e colorir suas águas numa vasta extensão.

IV

Por mais obscuras que sejam, até o momento, as origens do orfismo, é absolutamente indubitável que elas cruzaram com os primórdios do pitagorismo. Às provas internas vem somar-se o peso de tradições dignas de crédito. Entre os autores de antigos poemas órficos, citava-se na Antiguidade homens entre os quais alguns nos são conhecidos como membros da comunidade pitagórica e outros pertenciam justamente à Itália meridional e à Sicília, ou seja, às regiões onde as doutrinas de Pitágoras se difundiram mais cedo[166]. Mesmo se devemos renunciar a fazer uma divisão rigorosamente exata entre ambas as seitas, não faltam, mesmo no âmbito que nos ocupa agora, teorias que, baseados na tradição ou em motivos internos, podemos considerar mais pitagóricas do que órficas. Se os órficos faziam a alma permanecer nos locais de expiação do Hades nos intervalos de suas encarnações, os pitagóricos, animados por tendências mais científicas, deviam indagar-se: como pode ser que, no lugar e no momento em que um novo ser vem a existir (seja no momento da concepção, do nascimento ou durante a gravidez), haja sempre uma alma disponível, pronta para entrar no novo corpo? Eles respondiam identificando as almas com os corpúsculos que se agitam nos ares: eles cercam-nos por toda parte; a cada aspiração, absorvemos centenas deles; mas eles estão no limite da percepção dos sentidos e só se tornam visíveis no raio de sol que os atravessa[167]. Pode ser que a vibração desses grãos de pó, perceptível mesmo quando o ar parece absolutamente calmo, tenha lembrado o movimento incessante que era atribuído à alma e favorecido essa identificação; porém, independentemente disso, essa teoria é muito compreensível e até, do ponto de vista dos seus autores, perfeitamente razoável. Se eles viam na alma, como era hábito constante naquela época, não uma essência imaterial, mas uma matéria extremamente sutil e consequentemente invisível ou quase invisível, a questão era tão legítima quanto a resposta que se dava. De maneira inteiramente análoga, como certos micro-organismos aparecem em toda parte onde se apresentam as condições favoráveis ao seu desenvolvimento, nossos naturalistas deduziram a consequência natural e justificada de que o ar é cheio dos germes invisíveis que dão origem a eles.

Temos muito menos informações sobre a teologia dos pitagóricos que sobre sua doutrina da alma. Em nenhum lugar diz-se que eles tenham entrado em oposição violenta de qualquer ponto de vista contra a religião popular. Alguns atribuíram-lhes

---

166 Cf. Rohde, *Psyché*, trad. fran. p. 350 [FVS, 5 e 66 A].

167 Sobre isso, ver Arist., *De anima*, I 2 [FVS 45 B 40].

uma tendência ao monoteísmo[168]; outros, baseados na sua teoria fantástica dos números – que permitia identificar a unidade, como princípio do bem, com a divindade, e a dualidade, como princípio do mal, com o mundo material – atribuíram-lhes uma espécie de dualismo[169]. Mas essas indicações, por mais que mereçam crédito, referem-se evidentemente a fases posteriores do desenvolvimento da doutrina. É diferente, sem dúvida, o caso da teoria relativa à respiração do mundo, na qual este aparece como um ser vivo[170], e o da teoria de sua formação, que teria começado por um ponto, continuado e terminado graças à atração que esse ponto exerceu primeiramente sobre sua vizinhança imediata e depois sobre partes cada vez mais afastadas do Ilimitado. Tais concepções deixam transparecer a infância do espírito científico; é incomparavelmente mais importante uma doutrina igualmente antiga, cujo conhecimento devemos a uma declaração absolutamente surpreendente de Eudemo[171]. Esse discípulo de Aristóteles, cujos estudos eruditos sobre a história da astronomia e da geometria devem ter familiarizado com o pitagorismo, pronunciou a seguinte frase numa lição sobre os conceitos de tempo e de identidade temporal: "Porém, de acordo com os pitagóricos [...], com este bastão na mão, conversarei um dia convosco, que estareis sentados novamente diante de mim como estais agora, e assim será para todo o resto". Como devemos ser gratos ao excelente Eudemo por ter deixado escapar essa alusão no calor do seu discurso, e também aos seus zelosos ouvintes por terem tomado nota dela nos seus cadernos e conservado-a assim para a posteridade! O delicioso quadro surge vivamente diante de nossos olhos: o chefe da escola, no seu assento de mármore, está de bom humor e sorri enquanto brinca com o distintivo de sua dignidade; diante dele, seus discípulos, em longas fileiras, escutam-no meio desconcertados, meio divertidos. Mas seria difícil esgotar o conteúdo desse pensamento, jogado de passagem, por assim dizer. Podemos afirmar logo de início que ela presta a maior das homenagens aos pitagóricos. Nessas poucas palavras carregadas de sentido, eles não proclamam nada menos que o reinado absoluto de uma lei universal. Trata-se, de fato, de uma consequência tirada com perfeito rigor científico do reconhecimento desse reinado, combinado com a crença num ciclo universal. Já encontramos essa crença em Anaximandro e Heráclito e ainda a encontraremos em Empédocles e filósofos muito posteriores. Aqui temos que procurar sua origem.

Para tanto, devemos lembrar os motivos da especulação cosmogônica como tal. O problema da origem do mundo colocou-se ao espírito humano inicialmente e

---

168 Segundo Cícero, *De deorum natura*, I 27 [FVS 29, 6].

169 Segundo Aécio, em Estobeu, *Ecl.*, I 1 = *Doxogr.* 302 [FVS 45 B 14-15].

170 Arist., *Física*, IV 6, p. 213 b 22 [FVS 45 B 30], onde leio αὐτὸ e elimino πνεύματος (como também propõe Chaignet, não sem hesitação). Sobre a formação do mundo, cf. Arist., *Metaf.*, XIV 3, p. 1091 a 13 [FVS 45 B 26]; cf. Estobeu, *Ecl.*, I 21, 8 (I 189, 7 W) [FVS 32 B 7].

171 [Frag. 51], p. 73-74, Spengel [FVS 45 B 34]. A mesma doutrina foi recentemente exposta de novo por Blanqui, Le Bon e sobretudo Nietzsche.

sobretudo em decorrência da experiência cotidiana, que põe diante de nossos olhos o nascimento e a destruição de objetos sempre novos, o que leva naturalmente a relacionar ao todo aquilo que nos parece verdadeiro para as partes; numa fase subsequente, uma nova preocupação impôs-se: de onde vêm a ordem e a regularidade que observamos no universo e, em especial, como explicar a existência das grandes massas homogêneas de matéria, ar, terra, mar, que não era possível enxergar como primordiais? E enfim, mais tarde ainda, as transformações sofridas pelo próprio globo terrestre e que se revelam a uma observação atenta: formação de deltas, inundação e exundação da terra etc., também despertariam a curiosidade. As mais antigas tentativas de cosmogonia contentavam-se geralmente em supor e descrever um começo do estado de coisas existente sem indagar o que poderia ter precedido tal começo, nem se a ordem atual durara para sempre. Assim que esse novo problema ofereceu-se ao pensamento mais exercitado, esteve-se na presença da seguinte alternativa: ou começo absoluto e fim absoluto, ou então processo universal sem começo nem fim em sentido próprio. Os pensadores gregos, que se deixavam guiar por analogias bem ou mal interpretadas, mas sérias em certa medida, adotaram logo e quase unanimemente a segunda possibilidade: nenhum começo nem fim em sentido próprio, mas sucessão perpétua de mudanças. Mais uma vez, era uma encruzilhada. O processo universal podia – para falar a linguagem da geometria – ser comparado a uma curva aberta ou a uma curva fechada. De acordo com a primeira hipótese, ele mostrava-se como uma viagem para uma destinação desconhecida; de acordo com a segunda, era um ciclo de fenômenos que sempre volta ao mesmo ponto de partida. Mais uma vez, não havia dúvidas quanto à escolha. A favor da primeira possibilidade não se dispunha de nenhuma analogia decisiva, a favor da segunda pronunciavam-se primeiramente o espetáculo incessantemente renovado da vida vegetal, que morre e renasce, e depois o ciclo das transformações da matéria, cujo conhecimento era talvez, desde o início, a base da teoria da matéria primordial e que, como vimos, Heráclito descreveu do modo mais claro. O destino das almas – quer permanecessem na forma de sombras no Hades ou fossem transportadas à morada dos bem-aventurados – devia parecer, sem dúvida, uma exceção a essa regra universal da vida; mas a teoria da transmigração, que encontrava certamente um apoio sério nessa analogia geral, era apta a restabelecer a harmonia. Além disso, o ciclo das estações, o retorno regular dos astros brilhantes do céu, que comandam a vida da natureza e a dos homens e que, por causa disso, eram adorados como deuses, deviam ter uma importância determinante. A esse respeito, podemos notar de passagem o maior dos serviços que a astronomia prestou à humanidade. Nela, as ideias de divindade e de regularidade encontraram-se e associaram-se pela primeira vez. Através dela, um reflexo do divino incidiu sobre os conceitos de ordem e de regra e, o que vale ainda mais, a ideia da soberania divina não pôde confundir-se com a do reino da arbitrariedade.

 A crença assim produzida no retorno cíclico dos fenômenos tomou formas mais precisas apoiando-se nas doutrinas relativas ao ano universal ou grande ano, doutrinas baseadas nas observações celestes dos babilônios, e talvez de povos de civilização ainda mais antiga, que abarcavam milhares de anos. Essas observações e as consequências que se tirou delas permitiam conhecer ou pressentir durações imensas. Assim, o ano ordinário devia ser para o ano universal dos babilônios o que um segundo é para um dia, sendo que o segundo dos babilônios valia dois dos nossos, porque eles dividiam o dia em doze horas em vez de vinte e quatro[172]. E um ano dessa duração era considerado um dia na vida do universo. Se foram estabelecidas tais unidades de tempo gigantescas, foi sem dúvida por causa da ideia de que os corpos celestes, cujas mudanças de posição haviam se revelado por meio de observações seculares, retornariam, como o sol, a lua e os planetas, no final de períodos fixos, aos lugares que ocupavam no início desses períodos. Esse quadro, imaginado pela astronomia do Oriente, não foi menos completado pelas doutrinas cíclicas dos gregos que pelas dos pensadores hindus. A teoria heraclítica do incêndio periódico do universo já é conhecida pelos nossos leitores (cf. liv. I, cap. I, seção V, 6º §). Os babilônios também tinham admitido incêndios e dilúvios periódicos da Terra[173]. Contudo, embora mereçam nossos elogios pela extensão de seu horizonte intelectual por terem sido os primeiros a formular essa ideia, devemos declarar que a maneira como eles concebiam as coisas era pura fantasia. Quando, pensavam eles, todos os planetas se reunirem na constelação de Câncer, deverá ocorrer um incêndio; quando se encontrarem na de Capricórnio, deverá haver dilúvio; e isso evidentemente pelo simples motivo que o primeiro desses signos, no qual o sol se encontra no momento do solstício de verão, lembra um calor devorador, enquanto o segundo, que ele ocupa no momento do solstício de inverno, desperta nos espíritos a ideia de chuvas devastadoras. Entre os pitagóricos, a associação de ideias talvez nunca desempenhou um papel tão desordenado; todavia, eles defendiam uma teoria que parece ter sido inspirada a eles pela dos babilônios. Eles diziam que há duas causas de destruição[174]: a queda do fogo do céu e a da água que se encontra na lua. Mas só se pode explicar pela hipótese de uma dissolução cíclica dos elementos atuais do universo ou da Terra a curiosa teoria da qual fala o discípulo de Aristóteles. Parece-nos inadmissível derivá-la diretamente da doutrina do ano universal dizendo: "quando os astros retomarem suas antigas posições, todos os outros fenômenos repetir-se-ão"[175]. Isso seria atribuir à astrologia caldeia uma influência determinante sobre as doutrinas pitagóricas, ao passo que não constatamos nenhum vestígio dela quanto ao resto e que Teofrasto, que era colega de

---

[172] Sobre o ano universal dos babilônios, cf. Lenormant-Babelon, *Histoire de l'Orient*, 9ª ed., V 175, e a indicação ligeiramente diferente de Bérose em Syncelle (C. Muller, *Frag. hist. græc.*, II 498 ss.).

[173] Cf. Sêneca, *Quæst. Nat.*, III 29, e Censorino, *De die nat.*, 18, 11. Sobre toda essa questão, cf. J. Bidez, *Bérose et la grande année*, nos *Mélanges Paul Frédéricq*, Bruxelas, 1904.

[174] Sobre a dupla destruição, cf. *Doxogr.*, 333, 7 ss. [FVS 32 A 18].

[175] A opinião combatida aqui é a de Zeller, *Phil. der Gr.*, 5ª ed., I 443 [= 6ª ed., I 550]: "Se os astros ocupam as mesmas posições que antes, todas as outras coisas devem também encontrar-se no mesmo estado e, consequentemente, também as mesmas pessoas devem estar presentes nas mesmas circunstâncias que antes".

Eudemo, manifesta o mais vivo espanto a respeito da pretensa ciência babilônica, cujo conhecimento começava a difundir-se na Grécia[176]. A nosso ver, tampouco é permitido procurar uma explicação na doutrina da transmigração das almas. Para começar, a teoria do retorno dos fenômenos foi acolhida com entusiasmo por uma escola posterior, a dos estoicos, à qual a metempsicose era estranha; em segundo lugar, a alma, como logo reconheceremos com clareza, nessa época não representava de modo algum a soma das qualidades intelectuais ou morais que caracterizam o indivíduo; enfim e sobretudo, a doutrina da transmigração das almas não explica de maneira alguma o que deve ser explicado. A teoria de que tratamos não supõe a ressurreição de inúmeras pessoas, tanto com suas particularidades corporais quanto com sua individualidade psíquica? Considerem ainda o que segue. Para que Eudemo reviva nas mesmas condições de corpo e de espírito, devemos primeiramente chamar de volta à existência aqueles que lhe deram a vida, assim como seus ascendentes; devemos reviver também toda a sucessão dos antepassados intelectuais: seu mestre Aristóteles, os mestres deste último, Platão, Sócrates etc. E se ele deve brandir o mesmo bastão que agora, é preciso que a árvore em cuja madeira esse bastão foi talhado cresça de novo; é preciso que ela germine da mesma semente, que lance raízes no mesmo solo que antes, etc. Mas não é necessário determo-nos nesses detalhes pois Eudemo, evidentemente, ao tomar como exemplo sua pessoa, seus discípulos e seus contemporâneos, pretendia ilustrar uma regra geral igualmente aplicável a todas as outras gerações e a todos os outros fenômenos. Em suma, esse retorno de todas as pessoas, de todas as coisas, de todos os eventos só pode acontecer mediante um novo desenrolar de toda a série das causas anteriores.

Na nossa opinião, isso não é um simples acidente no sistema, mas o núcleo propriamente dito da doutrina. Duas coisas estão contidas nele: a crença no encadeamento causal, estrito e absoluto de todos os fenômenos e a crença num ponto de partida novo e absolutamente idêntico dessa série de causas. Não devemos ficar nem um pouco surpresos de encontrar a primeira dessas crenças entre os pitagóricos. Já constatamo-na em Heráclito e cremos ter razão de ter visto nela o eco suscitado nesse filósofo pelas descobertas fundamentais de Pitágoras no campo da acústica. A teoria dos números também não é fundada em outra coisa senão na fé numa lei que abarca o conjunto dos fatos. Do mesmo modo, Heráclito não estabeleceu uma distinção nítida entre os fenômenos psíquicos e os fenômenos da natureza, e o determinismo natural e ingênuo,

---

176 Cf. Engelbrecht no *Eranos Vindobonensis*, p. 129. Pode-se atribuir aos pitagóricos o conhecimento de princípios isolados da astronomia babilônica; Heráclito também, como mostrou com propriedade Engelbrecht, *loc. cit.*, 126, estava a par da sua doutrina astrológica fundamental. Mas daí a admitir que os primeiros filósofos gregos, e em especial os pitagóricos ou uma parte notável deles, tenham se contentado em seguir os passos dos babilônicos numa questão fundamental da qual depende a concepção do conjunto do universo, ou melhor, que tenham seguido o sistema astrológico desse povo até suas consequências mais extremas e o tenham desenvolvido, há uma distância demasiado grande. Podemos acrescentar que Eudemo, que aborda ocasionalmente as doutrinas religiosas dos fenícios e dos magos, sacerdotes da religião de Zoroastro ([frag. 117], p. 171 Spengel), não teria deixado de conhecer e assinalar uma tal relação.

poderíamos dizer, que se manifesta por aqui ou por ali numa época em que o problema do livre-arbítrio ainda não fora levantado não tem nada que deva nos espantar. Porém, a segunda premissa da doutrina pitagórica atestada pela frase de Eudemo é a expressão rigorosa, poderíamos dizer matematicamente exata, da teoria do retorno cíclico do estado primordial do universo. Supor os mesmos fatores naturais em número igual e igualmente repartidos, e dotados das mesmas energias, não é outra coisa senão supor a fonte da qual correrá uma segunda vez o rio da causalidade, absolutamente idêntico até nos mínimos detalhes. Se, também entre nós, muitos preveem o retorno do nosso sistema solar – até do universo – ao ponto de partida do seu devir, eles não deveriam chegar às mesmas conclusões que chegavam os pitagóricos? Se o fluido resistente que, com toda probabilidade, preenche o espaço tem por efeito retardar insensivelmente o impulso primitivo dos planetas, fazer prevalecer a atração central incessantemente renovada e, enfim, provocar a queda dos planetas sobre o sol e produzir assim tamanho surto de calor que todo nosso sistema retornaria ao estado de nebulosa do qual um dia saiu, se assim é, resta-nos alternativa senão deduzir a repetição universal, até no mais ínfimos detalhes, de todos os fenômenos terrestres? De fato, não nos restaria alternativa se a região do universo ocupada pelo sol, pelos planetas e seus satélites formasse um todo absolutamente fechado para o exterior, do qual nada pudesse sair, no qual nada pudesse entrar. Mas nenhum distrito do universo poderia assemelhar-se à comunidade fechada de Fichte. Sem falar nas quantidades enormes de calor cedidas sem retorno ao espaço cósmico durante milhões de anos, todo meteoro, toda parcela de meteoro que saiu da esfera de atração de outro sistema para entrar no nosso ou inversamente, todo raio de luz que veio de Sirius até o Sol ou que voou do Sol até Sirius mudou suficientemente o balanço da conta de matéria e energia do nosso sistema para excluir o retorno a um ponto de partida rigorosamente idêntico. A "fórmula universal" da qual – para recordar uma ideia famosa de Laplace – um espírito capaz dessa tarefa pudesse deduzir a série consecutiva dos fenômenos não poderia ser a mesma em nenhum desses casos. Talvez um dos nossos leitores pudesse sentir-se tentado a conceber, como teatro desse desenrolar idêntico de causas, não uma parte do universo, mas seu conjunto. Nós o faríamos observar que a análise espectral mostra, ao lado de mundos decrépitos, mundos em formação e que, consequentemente, as diversas regiões do universo apresentam simultaneamente fases variadas de desenvolvimento. Nenhuma dessas objeções podia apresentar-se aos sábios da Antiguidade, e então, como tantas vezes depois, foi o caráter relativamente limitado de sua ciência que lhes permitiu defender ideias grandes e fecundas, aliás verdadeiras em sua essência, mas que conhecimentos mais aprofundados teriam necessariamente limitado ou obscurecido; nada os impedia de levá-las às suas últimas consequências e exprimi-las em imagens grandiosas, capazes de cativar as imaginações para sempre.

 É tentador criticar nessa doutrina a uniformidade cósmica sem começo nem fim na qual ela vai dar, as perspectivas mornas de desoladas às quais ela condena seus seguidores. Por isso mesmo devemos prestar homenagem a quem a formulou, pois ele mostra-se plenamente acima dessa fraqueza de coração que leva a considerar uma tese equivocada quando ela não afaga nossas aspirações. Quem era ele? Não o sabemos, mas o primeiro nome que se apresenta à mente é o de Hípaso de Metaponto[177]. Pertencia ao grupo dos pitagóricos. No entanto, tal como Heráclito, proclamava o fogo como matéria primordial e, como ele, ensinava a destruição e o renascimento do mundo em intervalos determinados. Seguindo os passos de Heráclito, ele também insistiu fortemente na lei universal que rege tanto a vida da natureza como a da humanidade. Por outro lado, o estoicos, que mantinham uma lembrança respeitosa de Heráclito, receberam sem nenhuma dificuldade das mãos de um pitagórico, que era ao mesmo tempo meio discípulo de Heráclito, essa doutrina que desempenhou no seu sistema um papel tão considerável. Mas devemos renunciar a uma certeza completa. Quando se trata dessa escola, arriscar uma distinção dessa natureza é uma tarefa extraordinariamente difícil, para não dizer uma vã temeridade. A piedade dos pitagóricos para com o fundador de sua seita fazia com que acumulassem sobre a cabeça deste todas as honras e impedia-os de ressaltar seus méritos pessoais. As indicações relativas a trabalhos individuais remetem, no mais das vezes, aos escritos apócrifos nos quais esse campo da literatura abundava mais que qualquer outro. Entre os adeptos antigos da doutrina, é verdade que vários nos são conhecidos pelo nome, mais pouco mais além disso. Homens ou mulheres – pois as mulheres também tiveram participação ativa no movimento religioso e filosófico provocado por Pitágoras – viviam em estreita união. Sua fidelidade recíproca, a comunhão de interesses que criava entre eles laços indissolúveis, o sentimento de amizade levado até o sacrifício são os traços característicos de sua confraria, assim como seu amor pela temperança e pela moderação em todas as coisas. Pois os conceitos de harmonia e medida que formavam a base do seu edifício filosófico eram também seu ideal de vida. Uma única personalidade destaca-se nitidamente dessa multidão indefinida. É um homem de individualidade fortemente marcada, cujas doutrinas astronômicas revelam ser mais influenciado pelos antigos jônicos que por Pitágoras, mas que, como prova a dedicatória de sua obra, privou de relações íntimas com os membros da associação pitagórica.

V[178]

"Alcmeão de Crotona, filho de Peirithoos", lê-se no início de um livro do qual infelizmente só chegaram até nós alguns fragmentos, diz o seguinte a Brontino, Leão e Bátilo: "Das coisas invisíveis, somente os deuses possuem plena certeza; mas para

---

[177] Cf. Arist., *Metaf.*, I 3; Teofrasto (*Doxogr.*, 475-476); e Aécio, *ibid.* 283-284 [FVS 12 A 5 e 8 A 7].

[178] Comparar com todo este capítulo a coleção e discussão dos fragmentos no apêndice do programa do ginásio de Wittenberg de 1893: *Alkmæon von Kroton*, por Julius Sander. Cf. também Wachtler, *De Alcmæone Crotoniata* [1896 e FVS 14]. Alcmeão e seu valor como pensador foram, por

realizar, à maneira dos homens, inferências prováveis [...]". Aqui se interrompe de modo muito lastimável essa pequena frase, mas não sem nos dar, por mais mutilada que esteja, uma indicação preciosa. O médico de Crotona, contemporâneo de Pitágoras, embora um pouco mais jovem do que ele, está muito consciente dos limites do conhecimento humano; ele resigna-se, fora do que pertence ao campo da observação sensível, a exprimir hipóteses; podemos supor que as conclusões que ele tirou fundavam-se em observações relativamente sérias e certamente não careciam de prudência. Essa frase não deixa prever um sistema que abarca todas as coisas, divinas e humanas, mas apenas alguns ensinamentos particulares; mas ela nos autoriza a esperar mais justamente por prometer menos.

Os trabalhos mais importantes de Alcmeão referem-se à anatomia e à fisiologia. Ele foi o primeiro – e isso é para ele um título de glória imorredoura – a reconhecer no cérebro o órgão central da atividade intelectual[179]. De acordo com uma tradição digna de fé, ele praticava a dissecação de animais; ele mesmo menciona essas experiências de modo inequívoco. Foi assim que ele descobriu os mais importantes *nervos* sensitivos – que ele chamava, como Aristóteles, de "condutos" ou "canais" –, seu itinerário e sua terminação no cérebro[180]. A ciência moderna interpreta essa disposição anatômica e determina as funções desses nervos baseando-se nas observações ensejadas pelas doenças e lesões orgânicas. Alcmeão procedia de modo absolutamente análogo. Sabemos positivamente que ele estudou os distúrbios da sensibilidade causados por abalos do cérebro. Ele explicava tais distúrbios de maneira racional, apesar de um pouco exclusiva, por meio do que chamamos de interrupção dos fios condutores. A surdez e a cegueira ocorrem, segundo ele, quando o cérebro, deslocado de sua posição normal, obstrui as vias pelas quais chegam até ele as impressões sonoras ou luminosas. Ele combateu por meio de provas a opinião, então muito disseminada, de que o esperma do homem provém da medula; de fato, ao se matar animais imediatamente após o acasalamento constata-se que a medula que preenche as vértebras não sofreu nenhuma diminuição no macho[181]. Suas hipóteses positivas sobre o processo da geração e sobre a embriologia não podiam, como é compreensível, ter grande valor. Mais importante, pelo menos devido à influência que exerceu sobre as teorias posteriores, é sua teoria da saúde e da

---

assim dizer, redescobertos por Philippson num livro intitulado Ὕλη ἀνθρωπίνη, Berlim, 1831. Note-se, p. ex., o que ele diz nas p. 20 e 21 sobre um trecho de Teofrasto que tinha passado despercebido por todos os comentadores anteriores a ele. O prólogo do livro de Alcmeão encontra-se em Dióg. L., VIII 83 [FVS 14 B 1]. Traduzi a declaração final lendo não ὡς δ' ἀνθρώποις τεκμαίρεσθαι, o que me parece impossível, mas ὡς δ' ἄνθρωπον τεκμαίρεσθαι. Depois disso devia vir uma frase do tipo ἔχει που ὧδε.

[179] Segundo Teofrasto, *De sensibus*, § 26 = *Doxogr.*, 507 [FVS 14 A 5].

[180] [Chalcid. in Tim. 279 Wrobel = FVS 14 A 10.]

[181] A opinião de que o esperma provém da medula não é apenas grega, mas também hindu e persa; cf. Darmesteter, *Zend-Avesta*, I 164 nota 1 (*Sacred Books of the East*, vol. IV).

doença[182]. A primeira é mantida pelo equilíbrio ou *isonomia* das qualidades materiais contidas no corpo; a predominância de uma delas é causa de doenças; a cura ocorre seja artificialmente, seja naturalmente, através do restabelecimento do equilíbrio rompido, e esse restabelecimento é possibilitado especialmente pelo fato de que "a maioria das coisas humanas", entre as quais se incluem essas qualidades, se apresentam em pares opostos; assim, um excesso de frio pode ser neutralizado ou compensado por um acréscimo de calor, um excesso de secura pela ação contrária da umidade. Essa teoria teria vida longa, pois não aparece ainda nos escritos de Geber, o mestre dos alquimistas árabes? Ao mesmo tempo encolhida e petrificada, ela encontra-se na patologia hipocrática dos humores, de acordo com a qual as causas das doenças residem na abundância demasiada ou na diminuição anormal dos líquidos mais importantes do corpo[183].

Alcmeão praticou pesquisas atentas sobre cada um dos sentidos, exceto o tato; mas só podemos elogiá-lo por essa omissão, pois, se ele a cometeu, é evidentemente porque não queria preencher com hipóteses arbitrárias as lacunas do seu saber empírico, necessariamente incompleto nesse ponto. Em todos os seus estudos, ele partiu da constituição anatômica dos órgãos dos sentidos. Na cavidade cheia de ar que se encontra na orelha ele via uma caixa de ressonância; no que diz respeito ao paladar, ele chama a atenção para o estado de umidade da língua, para a moleza de sua carne, sua flexibilidade, sua riqueza em sangue (que ele chama de calor); ele pensava que eram qualidades que lhe permitiam transformar em líquidos os corpos sólidos e preparar assim as sensações gustativas. Aliás, ele é o primeiro a ter voltado sua atenção para as impressões subjetivas dos sentidos e trilhado o caminho que levaria a examinar mais de perto a natureza do ato perceptivo e do conhecimento em geral. É verdade que nisso ele só deu o primeiro passo. A impressão luminosa produzida sobre o olho por um golpe violento espantara-o sobremaneira, e sua imaginação científica recebera disso uma impressão duradoura. Se não estivermos enganados, é uma prova da profundidade de sua inteligência ter compreendido o significado desse fenômeno raro e anormal e ter

---

182   Cf. *Doxogr.*, 442 [FVS 14 B 4]. Ver também a esse respeito a teoria muito discutida dos contrários segundo Arist., *Metaf.*, I 5 [FVS 14 A 3].

183   Tomo emprestados de um artigo de Berthelot na *Revue des Deux-Mondes*, 1893, p. 551, os ecos dessa teoria em Geber: "Quando há equilíbrio entre suas naturezas [trata-se dos quatro elementos e das quatro propriedades fundamentais do quente e do frio, do seco e do úmido], as coisas tornam-se inalteráveis [...]. Esse ainda é o princípio da arte médica aplicado na cura das doenças". Berthelot reconhece aqui influências gregas, sem lembrar precisamente Alcmeão. Sem dúvida, Alcmeão não foi o único que citou as quatro qualidades fundamentais enumeradas aqui. Porém, já em Aristóteles elas apresentam-se exclusivamente numa conexão que revela claramente a influência de Alcmeão (cf. Sander, *loc. cit.*, p. 31). O mesmo ocorre no escrito de Polibo *De natura hominis* [3-4] (*Œuvres d'Hippocrate*, VI 38 Littré). Nele a marca de Alcmeão está perfeitamente manifesta na seguinte frase [cap. 2], p. 36: πολλὰ γάρ ἐστιν ἐν τῷ σώματι ἐνεόντα, ἃ ὁκόταν ὑπ' ἀλλήλων παρὰ φύσιν θερμαίνηταί τε καὶ ψύχηται καὶ ξηραίνηταί τε καὶ ὑγραίνηται, νούσους τίκτει. Littré (I 562) já reconheceu claramente em Alcmeão um precursor de Hipócrates.

acreditado encontrar nele a chave do fenômeno normal da visão. Sua explicação foi naturalmente o que devia ser: grosseira e pueril. Se nós falamos de energia específica dos nervos, ele via a ação de um agente puramente material. O olho, para ele, continha fogo, e nesse fogo imaginário, tal como no humor aquoso que realmente encerra o globo ocular, ele acreditava reconhecer os dois veículos que lhe pareciam indispensáveis à percepção visual, uma fonte de luz e um elemento transparente[184].

Dos rudimentos da fisiologia dos sentidos Alcmeão elevou-se aos da psicologia[185]. Nesse campo, ele tentou pelo menos distinguir as funções do entendimento, quase absolutamente confundidas pelos seus contemporâneos. Da percepção sensível ele fazia sair a memória, e desta a representação ou opinião (δόξα); da memória e da opinião, a inteligência ou razão, que ele atribuía apenas ao ser humano, excluindo os seres inferiores. Ele conferia à alma a imortalidade e provava sua tese por meio de um raciocínio que nos parece muito estranho[186]. A alma seria imortal porque ela se parece com os imortais, e concordaria com eles porque se move incessantemente como todos eles: a lua, o sol, as estrelas, o céu inteiro são arrastados por um movimento que não conhece parada. É evidente que ele não podia, ao raciocinar assim, considerar a alma como uma essência absolutamente imaterial. De fato, nesse caso ele não a teria comparado aos astros, que, é verdade, eram tidos como divinos e imperecíveis, mas que não deixam de ser corpóreos e preenchem o espaço; e sobretudo ele não teria baseado a pretensão da alma à imortalidade na sua semelhança com os astros do ponto de vista do seu movimento incessante no céu, mas somente do ponto de vista da sua divindade. E do que, podemos indagar, Alcmeão deduzia o movimento contínuo no espaço do agente psíquico? Certamente não do curso ininterrupto dos fenômenos anímicos, conceitos, paixões, volições. De fato, evidentemente ele não podia derivar daí uma superioridade da alma sobre o corpo, mesmo se não quisesse admitir a possibilidade de um sono isento de sonhos, já que o corpo tem igualmente movimentos ininterruptos: pulsação das artérias, respiração etc. Portanto, ele conceberia, com o nome de "psiquê", a alma no

---

[184] Sobre as doutrinas de Alcmeão relativas aos diferentes sentidos, ver Teofrasto, *loc. cit.*; Aécio e Ário Dídimo nos *Doxogr.*, 223, 404 e 406 ss. [FVS 14 A 5-6; A 8-10]. Acrescentem-se as excelentes observações de Diels em *Gorgias und Empedokles* (*Berliner Sitzungsberichte*, abril 1884, p. 11 e 12, e *Hermès*, XXVIII 421 nota 2, onde a referência a Arist., *De gener. animal.*, deve ser corrigida para II 6, 744 a 7, em vez de 363 a 7. Meu falecido colega prof. Buhler chamou minha atenção para a surpreendente concordância existente entre a teoria da visão de Alcmeão e a teoria hindu, cuja expressão mais completa se encontra no *Nyâya-Vaiseshika*. Segundo essa teoria, o órgão da vista se compõe de "fogo"; este une-se ao objeto e assume sua forma. A impressão assim produzida é recolhida pelo "órgão interno", o *manas*, e transmitida à *âtman* ou alma propriamente dita.

[185] Sobre o que segue, cf. Teofrasto, *op. cit.*, § 25 = *Doxogr.*, 506 [FVS 14 A 5], completado por Platão, *Fédon*, 96b [FVS 14 A 11], e *Fedro*, 249b. Sobre os efeitos ulteriores dessa doutrina em Aristóteles, cf. Sander, *op. cit.*, p. 25 e 26, em especial a referência aos *Analíticos posteriores*, II 19 [100 a 3 ss.]. Aliás, Sander seguiu o caminho traçado por Hirzel.

[186] Sobre essa prova, ver Arist., *De anima*, I 2 [FVS 14 A 12].

sentido mais amplo e veria nela a fonte de todos os atos corpóreos espontâneos, a força vital. E ele deve efetivamente tê-la considerado como fonte primeira de força no sentido próprio; essa concepção é totalmente confirmada por Platão, que desenvolveu essa teoria modificando-a, e que, precisamente nesse contexto, chamou a alma de "origem e fonte do movimento"[187]. Esse argumento, em todas as suas partes, tornou-se inteiramente estranho para nossa época, pois para nós os astros já não são mais verdadeiramente imperecíveis e não cremos dever procurar a energia produtora dos fenômenos vitais em outro lugar que não nos processos químicos resultantes da alimentação e da respiração. O pensador-médico também acreditava poder basear num raciocínio a caducidade do corpo. "Os homens", dizia ele – e os animais, podemos acrescentar –, "perecem porque não conseguem unir seu começo ao seu fim". Tais palavras, obscuras em si mesmas, recebem do contexto em que foram apresentadas por nossa autoridade – Aristóteles[188] – uma luz esclarecedora. O que Alcmeão quer dizer com isso é simplesmente o seguinte: "Se a velhice fosse, não somente no sentido figurado, mas literalmente uma segunda infância, os homens (e os animais) poderiam viver eternamente, pois então percorreriam um ciclo suscetível de renovar-se sem fim. Mas como, na realidade, a série das transformações que sofre o corpo humano (e o dos animais) nas diversas idades não forma um círculo, mas segue uma progressão, é fácil compreender que ela desemboca num termo final". Caberia imaginar uma terceira possibilidade, a de uma série de transformações que se seguiriam, em linha reta ou curva, ao infinito; mas Alcmeão não tinha motivo para deter-se nisso. Os fenômenos naturais por cujas analogias ele se deixava guiar só lhe apresentavam as duas soluções que ele menciona; e é uma grande honra para ele ter concluído assim por analogia em vez de ter se contentado com a afirmação *a priori* de que tudo que nasce deve necessariamente perecer. Podemos acrescentar que a ciência atual não está muito mais avançada no estudo desse problema que o "pai da fisiologia". Ela tem condições de enumerar as mudanças devidas à idade que, independentemente das inúmeras agressões às quais nosso complicado organismo corre permanentemente o risco de sucumbir, são aptas a provocar sua dissolução final. Mas as causas dessa sequência de modificações estão envoltas ainda hoje na mesma escuridão que há vinte e quatro séculos.

Gostaríamos de lançar outros olhares mais profundos sobre as ideias do médico de Crotona. O que esse homem digno da mais alta estima pensava da divindade, da matéria primordial, da origem do gênero humano? Nossas fontes não nos permitem

---

[187] *Fedro*, 245c.

[188] Arist., *Problemas*, 17, 3 [FVS 14 B 2]. Sobre a explicação dada por Alcmeão para o sono e a morte (cf. *Doxogr.*, 435, 11 ss. [FVS 14 A 18]) – o sono é causado pelo fato de que o sangue se retira completamente (do órgão central, evidentemente) – Jules Soury observa: "A teoria do sono e da morte de Alcmeão, sem dúvida uma das mais antigas, é ainda hoje, na forma da anemia cerebral, a mais disseminada" (*Le système nerveux central. Structure et fonctions, histoire critique des théories et des doctrines*, Paris, 1899, I 5).

responder a essas perguntas. E seu silêncio, que certamente não se deve ao acaso, é absolutamente eloquente e significativo. O surgimento de um pensador que não tem, como seus predecessores, uma resposta pronta para todos os problemas que se oferecem a ele, avisa que não estamos mais nos "primórdios" da ciência grega; ele avisa que já ultrapassamos o limiar de uma época na qual o espírito de crítica e de dúvida agita suas asas e se dispõe a alçar voo.

Livro Segundo

Da Metafísica à Ciência Positiva

Uma dedução metafísica é ou uma dedução falsa ou uma verdade de experiência disfarçada.

H. von Helmholtz
(*Das Denken in der Medicin,*
Vorträge und Reden, II 189)

Capítulo I[189]

XENÓFANES[190]

I. Vida de Xenófanes. Ataques ao antropomorfismo.
Ruptura com a tradição nacional.

II. A divindade suprema de Xenófanes.
Sua relação com os deuses particulares.

III. Xenófanes como geólogo. O desenvolvimento de Xenófanes.

---

[189] Os restos das obras dos eleatas foram reunidos por Mullach: *Aristotelis de Melisso, Xenophane et Gorgia disputationes cum Eleaticorum philosophorum fragmentis* etc., Berlim, 1845. Essas disputas, um livro pretensamente aristotélico (reeditado por O. Apelt, Teutner, 1888, na coletânea intitulada *Aristotelis quæ feruntur de plantis* etc., e em seguida por Diels nas *Abhandlungen der Berliner Akademie*, 1900), são obra de um peripatético posterior, mal informado em muitos pontos, como enfim estabeleceram as longas discussões dos estudiosos. Considerá-las obra de Teofrasto, a quem o manuscrito do Vaticano as atribui, e a quem parece tê-las atribuído Simplício (*Física*, 22, 26 Diels), de costume tão bem informado, é coisa totalmente impossível, sobretudo por força das indicações que ele fornece sobre Anaximandro (975 b 21 [FVS 20 A 5]; cf. também o absurdo φασί τινες, *ibid.* linha 16). A coleção de fragmentos eleáticos publicada por Mullach, na qual Zenão não está representado, foi completada, no que diz respeito a Xenófanes, por Ferd Dummler (*Rhein. Mus.*, XLII 139 e 140 = *Kleine Schriften*, II 482 ss.) e por N. Bach (*Jahrbuch fur wissenschaftliche Kritik*, 1831, I 480). Cf. também minhas *Beiträge zur Kritik und Erklärung griechischer Schriftsteller*, III (*Wiener Sitzungsberichte* 1875, 570 ss.). Karsten reuniu e explicou os restos literários de Xenófanes, Parmênides e Empédocles nas suas *Philosophorum græcorum veterum* [...] *operum reliquiæ*, Amsterdam, 1830-38; foram publicados novamente em 1901 nos *Poetarum philosophorum fragmenta* de Diels, que já havia publicado em 1897 seu *Parmenides Lehrgedicht, griechisch und deutsch*. Os pouco numerosos fragmentos de Xenófanes encontram-se também nos *Vorsokratiker*, 44-52 (11 B).

[190] Principais fontes: Dióg. L., IX 18 ss. [FVS 11 A 1]; Aristóteles, Clemente de Alexandria, Sexto Empírico. Na cronologia de Xenófanes, é preciso considerar, em primeiro lugar, os testemunhos

I

Os viajantes que, por volta do ano 500, percorriam as províncias da Grécia, encontravam às vezes um velho menestrel que avançava com passo alerta, seguido por um escravo que carregava sua guitarra e sua modesta bagagem. Nos mercados, nas praças públicas, multidões compactas rodeavam-no. Aos simplórios ele oferecia mercadorias variadas: histórias heroicas ou de fundações de cidades, umas de sua composição, outras de lavra alheia; porém, para os clientes habituais ele tirava dos compartimentos secretos de sua memória peças seletas cujo conteúdo capcioso ele sabia insinuar com habilidade nos espíritos recalcitrantes. Esse pobre rapsodo[191], que enxergava numa boa peça a melhor recompensa que um artista pode esperar, era o inovador mais ousado e mais influente de sua época. A profissão que ele exercia proporcionava-lhe um magro ordenado, mas punha-o ao abrigo dos perigos que ameaçavam sua atividade de missionário religioso e filosófico. No momento em que o encontramos, seu semblante está rodeado de mechas brancas. Na sua verde juventude ele combateu o inimigo nacional; contudo, quando a vitória foi declarada para os estandartes do conquistador, quando a Jônia se tornou província persa (545), o jovem de vinte e cinco anos juntou-se aos mais valorosos dos seus concidadãos, os fócios, e encontrou no longínquo Ocidente, na Eleia itálica, uma nova pátria. Hoje nessa cidade nada mais lembra o grande passado além do nome de uma torre solitária, à beira de uma baía que penetra profundamente nas terras e na saída de um largo vale separado em três valeiras por duas cadeias de colinas; no horizonte cintila a neve das montanhas calabresas. Foi aí que Xenófanes, com mais de noventa e dois anos de idade, fechou seus olhos cansados depois de ter instigado filósofos que fizeram dele o chefe de uma escola influente[192]. Foram perdidas as epopeias de muitos milhares de versos nas quais ele cantava a fundação de sua cidade natal, Cólofon, a

---

que ele mesmo fornece nos seus fragmentos; em segundo lugar, o fato de que ele menciona Pitágoras e que é, por sua vez, mencionado por Heráclito. De acordo com o frag. 24 [FVS 11 B 8], ele deixou sua pátria com 25 anos de idade; é muito possível que sua partida tenha sido causada pela conquista persa (545 a.C.), tanto mais porque se depreende quase com certeza do frag. 17 [FVS 11 B 22] que, em todo caso, ela não ocorreu antes dessa data. Se essa combinação está correta, ele nasceu em 570, e como, de acordo com o frag. 24, ele atingiu pelo menos a idade de 92 anos, e segundo Censorino, *De die natali*, 15, 3 [FVS 11 A 7], a idade de mais de 100 anos, podemos sustentar a justeza da indicação do historiador Timeu (em Clemente de Alex., *Stromates*, [I 64] 353 Potter [= II 40, 20 Stein; FVS 11 A 8]) segundo a qual Xenófanes teria vivido na época de Hieron I (478-467).

191   Sua pobreza é atestada pela anedota que se lê no *Gnomolog. Paris.*, ed. Sternbach, Cracóvia, 1895, nº 160. Hieron pergunta a Xenófanes quantos escravos ele possui. Somente dois, responde Xenófanes, e mesmo assim mal posso sustentá-los [cf. FVS 11 A 11]. Uma anedota desse tipo não teria surgido se ele tivesse sido um dos membros ricamente recompensados da corporação dos rapsodos. Cf. também frag. 22 = *Vorsokratiker*, 47, 10 ss. [11 B 6].

192   O autor viu pessoalmente os lugares que descreve. A torre que se ergue solitária chama-se Torre di Velia e não data da Antiguidade.

"rica em resina", e a colonização de Eleia, a cidade que ele tornaria ilustre. Mas do seu profundo poema didático, de suas elegias encantadoras, temperadas por um espírito tão fino quanto jovial, chegaram até nós vários fragmentos preciosos, que é impossível ler sem ser invadido de simpatia e de respeito por esse pensador intrépido e íntegro[193]. Sem dúvida, ele atingia com seus sarcasmos muitas coisas caras ao coração do seu povo. E antes de mais nada os deuses tais como aparecem na epopeia; ao mostrá-los sob esse aspecto, diz ele, Homero e Hesíodo ensinaram aos homens o roubo, o adultério e o engodo. A concepção antropomórfica da divindade em geral choca-o no mais alto grau. "Se os bois, os cavalos e os leões tivessem mãos e pudessem pintar quadros ou esculpir estátuas, eles representariam os deuses na forma de bois, de cavalos e de leões, tal como os homens, que os representam segundo seu próprio modelo." Ele não é menos alheio e hostil a outros aspectos da vida nacional. Para ele é o cúmulo do absurdo ver o vencedor do pugilato, da palestra, da corrida a pé, da corrida de carros, participar das maiores honras. A humildade de sua própria condição parece-lhe um escândalo quando ele a compara à auréola com a qual a opinião popular doura a cabeça dos atletas mais grosseiros. Pois "é injusto preferir a força do corpo à benfazeja sabedoria" e "nossa sabedoria vale mais que o vigor dos homens e dos cavalos". Assim, ele atacava sucessivamente os ídolos caros ao gênio helênico, tanto a adoração dos modelos celestes e radiosos dos homens quanto o culto da força e da beleza. De onde vem – indagaremos antes de prosseguir – essa ruptura súbita com as tradições de seu povo? De onde vem esse afastamento das normas nacionais do pensamento e da sensibilidade que iria abrir caminho para as inovações mais ousadas de épocas posteriores?

O desfecho histórico fatal de que Xenófanes foi testemunha nos dias impressionáveis de sua juventude fornece a resposta a essas perguntas. A Jônia submetida ao cetro do grande rei, seus habitantes vergados sem resistência séria sob o jugo estrangeiro, os cidadãos de apenas duas cidades – Fócida e Téos – preferindo a liberdade no exílio à servidão no solo natal: tais impressões influenciariam as concepções da vida e do mundo que teria a geração que crescia. A ruína da pátria, a perda da independência nacional sempre fazem nascer nos grandes espíritos a consciência das fraquezas e dos vícios do seu povo, e fazem-nos sentir uma necessidade de renovação coletiva. Assim como na Alemanha, depois dos triunfos de Napoleão, depois de Iena e Auerstedt, o racionalismo e as tendências cosmopolitas deram lugar ao sentimento nacional e ao romantismo histórico, uma transformação não menos profunda ocorreu depois das vitórias obtidas por Ciro sobre os gregos da Ásia Menor. Não bastava jogar sobre a frivolidade e a moleza orientais a responsabilidade por essa derrota esmagadora. Sem dúvida, o colofônio não deixa de acusar seus "mil" concidadãos, representantes das classes superiores, que foram os primeiros a aprender com os lídios um fausto inútil e atravessaram a ágora vestidos de púrpura e inundados de perfumes. Mas sua

---

[193] [Sobre o que segue, cf. FVS 11 B 11; B 15; B 2.]

inteligência penetrante não podia deter-se aí. Ele submeteu a um exame minucioso as regras de conduta e o ideal do povo, aqueles que glorificavam esse ideal e as fontes de que ele decorria. Um espírito robusto, um caráter enérgico como o seu acabaria por descobrir na religião degradada e na poesia épica – bem conhecida dele – que era sua expressão a causa primeira do mal, e por separar-se, ainda que com o coração ferido, das tradições de sua nação. Assim, nosso sábio não dá as costas somente à sua pátria desonrada, mas também ao ideal que ela acalentava[194]. A extraordinária duração de sua vagabundagem, que ele próprio estima em sessenta e sete anos, a extraordinária extensão, no tempo e no espaço, de seu horizonte histórico eram também excepcionalmente favoráveis à crítica corrosiva que ele praticava. Não somente as contradições, os absurdos e os detalhes revoltantes das numerosas lendas divinas e heroicas da Grécia eram alvo da acuidade de seus julgamentos, mas ele também lançou olhares profundos sobre o ofício das criações religiosas antropomórficas; ele viu que elas eram tão contraditórias quanto variadas e que se destruíam reciprocamente. Ele sabia que os negros pintavam seus deuses negros com narizes largos, enquanto os trácios davam aos seus olhos azuis e cabelos ruivos. E por que só os gregos teriam razão e os trácios e negros não? Ele conhecia as lamentações dos egípcios sobre Osíris, bem como as dos fenícios sobre Adônis. Ele condena tanto umas quanto outras e, com elas, os cultos parentes dos da Grécia. "Façam sua escolha", gritava ele àqueles que gemiam sobre os deuses defuntos, "pranteiem-nos como homens e mortais ou adorem-nos como deuses imortais"[195]. Assim, ele foi o primeiro a empregar os métodos do ataque indireto e da refutação recíproca, fundados na comparação e no paralelismo, métodos que, nas mãos de Voltaire e de Montesquieu, mostraram-se tão eficazes no combate contra as crenças e os princípios positivos.

II

A bem da verdade, o sábio de Cólofon não era, como tampouco o sábio de Ferney, um simples desprezador da religião. Ele também adora um "ser supremo", pois "há um deus soberano entre os deuses como entre os homens, mas ele não é semelhante aos mortais na forma, nem semelhante no pensamento". Esse deus não é o criador do universo, não está nem fora nem acima do mundo, mas é, sem ser expressamente nomeado assim, pelo menos de fato, a alma do mundo, o espírito universal. "Com os olhos fixos no edifício inteiro do céu", diz Aristóteles, que, neste trecho, evidentemente não faz uma inferência, mas relata uma opinião, "Xenófanes declarou essa Unidade uma

---

[194] O autor deve as ideias expressas aqui a uma conversa com Hermann Usener no congresso de filologia de Viena em maio de 1893.

[195] [FVS 11 A 13.]

divindade"[196]. Por outro lado, Timão de Fliunte (nascido por volta do ano 300), autor de um poema satírico no qual ridiculiza as doutrinas dos filósofos, o faz falar assim: "Seja por onde for que eu deixe meus pensamentos vagarem, para mim tudo se resume à Unidade". Quando o próprio pensador diz do seu deus supremo que ele "domina tudo com a força de seu espírito", ele parece tender para uma concepção dualista do mundo. Mas, ao mesmo tempo, encontramos nele declarações que se ajustam mal com essa interpretação. "Todo ele vê, todo ele ouve e todo ele pensa", eis uma frase que recusa ao deus supremo a posse dos órgãos humanos dos sentidos e do pensamento; mas nem por isso esse deus é considerado situado fora do espaço. De fato, mais adiante Xenófanes diz dele: "Eternamente, ele permanece, sem agitar-se, no mesmo lugar; todo movimento lhe é estranho"; e esses termos caracterizam-no precisamente como extenso, como o universo, podemos acrescentar, já que o universo, como um todo, permanece imóvel e imutável, embora não aconteça o mesmo com as partículas de que ele se compõe. Mas não podemos reprimir um sorriso quando vemos o próprio adversário ardente do antropomorfismo às voltas, por vezes, com acessos do mal que ele combate. Afinal, ele não justifica o repouso imutável da divindade suprema com a consideração de que não lhe convém mover-se de um lado para o outro? Isso não é dizer, em outros termos, que o ser supremo não deve assemelhar-se a um criado cuja faina o leva a cem lugares e que a executa ofegante e esbaforido, mas a um rei que trona em majestosa tranquilidade?

Pode-se ainda, e por outro caminho, determinar de modo seguro essa concepção de uma divindade que oscila entre o espírito e a matéria. O teísmo dualista é tão estranho aos predecessores de Xenófanes quanto aos seus contemporâneos e sucessores. A essência primordial, a um só tempo material e divina, de Anaximandro, o fogo inteligente de Heráclito não devem nos parecer nem mais nem menos surpreendentes que o deus-natureza do nosso filósofo. E no sistema de seus discípulos não há o menor lugar nem para um criador do mundo, nem para um artesão que persegue um objetivo, e muito menos para um pai celeste que manifesta sua benevolência através de intervenções especiais, ou para um juiz que distribui recompensas e punições. Mas a quem teria ocorrido considerar os metafísicos de Eleia como discípulos de Xenófanes se eles o tivessem contradito – logo ele, muito mais teólogo que metafísico – com relação à sua teoria fundamental de Deus? Além disso, seu panteísmo é menos uma novidade violenta que um desenvolvimento da religião popular, causado pela inteligência crescente da unidade dos fenômenos da natureza e pelos progressos da consciência moral. A religião popular sempre havia sido, essencialmente e no seu princípio, uma adoração da natureza, e por conseguinte seria melhor falar de um retorno que de um desenvolvimento. No caso que nos ocupa, o reformador é ao mesmo tempo, e não numa pequena proporção, um restaurador. Sob as muralhas do templo que ele destruiu, ele encontra um santuário mais antigo. Ao abater a camada religiosa mais recente, a camada antropomórfica, que

---

[196] Arist., *Metaf.*, I 5 [FVS 11 A 30], e Timão em Sexto Emp., *Hypotyp. Pyrrhon.*, I 224 [FVS 11 A 35; teologia de Xenófanes, 11 B 23-26].

é própria da Grécia e que encontrou sua expressão nos poemas de Homero e Hesíodo, ele revelou a camada primitiva, comum a toda a raça ariana, a da religião da natureza, que foi conservada quase intacta entre os hindus e sobretudo entre os persas.

Desse ponto de vista, precisamos examinar a questão muito controvertida de saber se Xenófanes reconhecia deuses particulares ao lado do seu Ser universal[197]. As fontes literárias, cujo testemunho é reconhecido hoje como sem valor, negaram-no. Declarações do próprio pensador, declarações acima de qualquer dúvida, resolvem a questão no sentido afirmativo. Referimo-nos sobretudo à explicação que ele dá das relações entre os deuses subordinados e o deus supremo, cuja autenticidade é atestada por uma imitação de Eurípides. Tais relações não devem assemelhar-se àquelas que unem o déspota aos seus súditos. À dominação arbitrária, Xenófanes opõe a dominação baseada nas leis, e nessa frase temos, além disso, o direito de ver a proclamação mais ou menos clara de uma ordem soberana e regular. E não temos o menor motivo para recusar essa interpretação. O sábio de Cólofon certamente não endereçou suas preces aos filhos de Latona nem ergueu suas mãos diante de Hera dos braços brancos. Pois se "os mortais imaginam que os deuses são criados e possuem uma sensibilidade, uma voz e uma forma semelhante à sua", estão numa ilusão profunda, e Xenófanes crê dever combatê-la da maneira mais enérgica possível[198]. No entanto, querer privar a própria natureza de uma alma privando-a de deuses está tão afastado do seu pensamento quanto do de seus predecessores e contemporâneos, os órficos; eles também insistiram com força na unidade do governo do universo, mas sem negar, por esse motivo, a multiplicidade dos seres divinos. Heráclito tolerou igualmente deuses individuais e subordinados ao lado do seu fogo primitivo e pensante; até Platão e Aristóteles não sacrificaram os deuses siderais à sua divindade suprema; o monoteísmo puro, absoluto, sempre pareceu uma impiedade aos espíritos helênicos. Portanto, não seria o maior dos milagres se, animado por um profundo sentimento religioso, mas o sentimento religioso dos helenos, Xenófanes tivesse sido uma exceção numa época tão remota? Assim, temos muitas

---

197 Xenófanes foi tido outrora como o mais antigo dos monoteístas gregos. Contra esse modo de ver, Freudenthal emitiu argumentos decisivos em sua dissertação *Uber die Theologie des Xenophanes*, Breslau, 1886, à qual devemos muito. Todavia, Zeller tem o mérito de ter eliminado algumas das provas mais fracas de Freudenthal (cf. *Deutsche Literatur-Zeitung* de 13 de novembro de 1886 e *Archiv*, II 1 ss.).

O pretenso monoteísmo de Xenófanes já é refutado de maneira decisiva por este verso, frag. 1: εἷς θεὸς ἔν τε θεοῖσι καὶ ἀνθρώποισι μέγιστος, cujo testemunho só poderia ser enfraquecido interpretando-o de modo contrário ao bom senso: "comparado aos homens *reais* e aos deuses *imaginários*" [N.T.: itálicos acrescentados por Gomperz]. Não posso, desta vez, subscrever a opinião contrária de von Wilamowitz, *Euripides Herakles*, 1ª ed., II 246 [= 2ª ed., II 231]. Vejo antes nesse verso a expressão da crença num deus supremo que não prevalece nem sobre os deuses inferiores nem sobre os homens. Cf. o *Rig Veda*, X 121, 8: "Aquele que contemplava de cima os rios das nuvens, que dão a força e produzem o fogo, *Ele que é o único deus sobre todos os deuses*; qual é o deus que honramos com sacrifícios?" [N.T.: itálicos acrescentados por Gomperz]. A imitação de Eurípides encontra-se em *Herakles*, 1343 [FVS 11 C 1], comparado com o pseudo-Plutarco, *Strom.*, em Eusébio, *Præp. evang.*, I 8, 4 [FVS 11 A 32].

198 [FVS 11 B 14.]

razões para crer e nenhum motivo para duvidar que ele tenha prestado um tributo de adoração às grandes potências da natureza. O chefe da escola eleática, portanto, não foi o primeiro monoteísta, mas anunciou um panteísmo conforme às ideias de seus compatriotas sobre a natureza e impregnado dos elementos de civilização de sua época.

III

Porém, ainda não esgotamos o significado desse espírito poderoso. Esse poeta, esse pensador era também um cientista sem par e, nessa qualidade, recebeu de seu jovem contemporâneo Heráclito uma crítica na qual vemos um elogio. E isso não tem nada que possa nos surpreender, pois é quase certo que foi sua sede de saber que o fez empunhar o cajado de peregrino e "o fez passear de um lugar para outro no país grego" por décadas e sem nenhum repouso para seu "espírito pensante". Nas suas peregrinações, ele mais procurou que evitou os extremos da imensa linha litorânea colonizada pelos gregos. Pois é precisamente nesses postos avançados da cultura helênica, na egípcia Naucratis ou na cita Olbia, que um arauto da poesia nacional seria bem acolhido; tal como hoje é em Saint-Louis ou Nova York que um conferencista francês ou alemão é celebrado. Assim, numa época em que a informação pessoal desempenhava um papel muito mais importante que o saber livresco, todas as oportunidades possíveis ofereciam-se a ele para armazenar conhecimentos das quais ele não deixaria de tirar proveito. Entre as ciências especiais, foi sobretudo à geologia que ele se dedicou, e ela tem nele um dos seus mais antigos adeptos. Até onde podemos saber, ele foi o primeiro a inferir da descoberta de restos de animais e de vegetais fósseis conclusões corretas e amplas. Nas camadas terciárias recentes das célebres carreiras de Siracusa, ele encontrou vestígios de peixes e – provavelmente – de sargaços; no terreno terciário mais antigo de Malta, conchas marinhas de toda espécie[199]. Disso ele deduziu que a superfície terrestre havia sofrido transformações em períodos anteriores; por ser anticatastrofista, se podemos denominá-lo com essa palavra emprestada de Sir Charles Lyell, ele não via nessas mudanças o resultado de crises momentâneas violentas, mas de uma série de fatos sem importância aparente que, ao acumularem-se, produziram pouco a pouco os efeitos mais grandiosos. Ele supunha uma alternância lenta e periódica da terra firme e do

---

[199] Além de Siracusa e Malta, nossa fonte, Hipólito, I 14 [FVS 11 A 33], cita ainda Paros. Mas meu colega o prof. Suess informou-me, na carta de que falei na nota 66 (liv. I, cap. I, seção III), que lá não se encontram petrificações. Ele ressaltou que os vestígios de focas dos quais fala Hipólito são uma impossibilidade paleontológica, o que me leva a conjecturar que, em vez de φωκῶν, se deva ler, com uma correção muito ligeira, φυκῶν ou φυκίων, *fucus*. Sobre essa conjectura, Suess observa: "Não nas próprias latomias [de Siracusa], mas a uma distância bastante curta, e em muitos pontos da Sicília, vemos num xisto argiloso grisalho, que alterna com a areia argilosa calcária, vestígios extremamente nítidos e surpreendentes de fucoides, que até o leigo reconhece como tais". Cf. o pseudo-Plutarco em Eusébio, *loc. cit.*: τῷ χρόνῳ καταφερομένην συνεχῶς καὶ κατ' ὀλίγον τὴν γῆν ἐς τὴν θάλασσαν χωρεῖν.

mar; essa opinião lembra a teoria do ciclo que já encontramos no seu pretenso mestre Anaximandro, à qual ele acrescentou uma teoria análoga relativa ao desenvolvimento natural e gradual da civilização humana:

> Os deuses não mostraram tudo aos mortais desde o início,
> Mas, procurando, estes encontram por si mesmos, pouco a pouco, o melhor.

Aqui é impossível negar a expressão de um pensamento rigorosamente científico, o que nos permite acrescentar à imagem do colofônio um traço novo e não dos menos significativos.

Lancemos mais uma vez os olhos sobre as etapas sucessivas desse homem extraordinário. As experiências dolorosas de sua juventude despertaram nele muito cedo dúvidas sobre o valor das tradições populares, sobretudo das tradições religiosas, e sobre a possibilidade de segui-las. Uma vasta investigação, prolongada durante quase setenta anos de viagens, sobre as crenças, os costumes e os usos dos diversos povos apontou e fortaleceu essas dúvidas, e forneceu a Xenófanes as armas mais eficazes para provar sua legitimidade. Assim, tendo aberto o caminho, o reformador religioso lança-se nele deixando-se guiar por seu próprio ideal moral, por tendências que se poderia qualificar de herdadas ou atávicas e pelos resultados da cultura científica de seu tempo. Seu caráter, que repudia toda violência grosseira e no qual se revelam o sentimento de humanidade e o amor pela justiça, leva-o a suprimir todos os elementos da religião popular que contradizem suas altas aspirações; a adoração da natureza, que os gregos, por assim dizer, sugavam junto com o leite materno, e que, numa personalidade tão bem dotada quanto a sua dos pontos de vista poético e religioso, devia encontrar sua mais completa expressão, alia-se com a concepção da ordem regular do universo que ele compartilha com seus contemporâneos mais eminentes, e leva-o à sua representação da divindade suprema: para ele, é uma energia primordial única que penetra o Todo, que reina nele como a alma no corpo, que o move e o anima, que está indissoluvelmente ligada a ele, que se confunde com ele. No entanto, a todos esses fatores ainda acrescenta-se mais um: o senso profundo que o impelia em direção à verdade e que fora amadurecido e fortalecido pela crítica das criações míticas. Esse senso o faz condenar a teologia tradicional não somente por causa de sua insuficiência moral, mas também em virtude de sua escassez de fundamento científico. As doutrinas correntes, ele certamente imagina, não afirmam apenas, sobre os assuntos mais elevados, o que não devemos, mas também o que não podemos crer. Se ele fica chocado com a frivolidade, fica-o ainda mais com a arbitrariedade do seu conteúdo. As criações moralmente inocentes mas fantasiosas e contrárias à natureza, como os Gigantes, os Titãs e os Centauros, são estigmatizadas por ele com áspera severidade como "invenções dos antigos". Aliás, ele não apenas ensina algo diferente dos seus predecessores teólogos, mas ensina menos do que eles. Ele contenta-se em indicar algumas noções fundamentais sem estudá-las e sem desenvolvê-las completamente. É disso que se queixa Aristóteles: "Xenófanes não se pronunciou com clareza suficiente sobre nada"²⁰⁰. Sua discrição estende-se ainda mais longe. Em versos para sempre memoráveis, ele contestou toda certeza dogmática, por conseguinte também a de suas próprias doutrinas, e podemos dizer que ele se isentou por antecipação da responsabilidade pelos excessos de dogmatismo de seus alunos. "Ninguém", ele exclama, "jamais atingiu e nunca atingirá uma certeza plena com relação aos deuses e ao que chamo de natureza universal. E mesmo se um homem conseguisse descobrir a verdade, ele não o saberia, pois a aparência está espalhada sobre todas as coisas"²⁰¹. Ainda encontraremos mais de uma vez essa máxima imperecível. E para começar num eminente campeão dos métodos científicos sadios, no autor do escrito *Sobre a antiga medicina*, que se aproxima de Hipócrates, se não for o próprio; quem quer que seja, esse escritor inspira-se no dito de Xenófanes que acabamos de citar para combater com energia a arbitrariedade aplicada ao estudo da natureza. Voltaremos mais tarde a esse ponto; acabemos nossa exposição destacando que Xenófanes, como todos os espíritos verdadeiramente grandes, reúne em si qualidades extraordinárias, aparentemente opostas e inconciliáveis: um entusiasmo embevecido pelo divino e uma consciência perfeitamente sóbria e clara dos limites do conhecimento humano. Ele é ao mesmo tempo semeador e colhedor. Com uma mão, espalha pela floresta da especulação grega uma semente da qual sairá uma árvore portentosa; com a outra, amola o fio do machado destinado a abater esse tronco poderoso e muitos outros com ele²⁰².

---

200 Arist., *Metaf.*, I 5, 986 b 21 [FVS 11 A 30]: Ξενοφάνης δὲ [...] οὐθὲν διεσαφήνισεν [πλάσματα τῶν προτέρων: 11 B 1, 21].

201 [FVS 11 B 34.]

202 Mencionemos brevemente aqui o surpreendente paralelismo que apresenta o desenvolvimento do pensamento grego com o do pensamento hindu. De acordo com Oldenberg, *Buddha*, 2ª ed., 45 [= 7ª ed., 50], "os primeiros vestígios da doutrina da metempsicose aparecem nos textos védicos pouco antes do surgimento da doutrina da unidade eterna"; do mesmo modo, na Grécia, a metempsicose pitagórica precede imediatamente a doutrina da unidade universal de Xenófanes. Por outro lado, a doutrina do *âtman* lembra de maneira espantosa a teoria eleática do Ser. Mas essa concordância não nos deve fazer perder de vista divergências muito importantes. O que, para os hindus, é *sobretudo* entusiasmo visionário, para os gregos é *sobretudo* reflexão e raciocínio. A diferença salta aos olhos quando nos lembramos, por exemplo, das especulações geológicas de Xenófanes ou dos experimentos de Parmênides para explicar cientificamente, na segunda parte de seu poema didático, os fenômenos cósmicos. Na especulação hindu, a metafísica está em relação quase exclusiva com a religião, enquanto na especulação grega ela também está em relação estreita com a ciência. É por isso que, embora os resultados aos quais o pensamento tenha chegado de um lado e do outro ofereçam uma analogia surpreendente, pude autorizar-me a supor, do lado dos pensadores gregos, motivos de ordem essencialmente diferente.

Capítulo II

Parmênides

I. Os filósofos inimigos da natureza.

II. Parmênides de Eleia. A tese de Melisso. Polêmica contra Heráclito.

III. Origem da doutrina da unidade. A constância qualitativa. Os dois postulados da matéria. Esses postulados e a ciência moderna.

IV. Rejeição do testemunho dos sentidos. O universo de Parmênides. Sua forma esférica. A matéria universal é ao mesmo tempo espírito universal.

V. O *Caminho da Opinião*. Cosmogonia de Parmênides. Suas teorias fisiológicas.

I

Polibo, genro do fundador da medicina científica, Hipócrates, abre com uma viva polêmica sua obra sobre *A Natureza do Homem*[203]. Ele ataca os médicos e os literatos segundo os quais o corpo humano é composto por uma única substância. Uns dizem que essa unidade-totalidade é o ar, outros que é o fogo, outros ainda a água, e cada um deles "invoca para apoiar sua tese testemunhos e provas que, na realidade, não significam nada". Isso manifesta-se muito claramente, diz ele, quando se assiste aos torneios oratórios que eles organizam para o público. De fato, embora aquele que detém a verdade devesse fazê-la triunfar sempre e em todo lugar, é invariavelmente um outro que obtém a vitória, aquele que tem mais facúndia. "Para mim, essa é a conclusão dessa polêmica memorável, tais pessoas parecem-me jogar-se reciprocamente no chão por meio dos seus discursos, mas reerguer a tese de Melisso." Podemos supor sem temeridade que doutrinas que reerguem uma tese, ou seja, apoiam-na e consolidam-na, também terão preparado o caminho para ela, provocado e favorecido sua primeira aparição. Portanto, será bom não perdermos de vista essa observação penetrante e lembrarmo-nos dela quando tivermos que pesquisar os princípios fundamentais da doutrina eleática. Essa doutrina atingiu sua mais alta expressão com Melisso, nobre sâmio cuja data é determinada com certeza pela vitória naval que ele obteve em 441 sobre os atenienses. Antes de mais nada, deveremos ter em mente a relação na qual se encontra o naturalista cujas palavras acabamos de citar, de um lado com os filósofos-naturalistas que ele combate tão acerbamente, e do outro lado com o metafísico de Samos ou de Eleia, se o denominarmos segundo a escola à qual estava ligado. Dos primeiros Polibo está separado por profundas divergências de opinião; mas o pior que ele critica neles é ter ajudado o triunfo da doutrina de Melisso. Suas advertências têm o tom daquelas que um bom patriota dirige aos dirigentes de partidos durante a guerra civil: "Não abram a porta ao inimigo!". As dissensões intestinas devem apagar-se quando se trata de repelir um adversário igualmente funesto para todos os cidadãos. E esse é o caso aqui. Aqueles que os contemporâneos, numa brincadeira mordaz, chamavam de "filósofos antinaturalistas" ou então "homens do repouso universal"[204] estão na mais acentuada oposição com os naturalistas e com os filósofos-naturalistas de todo tipo e tendência. De fato, a proposição de Melisso diz — para empregar os próprios termos que ele usa: "Não vemos nem conhecemos o que é". O mundo prestigioso que nos cerca e cujo conhecimento nossos sentidos nos revelam é apenas um fantasma, uma simples ilusão; toda mudança, todo movimento, todo crescimento, todo devir, numa palavra, tudo que

---

[203] *Da Natureza do Homem*, Obras de Hipócrates, VI 32 ss. Littré [cf. FVS 20 A 6].

[204] Cf. Platão, *Teeteto*, 181a, e Aristóteles em Sexto Emp., *Adv. Math.*, X 46 [FVS 18 A 26; sobre o que segue, cf. 20 B 8, 3]. O termo grego στασιῶται tem um duplo sentido: dá a entender que aqueles que punham o universo em repouso também punham em risco o repouso do universo.

constitui objeto da ciência da natureza e da especulação sobre a natureza é sombra vã, pura aparência. A verdadeira realidade está escondida atrás dessa fantasmagoria enganadora, ela consiste em... Mas aqui as ideias dos dois principais representantes dessa escola bifurcam. Elas não coincidem, pelo menos não completamente, nas suas soluções positivas, mas sim na negação com a qual começam. Portanto, convém considerar as dúvidas e as negações que lhes são comuns, mas, antes de mais nada, informarmo-nos sobre a personalidade do mais antigo e do mais importante deles.

II

O verdadeiro fundador da célebre doutrina da unidade, Parmênides, era mais velho que Melisso[205]. Era um filho de Eleia, rebento de uma família rica e estimada, e como tal não podia permanecer alheio à vida política. Diz-se que deu leis à sua pátria, e é seguramente a esse ato público ou a um ato do mesmo gênero que se refere a indicação bem estabelecida que situa seu acme na 69ª Olimpíada (504-501 a.C.). Ele esteve sem dúvida em relações estreitas com Xenófanes, que só morreu um quarto de século mais tarde, em todo caso depois de 478. Todavia, hesitaríamos em chamá-lo de aluno deste último no sentido próprio da palavra, sobretudo pelo motivo que o rapsodo só passava curtas temporadas na sua pátria adotiva e não pode ter realmente ensinado. Em contrapartida, considera-se que um pitagórico, Amínias, filho de Diocaites, o teria incentivado nos estudos filosóficos. Parmênides tinha tamanha gratidão por ele que lhe dedicou, depois de sua morte, um *heroon*, ou seja, uma capela comemorativa. E de fato, como veremos, o sistema de Parmênides apresenta pontos de contato tanto com o de Pitágoras quanto com o de Xenófanes. Convinha, naturalmente, a um discípulo de Pitágoras construir segundo as deduções rigorosas da ciência matemática a teoria da unidade absoluta; mas a direção propriamente dita que ele deu às suas ideias exclui qualquer dúvida de que o conteúdo da filosofia pitagórica não o satisfazia plenamente. Portanto, se o edifício de seu pensamento deve seu fundamento ao panteísmo de Xenófanes e sua forma à matemática de Pitágoras, é um terceiro sistema, o de Heráclito, que lhe deu sua orientação. Com efeito, foi a doutrina do escoamento do sábio de Éfeso que

---

[205] A fonte principal para a biografia de Parmênides é Dióg. L., IX 21-23 [FVS 18 A 1]. (Diels faz uma correção séria do texto em *Hermès*, 35, 196 ss.) Para fixar as datas de seu nascimento e de sua morte, deve-se considerar que ele é contemporâneo de Xenófanes (embora mais novo que ele), assim como de Heráclito, de cuja doutrina ele tem conhecimento e faz troça; por outro lado, é mais velho que Melisso e, segundo a indicação certamente digna de fé de Platão, *Parmênides*, 127b [FVS 18 A 5], um quarto de século mais velho que Zenão. Ignoramos em que se baseia a indicação de Apolodoro relativa ao seu acme, mas parece-me totalmente ilegítimo atribuir, nesse ponto, combinações arbitrárias ao estudioso escrupuloso que só quis confiar em testemunhos autobiográficos referentes à cronologia de Anaximandro e de Demócrito e que discute do modo mais minucioso a de Empédocles em versos que chegaram até nós. Os fragmentos do poema de Parmênides foram reeditados, depois de Mullach, por H. Stein nos *Symbola philologorum Bonnensium*, Leipzig, 1867, fasc. post. 765-806, e depois por Diels, Berlim, 1897 [bem como nos seus *Poetarum philosophorum fragmenta*, 1901, e nos FVS 18 B].

abalou mais profundamente o espírito de Parmênides, que lhe inspirou suas dúvidas mais persistentes e que o levou, assim como seus sucessores, às soluções marcadas mais fortemente pela originalidade especulativa dos eleatas. Mas ouçamos primeiramente tais dúvidas e as negações que delas decorrem da boca do mais jovem representante da escola, cuja prosa clara e pouco avara em desenvolvimentos nos auxiliará mais que a poesia didática de seu mestre, na qual os argumentos se comprimem, se amontoam na mais concisa das formas. Melisso exclama: "Pois se a terra, a água, o ar e o fogo, tal como o ferro e o ouro, *são*; se um está vivo e o outro morto; se isto é branco e aquilo preto, e se assim é com tudo de que os homens dizem que isso *é* de verdade; se tais coisas *são*, e se vemos e ouvimos de maneira verdadeira; então cada coisa deveria ser como ela nos apareceu de início, e não se transformar e mudar de natureza, mas ser sempre o que ela realmente é. No entanto, pretendemos ver, ouvir e conhecer de maneira verdadeira, mas o calor nos parece tornar-se frio e o frio tornar-se quente; o duro tornar-se mole e o mole tornar-se duro; o vivo nos parece morrer e sair daquilo que não vive. Tudo parece transformar-se; o que uma coisa era e o que ela é agora são dois objetos que não se parecem em nada. Mais ainda, o ferro, que é duro, parece ser desgastado pelo dedo que ele cerca (como anel), bem como o ouro e as pedras preciosas e tudo que consideramos perfeitamente duro; a terra e as pedras nos parecem serem geradas pela água. *Resulta de tudo isso que não vemos nem conhecemos o que é realmente*"[206].

Duas condições são exigidas aqui das coisas que impressionam nossos sentidos; a permanência absoluta de sua existência e a permanência absoluta de suas propriedades. Sob cada um desses aspectos, elas são pesadas e julgadas demasiado leves; pecam ao mesmo tempo pela sua caducidade e pela sua variabilidade. Se as duas exigências, portanto os dois julgamentos, parecem confundir-se, a culpa é do equívoco, ainda não reconhecido naquela época, que apresenta o verbo *ser*; ora ele é tomado no sentido de existir, ora empregado como simples cópula: o sol *é*; o sol *é* um astro luminoso. Podemos dispensar-nos de examinar se ele tinha o direito de relegar imediatamente ao campo da vã aparência tudo que é perecível ou pode variar. Em contrapartida, é muito fácil compreender que se procurasse um objeto de conhecimento seguro e sólido e que, em virtude da imperfeição em que se encontrava então a ciência da matéria, não se pudesse encontrá-lo entre os objetos que impressionam os sentidos. Hoje a folha da árvore é verde e cheia de seiva, amanhã ela será amarela e seca, mais tarde marrom e encarquilhada. Portanto, onde devemos aprender o objeto? Como reconhecer e manter nele algo permanente? Heráclito havia abarcado a soma dessas experiências de todo dia, ele havia amplificado-a além dos limites da percepção propriamente dita, e à dúvida que resultava ele havia conferido uma forma paradoxal, um desafio lançado por ele ao senso comum. Com isso, o pensador ávido de conhecimento – contanto que não se contentasse em

---

[206] [N.T.: itálicos acrescentados por Gomperz.] Sobre a citação de Melisso, cf. Mullach [*Aristotelis de Melisso Xenophane Gorgia disputationes*, Berlim, 1845], p. 82-83 [FVS 20 B 8]. Corrigi a frase final desse trecho com uma transposição exigida pelo sentido. Cf. *Apologie der Heilkunst*, 2ª ed., 156.

contemplar a sucessão uniforme e regular dos fenômenos – via não somente o chão fugir sob seus pés, mas sentia despontar nele o desejo legítimo da harmonia interior do pensamento; via-se tomado por contradições e não podia deixar de protestar com veemência. "Os objetos do mundo sensível estão em perpétua mudança" já é uma opinião muito pouco tranquilizadora; mas o que dizer desta: "As coisas são e não são"? Diante disso a razão sadia revoltou-se, e sua revolta foi tanto mais violenta porque os espíritos eram disciplinados mais severamente. Para aqueles que tinham recebido uma cultura pitagórica, isto é, sobretudo matemática, o choque deve ter sido particularmente agudo. Não espanta, portanto, que Parmênides, criado nessa doutrina, caracteriza como "os dois caminhos" do erro a opinião comum que encontra sua satisfação na realidade do mundo sensível e a doutrina de Heráclito. É contra esta última que ele lança as flechas mais venenosas de sua polêmica. Aqueles "que considera o ser e o não-ser primeiramente como uma única e mesma coisa, depois como duas coisas diferentes" são, para ele, "ao mesmo tempo surdos e cegos, interditos, rebanho confuso"; ele chama-os de filósofos "de duas cabeças" – cabeças de Jano, poderíamos dizer – por causa do aspecto duplo que, segundo eles, as coisas apresentam; "ignorantes, são arrastados" – pela corrente de que fala sua teoria – e "sua senda é retrógrada", assim como as metamorfoses de sua matéria primeira[207].

Por mais características que sejam essas explosões de raiva do estado de espírito do filósofo de Eleia e de sua posição em relação ao heraclitismo, sua luta contra seu segundo e principal adversário, a opinião geral dos homens, é ainda mais acerba e instrutiva. Pode-se sentir a ira concentrada nas frases, nos versos que se precipitam ofegantes; nos golpes, semelhantes a violentos golpes de machado, que se abatem sem trégua sobre as ideias correntes, para aniquilar a fé na realidade dos objetos sensíveis, no nascimento e na corrupção, em todo movimento, em toda transformação, quaisquer que sejam. "Como o ser poderia degenerar em nada? Como ele poderia sair do nada? Se ele tornou-se, então houve um tempo em que ele não era; e o mesmo ocorre se seu nascimento encontra-se no futuro." "Que nascimento procurarás para o ser? Como e de onde teria ele se formado? Não te permitirei dizer ou pensar que ele saiu do não-ser, pois o não-ser não pode ser concebido nem exprimido. E que necessidade o teria feito entrar em existência num momento e não no outro! [...] Aliás, a força da inteligência impedir-te-á de acreditar que do ser possa provir um outro ser." E o lado positivo que acompanha todas essas negações? Ei-lo. O ser não apenas é "incriado e imperecível", e consequentemente sem começo nem fim; não somente "ele não admite nem mudança de lugar, nem variação de cor; é um Ser limitado e pensante, um Todo indivisível, único, contínuo, em toda parte idêntico a si mesmo, que não tem mais existência aqui do que lá: assemelha-se à massa de uma esfera bem arredondada por toda parte,

---

207   Cf. Mullach, *op. cit.*, 114 versos 45-51 [FVS 18 B 6; sobre o que segue, cf. 18 B 8]. Foi Bernays quem reconheceu e demonstrou a referência a Heráclito (*Rhein. Mus.*, nova série, VII 114 ss. = *Ges. Abhandl.*, I 62).

perfeitamente equilibrada em todas as suas partes". Com estas últimas palavras o leitor sente um baque semelhante ao que se sente ao sair de um sonho encantador; logo antes estava planando, livre de qualquer entrave, além das estrelas, e agora a estreita realidade apanha-o de novo. O próprio Parmênides parece ter alçado voo qual novo Ícaro; lançou-se para além do campo da experiência até chegar aos horizontes etéreos da pura essência. Mas suas forças abandonaram-no no meio do trajeto e ele abateu-se pesadamente nas regiões banais da existência corpórea. É verdade que sua teoria do Ser preparou as concepções análogas dos ontologistas subsequentes. Mas ele ainda está demasiadamente impregnado dos eflúvios terrestres para assemelhar-se a eles; ele nos conduz ao vestíbulo, mas não ao santuário da metafísica.

III

Tendo chegado aqui, será bom voltarmos nossa atenção para a frase de Polibo que tomamos como ponto de partida de nossa exposição. O médico-pensador reconhecera que as teses contraditórias dos filósofos naturalistas serviam de ponto de apoio para o ceticismo dos eleatas. O que ele queria dizer com isso era evidentemente o seguinte: aquele que declara que a essência de todas as coisas é o ar contesta o valor do testemunho dos sentidos, com uma única ressalva; aquele que atribui o mesmo papel à água faz o mesmo com uma outra ressalva; bem como aquele para quem todas as coisas são fogo. Os representantes dessas doutrinas tornar-se-iam, por conseguinte, cúmplices dos pensadores – podemos até acrescentar que estimulariam os pensadores que fizeram a síntese dessas negações concordantes e dessas afirmações opostas. Esses pensadores suprimiram as afirmações porque elas se destruíam membro a membro como os termos de uma equação, e resumiram numa grande negação total as negações parciais que se completavam reciprocamente (cf. liv. I, cap. I, seção II, fim do 1º §). Para quem percebe esse procedimento, a origem da doutrina parmenídica do Ser não pode ser duvidosa nem um só instante. Essa doutrina é produto de uma decomposição; é o resíduo ou o precipitado da decomposição espontânea da doutrina da matéria primordial. Quanto mais as formas contraditórias nas quais se exprimira sucessivamente essa doutrina eram inclinadas a destruírem-se reciprocamente, mais o núcleo que lhes era comum e que não era abalado pela confusão das opiniões impunha-se aos espíritos. Que a matéria não nasce nem perece é, como diz Aristóteles, a doutrina comum dos físicos; e por esse termo ele entende os filósofos naturalistas a partir de Tales[208]. Durante um longo século, essa doutrina fora presente e familiar para o espírito dos gregos cultos

---

[208] Como sempre se atribui apenas aos eleatas e não aos seus predecessores a negação do devir e da destruição da matéria, parece necessário reproduzir aqui os testemunhos formais de Arist., *Física*, I 4, 187 a 26 [FVS 46 A 52]: διὰ τὸ ὑπολαμβάνειν τὴν κοινὴν δόξαν τῶν φυσικῶν [...] ὡς οὐ γιγνομένου οὐδενὸς ἐκ τοῦ μὴ ὄντος e *ibid.* l. 34: περὶ ταύτης ὁμογνωμονοῦσι τῆς δόξης ἅπαντες οἱ περὶ φύσεως. *Metaf.*, I 3, 984 a, fim: τὸ ἓν ἀκίνητόν φασιν εἶναι καὶ τὴν φύσιν ὅλην οὐ μόνον κατὰ γένεσιν καὶ φθοράν (τοῦτο μὲν

e pensantes. Poderia ser que, depois de ter trocado com tanta frequência de pele e, felizmente, de ter sempre sobrevivido a essa mudança, ela tivesse acabado por parecer inatacável e por adquirir quase o valor de um axioma? Porém, na verdade, a antiga proposição, que não era contestada de nenhum lado – aqui ainda é Aristóteles quem fala –, não somente adquiriu uma ponta mais afiada e uma forma mais rigorosa em decorrência da reação contra a doutrina do Efésio, mas também recebeu adjunções cuja origem devemos pesquisar.

A primeira e mais importante dessas adjunções já nos é conhecida. O Ser universal de Parmênides, que preenche o espaço, tem por atributo não somente a eternidade, mas também a imutabilidade. É uma matéria primordial que não sofre, como as de Tales e Anaximandro, de Anaxímenes e de Heráclito, múltiplas modificações, que não se desdobra em formas variadas para depois reabsorvê-las em si; ela é hoje não somente *o que* ela era, mas *como* ela era e *como* ela será por toda a eternidade. Uma passagem de Parmênides[209] parece até pôr em questão o curso do tempo; de fato, o que significa a ideia de tempo quando nada acontece no tempo, quando a realidade é recusada a todos os processos que implicam a noção de tempo? Todavia, o Eleata não parece ter se preocupado por muito tempo com esse problema, que marca o ponto culminante do seu poder de abstração. Ele insiste com muito mais força na imutabilidade do Ser que preenche o espaço. Ao postulado da constância *quantitativa* que, pelo menos implicitamente, estava contido desde o início na doutrina da matéria primordial e que adquire pouco a pouco uma forma mais precisa, sobretudo graças a Anaxímenes, acrescenta-se o da constância *qualitativa*. Não somente a soma da matéria não deve sofrer acréscimo nem diminuição, mas sua natureza deve permanecer invariavelmente a mesma. O fato de que essa extensão se encontrava no espírito da própria doutrina será apontado por uma breve consideração que, é verdade, sai um pouco do quadro cronológico de nossa exposição. Anaxágoras, do qual trataremos em seguida, não foi, de acordo com tudo que sabemos, influenciado de modo nenhum por Parmênides. No entanto, nele também a doutrina fundamental comum deu origem ao mesmo desenvolvimento. Como ele chegou a essa ampliação da doutrina? Como mais de um outro filósofo chegaria até ela? Um curto fragmento de seu livro, descoberto recentemente, responderá[210]. "Como o cabelo pode sair do não-cabelo, a carne da não-carne?" Essa é a pergunta que faz Anaxágoras, e ele crê ter formulado com isso uma impossibilidade absoluta. Esse modo de pensar nos parece perfeitamente compreensível se levarmos em conta a fascinação que

---

γὰρ ἀρχαῖόν τε καὶ πάντες ὡμολόγησαν). – 983 b 11: καὶ διὰ τοῦτο οὔτε γίγνεσθαι οὐθὲν οἴονται ἀπόλλυσθαι (a saber, os antigos fisiólogos a partir de Tales). – *Metaf.*, XI 6, 1062 b 24: τὸ γὰρ μηθὲν ἐκ μὴ ὄντος γίγνεσθαι πᾶν δ' ἐξ ὄντος σχεδὸν ἁπάντων ἐστὶ κοινὸν δόγμα τῶν περὶ φύσεως.

209   Trata-se do verso 66 Stein = *Vorsokratiker*, 119, 2 [18 B 8, 5].

210   Esse fragmento curto, mas muito importante, de Anaxágoras foi tirado por Diels de um escólio a Gregório de Nazianzo (Migne, *Patrologia Grega*, XXXVI 901) e publicado em *Hermès* (13, 4); cf. *Vorsokratiker*, 317, 23 [46 B 10].

exerce a língua sobre o espírito dos pensadores, mesmo os mais profundos. A matéria é incriada; do nada nunca nasce nada; como observamos acima, é isso que os séculos haviam transformado em lugar-comum. Com que facilidade, e sem prestar atenção, se passaria ao novo axioma! Se do não-ser nunca nasce um ser, por que daquilo que não é tal ou tal ser poderia sair tal ou tal outro ser? Uma única fórmula abarcou os dois postulados: do não-ser não pode sair nenhum ser; do não-branco não pode sair nada branco, etc. Já tivemos a oportunidade de mencionar o emprego um tanto frouxo e oscilante da palavra "ser", ora para exprimir a existência, ora para ligar o predicado ao sujeito. Mas se esse é o caminho pelo qual o novo postulado fez e devia fazer sua aparição, se era o poder da associação de ideias e do equívoco de linguagem que devia trazê-lo à vida, seu valor e seu significado não são julgados de modo algum. A fé na causalidade, filha de um instinto cego de associação, não pode se gabar de uma origem mais nobre; contudo, quem gostaria, agora que a experiência confirma sem cessar o que esperamos dela, e sobretudo depois que o enxerto do método experimental enobreceu o grosseirão, de renunciar a deixar-se conduzir por ela? E mesmo se o impossível acontecesse, se o bastão que, por miríades de anos, guiou os passos de nossos predecessores neste planeta viesse a se romper em nossas mãos, se a água cessasse de repente de estancar a sede e o oxigênio de entreter a combustão, mesmo assim a escolha nos teria sido imposta. Não deveríamos nos arrepender de ter acreditado até aqui que o futuro se assemelhará ao passado e de ter seguido a única trilha praticável no meio do labirinto, do caos dos fenômenos naturais.

O mesmo não vale exatamente no que diz respeito aos dois postulados que afirmam a constância da matéria, mas não se pode negar a analogia. Não vale exatamente, dizemos, porque o universo não se tornaria necessariamente um caos e a ação com vistas a um objetivo não se tornaria necessariamente impossível se só houvesse fenômenos ligados por uma lei e, por trás deles, nenhum substrato permanente. Mas não cabe determo-nos em tais suposições. Pressupondo-se a existência do corpóreo, assim como as séries de experiências das quais vimos que saiu a teoria da matéria primordial e pelas quais esta foi confirmada (cf. liv. I, cap. I, seção I, dois últ. §), o progresso do conhecimento exigia, na verdade, que se visse no elemento extenso que preenche o espaço um elemento permanente, tanto do ponto de vista da qualidade quanto do da massa. Somente assim o universo podia tornar-se inteligível, somente assim o futuro podia ser deduzido do presente, e o desejo de que assim fosse favoreceria de modo poderoso o desenvolvimento da nova crença, mesmo que não tivesse condições de lhe dar origem. Mas cabe, ainda hoje, distinguir com cuidado os dois ramos dessa doutrina. Cremos que nada nasce de nada e que nada se desfaz em nada porque, numa sequência inumerável de casos, sobretudo nos campos em que nossa inteligência penetrou mais profundamente, a aparência contrária revelou não ter fundamento algum, e porque essa proposição nunca foi abalada por um único exemplo contrário nitidamente estabelecido. O fato de que nada *possa* sair de nada e de que nada *possa* desfazer-se em não-ser é, na verdade, uma concessão que não podemos fazer nem a Parmênides nem a nenhum dos que, em grande número, o afirmaram *a priori* depois dele. A pretensa necessidade do pensamento de admitir isso é uma aparência enganadora. Para chegar a essa conclusão, introduziu-se primeiramente no conceito do ser características novas, que depois se fundiram entre si e com o invólucro verbal que os reveste, com tal força que o produto artificial gera o efeito de um produto natural, para não dizer sobrenatural. Começou-se por chamar pelo nome de *ser* a permanência absoluta, e depois provou-se claramente que um tal ser não pode nem nascer nem perecer porque, se assim fosse, ele não seria um ser. Diga-se isso de passagem. Mas o segundo desses dois postulados tão estreitamente aparentados é ainda hoje apanágio quase exclusivo dos homens que adquiriram uma alta cultura científica. Ele contradiz a evidência numa medida muito maior que o primeiro; no momento atual, ainda é mais o astro que guia os operários do pensamento do que um resultado consolidado e definitivamente confirmado pela experiência. Expresso em poucas palavras e no espírito da ciência atual, esse postulado equivale simplesmente ao seguinte: em todos os processos naturais existe como que um cordão central do qual se irradiam numerosas ramificações. Esse cordão central compõe-se exclusivamente de movimentos, e podemos, com precisão aproximativa, chamar de corpos desprovidos de qualidades os substratos desses movimentos ou mudanças de posição. As ramificações ou irradiações constituem as impressões sensíveis que produzem a aparência da mudança de qualidade. Uma onda aérea e a impressão acústica que corresponde a ela, uma onda no éter e a impressão luminosa que se produz ao mesmo tempo, um processo químico (ou seja, uma separação, uma união ou um deslocamento de moléculas) e a impressão de gosto ou de cheiro correspondente são exemplos que podem fazer compreender o que acabamos de dizer. No campo da acústica e da óptica, já conhecemos os movimentos correspondentes às impressões qualitativas que se depreendem deles; no campo da química, o problema foi resolvido numa medida tão limitada que um naturalista eminente[211] disse recentemente: "A representação matemática e mecânica do mais simples dos processos químicos é digna de tentar o Newton da química". O mesmo cientista continua: "A química só seria uma ciência no sentido mais elevado que os homens dão a essa palavra se pudéssemos penetrar suas causas, como fazemos com os movimentos dos astros, as energias latentes, as velocidades, os equilíbrios estáveis ou instáveis das moléculas". Ao falar dos primeiros passos já feitos no campo dessa ciência ideal, o mesmo cientista declara que talvez não haja produto mais admirável do espírito humano que a química estrutural: "Deduzir daquilo que aparece à percepção ingênua dos sentidos como qualidade e transformação da matéria e construir pouco a pouco uma teoria como a das relações isoméricas dos hidrocarbonetos não era mais fácil que deduzir a mecânica do sistema planetário dos movimentos de pontos luminosos".

---

211 E. du Bois-Reymond nas *Sitzungsberichte der Königlichen Preussischen Akademie der Wissenschaften* (Saudação ao Sr. Landolt), fevereiro de 1882 [= *Reden*, 2ª ed., II 613].

IV

Ei-nos muito longe de Parmênides. Mas aqueles entre os nossos leitores que não se contentam com uma vista superficial talvez nos agradecerão por essa digressão. Em todo caso, estimamos dever à lembrança do velho pensador fazer entrever os frutos contidos em germe na sua teoria da imutabilidade da matéria. Aliás, agora estamos mais preparados do que antes para compreender e apreciar as partes mais paradoxais de sua doutrina. A recusa do testemunho dos sentidos não é outra coisa senão a contrapartida do postulado ou da assertiva da imutabilidade material, postulado ou assertiva implicados na teoria da matéria primordial e mantidos ao mesmo tempo por uma suspeita justa e por uma associação enganadora. Os testemunhos dos sentidos contradiziam esse postulado, por isso seu valor foi negado. Certamente não com uma lógica muito rigorosa, pois no que, podemos indagar, repousa a crença na existência do conteúdo do espaço e do próprio espaço se não for no testemunho do tato ou, mais exatamente, do sentido de resistência ou sentido muscular? Mas Parmênides estava evidentemente, e de plena boa-fé, convencido de que havia excluído de seu universo tudo que deriva da percepção sensível. Nisso ele estava enganado, e ignorou – como fariam Immanuel Kant e muitos outros depois dele – a origem sensível do conceito de espaço. Mas não podemos realmente criticá-lo por isso. O que é mais surpreendente é que, mesmo deixando subsistir o espaço e seu conteúdo corpóreo, ele tenha relegado ao domínio da aparência o movimento no espaço, que repousa sobre o mesmo testemunho. Aí há uma verdadeira contradição, que pode provavelmente ser explicada como segue. O movimento no espaço, no qual se encontra compreendida a mudança de volume, está intimamente ligado, em vastos domínios da natureza, ao que, para Parmênides, era o mais inadmissível, ou seja, a mudança de propriedades. Imaginem tudo que entendemos pelos termos de estrutura orgânica, de crescimento, de desenvolvimento e de decrepitude. A interdependência natural das duas séries de fatos encontrou sua expressão mais elevada na teoria heraclítica do escoamento das coisas, na qual se associam a mudança incessante de lugar e a mudança incessante de qualidade. Portanto, é muito compreensível que o inimigo jurado dessa doutrina não tenha tentado fazer a separação dos elementos que nela estavam tão estreitamente unidos, mas tenha preferido envolver ambos numa mesma condenação. Essa tendência, poderosa em si mesma, foi sensivelmente reforçada por outro lado. Num trecho inequívoco, embora raramente bem compreendido, nosso pensador contestou a existência do espaço vazio[212], contestação que, diga-se de passagem, é de grande importância histórica. Afinal, por meio dela, e dela somente, sabemos que essa concepção já existia então, e não numa

---

[212] A palavra "vazio" (κενεόν) sem dúvida só entrou no texto (v. 84 Stein = *Vorsokratiker*, 120, 2 [18 B 8, 23]) por causa de uma falsa conjectura. Porém, esse conceito desempenha um papel importantíssimo em Parmênides. Numa ocasião, ele aparece como contrário do cheio (ἔμπλεον); em outra, o

forma rudimentar, mas já nessa forma desenvolvida que, com a mesma denominação de vazio, distingue – ao afirmar igualmente a existência de ambos – um espaço contínuo, desprovido de todo conteúdo material, e espaços intersticiais que se encontram nos corpos e separam suas moléculas. É apenas uma conjectura, mas uma conjectura bem fundada, que essa teoria, cujo objetivo, evidentemente, era sobretudo explicar o movimento, tenha nascido nos únicos círculos em que se dedicava então séria atenção aos problemas da mecânica, isto é, nos círculos pitagóricos[213]. Portanto, aquele que, como Parmênides, estimava que, ao admitir o vazio, se reconhecia implicitamente a existência do não-ser via-se obrigado a negá-lo, e o fato do movimento podia parecer-lhe inexplicável e, por conseguinte, impossível. É assim que vemos surgir diante de nossos olhos o universo tal como o imaginava Parmênides. Mas não deveríamos dizer: é assim que o vemos esvaecer-se cada vez mais? De fato, o que subsiste quando desaparecem todas as diferenças que nossos sentidos nos fazem constatar entre as coisas e os estados que elas apresentam, quando se elimina toda mudança de lugar de um universo ao qual não se nega a extensão e a faculdade de preencher o espaço? Nada além de uma massa absolutamente uniforme, desprovida de toda diferenciação, um pedaço de matéria despido de toda forma e toda delimitação, poderíamos dizer, se o metafísico Parmênides não fosse ao mesmo tempo um grego dotado de senso plástico, um poeta e um discípulo de Pitágoras. Foi somente essa tríade de qualidades, pelo menos na nossa opinião, que pôde fazer com que nele o ilimitado tenha se tornado limitado, que o informe tenha tomado a forma em que se via a expressão da beleza, a de "uma esfera bem arredondada". Pois é muito evidente que as premissas do sistema levavam a esperar a extensão infinita ao invés da extensão finita do espaço. Toda limitação é uma barreira: como o ser verdadeiro e único, que encerra tudo em si e que não tolera nada fora de si, nem mesmo

---

vazio ou não-ser deve ser inserido como sujeito do verbo ἀποτμήξει, do qual se suspeitou erroneamente e que se procurou substituir por vãs conjecturas nos versos 38-40 Stein = *Vorsokratiker*, 116, 8 [18 B 2]. Esses versos devem ser separados do que precede e não pertencem de modo algum ao prólogo:

οὐ γὰρ ἀποτμήξει τὸ πέλον τοῦ ἐόντος ἔχεσθαι,
οὔτε σκιδνάμενον πάντη πάντως κατὰ κόσμον
οὔτε συνιστάμενον.

213 Cf. a observação de Natorp a esse respeito (segundo Bäumker), *Philosophische Monatshefte*, XXVII 476. Isso também se depreende de Arist., *Física*, IV 213 b 22 [FVS 45 B 39], onde é verdade que o vazio recebe uma outra aplicação. Aliás, talvez se deveria investigar não os autores dessa teoria, mas os da teoria oposta, pois a antiga concepção mítica era que, no início, um vazio se estendia do mais alto ao mais baixo e que o espaço atualmente aberto entre o céu e a terra é apenas um resto disso. E na consciência comum o ar foi considerado um vazio e não como algo (cf. Arist., *Física*, IV 6, 213 a 25 [FVS 46 A 68]) enquanto sua pressão e resistência não foram demonstradas por experiências como as de Anaxágoras. É somente por essas experiências e por outras análogas que o problema do movimento entrou no mundo. É muito fácil, sem dúvida, recobrir o problema físico de um manto metafísico e descobrir sua essência nesta proposição: "que o cheio não pode acolher nada mais dentro de si" (cf. liv. III, cap. II, 6). Contudo, ninguém se sentiria incomodado por uma tal aporia enquanto o meio no qual os movimentos se executam, por assim dizer, sem resistência não tivesse sido reconhecido como cheio ou pelo menos como algo que não difere essencialmente do cheio.

o não-ser, poderia ser ao mesmo tempo finito e limitado? É por meio de considerações dessa natureza que se teria certamente preenchido uma eventual lacuna da doutrina de Parmênides, e essa restituição poderia reivindicar o mais alto grau de probabilidade interna. Mas não há lacuna a ser preenchida. O Eleata nos diz exatamente o contrário em termos que não permitem equívoco algum. A demonstração dessa parte de sua tese foi perdida ou pelo menos irremediavelmente mutilada, e não podemos mais saber como ele a defendia logicamente; mas não é impossível adivinhar em que ela era fundada psicologicamente. Já antecipamos um pouco essa explicação. O senso plástico, o gênio poético do heleno revoltaram-se contra a conclusão final que parece decorrer necessariamente de suas premissas. A isso acrescentava-se a circunstância de que, na tabela pitagórica das oposições, o ilimitado encontrava-se do lado do imperfeito. Além disso, por mais curioso que isso possa parecer, é quase incontestável que o inimigo jurado da aparência sensível foi vítima aqui de uma grosseira ilusão de óptica. Terá a pretensa esfera celeste que se curva acima da terra alguma relação com a forma esférica do único Ser verdadeiro? Mas outra pergunta oferece-se a nós: o Ser universal de Parmênides era somente matéria, apenas corpóreo e extenso? Seu autor, que colocava acima de tudo o rigor do raciocínio, teria deixado de lado o pensamento e a consciência no campo da simples aparência? Isso parece absolutamente inacreditável. Pelo contrário, tudo nos leva a admitir que, para ele, o real era ao mesmo tempo extenso e pensante; diríamos quase, como o faria mais tarde Spinoza, que ele considerava o pensamento e a extensão como os dois atributos de uma única substância. É verdade que nenhum trecho do que nos resta de seu poema didático vem corroborar essa opinião. Duas frases parecem, à primeira vista, autorizá-la: "O pensamento e o ser são uma única e mesma coisa" e mais adiante "O pensamento e aquilo a que se aplica o pensamento são idênticos"[214], mas em ambos os casos o contexto proíbe essa interpretação. Com certeza, essas frases significam somente que o ser verdadeiro é o único objeto do pensamento, que o pensamento não pode em nenhum caso aplicar-se ao não-ser. Contudo, na falta de informações diretas, de testemunhos irrefutáveis, o julgamento decisivo pode ser pronunciado pela evidência interna. A doutrina de Parmênides forneceu ao materialismo dogmático algumas de suas armas mais fortes, mas ele próprio não foi um materialista coerente. Se o fosse, como poderia ter sido considerado discípulo de Xenófanes? Como, se tal hipótese fosse verdadeira, seria compreensível sua posição no meio da escola de Eleia entre os panteístas Xenófanes e Melisso? E nesse caso Platão, o ardente adversário dos materialistas e dos ateus, teria chamado-o de "o Grande" e prestado-lhe uma homenagem que ele não presta a nenhum de seus predecessores em filosofia? Tudo isso deve parecer-nos verdadeiramente inacreditável, mas ainda que não o fosse o exemplo já citado de Spinoza e o paralelo com os filósofos hindus do Vedanta bastariam para dissipar todo vestígio de hesitação. O ser material de Parmê-

---

[214] [FVS 18 B 5; B 8, 34.]

nides era, sem dúvida alguma, ao mesmo tempo um ser espiritual. Ele era ao mesmo tempo matéria universal e espírito universal, infecundo enquanto matéria, porque não era capaz de nenhuma expansão, e impotente enquanto espírito, porque não era capaz de nenhuma energia.

V

Uma impressão de monotonia desesperadora depreende-se para nós desse sombrio edifício intelectual. Aquele que o construiu não a teria sentido também? Podemos supor que sim. Pelo menos, ele não ficou satisfeito com seu *Caminho da Verdade* e redigiu em seguida um suplemento no seu *Caminho da Opinião*, nas quais ele se situa, como diríamos em linguagem moderna, no campo do mundo fenomenal. Ao fazer isso, ele provocou um espanto sem limites num grande número de nossos precursores. Parecer-nos-ia muito mais espantoso se ele tivesse se privado disso; seria muito mais espantoso que um espírito impregnado pela ciência de seu século, que um espírito excepcionalmente inventivo e móvel tivesse se contentado em repetir sem cessar um pequeno número de sentenças, certamente cheias de consequência, mas finalmente com conteúdo magro e negativas na maioria. Ele sentiu-se impelido, ou, como diz Aristóteles[215], "forçado a levar em conta – ou explicar – os fenômenos". E tinha o direito de fazê-lo, pois mesmo se ele rejeitava a percepção dos sentidos como ilusória, nem por isso ele a expulsava do universo. Tanto antes como depois, ele via as árvores verdejarem, ouvia os riachos murmurar, aspirava o perfume das flores e apreciava o sabor das frutas. E tal como ele faziam-no também – ele não podia ter a menor dúvida a esse respeito – os outros homens e os animais, não somente num lugar e num momento dados, mas em todo lugar e em todas as épocas. Não lhe era proibido ultrapassar esses limites do espaço e do tempo. Quando ele falava do surgimento do gênero humano, da origem da terra ou das transformações do universo, ele podia pensar: "Todos esses fenômenos teriam se oferecido a meus semelhantes e a mim se já tivéssemos vivido outrora e em tal ou tal lugar". A *História natural e teoria geral do céu* de Kant precedeu sem dúvida a *Crítica da Razão Pura*, mas poderia muito bem ter vindo depois. Assim como a convicção de que o "objeto em si" é o único a possuir realidade objetiva não impediria o filósofo de Königsberg de fazer sair o sistema solar de uma nebulosa primitiva, tampouco a teoria do Ser ofereceria obstáculo ao ensaio cosmogônico do pensador de Eleia. Esse foi o ponto de vista no qual se situou Parmênides para escrever a segunda parte de seu poema didático, ou melhor, no qual ele teria se situado com plena e inteira consciência se tivesse entendido com perfeita clareza as distinções de que se trata aqui (objetivo e subjetivo, absoluto e relativo), se elas tivessem se tornado familiares ao seu espírito gravando-se nele por meio de

---

215   *Metaf.*, I 5, 986 b 31 [FVS 18 A 24].

uma terminologia apropriada. Mas não foi o caso, como nos prova sua maneira de exprimir-se, e antes de mais nada o termo grego que tivemos que traduzir como "opinião" (δόξα) mas que, na realidade, é elástico e comporta múltiplas nuanças, já que significa tanto a percepção dos sentidos (aquilo que aparece às pessoas) quanto a representação, a vista, a opinião (aquilo que lhes parece ser verdadeiro). O Eleata estava impedido pelos hábitos de pensamento e de linguagem de sua época de falar de verdade subjetiva ou relativa e de debatê-la com plena segurança. Portanto, o que ele expõe nas suas *Opiniões dos Mortais*[216] não são simplesmente as opiniões dos outros, mas também as suas próprias, na medida em que não repousam no fundamento inabalável de uma pretensa necessidade filosófica. Ele as oferece ao leitor avisando-o ao mesmo tempo para não acreditar inteiramente nelas; de fato, ele diz, sua exposição é uma "construção enganadora"[217] e a doutrina que ele desenvolve nela é apenas "plausível" ou aceitável, enquanto o conhecimento fundado na ideia ou na razão possui uma força de persuasão verdadeira. De acordo com o que ele diz na sua introdução solene, as duas partes de seu poema didático foram-lhe inspiradas por uma divindade. A segunda contém grande quantidade de teorias características que foram levadas a sério e uma parte das quais foi tida na mais alta estima por toda a Antiguidade; portanto, não se deve imaginar que ele a tenha escrito apenas para ressaltar por contraste sua "doutrina da verdade". Sem dúvida alguma, ele estava feliz de poder exibir dessa maneira a riqueza do seu saber: ele "não deve ser ultrapassado em instrução – ou em inteligência – por nenhum dos mortais"[218]; aliás, ele via nisso a vantagem, ao mesmo tempo em que satisfazia um desejo de seu coração, de mostrar aos seus compatriotas que ele não queria estar em oposição demasiado chocante com seus sentimentos e tradições. Assim como ele tinha se situado no campo dos fenômenos em matéria de ciência, em matéria de religião ele se situa no campo da fé popular, levando em conta as modificações trazidas a esta última pelas influências órficas[219]; ele introduz divindades tais como "a deusa que reina no centro do universo e governa o Todo" e "Eros, o primeiro deus criado". Em que medida essas divindades são personificações de forças e de fatores naturais? É o que permanece duvidoso. Aliás, não se enganará quem supuser que duas tendências se digladiavam na alma do poeta-pensador, como duas tendências se digladiaram em nossa época na de Fechner, quando, ao lado de sua *Teoria dos Átomos*, ele publicou suas *Vistas de Dia e de Noite* (*Tages-und Nachtansicht*).

---

216 [FVS 18 B 1, 30.]

217 [FVS 18 B 8, 52.]

218 [FVS 18 B 8, 61.]

219 Essa influência foi demonstrada por O. Kern, *De Orphei etc. theogoniis*, p. 52, e em *Archiv*, III 173. [Sobre o que segue, cf. FVS 18 B 12; B 13.]

A cosmogonia de Parmênides parte da hipótese de duas matérias primitivas, que lembram de modo surpreendente a primeira das diferenciações da matéria primordial de Anaximandro: de um lado o elemento sutil, luminoso e leve, do outro o elemento espesso, sombrio e pesado. O filósofo só pode compreender o nascimento do universo através da cooperação desses dois fatores, que ele chama diretamente de Luz e Noite; ele condena expressamente a suposição de uma matéria primitiva e única e a pretensão de abrir mão de uma segunda matéria, condenação que atinge as teorias de Tales, Anaxímenes e Heráclito, mas que visa sem dúvida, em primeira linha, ao último desses filósofos, principal inimigo daquele do qual tratamos. Em versos que não foram conservados, Parmênides descrevia o nascimento "da Terra, do Sol, da Lua que brilha com uma luz emprestada, do Éter comum, do Leite celeste, do Olimpo extremo [já conhecido por nós] e da força quente dos astros". Podemos com inteira certeza atribuir-lhe o conhecimento da esfericidade da Terra; ele é tido como o primeiro a divulgá-la em forma escrita; porém, concordando nisto com os primeiros pitagóricos, ele continuou a fazer do nosso globo o centro do universo[220]. Além disso, ele desenvolveu a teoria das diversas zonas da Terra, mas, induzido em erro provavelmente pelas falsas analogias com as zonas celestes, que ele transportava para o seu astro central, ele exagerou fortemente o tamanho das regiões tropicais, que ele acreditava serem inabitáveis por causa do calor excessivo. Ele dava às diferentes regiões do céu o nome de "coroas" e concebia-as na forma de círculos concêntricos que se envolviam sucessivamente e consistiam em parte de "fogo sem mistura" e em parte de misturas desse fogo com o elemento sombrio ou terrestre. Em matéria de filosofia natural, ele depende em parte de Anaximandro e em parte de Pitágoras. Já acreditamos uma vez ter constatado nele a influência da "tabela das oposições". Essa influência é reconhecida mais claramente na sua teoria da geração. Para ele, a diferença de sexo do embrião estava ligada à diferença de posição no ventre materno, e a oposição entre "masculino e feminino" coincidia com aquela entre direita e esquerda. Nessa mesma teoria manifesta-se também a tendência característica dos pensadores imbuídos de pitagorismo e posteriormente do espírito matemático, ou seja, de reduzir as diferenças de qualidade a diferenças de quantidade. Segundo ele, as relações de quantidade existentes entre o elemento gerador da fêmea, admitido por ele, como anteriormente por Alcmeão, e o elemento do macho explicam as particularidades de caráter dos seus descendentes, e sobretudo sua tendência sexual. Parmênides esforça-se igualmente, sob influência do mesmo princípio, para reduzir a diversidade mental dos indivíduos e a dos seus estados intelectuais sucessivos à proporção mais ou menos grande, nos seus corpos, dos dois elementos primordiais. Encontraremos em breve

---

[220] Sobre o universo de Parmênides, cf. H. Berger, *Geschichte der wissenschaftlichen Erdkunde*, 1ª ed., II 31 ss. [2ª ed., 202 ss.]. Matérias primordiais: FVS 18 B 8, 53 ss.; formação do mundo: 18 B 11; forma da Terra: 18 A 44; teoria das zonas: Estrabão, II 2, 2, p. 94 [cf. FVS 18 A 44 a]; coroas: 18 B 12; teoria da geração: 18 B 17-18, A 54; diversidade dos indivíduos: 18 B 16, A 46.

o mesmo ponto de vista em Empédocles, que foi levado por ele a uma modificação importante e verdadeiramente científica da teoria dos elementos. Quanto aos outros pontos de contato entre os dois filósofos, mencioná-los-emos mais tarde. Resta-nos formular nossa conclusão definitiva sobre o conjunto da obra de Parmênides, mas cremos dever reservá-la para quando tivermos passado em revista os representantes mais jovens da doutrina eleática[221].

---

[221] É instrutivo, para a compreensão de Parmênides e dos eleatas em geral, aproximar de suas doutrinas algumas das declarações de um filósofo que apresenta uma grande afinidade intelectual com eles, Herbart. Ele também leva absolutamente a sério o "caminho da opinião" e felicita Parmênides por ter separado inteiramente "a inevitável opinião sobre a natureza [...] da exposição da verdade" (*Werke*, I 226, Hartenstein). Algumas citações mostrarão ao leitor o quanto se justifica chamar os megáricos e seus predecessores eleáticos de herbartianos da Antiguidade: "Da proposição do §135 decorre imediatamente que ao Ser como tal não podem ser atribuídas determinações nem de espaço nem de tempo. Se o Ser fosse extenso, ele conteria uma pluralidade" etc. (*Werke*, I 223). Esta última frase é absolutamente zenoniana. No §135 mencionado acima, Herbart refere-se aos seus predecessores antigos, a respeito dos quais observa: "Os eleatas podem ser considerados os inventores dessa proposição metafísica fundamental: a qualidade do Ser é absolutamente simples e não pode de modo algum ser determinada por oposições internas".

Capítulo III

Os Discípulos de Parmênides

I. Melisso de Samos. Sua demonstração. A unidade confundida com a homogeneidade. O universo isento de pena e de sofrimento. O Ser ao mesmo tempo extenso e incorpóreo.

II. Zenão de Eleia. Suas "aporias".
O argumento do grão de painço.

III. Crítica do conceito de espaço. Aquiles e a tartaruga. Dificuldade do problema. A flecha e o argumento do hipódromo.

IV. Negação da pluralidade das coisas. As coisas ao mesmo tempo desprovidas de grandeza e infinitamente grandes. Crítica do conceito de matéria. Seu fundamento parcial. Decomposição espontânea da doutrina eleática do Ser. Distinção entre a ciência e a crença. Influência posterior do eleatismo.

I

Melisso é o *enfant terrible* da metafísica[222]. A inabilidade ingênua dos seus falsos raciocínios revela mais de um segredo que a arte mais refinada de seus sucessores soube guardar preciosamente. Por isso a curiosa e perpétua mudança de atitude de que fazem prova a seu respeito. Ora assustam-se com a afinidade que têm com ele e renegam seu grosseiro predecessor, mais ou menos como damos as costas aos membros da família que julgamos causar vergonha, ora ficam contentes de ver suas próprias teorias sustentadas numa data tão antiga; então dão tapinhas amigáveis nas costas do desastrado que iniciou a luta e esforçam-se, com toda espécie de interpretações, para limpar sua argumentação de suas máculas mais comprometedoras. É assim que Melisso é sucessivamente tratado de "bronco" e de "desajeitado", ou saudado como um pensador valoroso e digno de toda consideração; e esses juízos sucedem-se do modo mais variado desde Aristóteles[223] até o presente momento.

Já conhecemos o ponto de partida da doutrina de Melisso; também conhecemos o objetivo que ele perseguia, pelo menos na medida em que esse objetivo coincidia com o de Parmênides. Até onde sabemos, havia divergência em três pontos. Melisso conservava o atributo de extensão do Ser, mas despojava-o de todo elemento grosseiro e corpóreo; à infinitude no tempo ele acrescentava a infinitude no espaço; enfim, ele reconhecia no Ser uma vida afetiva isenta de toda pena, de todo sofrimento, e que podemos, consequentemente, considerar como um estado de felicidade perfeita[224].

---

[222] O pouco que sabemos sobre sua personalidade está em Dióg. L., IX 24 [FVS 20 A 1]. Apolodoro situa seu acme na 84ª Olimpíada. Trata-se evidentemente, e não o contestamos, do 4º ano dessa Olimpíada, a saber o ano 441, no qual Melisso obteve a vitória naval mencionada no texto. Aqui podemos ver o funcionamento do método de Apolodoro, que consiste em ligar um incidente pessoal a um evento histórico cuja data pode ser fixada com certeza. Nos outros casos, somos frequentemente obrigados a supô-la. Os restos da obra de Melisso *Sobre a natureza ou o Ser* foram conservados quase unicamente por Simplício nos seus comentários à *Física* e ao *De cælo* de Aristóteles, dos quais temos agora as edições muito melhoradas de Diels e Heiberg. Cf. também a dissertação de A. Pabst *De Melissi Samii fragmentis*, Bonn, 1889. As pesquisas de Pabst tornam no mínimo muito provável o fato de que somente uma parte desses fragmentos merece esse nome, enquanto nos outros as ideias de Melisso não foram restituídas com fidelidade literal.

[223] Aristóteles qualifica Melisso de "desajeitado" (φορτικός), *Física*, I 3. Melisso e Xenófanes são ditos "um pouco grosseiros" (μικρὸν ἀγροικότεροι) na *Metaf.*, I 5 [FVS 20 A 7].

[224] "Alguém já imaginou que estados de consciência Melisso pode ter atribuído ao seu Ser absoluto? Afinal, ele o concebia como consciente, já que lhe negava a pena e o sofrimento. Com isso ele visa, sem dúvida, atribuir-lhe a felicidade pura e inalterável." Eis o que escrevemos em janeiro de 1880, e pudemos logo em seguida acrescentar esta observação: "Enfim, é o que reconhece Fr. Kern na sua importante dissertação, importante também para a compreensão de Parmênides: *Zur Wurdigung des Melissos von Samos* (Festschrift des Stettiner Stadtgymnasiums zur Begrussung der 35. Versammlung deutscher Philologen etc.), Stettin, 1880". Se Melisso contentava-se com essas determinações negativas e proibia a si mesmo de celebrar seu Ser universal e bem-aventurado como tal, é porque obedecia sem dúvida a considerações de prudência. O homem que ocupava uma situação eminente na vida pública

Como se vê, ele realizou progressos consideráveis no caminho da abstração inaugurado por Parmênides; ele leva tão longe a volatização do universo que chega quase ao ponto de fazê-lo desaparecer totalmente e substituí-lo por um puro espírito. A esse respeito, Melisso situa-se entre os místicos, mas distingue-se da grande maioria dos do Oriente ou do Ocidente pelo esforço que faz – coroado de sucesso ou não – para apoiar-se não na simples luz interior ou intuição, mas numa demonstração rigorosa. Portanto, vamos considerar o andamento desta última, embora mal pareça possível fazer uma análise compreensível dela sem submetê-la ao mesmo tempo a um exame crítico. "Se nada é, como poderíamos falar disso como de algo que é?" Essas são as palavras que Melisso colocou no exórdio de seu livro, e é uma honra para ele ter tido a ideia de que o ponto de partida de sua exposição podia ser ilusório e ter tentado afastar essa possibilidade por meio de um argumento. Não queremos nos deter no exame de se esse argumento é concludente ou se não teria sido possível responder com razão que o conceito do Ser, no sentido rigoroso que é o único no qual ele pode suportar as consequências que são ligadas a ele aqui, talvez repousa realmente numa ilusão do espírito humano, o qual Melisso, precisamente, declarou estar sujeito a tantas ilusões. "O que existe", diz ele em seguida, "era por toda eternidade e será por toda eternidade. Pois se tivesse nascido, ele deveria necessariamente, antes de nascer, ter sido nada. Mas se um dia ele foi nada, temos o direito de dizer que nada nunca pode sair do nada. Portanto, se ele não nasceu, e no entanto é, é porque ele era por toda eternidade e será por toda eternidade: ele não tem começo nem fim, mas é infinito. Pois se tivesse nascido, ele teria um começo (pois, tendo nascido, ele teria começado em algum momento) e um fim (pois, tendo nascido, ele terminaria em algum momento). Mas se ele nunca começou e nunca terminou, se ele sempre foi e sempre será, então ele não possui nem começo nem fim. Aliás, é impossível que uma coisa seja eterna se não encerrar tudo em si." Para prevenir qualquer mal-entendido, é necessário citar ainda dois fragmentos curtos: "Porém, assim como ele é para sempre [o Ser], assim também ele deve ser para sempre infinito em grandeza" e depois "O que tem um começo e um fim não é nem eterno nem infinito".

Quem não enxerga aqui o salto mortal que Melisso arrisca da infinitude do tempo para a do espaço? Aristóteles já havia chamado a atenção para isso com muita razão e com a insistência necessária[225]. Contudo, eis o que há de mais espantoso e mais notável nessa demonstração. Aquilo que realmente tem necessidade de prova é suposto como evidente por si mesmo, ou pelo menos sua prova deve ser lida entre as linhas; ao contrário, aquilo que é verdadeiramente evidente por si mesmo porque é tautológico

---

de sua pátria tinha ainda mais razões que outros filósofos para não ofender as suscetibilidades religiosas de seus concidadãos. É evidentemente por isso que ele preferia não atribuir diretamente à sua Unidade universal a felicidade dos deuses populares (μάκαρες θεοί), mas contentava-se em sugeri-la indiretamente. [Sobre o que segue, cf. FVS 20 B 1 parafraseado e B 1-4.]

225 Arist., *Sophist. elench.*, cap. 5, 107 b 13, e *Física*, I 3, 186 a 10 [FVS 20 A 10]. Sobre o que segue, cf. FVS 20 B 5-7 e B 9.

é desenvolvido nas formas rigorosas de uma argumentação prolixa até a exaustão. À primeira categoria pertence a tese "O que nasceu deve perecer", muito menos provada que afirmada por esta pequena frase incidente: "Pois se nasceu, terminaria em algum momento". De resto, essa proposição, que não é nem mais nem menos que a generalização compreensível da experiência, não poderia, falando-se propriamente, ser provada. À mesma categoria pertence também esta tese, igualmente derivada da experiência: "Apenas aquilo que não tem nada fora de si pelo que poderia ser comprometido ou destruído pode ser eterno", ideia que devia estar presente ao espírito do nosso filósofo, pois não se pode imaginar uma outra defesa dessa afirmação de que somente o Todo pode pretender à eternidade. Tampouco é provada a proposição que forma a base de toda a argumentação: "Nada nunca pode sair de nada". Aqui o metafísico tomou algo emprestado aos físicos, o princípio essencial da doutrina da matéria, princípio oriundo de constatações de fato, confirmado mais e mais pelo progresso da observação, mas que nunca poderá ser deduzido das necessidades do pensamento. Ao contrário, vemos surgir as formas rigorosas da demonstração, vemos Melisso tirar consequências e conclusões ali onde, na verdade, ele não prova nem conclui o que quer que seja, mas só faz dar outra roupagem às suas assertivas: "O que começa tem um começo; o que termina tem um fim; o que não começa nem termina não tem começo nem fim; o que não tem começo nem fim é infinito". Isso equivaleria a dizer que essa pretensa série de raciocínios não denota nenhum progresso do pensamento? Não exatamente, mas se ela não deixa de avançar, se ela rompe o círculo vicioso da tautologia, ela o deve exclusivamente à equivocidade ou à ambiguidade da linguagem, que substitui sem que percebamos o começo e o fim no *tempo* pelos termos correspondentes no *espaço*. Desse modo, podemos ver no conjunto desse trecho um modelo, uma obra-prima de demonstração *a priori* que repudia todo apelo à experiência. Se o realizador de uma demonstração como essa não quiser chegar ao final num despojamento tão completo quanto o do início, ele precisa encher seu bolso vazio no meio do caminho. Portanto, ele apoderar-se-á de todas as presas que se oferecerem a ele, tanto vãs quimeras quanto produtos substanciais da experiência. Ele encontrará um cúmplice desse contrabando intelectual na equivocidade, que preenche com conteúdo novo e sempre enriquecido os velhos invólucros das palavras. Uma parte dessa mercadoria suspeita ofuscará nossos olhos graças ao brilho emprestado com o qual a revestirão as pretensas necessidades orgulhosas da razão; o resto escapará aos nossos olhares dissimulando-se por trás de presunções tácitas ou parênteses insidiosos.

Tendo assim adquirido a noção de infinitude do Ser no espaço, Melisso deriva dela a *unidade* deste: "Pois se houvesse dois seres, o Ser seria limitado por outra coisa". Em outras palavras: o que é ilimitado no espaço não pode ser limitado ou confinado por outro elemento extenso. É uma proposição tão incontestável quanto estéril. Ela só se torna fecunda no momento em que a equivocidade entra em jogo e transforma o atributo da quantidade no da qualidade. Do *um* saem imediatamente a *uniformidade* e a *homogeneidade*. Por meio desses conceitos, tiram-se a respeito do caráter do Ser conclusões com valor exatamente igual ao deste raciocínio: um dado deixa de ser *um* assim que suas seis faces não são mais pintadas com a mesma cor. Mas ouçamos o próprio filósofo de Samos: "Assim, portanto, ele [o Ser] é eterno, infinito, uno e absolutamente homogêneo; e ele não pode se aniquilar, nem tornar-se maior, nem sofrer uma transformação cósmica; ele tampouco sente pena ou sofrimento, pois se estivesse sujeito a qualquer uma dessas coisas ele não seria mais um". Da demonstração detalhada dessas proposições, contentar-nos-emos em ressaltar alguns pontos. A impossibilidade de toda "mudança" baseia-se no fato de que, quando o Ser deixa de ser homogêneo, o que existe deveria transformar-se em nada para dar lugar ao não-ser. A homogeneidade, portanto, estende-se não somente, segundo Melisso, aos estados simultâneos, mas aos estados sucessivos do Ser, e essa extensão da ideia é motivada pelo fato de que a impossibilidade do nascimento e da destruição não se limita à existência do Ser, mas estende-se à sua natureza. Essa passagem do "que" ao "como" já nos é conhecida; a novidade para nós é apenas o argumento no qual ela se baseia: a perda de propriedades antigas e a aquisição de propriedades novas são assimiladas a uma destruição do Ser precedente e a um nascimento do não-ser. Mas a ideia seguinte não deixa de ser inesperada: "Se o todo se modificasse em dez mil anos da largura de um cabelo, ele pereceria no curso da duração inteira". O que surpreende aqui é não somente a grandeza da perspectiva, que contrasta tão fortemente com o horizonte limitado das antigas e pueris representações cosmogônicas e mitológicas. Melisso também se apropriou da doutrina, desenvolvida sobretudo por Xenófanes em suas especulações geológicas, da totalização dos fenômenos mais ínfimos que resulta em efeitos imensos, e isso é uma grande honra para ele, embora o rigor do seu raciocínio tenha sofrido um pouco nessa ocasião. De fato, o que significam as conclusões tiradas dos fatos experimentais num método que declara guerra a toda experiência? Encontramos ao mesmo tempo o mesmo emprego e a mesma generalização ilegítima dos resultados da experiência no raciocínio destinado a provar que o Ser é isento de pena e de dor: "Ele tampouco sente dor alguma, pois é impossível que ele seja *absolutamente* preenchido pela dor, já que o objeto que seria preenchido de dor não poderia durar eternamente. Aliás, o objeto que sente dor não tem a mesma natureza que aquele que é são; por conseguinte, se ele sentisse uma dor [parcial], ele não seria mais homogêneo. Aliás, ele só poderia sentir dor se perdesse uma parte de si mesmo ou se crescesse, e então [pelo mesmo motivo] ele não seria mais homogêneo. Também é impossível que aquilo que é são sinta dor, pois então aquilo que é são e aquilo que é pereceria, e veríamos surgir o não-ser. No que diz respeito à mágoa [a palavra grega significa aflição, tristeza da alma], a prova é a mesma que a da dor". Alguns dos paralogismos que se encontram aqui já são conhecidos dos leitores e não é necessário assinalá-los particularmente. O que impressiona é a analogia tirada desse fato da experiência: que a dor é um fenômeno concomitante de um distúrbio interior e que este, com muita frequência pelo menos, é o prenúncio da dissolução; Melisso transporta esse fato, emprestado do organismo animal, para o Ser absoluto, que se parece tão pouco com aquele. No que segue, ele parece ter esquecido uma das causas mais ordinárias da dor corporal, ou seja, os distúrbios das funções, e seu olhar dirigiu-se evidentemente às causas mais manifestas, isto é, a perda dos membros e a formação de excrescências patológicas. Imagina-se em vão como ele teria modificado sua demonstração para aplicá-la à segunda parte da sua tese e provar que o Ser não está sujeito a nenhuma mágoa, a nenhum sofrimento psíquico; poder-se-ia quase supor que a dificuldade da empreitada desviou-o deste. Quanto à possibilidade do movimento do Ser, ele a combate com o argumento que já empregava Parmênides. Sem espaço vazio não há movimento – é o que haviam visto e reconhecido os físicos; ora, o vazio é nada, e um nada não pode existir. Nosso filósofo também recusa ao Ser a diferença de densidade referindo-se à sua homogeneidade, que ele crê já ter demonstrado.

Chegamos à última parte da doutrina de Melisso, que é também a mais difícil. Ele admitia, como vimos à saciedade, que o Ser era extenso no espaço; então como explicar que ele lhe recusasse a corporalidade? Ele o faz nos seguintes termos: "Já que o Ser é uno, ele não pode possuir corpo, pois se ele possuísse espessura ele se dividiria em partes e, por conseguinte, não seria mais uno". É verdade que Parmênides também disse de sua essência primordial que ela "não era divisível". Mas nada nos obriga a supor que ele lhe tenha atribuído a forma esférica e que, por um contrassenso manifesto, ele lhe tenha ao mesmo tempo negado a posse de partes. Acreditamos ter razões para crer que, com isso, ele não negava a possibilidade de uma divisão ideal, mas somente a de uma divisão de fato. A indivisibilidade do Ser concebida nesse sentido é apenas um caso especial da impossibilidade de movimento que lhe atribuía Parmênides. No que diz respeito a Melisso, não se pode recorrer a essa escapatória porque ele contesta expressamente não a separabilidade, mas a própria existência de partes. Ninguém afirmará a sério que por "espessura" ele queria dizer somente a terceira dimensão do espaço e que, por conseguinte, para ele o Ser tinha apenas duas dimensões e reduzia-se a uma simples superfície. Afinal, não somente uma tal ideia é estranha a toda a Antiguidade, mas está em contradição com o fato de que o espaço inteiro é preenchido pela essência primordial de Melisso. Resta apenas uma opção: admitir que Melisso não identificou a plenitude do espaço com a corporalidade e que ele quis limpar de todo materialismo grosseiro o seu Ser universal, presente em toda parte e perfeitamente feliz. Essa concepção, que não podemos, por causa de sua obscuridade, precisar de modo mais nítido, não carece de paralelos, mesmo nas épocas mais modernas: basta pensar na identificação, renovada muito recentemente, entre o espaço e a divindade. A doutrina seria sem dúvida mais compreensível e em todo caso mais coerente se o pensador de Samos, ao basear-se nos motivos que acabamos de citar, tivesse recusado ao seu Ser tanto a categoria do espaço como a do tempo. Pois a unidade, concebida absolutamente, não tolera nenhuma coexistência e nenhuma sucessão. Assim que esquecemos que só conhecemos relativamente os conceitos de número, e entre eles também o da unidade – a árvore é uma unidade ao lado das outras árvores da floresta, uma pluralidade com relação aos seus galhos, assim como estes o são uns com relação aos outros e com relação às suas folhas, etc. –, e que levamos plenamente a sério a unidade assim entendida, lançamo-nos num caminho que não leva a nada menos que ao completo "esvaziamento" não apenas da existência material, mas também – dada a sucessão no tempo dos estados de consciência – de toda existência espiritual. Nesse momento, a unidade, desprovida de todo conteúdo, transforma-se em puro nada. Teremos a seguir que tratar da história de uma transformação desse tipo, que fez sair da ontologia ou doutrina do Ser dos eleatas o niilismo ou doutrina do Nada.

II

Apesar de tudo que podemos criticar nos métodos de Melisso e nos resultados aos quais eles o conduzem – e não deixamos de criticá-lo –, resta-lhe um título de glória que não pode ser negado. O valoroso almirante era um pensador de tranquila ousadia. Ele segue o curso de suas meditações sem preocupar-se em saber se será saudado no fim com vaias ou aplausos. Por mais grosseiros que sejam os paralogismos que precisamos lhe imputar, não temos o menor motivo para crer que ele tenha enganado de propósito. Tudo leva a supor, ao contrário, que ele mesmo foi ludibriado por seus erros. Essa grande e leal coragem filosófica é a melhor herança que Xenófanes deixou para sua escola; ela caracterizava também o poderoso campeão da crítica que vamos considerar agora, Zenão de Eleia. Era um belo homem, de porte notável; amigo íntimo de Parmênides, era um quarto de século mais jovem que ele e, como ele, teve participação na vida política[226]. Uma conjuração à qual ele se afiliou e cujo objetivo era derrubar um usurpador provocou sua morte. Esta foi precedida por um cruel martírio, que ele suportou com uma constância celebrada por seus contemporâneos e pela posteridade. Zenão manejou desde a juventude as armas da dialética, obedecendo nisso à inclinação de sua natureza combativa e à necessidade de exercitar suas impressionantes aptidões. Seu talento foi despertado pela necessidade de defender-se. A doutrina da unidade de Parmênides havia provocado em toda a Grécia gargalhadas estrondosas. Menos de dois séculos atrás, por ter negado a matéria, o bispo Berkeley foi saudado com a mesma

---

[226] Sobre Zenão cf. Dióg Laércio, IX 25-29 [FVS 19 A 1]. Diógenes, ou melhor, Apolodoro, situa seu acme na 79ª Olimpíada, enquanto Platão (ver acima) diz que ele era aproximadamente 25 anos mais jovem que Parmênides, cujo acme é fixado na 69ª Olimpíada. Ambas indicações podem muito bem basear-se na verdade, pois, conforme observamos acima em nossa nota sobre Melisso, e já antes a respeito do método de Apolodoro, não temos razão alguma para supor que aos diferentes acmes correspondem necessariamente diferenças iguais ou mesmo aproximadamente iguais de idade. Falaremos mais adiante da discussão crítica à qual Zenão submeteu a doutrina de Empédocles (ἐξήγησις τῶν Ἐμπεδοκλέους em Suidas, no verbete Ζήνων [FVS 19 A 2]). Frequentemente, mas sem razão, duvidou-se que Zenão tenha, como seu mestre Parmênides, exposto doutrinas referentes à filosofia natural. O título de uma obra *Sobre a natureza* (Suidas, *ibid.*) e sobretudo as proposições que lhe são atribuídas em Diód. L. (IX 29) provam que essas questões o interessaram. As principais fontes das quais tiramos o conhecimento de seus argumentos são: Arist., *Física*, IV 1, IV 3, VI 2 e sobretudo VI 9, bem como os comentários de Simplício a esses trechos [FVS 19 A 22-28].

zombaria e o mesmo desprezo. Não era preciso mais do que isso para engajar Zenão na luta. Ele queria vingar-se e vingou-se. "Ele deu o troco aos caçoadores", diz Platão, "e até acrescentou alguma coisa"[227].

Ele disse-lhes mais ou menos o seguinte: "Escarneceis de nós porque rejeitamos todo movimento como ridículo e impossível; tratais-nos de loucos porque tratamos os sentidos de mentirosos; porque, na multiplicidade das coisas, vemos apenas uma vã ilusão, atirais pedras sobre nós. Tomem o cuidado de não morar numa casa de vidro". Logo em seguida ele pôs-se a esvaziar sobre eles sua aljava de polemista, cheia de setas afiadas. Sua dialética flexível e ligeira tirou dela, um depois do outro, a série de sutis argumentos que provocaram o desespero de tantas gerações de leitores e nos quais mais de um espírito possante – basta mencionar aqui Pierre Bayle[228] – encontrou obstáculos que foi incapaz de superar. Examinemos os principais.

Pegamos um grão de painço e o soltamos. Ele cai no chão silenciosamente. Fazemos o mesmo com um segundo, um terceiro e sucessivamente com cada um dos dez mil grãos que o tonel continha. Depois reunimos esses grãos, colocamo-nos de volta no tonel e viramo-lo. A queda dos grãos é acompanhada por um grande barulho. Como pode ser, pergunta Zenão, que as dez mil quedas silenciosas, reunidas, formem uma queda tão ruidosa? Não é inexplicável que a soma de dez mil zeros não é igual a zero, mas produz, ao contrário, uma grandeza perceptível, e até nitidamente perceptível? Existe aí, como nós também cremos, uma séria dificuldade, que não se pode resolver sem ter examinado mais de perto a natureza do fenômeno em questão[229]. Esse exame mais aprofundado não foi feito na época de Zenão e a "aporia" ou embaraço do Eleata teve o grande mérito de tornar visível essa lacuna para todos os espíritos pensantes. Ela exige, por assim dizer, uma psicologia da percepção pelos sentidos. Enquanto as propriedades sensíveis forem consideradas qualidades puramente objetivas das coisas, a aporia é insolúvel. Mas encontra-se a solução a partir do momento em que se considera o ato da percepção e se percebe o caráter sempre complicado, e amiúde extremamente complicado, que apresenta esse fenômeno tão simples em aparência. Do mesmo modo, primeiramente precisamos conceber a ideia de que, nisso como em outras coisas, um gasto de força não se perde e seu valor não é igual a zero, embora não seja seguido de um efeito perceptível. Um exemplo destacará essas duas verdades. Com sua pequena mão, uma criança tenta puxar a corda de um sino. Ela não imprime ao sino um movimento perceptível. Se muitas crianças acrescentarem suas mãos à sua, seus esforços reunidos conseguirão talvez fazer balançar o sino com o badalo. Se o número de mãos for dobrado ou triplicado, será suficiente para fazer bater o badalo

---

[227] *Parmênides*, 128d. Platão descreve no *Fedro*, 261d [FVS A 12-13], a impressão desconcertante que produziam os discursos de Zenão.

[228] Pierre Bayle, *Dictionnaire historique et critique*, IV 536, ed. de 1730 (no verbete "Zenão").

[229] Aristóteles faz alusão a essa aporia na *Física*, VII 5, e ela é desenvolvida na nota de Simplício a esse trecho na forma de um diálogo entre Zenão e Protágoras [FVS 19 A 29].

contra o metal, mas o choque talvez não será forte o bastante e o deslocamento de ar causado por ele talvez não será poderoso o bastante para produzir em nosso aparelho auditivo as modificações físicas das quais resulta a percepção de um som. O gasto de força suficiente para isso pode ainda ser inferior à força necessária para realizar o efeito fisiológico que chamamos de excitação do nervo auditivo. Além disso, essa excitação pode ocorrer, mas não com o grau de intensidade requerido para produzir no órgão central o fenômeno decisivo que depende da excitação nervosa. Enfim, esse fenômeno pode até se realizar, mas não com o vigor suficiente para transpor o limiar da consciência à impressão psíquica que corresponde a ela. Cabe também levar em conta a cada vez o nosso estado psíquico geral. Quando o sono envolve nossos sentidos ou nossa atenção está voltada para outra coisa, a resistência a vencer é maior que em condições diferentes e mais favoráveis. Se o resultado final não ocorre, isso não prova absolutamente que algum dos atos intermediários – dos quais fizemos certamente uma lista demasiado curta – não era capaz, por si mesmo, de contribuir para a sua aparição. Não podemos sequer afirmar isso a respeito do primeiro esforço, tão perfeitamente estéril em aparência, da pequena mão da criança; ele não contribuiu com seu quinhão para diminuir a resistência que somente a quantidade acrescida de mãos acabou por vencer? Contudo, não poderíamos exigir legitimamente num tal caso que cada unidade da força inicial produzisse a centésima parte do resultado final obtido por cem unidades do mesmo tipo. Uma roda dentada pode ter uma polegada ou noventa e nove polegadas de raio sem nem por isso engatar-se na roda dentada vizinha; é preciso que seu raio seja de pelo menos cem polegadas para que ela atinja a roda colocada a essa distância do seu centro e transmita a série de efeitos que dependem da rotação dessa segunda roda. Acontece o mesmo com essa segunda roda com relação a uma terceira etc. A presença ou ausência dessa última polegada decide a execução ou não-execução do trabalho final da máquina. É a essas considerações e outras análogas que levaria o "embaraço" de Zenão. A teoria correta da percepção sensível é mais ou menos contemporânea desse filósofo; depois dele, sabe-se que a percepção não é um simples reflexo de propriedades objetivas, mas o resultado de uma ação do objeto sobre o sujeito, e que esse resultado é garantido por uma longa cadeia de atos dependentes uns dos outros. Não é evidente que a "aporia" da qual acabamos de falar tão longamente pode reivindicar uma parte dessa descoberta fecunda, cujos efeitos benfazejos não deixaram de se disseminar muito longe?

III

Chegamos agora às famosas aporias relativas ao movimento no espaço. Primeiramente, Zenão submeteu o próprio conceito de espaço a uma crítica que não tinha nada de particularmente penetrante. Se cada ser, cada objeto real encontra-se no espaço, o próprio espaço, a menos que seja desprovido de realidade, deve encontrar-se no espaço, ou seja, num segundo espaço; este, pelo mesmo motivo, num terceiro espaço, e assim por diante ao infinito. Assim, não nos resta outra escolha senão admitir essa consequência extravagante ou negar a realidade do espaço. Seria conceder uma honra demasiado grande a Zenão aproximar da sua a crítica exercida por Kant e outros modernos sobre a ideia de espaço e pretender que o filósofo grego a havia antecipado. Podemos perfeitamente traduzir a palavra grega que designa o espaço (τόπος) pela nossa palavra "lugar" sem influenciar em nada o conteúdo do raciocínio. Todo objeto está situado num lugar; esse lugar, se é real, deve estar situado em outro lugar, etc. E a aporia que Zenão aplica à situação das coisas poderia muito bem ter sido aplicada à sua existência. Tudo que é real ou existe possui existência; sob pena de ser pura quimera, esta última também deve possuir existência, etc. Isso porque nos encontramos aqui na presença de uma tendência profundamente conforme ao gênio da língua: como empregamos substantivos para designar as abstrações de toda espécie (energias, propriedades, estados, relações), somos levados a medir os conceitos abstratos com a mesma medida que os objetos concretos. Um dado conceito deveria ser uma espécie de objeto ou não ser. Conforme ele passasse nessa prova ou não, ou mais exatamente, conforme se acreditasse poder renunciar ou não à sua existência, ele era ou relegado ao domínio da fantasia ou então – é o caso muito mais frequente – ele era concebido como concreto, considerado, por assim dizer, como o espectro de um objeto. Essa aporia tem a vantagem de colocar diante dos nossos olhos, de nos fazer ver claramente essa incômoda tendência do espírito humano, origem de erros e ilusões tanto mais funestos que é quase impossível desenraizá-los, e também de nos avisar de sua influência mostrando-nos as consequências absurdas que decorrem dela.

Incomparavelmente menos elementares são as objeções formuladas por Zenão a respeito do próprio movimento. Todos conhecem o problema de Aquiles e da tartaruga. O herói que personifica a velocidade e o animal que se tornou o símbolo da lentidão desafiam-se para uma corrida. O estranho é que é difícil para nós compreender como o filho de Tétis pode alcançar ou ultrapassar seu adversário! Aquiles – este é o dado do problema – concede a dianteira à tartaruga e corre dez vezes mais rápido que ela; portanto, enquanto ele percorre a distância que concedeu, digamos um metro, a tartaruga avança um decímetro; enquanto ele percorre esse espaço, ela avança um centímetro; enquanto ela a segue até aí, ela percorre um milímetro, e assim por diante ao infinito. Vemos os dois concorrentes aproximarem-se cada vez mais, mas é impossível compreender como será transposto o mínimo de distância que os separa: por conseguinte, a conclusão do problema é que Aquiles nunca alcançará a tartaruga. É grande o espanto dos leigos em matemática quando aprendem que, tirando sua conclusão final, essa demonstração é absolutamente aprovada por todos os especialistas nessa ciência. De fato, Aquiles dos pés ligeiros não alcançará sua concorrente da carapaça pesada em nenhum dos pontos que acabamos de indicar, nem quando ela terá percorrido um décimo, nem quando ela terá percorrido um centésimo, um milésimo, um décimo de milésimo, um centésimo de milésimo, um milionésimo etc. do segundo metro da pista! Mas ele a alcançará – basta um cálculo muito simples para nos convencer – no instante em que ela tiver percorrido a nona parte dessa distância[230]. De fato, enquanto ela avança um nono de metro, Aquiles percorre $10/9 = 1\ 1/9$m. A progressão infinita: $1/10 + 1/100 + 1/1\,000 + 1/10\,000 + 1/100\,000$ etc. nunca ultrapassa o valor de um nono. Ou, para dar ao problema e à sua solução uma forma geral: se as duas velocidades estiverem numa relação de n:1, os dois adversários não se alcançarão em nenhum dos pontos da série: $1/n + 1/n^2 + 1/n^3 + 1/n^4...$; mas essa progressão infinita encontra-se compreendida na grandeza finita $1 \div (n-1)$. Até aqui tudo está em ordem. Uma grandeza pode ser divisível ao infinito sem por isso deixar de ser uma grandeza finita. Divisibilidade infinita e grandeza infinita são dois conceitos muito diferentes, por mais que seja fácil confundi-los[231]. Também é fácil explicar a aparência de intervalo que sempre separa os dois competidores diante do nosso olho intelectual. A faculdade que temos de conceber os espaços extremamente pequenos é muito limitada. Chegamos muito rapidamente ao ponto que nossa força de imaginação não consegue mais superar. Portanto, enquanto diminuímos cada vez mais, por meio da linguagem, a menor unidade de espaço que podemos conceber, enquanto falamos de centésimos de milésimo e de milionésimos de metro ou de pé, nossa imaginação enxerga, na realidade, sempre a mesma unidade de espaço, a menor que ela consegue apreender. A cada nova divisão, essa unidade reaparece diante dos nossos olhos, apesar de todos os esforços que fazemos para aproximá-la de zero.

Mas todas essas explicações bastam, na verdade, para resolver completamente e definitivamente a dificuldade percebida e tão brilhantemente exposta por Zenão? O poderoso atleta da dialética facilitou a resposta a essa pergunta dando à sua aporia uma segunda forma, despojada de todo artifício. Como podemos, pergunta ele, percorrer um determinado espaço? Com efeito, é preciso, antes de atingir a meta, que percorramos a metade da distância, depois a metade da metade que resta, ou seja, um quarto; depois novamente a metade do quarto que resta, isto é, um oitavo, depois um dezesseis avo, um trinta e dois avo, etc., até o infinito. A resposta comumente dada é a seguinte: para percorrer um espaço infinitamente divisível, é preciso nem mais nem menos que um tempo igualmente divisível ao infinito. Se lhe dermos o alcance que ela realmente tem, essa resposta é exata. Mas esse alcance não vai muito longe, pois a dificuldade que resulta da questão assim colocada reside também na relação de uma progressão infinita com uma grandeza finita. Sem dúvida, os matemáticos asseguram e provam que a progressão que resulta aqui da divisão por 2, como aquela que resultava acima da divisão por 10, não ultrapassa o valor de uma quantidade finita. Assim como a primeira $(1/10 + 1/100 + 1/1\,000...)$ não ultrapassa o valor de 1/9, a segunda

---

[230] Sobre o que segue, cf. Friedrich Uberweg, *System der Logik*, 3ª ed., 409.

[231] É nessa confusão entre divisibilidade infinita e grandeza infinita que Stuart Mill (*Examination of Sir William Hamiltons philosophy*, 3ª ed., 533) vê o cerne da aporia. É o mesmo julgamento que fizera Aristóteles, cf. *Física*, VI 2, 233 a, 21 ss. [FVS 19 A 25].

(1/2 + 1/4 + 1/8...) não ultrapassa o valor de 1. E isso não é difícil de compreender, mas o que nos deixa perplexos é a garantia que eles dão em seguida e que é a única que satisfaz no caso em tela, a saber que tanto uma quanto a outra dessas progressões infinitas atinge realmente a quantidade finita de que se trata. Percorremos com um passo uma distância qualquer e não ficamos nem um pouco surpresos ao ouvir dizer que essa distância é divisível ao infinito. Mas façamos o contrário, procedamos não analiticamente, mas sinteticamente, e tentemos construir a quantidade finita por meio dessa suposta infinitude de partes. Não falta sempre alguma coisa, por menor que seja, para que a quantidade finita fique completa? Será possível esgotar o inesgotável? Aqui a matemática resolve o problema desprezando os valores infinitesimais que encerram as progressões, assim como ela os despreza na transformação de uma fração decimal periódica em fração ordinária. São artifícios legítimos que contribuem em grande medida para o progresso das ciências, mas nos quais se crê enxergar a confissão da impossibilidade em que nos encontramos de penetrar a fundo no conceito de infinito. É, pelo menos a nosso ver, contra esse conceito, e não contra o fato empírico do movimento, que se dirigem na realidade, e totalmente contra a vontade dos seus autores, as aporias que acabamos de discutir.

As duas últimas aporias relativas ao problema do movimento nos farão descansar das fadigas e perplexidades intelectuais que sofremos com as duas primeiras. A terceira não chegou até nós numa forma muito clara, mas cremos poder exprimi-la como segue: uma flecha solta-se da corda do arco; ela mede um pé de comprimento e percorre dez pés por segundo. Não temos, portanto, o direito de dizer que, a cada décimo de segundo, ela ocupa um espaço igual ao seu comprimento? Mas ocupar um espaço equivale a estar em repouso; e como dez estados de repouso poderiam, ao integrar-se, gerar um estado de movimento? O problema poderia também ter tomado a seguinte forma, ainda mais caprichosa: um objeto move-se no espaço em que está ou naquele em que não está? Nem em um nem no outro, pois estar num espaço e ocupá-lo é estar em repouso; por outro lado, um objeto não pode nem agir nem sofrer ação no espaço em que não está. Aqui cabe responder simplesmente que a hipótese é insidiosa, mas falsa; um corpo sempre em movimento não ocupa, mesmo nas menores unidades de tempo que seja possível conceber, um espaço único, ele está *sempre* passando de uma parte do espaço para outra. No entanto, essa aporia tampouco carece de valor, pois obriga-nos a formar e manter rigorosamente a ideia da continuidade[232]. A dificuldade resulta da

---

[232] A respeito do conceito de continuidade e do seu contrário, cf. as excelentes observações de Ernest Mach (*Prinzipien der Wärmelehre*, p. 76 ss.). Para ele, esse conceito é "uma ficção que é apenas cômoda e de modo algum nociva". As proposições seguintes são diretamente aplicáveis às demonstrações de Zenão: "Embora possamos dividir ao infinito o número que serve para exprimir a distância sem nunca encontrar dificuldade, o mesmo não ocorre quando se trata da própria distância. Tudo que *parece* contínuo pode perfeitamente ser decomposto em elementos separados se estes forem suficientemente pequenos comparados às menores medidas que empregamos na prática, ou seja, suficientemente numerosos". Não temos o direito de lembrar aqui o cinematógrafo, que dá a uma

falta de delimitação precisa dessa ideia, da confusão entre a continuidade de um lado e uma totalidade de unidades descontínuas do outro, oposição que encontraremos em breve numa outra forma.

A quarta aporia refere-se à rapidez do movimento, e o mais simples é talvez representá-la como segue, modernizando o antigo hipódromo. Três vias paralelas sustentam três trens de comprimento igual. O primeiro, A, está em movimento; o segundo, B, em repouso; o terceiro, C, move-se no sentido contrário ao do A, mas com velocidade igual. O tempo necessário para A chegar no final de B será, como todos compreendem, o dobro do que precisará para chegar ao final de C. Porém, se perguntarmos com que velocidade A avançou, seremos obrigados a dar respostas contraditórias, conforme nos refiramos ao trem C, que também se movia, ou ao trem B, que estava imóvel. Pode-se evidentemente objetar que a segunda forma de medir é a única normal, que a empregamos na imensa maioria dos casos e que somos obrigados a empregá-la todas as vezes que se deve determinar o gasto de força necessário para obter tal ou tal velocidade. Zenão responderia: "Dá na mesma, a verdade e o erro não são questão de maioria ou minoria; basta poder referir-me a exemplos como o precedente, no qual se pode sustentar com razão que a massa em movimento percorreu o mesmo caminho no tempo inteiro ou na metade desse tempo. Se a medida do movimento no tempo é somente relativa, como o próprio movimento poderia ser algo absoluto, puramente objetivo, e por conseguinte real?"[233].

IV

O duplo raciocínio seguinte tinha por finalidade provar que nossos sentidos nos enganam ao afirmar a multiplicidade das coisas[234]. De fato, se admitirmos essa pluralidade, seremos levados a duas consequências que se excluem reciprocamente. As coisas, sendo múltiplas, seriam ao mesmo tempo desprovidas de grandeza e infinitamente grandes. Desprovidas de grandeza pois elas não seriam múltiplas se cada uma delas não representasse uma unidade. Uma verdadeira unidade não pode ser divisível. No entanto, uma coisa permanece divisível enquanto contiver várias partes. Ela contém partes a partir do momento em que é extensa. Portanto, se ela deve possuir uma verdadeira unidade, ela deve ser privada de extensão, logo, de grandeza. Porém, por outro lado, os objetos

---

série limitada de momentos de um fenômeno a aparência de uma continuidade completa no tempo? E se a realidade, no que tange ao tempo (e talvez também ao espaço), produzisse exatamente o mesmo efeito que esse aparelho?

[233] O espírito sutil dos chineses fornece equivalentes curiosos ao que se chama de sofismas dos erísticos, em especial o de "Aquiles e a tartaruga" de Zenão. Cf. H.-A. Giles, *Chuang-Tzu* (Londres, 1889), p. 453 [= Kwang-Zze 33, 7; *Sacred Books of the East*, XL 230]: "Se tomares um caniço de um pé de comprimento e o cortares cada dia em dois, nunca chegarás ao fim."

[234] [FVS 19 B 1.]

múltiplos seriam também infinitamente grandes, pois cada um deles deve, se queremos atribuir-lhe alguma existência, possuir uma grandeza. Se ele possui uma grandeza, o objeto é composto de partes, às quais também cabe uma grandeza. Mas essas partes devem ser separadas umas das outras, caso contrário, como seriam partes distintas? Elas só podem ser separadas umas das outras se houver entre elas partes intermediárias. Essas partes intermediárias, enfim, devem novamente ser separadas por outras partes, dotadas, elas também, de uma certa grandeza, etc. Logo, cada corpo contém em si um número infinito de partes que possuem cada qual uma certa grandeza; em outras palavras, ele deve ser infinitamente grande.

As premissas desse raciocínio não são tão forçadas quanto parecem num primeiro momento. Primeiramente é preciso perceber que a unidade e a pluralidade não devem ser entendidas aqui no sentido relativo que estamos acostumados a lhes dar. Acabamos de mostrar à exaustão (liv. II, cap. III, seção I, últ. §) que uma unidade que deve permanecer como tal em todo lugar e a todo momento não pode conter partes, e que, por conseguinte, ela não pode ser encontrada nem no mundo da coexistência nem no da sucessão. Portanto, uma unidade não relativa, mas absoluta, é, na realidade, inconciliável com o conceito de extensão e de grandeza no espaço, e se partirmos desse ponto de vista a primeira parte do raciocínio é realmente irrefutável. A segunda parte repousa também na hipótese de uma pluralidade absoluta. Para que duas partes de um corpo não possam nunca e em lugar nenhum serem consideradas como uma unidade, é preciso pelo menos – e ao acrescentar essas duas palavras queremos mostrar que esse argumento tem menos força que sua contrapartida – que haja entre elas, para separá-las, um limite bem marcado. Por sua vez, esse limite deve ser real; ele deve, portanto, possuir uma grandeza, isto é, uma extensão corporal, dado que admitimos que não há realidade sem grandeza. Mas um objeto extenso compõe-se novamente de partes, e por conseguinte tudo que acabamos de dizer sobre as partes corpóreas separadas por um limite aplica-se de novo a este último. E assim por diante ao infinito. Podemos resumir as duas demonstrações em duas fórmulas breves concebidas nos seguintes termos: "Se cada objeto é realmente um, ele deve ser indivisível, ou seja, inextenso, logo, desprovido de grandeza" e "Se há uma pluralidade de objetos, os objetos, tomados dois a dois, devem ser separados por um objeto intermediário que possui extensão e, consequentemente, partes; estas, por sua vez, devem ser separadas do mesmo modo, e assim por diante ao infinito". Esse duplo raciocínio tampouco nos parece desprovido de todo valor para o progresso da ciência. Unidade e pluralidade não são conceitos absolutos, mas puramente relativos. De acordo com o ponto de vista no qual me situo e o objetivo que pretendo atingir, considero a maçã colocada diante de mim como uma unidade, na condição de parte de uma coleção de maçãs, ou como uma pluralidade, na condição de agregado das partes que a constituem. Para poder falar de unidade e pluralidade no sentido absoluto de unidades que em nenhum caso poderiam ser pluralidades, de pluralidades que em nenhum caso poderiam ser unidades, seria preciso, na realidade, partir de suposições tão grotescas quanto aquelas das quais decorre essa série de raciocínios e que são infirmadas pelos resultados contraditórios aos quais elas conduzem.

Essa aporia, aliás, nos leva a tocar as raízes de várias outras aporias reais ou possíveis. Estamos falando da oposição que se manifesta aqui entre a unidade e a pluralidade, e da contradição que apresentam esses dois conceitos com o da realidade. Segundo os princípios da escola, só pode ser considerado real aquilo que possui uma grandeza, e por conseguinte é extenso, divisível, múltiplo; mas o múltiplo pressupõe as unidades das quais ele é precisamente a reunião; as unidades, todavia, devem, na condição de unidades verdadeiras ou absolutas, ser vistas como indivisíveis, inextensas, sem grandeza e, consequentemente, sem realidade. Assim, aqui o próprio conceito de ser ou de realidade mostra-se frágil, sujeito a uma contradição interna. Todo real é um múltiplo composto de unidades, mas essas unidades são desprovidas de realidade! O colosso do real repousa sobre os pés de argila do irreal! Porém, se tentarmos livrar o real do seu fundamento ilusório e apoiá-lo em outra base que não seja podre, ao invés de beneficiar-se com a mudança ele desaba sobre si mesmo. Pois se o múltiplo permanece um múltiplo, se as partes das quais ele deve ser composto para possuir extensão, grandeza e, portanto, realidade não se reduzem a unidades, então ele fica privado de todo fundamento, sólido ou caduco; ele torna-se divisível ao infinito; ele desagrega-se tanto que acaba por aniquilar-se completamente. Assim, os conceitos de unidade e pluralidade não mostram ser, nem isoladamente nem tomados em conjunto, os sustentáculos verdadeiramente resistentes dos conceitos do ser ou da realidade. O "Um" ou simples é irreal, o "Múltiplo" torna-se irreal seja porque, fundado em si mesmo, desaba e se aniquila, seja porque, fundado na areia movediça do "Um", se dissipa junto com ele.

Seria um erro ver nessas ideias que desenvolvemos livremente aqui baseados em Zenão apenas um jogo de abstrações ocas e inconsistentes. Ao contrário, elas contêm uma crítica muito séria e não inteiramente estéril da ideia de matéria tal como era concebida então e como ainda o é em parte hoje em dia. A divisibilidade infinita que lhe era atribuída parecia ameaçar arruiná-la. Então surgiu, provavelmente em círculos pitagóricos, a ideia de que essa divisibilidade não ultrapassava um certo limite, concebido aliás como muito afastado; dizia-se que partículas muito pequenas, comparáveis a pontas de agulha ou a esses grãos de pó que vemos agitarem-se num raio de sol, punham fim a qualquer divisão ulterior. Zenão teve o mérito incontestável de fazer perceber a contradição contida nessa maneira de ver. Ou essas partículas possuem grandeza e extensão, e então estão sujeitas também à lei da divisibilidade, ou elas não possuem nem uma nem outra, e então não se pode fazer delas as pedras necessárias para a construção do edifício da matéria. Afinal, acrescentar o que não tem grandeza ao que não tem grandeza não cria grandeza alguma; se empilharmos uma montanha de zeros uns sobre os outros, o total será sempre igual a zero.

Mas aqui deve parar nosso assentimento. E mesmo nesse limite devemos temperá-lo com uma ressalva importante. Os autores da teoria que Zenão refutou tão vitoriosamente partiam de uma concepção contraditória. Contudo, apesar disso, eles não seguiram um caminho errado. Logo conheceremos uma doutrina da matéria que, seguindo pelo mesmo caminho, soube evitar essa contradição; as ciências naturais modernas mantiveram-se nessa via, que as levou de um triunfo ao outro. Para que um todo se desagregue, é preciso que ele seja composto de partes, mas estas podem existir sem que a desagregação ameace acontecer num futuro próximo, longínquo ou até muito longínquo. É verdade que a divisibilidade ideal e a separação atual são duas coisas conexas; mas disso não resulta que elas devem de fato ir na esteira uma da outra. A hipótese de partículas de matéria não desprovidas de extensão, mas indestrutíveis de fato, pode, como já observamos (liv. I, cap. I, seção IV, penúlt. §), não ser uma verdade definitiva; porém, ela não deixou de promover um passo considerável na direção da verdade, ou, mais exatamente, as conclusões que foram tiradas dela concordam numa medida tão grande com os fenômenos da natureza que ela se tornou, nas mãos dos físicos, um instrumento de um poder incomparável. Se não fosse blasfêmia, seríamos quase tentados a exclamar: "O Criador do mundo talvez não fosse tão sutil quanto Zenão". Em todo caso, a Sublime Sabedoria não devia ser tão ávida de argúcias e de raciocínios capciosos quanto o sagaz e combativo eleata. Mas, falando sério, o rigor do pensamento deste último nem sempre tem mérito. No meio dos seus raciocínios, encontramos às vezes dois pontos de vista que podem ambos ser defendidos, mas que se excluem absolutamente. Zenão joga sucessivamente um contra o outro; ora ele associa a ideia do finito com a do infinito, ora o espaço contínuo com as unidades distintas do tempo, ora o tempo contínuo com as unidades distintas do espaço.

Contudo, voltando ao ponto de vista que nos guia, será que, do ponto de vista histórico, Zenão permaneceu de fato até o fim o que ele era no começo de sua empreitada, ou seja, o fiel escudeiro de Parmênides? Sustenta-se isso com frequência, mas isso não parece sustentável. A arma da dialética, que ele manejava com tanto vigor, começou sem dúvida por dar conta dos adversários dos eleatas. Mas será que estes últimos puderam realmente aproveitar sua vitória? Seja-nos permitido duvidar disso. Será que a "Unidade contínua" de Parmênides, seu "Todo esférico", seu "Ser extenso" saíram sãos e salvos da escaramuça? Só podemos afirmá-lo recorrendo a uma interpretação artificial e forçada. Para qualquer espírito sem preconceito, está claro, ao contrário, que os conceitos fundamentais do eleatismo, os da unidade, da extensão, da própria realidade foram abalados, ou melhor, reduzidos a pó por essa crítica. Isso era percebido claramente no círculo dos amigos e seguidores da escola. Platão faz Zenão dizer[235] que sua obra era fruto da petulância juvenil e de uma combatividade indomável; que, aliás, ela fora furtada dele e publicada sem seu consentimento. Quem conhece Platão entende o que isso significa. O admirador do "grande" Parmênides percebeu que as armas que o discípulo deste último havia manejado com demasiada habilidade tinham dois gumes; a auréola que envolvia a cabeça do "inventor da dialética" não iluminava igualmente todas

---

[235] Platão, *Parmênides*, 128c [FVS 19 A 12].

as partes de sua obra. Na verdade, ele foi evidentemente arrastado pela impetuosidade do seu gênio muito além do objetivo que ele tinha se proposto. Quando ele partiu para o combate, era um discípulo fervoroso da doutrina da unidade, um ontologista convicto; ele retornou cético, ou melhor, niilista. Tivemos que falar repetidas vezes da decomposição espontânea da teoria da matéria primordial; a obra de Zenão nos faz ver a decomposição espontânea da doutrina eleática do Ser.

Quanto caminho percorrido de Xenófanes a Zenão! E como, no entanto, o ponto de partida e o ponto de chegada chegam a encostar-se! Lá, a possibilidade de resolver os grandes enigmas do mundo é contestada em princípio (liv. II, cap. I, seção III, últ. §); aqui, as tentativas feitas para resolvê-los são esmiuçadas e aniquiladas sem piedade. A história da escola é a do desenvolvimento gradual e poderoso do espírito crítico. Quando vemos Héracles no seu berço estrangular duas serpentes, pressentimos que será capaz de outras façanhas ainda mais gloriosas. Inicialmente, a crítica ataca o tecido rico e esplendoroso dos mitos divinos; depois ela faz desaparecer o mundo brilhante das aparências sensíveis; ela acaba revelando as contradições internas que dilaceram as partes ainda intactas da concepção do universo. Esse desenvolvimento prossegue em linha reta. Os três principais representantes do eleatismo pertencem àquela categoria de estraga-prazeres intelectuais cuja missão é sacudir a humanidade para tirá-la de sua indolência de pensamento, de sua tendência de adormecer num dogma. A temeridade desses iniciadores da crítica era grande e eles acreditavam com firmeza inabalável que o mundo devia levar a marca do que eles consideravam como a Razão. Porém, assim como a petulância ou a impaciência com qualquer regra não ficam mal na juventude, assim também uma ciência que testava suas forças podia muito bem ter nela mesma uma confiança orgulhosa e sem limites. O que, a meio caminho desse desenvolvimento, dispõe pouco favoravelmente o espectador é o caráter incompleto e incoerente das soluções buscadas e um resto injustificado de dogmatismo. Este último causa uma impressão ainda mais chocante porque, ao invés de deixar de pé algum vestígio da concepção antiga do universo, ele a substitui por uma transformação bizarra, tão pouco satisfatória para o espírito ingênuo da criança quanto para o espírito ponderado do homem feito. Mas essa impressão atenua-se assim que consideramos de uma só vez e reunimos numa visão de conjunto a afirmação temerária e a negação que a sucede. É nesse progresso contínuo da crítica que consiste o verdadeiro valor e a significação histórica do desenvolvimento da escola de Eleia. Ela foi a grande arena na qual o pensamento ocidental ganhou flexibilidade e solidez, na qual ele tomou consciência de sua força.

Um fruto desse progresso encontra-se na distinção rigorosa – já vislumbrada por Xenófanes, mas formulada nitidamente por Parmênides – entre ciência e fé, entre conhecimento e opinião; e essa distinção assume todo seu valor para quem se lembra em que confusão ambos elementos ainda estavam associados, amalgamados nas doutrinas da escola pitagórica. Estamos aqui, por assim dizer, num divisor de águas; dois rios têm aqui sua fonte e correm em direções diferentes; suas águas só se reunirão mais tarde, quando vier a decadência.

O filósofo de Eleia tratava de monstros de duas cabeças os discípulos do Efésio. Esse epíteto recaiu sobre ele mesmo, pois, tal nova Jocasta, sua doutrina carrega no seu seio dois irmãos inimigos. O materialismo coerente e o espiritualismo coerente, esses dois polos extremos do mundo da metafísica, saíram da mesma raiz, a saber, do conceito rigoroso de substância, que não foi, sem dúvida, uma criação original dos eleatas, mas que foi extraído por eles, na sua forma mais pura, da doutrina da matéria primordial. A tendência ao espiritualismo – de início mais exatamente ao antimaterialismo – surgiu assim que a abstração, já muito desenvolvida, deu um passo a mais e rejeitou o testemunho tanto do sentido muscular – ou da resistência – quanto dos outros sentidos, para não deixar sobrar nada a não ser o puro conceito da substância, ou seja, o complexo dos atributos da eterna permanência e da eterna imutabilidade. Mais uma vez, estava-se diante de uma encruzilhada. As entidades metafísicas que haviam sido criadas dessa maneira podiam ser transformadas ou não, à vontade, em veículos da força e da consciência. A decisão dependia das exigências individuais ou, como nos ensinará o exemplo de Platão, das preferências e tendências, cambiantes de acordo com as épocas e as ocasiões, do mesmo indivíduo. Nesse ponto, a influência indireta do eleatismo foi mais poderosa que a influência direta. Pois o exemplo de Melisso não teve sucessores dignos de serem mencionados; só encontraremos um eco de suas criações na menos importante das escolas socráticas, a de Mégara. Para encontrar um paralelo rigorosamente exato da essência primeira e bem-aventurada de Melisso, dessa essência inativa e infecunda, somos obrigados a voltar nosso olhar para a Índia, onde a doutrina dos filósofos do Vedanta nos faz ver igualmente no universo uma simples e ilusória aparência, e como centro desse universo um Ser cujos únicos atributos são a existência, o pensamento e a felicidade (*sat, cit* e *ananda*). Quanto à outra tendência, incomparavelmente mais importante para a história da ciência e que consiste em substituir o Uno extenso por inúmeras substâncias materiais, nós a encontraremos em breve nos primórdios da atomística; essa tendência continua de acordo com Parmênides na sua concepção rigorosa da substância, mas afasta-se dele quando cessa de negar a multiplicidade das coisas, a existência do espaço vazio que as separa e do movimento que depende desse vazio. Mais uma vez, é no mínimo provável que haja uma relação histórica entre as duas doutrinas. Mas era necessário esse intermediário entre as formas antigas da doutrina da matéria e essa forma recente e amadurecida? E se sim, em que medida o era? A resposta a essa pergunta será fornecida pelo estudo de dois filósofos que apresentam pontos de contato e oposições em demasia para poderem ser tratados separadamente.

Capítulo IV

Anaxágoras

I. Anaxágoras de Clazômenas. Doutrina da matéria de Anaxágoras. Inúmeras matérias primordiais. Todos os fenômenos naturais reduzidos a movimentos.

II. Cosmogonia de Anaxágoras. Intervenção do *noûs*. Problema da causalidade. O sol, pedra incandescente.

III. Superioridade intelectual do homem. A astronomia de Anaxágoras. Explicação da Via Láctea.

IV. Os pressupostos da doutrina da matéria de Anaxágoras. O movimento especulativo encalha num banco de areia. Anaxágoras e seus contemporâneos.

I

Dois contemporâneos apresentam-se a nós. Seu pensamento sonda os mesmos problemas; seu estudo repousa sobre os mesmos princípios; os resultados aos quais eles chegam oferecem traços da mais surpreendente analogia. E no entanto, que contraste! Um é poeta, o outro geômetra; um é dotado de uma imaginação ardente, o outro faz prova de um juízo frio e sóbrio; um brilha por sua jactância e seu orgulho desmesurado, o outro desaparece absolutamente atrás de sua obra; um entrega-se a uma profusão de imagens impactantes, o outro escreve numa prosa simples e sem ornamentos; um tem tamanha flexibilidade que a expressão "ondulante e diverso" parece ter sido criada para ele, o outro é, nos seus raciocínios, de uma rigidez que não recua diante do absurdo. Cada um deles distingue-se sobretudo pelas qualidades que faltam no outro: Empédocles por uma abundância de observações brilhantes e engenhosas que geralmente vão direto ao ponto; seu antecessor, Anaxágoras, pelo arcabouço sólido de um sistema em que tudo se sustenta e se encadeia de modo poderoso.

Com Anaxágoras[236], a filosofia e as ciências da natureza passaram da Jônia para a Ática. Esse pensador nasceu em 500-499 a.C. em Clazômenas, na vizinhança imediata de Esmirna; ele pertencia a uma família aristocrática. Diz-se que ele desprezou seu patrimônio e dedicou-se muito cedo e exclusivamente à pesquisa filosófica. Ignoramos quais escolas ele frequentou, onde adquiriu sua ciência. Embora ele se filie em muitos pontos às doutrinas de Anaximandro e Anaxímenes, a tradição que faz dele um aluno deste último contradiz os dados cronológicos. Com cerca de quarenta anos de idade, fixou-se em Atenas, onde foi julgado digno da amizade do grande estadista que

---

[236] Cf. principalmente: *Anaxagoræ Clazomenii fragmenta*, compil. Ed. Schaubach, Leipzig, 1827, ou W. Schorn, *Anaxagoræ Clazomenii et Diogenis Appolloniatæ fragmenta*, Bonn, 1829. A fonte quase exclusiva dos fragmentos é o comentário de Simplício à *Física* de Aristóteles. Uma pequena frase esquecida pelos colecionadores de fragmentos encontra-se em Simplício, *In Aristotelis De cælo*, 608, 26 Heiberg; uma palavra carregada de sentido, igualmente omitida das coleções, encontra-se em Plutarco, *Moralia*, 98 ss. (*De fortuna*, cap. 3), ambos nos *Vorsokratiker*, 316, 17 ss. e 322, 15 ss. [46 B 7, B 21 b]. A compilação de Diels fornece ainda vários outros fragmentos. Sobre os detalhes da biografia de Anaxágoras, ver Dióg. L., II 6-15 [FVS 46 A 1]. Apolodoro situa seu nascimento na 70ª Olimpíada (500-497) e sua morte no 1º ano da 88ª (428). Dióg. Laércio transmite como opinião comum (λέγεται) o fato de que ele nasceu em 500 e que atingiu consequentemente a idade de 72 anos. Sobre as relações de Anaxágoras com Péricles, cf. Platão, *Fedro*, 270a, e a biografia de Péricles por Plutarco, em especial o cap. 32 [FVS 46 A 15, A 17]. A resignação com a qual ele suportou a perda de seu filho único foi admirada por toda a Antiguidade. Sobre a época da publicação de seu livro, cf. Diels, *Seneca und Lucan, Berliner Akademie-Abhandlungen*, 1885, p. 8, nota. Em Dióg. L., II 11, deve-se certamente ler ἐπὶ ἄρχοντος Λυσ<ιστράτου> = 467. É verdade que a lição adotada por Diels, Δημύλου? (*Vorsokratiker*, 294, 28 [46 A 1]) tem a seu favor a autoridade dos manuscritos, mas a lista dos arcontes da época em questão chegou completa até nós e tal nome não consta dela. Kolhe concluiu recentemente, com base em Clemente de Alex., *Strom.*, I 364 Potter [= II 52, 2 Stein; FVS 46 A 6] e Dióg. L., *loc. cit.*, que se trata do primeiro livro ilustrado com figuras (sem contar, penso eu, os tratados de geometria destinados a um público especial e pouco numeroso) (*Fleckeisens Jahrbuch*, 1886, p. 769 ss.).

procurava fazer dessa cidade o centro literário e político da Grécia. Durante toda uma geração, ele foi a pérola do círculo seleto que Péricles reunira em torno de si. Mas ele seria, por isso mesmo, arrastado no turbilhão das lutas partidárias. Quando, por volta do início da Guerra do Peloponeso, o astro do mestre dos destinos de Atenas começou a empalidecer, uma acusação de impiedade foi apresentada contra a graciosa e inteligente companheira de sua vida, e também contra aquele que se lhe tornara querido pela sua filosofia. O exílio levou Anaxágoras de volta à sua pátria, na Ásia Menor, e ele terminou em Lâmpsaco, em 428-27, aos setenta e dois anos de idade e no meio de seus fiéis discípulos, uma vida sem mácula. Possuímos fragmentos notáveis de sua obra, que ele dividiu em vários livros e escreveu numa prosa desprovida de arte, mas não de graciosidade. Ele a publicou depois de 467, data da queda de um meteorito, pois ele menciona esse fato; seu livro é, diga-se de passagem, o primeiro livro dotado de figuras que os gregos conheceram.

O problema da matéria ocupou-o, como havia ocupado antes dele seus compatriotas jônicos. Mas a solução que ele deu é absolutamente original; ela separa-o inteiramente de seus predecessores e fornece ao mesmo tempo a prova de que o movimento crítico inaugurado pelos eleatas não havia exercido sobre ele nenhuma espécie de influência. Se ele conheceu o poema didático de Parmênides, o conteúdo do mesmo passou pelo seu espírito sem deixar a menor marca. Pois nem uma sílaba sequer dos fragmentos que possuímos dele, nem uma palavra dos testemunhos antigos que os completam fornece o mais leve indício de que ele tenha levado em conta – para não falar do resto – as dúvidas exprimidas com tanta força por Parmênides sobre o valor do testemunho dos sentidos e sobre a multiplicidade das coisas, o mais leve indício de que ele tenha feito qualquer tentativa para combatê-las. Muito pelo contrário. Sua confiança absoluta nas indicações fornecidas pelos sentidos forma a base do seu sistema; e não é a simples multiplicidade das coisas, mas uma multidão inesgotável de entidades radicalmente diferentes desde o princípio que constitui o caráter distintivo do mesmo. Ficamos ainda mais surpresos, pelo menos num primeiro momento, ao vê-lo adotar exatamente a mesma posição que Parmênides a respeito do duplo postulado que acabamos de expor minuciosamente. Nenhum nascimento nem destruição, nenhuma mudança de propriedades."Os gregos erram ao falar de nascimento e destruição, pois nenhuma coisa nasce e nenhuma perece, mas cada uma se forma por mistura dos objetos existentes e decompõe-se neles por separação. Portanto, seria melhor que dessem ao nascimento o nome de mistura e à destruição o de separação". Já aprendemos como o segundo e mais recente desses postulados (que já vimos despontar em Anaxímenes) pôde sair do primeiro, "da antiga doutrina comum dos físicos, que não foi combatida por nenhum lado", para citar mais uma vez as palavras significativas de Aristóteles (liv. II, cap. II, seção III, 1º §); quanto à questão de saber como, de fato, o pensamento de Anaxágoras fez um sair do outro, não ficamos mais reduzidos a suposições desde que um curto fragmento de sua obra, desprezado por muito tempo apesar da importância do seu conteúdo, lançou ampla luz sobre esse ponto[237]. A natureza das coisas é tal como nossos sentidos a mostram; as coisas são incriadas e indestrutíveis; o mesmo vale para suas qualidades – essas são as três proposições das quais saiu a teoria da matéria que leva o nome de Anaxágoras; essa teoria é tão característica do rigor implacável do seu pensamento quanto das lacunas do seu espírito; ela denota nele a ausência do medo instintivo – talvez mais precioso para o naturalista – dos métodos muito inflexíveis; pois, por falta desse medo, ele afasta-se mais da verdade à medida que segue tais métodos com mais coerência. Essa doutrina é, com efeito, exatamente o contrário do que a ciência nos ensinou sobre a matéria e sua composição. Para o clazomeneu, as combinações que na realidade são as mais complicadas – especialmente as combinações orgânicas – são as matérias fundamentais ou elementos; matérias infinitamente menos complicadas – embora não simples –, como a água ou a mistura que constitui o ar atmosférico, representam para ele as combinações mais díspares. Se já houve um espírito poderoso que trilhou um caminho enganador e seguiu-o com perseverança incansável, podemos dizer que foi Anaxágoras na sua teoria da matéria, já que essa teoria está para os resultados da química exatamente como o lado avesso de um tapete para o seu lado direito.

Eis como ele raciocinou. Consideremos o pão. Ele é feito de matérias vegetais e contribui para alimentar nosso corpo. Mas o corpo do homem ou do animal é formado por elementos múltiplos: pele, carne, sangue, veias, tendões, cartilagens, ossos, pelos etc. Cada um desses elementos distingue-se dos outros pela sua cor clara ou escura, sua moleza ou dureza, sua elasticidade ou falta de flexibilidade etc. Como pode ser que uma multiplicidade tão abundante de objetos saia de um pão constituído de partes uniformes? Não é crível que ocorra uma mudança de propriedades. Portanto, só resta uma possibilidade: admitir que as numerosas formas de matéria contidas no corpo humano já estão contidas como tais e sem exceção no pão que comemos. Sua pequenez furta-se à nossa percepção pois nossos sentidos possuem um defeito, uma "fraqueza" que consiste em perceber somente dentro de limites estreitos[238]. O processo da alimentação associa as partículas imperceptíveis por causa da sua pequenez e torna-as visíveis ao nosso olho, sensíveis ao nosso toque etc. O que é verdadeiro para o pão também o é para o trigo do qual ele foi feito. Mas como essa espantosa variedade de partículas de matéria poderia ser encontrada no trigo se já não existisse na terra, na água, no ar, no fogo (do sol), dos quais o trigo tirou seu alimento? E como tantos seres tão diferentes tiram sua substância das mesmas fontes, devemos admitir nestas a presença de inúmeras partículas de naturezas diferentes. A terra, a água, o fogo, o ar, aparentemente os mais simples de todos os corpos, são na realidade os mais compostos. Eles são cheios de "sementes" ou matérias-primas de todas as espécies imagináveis: não passam de coleções ou depósitos nos quais se abastecem animais e vegetais. Todas as qualidades das diversas

---

[237] [FVS 46 B 10. Nascimento e destruição: 46 B 17.]

[238] [FVS 46 B 21.]

partes do corpo humano pertencem por toda eternidade às partículas primitivas e manifestam-se quando estas se reúnem de modo favorável a essa manifestação; assim é elaborado o perfume da rosa, assim é produzida a acuidade do ferrão da abelha, assim se formam as cores cintilantes que brilham como olhos na cauda do pavão. Para todas as impressões que os sentidos nos transmitem, levando em conta as mais leves, as mais imperceptíveis nuanças, para todas as combinações que se revelam na unidade de um objeto material, devem existir partículas primordiais correspondentes; a enumeração delas seria, portanto, impossível.

Quem não vê que o conteúdo dessa doutrina contradiz do modo mais evidente os fatos constatados pela ciência moderna? No entanto, é preciso notar que, apesar de tudo, entre o método e as aspirações de Anaxágoras e as dos nossos cientistas reina a mais surpreendente concordância. Ele também se propõe compreender na sua essência íntima os fenômenos do universo. Os processos químicos são relacionados aos movimentos; até os fatos fisiológicos são despojados de toda aparência de misticismo e estudados do ponto de vista mecânico. Pois é às combinações e separações, ou seja, nas mudanças de situação, que ele recorre para explicar as alterações, as transformações mais misteriosas. A teoria do filósofo de Clazômenas é uma tentativa, sem dúvida grosseira e prematura, de mostrar que todos os fenômenos materiais são consequência de movimentos. Quanto aos detalhes dessa teoria, ignoramo-os quase completamente. Como, por exemplo, Anaxágoras explicava a mudança de aspecto e de qualidade das coisas que ocorre quando muda o seu estado de agregação? Não podemos dar nenhuma resposta a essa pergunta. Nesse ponto, temos somente uma indicação totalmente enigmática: a neve, afirmava Anaxágoras, deve ser escura como a água, da qual ela é formada, e, para todos os que souberem disso, ela não parece mais ser branca. Percebemos a dificuldade com a qual se deparou aqui sua teoria da matéria: como a aproximação das partículas de água provocada pelo frio poderia explicar a mudança de cor que ocorre ao mesmo tempo? Não teria servido para nada invocar, nesse caso, a fraqueza da nossa visão. Firmemente convencido de que, em qualquer situação, as moléculas da água devem manter uma cor escura, o grande pensador deixou-se cair – assim poderíamos supor – num erro grosseiro dos sentidos. Para examinar isso com a maior nitidez possível, ele certamente contemplou o tapete branco do inverno iluminado pelo sol até que seu olho ofuscado começasse a vê-lo escuro, e nessa ilusão de ótica ele acreditou encontrar a confirmação de uma opinião preconcebida[239]. Lembremo-nos da interpretação pouco mais extravagante dos fatos naturais que encontramos em Anaxímenes (liv. I, cap. I, seção IV) e

---

[239] Essa explicação – à primeira vista tão arriscada – da declaração de Anaxágoras baseia-se na contradição chocante que existiria sem isso entre a base de toda a sua teoria da matéria – fé inabalável na verdade qualitativa das percepções sensíveis – e a afirmação de que somos, nesse caso particular, enganados pela visão. Aliás, minha explicação concorda com toda exatidão com os termos de que se serve Cícero (*Acad. quæst.*, II 100 [FVS 46 A 97]) e que os intérpretes anteriores não levaram suficientemente em conta: "sed sibi quia sciret aquam nigram esse, unde illa concreta esset, *albam ipsam esse, ne videri quidem*" [N.T.: itálicos acrescentados por Gomperz]. [Sobre o que segue, cf. 46 B 11, B 8, A 68-69.]

a grandeza desse engano não nos parecerá mais impossível. Quanto à objeção que não podiam deixar de levantar contra ele os representantes da antiga teoria da matéria (como objetos essencialmente diferentes poderiam agir uns sobre os outros, sofrer ação uns dos outros?), ela tinha perdido parte do seu valor depois que Heráclito havia emitido a hipótese de partículas e movimentos invisíveis. "Em tudo", ele respondera, "há partes de tudo"; neste mundo "os objetos não estão [absolutamente] separados e como que cortados uns dos outros com um machado". (Esta última é, diga-se de passagem, a única expressão figurada que encontramos na longa série dos seus fragmentos.) Mas cada objeto é denominado segundo a espécie de matéria que se encontra nele em maior quantidade e que, consequentemente, predomina. Enfim, ele procurava suprimir qualquer dúvida sobre a realidade do invisível em geral, chamando a atenção para a resistência que o ar invisível contido num odre inchado opõe às nossas tentativas de compressão.

II

A cosmogonia de Anaxágoras trilha até certo ponto o caminho aberto por Anaximandro e que seus sucessores não haviam abandonado[240]. No início, para ele também, reina uma espécie de caos. Contudo, ao invés de uma matéria primordial única, estamos na presença de um número indefinido de matérias primitivas, igualmente extensas além de qualquer limite: "Todas as coisas estavam reunidas"; as partículas primitivas, infinitamente pequenas, empilhadas desordenadamente, formavam a confusão inicial. Teria sido impossível distingui-las umas das outras. Nisso elas lembravam a indeterminação primitiva do Ser universal de Anaximandro. Dotadas desde o princípio de qualidades materiais particulares, as "sementes" ou elementos não precisavam ser diferenciados dinamicamente, mas apenas ser separados mecanicamente. Anaxágoras não se julgava obrigado a imaginar o fenômeno físico necessário para esse efeito ou construí-lo segundo analogias conhecidas; ele pensava vê-lo num movimento que acontece ainda hoje e que nosso olho pode observar todos os dias, a todas as horas: a revolução aparente do céu. Não somente essa revolução realizou na origem a primeira separação das partículas materiais; ela continua realizando-a ainda em outras partes do espaço universal. Essa tentativa de ligar o passado mais remoto ao presente imediato e este último ao futuro mais longínquo denota a firme convicção de que as forças atuantes

---

[240] Sobre a cosmogonia de Anaxágoras, cf. a discussão instrutiva de W. Dilthey (*Einleitung in die Geisteswissenschaft*, I 200 ss.). No entanto, não posso, como Zeller tampouco (*Philos. der Griechen*, 5ª ed., I 1002 nota [= 6ª ed., I 1233 nota 2]), concordar com a opinião de que o universo, segundo Anaxágoras, tem a forma de um cone. Pode-se certamente atribuir com probabilidade ao Clazomeneu a ideia de que o globo cósmico, produzido pela rotação (περιχώρησις), ganha circunferência à medida em que massas de matéria cada vez maiores entram em movimento. Talvez não seja inútil lembrar que Anaxágoras não parece, em todo caso, saber nada de uma esfera celeste material ou de um céu material das estrelas fixas. Até onde teríamos mais direito de esperar tal menção (como no frag. 8 Schaub = *Vorsokratiker*, 318 ss. [46 B 12]) não há a mínima alusão a uma representação dessa natureza. [Sobre o que segue cf. FVS 46 B 1, B 12, B 9, B 15.]

do universo são sempre as mesmas, que os fenômenos aos quais elas dão origem são regulares e constantes; e essa convicção, apta a provocar em nós o mais vivo espanto, contrasta do modo mais notável com as concepções míticas das épocas anteriores. E se indagarmos hoje como essa revolução pode produzir o efeito que lhe atribuímos, eis mais ou menos a resposta que obteremos. Num ponto do universo começou um movimento rotatório que se propagou e não cessará de propagar-se em círculos cada vez mais amplos. Podemos, com alguma probabilidade, considerar o polo setentrional do céu como o ponto de partida desse movimento; quanto à sua transmissão, ela só pode acontecer em linhas circulares e deve-se ao choque ou à pressão que cada partícula de matéria exerce sobre seus arredores. É somente assim que o primeiro choque, de cuja origem trataremos em breve, podia produzir naturalmente os extraordinários efeitos que Anaxágoras lhe atribui. Segundo a ideia evidente do Clazomeneu, o poder inconcebível, a rapidez inconcebível desse movimento rotatório tinham produzido um tal abalo na massa esférica da matéria que sua coesão firme fora relaxada, que a fricção das partículas fora superada e que assim puderam seguir a atração da sua gravidade específica. Foi somente então que podiam e deviam se formar as massas de matéria homogênea às quais estavam reservadas as diversas regiões do universo. "O espesso, o fluido, o frio e o escuro reuniram-se no lugar onde se encontra atualmente a Terra [a saber, o centro do universo]; o sutil, o quente e o seco alçaram-se muito alto no éter." Vemos que a cadeia de efeitos ligada a esse fenômeno inicial, que se produz num local limitado do espaço, se estende a perder de vista. Mas o próprio fenômeno pedia uma explicação. Ele também devia ter uma causa. Aqui as analogias físicas deixam nosso filósofo em apuros; ele recorre ao que podemos chamar, parcialmente com razão, de intervenção sobrenatural. Parcialmente com razão porque, embora o agente ao qual ele pede auxílio não seja absolutamente material, ele tampouco é absolutamente imaterial; embora não seja matéria ordinária, tampouco é divindade; e sobretudo, embora seja proclamado soberano e sem limites, ele faz do seu poder um uso tão parco e excepcional que, mesmo se podemos atribuir-lhe em princípio o domínio sobre a natureza, não podemos certamente conceder-lho de fato. Seja como for, considera-se que o primeiro piparote foi dado pelo *noûs*, palavra que preferimos não traduzir porque toda tradução, seja a de "espírito" ou a de "matéria pensante" introduz no seu significado um elemento estranho[241]. É, de acordo com a declaração do próprio Anaxágoras, "a mais sutil e a mais

---

241 As tentativas incessantemente renovadas para provar a natureza puramente espiritual do *noûs* de Anaxágoras condenam-se por si mesmas, seja através das contradições nas quais elas se encontram com as declarações não equívocas do próprio Clazomeneu, seja através dos artifícios sutis aos quais seus autores se veem forçados a recorrer. Assim, as palavras de Anaxágoras λεπτότατον πάντων χρημάτων [FVS 46 B 12] são interpretadas como "a mais perspicaz de todas as coisas" em vez de "a mais fina"; assim também, no ἁπλοῦν (simples) de Aristóteles [46 A 55] vê-se outra coisa além da reprodução do predicado ἀμιγές (sem mistura) [garantido, no entanto, por 46 B 12]. O método empregado aqui consiste essencialmente em combater com indicações aristotélicas, explicadas mais ou menos arbitrariamente, o texto claro e preciso das declarações de Anaxágoras. Encontraremos

pura das coisas"; "é a única que não é misturada com nenhuma outra coisa, pois se fosse misturada com qualquer outra coisa ela teria [conforme o que dissemos acima sobre a separação incompleta das matérias] participação em todas as outras, e essa mistura a impediria de exercer sobre o que quer que seja o mesmo poder" que ela exerce agora no seu estado de pureza. Segundo declarações posteriores, o *noûs* possui toda a ciência sobre todas as coisas, sobre o passado, o presente e o futuro, e o poder supremo lhe pertence. Mas se, diante de tudo isso, formos tentados a identificá-lo com a divindade suprema, seremos impedidos por outras determinações não menos importantes. Anaxágoras fala de um "mais e um menos" do *noûs*; ele o representa como "divisível" e como "inerente a muitas coisas", pelas quais ele entende todos os seres vivos.

Dois motivos muito diferentes contribuíram para a elaboração dessa doutrina e ao mesmo tempo fizeram obstáculo um ao outro. Tudo que, no universo, revela ordem e beleza, tudo que, por uma hábil adaptação a outros fatores, dá a impressão de um meio apropriado para um fim, tudo isso dá a ideia de uma ação consciente, de um emprego de forças intencional. Na realidade, o argumento teleológico ou da finalidade é ainda hoje a arma mais temível do arsenal do teísmo filosófico. Mas se outros pensadores, depois de Anaxágoras, julgaram que essa missão só podia ser cumprida com dignidade por uma essência despojada de todo elemento material, ele acreditava que bastava para isso uma espécie de fluido ou de éter; fora assim que Anaxímenes considerara o ar e Heráclito o fogo como suportes de uma inteligência universal que, é verdade, não fixava para si nenhum objetivo; foi assim que nove décimos dos filósofos da Antiguidade viram na "alma" individual não uma substância imaterial, mas uma substância material extremamente sutil e móvel. Contudo, a teoria com a qual surgiu o problema da finalidade, que não desapareceria mais das preocupações, continha um sério perigo para o progresso das ciências da natureza. Felizmente, o pensador ultracoerente de sempre mostrou-se, dessa vez, incoerente. Aristóteles, assim como Platão, critica-o a esse respeito; ambos declaram-se plenamente satisfeitos com a introdução desse novo agente, mas pouco convencidos pelo papel de tapa-buraco ou expediente que lhe é atribuído. Dizem que Anaxágoras emprega o *noûs* como o poeta dramático emprega o *deus ex machina* que desce do céu para resolver violentamente o nó da intriga quando ele não encontra nenhum meio mais sutil de terminar a peça. Porém, nas minúcias da explicação, ele prefere recorrer "aos ares, às correntes etéreas e a outras coisas singulares"; enfim, a qualquer coisa que não seja seu fluido inteligente. É o que dizem Aristóteles e Platão[242]. No entanto, se ele tivesse agido de outra forma, se, como queria este último, ele tivesse prosseguido nas suas pesquisas colocando-se completamente do ponto de

---

bons argumentos contra a imaterialidade absoluta do *noûs* em Natorp, *Philosophische Monatshefte*, XXVII 477. A expressão "matéria pensante" (Denkstoff) é de Windelband (Iw. Muller, *Handbuch des klassischen Altertums*, V 1, 1, 65). [Sobre o que segue, cf. FVS 46 B 11-12.]

[242] Essas queixas encontram-se no *Fédon* de Platão, 97c ss., e na *Metafísica* de Aristóteles, I 4, 985 a 18 [FVS 46 A 47].

vista do "melhor"; se, a respeito de cada fenômeno particular, em vez de indagar *como e em que condições* ele ocorre, ele tivesse perguntado *por que e com que efeito*, então sua contribuição para o tesouro da ciência humana teria sido incomparavelmente mais modesta do que foi na realidade. Mas ele soube evitar esse caminho de ilusão; ele parece ter compreendido que a estreiteza do nosso horizonte intelectual nos impede de adivinhar as intenções do Ser que governa o mundo. Ele foi somente um meio-teólogo, mas um naturalista completo, embora suas faculdades, quanto a isso, fossem desenvolvidas de modo muito desigual. Sua época chegou até a considerá-lo o modelo de naturalista, sem dúvida principalmente pela razão de que a nova teologia, se podemos dar esse nome à doutrina do *noûs*, liberou-o completamente dos vínculos com a antiga mitologia.

Para ele, os grandes objetos da natureza não eram mais seres divinos, mas apenas massas materiais que obedeciam às mesmas leis que as outras acumulações, grandes ou pequenas, de matéria. Seus contemporâneos queixam-se sem parar que ele tenha visto no sol não mais o deus Hélios, mas nem mais nem menos que uma "massa ígnea"[243]. Somente nesse ponto da sua teoria, de resto totalmente mecânica e física, da formação do céu e do universo, ele viu-se obrigado a admitir uma intervenção; mas essa intervenção ocorre apenas uma vez. Porém, esse primeiro impulso por meio do qual o universo, até então em repouso, entra em movimento lembra do modo mais surpreendente o primeiro piparote que, segundo muitos astrônomos modernos, a divindade deu aos astros. Na verdade, uma das hipóteses não lembra simplesmente a outra; é mais correto dizer que elas são idênticas. Ambas têm por objetivo preencher a mesma lacuna do nosso conhecimento. Elas atendem exatamente à mesma necessidade, a saber, introduzir na mecânica celeste, ao lado da gravidade, uma segunda força de origem desconhecida. Que não haja engano quanto ao nosso pensamento. Não pretendemos atribuir ao pensador de Clazômenas uma antecipação da doutrina newtoniana da gravitação ou o conhecimento do paralelogramo das forças; com certeza, ele ignorava que as curvas descritas pelos astros resultam da combinação de duas forças, das quais uma é a gravitação e a outra a força tangencial resultante desse primeiro impulso. Todavia, uma curta reflexão permitirá compreender o quanto suas ideias se aproximam dos princípios da astronomia moderna. Na sequência de sua cosmogonia, ele ensinava que o sol, a lua e as estrelas haviam sido arrancados do ponto central do universo – a Terra – pela força da revolução cósmica[244]. Portanto, ele admitia projeções absolutamente análogas à que supõe a teoria de Kant e de Laplace sobre a formação do sistema solar. Ele encontrava a causa delas naquilo que chamamos de força centrífuga, força que, no entanto, não podia exercer esse efeito antes que essa revolução começasse e adquirisse poder e velocidade consideráveis. Por outro lado, a respeito da queda que já mencionamos de um meteorito gigantesco, comparável a uma mó de moinho, Anaxágoras declarou, como se

---

[243] [Dióg. L., II 12 = FVS 46 A 1; cf. 46 A 2, A 19, A 72.]

[244] [FVS 46 A 71.]

essa pedra tivesse caído do sol, que todas as massas siderais se abateriam sobre a Terra assim que a força de revolução diminuísse e não as mantivesse mais em suas órbitas[245]. Assim, as mais diversas considerações levavam-no sempre ao mesmo ponto de partida, ao que podemos chamar de segredo primordial da mecânica celeste. A gravitação (da qual ele tinha, aliás, uma ideia incompleta, já que ela implicava a absoluta ligeireza de certas matérias) não lhe parecia suficiente para explicar nem a separação das massas de matéria, nem o nascimento, a permanência e os movimentos dos astros e do céu. Ele deduzia disso a ação de uma força oposta, que produz, direta ou indiretamente, uma série de efeitos indispensáveis para a compreensão dos fenômenos cósmicos. E entre esses efeitos indiretos, ele situava em primeiro lugar a oportunidade que ela oferece à força centrífuga de manifestar-se. Quanto à origem dessa força, ela lhe parecia envolvida numa escuridão impenetrável. Ele a reduz a um choque destinado a completar o efeito da gravitação, tal como o choque no qual os predecessores de Laplace pensaram encontrar o ponto de partida da força tangencial.

III

É verdade que Anaxágoras não recua – e isso mostra seu espírito verdadeiramente científico – diante das hipóteses mais ousadas quando os fatos não lhe deixam outra escolha; mas graças ao vigor do seu pensamento ele sabe dar-lhes a forma mais eficaz. Assim como nos produtos mais perfeitos da legislação o menor número de disposições deve satisfazer o maior número de exigências, assim também, para o filósofo de Clazômenas, um mínimo de hipóteses deve explicar um máximo de fatos. Em que grau ele conseguiu fazê-lo recorrendo à intervenção única e quase sobrenatural do *noûs* foi mostrado suficientemente no capítulo anterior. À mesma tendência de espírito liga-se a memorável tentativa que ele empreendeu, e que por essa causa devemos mencionar aqui, para explicar a superioridade intelectual do ser humano. Anaxágoras a reduz à posse de um único órgão, a mão, e sem dúvida comparava esta última ao membro correspondente dos animais mais próximos de nós na sua estrutura[246]. Isso nos lembra o dito de Benjamin Franklin sobre "o ser que cria ferramentas". Essa explicação cujos detalhes não conhecemos substitui, a bem dizer, a parte pelo todo; mas ela nos faz ver, profundamente enraizado no seu autor, o temor de amontoar as diferenças específicas e os fatos primordiais inexplicáveis, e esse temor, mais que qualquer outro traço, distingue de sua contrafação a fisionomia do verdadeiro pensador.

O resto da astronomia de Anaxágoras não passa da reprodução das teorias dos seus precursores milésios. Seríamos quase tentados a atribuir ao grande homem um pouco da presunção que Heródoto criticou tão severamente nos jônicos das doze cidades, de

---

245   [Dióg. L., II 12 = FVS 46 A 1.]

246   [FVS 46 A 102.]

tanto que ele se mostra pouco acessível às influências intelectuais que não provêm da sua pátria. A esfericidade da Terra, proclamada por Parmênides, era-lhe desconhecida ou parecia-lhe inadmissível. Ele concorda com Anaxímenes ao considerar a Terra um disco plano imóvel no espaço. Mas aqui nos encontramos diante de uma dificuldade por enquanto insolúvel e que mal foi percebida[247]. Conforme assegura Aristóteles, Anaxágoras concebia a Terra na forma de uma tampa que cobria a metade inferior da esfera celeste e repousava sobre uma espécie de almofada formada pelo ar aprisionado sob ela; por outro lado, se dermos crédito a testemunhos igualmente dignos de fé, ele ensinava que os astros se movem abaixo da Terra. Como conciliar essas duas teorias? Nos tempos primitivos, segundo ele, sem dúvida os astros moviam-se lateralmente com relação à Terra, e por conseguinte nunca desciam abaixo dela. A inclinação do eixo terrestre, que parece ter contradito a necessidade de regularidade sentida de modo tão vivo pelo nosso filósofo e cuja causa ele não indica, só data, na opinião dele, de uma época relativamente recente, em todo caso posterior ao começo da vida orgânica. Anaxágoras estimava, evidentemente, que o extraordinário fenômeno do surgimento dos animais e dos vegetais supunha condições muito diferentes das atuais, e talvez se conciliava melhor com o reinado de uma eterna primavera do que com as mudanças de estações. Sua ideia a respeito da grandeza dos corpos celestes é muito pueril. O contorno do sol, dizia ele, era maior que o do Peloponeso. Sua explicação do solstício não é mais feliz: se o astro luminoso volta para trás, é porque a densidade do ar o obriga a retrogradar. Por causa do seu calor menor, a lua deve ser menos capaz de resistir ao ar mais espesso, e por conseguinte é obrigada a voltar-se com mais frequência. Apesar disso, se os testemunhos dos antigos não nos enganam, Anaxágoras tem uma importante descoberta astronômica a seu crédito[248]. Foi ele o primeiro a formular a teoria exata das fases da lua e dos eclipses; todavia, ele estragou sua explicação destes últimos ao supor que pudessem ser causados não somente pela sombra da Terra e do seu satélite, mas também, como pensava Anaxímenes, pela interposição de astros desprovidos de luz. O que caracteriza no mais alto grau tanto as fraquezas quanto os méritos do seu espírito científico é a tentativa que ele fez de explicar a acumulação de estrelas que forma

---

247 Vejo agora que essa dificuldade (Arist., *De cælo*, II 13 [FVS 3 A 20]) foi estudada, mas sem, a meu ver, ter sido resolvida, por Brieger, *Die Urbewegung der Atome* etc. (programa ginasial, Halle, 1884, p. 21). Resulta dos testemunhos reunidos por Schaubach, p. 174 ss. [cf. Dióg. L., II 8 = FVS 46 A 1 e A 81], que Anaxágoras atribuía à Terra a forma de um disco plano. Simplício é o único que indica, com a palavra τυμπανοειδής (*ad Aristotelis De cælo II 13*, p. 520, 28 ss. Heiberg [FVS 46 A 88], que ele lhe atribuía a forma de um cilindro ou pandeiro. Mas Simplício enfraquece seu testemunho ao dizer o mesmo de Anaxímenes, que, como sabemos com plena certeza, concordava, a respeito da forma da Terra, não com Anaximandro mas com Tales. Portanto, é errado dizer, como fazem Zeller, Uberweg e outros, que Anaxágoras fazia da Terra um "cilindro plano".

248 Sobre as teorias astronômicas e meteorológicas de Anaxágoras, cf. *Doxogr.*, 137 ss. [FVS 46 A 1, A 42, A 71-86 a]. A teoria de Anaxágoras segundo a qual a lua toma sua luz emprestada do sol, atestada por Hipólito, é formulada por Plutarco, *De fac. in orb. lun.*, 16 [p. 929 b], *Vorsokratiker*, 321, 6 ss. [46 B 18], nos próprios termos empregados pelo filósofo.

a Via Láctea[249]. Ele via nela apenas uma aparência que era devida, na opinião dele, ao fato de que, nessa região do céu, a luz das estrelas se destaca de modo mais vivo por causa da sombra projetada pela Terra. Evidentemente, ele chegou a essa teoria pelo seguinte raciocínio: a luz do dia impede-nos de enxergar os astros que se encontram no céu; somente a escuridão da noite torna-os visíveis; um acréscimo de escuridão, portanto, é paralelo a um acréscimo de visibilidade, e ali onde nosso olho vê a maior quantidade de estrelas não é necessariamente o lugar onde há o maior número delas; basta que, nessa parte do céu, reine uma escuridão maior. E para explicar esse máximo de escuridão, nenhuma hipótese oferecia-se a ele salvo a que indicamos. Sem dúvida, essa teoria contradiz os fatos mais fáceis de observar e mostra-nos, uma vez mais, como Anaxágoras era exclusivamente dedutivo, como ele se preocupava pouco em verificar suas hipóteses. Afinal, a Via Láctea não está inclinada sobre a eclíptica, ao passo que, se essa explicação fosse verdadeira, ela deveria coincidir com esta última? E por que a lua não se eclipsa cada vez que atravessa a Via Láctea? Mas isso não deve nos impedir de reconhecer que essa dedução era das mais engenhosas e que a pergunta à qual ela pretendia responder era mais que o divertimento de um espírito ocioso. É provável que Anaxágoras, como leva a supor sua doutrina do *noûs* e como já tivemos a oportunidade de notar, fosse muito exigente em matéria de simetria cósmica. Mas a astronomia atual tampouco se contenta simplesmente, para explicar esse surpreendente amontoado de estrelas, em admitir uma irregularidade na distribuição original da matéria. Ela prefere procurar – como fazia outrora o Clazomeneu – nessa extraordinária irregularidade uma simples ilusão de ótica: se esses astros nos parecem tão próximos, é porque o sistema da Via Láctea, ao qual pertencemos, apresenta uma forma lenticular.

No campo da meteorologia, devemos mencionar sua explicação dos ventos por diferenças de temperatura e de densidade do ar; no da geografia, ele explicou as cheias do Nilo relacionando-as ao derretimento das neves nas montanhas da África central[250]. Essa suposição, pelo menos parcialmente exata, suscitou zombarias de toda a Antiguidade. No que tange ao início da vida orgânica, Anaxágoras segue os passos de Anaximandro; sua única originalidade consiste em fazer cair sobre a Terra junto com a chuva os primeiros germes das plantas que se encontravam no ar com as "sementes" de toda a natureza. Essa doutrina, ao que tudo indica, está relacionada com o significado crucial que nosso sábio atribuía ao ar para toda a vida orgânica. Por exemplo, ele não atribuiu às plantas – sem dúvida sem basear-se em observações precisas – uma espécie de respiração? Também foi ele que descobriu que os peixes respiram por brânquias. Aliás, para ele não há abismo largo e intransponível entre o reino vegetal e o reino animal. Ele imagina que as plantas devem, pelo menos, ter sensações agradáveis e sensações

---

[249] Sobre a explicação que dava Anaxágoras para o amontoado de estrelas na Via Láctea [Dióg. L., II 9, e Hipólito, I 8, 10; FVS A 1 e A 42], cf. Tannery, *Pour l'histoire* etc., 278 ss. Sobre o problema em si, cf. entre outros Wundt, *Essays*, 79 ss.

[250] [FVS 46 A 91; sobre o que segue, cf. 46 A 113, 115-117, B 11-12.]

desagradáveis, as primeiras durante seu crescimento, as segundas no momento em que perdem suas folhas. Do mesmo modo, para ele os diversos graus do mundo animal não eram "separados como por golpes de machado", e no entanto sua teoria da matéria o impedia de pressentir a evolução das espécies. Sua preocupação – que já louvamos, embora nunca seja louvada o bastante – de não acumular sem necessidade as diferenças específicas salvou-o de vários erros nos quais caíram seus sucessores. Ele só reconhecia nos dons intelectuais diferenças de grau, já que fazia participar do *noûs*, em maior ou menor medida, todos os animais sem exceção, tanto os maiores como os menores, tanto os mais elevados como os mais ínfimos na escala dos seres.

IV

Não cremos dever dedicar muito tempo à teoria dos sentidos de Anaxágoras. O que a caracteriza principalmente é que ela só reconhece o princípio da relatividade quando os fatos não permitem nenhuma dúvida, por exemplo no que diz respeito à sensação da temperatura. O filósofo sabe que a mesma água parece mais ou menos quente conforme sentimos mais ou menos frio na mão[251]. Fora isso, ele considera os sentidos como testemunhas cujas informações são limitadas, mas cuja veracidade não deixa nada a desejar. Ele está convencido de que o testemunho destes nos permite ter uma imagem absolutamente fiel do mundo exterior. Expusemos suficientemente aos nossos leitores a teoria da matéria que ele deduziu daí. Contudo, não será mau rememorá-la aqui junto com as considerações nas quais ela se baseia. Destas duas premissas – "não ocorre mudança de propriedades" e "os objetos possuem realmente as propriedades que os sentidos nos revelam" – decorria inevitavelmente esta conclusão: "toda diferença das propriedades sensíveis é fundamental, primordial e imutável; portanto, não existe uma ou várias matérias primitivas, mas uma quantidade inumerável delas". Ou, mais exatamente, só resta distinção entre os aglomerados de partículas homogêneas (às quais Anaxágoras dá o nome de *homeomerias*)[252] e os aglomerados de partículas heterogêneas: a distinção entre as formas materiais primitivas e as formas materiais derivadas desaparece. Assim, Anaxágoras retornou à concepção ingênua que o homem primitivo tem da natureza; ele recuou muito além da teoria da matéria de seus predecessores, e até além das primeiras tentativas de simplificação do mundo material que já se encontram em Homero, no *Avesta* ou mesmo no livro do Gênesis. Mas os argumentos nos quais repousa essa teoria

---

[251] [Teofrasto, *De sensu*, 28; FVS 46 A 96.]

[252] A partir de Schleiermacher, recusou-se a Anaxágoras a expressão *homeomerias* para fazer dela uma invenção de Aristóteles. Encontram-se reunidos em Schaubach, p. 89 [FVS 46 A 45-46], os testemunhos inequívocos da Antiguidade contra essa opinião. O que mostra, claro como o dia, que essa suposição é insustentável é que Epicuro, e depois dele Lucrécio [I 830 ss.; FVS 46 A 44], que não tinham o menor motivo para empregar as expressões técnicas de Aristóteles, usaram esse termo (cf. a esse respeito o comentário de Munro sobre Lucrécio, I 834, e nosso estudo na *Zeitschrift für das österreichische Gymnasium*, XVIII 212).

e que impõem ao pensamento humano com força irresistível a crença na íntima afinidade das inúmeras matérias particulares não foram abalados. Parece que postulados de igual importância, mas opostos e inconciliáveis, encontravam-se na presença uns dos outros; poder-se-ia acreditar que o problema da matéria terminava num impasse. Somente a seguinte consideração podia tirá-lo dessa situação incômoda. As premissas da teoria da matéria primordial haviam sido definitivamente refutadas pelas consequências tiradas delas, consequências radicalmente falsas, como hoje sabemos, e difíceis de acreditar, como já podiam perceber os contemporâneos de Anaxágoras. Mas disso não resultava que essas premissas fossem necessariamente inexatas; poderia ser que fossem apenas incompletas. Não era indispensável rejeitá-las; bastava completá-las. O obstáculo fora removido; o que chamamos de segundo postulado da matéria, a saber, a crença na constância qualitativa da mesma, podia ser mantido se se considerasse como verdadeiramente objetivas não o conjunto das qualidades perceptíveis pelos sentidos, mas somente uma parte delas. A nova teoria do conhecimento veio auxiliar a antiga teoria da matéria. A distinção entre as propriedades objetivas ou primárias e as propriedades subjetivas ou secundárias das coisas foi a grande façanha intelectual que promoveria, e de fato promoveu, a reconciliação entre pretensões até então inconciliáveis. Por esse meio um novo cume, incomparavelmente mais alto, ainda que certamente não fosse o cume supremo, foi galgado. Foi Leucipo quem realizou essa façanha. Dessa forma, ele devolveu asas à especulação filosófica, que parecia condenada à imobilidade; dessa forma ele adquiriu um título imperecível. O mérito de Anaxágoras – quase tão grande e, a nosso ver, seu maior mérito – foi ter tornado visível, graças ao rigor implacável de deduções que não recuavam diante das consequências mais absurdas, e mesmo para os olhos menos exercitados, a necessidade de completar a teoria da matéria.

Anaxágoras gozou de alta estima na Antiguidade, estima que foi devida, como acontece tantas vezes, tanto às lacunas quanto à grandeza do seu gênio. Seu dogmatismo fora de moda, a rigidez e intransigência do seu método e sem dúvida também de sua personalidade, a segurança de oráculo com a qual ele proclamava teorias das quais muitas contradiziam estranhamente o senso comum, tudo isso exercia, sem dúvida alguma, sobre círculos extensos uma verdadeira fascinação. Essas características formavam o contraste mais violento que se possa imaginar com a incerteza flutuante, com a flexibilidade intelectual exagerada de uma época na qual o pensamento estava tão impregnado de germes de ceticismo quanto o ar ou a água o são de "sementes", conforme os ensinamentos do nosso filósofo. Mas era impossível que não se tivesse também outra impressão. Quando o venerável filósofo pronunciava sobre todos os segredos do universo juízos tão precisos como se ele tivesse assistido como testemunha ocular ao nascimento do cosmo; quando ele expunha em tom de infalibilidade as opiniões mais paradoxais, como, por exemplo, seus pontos de vista sobre a matéria; e principalmente quando, com a confiança de um homem que recebeu uma revelação, ele falava de outros mundos onde tudo acontece exatamente como na Terra, onde há seres humanos como nós, que constroem suas casas, cultivam seus campos e levam seus produtos ao mercado; quando ele fazia tudo isso com o cuidado de terminar sempre com este refrão: "exatamente como entre nós"[253]; então mais de uma boca devia esboçar um sorriso, e acreditamos sem dificuldade que Xenofonte não exprimiu somente sua opinião pessoal, mas uma opinião muito difundida ao seu redor, quando disse que o grande filósofo não batia muito bem da cabeça[254]. Uma única coisa ligava-o ao ceticismo da época de efervescência intelectual à qual ele pertencia: sua atitude perfeitamente desdenhosa para com as crenças populares. Fora isso, dotado de uma fé na percepção sensível que lembra, na sua robustez, a ingenuidade dos menos filósofos entre os nossos naturalistas; desprovido do mínimo átomo de inteligência dialética, e por conseguinte passando sem percebê-los, ou desprezando-os, ao lado das dúvidas e dos argumentos sutis de Zenão; trilhando o caminho solitário de seus pensamentos com a inconsciente temeridade de um sonâmbulo, sem prever as objeções, sem ser extraviado pelas dúvidas ou detido pelas dificuldades; proclamando secamente, sem poesia e sem humor, teorias tão absolutas quanto aventurosas, ele não devia causar sempre a melhor impressão no meio dos espíritos tão flexíveis, tão abertos, tão pouco exclusivos do seu tempo. Muitos deixavam-se cativar pela sua calma aristocrática, pela sua dignidade confiante; outros odiavam-no porque ele se imiscuía demais, na opinião deles, nos segredos dos deuses; para outros finalmente, que sem dúvida não eram os menos numerosos, ele devia parecer pelo menos um pouco ingênuo, para não dizer maluco. Nós mesmos vemos nele um espírito de grande poder dedutivo, espantosamente inventivo, dotado de um senso de causalidade muito desenvolvido; mas essas vantagens parecem-nos mais que compensadas por sua falta surpreendente de intuição sã e por sua indiferença pela verificação de suas hipóteses engenhosas através dos fatos.

---

[253] [FVS 46 B 4.]

[254] O julgamento desdenhoso de Xenofonte encontra-se nas *Memorab.*, IV 7 [FVS 46 A 73].

Capítulo V

Empédocles

I. Personalidade e biografia de Empédocles.

II. Empédocles e a química moderna. Doutrina dos quatro elementos. Sua falta de fundamento e sua fecundidade. Empédocles reconhece proporções químicas.

III. Explicação da percepção visual. Méritos de sua psicologia de sentidos.

IV. Atração recíproca dos semelhantes. A Amizade e a Discórdia. Condições da vida orgânica.

V. Cosmologia de Empédocles. Explicação equivocada da imobilidade da Terra.

VI. Empédocles precursor de Darwin e de Goethe. Ele não é adversário dos hilozoístas. Teoria da animação universal.

VII. Física e teologia das almas. Teoria homérica da alma dupla. A alma-fumaça e a alma-sopro. Empédocles meio místico, meio naturalista.

VIII. Sua teologia. Empédocles e os eleatas.

I

O viajante que hoje visita Agrigento encontra a cada passo a lembrança de Empédocles[255]. Pois a nobre piedade dos italianos, alimentada pela continuidade da sua civilização, não conhece as barreiras plantadas pela cronologia. Virgílio ainda é querido em Mântua, Estesícoro em Catana, seu eminente "concidadão" Arquimedes pelos siracusanos, e os habitantes de Agrigento (Agrigentum, Akragas) são fiéis ao culto do seu grande compatriota, o filósofo e estadista Empédocles. Os discípulos de Mazzini e de Garibaldi honram-no como democrata porque ele pôs um fim ao regime aristocrático que, durante três anos, oprimiu Agrigento, e porque ele se recusou a colocar sobre sua cabeça a coroa que lhe foi oferecida. Não há nada inaceitável por si mesmo nessa tradição. Ela não contradiz o que sabemos da vida de Empédocles e da história de sua cidade natal nesse momento. Outras cidades da Sicília eram então palco de profundas dissensões. A família de Empédocles estava entre as mais consideradas do país. Quando ele veio ao mundo, entre 490 e 500 ou, no mais tardar, entre 480 e 490, ela estava em toda sua prosperidade, em todo seu esplendor. Seu avô, de quem ele recebera o nome, tinha obtido em 496 em Olímpia a vitória no concurso de quadrigas. Seu pai, Méton, contribuiu em 470 para a queda do tirano Trasídeo e adquiriu assim uma influência preponderante sobre seus concidadãos. Portanto, não é absolutamente inverossímil que o trono tenha sido oferecido a seu herdeiro, eminente ao mesmo tempo pelo espírito e pelo nascimento. Todavia, não foi necessariamente por espírito democrático que ele renunciou a reinar sozinho, assim como tinha recusado tomar parte no governo oligárquico. Essa decisão poderia também lhe ter sido ditada por um interesse pessoal bem entendido. Esse homem, tão hábil para falar como notável pensador, e que é até mesmo citado entre os fundadores da arte oratória, poderia esperar ter um papel mais considerável numa cidade dotada de instituições populares que no círculo mais

---

255 Cf. *Empedoclis Agrigentini fragmenta*, ed. H. Stein, Bonn, 1852; Diels, *Studia Empedoclea*, em *Hermès*, XV; Knatz editou um fragmento novo de um verso e meio nos *Schedæ philol.*, Bonn, 1891; *Doxogr.*, passim [FVS 21]. Diógenes Laércio falou de Empédocles, VIII 51 ss. [FVS 21 A 1]. Cf. também a excelente crítica de fontes de J. Bidez, *La biographie d'Empédocle*, Gand, 1894. Cf. igualmente Clara Eliz. Millerd, *On the interpretation of Empedocles*, Chicago 1908. O que dizemos, aqui e na sequência, de Agrigento baseia-se em nossas impressões pessoais de viagem; cf. também *Vingt jours em Sicile*, nos *Mélanges de voyages et d'histoire* de E. Renan, p. 103 ss. Para a cronologia, dispomos de uma série de versos da crônica de Apolodoro, reproduzidos por Diógenes L., *loc. cit.* O trecho muito discutido de Arist., *Metaf.*, I 3 [FVS 21 A 6], segundo o qual Anaxágoras era mais velho que Empédocles do ponto de vista dos anos, porém mais novo do ponto de vista da filosofia, não contém nem uma indicação sobre a época da publicação de suas obras, nem um juízo sobre o valor das mesmas; serve simplesmente para motivar a inversão da ordem cronológica da qual Aristóteles gostava por motivos didáticos. De fato, Aristóteles fala de Empédocles antes de Anaxágoras porque os quatro elementos do primeiro estavam muito mais próximos do monismo material dos antigos filósofos naturalistas que as substâncias primeiras, de número infinito, do segundo. Cf. a pequena frase que antecede: Ἐμπεδοκλῆς δὲ τὰ τέτταρα, πρὸς τοῖς εἰρημένοις γῆν προστιθεὶς τέταρτον.

estreito dos seus iguais. A recusa de uma coroa constitui em si um título de glória que não se deve desprezar. Além disso, esse título não pode ser maculado nem de lama nem de sangue, enquanto o trono que se ergue das águas impuras de uma revolução pode facilmente cair. Nesses períodos agitados, a dignidade de príncipe não conferia nenhuma proteção contra os caprichos do favor popular. Mas o simples particular não era ameaçado pelo punhal vingador de um fanático da liberdade. Quando a multidão cambiante cansava-se de sua autoridade, ela atingia-o com uma sentença de exílio. Essa parece, justamente, ter sido a sorte de Empédocles, que, aos sessenta anos de idade, foi vítima de um acidente em terra estrangeira, no Peloponeso. Esse fim não pareceu digno, aliás, de um homem tão extraordinário; por isso alguns contaram que ele se precipitou nas lavas incandescentes do Etna, enquanto outros afirmaram que ele se alçou ao céu numa nuvem de fogo...

Na realidade, a ambição desse homem tinha alcances mais altos que a realeza, e ela o levou bem acima dos tronos humanos. Sem dúvida, um palácio magnífico nas margens da "loira Agrigento" podia ter seus charmes e sua sedução. Mas o que era reinar sobre oitocentos mil súditos para o Sábio, o Visionário, o Taumaturgo que podia pretender reinar sem limite de número, de tempo ou de lugar sobre as almas dos outros homens? E o que é, além do mais, um rei comparado a um deus? Ora, Empédocles não se gabava de ser um quando dizia a seus fiéis: "Não sou mais um mortal para vocês, mas um deus imortal"? Ele estava vestido de púrpura bordada de ouro; seus cabelos, coroados de louro como os de um sacerdote, caíam dos dois lados de sua cabeça e enquadravam seus traços austeros; quando ele percorria os campos da Sicília, multidões de adoradores e adoradoras cercavam-no e ofereciam-lhe a homenagem de sua admiração. Aos milhares, às dezenas de milhares, eles aclamavam-no, prendiam-se aos seus passos e pediam-lhe alguma previsão favorável, um consolo para alguma tristeza, uma cura para alguma doença. Ele gabava-se de comandar os ventos e as tempestades, ele pretendia impor sua vontade aos ardores devorantes do sol, às trombas d'água devastadoras. Seu gênio era de fato admirável. Ele livrou Selinonte da epidemia pela qual havia sido devastada secando o pântano que a cercava; em sua cidade natal ele assegurou um clima salutar abrindo passagem, através de um rochedo, para o vento refrescante do Norte. Isso como engenheiro. Como médico ele realizou talvez coisas espantosas e prometeu outras mais espantosas ainda. Diz-se que ele despertou de sua letargia uma mulher que, há trinta dias, jazia aparentemente morta, "sem pulso nem respiração"[256]. Górgias, que foi seu aluno, viu-o dedicar-se à magia, e temos dificuldade de acreditar que se tratam apenas de curas obtidas por meio do hipnotismo ou pelo poder da imaginação.

---

[256] Sobre o secamento dos pântanos de Selinonte e a escavação de uma montanha em Agrigento por Empédocles, cf. a variedade publicada no suplemento do *Allgemeine Zeitung* de Augsburgo em 15 de novembro de 1881. Bidez (*op. cit.*, p. 34) parece ter demonstrado, depois de Diels, que a história da mulher tirada de um sono letárgico provém do tratado de Heráclides do Ponto περὶ τῆς ἄπνου e baseava-se numa lenda corrente já nessa época.

É difícil formular um juízo equânime sobre um homem no qual o ouro puro do verdadeiro mérito se misturava de maneira tão estranha ao vil metal de pretensões sem fundamento. Para explicar ou desculpar estas últimas, é preciso lembrar o caráter dos seus compatriotas, e talvez também dos seus concidadãos. Os habitantes da ilha que foi o berço da retórica parecem ter tido no sangue, desde a origem, uma inclinação para a ostentação e a encenação. Nos escombros dos templos que coroavam as colinas dos arredores de Agrigento, somos impressionados de modo desagradável pela busca do efeito, pela tendência ao exagero. Porém, se é difícil apreciar a personalidade desse filósofo, é mais difícil ainda retornar à fonte primitiva dessas doutrinas, que parecem carecer de unidade e de consistência e que foram criticadas por serem de um ecletismo demasiado fácil.

II

Para o médico, para o hierofante, para o orador, para o estadista, para o criador de obras úteis, o principal interesse reside sempre no ser humano. Por conseguinte, devemos esperar encontrar em Empédocles, como filósofo, tanto um antropólogo quanto um cosmólogo; como investigador da natureza, mais um fisiólogo, um químico e um físico que um astrônomo e um matemático. E os fatos justificam essa expectativa. O filósofo agrigentino não se preocupou nem um pouco com a ciência dos números e do espaço, e, no estudo dos astros, não fez prova de originalidade marcada. Em contrapartida, no domínio da biologia, ele encontrou pontos de vista novos sob muitos aspectos e de fecundidade notável. Mas o centro de gravidade de sua obra encontra-se na sua teoria da matéria. Não arriscamos nada ao dizer que, com Empédocles, nos encontramos subitamente em plena química moderna. Encontramos nele, pela primeira vez, três dos princípios fundamentais dessa ciência: ele prega uma pluralidade, mas uma pluralidade limitada de matérias primordiais; ele supõe combinações nas quais essas matérias se unem entre si; e enfim ele reconhece numerosas diferenças quantitativas, ou seja, proporções variáveis nessas combinações.

Foi talvez o médico praticante que aqui mostrou o caminho ao químico especulativo[257]. As doenças são devidas a um conflito ou a uma desproporção das matérias heterogêneas que o corpo animal contém – é a teoria que encontráramos em Alcmeão, mais ou menos meio século antes de Empédocles. Ela tinha criado raízes sólidas, pelo menos entre os médicos, e via-se nela, como mostra claramente a obra já citada de Polibo (liv. I, cap. V, seção V, 2º §, nota), a objeção capital a ser oposta ao monismo da matéria. Todavia, independentemente disso, este último revelava-se impotente para explicar exatamente os fenômenos. E é compreensível que, quanto mais se estudava a natureza, mais se devia abandonar as generalidades vagas para dedicar atenção ao exame

---

[257] Tannery, *Pour l'histoire* etc., p. 319, foi provavelmente o primeiro a assinalar uma relação entre os estudos médicos de Empédocles e sua teoria antimonista da matéria.

aprofundado das questões de detalhe. A partir do momento em que o transformismo impreciso dos antigos jônicos (com exceção de Anaxímenes), que não se apoiava nem em fatos estabelecidos com segurança nem sobre ideias claras, se mostrava insuficiente, só faltava, na verdade, reduzir a multiplicidade dos fenômenos a uma multiplicidade primordial dos elementos materiais. Porém, enquanto o contemporâneo e rival do nosso filósofo jogava o vinho fora junto com a borra, enquanto Anaxágoras renunciava a toda distinção entre os elementos e os corpos que derivam deles e retornava, nesse aspecto, até a infância do pensamento humano, Empédocles lançava-se num caminho menos violento. Ele não abandonou a própria doutrina dos elementos ao mesmo tempo que a unidade da matéria. Foi talvez a escola da política prática que lhe ensinou o valor dos compromissos e, felizmente, alertou-o contra o absurdo desse dilema radical: ou uma única matéria primitiva ou então somente matérias primitivas. Para obter uma pluralidade de matérias fundamentais bastava reunir as doutrinas de Tales, Anaxímenes e Heráclito, ou, mais exatamente, da física popular e espontânea que formava a base delas e, seguindo o exemplo desta última, acrescentar a terra à água, ao ar e ao fogo. Os "quatro elementos" que formam e mantêm o mundo, e que hoje sobrevivem apenas nas crenças populares e na poesia, têm uma história longa e gloriosa[258]. A autoridade de Aristóteles, que os acolheu na sua teoria da natureza, fê-los ultrapassar o curso dos séculos e imprimiu-lhes a marca da infalibilidade. No entanto, essa doutrina é desprovida, desde o início, de toda justificativa intrínseca. Ela baseia-se visivelmente na mais grosseira das confusões. Será realmente necessário provar que ela se reduz, em última análise, à distinção dos três estados de agregação – sólido, líquido e gasoso – e que o quarto estado acrescido a esses três estados fundamentais era apenas um acessório, apenas o fenômeno concomitante do processo de combustão, que ofusca os sentidos e ao qual dávamos, por causa disso, um valor usurpado? As *formas* fundamentais, comuns a tudo que é material, assumiam aqui uma individualidade própria e tornavam-se as únicas *matérias* fundamentais.

Apesar de tudo, o valor dessa doutrina era inestimável. A história da ciência nem sempre considera unicamente o grau de verdade objetiva. Uma teoria pode ser absolutamente verdadeira e, no entanto, ficar sem aplicação e sem utilidade, pois o espírito humano está insuficientemente preparado para recebê-la; inversamente, uma teoria pode ser falsa em todos os pontos e mesmo assim servir enormemente ao progresso do conhecimento na mesma fase de desenvolvimento intelectual. Se considerarmos a época de que tratamos aqui, e até épocas mais recentes, classificaremos no primeiro desses

---

[258] Os quatro elementos encontram-se na física popular não somente dos gregos, mas também dos hindus (cf. Kern, *Buddhismus*, trad. H. Jacobi, I 438). Cf. também a doutrina persa dos elementos [*Bundahis*, 30, 1; *Sacred Books of the East*, V 120; e] James Darmesteter, *Vendîdâd* [17, 1,5; ibid.], IV 187, 2. Kopp, *Die Entwicklung der Chemie in der neueren Zeit*, p. 110, nos ensina como essa antiga doutrina desapareceu tarde: "Se, na época que antecedeu o surgimento do sistema de Lavoisier, alguém perguntasse quais eram os elementos dos corpos, a resposta era que a terra, a água, o ar e o fogo deviam sempre ser considerados como elementos, ou pelo menos que a maioria acreditava nesses elementos".

casos a doutrina de uma matéria primordial única; se considerarmos essa época e as que a seguem imediatamente, classificaremos no segundo a teoria dos quatro elementos. Sem dúvida, nenhum deles era um elemento real; mesmo aquele que mais merece essa qualificação, a água, é um corpo composto; a terra e o ar são apenas nomes sob os quais se abrigam uma quantidade de matérias, umas simples, outras compostas, e somente em uma de suas formas respectivas; quanto ao fogo, longe de ser um elemento, nem mesmo é uma coisa... Isso é verdade, mas essa aparência de ciência não deixava de ser a crisálida da qual a ciência verdadeira sairia um dia. Fora dado um modelo que representava os conceitos fundamentais da química e sem o qual seria até impossível depreendê-los. Se tivéssemos esperado, para formar os conceitos de elemento e de combinação, que se conseguisse isolar elementos reais e perceber combinações reais, teríamos esperado em vão durante toda a eternidade, pois só se podia atingir o objetivo almejado pela teoria da matéria – assim como o da astronomia (liv. I, cap. IV, seção I) – pelos caminhos do erro.

As ideias de Empédocles sobre esse objeto eram tão corretas quanto sua aplicação era falsa. Não somente ele não queria, não mais que seus predecessores, ouvir falar de nascimento e de destruição no sentido absoluto, mas ele tinha uma ideia mais clara que qualquer um dentre eles da contrapartida positiva dessas negações. Todo pretenso nascimento, tanto para ele como para Anaxágoras, na realidade é apenas uma mistura[259]; toda destruição aparente é apenas uma dissociação dos elementos misturados. Mas ele conhece, além disso, o fato de que as qualidades sensíveis de um composto dependem da natureza de sua composição. Ele exprime-o em primeiro lugar por uma comparação altamente significativa. Para explicar a multiplicidade infinita das propriedades que as coisas manifestam aos nossos sentidos, ele lembra o que acontece continuamente na paleta do pintor. Ele compara suas quatro matérias primordiais com as quatro cores fundamentais de que se serviam habitualmente os artistas de seu tempo e através das quais, graças a hábeis misturas, eles obtinham uma quantidade incontável de tons e nuanças[260]. Poder-se-ia objetar com razão que isso é uma simples comparação e não uma explicação. Sim, mas podemos replicar que é uma comparação que implica alguns dos elementos da explicação. Primeiramente, constatamos aqui a inteligência do fato de que a simples diferença quantitativa na combinação de duas ou mais matérias produz uma diferença qualitativa nas propriedades sensíveis do composto. Aliás, não precisamos inferir dessa comparação que nosso filósofo tenha realmente possuído essa inteligência; os documentos permitem prová-lo diretamente. Ele tentou, embora de modo bastante aventuroso nos detalhes, reduzir a diferenças quantitativas de composição a diferença de qualidade das diversas partes do organismo animal. A carne e o sangue, por exemplo, conteriam proporções iguais – em peso e não em volume – dos quatro elementos,

---

[259] [FVS 21 B 8-9.]

[260] Sobre a comparação dos quatro elementos com as cores fundamentais, ver Galeno, *Comentário ao "De natura hominis" de Hipócrates*, XV 32 Kuhn [= *Corp. med. Gr.*, V 9, 1, p. 19, 7; FVS 21 A 34; cf. B 23]. Sobre o que segue, ver *ibid.* B 96 e 98; cf. A 78.

enquanto os ossos seriam compostos por uma metade de fogo, um quarto de terra e um quarto de água. Não há dúvida de que ele devia recorrer amplamente a esse meio de explicação, pois sem isso como poderia ele ter sustentado que as qualidades sensíveis dependem da natureza da composição material, e sustentá-lo tão expressamente como o faz na comparação de que falamos mais acima? Os quatro elementos, considerados em si mesmos, só fornecem um número muito pequeno de combinações possíveis, a saber uma combinação com quatro, quatro com três e seis com dois elementos. Porém, como cada um desses elementos pode entrar numa combinação em proporções variadas, o número de combinações possíveis aumenta até o infinito e esse método de explicação satisfaz as condições desejadas para explicar a riqueza realmente inesgotável dos objetos materiais. Antes de ir mais adiante, notemos aqui uma das antecipações mais notáveis da ciência moderna. Que papel não tem, desde Dalton, a teoria das proporções ou dos equivalentes na química do nosso século! Que significado ela não adquiriu, em particular no âmbito da química orgânica, em que os quatro elementos principais (carbono, hidrogênio, oxigênio e nitrogênio) permitem aplicar ao pé da letra a comparação com as quatro cores fundamentais da pintura antiga, e principalmente nestes últimos tempos em que pudemos constatar que certos átomos entram em quantidade de muitas centenas, por exemplo na albumina!

III

Ao admitir que os elementos primeiros da matéria, sem nunca passarem pela mínima modificação, dão origem a uma quantidade de compostos diferentes, Empédocles estava absolutamente de acordo com os químicos modernos. Mas de todos os conhecimentos necessários para a elaboração dessa teoria só podemos atribuir-lhe com certeza um único: ele percebeu, como explicamos, o valor das proporções nas combinações dos elementos. Mas há outro fato ainda mais importante a ser considerado: é que as propriedades de um composto são determinadas pela sua estrutura, pela disposição ou pelos movimentos das partículas das quais ele é formado; e que, por conseguinte, um corpo que difere de outro nesse aspecto exerce também outros efeitos sobre outros corpos, entre eles sobre os órgãos dos nossos sentidos. Empédocles nunca exprimiu esse fato de modo preciso. Todavia, ele deve ter pressentido algo análogo, senão teria desistido inteiramente de compreender como, para empregar sua própria expressão, os elementos em suas combinações "ao passarem uns através dos outros apresentam um aspecto diferente"[261]. Parece que o filósofo deveria ter reconhecido plenamente, quanto a esse aspecto, e apreciado segundo o seu justo valor o papel que a subjetividade desempenha nas nossas percepções sensíveis. Mas não é o caso. Contudo, ele está muito mais perto de percebê-lo que seus predecessores, com exceção de um único: estamos

---

[261] [FVS 21 B 21, 13.]

falando desse pensador e observador original que pertencia ao círculo dos pitagóricos, do médico Alcmeão, a quem por muito tempo se recusou a estima e o respeito que lhe são devidos. Alcmeão foi o primeiro a ter a ideia de sensações subjetivas. Podemos demonstrar rigorosamente que Empédocles filia-se a ele nesse ponto[262]. Como Alcmeão, e sem intermediário conhecido, ele ensina que o interior do olho se compõe quase inteiramente de fogo e de água. E, partindo disso, ele compara a estrutura do olho à de uma lanterna. As paredes transparentes que, nesta última, protegem a chama contra os ventos, correspondem, no órgão da vista, finas membranas que recobrem e mantêm seu conteúdo. Aqui entra em jogo o princípio, provavelmente fundado na analogia com o sentido do tato e da resistência, de que o semelhante é conhecido pelo semelhante. Conforme a esse princípio, as partes ígneas do olho servem para a percepção do fogo exterior e as partes aquosas à da água exterior; esses dois elementos são para ele os tipos da claridade e da escuridão. O ato perceptivo realiza-se do seguinte modo: quando os eflúvios ígneos ou aquosos emitidos pelos corpos aproximam-se do olho, as partículas correspondentes deste último vão ao encontro deles através dos poros desse órgão, semelhantes a funis, graças à atração recíproca dos elementos de natureza igual. As partículas que penetram nos poros vindo de fora e as que saem através deles realizam seu contato fora do olho, mas provavelmente muito perto da superfície do mesmo, e esse contato produz a sensação da vista. Assim, a percepção visual é assimilada ao tato: ela resulta do contato de duas claridades ou de duas escuridões. E conforme o olho das diversas espécies de animais e dos diversos indivíduos contém em quantidade menor, e consequentemente mais suscetível de ser completada, um ou outro dos dois elementos em questão, ele é mais ou menos apto a perceber as impressões luminosas e ver claramente durante o dia ou no lusco-fusco da aurora e do crepúsculo.

Por mais grosseira, por mais fantástica que seja essa representação do mecanismo da vista, por menos que ela explique o que pretende explicar, e por mais numerosas que sejam as questões às quais ela nem mesmo imagina fornecer uma resposta, resta-lhe um mérito incontestável. É uma tentativa, muito insuficiente, é verdade, mas enfim uma tentativa de explicar a percepção por meio de processos intermediários (cf. liv. II, cap. III, seção II); além disso, ela deixa ao fator subjetivo uma certa parte, ainda muito modesta, do ato perceptivo e constitui, por conseguinte, uma etapa no caminho da verdade; seguindo esse caminho, acabaremos por aprender que nossas percepções sensíveis não são nada menos que simples reflexos das propriedades exteriores e objetivas das coisas. Aliás, essa teoria não desconhece absolutamente o princípio da relatividade, pois não somente a quantidade mais ou menos grande de matéria ígnea ou aquosa que se encontra nos diferentes olhos deve, como já vimos, explicar as diferenças de visão, mas a forma e o tamanho dos poros deve, no que se refere tanto a esse sentido como aos outros, permitir ou impedir a entrada dos eflúvios. Somente aqueles entre estes

---

[262] A prova de que Empédocles depende de Alcmeão foi feita por Diels, *Gorgias und Empedokles*, p. 11 [353] ss. [Sobre o que segue, cf. FVS 21 B 84; B 109; A 86.]

últimos que correspondem aos poros são declarados perceptíveis. Assim, mesmo por essa teoria errônea, era aplainado o caminho para a inteligência verdadeira da sensação. Distanciávamo-nos lentamente desse ponto de vista que obrigava o espírito humano a escolher entre os dois termos desta alternativa: ou aceitar cegamente ou rejeitar não menos cegamente o testemunho dos sentidos. Esse testemunho foi cada vez mais protegido contra as objeções resultantes das diferenças individuais ou ocasionais da impressão; o tesouro de conhecimento tirado dessa fonte viu seu valor restringido a limites mais estreitos, mas dentro desses limites esse valor foi melhor garantido.

IV

Os méritos e os defeitos identificados na teoria fisiológica dos sentidos de Empédocles caracterizam também suas doutrinas sobre as questões assemelhadas. Todas elas tendem a reduzir aos fenômenos gerais da natureza os processos físicos e psíquicos da vida humana, animal e até vegetal. O filósofo esforçou-se para derrubar as barreiras, ou melhor, para não erguê-las entre o orgânico e o inorgânico, entre o consciente e o inconsciente. Esse pressentimento, essa intuição da unidade da vida em todas as suas formas constitui a força, mas também a fraqueza de Empédocles. Sua fraqueza porque suas amplas generalizações não repousam tanto no conhecimento do que é comum na diversidade, mas mais na ignorância da diversidade; porque sua empreitada, em suma, era tão pouco preparada, tão prematura quanto a tentativa análoga de Anaxágoras (cf. liv. II, cap. IV, seção I, últ. §). Uma constatação causou a mais viva impressão sobre o espírito de Empédocles, a de que o semelhante é atraído pelo semelhante. As aglomerações de matérias homogêneas (ar, terra, nuvens, mar) podem ter entrado em jogo aqui tanto quanto a observação paralela, tirada da vida social, que se tornou proverbial entre os gregos: "quem se parece se junta". Em contrapartida, a atração que repousa na diferença entre os sexos era quase descartada e os fenômenos naturais que contradizem esse princípio, especialmente aqueles revelados pela teoria da eletricidade, ainda eram desconhecidos.

Empédocles sempre recorre a essa pretensa lei universal da natureza. Caso se trate de explicar o crescimento das plantas ou o nascimento do gênero humano, em ambos os casos é o fogo contido no interior da terra que aspira juntar-se ao fogo exterior e que, por isso, levanta até a superfície do globo e ergue acima dela a planta e os "torrões" humanos formados de água e de terra. Caso se trate de explicar a respiração dos animais, é o fogo contido no organismo que, obedecendo à mesma tendência, expulsa o ar que o envolve e provoca assim a expiração. A predominância de um ou outro dos elementos nas diversas espécies de animais determina não somente seu caráter particular mas também, em virtude do mesmo princípio, o lugar em que eles vivem: os animais ricos em ar procuram o ar, os que são ricos em água procuram a água, os que são ricos em terra procuram a terra. O semelhante é conhecido pelo semelhante: isso se torna uma regra geral, aplicável não somente, como já vimos, à percepção sensível, mas também ao pensamento propriamente dito. Essa necessidade de completar o semelhante pelo semelhante, que já encontramos na teoria da visão, está também na base de todo desejo, por exemplo do desejo de comida; é essa necessidade que, satisfeita, produz a sensação de prazer e, não satisfeita, a de dor[263].

Por mais exclusivas, até por mais fantásticas que sejam essas teorias, elas têm algo grandioso que lembra o poder do pensamento de Heráclito. Mas experimentamos também um sentimento de alívio quando, ocasionalmente, a monotonia dessas explicações é interrompida por uma observação real da natureza, ainda que mal aplicada. É a uma observação desse tipo, ou, mais exatamente, a uma verdade fornecida pela experiência, que Empédocles recorre para explicar a respiração cutânea. Ele faz notar que, se mergulharmos um vaso num tanque cheio d'água, tomando o cuidado de virar o seu orifício para baixo e tapá-lo com o dedo, o vaso não enche quando tiramos o dedo, ao passo que, se o orifício estiver virado para cima, a água precipita-se nele imediatamente. Ele compreende muito bem que, no primeiro caso, é o ar contido no vaso e que impedimos de escapar que barra a passagem da água[264]. Do mesmo modo, o ar exterior só poderá penetrar no corpo quando o sangue se retirar da sua superfície e afluir

---

[263] [Segundo FVS 21 B 62; A 74; A 72; A 95; A 86, § 9.]

[264] A experiência indicada aqui (versos 294 ss. Stein = *Vorsokratiker*, 200, 22 ss. [21 B 100]) pressupõe a existência de espaços vazios, pelo menos temporariamente. Portanto, surpreende ver que, apesar disso, Aristóteles (*De cælo*, IV 2 [FVS 46 A 68]) e Teofrasto (*De Sensu*, nos *Doxogr.*, 503, 9-12 [FVS 21 A 86]) atribuem a Empédocles a negação do espaço vazio. É verdade que Teofrasto tem o cuidado de acrescentar que nisso Empédocles não é coerente consigo mesmo, e Aristóteles dá a entender mais ou menos a mesma coisa no *De generat. et corrupt.*, I 8 [FVS 21 A 87]. Logo, parece natural supor que houve um mal-entendido. Possuímos ainda o verso ao qual se atribui a negação do vazio (91 Stein [= FVS 21 B 13; cf. B 14]), mas ele parece admitir outra interpretação. Restituirei livremente seu sentido como segue: "Em nenhum lugar podemos dizer: 'Aqui não é o Todo', em nenhum lugar: 'Aqui é outra coisa que não o Todo'. Creio ser preciso fazer depender o genitivo τοῦ παντός de κενεόν (cf. verso 111 [= FVS 21 B 16, 2]: τούτων [...] κενώσεται). Se κενεόν fosse empregado aqui absolutamente, no sentido de "espaço vazio", o que significaria o οὐδὲ περισσόν que o acompanha? Em todo caso, não se pode tirar desse verso um argumento para negar a suposição de *interstícios* vazios, seja de maneira permanente, seja momentânea. É um tanto estranho ver que Aristóteles, *loc. cit.* e na *Física*, IV 6 [FVS 46 A 68], também recusa a Anaxágoras o conceito do vazio, observando que a experiência do odre inflado (cf. liv. II, cap. IV, seção I, últ. §) e a tentativa de compressão do ar – que deve ter sido a de Empédocles mencionada acima – não provam que não há espaço vazio, mas "que o ar é *algo*". Mais uma vez, será permitido supor que Aristóteles não entendeu plenamente a intenção desses antigos investigadores. Anaxágoras tinha recorrido tão amplamente ao Invisível que certamente não faltou quem o criticasse por usar não-entidades. Então ele provou aos céticos que existem corpos invisíveis, que ali onde parece não haver nada há, na realidade, alguma coisa. Um odre vazio parece, à primeira vista, não conter nada. Mas inflem-no – e essa é precisamente a experiência atribuída por Aristóteles a Anaxágoras – e amarrem sua abertura, e depois tentem comprimi-lo. A resistência que ele oferecerá às tentativas de compressão logo mostrará que o Invisível que está dentro dele é algo material. Temos a temeridade de crer que Anaxágoras queria provar precisamente o que de fato provou. Como a suposição do vazio não data de Leucipo mas de antes dele, do que acabamos de dizer não decorre de modo algum que Empédocles tenha sido influenciado pelo Abderita. Essa conjectura, emitida repetidas vezes muito recentemente, parece-me sem fundamento não somente porque Aristóteles não sabe absolutamente nada dessa dependência (cf. *De generat. et corrupt.*, I 8, e especialmente 324 b 32 ss. e 325 b 35 ss. [FVS 21 A 87 e 54 A 7]), mas sobretudo porque as doutrinas de Empédocles podem

para os órgãos internos. A alternância regular com a qual esse fluxo ocorre comanda a respiração, não menos regular, que se realiza através dos poros da pele.

Contudo, por mais poderosa que seja para Empédocles a influência desse pretenso princípio universal, dessa atração do semelhante pelo semelhante, era impossível que ele o considerasse o único princípio ativo. Não se deve duvidar que havia, além desse princípio, para limitar ou paralisar seus efeitos, um princípio exatamente contrário tendente à separação dos semelhantes e à união dos dessemelhantes. Senão – pensava ele certamente –, como os seres orgânicos poderiam ter nascido e como poderiam conservar-se, já que em cada um deles vários elementos, ou até os quatro ao mesmo tempo, estão reunidos num todo? O estado atual do universo representa, por assim dizer, um compromisso entre as duas tendências; de fato, na formação de todo ser individual manifesta-se a ação da segunda, enquanto na sua alimentação (haja vista principalmente as ideias de Empédocles sobre esse assunto) e na sua decomposição, que devolve a terra à terra, o ar ao ar, etc., se revela claramente a influência da primeira. Lembremos, porém, que a diferenciação da matéria ou a separação dos elementos só foram produzidas, segundo a doutrina de Anaximandro e também a de Anaxágoras, no decurso do tempo, e foram precedidas por um estado de homogeneidade absoluta ou de mistura e penetração completa dos elementos. Embora Empédocles, seguindo nisso os passos desses filósofos ou baseando-se em suas reflexões pessoais, se ativesse a essa concepção, ele voltava a um ponto do tempo em que uma dessas duas tendências naturais exercia uma influência ilimitada, em que a atração do semelhante pelo semelhante era absolutamente aniquilada pelo princípio oposto da atração do dessemelhante pelo dessemelhante. Então devia parecer-lhe quase inelutavelmente exigido pela arquitetura intelectual que ele conferisse ao primeiro desses princípios, tanto mais porque ele ganha em poder do segundo, um período de dominação única e absoluta. Enfim, embora o Agrigentino não fosse menos levado pelos motivos tão longamente expostos acima (liv. I, cap. V, seção IV, 3º §) que Anaximandro, Heráclito e ao menos uma parte dos pitagóricos a considerar que os fenômenos formavam um ciclo, a sucessão dessas duas épocas não podia limitar-se, para ele, a produzir-se uma única vez; ela devia renovar-se numa alternância indefinida de períodos cósmicos. E foi, de fato, o que ele ensinou; quanto às causas dessa alternância, é um par de forças opostas que adquirem sucessivamente a preponderância e exercem um domínio temporário. Ele chama essas potências que regem a matéria de "Amizade" e "Discórdia"; a primeira aproxima e une os elementos heterogêneos; a segunda, assim que entra em jogo, rompe essa união e permite que os elementos sigam a tendência que lhes é inerente e se unam entre semelhantes. Nenhuma das duas suplanta de repente e de uma única vez sua rival, mas elas combatem sem trégua no curso de cada um dos períodos cósmicos alternantes.

---

ser compreendidas perfeitamente, em vários pontos, como *etapas preliminares* do atomismo, ao passo que, se fosse admitida tal influência, seria preciso ver nela – coisa muito mais difícil – um retrocesso a resultados já adquiridos. [Sobre o que segue, cf. essencialmente FVS 21 B 17; B 20; B 26-30; B 35-36.]

Ora é uma, ora a outra que cresce e, à custa de longas lutas, chega a triunfar. Mas a vitória final é seguida por um declínio: a força vencida reergue-se e retoma a ofensiva, que lhe dará, por sua vez, seu dia de reinado absoluto. Assim Empédocles distingue, por assim dizer, dois altos e dois baixos nesse movimento de fluxo e refluxo: vitória da Amizade, seguida pelo crescimento da Discórdia; vitória da Discórdia, seguida pelo crescimento da Amizade.

Mesmo que, como esperamos, nossa exposição tenha determinado bem o ponto de partida dessa concepção, resta-nos, no entanto, esclarecer um elemento que não explicamos suficientemente, isto é, a passagem gradual da predominância de uma dessas potências para a da outra. Se a transição ocorreu assim, é evidentemente por causa do sentimento profundo da natureza que distinguia Empédocles, fazia-o rejeitar como inacreditáveis as mudanças bruscas e repentinas demais e mostrava-lhe, ao contrário, na continuidade dos fenômenos uma lei fundamental do universo. O primeiro desses pontos culminantes, a saber, o reinado da Amizade, é caracterizado por um estado que podemos comparar à "confusão" primordial de Anaxágoras e ao seu análogo em Anaximandro. Uma esfera enorme envolve os elementos misturados, confundidos uns com os outros num caos no qual não se pode mais distinguir nenhum deles. Mas o reinado da "Discórdia" oferece a contrapartida exata desse quadro: os quatro elementos encontram-se então quase completamente separados uns dos outros e a quase totalidade de cada um deles está aglomerada numa massa independente. A vida orgânica, para a qual se dirige principalmente a atenção do filósofo agrigentino, não pode nascer nem prosperar em nenhum desses momentos. De fato, todo organismo compõe-se de vários elementos, constituídos em proporções variáveis, que devem encontrar-se separados pelo menos parcialmente (ou melhor, facilmente separáveis) no mundo exterior do qual o organismo tira sua comida, mas que, ao mesmo tempo, devem ser aptos a unir-se uns aos outros. A primeira dessas condições não é realizada no primeiro desses pontos culminantes, a segunda não o é no segundo. Elas só podem encontrar-se reunidas nas etapas intermediárias que separam um do outro os dois extremos do desenvolvimento cósmico. Assim, a vida orgânica só poderá nascer e desenvolver-se no ponto em que as duas tendências se cruzam, isto é, no meio das duas grandes ondulações: ela é aniquilada cada vez que um ou outro dos dois movimentos ascendentes atinge seu ponto culminante e final.

V

Não nos deteremos nos detalhes da cosmologia de Empédocles[265]. Ela não foi verdadeiramente fecunda nem pelos seus méritos nem pelos seus defeitos; aliás, só temos dela um conhecimento muito incompleto. Mesmo à questão essencial de saber se, para

---

[265] Sobre a cosmologia de Empédocles, cf. Karsten, *Empedoclis Reliquiæ*, 416 ss.; Gruppe, *Kosmische Systeme der Griechen*, 98-100; Tannery, *Pour l'histoire* etc., 316 ss.

ele, a Terra tem a forma de uma esfera ou de um pandeiro, só podemos responder com uma conjectura incerta. Para ele, como para Anaxágoras, até agora somente uma parte da matéria primordial foi ordenada, transformada em Cosmos. A reunião íntima, a penetração dos elementos tal como existia na época em que reinava a Amizade, mostra essa matéria na forma de uma bola imóvel, dotada de personalidade e felicidade, à qual o filósofo dá o nome de Sphairos. A separação dos elementos começou, como nos ensina um verso do poema[266], pela separação do "pesado" e do "leve". O agente mecânico dessa separação era – isso é quase certo – uma espécie de turbilhão que reunia no seu centro, isto é, no lugar que hoje nos serve de morada, o "pesado", ou seja, uma mistura de terra e de água. Qual foi a causa inicial desse fenômeno que fez "moverem-se sucessivamente todos os membros do deus"? Isso não está claro para nós. Inicialmente o ar, depois uma parte do fogo, escaparam pelo alto. Sob a influência do fogo, o ar fixou-se e tornou-se, por assim dizer vitrificando-se, a abóbada cristalina do céu. A massa que subsistia no centro entrou logo em repouso, mas as regiões que cercavam a terra, ainda arrastadas pelo turbilhão, continuaram seu movimento rotatório e fizeram sair desta última a água que nela estava contida. Ao mesmo tempo, o fogo celeste extraía do mar, "transpiração da terra", pelo processo de evaporação, o ar que, não sabemos por qual causa surpreendente, ali permanecera.

Mas por que a terra permanece em repouso e por que, principalmente, ela não afunda? A essa pergunta nosso filósofo responde por uma analogia que, por falta de outro mérito, deve fazer-nos admirar a vivacidade, a mobilidade de uma imaginação hábil em aproximar as coisas mais afastadas. Talvez ele estivesse pensando na causa dessa pretensa imobilidade da terra quando de repente se lembrou de um truque de malabarismo oferecido à admiração dos simplórios nas feiras da Antiguidade, assim como nas de hoje. Canecas cheias d'água ou de um líquido qualquer são fixadas a um aro com o fundo virado para o lado externo e a abertura virada para o lado interno; um movimento circular e rápido é impresso ao aro e a água não sai das canecas[267]. É nesse jogo que Empédocles acreditou ter encontrado a solução do enigma. Rotação muito rápida das canecas, nenhuma gota d'água cai do seu meio; rotação muito rápida do céu, a terra que se encontra no seu meio não cai: para ele essa analogia bastava, enquanto para nós essa comparação parece estranha e mesmo incompreensível à primeira vista. Sabemos, de fato, que na experiência em questão é a força centrífuga que comprime a água contra o fundo das canecas e impede-a de escorrer. Mas a força centrífuga não entraria em conta se o próprio líquido não girasse com as canecas que o contêm. Como, então, indagamos com espanto, pôde ocorrer à mente de um filósofo comparar o repouso relativo do líquido com o repouso absoluto – presumido – da terra? Mas Empédocles

---

266 [Verso 143 Stein; cf. FVS 21 B 27. Sobre o que segue, cf. *ibid.* B 31; A 49; B 55; A 51.]

267 Sobre essa experiência e sobre as conclusões tiradas dela, cf. Arist., *De cælo*, II 13 [FVS 21 A 67]. Gruppe, *op. cit.*, p. 99, enganou-se grosseiramente quanto à indicação – muito breve, é verdade – de Aristóteles. [Sobre o que segue, cf. FVS 21 A 30 e A 56; B 15; B 47 e A 60; B 42 e A 59.]

não estava ciente dessa causa; em ambos os casos o movimento circular "mais rápido" parecia-lhe prevalecer sobre a força e a rapidez inferiores da tendência de cima para baixo. Essa pseudo-explicação caracteriza bem o Siciliano de sangue quente: impaciente de encontrar provas, ele observa e recolhe analogias por todos os lados; mas seu olhar enxerga mais longe que profundamente. A alternância do dia e da noite têm por causa, na opinião dele, a revolução do céu, sendo este composto de dois hemisférios, um dos quais é escuro e o outro brilhante. O sol não ilumina por si mesmo; é – e nesse ponto Empédocles pode ter precedido os pitagóricos de uma época mais recente – um corpo vítreo que recolhe e reflete a luz do éter. Tanto para o filósofo de Agrigento como para o de Clazômenas, é do sol que a lua toma emprestado seu brilho; como Anaxágoras, ele explica exatamente os eclipses dos dois astros. Como Alcmeão, ele distinguia entre as estrelas fixas, realmente presas à abóbada celeste, e os planetas, que se movem nela livremente. Quanto às explicações que ele dava dos fenômenos meteorológicos, elas eram em parte exatas e quase sempre engenhosas, mas deixemo-nas de lado para abordar suas importantes teorias relativas à vida orgânica e sua origem.

VI

Os seres orgânicos formaram-se, segundo Empédocles, de dois modos[268]. Primeiramente em decorrência do processo de separação dos elementos. Somos insuficientemente informados no que concerne a esse modo. A única indicação que temos a esse respeito

---

[268] Sobre a teoria de Empédocles relativa ao nascimento dos seres organizados, imperam grandes divergências entre os estudiosos e não parece nada possível chegar a uma certeza plena. Contra a interpretação de Dummler (*Akademika*, 218 ss.), que sigo no texto, Zeller (5ª ed., I 795-796 [= 6ª ed., I 988-990]) levanta objeções que não posso considerar decisivas. Na opinião de Zeller, Empédocles não concebia uma transformação progressiva dos seres orgânicos, mas pensava que "eles simplesmente desaparecem de cena e que, para aqueles que os substituem, é necessária uma criação nova e integral". Esse modo de ver tem contra ele o fato de que, dos quatro modos de nascimento que Aécio descreve provavelmente segundo Teofrasto (*Doxogr.*, 430-1 [FVS 21 A 72]), em todo caso nem o *primeiro* nem o *segundo* não se encontram nessa relação, pois evidentemente se supõe que as formações grotescas (εἰδωλοφανεῖς) da segunda "gênese" são produzidas pela agregação dos membros não combinados da primeira (cf. ἀσυμφυέσι... τοῖς μορίοις com συμφυομένων τῶν μερῶν). E o caráter grotesco dos organismos da segunda série resulta evidentemente da união das formações parciais díspares da primeira gênese; cf. *Emped. frg.*, versos 244-261 Stein = *Vorsokratiker*, 189 ss. [21 B 57-61]. Além disso, a quarta gênese refere-se certamente aos primeiros seres gerados, não àqueles que geram os primeiros. O sentido é "em quarto lugar nasceram seres animados por geração sexual" e não "nasceram seres animados que geraram outros sexualmente". Isso nem precisa ser provado. Não insisto no argumento, talvez um pouco sutil, de que de outra forma a enumeração seria incompleta, pois então os seres chamados a existir por geração formariam uma quinta gênese! Mas a determinação causal que segue (τοῖς δὲ... ἐμποιησάσης, *Doxogr.*, 431) só permite uma interpretação: a de que aqui se menciona uma modificação de seres já existentes, modificação necessária para que a geração possa acontecer. Portanto, a relação suposta por Zeller entre a terceira e a quarta gênese tampouco existe. A única exceção é a terceira gênese na sua relação com a segunda, mas ela também constitui, de todos os outros pontos de vista, uma exceção na série. Porém, não se deve esquecer que o texto está corrompido. A palavra decisiva, ὁλοφυῶν, repousa numa conjectura [de Karsten, no lugar de ἀλληλοφυῶν]. Sem dúvida, essa conjectura encontra apoio

já é conhecida dos nossos leitores: trata-se daqueles "torrões" informes que saem da terra e dão origem aos homens. Possuímos dados mais abundantes sobre o segundo modo. Sob o signo da Amizade, o mundo das plantas e o dos animais formam-se pouco a pouco, aperfeiçoando-se sem cessar. O primeiro desses mundos precedeu o segundo e data de uma época na qual a inclinação atual do eixo terrestre – o que nos faz pensar novamente em Anaxágoras – não existia. O mais perfeito sai do menos perfeito, essa é a ideia orientadora dessa zoogonia bastante aventurosa, mas não totalmente desprovida, todavia, de valor científico. Inicialmente, membros isolados surgiram do solo: cabeças sem pescoço e sem tronco, braços aos quais faltavam os ombros, olhos que não eram cercados por nenhum rosto. O laço da Amizade reunia um bom número dessas criações fragmentárias; outras que cresceram esparsamente permaneceram solitárias e nunca alcançaram a "margem da vida". Essa reunião produziu seres estranhos e monstruosos: seres com duas cabeças e dois troncos, corpos de homem com cabeças de touro, corpos de touro com cabeças de homem, etc. Essas combinações monstruosas logo desapareceram, como aliás os membros isolados do início dessa criação. Somente aquelas que correspondiam à lei da harmonia interior mostraram-se viáveis, consolidaram-se e propagaram-se enfim pelas vias da procriação. Quem não reconhece aqui a ideia darwiniana da "sobrevivência dos mais aptos"? Nada nos impede de ver, ou melhor, tudo nos leva a ver nisso uma tentativa, por mais canhestra que seja mas ainda assim digna de atenção, de resolver através de uma explicação natural o enigma da finalidade no mundo orgânico. Os fenômenos da vida vegetal e da vida animal são o campo no qual se exerce preferencialmente a curiosidade científica do nosso filósofo. Nele as intuições geniais cruzam-se com as audácias de uma ingenuidade que se gaba de

---

em Empédocles, verso 265 [FVS 21 B 62, 4], mas que apoio! Aqui, ao que tudo indica (mesmo que não se queira insistir na palavra πρῶτα), não se trata de uma gênese posterior a outros modos de geração, nem de um modo de geração dos seres animados em geral, mas somente do nascimento dos seres humanos. A tentativa de Dummler de situar essa antropogonia num período cósmico diferente do resto das zoogonias não concorda – e aqui Zeller tem razão – com o excerto de Aécio. Mas como essa parte do excerto tampouco concorda, de outros pontos de vista, com o contexto, a hipótese de Dummler não é condenada por isso. Eu, pelo menos, não considero demasiado temerário supor que Aécio tinha em mente os versos que descrevem o nascimento dos seres humanos oriundos diretamente dos elementos, mas que, por engano, ele o intercalou nessa série de evoluções e que, por isso, suprimiu o que se podia esperar, com razão, encontrar aqui, a saber, os organismos que subsistem depois da eliminação das criaturas inviáveis. Ele pode muito bem ter considerado como término de uma série aquilo que tinha lugar *ao lado* dela, que era ligado apenas exteriormente aos membros dessa série, completa em si mesma, na *enumeração* dos diversos modos de nascimento. (Diga-se de passagem que, em *Doxogr.*, 430, 27-28, não se deve ler ἐκ τῶν ὁμοστοίχων em vez de ἐκ τῶν ὁμοίων?) H. von Arnim levanta objeções contra essa parte de minha exposição na coletânea de dissertações que me foi oferecida, p. 16 ss. Encontra-se, aliás, em Diderot um paralelo surpreendente com a doutrina de Empédocles sobre a origem dos animais [*Elementos de fisiologia*, aforismo 3]: "Seres contraditórios. São aqueles cuja organização não se concilia com o resto do universo. A natureza cega que os produz extermina-os; ela só deixa subsistir aqueles que podem coexistir suportavelmente com a ordem geral que louvam seus panegiristas" (*Œuvres*, ed. Assézat, IX 253). Cf. John Morley, *Diderot and the Encyclopædists*, I 111 (*Fortnightly Review*, 1875, I 686). [Sobre o que segue, cf. FVS 21 B 62; A 70; A 75; B 57; B 20; B 61.]

arrancar com um só golpe o véu que envolve a natureza e que ainda não aprendeu o alfabeto na escola da renúncia. Intuição genial como esse pensamento: "São a mesma coisa os cabelos, as folhas e a plumagem cerrada dos pássaros", pensamento que faz de Empédocles um precursor de Goethe no campo da morfologia comparada. Ao mesmo tempo, era uma segunda pedra – da qual, porém, ele não fez uso – que poderia servir para edificar a teoria da descendência[269]. Em contrapartida, são audácias ingênuas suas tentativas fantásticas de explicar os enigmas mais obscuros da reprodução: o nascimento de rebentos machos ou fêmeas, sua semelhança com o pai ou a mãe, a procriação de gêmeos, a pretensa influência, sobre a conformação da criança que vai nascer, de tal ou tal espetáculo que se oferece à mãe, a origem das monstruosidades, a esterilidade das mulas. Talvez com menos extravagância, ele concebia o sono como um resfriamento parcial e a morte como um resfriamento total do sangue.

Já falamos da estreita relação que existe entre a teoria da matéria de Empédocles e sua teoria do conhecimento. O princípio de que o semelhante é conhecido pelo semelhante, de que percebemos "a terra pela terra, a água pela água, o divino éter pelo éter e o fogo pelo fogo funesto" já faz presumir que, para ele, a própria matéria é dotada de consciência e que ele não distinguiu rigorosamente o mundo animado do mundo inanimado. Esta é realmente a opinião de Empédocles. Não somente ele atribui, como Anaxágoras, sensibilidade às plantas, mas para ele "tudo", sem exceção, "possui a faculdade de pensar, tudo possui inteligência". Ainda reconhecemos aqui a que ponto se enganavam aqueles que o separavam de seus predecessores, os hilozoístas, e que gostariam até de colocá-lo em oposição de princípio com eles porque ele admitia, fora da matéria, duas forças que determinavam a alternância dos períodos cósmicos. Sem dúvida, essa doutrina introduzia no seu sistema um germe de dualismo, mas esse germe não criou raízes e não se desenvolveu, pois ao lado e acima dessas duas potências que predominam sucessivamente reina, como nossos leitores já sabem, uma força inerente à própria matéria e realmente universal, a atração do semelhante pelo semelhante. E eis agora que a consciência, que a própria faculdade de pensar são atribuídas à matéria! Logo, somos autorizados a ver nessa doutrina um hilozoísmo de segundo grau[270]. Ela tem por característica não somente

---

[269] Entre os pressentimentos geniais de Empédocles também podemos citar o fato de que ele foi o primeiro, embora ignoremos absolutamente em virtude de quais motivos, a reconhecer que a luz não se propaga instantaneamente: Arist., *De Sensu*, cap. 6, 446 a 25 [FVS 21 A 57]. [Sobre o que segue, cf. 21 B 82; A 81-83; A 85; B 109; A 70; B 110,10.]

[270] Rohde também chamou o sistema de Empédocles de um "hilozoísmo inteiramente desenvolvido" (*Psyché*, trad. fran. p. 418). Considero inteiramente sem fundamento a opinião sustentada por Windelband e outros estudiosos, por mais eminentes que sejam, e que consiste em dizer que, ao admitir forças motrizes, Empédocles quis satisfazer os postulados de Parmênides; "na condição de seres puros e imutáveis, os elementos não podem *mover-se*, mas somente *serem postos em movimento*" [N.T.: itálicos acrescentados por Gomperz] (Iw. Muller, *Handbuch*, V 1, 1, 61 [= V 1, 1 3 57]). Será necessário lembrar que, para Parmênides, o movimento é impossível em si mesmo, quer o impulso venha de fora, quer venha de dentro? O que levou Empédocles à hipótese das duas energias extramateriais foi somente, até onde pude entender, a impossibilidade de reduzir a uma tendência inerente à matéria

conferir vida, mas também dar uma alma à matéria! Considerem ainda o seguinte: se ele tivesse feito da matéria algo inerte e morto, que obedecesse apenas aos impulsos externos e não possuísse em si mesmo nenhuma tendência ao movimento, por qual insigne loucura ele teria dado a seus quatro elementos nomes de deuses, e principalmente os nomes dos deuses que ocupam os primeiros lugares no panteão helênico, Zeus e Hera? Já se objetou que essa nomenclatura é apenas um ornamento poético da doutrina e não tem valor de argumento. Mas essa não é uma concessão que podemos fazer sem mais, pois aquele que professa uma nova doutrina tem habitualmente consciência da sua novidade e do contraste que ela apresenta com as doutrinas mais antigas, e fica muito mais inclinado a acentuar esse contraste que a enfraquecê-lo ou fazê-lo desaparecer na forma com a qual ele se exprime. Aliás, cabe lembrar que Aristóteles, pelo menos, não viu nessas designações simples ornamentos oratórios, já que ele diz expressamente: "Estes [os elementos] também são deuses para ele"[271]. Mas não é necessário estender-se nesses argumentos mais ou menos acessórios. O verso que citamos acima mostra em seu autor um campeão da teoria da animação universal e resolve definitivamente a questão. Todavia, se ainda restasse alguma sombra de dúvida, a consideração seguinte poria um fim a ela. Todas as vezes que o conjunto da matéria, no momento da vitória da Amizade, aglomera-se numa unidade completa, ela torna-se Sphairos, "divindade bem-aventurada". Será possível admitir que aquilo que, no estado de reunião, é concebido como divino e bem-aventurado, portanto dotado de consciência e de força, possa tornar-se, no estado de separação, uma massa inerte e morta, desprovida de toda energia e recebendo seus impulsos apenas do exterior? Aliás, a lógica rigorosa com a qual o Agrigentino desenvolveu aqui seu pensamento até suas consequências extremas rompe-se com um fato. Esse deus bem-aventurado ao qual ele seria tentado a atribuir um conhecimento inteiro e absoluto revela-se insuficiente num ponto. Falta-lhe o conhecimento da Discórdia, pois esta está excluída da aglomeração pacífica do Sphairos e porque, como os elementos que não conhecem uns aos outros, a Amizade só é vista e conhecida pela Amizade, a Discórdia só é vista e conhecida pela horrível Discórdia.

---

como tal, e consequentemente agindo de modo sempre idêntico, as tendências predominantes nos dois períodos cósmicos alternantes e que se fazem sentir sucessivamente. O dualismo é tão pouco fundamental para ele como para Anaxágoras, para quem a intervenção do *noûs* serve unicamente para resolver um problema determinado de mecânica e de teleologia. Assim como a gravidade inerente à matéria foi mantida por Anaxágoras como fonte independente de movimento ao lado do impulso do *noûs*, assim também Empédocles conservou a atração do semelhante pelo semelhante ao lado dos impulsos derivados da "Discórdia" e da "Amizade". Que essas duas forças eram para Empédocles as duas únicas forças motrizes, é o que seríamos tentados a concluir dos primeiros capítulos da *Metafísica* [cf. I 4 = FVS 21 A 39; A 37]. Mas neles Aristóteles sustenta uma tese, enquanto num outro trecho (*De generat. et corrupt.*, II 6) [334 a 8] ele diz que a Amizade e a Discórdia são as causas apenas de um movimento *determinado* (ἀλλὰ τινὸς κινήσεως ταῦτα αἴτια). [Sobre o que segue, cf. FVS 21 B 109.]

271 O dito de Aristóteles citado aqui encontra-se no *De generat. et corrupt.*, II 6 (333 b 21); imediatamente antes, os elementos são declarados mais antigos que a divindade, isto é, que o Σφαῖρος, por estas palavras: τὰ φύσει πρότερα τοῦ θεοῦ [FVS 21 A 40].

VII

Acabamos de louvar Empédocles pela sua lógica impecável. Mas não seremos obrigados a retirar imediatamente esse elogio em virtude do caráter discordante que apresenta sua psicologia?

Primeiramente, nela há o que poderíamos chamar com razão sua *física da alma*[272]. Tudo que se refere à alma é reduzido imediatamente ao elemento material, sem nenhuma intervenção de uma matéria psíquica específica. Todas as diferenças de qualidade ou de funções psíquicas são baseadas nas diferenças materiais correspondentes, tanto nas espécies quanto nos indivíduos, bem como no que diz respeito aos estados sucessivos e variados desses últimos. "A inteligência varia nos homens segundo a matéria da qual eles são feitos". "À medida que os homens se modificam, vêm a eles, numa perpétua mudança, pensamento após pensamento". Toda superioridade tem origem na riqueza da composição material e na feliz combinação dos elementos. Os seres orgânicos elevam-se acima dos seres inorgânicos porque estes só contêm poucos elementos, ou mesmo apenas um. Nisso repousa a superioridade dos dons individuais: no orador é a língua, no artista é a mão que se distingue desse modo. A parte do corpo na qual a mistura dos elementos é a mais perfeita é também a mais apropriada para ser o suporte das mais altas funções psíquicas: "o sangue do coração", diz Empédocles, "é o pensamento", e isso supõe que o sangue, no momento em que aflui de sua fonte, em todo seu frescor e em toda sua pureza, contém os quatro elementos na proporção mais favorável.

Por outro lado, encontramos no nosso filósofo, se é permitida a expressão, a *teologia da alma*. Cada alma é um "demônio" que, precipitado de sua pátria celeste, caiu na "campina de desgraça", no "lugar sem alegrias", no vale de lágrimas. Ali ele toma as mais variadas formas, ora menino, ora menina, ora arbusto, pássaro ou peixe (Empédocles afirma ter ele mesmo passado por todas essas metamorfoses). Ali ele é retido, vagabundo fugitivo, por punição pelos seus crimes, assassinato ou perjúrio, e só pode retornar à sua morada primeira após um mínimo de trinta mil "estações" ou dez mil anos[273]. Já conhecemos essa doutrina. É a doutrina órfico-pitagórica da alma, revestida com as cores brilhantes da poesia, da magia de uma eloquência inspirada e entusiasmada. O pensador de Agrigento celebra o poderoso espírito de Pitágoras e presta-lhe o tributo da mais grata admiração. Em versos tocantes ele descreve os enganos funestos aos quais são expostos os crentes

---

272 Sobre a "física da alma" de Empédocles, cf., além dos fragmentos (em especial os versos 329-332 Stein = *Vorsokratiker*, 202 ss. [21 B 105-106; B 108]), *Doxogr.*, 502 [FVS 21 A 86/11].

273 [Segundo FVS 21 B 115; B 117; B 121.] Nas 30.000 ὧραι da transmigração das almas, vejo com Dieterich (*Nekyia*, 119) 10.000 anos, cada um deles consistindo em três estações ou ὧραι, o que concorda com as indicações de Platão a esse respeito. Rohde, ao contrário (*Psyché*, trad. fran. p. 410 nota 3), considera as ὧραι como anos e vê no número 30.000 apenas a expressão de uma quantidade ilimitada de anos. Todavia ele fala, como Dummler (*Akademika*, 237), do paralelismo que mencionamos mais adiante em nosso texto. [Sobre o que segue, cf. FVS 21 B 129; B 137; B 139; B 146-147.]

devotos, mas não iniciados na doutrina da metempsicose. O pai cegado imagina que vai oferecer aos deuses um sacrifício agradável: ele imola seu próprio filho e prepara, pronunciando preces, uma refeição execrável. Do mesmo modo, os filhos devoram sua mãe e, conscientes de seu crime, invocam tarde demais a morte, que os teria preservado desse horrível crime. Esses desafortunados só conseguem recuperar sua divindade perdida gradualmente, após uma expiação que dura milhares de anos. Mas antes é preciso que eles galguem os mais altos patamares da condição humana e se tornem adivinhos, poetas, príncipes ou médicos. Esse aperfeiçoamento moral deve ser acompanhado de cerimônias externas, de iniciações, de aspersões. O filósofo consagrou a essas práticas um poema especial, o livro das "purificações", cujos restos formam, com os fragmentos dos três livros *Da Natureza*, a coleção de fragmentos aos quais devemos principalmente o conhecimento de seu sistema.

Como duas doutrinas tão profundamente diferentes e que parecem excluir-se absolutamente puderam habitar um único e mesmo espírito ao mesmo tempo e sem combater-se? A palavra ecletismo só explica pouca coisa, ou mesmo nada. Afinal, se na realidade um abismo tão profundo como parece à primeira vista existe entre a doutrina espiritualista que acabamos de indicar e a doutrina materialista analisada acima, a que ponto deve ser desprovido de inteligência e de juízo o pensador que as expõe uma depois da outra, ou em que grau ele considera desprovidos de ambos os leitores aos quais ele as fornece como expressão de suas convicções amadurecidas! Na verdade, não é assim que as coisas se apresentam. A contradição é parcialmente inexistente e, por outro lado, não é de modo algum limitada a Empédocles. Para ele, como para a maioria dos seus predecessores, a alma-demônio é tão pouco quanto a "alma" propriamente dita (psiquê) o suporte das qualidades psíquicas que caracterizam um indivíduo ou uma espécie de seres (cf. liv. I, cap. V, seção IV, § 4 em diante). É o que ele mesmo nos diz em termos não equívocos no trecho em que fala de sua vida anterior, pois o "arbusto", o "pássaro" ou o "peixe" que ele imagina ter sido certamente não se pareciam em nada com a alta personalidade humana que ele sente nele mesmo. Não é diferente com a crença popular que nos dão a conhecer os poemas homéricos. É surpreendente no mais alto nível, mas é absolutamente incontestável que, para Homero, a psiquê desempenha na existência terrestre dos homens um papel tão inútil quanto o da "alma-demônio" de Empédocles. Ela parece existir somente para separar-se do corpo no momento da morte e para sobreviver a ele no mundo subterrâneo. Ela não é designada nem uma única vez como o agente que em nós pensa, quer ou sente. Todas essas funções são atribuídas a um ser organizado totalmente de outra forma, um ser perecível que, com a morte dos homens ou dos animais, dissipa-se no ar. Estamos, portanto, autorizados a falar de uma alma dupla em Homero[274]. Essa segunda alma, mortal, chama-se *thymos* (θυμός). Essa palavra é idêntica ao latim *fumus* (fumaça), ao sânscrito *dhumas*, ao antigo eslavo *dymu*, etc. A natureza até agora ignorada dessa alma-

---

[274] [Cf. *Ilíada*, IV 152; XV 240; XXI 417; XXII 475; *Odisseia*, V 458; XXIV 349.]

-fumaça aparece atualmente: uma nota de Alfred von Kremer[275] nos fez adivinhar o que é preciso entender por isso: no curso de seus estudos sobre os povos e as civilizações do Oriente, esse estudioso estabeleceu que o vapor que se eleva do sangue recentemente derramado e ainda quente era visto como o agente psíquico. Essa alma-fumaça, cujo significado original ainda desponta em algumas expressões homéricas – no momento em que alguém desperta de um desmaio, por exemplo, o *thymos*, que quase se dissipou, concentra-se na cavidade torácica ou no diafragma –, tem, como prova a presença dessa palavra, às vezes com o mesmo significado nas línguas indo-europeias, origem mais antiga que a "psiquê" exclusivamente grega. Portanto, quando a alma-sopro fez sua aparição, ela encontrou o terreno já ocupado pela alma-sangue e teve que se contentar com um papel ao mesmo tempo mais modesto e mais realçado. Durante longos séculos essa doutrina não mudou. "A psiquê, a única que descende dos deuses", diz Píndaro, "dorme enquanto os membros se moverem". Apenas no sonho o poeta, assim como a crença popular, consentia atribuir-lhe alguma atividade[276]. E quando a pesquisa científica começou a estender-se aos fenômenos psíquicos, o pensamento percorreu novamente as fases pelas quais tinha passado muitos séculos antes. A concepção do *thymos*, de tanto afastar-se de sua origem, tinha perdido seu significado. Seu conteúdo tinha – a expressão é muito apropriada – se dissipado e não podia mais satisfazer a explicação das coisas por um princípio material. É por isso que Empédocles, ao situar a atividade psíquica no sangue do coração, de certo modo inventou pela segunda vez a alma-sangue. Se apesar disso ele não parou de acreditar numa alma imortal, em todo caso ele não se comportou com mais inconsequência que os poetas da época homérica ou que seu predecessor imediato, Parmênides. Pois este também reduzira a causas materiais as particularidades de caráter e os estados de espírito momentâneos dos homens (cf. liv. II, cap. II, seção V, últ. §). Além disso, ele conferiu aos cadáveres uma percepção parcial, a da escuridão, do frio e do silêncio[277]. Ele até atribuiu uma espécie de conhecimento a tudo que existe, consequentemente também aos objetos, que em nenhum momento de sua existência foram dotados de uma psiquê. Nem por isso ele rompeu com a crença na alma e na imortalidade. Muito pelo contrário, sob a influência evidente dos órficos, ele fez as almas descerem ao Hades e voltarem de lá para o mundo superior, assim como, numa época mais recente, o pitagórico Filolau[278]. Afinal,

---

[275] Nos *Wiener Sitzungsberichte* (Phil.-hist. Classe, 1889, n° III, *Studien zur vergleichenden Culturgeschichte*), p. 53.

[276] Frag. 131 Bergk. Essa assertiva foi modificada por Wilhelm Schrader, *Die Seelenlehre der Griechen in der älteren Lyrik*, Halle, 1902 (Gedenkschrift fur Rud. Haym). Cf. também H. Weil, *Études sur l'antiquité grecque*, p. 4.

[277] Sobre a percepção parcial que Parmênides atribuiu até aos cadáveres, cf. Teofrasto, *De Sensu*, Doxogr., 499 [FVS 18 A 46]. *Ibid.*: καὶ ὅλως δὲ πᾶν τὸ ὂν ἔχειν τινὰ γνῶσιν. Conhecemos sua teoria do destino das almas através de Simplício, *Física*, p. 39, 19, Diels [FVS 18 B 13].

[278] A κρᾶσις μελέων de Parmênides tem como paralelo a κρᾶσις καὶ ἁρμονία de Filolau (segundo Platão, *Fédon*, 86b-c; cf. 61d) [FVS 32 A 23; cf. *ibid*. B 15].

tal como Parmênides deriva o "sentido dos homens" da composição das partes do seu corpo e do modo como os elementos nele são "misturados", Filolau chama a própria alma de uma "mistura" e uma "harmonia" do corpóreo, o que não o impede de admitir uma alma substancial e de crer, segundo a doutrina "dos antigos teólogos e adivinhos"[279], que ela foi exilada no corpo em punição por seus erros.

Agora recapitulemos. A superfluidade da fé na psiquê imortal não impediu Empédocles de conservá-la, não mais do que havia impedido os representantes das crenças populares ou seus predecessores e contemporâneos em filosofia. Isso significa apenas que, como todos eles, ele era animado tanto por instintos religiosos quanto por necessidades científicas. Mas será que ele não se contradiz ao tornar responsáveis pelo destino da alma as ações dos homens nos quais aquela fixou provisoriamente sua residência, já que ao mesmo tempo ele deduz as disposições mentais desses homens, ou seja, a fonte de suas ações, da composição material do seu corpo? Sem dúvida alguma. No entanto, ele tem em comum essa contradição com os órficos, para os quais certamente a psiquê não significava nada mais que para Píndaro ou Parmênides; e podemos encontrar seus germes nítidos já nos poemas homéricos. O que responder, de fato, àquele que taxaria de incoerente o autor da *Nekyia*? Nela vemos almas como as de Tityo, Tântalo e Sísifo vítimas dos mais atrozes castigos em punição por crimes que, segundo as ideias predominantes até nas partes mais recentes da *Ilíada* e da *Odisseia*, as próprias almas imortais não cometeram. Aliás, a história religiosa de todos os tempos abunda em tais anomalias. Será necessário lembrar a contradição na qual caíram tantos doutores da Igreja ao ensinar ao mesmo tempo a predestinação e o castigo eterno? Ou aquela cometida pela doutrina budista, tão estreitamente aparentada ao orfismo, quando afirma a reencarnação, a título de castigo, de defuntos aos quais ela nega ao mesmo tempo toda alma substancial? Era muito difícil, para não dizer impossível, afastar essa contradição da doutrina central da mais difundida de todas as religiões; podemos vê-lo nas discussões tão engenhosas e sutis a esse respeito contidas nas *Questões do rei Milinda*[280]. O que há de específico em Empédocles é a intensidade extraordinária com a qual as duas tendências em conflito apoderaram-se, uma do seu pensamento científico, outra do seu sentimento religioso. Portanto, ele aparece para nós ao mesmo tempo – o que dá à sua fisionomia um caráter estranho – como um membro sinceramente crente da comunidade órfica e um campeão zeloso das pesquisas científicas; como um retardatário dos místicos e dos hierofantes e um precursor imediato dos físicos atomistas. Essa dualidade pode comprometer até certo ponto a coesão tão rigorosamente mantida do seu sistema, mas ela fornece um testemunho impactante da multiplicidade dos seus dons, da universalidade do seu gênio.

---

[279] [*Ibid.* B 14.]

[280] "The questions of King Milinda" [II 1,1 e II 2,6], *Sacred Books of the East*, XXXV 40 ss. e 71 ss.

VIII

Aliás, é com dificuldade que encontramos um traço desse dualismo ali onde mais esperávamos encontrá-lo, isto é, na teologia propriamente dita de Empédocles. Aqui ele conseguiu fundir numa harmonia quase completa as duas metades de seu sistema. A matéria dotada de força e de consciência não deixava, sem dúvida, lugar nenhum para uma divindade exterior ao universo, capaz de ordená-lo, de governá-lo, para não dizer criá-lo. Mas nada o impedia de acreditar em seres divinos da mesma natureza dos que encontramos nos outros hilozoístas e qualificados de deuses de segundo nível (cf. liv. I, cap. I, seção III, últ. §; liv. I, cap. I, seção V, 13º §; liv. II, cap. I, seção II, 3º §). Os quatro elementos concebidos como divinos (cf. liv. II, cap. V, seção VI, últ. §) desaparecem no momento de sua união no Sphairos e perdem sua existência individual. O mesmo destino, sem dúvida no momento do restabelecimento da unidade primitiva do Todo, espera os outros deuses, aos quais Empédocles recusa formalmente a imortalidade pois faz deles seres "de longa vida"[281], mas não seres eternos. Os períodos universais que determinavam a duração de sua existência também serviam, sem dúvida, para medir os destinos das almas-demônios. Assim, um traço comum liga a teologia e a psicologia do nosso pensador; o mesmo termo está fixado para todas as vidas individuais que comprometeriam a plena unidade do Ser. Só temos informações um pouco mais precisas sobre um único desses deuses secundários, Apolo, ao qual Empédocles, em versos memoráveis, nega a posse de membros humanos e que ele chama de uma inteligência (φρήν) santa e inefável cujo pensamento veloz percorre o mundo inteiro[282]. Parece-nos igualmente inadmissível identificar esse "demônio" com o "Sphairos" – divindade universal ou universo animado – ou subordinar a ele o "Sphairos", que contém tudo em si.

Portanto, não temos fundamento sério para criticar Empédocles por ter sido eclético, isto é, por ter se apropriado de ideias alheias sem preocupar-se em pô-las de acordo umas com as outras. Todavia, um defeito de sua organização intelectual, aliás consequência direta de suas qualidades, confere-lhe uma certa aparência de ecletismo. Ele era um espírito de atividade incessante, constantemente engajado na busca de novos problemas e sempre em comunhão íntima com a natureza, mas ele não tinha a paciência necessária para levar suas ideias até o fim. Ao mesmo tempo, apesar de uma riqueza transbordante de imaginação, faltava-lhe essa soberana indiferença quanto aos limites impostos à especulação pelo conhecimento dos fatos, essa indiferença que permitiu a Anaxágoras, por exemplo, erigir sua pseudo-química em um sistema tão desprovido de provas exteriores quanto bem coordenado em todas as suas partes. Essa

---

[281] [FVS 21 B 115, 5.]

[282] A identificação dessa divindade espiritual com Apolo remonta a Amônio, que provavelmente leu ainda no seu contexto original os versos que ele é o único a comunicar-nos integralmente (versos 347-351 Stein [FVS 21 B 134]).

particularidade revela-se principalmente nas suas relações com as doutrinas dos eleatas. Para nós seria certo que ele conheceu o poema didático de Xenófanes mesmo se ele não manifestasse ocasionalmente a respeito do mesmo uma hostilidade que nos dá inteira certeza sobre esse ponto[283]. Seu panteísmo, do qual a doutrina do Sphairos é a mais alta expressão, sua aversão que se manifesta abertamente, pelo menos num caso, contra o antropomorfismo da religião popular, parecem trair a influência do Colofônio. Mais de uma vez Empédocles imitou versos de Parmênides, cujo poema vemos que lhe era familiar[284]. As teorias expostas por seu predecessor com relação à física, no sentido mais extenso da palavra, no seu *Caminho da Opinião* causaram sobre ele uma impressão durável. Isso também vale, mas em menor medida, para a metafísica de Parmênides. Empédocles apropriou-se quase palavra por palavra[285] das provas *a priori* fornecidas pelo filósofo da Eleia sobre a impossibilidade do nascimento e da destruição. Mas aquilo que chamamos de segundo postulado da matéria manifesta-se de modo infinitamente mais claro e mais impactante na doutrina de Anaxágoras que na de Empédocles. É verdade que este último também afirma que os elementos permanecem os mesmos, mas em nenhum lugar ele faz uma aplicação precisa desse princípio. Sua óptica é baseada na hipótese de que todo elemento tem desde a origem uma cor fixa e determinada. Mas como, dessas cores fundamentais, pode sair a infinita variedade de cores das diversas matérias, como é possível que os elementos, "atravessando-se uns aos outros, ofereçam-nos um aspecto diferente", é coisa que ele não diz claramente. Sem dúvida, a teoria da matéria de Anaxágoras está em contradição com os fatos, mas ela dá a essa pergunta uma resposta que satisfaz a lógica e salvaguarda ao mesmo tempo a "constância qualitativa". E como não temos a menor prova de que Anaxágoras tenha estudado o poema didático de Parmênides ou apreciado seus traços essenciais, torna-se cada vez mais firme nossa convicção de que os dois postulados da matéria – tanto o segundo quanto o primeiro – resultam de uma evolução necessária das teorias dos fisiólogos jônicos nas quais eles estavam implicados e que, se os eleatas deram-lhes sua expressão rigorosa, não é a eles que cabe a honra de tê-los descoberto (cf. liv. II, cap. II, seção III, 2º §). No final de um capítulo anterior (cf. liv. II, cap. III, seção IV, últ. §) fizemos a pergunta, sem respondê-la, de saber se, e em qual medida, era necessário admitir um meio-termo entre as teorias dos jônicos sobre a matéria e as teorias dos seus sucessores. Agora acreditamos ter respondido a essa pergunta, e de modo satisfatório.

---

[283] A atitude ocasional de hostilidade contra Xenófanes encontra-se nos versos 146 ss. Stein = *Vorsokratiker*, 187, 4 ss. [21 B 39].

[284] [Por exemplo FVS 21 B 45 comparado com 18 B 14, e 21 B 108 comparado com 18 B 16.]

[285] [Cf. 21 B 12 com 18 B 8, 7 ss.]

Capítulo VI

Os Historiadores

I. Hecateu de Mileto. O método semi-histórico.
Interpretação racionalista dos mitos.

II. Heródoto de Halicarnasso. Sua explicação das
lendas. Exemplos do método semi-histórico.

III. Heródoto geólogo. Heródoto e o politeísmo. O historiador
não é um monoteísta disfarçado. A "providência" e o "ciúme"
dos deuses. Outras contradições da teologia de Heródoto.

IV. Ausência de crítica e hipercrítica de Heródoto.
Acesso de positivismo. Fim da época de transição.

I

A pesquisa científica aplicada à natureza não foi o único caminho pelo qual se preparou a emancipação intelectual do povo grego. Para que o pensamento mítico se prolongasse era necessária uma certa estreiteza do horizonte tanto temporal quanto espacial. As circunstâncias haviam ampliado pouco a pouco este último. Simultaneamente, e para sempre, os limites de ambos foram recuados pela aparição de duas disciplinas irmãs, cuja cultura foi logo reunida nas mesmas mãos.

As crônicas das cidades, as listas de sacerdotes, os catálogos dos vencedores dos jogos nacionais deram origem à historiografia grega. Mercenários, flibusteiros, mercadores e colonizadores foram os pioneiros da geografia. Um espírito poderoso e original, Hecateu de Mileto, foi o primeiro a reunir esses dois campos do saber[286]. Viagens extensas e informações ainda mais extensas proporcionaram-lhe um tesouro de conhecimentos que lhe deu condições de dar sábios conselhos a seus compatriotas da Jônia durante sua grande insurreição contra a dominação persa (502-496) e de intervir habilmente como negociador entre os dois partidos. Ele registrou o resultado de suas pesquisas em duas obras das quais hoje não possuímos mais que alguns restos miseráveis, nos livros da sua *Geografia*, que tinham por título os três continentes, Europa, Ásia e Líbia (África), e nos quatro livros das suas *Genealogias*. Em epígrafe destes últimos, ele escreveu esta frase que atesta um racionalismo altivo, mas também um espírito claro e positivo, e que ressoa nos nossos ouvidos como uma fanfarra retumbante no ar puro da manhã: "Hecateu de Mileto fala assim. Transcrevi o que segue como cada coisa me pareceu ser verdadeira: pois os discursos dos helenos são múltiplos e, ao que me parece, ridículos". Estamos novamente no berço da crítica. Assim como Xenófanes introduziu o espírito do exame no estudo do universo, Hecateu introduziu-o no das coisas humanas. Por que e como ele o faz, isso já se depreende em boa parte dos termos desse audacioso prelúdio. As contradições das tradições históricas forçaram-no a fazer uma escolha entre elas. Suas absurdidades, isto é, aquilo que no seu conteúdo, não se conciliava com o que ele considera como crível e possível – e aqui reconhecemos que o espírito de uma pesquisa fundada na razão já tinha se apoderado dele –, deram-lhe a coragem de exercer sobre elas uma crítica incisiva. Tampouco lhe bastava admitir uma tradição e rejeitar outra: ele estima-se no direito de remanejar essas narrativas para desprender de seu invólucro lendário o núcleo verdadeiro, pois ele quer representar os fatos tais como eles lhe parecem ter acontecido. Ele não tem diante de si documentos ou

---

[286] Os fragmentos de Hecateu encontram-se em C. Muller, *Fragmenta historicorum Græcorum*, I 1 ss. Sobre seu papel político, cf. Heródoto, V 36 e 125 ss., e Diodoro, X 25, 4. Sua aventura em Tebas é contada por Heródoto, II 143. Sua tendência racionalista já foi caracterizada por Grote, *Histoire de la Grèce*, II 121 ss.; recentemente ela foi ressaltada por Diels em *Hermès*, 22, 411 ss. [Utilizado também no que segue: frag. 332, 349, 95, 346.]

testemunhos dos quais pudesse examinar a idade, a origem ou a dependência recíproca, pois o hábito de fixar de modo fiel os eventos contemporâneos só aparece mais tarde na Grécia. O conhecimento da maior parte dos fatos históricos é transmitido somente pela tradição e pelos seus representantes, os poetas, aos quais se juntam, a partir do ano 600 aproximadamente, os prosadores. Portanto, ele não tem condições de apreciar as testemunhas dos eventos e o grau de confiança que elas merecem. Seu juízo só pode basear-se em critérios internos. Ele é obrigado a renunciar à crítica ou fazer crítica subjetiva. Seu método só pode ser aquele que foi chamado de semi-histórico, ou designado por uma palavra que, é verdade, dá ensejo facilmente a abusos, a de racionalismo.

Ainda nos resta mencionar uma circunstância decisiva em tal matéria. O amplo olhar sobre as lendas e as histórias dos países estrangeiros não apenas contribuiu essencialmente para suscitar a desconfiança com relação à tradição nacional, mas também indicou o caminho a ser seguido por todos aqueles que não eram bastante temerários para jogar fora o conjunto da tradição mítica. Hecateu, esse explorador que em todo lugar se sentia em casa, fez em Tebas, no Egito, uma experiência que nos parece típica das impressões que ele e seus semelhantes devem ter experimentado frequentemente no contato com povos de civilização mais antiga. Ele mostrou aos sacerdotes de Tebas, não sem complacência, sua árvore genealógica, da qual resultava que seu primeiro ancestral era um deus e que ele estava separado deste por apenas quinze gerações. Então eles conduziram-no a uma sala onde estavam expostas as estátuas dos grandes sacerdotes de Tebas. Não havia menos de trezentos e quarenta e cinco! Cada uma dessas estátuas, segundo asseguraram-lhe seus guias de rosto glabro, tinha sido criada a partir do seu modelo vivo. A dignidade de sacerdote era hereditária e sempre havia passado de pai para filho nessa longa série. Todos tinham sido homens como nós, nem sequer um deles tinha sido deus, nem mesmo semideus. Antes, sem dúvida, acrescentaram os sacerdotes, os deuses tinham habitado a Terra, mas nesse longo intervalo de tempo havia acontecido apenas a história humana, atestada pelos documentos! A impressão que essa revelação produziu sobre o grego, ao mesmo tempo desconcertado e convencido, não é fácil de descrever. Foi sem dúvida como se o teto da sala onde ele se encontrava se erguesse nesse momento a perder de vista acima de sua cabeça e invadisse uma grande parte das regiões celestes. O campo da história humana, para ele, estendia-se ao infinito, enquanto o campo de intervenção divina encolhia na mesma medida. Era impossível que deuses e heróis tivessem tomado parte em eventos que tradições incontestes situavam numa data relativamente recente, como, por exemplo, a expedição dos Argonautas ou a guerra de Troia. As coisas deviam ter acontecido mais ou menos como acontecem atualmente. A norma do possível, do natural e por consequência do crível podia ser aplicada às tradições de uma época que fora até então considerada o teatro das intervenções sobrenaturais e dos fatos maravilhosos. E foi exatamente isso que Hecateu compreendeu. Pareceu-lhe inadmissível que Héracles tivesse conduzido os bois roubados por ele de Gerião da fabulosa Eriteia, que se dizia situada na vizinhança da Espanha, até a helênica Micenas. Esse Gerião devia ter reinado, na verdade, num território do noroeste da Grécia (no Epiro), onde os bois eram célebres por sua força e beleza e que, por sua terra vermelho-tijolo, parecia merecer o nome de Eriteia (terra vermelha). Essas semelhanças de nome e a inesgotável fonte fornecida pela etimologia em geral desempenharam um papel considerável na interpretação que o geógrafo deu dos mitos. Os fatos relacionados à guerra de Troia também foram reduzidos por ele às proporções da história, tal como viriam a ser, como veremos, por Heródoto. Os monstros fabulosos como Cérbero tampouco encontravam clemência diante da severidade desse juiz das lendas. O cão infernal de três cabeças foi identificado por ele, com base em argumentos que desconhecemos, a uma cobra enorme que habitara outrora o promontório lacônio do Tênaro. Mas limitemo-nos a essas indicações. Nosso objetivo era somente mostrar a primeira aparição do espírito de crítica e de dúvida no campo dos estudos históricos e explicar a forma que o ceticismo assumiu e manteve por necessidade interna, pois o grande sucessor do historiador milésio, Heródoto, ao qual chegamos agora, seguiu a mesma linha de conduta.

II

Heródoto de Halicarnasso (nascido pouco antes de 480), autor de uma obra histórica que é uma obra-prima e que nunca deixará de encantar os corações dos homens, também era, a seu modo, um pensador[287]. Por falta dos termos de comparação necessários, é difícil medir até que ponto ele era original. Mas precisamente porque Heródoto é representativo não somente de si mesmo, mas também de mais de um dos seus contemporâneos cujos escritos não chegaram até nós, convém deter-se um pouco na sua obra. O que poderia ser mais agradável, aliás, que beber nessa fonte deliciosa alguns goles refrescantes? Sua exposição, realizada com uma arte consumada, não se contenta em unir, mas funde conjuntamente a história dos homens e a ciência da Terra. Ela agrupa num todo harmonioso, num único quadro, as histórias isoladas dos diversos povos e oferece desde o início preciosos ensinamentos. Heródoto indaga qual foi a origem da velha querela que separa o Oriente e o Ocidente e que atingiu seu paroxismo nas Guerras Médicas, assunto e ponto culminante de seu livro. Antes de chegar ao primeiro soberano da Ásia que fez guerra aos gregos e subjugou-os, o rei Creso da Lídia, ele menciona a guerra de Troia e sua causa, o rapto de Helena, o que o leva a retroceder às narrativas, conexas segundo ele, das aventuras de Io, Europa e Medeia. Mas que marca peculiar, quase poderíamos dizer moderna, ele dá a essas figuras, a esses

---

[287] Entre as numerosas obras consagradas a Heródoto, é um prazer para mim citar o pequeno livro, tão modesto quanto cheio de mérito, de Hoffmeister, *Sittlich-religiöse Lebensanschauung des Herodotos*, Essen, 1832. Os excertos utilizados nas páginas que seguem são, além do preâmbulo (I 1 ss.): II 113 ss. (Helena); II 54 ss. (Dodona); VII 129 (Poseidon); II 11 ss. (delta egípcio); VII 189 ss. (magos e orago); II passim (identificação entre deuses gregos e egípcios); II 53 (Homero e Hesíodo); I 131 (religião naturalista dos persas); II 45 (perdão de deuses e heróis); II 120 (desconfiança com relação aos poetas épicos); II 3 (igual ignorância das coisas divinas).

eventos tão conhecidos através dos mitos e das lendas dos gregos! Não é o ciúme de Hera que força Io, a amante de Zeus transformada por ele em novilha, a fugir para os países distantes; não é o deus do Céu que, na forma de touro, seduz Europa; não se fala mais em Medeia a maga, neta do Sol, de sua participação na conquista do Velo de Ouro e de seus encantamentos. Essas radiantes heroínas tornaram-se pálidas princesas; o deus supremo e Jasão, o herói parecido com os deuses, deram lugar a mercadores fenícios, a piratas cretenses, a flibusteiros gregos. O segundo rapto de mulher é mostrado como a punição do primeiro, o terceiro tem por objetivo vingar o segundo. Arautos e embaixadores formulam queixas contra a violação ao direito das gentes; e se os próprios ofendidos fazem justiça devolvendo olho por olho e dente por dente, é unicamente porque os culpados recusam-se a dar satisfação. Quem não reconhece aqui o método semi-histórico de Hecateu, com a única diferença de que agora ele é aplicado de forma mais abrangente e estabelece um elo de causalidade entre pretensos eventos históricos? A título de autoridades, Heródoto invoca os fenícios e os persas, segundo os quais os gregos são culpados de terem envenenado a querela. Pois não foram eles que tomaram a iniciativa de vingar seriamente o rapto de Helena, equipando uma frota poderosa, sitiando e destruindo Ílion para devolver uma mulher ao seu esposo? Por outro lado, os fenícios não deixam de desculpar seus compatriotas: Io, afirmam eles, não foi levada à força a bordo do navio que a arrancou de sua pátria argiva; longe disso, ela mesma comprometeu-se gravemente com o comandante da nau e, quando se deu conta das consequências de seu erro, fugiu voluntariamente para escapar da cólera de seus pais.

A que atribuir essa tendência pé no chão da história e a queda profunda das grandes figuras lendárias que é sua consequência? Em última análise, sem dúvida nenhuma ao desejo que já constatamos em Hecateu de ampliar o horizonte histórico e à necessidade, para isso, de restringir cada vez mais os limites do sobrenatural. Através disso as criações sublimes da lenda, aureoladas pela poesia, abaixam-se ao nível do natural e do crível para cair, enfim, na trivialidade. O próprio Heródoto é bastante clarividente para abster-se de toda apreciação sobre o valor histórico das narrativas que ele reproduz. Porém, ao pôr em evidência as combinações dos sábios estrangeiros versados nas lendas e tão indiferentes, para não dizer tão hostis, ao mito grego, ele dá claramente a entender que, nele também, o desenvolvimento da razão tinha dado um golpe sensível na fé confiante de uma época mais ingênua. Ele o mostra ainda mais claramente no modo como conta a lenda de Troia. Ele acha que Helena não estava em Troia durante o cerco dessa cidade, mas no Egito. É para lá que Páris tinha sido levado pelos ventos contrários e lá que o magnânimo rei Proteu reteve a esposa de Menelau para restituí-la ao seu legítimo esposo, tão gravemente ofendido. Como essa crença podia ter nascido no próprio Egito? Como o poeta Estesícoro trabalhou para prepará-la? E como Heródoto procurou defendê-la por meio de versos da *Ilíada*? São perguntas com as quais não temos que nos preocupar aqui. Mas a nova tendência é caracterizada no mais alto grau pelo trabalho que ele teve para demonstrar que a única verdadeira e possível, por razões internas, era essa versão pseudo-histórica. Se os troianos não puseram fim às longas calamidades da guerra devolvendo Helena é porque ela não se encontrava em sua cidade. "Pois, na verdade, nem Príamo nem os seus eram bastante loucos da cabeça para pôr em jogo sua vida, a vida de seus filhos e a sorte de Ílion unicamente para que Helena permanecesse esposa de Páris." A recusa teria sido compreensível no máximo no início da luta, mas não no momento em que, a cada encontro, caíam um número tão grande de cidadãos e pelo menos dois ou três filhos de Príamo; lembremos também que o primogênito e de longe o mais capaz dos dois príncipes não era Páris, mas Heitor, o herdeiro presumido do trono, etc., etc.

Mais um exemplo para esclarecer plenamente o método semi-histórico. As sacerdotisas de Dodona contaram ao historiador a origem do oráculo: segundo elas, uma pomba negra tinha fugido da egípcia Tebas para Dodona e, do alto de uma árvore, ordenou com voz humana a fundação de um oráculo. Heródoto logo objetou, não sem um certo mau humor: "Mas como podia ser que uma pomba falasse com voz humana?". E como, ao mesmo tempo, essas sacerdotisas contaram que uma segunda pomba negra tinha voado para os lados da Líbia e ali fundado o oráculo de Amon, o historiador não hesitou em reconhecer nessa lenda o eco de um fato do qual ele mesmo tinha tomado conhecimento em Tebas. Duas mulheres empregadas no templo, disseram-lhe, tinham sido raptadas por fenícios e vendidas como escravas, uma na Líbia e a outra na Grécia, onde elas fundaram esses dois antigos e célebres oráculos. Essa ousada invenção do orgulho egípcio provocou inicialmente em Heródoto uma dúvida passageira que se traduziu nessa pergunta: "Como vocês têm informações tão exatas sobre isso?". Mas logo ele viu nisso uma verdade estabelecida, de tanto que as duas narrativas concordavam: os habitantes de Dodona tinham evidentemente visto na estrangeira um pássaro, porque a língua incompreensível da qual ela se servia aproximava-se mais do pio dos pássaros que dos discursos humanos. E se a egípcia havia se tornado uma pomba negra era por causa da cor da sua pele. Ao fim de um certo tempo ela aprendeu a língua do país e então disseram que a pomba falava ao modo dos humanos. Enfim, ela foi informada sobre o destino de sua irmã que tinha sido levada para a Líbia e falou sobre isso em Dodona. Sorrimos diante dessa curiosa mistura de simplicidade infantil e sutileza de raciocínio. Mas recuperamos nossa seriedade e o mau humor que despertara em nós essa vil transformação das inocentes lendas populares se dissipa assim que nos lembramos do papel importante que teve no progresso intelectual da humanidade essa tendência de ver a história através do véu do mito. A poesia oferecera-se como realidade; não espanta que, por sua vez, a realidade procurasse usurpar o campo da poesia. Com os meios de pesquisa então disponíveis não era possível determinar, nem mesmo aproximadamente, o limite entre os dois domínios. Mesmo atualmente não se conseguiu resolver completamente a questão de saber a qual das duas pertence o território disputado. O "pai da história" tendia a reivindicar para a história todas as criações da lenda que pudessem, de alguma forma, ter origem histórica; hoje em dia é a tendência oposta que prevalece.

III

Constatamos que a transformação dos mitos ocorreu sob o império de duas causas: pelo ampliamento do horizonte no tempo e no espaço, e pelas trocas de opiniões com os juízes alheios, e por isso imparciais ou indiferentes, às tradições nacionais. Resta-nos mencionar o mais poderoso fator dessa transformação: queremos falar do conflito doloroso que surge entre a antiga crença e a nova ciência e dos esforços envidados para pôr fim a ele. O tesouro incrementado dos conhecimentos empíricos, o domínio sempre maior exercido sobre a natureza tinham visivelmente fortalecido a crença na continuidade do curso dos eventos. Então formulou-se uma pergunta: como evitar, se possível, uma ruptura funesta com as veneráveis tradições da antiguidade? A interpretação das lendas no sentido da história sacrifica uma parte delas para salvar o resto. É uma dessas meias-medidas, um desses meios-termos aos quais se recorre por instinto, que uma crítica superficial sempre desdenhou, mas que nem por isso deixam de ser, na realidade, do mais alto valor. Podemos compará-los às "ficções" jurídicas que, num dado momento, foram a condição de todos os progressos duradouros. Um outro desses compromissos úteis estava relacionado à atividade dos próprios deuses. Os tessálios, diz Heródoto, consideram obra de Poseidon a profunda fenda através da qual o Peneu se joga no mar. "E não sem razão", acrescenta ele de modo muito significativo, "pois aquele que acredita que Poseidon sacode a terra e que os desfiladeiros formados pelos terremotos são obras desse deus, não poderá impedir-se, ao vê-la, de também considerá-la como obra de Poseidon. De fato, ao que me parece, essa fissura da montanha é o resultado de um tremor de terra". Será que isso significa que o historiador de Halicarnasso rejeitou completamente e por princípio as intervenções sobrenaturais e considerou que cada deus simplesmente presidia a um departamento da natureza ou da vida submetido à ação de forças regulares? De modo nenhum. Fortes disposições para uma ciência positiva cruzam-se em seu espírito com tendências não menos fortes derivadas da antiga concepção religiosa. Ele dedicou uma atenção em certa medida sistemática às transformações da superfície terrestre e ligou os fenômenos particulares a causas gerais. É por isso que ele pode, nesse campo, abrir mão das intervenções divinas diretas. Nesse ponto ele foi aluno de seus predecessores Anaximandro e Xenófanes; também o foi, e dessa vez sem prejuízo para ele, dos sacerdotes egípcios. Graças a estes últimos, ele pôde explicar a formação do delta do Nilo de modo perfeitamente exato e racional, fazendo prova de um dom de observação penetrante e falando ao mesmo tempo e sem hesitação de períodos extremamente longos: afinal, ele não avaliou a idade atual da Terra em vinte mil anos aproximadamente? Também em outras ocasiões ele exprime dúvidas sobre a intervenção de seres divinos. Dizia-se que os magos da Pérsia tinham acalmado uma violenta tempestade com sacrifícios e exorcismos. Heródoto relata essa versão, mas não sem acrescentar essa observação cética: "Ou talvez a tempestade tenha acalmado-se sozinha". E precisamente a respeito dessa tempestade que foi tão funesta para a frota persa ele deixa em suspenso a questão de saber se ela foi, sim ou não, provocada pelas preces e pelos sacrifícios dos atenienses a Bóreas. Nesse caso, suas dúvidas foram provavelmente despertadas pela proximidade imediata das pretensões contrárias emitidas ao mesmo tempo pelos gregos e pelos bárbaros.

Em contrapartida, quando lhe faltou um corretivo como esse, e sobretudo quando uma emoção violenta relegou suas reflexões para segundo plano, nosso historiador acumulou as aparições maravilhosas dos deuses, os sonhos enviados por eles – aos quais ele opõe aqueles produzidos por causas naturais –, os presságios significativos e as previsões espantosas. As divergências que constatamos a esse respeito entre as diversas partes de sua obra são tão fortes que certos críticos se arriscaram a determinar por meio delas a data de composição dos diferentes livros e a afirmar que, entrementes, as ideias religiosas de Heródoto tinham se modificado. Contudo, tais hipóteses, de modo algum indispensáveis em si mesmas e desprovidas de toda base segura, não bastariam para eliminar da teologia de Heródoto todas as contradições. Sua concepção das coisas divinas é essencialmente vacilante e apresenta os matizes mais cambiantes. Sua tendência marcada para reduzir a modelos egípcios ou influências egípcias uma quantidade de divindades ou cerimônias religiosas da Grécia, a ousadia com que ele afirma que "foi somente ontem ou antes de ontem [isto é, cerca de quatrocentos anos antes dele] que Homero e Hesíodo deram aos gregos sua teogonia e conferiram aos deuses seus nomes, seus empregos e suas dignidades, bem como suas formas", tudo isso pode fazê-lo passar por um adversário não somente do antropomorfismo, mas ainda do politeísmo em geral. Podemos ver nele um adversário do antropomorfismo quando o vemos opor expressamente a religião naturalista dos persas aos deuses com figura humana dos gregos e dizer dos primeiros, não sem uma aprovação interior, que oferecem sacrifícios às grandes potências naturais, "ao sol, à lua, à terra, ao fogo, à água e aos ventos", e que pelo nome de Zeus eles não entendem outra coisa senão o conjunto do firmamento. Seria difícil contestar que ele experimentou alguns acessos de uma dúvida análoga, talvez sob a influência das doutrinas de Xenófanes e de outros filósofos. Mas essas dúvidas só tinham criado raízes leves no seu espírito. Bastou-lhe ter submetido uma vez a uma crítica incisiva a lenda de um herói grego para sentir-se penetrado por um verdadeiro pavor e para julgar-se obrigado a pedir humildemente perdão "aos deuses e aos heróis" ofendidos por ele. Precisamente na mesma passagem, ele confere a preferência, porque ela é a "mais justa" à doutrina daqueles entre seus compatriotas que admitiam um duplo Héracles, um antigo e realmente divino e outro mais jovem que é apenas um herói ou um homem divinizado. Ele aprova que esses gregos distingam os dois e lhes consagrem santuários separados. Diga-se de passagem, essa é a mais antiga aplicação desse expediente da crítica, que mais tarde serviu com muita frequência para fazer desaparecer as contradições da tradição legendária. Seus acessos de ceticismo deixaram nele, como resíduo sólido, apenas uma convicção: para ele, a certeza do saber humano no que tange às coisas divinas não é muito grande, e vemo-nas através das descrições dos poetas como através de um véu que as embaça.

"Se é que podemos confiar nos poetas épicos" é a reserva que ele exprime numa ocasião particular, mas essa reserva tem para ele um alcance totalmente geral. E vemo-no queixar-se muito seriamente porque "todos os homens sabem tanto uns quanto os outros sobre as coisas divinas", isto é, tão pouco uns quanto os outros.

Tampouco podemos, por conseguinte, considerar Heródoto como um monoteísta disfarçado, embora seja bastante compreensível que, aos olhos de muitos, ele tenha sido visto como tal. Sem dúvida, não é sem espanto que o ouvimos, quando ele discute com independência questões religiosas, falar não de Apolo ou Atena, de Hermes ou Afrodite, mas quase exclusivamente de "Deus" e da "divindade". Mas nossa surpresa diminui quando prestamos mais atenção: trata-se apenas, em todas essas passagens, das leis gerais que regem o mundo. Em tais casos, Homero faz intervir quase sem distinção, e até com proximidade imediata, os deuses e Zeus. É assim nos versos magníficos em que ele ressalta aos nossos olhos a fragilidade do destino humano com acentos incomparáveis: "Nada é mais miserável que o homem entre tudo que respira ou rasteja sobre a terra e que ela alimenta. De fato, ele nunca acredita que a desgraça possa abater-se um dia sobre ele, enquanto os deuses conservarem sua força e seus joelhos se moverem. Mas quando os deuses bem-aventurados lhe enviaram os males, ele suportou-os a contragosto com coração paciente. Assim é o espírito dos homens terrestres, semelhante aos dias cambiantes que traz o pai dos homens e dos deuses"[288]. Em todo lugar onde os deuses agem em conjunto, em todo lugar onde não se trata de seus desígnios separados mas de uma manifestação comum da sua vontade, somos tentados a considerá-los ora os executores das ordens do deus supremo, ora os representantes de um princípio que lhes é igualmente inato a todos. Essa é a concepção de Heródoto. Por mais incerta que seja sua ciência com relação aos deuses individuais e por mais profunda que seja sua repugnância por todo antropomorfismo grosseiro, não temos o direito de atribuir-lhe uma atitude negativa com relação ao panteão helênico.

Seu pensamento sobre esse assunto distingue-se do de Homero em três pontos principais. Uma meditação prolongada e séria sobre a ordem da natureza e sobre o destino humano, juntamente com a inteligência mais desenvolvida que se tinha da unidade do governo do universo, oferecia ocasiões incomparavelmente mais frequentes para falar das leis gerais que o regem. Por outro lado, a fé na verdade literal das narrativas míticas tinha diminuído e a imagem do deus supremo era vista, por consequência, despojada de mais de um traço humano outrora inseparável de sua essência. Enfim, identificam-se aqui os traços da influência dos filósofos, que há muito tempo tinham encontrado a fonte primitiva de toda existência num princípio impessoal superior

---

[288] *Odisseia*, XVIII 132 ss., trad. Leconte de Lisle. Os trechos de Heródoto usados no que segue são: III 108 (a providência divina); VII 10 e I 32 (inveja da divindade); VII 133 ss. (Boulis e Sperthias); IV 25 (noites polares); III 115 (as "ilhas de estanho"); IV 36 (a Terra perfeitamente redonda); II 33 (Nilo e Danúbio); III 107 (serpentes aladas); III 102 (formigas que coletam ouro); III 116 (arimaspos); II 21 (Oceano e cheias do Nilo; cf. a esse respeito o estudo do autor, *Herodoteische Studien*, II 8 [526] ss., nos *Wiener Sitzungsberichte* 1883 [= *Hellenika*, II 51 ss.]).

aos deuses particulares. O regulador do universo, ao qual obedecem tanto a vontade dos próprios deuses como o destino dos homens, agora não possui mais um caráter estritamente pessoal, ou pelo menos perdeu sua riqueza em traços individuais. É por isso que podemos, sem inconsequência grande demais, chamá-lo alternativamente de "o deus" ou "a divindade". Eis, porém, outra contradição, e a mais importante de todas. Esse princípio primordial que oscila entre o pessoal e o impessoal aparece ora como um ser auxiliador e pleno de benevolência, ora como um ser invejoso e malevolente, e são vãs todas as tentativas de fazer desaparecer ou simplesmente atenuar essa oposição. "Na sua sabedoria", a "providência divina" conferiu uma fecundidade muito grande aos animais fracos e assustadiços, mas limitou a multiplicação dos animais fortes e nocivos: era o que bastava para a conservação e prosperidade das criaturas. Muitas vezes, ela também abençoa as ações e garante a salvação dos homens por meio de decretos e dispensas favoráveis. Mas, por outro lado, ela se compraz em precipitar tudo que "se glorifica", em rebaixar "tudo que se eleva", "assim como o raio desaba sobre as casas altas e as árvores grandes". É por isso que, no discurso que ele faz o sábio Sólon pronunciar, Heródoto diz que a divindade é invejosa e encontra seu prazer em transtornar tudo. E essa divindade suprema, que se confunde aqui com o destino, não se contenta em manifestar, de acordo com a ocasião, a ternura de um pai ou a inveja de uma madrasta; há também nela uma justiça severa que a leva a punir inexoravelmente os erros dos homens. Esses elementos contraditórios tampouco eram completamente estranhos à antiga mitologia. Mas desde então os espíritos tinham perscrutado mais a fundo a ideia da finalidade do universo; as súbitas vicissitudes da sorte e as grandes revoluções históricas os haviam toldado; ao mesmo tempo, a consciência moral tinha adquirido mais profundidade. Assim, não somente as divergências e as contradições das teorias destinadas a explicar os fenômenos tinham ganhado em intensidade, mas a dissonância tornara-se mais acentuada porque as tendências e as vontades em conflito, ao invés de repartirem-se numa grande quantidade de seres individuais em luta uns contra os outros, tinham se concentrado num só ser, qual seja, na divindade suprema.

No que diz respeito ao papel de juiz atribuído a esta última e ao qual acabamos de aludir, constatamos uma distinção absolutamente espantosa. Ora esse papel aparece como uma parte do que poderíamos chamar de ordem natural e age automaticamente, ora ele é exercido conforme um plano definido: o juiz divino escolhe com uma arte segura de si os meios mais apropriados para seus objetivos, ignora todas as intenções humanas e obriga-as a servir seus próprios desígnios. Quando Dário mandou ordenar às cidades gregas que se submetessem, as prescrições sagradas do direito das gentes foram violadas, tanto em Atenas como em Esparta, pelo massacre de seus arautos. "De que modo os atenienses foram punidos pelo que haviam feito", Heródoto reconhece francamente que não tem condições de dizer, "mas é certo que o Persa destruiu sua cidade e devastou seu território". Porém, ele acrescenta imediatamente, "não creio que tenha sido por essa razão". Quanto aos espartanos, diz ele em seguida, a cólera do divino ancestral dos seus arautos, Taltíbio, desabou sobre eles, provocada pelo assassinato dos mensageiros dos persas. Durante anos, os sacrifícios oferecidos aos deuses foram acompanhados por presságios funestos. Então dois lacedemônios entre os mais distintos pelo seu nascimento e pelas suas riquezas, Boulis e Sperthias, consentiram em purificar sua cidade natal de seu crime indo até Susa para oferecerem-se como vítimas voluntárias aos sucessores de Dário. Embora o grande rei tenha recusado essa oferta, a atitude deles bastou para aplacar momentaneamente a ira de Taltíbio. Todavia, muito tempo depois, nos primeiros anos da Guerra do Peloponeso, ela despertou, e os filhos de Boulis e de Sperthias, que tinham sido enviados em embaixada à Ásia, foram feitos prisioneiros por um rei trácio, entregues aos atenienses e executados por estes últimos. Para Heródoto, esse evento é uma das provas mais patentes da intervenção imediata da divindade nas coisas humanas. "Pois que a ira de Taltíbio tenha desabado sobre os embaixadores e que não tenha se apaziguado antes de ter provocado seu efeito, tudo isso estava conforme a ordem; mas que ela tenha recaído sobre os filhos daqueles homens que, para aplacá-la, tinham anteriormente comparecido perante o grande rei – quem não vê nisso o dedo da divindade?"

IV

Mesmo nos casos em que sua sensibilidade religiosa não o extravia ou desvia, o juízo de Heródoto oscila estranhamente entre a crítica e a ausência de crítica. Os antigos zombaram de sua credulidade e chamaram-no, não sem alguma censura, de contador de histórias. Quanto a nós, não ficamos menos surpresos com o excesso de crítica ao qual ele às vezes se entrega. Se ele crê amiúde quando deveria duvidar, não é raro que ele duvide quando deveria crer. Ele tinha ouvido falar das longas noites polares, embora de modo um pouco fabuloso. Ao invés de despojar essa informação do seu revestimento lendário empregando, como ele podia fazer, o método das variações (quanto mais nos aproximamos do polo, mais as noites tornam-se longas), ele prefere relegá-la ao domínio dos contos, exclamando com ênfase: "Recuso-me a crer qualquer palavra a respeito de homens que dormem durante seis meses!". Ele sabe perfeitamente bem que os gregos obtêm no Norte da Europa tanto o estanho quanto o âmbar, mas censura-os por procurar a pátria desse metal no grupo de ilhas que, precisamente por causa desse importante produto, eles chamavam de "ilhas de estanho" (Cassiterídas). Ele diz que, apesar de todos os seus esforços, não conseguiu encontrar um único viajante que lhe assegurasse ter visto com seus próprios olhos o mar pelo qual a Europa é limitada ao Norte. Ele conhece a tendência que tem o espírito humano de esperar nos produtos da natureza uma medida de regularidade e simetria além do comum, e zomba, não sem alguma razão, dos seus predecessores que, nos seus mapas, conferiam à Ásia e à Europa contornos iguais. Mas ele também não deixa de "rir" ao ver que esses mesmos geógrafos – é sobretudo de Hecateu que ele quer falar – representam a Terra perfeitamente redonda, "como se ela tivesse sido feita com compasso". Vemos como ele estava pouco preparado para aceitar a doutrina, proclamada por Parmênides, da esfericidade da Terra. Contudo, o pior é que ele mesmo se entrega numa ocasião a essa tendência enganosa que leva a admitir regularidades fictícias, tendência que ele critica, como acabamos de ver, nos seus predecessores, mesmo quando eles tinham razão. É assim que ele fareja um certo paralelismo entre o curso do Nilo e o do Danúbio unicamente pelo motivo de que são os dois maiores rios que ele conhece. Em todas as épocas, foi particularmente difícil julgar com certeza os limites das variações possíveis no mundo orgânico. Portanto, não censuraremos Heródoto por não ter considerado incrível *a priori* a existência de serpentes aladas na Arábia. No entanto, será permitido espantar-nos que ele não tenha relegado entre os seres fabulosos as pretensas formigas gigantes do deserto indiano, maiores que raposas, menores que cachorros, e que coletam uma areia misturada com ouro, ao passo que ele contesta a autenticidade dos arimaspos que teriam um olho só, declarando expressamente: "não crer que homens, de resto constituídos como os outros, nascem com um único olho".

Para terminar, registraremos uma declaração do historiador que marca o ponto culminante atingido pelo seu pensamento científico. Entre as diversas tentativas feitas para explicar as cheias do Nilo, Heródoto trata uma com desprezo especial: aquela que relaciona o enigmático fenômeno – de um modo que hoje é impossível compreender – com o rio Oceano que envolve a Terra. Ele cita-a como uma das duas teorias que ele mal julga dignas de serem mencionadas e "como a mais absurda das duas, embora pareça a mais maravilhosa". Quando ele diz precisamente dessa tentativa de explicação que "aquele que faz intervir o Oceano e transporta assim a questão para o domínio do impenetrável escapa a qualquer refutação", talvez ele queira dar a entender que é impossível dizer se essa teoria é correta e abster-se de enunciar um juízo? Certamente não, pois então o desprezo exprimido tão abertamente no que precede concordaria mal com tal opinião, assim como a áspera pilhéria da seguinte frase: "Pois não tenho conhecimento de que exista um rio Oceano e penso que Homero ou um outro poeta, ao inventar o nome dele, introduziu-o nos seus versos". Evidentemente, ele só pode ter querido dizer isto: uma opinião que se afasta tão completamente do domínio dos fatos e da percepção sensível que não oferece a mínima oportunidade de refutação é julgada por isso mesmo. Em outras palavras: para que uma hipótese mereça alguma consideração, para que ela seja digna de ser discutida, é preciso, em última análise, que ela possa ser verificada. Dessa vez, Heródoto põe-se num ponto de vista puramente positivo, ou até positivista. Entre o pesquisador que estuda os fatos científicos e o poeta que cria brilhantes ficções, ele vê um abismo impossível de preencher. Sem dúvida, esse é apenas um traço de luz absolutamente único, mas esse traço aproxima-o dos mais modernos entre os modernos. Inflamado pelo ardor da polêmica, ardendo do desejo de deixar para trás seus predecessores e seus rivais, ele percebe muito distintamente uma lei fundamental do método, a saber: somente as hipóteses que podem, parcial ou integralmente, ser submetidas à verificação são cientificamente legítimas. Se ele tivesse vislumbrado todo o alcance dessa ideia, teria certamente ficado alarmado com sua ousadia. Não obstante, foi isso mesmo que ele disse. Porém, cabe aplicar aqui a observação profunda de Batteux: "Nunca temos o direito de atribuir aos antigos as consequências de seus princípios ou os princípios de suas consequências". E sobretudo, podemos acrescentar, àqueles dentre eles que se encontram no meio de uma época essencialmente de transição, como Heródoto e Hecateu, de uma época de transição da qual agora nos despedimos, para sem dúvida retornar ocasionalmente a fim de elucidar mais de uma questão de detalhe.

Livro Terceiro

A Época das Luzes

> *Foram os gregos que [...] fundaram [...] a ciência racional, despojada de mistério e de magia, tal como a praticamos hoje.*
>
> **Marcelin Berthelot**
> ("La Chimie dans l'antiquité et au Moyen-Âge",
> *Revue des Deux-Mondes*, 15 de setembro de 1893)

> *Talvez a hipótese atomística será um dia suplantada por outra; talvez, mas não é provável.*
>
> **Ludwig Boltzmann**
> ("Der zweite Hauptsatz der mechanischen Wärmetheorie", *Almanach der kaiserlichen Akademie der Wissenschaften*, Viena, 1886, p. 234; *Populäre Schriften*, p. 31)

> ... τὸν μὲν βίον
> ἡ φύσις ἔδωκε, τὸ δὲ καλῶς ζῆν ἡ τέχνη.
>
> **Poeta dramático desconhecido**
> Trecho tirado por nós de uma paráfrase de Filodemo encontrada nos papiros de Herculano; *Wiener Studien*, II 5 [= *Hellenika*, II 244]

Capítulo I

Os Médicos

I. Superioridade científica dos helenos. Medicina dos povos selvagens, dos indo-europeus e dos hindus. Primórdios da medicina grega.

II. Situação e deveres dos médicos.

III. A coleção hipocrática. Influências recíprocas da medicina sobre a filosofia e da filosofia sobre a medicina. Medicina e superstição. Influência da filosofia natural.

IV. A obra *Sobre o regime*. Fundamento da ideia que constitui a base da mesma. Heraclitismo e ecletismo. O livro *Sobre as carnes*. Perguntas e respostas temerárias. Núcleo sério num invólucro fantástico. O livro *Sobre o número sete*. Excesso de imaginação.

V. Anos de aprendizagem, itinerantes e de domínio da medicina. Reação contra o método da filosofia natural. A medicina e a ciência "exata". Violenta polêmica contra Empédocles. Ciência e belas-artes. Pretensões modestas da verdadeira ciência.

VI. Natureza das pesquisas hipotéticas. Sua necessidade e seus perigos. Hipóteses "vazias" e hipóteses legítimas. Querela dos métodos. Indução e dedução. O verdadeiro mérito da escola de Cós.

VII. O fundador da psicologia étnica. Os hipocráticos e o "divino". Tentativas de ciência rigorosa. Um pensador nobre e profundo.

I

A nação grega tem mais de um título de glória. Foi-lhe dado, ou pelo menos foi dado aos grandes gênios que ela produziu, realizar os mais brilhantes sonhos especulativos. Afinal, eles não receberam o dom de criar, pela poesia ou pelas artes plásticas, obras-primas incomparáveis? Todavia, há outra criação do espírito grego que podemos qualificar não somente de incomparável, mas de única: a ciência positiva ou racional. Podemos glorificar-nos hoje da soberania que exercemos sobre a natureza graças ao conhecimento que adquirimos das suas leis. Cada dia, nossos olhares penetram mais profundamente, certamente não a essência das coisas, mas a sequência dos fenômenos. As ciências do espírito, seguindo os passos das da natureza, começaram a perceber a causalidade à qual estão submetidas até mesmo as coisas humanas e a modificar lentamente mas com segurança a tradição, para fundar sobre princípios novos uma regra de vida racional, baseada nos meios de que dispomos e apropriada ao objetivo a ser atingido. A quem devemos esses brilhantes triunfos senão aos criadores da ciência grega? Os laços que, a esse respeito, unem os tempos modernos aos tempos antigos não se furtam aos nossos olhos; eles aparecerão, no decorrer desta exposição, com toda a nitidez desejável. Em que repousa esse privilégio do espírito helênico? Podemos responder com plena confiança que não é num dom particular atribuído apenas aos helenos e recusado às outras nações. O senso científico não se assemelha a uma varinha mágica que, nas mãos deles mas não nas dos outros, poderia arrancar das minas dos fatos o tesouro do conhecimento. Outros povos também puderam orgulhar-se, com razão, de trabalhos verdadeiramente científicos: a cronologia dos egípcios, a fonética dos antigos gramáticos da Índia não têm que temer a comparação com os produtos do espírito grego. Quando tentamos explicar a vantagem deste último, vem-nos à mente um dito de Heródoto: o pai da história cumprimenta seu país por ter obtido em partilha a mistura mais feliz de estações. Aqui como alhures, o segredo da excelência e do sucesso encontra-se na reunião, na penetração recíproca dos contrários. Ao lado de uma imaginação construtiva de riqueza transbordante, o grego possuía um espírito de dúvida sempre alerta que examinava tudo friamente e não recuava diante de nenhuma audácia; uma necessidade irresistível de generalização unida a uma observação tão ativa e tão penetrante que não deixava escapar o mais ínfimo detalhe dos fenômenos; uma religião que conferia plena satisfação às necessidades do coração e mesmo assim não entravava a liberdade de ação de uma inteligência que ameaçava e até destruía suas criações. Acrescente-se a isso uma grande quantidade de centros intelectuais, cada qual com seu caráter próprio e rivalizando uns com os outros; uma fricção de forças contínua que excluía qualquer possibilidade de estagnação; enfim, uma organização política e social estrita o bastante para refrear os desejos vagos e pueris das pessoas medíocres, mas elástica o bastante para não pôr seriamente em perigo o desenvolvimento audaz dos espíritos superiores. Essa era a reunião de dons naturais e condições favoráveis que proporcionou ao espírito grego sua preeminência e permitiu-lhe colocar-se e manter-se no primeiro patamar no campo da pesquisa científica. No ponto de desenvolvimento em que chegamos agora, a faculdade crítica, apesar do possante impulso que conhecera, precisava fortalecer-se ainda mais. Conhecemos as duas correntes que a alimentaram: as discussões metafísicas e dialéticas travadas pelos eleatas e a crítica semi-histórica das lendas tal como praticada por Hecateu e Heródoto. Uma terceira corrente saiu da escola dos médicos. Aqueles que eram ligados a elas assumiram a tarefa de eliminar do estudo e da ciência da natureza o elemento de arbitrariedade que era, em maior ou menor medida, mas por assim dizer sem exceção e em razão de uma necessidade interna, inseparável dos seus inícios. Ao convidar a uma observação mais atenta dos fatos, a medicina advertia contra as generalizações prematuras; ao exercer a percepção dos sentidos e ao inspirar mais confiança nesta última, ela levava a rejeitar as ficções insustentáveis, produtos de uma imaginação excessiva ou da especulação *a priori*: estes são os principais frutos que veremos resultar da prática da medicina. Mas antes de voltar nossos olhares para ela e estudar a influência que teve sobre o pensamento da época, devemos considerar os rudimentos desse ramo da ciência, seus autores e representantes.

"Um homem que sabe curar vale por muitos homens"[289]: esse é o elogio com o qual a profissão médica é saudada no limiar da literatura grega, e que a posteridade não desmentiria. A medicina dos povos naturais é oriunda de superstições grosseiras e de uma experiência somente um pouco menos grosseira, geralmente incapaz de interpretar bem os fatos. É uma mistura disforme de exorcismos e de práticas, umas absurdas, outras eficazes, embora ditadas por observações parcamente analisadas. O "médico" dos selvagens tem pelo menos metade de feiticeiro, e de resto é guardião de velhos segredos da corporação, segredos que repousam num empirismo verdadeiro ou apenas aparente. A arte médica do povo indo-europeu primitivo sem dúvida não tinha ultrapassado esse nível. Ainda possuímos uma recordação dela numa fórmula de bênção cujas redações germânica e hindu concordam de maneira tão perfeita que não se pode duvidar de modo algum de sua identidade original[290]. Também conservamos da mais antiga prática da medicina na Índia um retrato aprazível na *Canção de um médico*. O curandeiro segue alegremente pelo campo com sua elegante caixa de drogas feita de madeira de figueira; ele deseja plena recuperação aos seus doentes e a si mesmo belos honorários, já que é obrigado a ter trajes, boi e cavalo. Suas "ervas destroem tudo que aflige o corpo" e "a doença foge diante delas como diante das garras do oficial de justiça". Aliás, ele não se qualifica apenas como "aquele que expulsa a doença", mas também como "matador de demônios"[291]. De fato, na Índia como antigamente

---

[289]   *Ilíada*, XI 514.

[290]   Essa fórmula de bênção indo-europeia foi discutida por Ad. Kuhn, *Zeitschrift fur vergleichende Sprachforschung*, XIII 49.

[291]   A *Canção de um médico* foi traduzida por Roth em Grassmann, *Rig Veda*, X 97 (vol. II 378 ss.). A esse respeito e acerca da mais antiga medicina hindu, cf. Zimmer, *Altindisches Leben*, 375, 394, 396, 398, 399.

em todo lugar, a doença era vista ora como uma punição enviada por um deus, ora como obra de demônios hostis, ora enfim como consequência de maldições e malefícios dos homens. A ira da divindade ofendida devia ser aplacada com sacrifícios e preces; o gênio maléfico era acalmado com palavras amáveis ou esconjurado com exorcismos; da mesma forma, o mau-olhado era combatido com sortilégios contrários e, se possível, transferido àquele que o havia posto. Ao lado das fórmulas de esconjuração, dos amuletos e dos atos simbólicos, as ervas medicinais e os unguentos também tinham sua utilidade, e não era raro recorrer a um único e mesmo remédio contra os males mais diversos. Tudo isso vale para a medicina hindu tal como ela é revelada especialmente pelo Atharva Veda, mas não menos para a de todos os povos naturais, bem como a medicina popular da Idade Média e até dos tempos modernos, ou mesmo contemporâneos. O campo do elemento fantástico é tão maior quanto a escolha dos medicamentos é determinada igualmente, ou mais, pela associação de ideias do que pela experiência específica. Estimava-se que a eufrásia curava os males de olhos porque sua corola tem uma mancha preta que lembra a pupila, enquanto a cor vermelha da hematita parecia destiná-la a estancar a hemorragia. Para impedir que os cabelos embranquecessem, era preciso, segundo os egípcios, recorrer ao sangue de animais pretos, e ainda hoje na Estíria, como outrora na Índia, na Grécia e na Itália, a icterícia é exilada no corpo de pássaros amarelos[292]. Devido à sua natureza, a cirurgia, pequena ou grande, escaparia mais facilmente à superstição, e sabe-se que ela atingiu um desenvolvimento espantoso tanto entre os selvagens de hoje como entre as nações da Antiguidade, mesmo numa época que só conhecemos através das descobertas pré-históricas; de um lado como do outro, os médicos não recuavam diante de intervenções tão ousadas quanto a trepanação ou a operação cesariana[293].

Se considerarmos os mais antigos testemunhos da literatura grega, não ficaremos pouco surpresos ao ver que a *Ilíada* não menciona encantamentos em lugar algum. Flechas são retiradas do corpo dos heróis feridos, o sangue dos ferimentos é estancado e eles são ungidos com bálsamos; os guerreiros exaustos são reanimados por meio de vinho puro ou acompanhado de cevada e queijo, mas em lugar nenhum se fala de quaisquer práticas ou fórmulas supersticiosas. Esse fato, que já havia impressionado os antigos comentadores de Homero, concorda à perfeição com os outros traços que denotam um despontar precoce das "luzes" (cf. Introdução, seção VII). Mas as "luzes" não saíam dos círculos da nobreza; é o que prova a literatura mais jovem, a partir de Hesíodo, na qual os encantamentos, os amuletos, os sonhos salutares etc. desempenham

---

[292] Esses exemplos de superstições populares são fornecidos pelo Dr. Paris, *Pharmacologia*, citado por J. S. Mill, *Lógica*, I, V, cap. 3, § 8; Erman, *Ägyptisches Leben*, I 318; Plínio, *História Natural*, 30, 11 (94); anônimo, no *Thesaurus linguæ græcæ*, no final do art. ἴκτερος; Fossel, *Volksmedicin und medic. Aberglauben in Steiermarck* (citado no *Munchner Allgemeine Zeitung* de 23 de setembro de 1891).

[293] Sobre a cirurgia dos selvagens e suas intervenções ousadas, cf. Bartels, *Die Medicin der Naturvölker*, Leipzig, 1893, p. 300 e 305-6; von den Steinen, *Unter den Naturvölkern Centralbrasiliens*, p. 373; *Correspondenz-Blatt der deutschen Gesellschaft fur Anthropologie* etc., abril de 1900, p. 31 ss.

um papel tão importante. Já a *Odisseia*, que descreve os inícios da vida civil e cujo herói é mais o ideal dos mercadores astuciosos e dos intrépidos marinheiros que o dos nobres guerreiros, conhece pelo menos num trecho, no episódio da caça ao javali no Parnaso, o encantamento ou epodo como meio de curar as feridas[294]. É também na mais jovem das epopeias homéricas que vemos aparecer pela primeira vez os profissionais da arte de curar; à semelhança do médico do Rig Veda, eles percorrem o país; seus serviços são solicitados como os do carpinteiro, do aedo ou do adivinho, e eles cobram por eles de todos aqueles que os necessitam.

II

Os médicos angariaram muito cedo na Grécia uma grande estima. A agradável ilha de Cós, não longe da península de Cnido, ao Sul da linha ocidental do litoral da Ásia Menor; Crotona, na Itália meridional; Cirene, na orla da longínqua África, são os lugares onde se formaram as mais antigas e mais célebres escolas de medicina. Nas redondezas de Cirene crescia uma umbelífera chamada sílfio, cujas virtudes curativas eram apreciadas no mais alto grau e que era objeto de monopólio real. Cidades e príncipes disputavam ferozmente e a preço de ouro os serviços dos médicos eminentes. Assim eram procurados os do crotoniense Demócedes, que passou um ano empregado em Atenas, outro em Egina e um terceiro sob Polícrates. Seus honorários anuais elevaram-se rapidamente a uma altura testemunhada pelos números eloquentes de 8.200, 10.000 e 16.400 dracmas ou francos. Mas esses números só nos dão uma ideia suficiente se levarmos em conta a enorme diminuição do valor do dinheiro desde a Antiguidade. Depois da queda do tirano de Samos, ele foi levado como prisioneiro para Susa, onde logo o encontramos comensal e conselheiro íntimo do rei Dário (521-485). De fato, ele curou tão bem esse monarca e sua esposa Atossa que os médicos egípcios, até então extremamente estimados, caíram em desgraça e viram-se até ameaçados de morte[295]. Em meados do século V, o cipriota Onasilos e seus irmãos tinham prestado serviços como médicos militares durante o cerco da cidade de Idálio pelos persas; eles foram recompensados com grandes honras e com o dom de um rico domínio da coroa. Porém, embora os médico gozassem de alta estima, exigia-se deles sérias qualidades morais. Certamente não faltavam charlatães e ignorantes presunçosos numa confraria cujos membros podiam aspirar a ganhos tão elevados e honras tão raras. Mas a maioria era

---

[294] Aqui utilizamos repetidamente o ensaio de Welcker, *Epoden oder das Besprechen* (*Kleine Schriften*, III 64 ss. e 322). Sobre o que segue, cf. *Odisseia*, XIX 457 ss. e XVII 383 ss.

[295] Sobre Demócedes e suas aventuras, cf. Heródoto, III 125 ss. [= FVS 9]. Sobre o médico cipriota Onasilos, cf. a inscrição de Idálio em Collitz, *Griechische Dialektinschrifte*, I 26 ss. [nº 59]; quanto à data dessa inscrição, filio-me à opinião de O. Hoffmann, *Die griechischen Dialekte*, I 41, em vez de à de Larfeld nos *Bursians Jahresberichte*, vol. LXVI (1892), p. 36.

formada por médicos que aliavam à honradez o valor científico e que tinham plena consciência da importância de sua missão. Por isso, os parasitas da medicina sempre foram coibidos, e muitas vezes até expulsos da corporação.

Ao iniciar nosso estudo, encontramos um documento respeitável não somente pela sua idade: o juramento dos médicos. É um texto do mais alto valor para a história da civilização. Ele contém informações preciosas sobre a organização interna da confraria e sobre as regras às quais os médicos eram obrigados a se conformar. Percebemos nele o ato de passagem do regime da casta fechada ao do livre exercício da arte. O estudante promete honrar seu mestre como seus pais, socorrê-lo todas as vezes que necessitar e instruir gratuitamente seus descendentes se estes escolherem a mesma profissão que ele. Fora isso, ele só pode formar em medicina seus próprios filhos e os jovens que se ligarem a ele por contrato e juramento. Ele promete auxiliar o doentes "conforme sua ciência e seu poder" e abster-se da maneira mais rigorosa de todo emprego criticável ou criminoso dos meios terapêuticos. Ele não dará veneno, nem mesmo àqueles que pedirem; não fornecerá às mulheres nenhum abortivo e enfim não praticará – mesmo quando a cura parecer exigi-la – a operação de castração, que o sentimento popular reprovava tão fortemente na Grécia. Por fim, ele promete abster-se de todos os abusos que sua posição lhe permitiria cometer, e especialmente dos abusos eróticos para com os livres ou escravos de ambos os sexos, e compromete-se a guardar inviolavelmente todos os segredos que lhe puderem ser revelados no exercício de sua profissão ou até fora dela[296]. É com esses compromissos e por invocações reiteradas e solenes dos deuses que termina esse documento memorável, tanto mais significativo porque, na ausência de toda fiscalização do Estado, ele constituía a única regra oficial para a prática da medicina. Felizmente, ele é completado por numerosos trechos de obras médicas da época, nas quais a arrogância dos ignorantes é atacada com setas tão afiadas quanto o é o charlatanismo dos vendedores de panaceias. Aqueles que, sem serem médico de fato, assumem tal título, são comparados aos personagens mudos ou simples figurantes do drama. À ousadia baseada na ciência é oposta a temeridade engendrada pela ignorância. Insta-se aos médicos que não se preocupem demais com os honorários; o recurso a

---

[296] Ver esse juramento nas *Obras de Hipócrates*, trad. E. Littré, IV 628 ss. Vejo a proibição da castração nas palavras οὐ τεμέω δὲ οὐδὲ μὴν λιθιῶντας, que só podem ser traduzidas como segue: "não cortarei nem mesmo aqueles que sofrem de concreções pétreas". Ora, como uma proibição geral de operar seria incompreensível numa época em que "o ferro e o fogo" eram as principais insígnias da prática médica, não resta alternativa senão tomar a palavra τέμνειν num sentido particular, ou seja, no de emascular, como aliás é empregada por Hesíodo, *Os trabalhos e os dias*, 786 e 790 ss., pelo Pseudo-Focílides, verso 187 Bergk, e por Luciano, *De Syria dea*, § 15 (cf. também τομίας = ἐκτομίας). Nesse caso, por λιθιῶντας não se deve entender os cálculos vesicais, mas as concreções pétreas que só podem ser remediadas através da castração; de fato, esse verbo designa as mais diversas concreções. Essa conjectura, emitida por nós há muito tempo, foi comunicada ao mundo médico e discutida pelo meu finado colega Dr. Theodor Puschmann nos *Jahresberichte uber die Fortschritte der gesamten Medicin* de Virchow-Hirsch, 1883, I 326, e várias vezes desde então.

outros médicos em caso de incerteza ou dificuldade é vivamente recomendado. É aí que encontramos esta bela fórmula: "Ali onde está o amor pelos homens também está o amor pela arte". Quando se oferecem diversos métodos de tratamento, é preciso escolher o menos surpreendente, o menos sensacional, e deixar os charlatães ofuscarem o olhar do paciente com a exibição de uma habilidade inútil. São reprovados aqueles que visam aumentar a estima de que gozam organizando sessões públicas, sobretudo quando douram suas exposições com citações tiradas dos poetas. A pilhéria incide sobre os médicos que se gabam de perceber com segurança infalível todas as infrações às suas receitas, mesmo as mais ínfimas. Enfim, encontram-se prescrições detalhadas relativas à atitude pessoal do médico: ele deve manter o mais escrupuloso asseio, trajar-se com elegância ao mesmo tempo em que evita o luxo; usará perfumes, mas sem abusar deles[297].

III

Sem perceber, chegamos à coletânea em epígrafe da qual está escrito o nome do "pai da medicina". Hipócrates "o Grande", como já o chama Aristóteles[298], nasceu na ilha de Cós em 460 e toda a Antiguidade considerou-o como o modelo do médico perfeito e do escritor médico perfeito. Sua glória eclipsou em muito a de todos os seus confrades. Isso explica que uma importante coleção de obras tenha circulado sob seu nome, embora seja composta, ao que tudo indica, por trabalhos de autores diferentes, ligados até a escolas contrárias. Os antigos já sabiam disso, mas as tentativas de triagem dos estudiosos da época não foram fecundas, não mais que as dos críticos modernos e até dos mais recentes. Não cabe a nós tratar aqui desse problema, um dos mais difíceis que conhece a história da literatura. Na maioria dos casos, as datas de composição das obras são tão obscuras quanto os nomes dos autores. Bastará exprimir a convicção de que nenhuma parte do que se poderia chamar o *Corpus Hippocraticum*, fora algumas exceções insignificantes, é posterior ao final do século V[299]. Essas obras podem, portanto, ser consideradas testemunhos seguros do movimento intelectual da época que nos interessa. Além disso, o tema especial de nossa exposição fornece-nos, quanto à exatidão

---

297   Os trechos que se referem à conduta e à atitude pessoal dos médicos em geral encontram-se em Littré, IV 182, 184, 188, 312 [*de artic.* 42, 44, 78], 638, 640 [*lex* 1-4]; IX 14 [*prorrh.* II 4], 204, 210 [*de medico* 1,4], 254, 258, 266, 268 [*præc.* 2, 4, 6, 10, 12].

298   Aristóteles menciona Hipócrates como um grande médico, *Polít.*, VII 4, 1326 a 15.

299   Diels situa numa data posterior à nossa, isto é, no meio do século IV, as partes mais recentes da coleção hipocrática (declaração verbal numa exposição feita no congresso dos filólogos de Colônia, setembro de 1895). De início, o papiro de Londres mais embaralhou que fez progredir a questão hipocrática. De fato, ele parecia forçar-nos a escolher entre não levar em conta a autoridade de Mênon, aluno de Aristóteles, ou considerar como obra de Hipócrates o tratado bastante insignificante e de retórica empolada intitulado περὶ φυσῶν. O meio de resolver a dificuldade parece ter sido encontrado por Blass, *Hermès*, 36, 405: não é a obra que foi conservada, mas aquela da qual seu autor fez uso, que Mênon considerava hipocrática.

desse modo de ver, uma prova que não tolera contradição alguma. Nessa vasta pilha de livros, somente dois nomes de filósofos são citados: Melisso (cf. liv. II, cap. II, seção I, 1º §) e Empédocles. Os outros pensadores cuja influência é reconhecível em uma ou outra dessas obras são Xenófanes, Parmênides, Heráclito, Alcmeão, Anaxágoras e um último ainda desconhecido dos nossos leitores, Diógenes de Apolônia. Sequer um indício, por mais ínfimo, leva-nos a atribuir-lhes uma data mais recente. No entanto, seria muito espantoso se, numa época de desenvolvimento intelectual tão veloz, de circulação de ideias tão ativa, os autores de obras de medicina só tivessem admitido ou combatido sistemas já antiquados ou prestes a tornarem-se-lo. Aliás, se realmente houve alguns retardatários, isso não pode abalar de forma alguma a certeza de nossas conclusões relativas à influência recíproca entre a medicina e a filosofia.

Afinal, influências desse tipo são incontestáveis, mas cometeu-se frequentemente o erro de procurá-las ali onde nunca existiram e de procurá-las raramente com profundidade suficiente. Não cabe aqui deter-nos seriamente em concordâncias exteriores, como a tétrade dos humores corporais (sangue, fleuma, bile amarela e atrabile), que, segundo Hipócrates, determinam a doença e a saúde, e o seu paralelismo com os quatro elementos de Empédocles. Não cabe deter-nos em analogias verbais que não repousam necessariamente nem sempre em empréstimos e que, mesmo nesse caso, não provariam necessariamente um empréstimo de doutrinas. O que é realmente importante é o espírito e o método da pesquisa. Mais uma vez, devemos lançar nossos olhares para trás. Num dado momento, sem dúvida nenhuma, o tesouro científico dos médicos gregos, mais ou menos como o dos médicos egípcios, consistia apenas em fórmulas mágicas e receitas. A emancipação com relação às superstições antigas, que foi realizada surpreendentemente cedo em certas classes da sociedade, relativamente tarde e nunca completamente em outras, levou à abolição dos elementos supersticiosos da terapêutica. Dissemos nunca completamente pois a medicina popular, na qual os amuletos e feitiços desempenhavam o papel essencial, nunca desapareceu inteiramente. A diferença entre as épocas revela-se apenas no fato de que a superstição decadente recobriu cada vez mais sua nudez com andrajos brilhantes e deleitou-se ornando-se com autoridades estrangeiras, como os médicos trácios, os taumaturgos getas e hiperbóreos (Zalmoxis e Abaris) e os magos persas, até que enfim o rio transbordante da pseudo-ciência caldeia e egípcia ergueu essa massa heterogênea e arrastou-a consigo no seu leito alargado. Aliás, ao lado da arte laica de curar, a arte sacerdotal ou hierática sempre reivindicou seu lugar. Só mencionaremos de passagem o efeito atribuído ao sono nos templos e aos sonhos salutares que o acompanhavam, sono que se ia buscar sobretudo nos santuários de Asclépio. Essas práticas supersticiosas, santificadas pela religião nacional, tornaram-se igualmente muito cedo objeto de pilhéria pelas pessoas esclarecidas (basta pensar numa cena conhecida do *Pluto* de Aristófanes), mas, nas camadas populares, a crença na sua eficácia não sofreu o mínimo abalo. Elas foram ocasionalmente glorificadas por homens cultos mas extravagantes, como o retor Aristides na época imperial, e chegaram a sobreviver ao paganismo. Sem dúvida, se os lugares onde se exerciam essas curas não perderam sua força de atração é também em parte graças ao emprego de métodos racionais e à salubridade da sua localização e do seu entorno. É por isso que a mais renomada dessas estações sacerdotais, Epidauro, situada não longe do mar, cercada de colinas cobertas de magníficas florestas resinosas, protegida contra o vento rude do Norte por um contorno de elevações e munida da mais excelente água de mina respondia a todas as exigências de um sanatório moderno[300]. As necessidades de recreação e diversão dos doentes eram satisfeitas por um hipódromo e por um teatro do qual ainda podemos admirar as ruínas imponentes. Os antigos sustentaram que a medicina laica tirou grande proveito das notas tomadas pelos sacerdotes sobre a evolução e a cura das doenças. Para nós parece difícil acreditar nisso. Possuímos de pouco tempo para cá uma longa série dessas notas, descoberta precisamente em Epidauro; são tudo que se quiser, menos um auxílio para a pesquisa médica. Elas poderiam ter mais razão em reivindicar um lugar nas *Mil e uma Noites*. Um cálice quebrado conserta-se sem intervenção humana; uma cabeça foi separada do tronco, os demônios inferiores que a cortaram não conseguem colocá-la de volta no lugar, mas Asclépio acorre em pessoa para realizar esse prodígio – eis duas amostras das historietas cujo conhecimento devemos a essas pedras cobertas de inscrições. Os fatores de natureza dietética ou terapêutica que realmente trouxeram a cura nesses tratamentos miraculosos operados por sacerdotes, bem como nos outros milagres dessa espécie, ora passaram despercebidos pelos seus autores, ora foram relegados intencionalmente às trevas e ocultados da curiosidade das gerações seguintes. A medicina laica fez progressos porque os temas de observação multiplicavam-se constantemente, porque os descendentes beneficiavam de um tesouro de experiências seculares e porque os médicos gregos possuíam a mesma faculdade de observação penetrante e de reprodução fiel da coisa vista da qual foram tão amplamente dotados os poetas e os escultores da sua nação. Mas essa acumulação, essa triagem dos materiais forneceu no máximo a pedra angular de uma medicina científica; a construção do edifício em si mesmo ainda estava num futuro muito distante. Para que fosse realizada um dia, eram necessários primeiramente outros trabalhos preliminares, outros impulsos; e esses trabalhos, esses impulsos sairiam da necessidade de generalização que havia surgido e se desenvolvido nas escolas filosóficas da Grécia mais que em qualquer outra parte.

Nem é necessário lembrar aos nossos leitores o filósofo-médico Alcmeão e suas descobertas fundamentais. A variedade dos aspectos sob os quais se apresenta a personalidade de Empédocles tampouco nos permitiu ignorar o médico que havia nele. Também em outros o médico aparece por trás do filósofo: é o caso, como soubemos

---

[300] Visitamos pessoalmente o local. As inscrições de que falamos aqui foram recolhidas por Kavvadias, *Les Fouilles d'Epidaure*, I 23-34. Cf. do mesmo estudioso Τὸ ἱερὸν τοῦ Ἀσκληπιοῦ κτλ., Atenas, 1900. Epidauro oferece não somente uma excelente água de mina: ali também jorra uma água mineral ativa. A íntegra das inscrições consta atualmente do *Corp. inscr. græc. Peloponnesi* etc., I 221 ss.

graças a uma descoberta muito recente[301], Filolau, Hípon e aquele que citamos acima, Diógenes de Apolônia. Mas a combinação das duas ciências foi muito mais fecunda que sua reunião ocasional num mesmo sábio. E essa combinação foi proporcionada por uma convicção que se desprendeu pouco a pouco do estado da cultura nessa época e que pode ser formulada assim: "O homem, por ser uma parte da natureza, não pode ser compreendido independentemente dela". Aqui os caminhos bifurcam. De um lado a tentativa temerária de agarrar em pleno voo, por assim dizer, uma visão geral das leis da natureza, tentativa que só podia apoiar-se nas generalizações apressadas e afirmações um tanto fantásticas dos filósofos naturalistas. Esse é o ponto de vista no qual se situa boa parte das obras atribuídas a Hipócrates. O que é comum aos membros desse grupo é aproveitar de maneira eclética os sistemas de filosofia natural e também ligar-se às doutrinas médicas da escola de Cnido sem que seja possível determinar com plena certeza, por enquanto, se sua adesão é fortuita ou se está baseada no caráter dessas doutrinas. Do outro lado, aqueles que combatem esse ponto de vista. Distinguimos, por conseguinte, dois grandes grupos de escritos médicos, e estudaremos inicialmente as obras do primeiro deles. Não que possamos afirmar com certeza que elas são, sem exceção, anteriores a todas as do segundo, mas porque essas duas tendências fundamentais e as produções essenciais que decorrem delas sucederam-se, sem dúvida, nessa ordem. A filosofia da natureza adquire influência sobre a ciência médica e começa a transformá-la; segue-se uma reação contra essa influência e uma tentativa de retorno à antiga medicina ainda isenta desses desvios da imaginação. A narrativa dessa luta e de seu desfecho constituirá o assunto das páginas que seguem; porém, para conformar-nos ao plano deste livro, devemos contentar-nos em destacar os pontos mais característicos das doutrinas e dos métodos relativos a essas duas tendências.

IV

O autor da obra em quatro livros intitulada *Do Regime*[302] – que poderia ser Heródicos de Selímbria – começa sua exposição com uma declaração de princípio. "Digo", exclama ele no final do seu preâmbulo, "que aquele que quer escrever razoavelmente

---

[301] Trata-se do papiro de Londres: *Anonymi Londinensis ex Aristotelis iatricis Menoniis et aliis medicis eclogæ*, ed. H. Diels, Berlim, 1893. Cf. o exame do seu conteúdo por Diels em *Hermès*, XXVIII, "Uber die Excerpte von Menons Iatrika". Sobre as obras da coleção hipocrática que pertencem à escola de Cnido, cf. em especial Littré, VIII 6 ss., e Joh. Ilberg nos *Griechische Studien [...] H. Lipsius dargebracht*, Leipzig, 1894, p. 22 ss.

[302] Os livros *Sobre o Regime* foram quase os únicos, entre as obras hipocráticas, a atrair a atenção dos filósofos e dos filólogos. Cf. Bernays, *Gesammelte Abhandlungen*, I 1 ss.; Teichmuller, *Neue Studien zur Geschichte der Begriffe*, II 3 ss.; Weygoldt em *Jahrbuch fur Philologie*, 1882, 161 ss.; Zeller, *Philos. der Griechen*, 5ª ed., I 694 nota 4 [= 6ª ed., I 869 nota 2]. Weygoldt e Zeller não me parecem ter conseguido provar que essa obra tem data mais recente. É certo que o autor foi influenciado por Heráclito e Empédocles, e o modo como ele usou os dois sistemas nos remete a uma época em que ambos ainda estavam perfeitamente vivos, logo a uma época na qual a doutrina de Empédocles ainda era jovem e

sobre o regime do homem deve, antes de mais nada, conhecer e compreender a natureza humana. Ele deve saber do que ela é composta originalmente e compreender por qual de suas partes ela é superada. Pois se ele não conhecer sua composição original, não poderá discernir o que esses elementos primitivos produzem; e se não souber o que prevalece no corpo, ele não terá condições de ministrar as coisas úteis". O escritor formula a seguir uma nova exigência: é preciso conhecer a composição de todos os alimentos e de todas as bebidas, e além disso compreender a oposição fundamental que existe entre os exercícios e a nutrição. "Pois os exercícios tendem a consumir o que existe, enquanto os alimentos e bebidas têm por efeito preencher o vazio [assim criado]". A condição fundamental da saúde é observar uma justa proporção entre o trabalho e a alimentação, levando em conta a constituição do indivíduo, a diferença de idades, de estações, de climas etc. O homem estaria ao abrigo de todas as doenças se um desses fatores, a constituição individual, pudesse ser determinado pelo médico antes que elas se manifestassem. Depois disso, o autor indica os elementos do corpo animal e do corpo humano. Ele encontra dois, a saber – e aqui cremos reconhecer a influência de Parmênides num autor que costuma seguir a linha de Heráclito – o fogo e a água. No fogo ele vê o princípio universal do movimento, na água o princípio universal da nutrição. "Quando o fogo chega ao limite extremo da água", lemos num trecho que está manifestamente relacionado ao movimento dos corpos celestes, "falta-lhe alimento; então ele dá meia-volta e retorna às fontes de sua alimentação; quando a água chega ao limite extremo do fogo, falta-lhe movimento, ela permanece imóvel e é consumida pelo fogo que se precipita sobre ela para alimentar-se dela". O universo mantém-se em seu estado atual com a condição de que um desses dois elementos não prevaleça

---

a de Heráclito ainda não havia envelhecido. Em contrapartida, considero refutada por Teichmuller (p. 48-50) a suposição de que o dietetista também recorreu a Arquelau. Se é preciso encontrar-lhe um predecessor no que tange ao dualismo da matéria, esse predecessor deve ter sido Parmênides, que, segundo Aristóteles, *Metaf.*, I 5 [FVS 18 A 24; cf. A 23 e A 35], concebia o fogo, tal como nosso autor, como uma espécie de causa motora. Anaxágoras também parece não ter sido desconhecido dele, mas não exerceu sobre ele uma influência duradoura. Mesmo nos capítulos cujo conteúdo Weygoldt, p. 174, relacionou a Anaxágoras e Arquelau, encontra-se [liv. I cap. 4] uma frase que contradiz diretamente a doutrina fundamental de Anaxágoras: ἅτε γὰρ οὔποτε κατὰ τωυτὸ ἱστάμενα, ἀλλ' αἰεὶ ἀλλοιούμενα ἐπὶ τὰ καὶ ἐπὶ τά (VI 474 Littré). Imediatamente antes, podemos ler uma frase que, é verdade, lembra um fragmento de Anaxágoras, 3 Schaub = *Vorsokratiker*, 315, 5-8 [46 B 4]. Ela está ali como para advertir-nos para que não vejamos essas semelhanças como provas concludentes. Se o autor tinha realmente esse fragmento sob os olhos, em todo caso ele tomou dele somente a forma verbal e não a ideia, pois ele emprega a palavra σπέρματα num sentido completamente diferente. Não consigo perceber as reminiscências de Demócrito que Zeller descobre aqui; seu argumento baseado nas sete vogais não tem valor, pois embora os sinais distintivos do H e do Ω só tenham sido introduzidos *oficialmente* em Atenas em 403, eles eram usados muito tempo antes, não somente na Jônia, mas também na própria Atenas, onde Zeller diz que o autor viveu. Os trechos do tratado *Sobre o Regime* citados em primeiro [I 2-3; cf. III 69] encontram-se em VI 468, 470 (cf. também 606), 472 Littré.

A conjectura de que Heródicos de Selímbria é o autor desse livro foi emitida por Franz Spät, *Die geschichtliche Entwicklung der sogenannten hippokratischen Medicin im Lichte der neuesten Forschung*, Berlim, 1897, p. 22 ss. Ela baseia-se em razões às quais as pesquisas ulteriores fornecerão talvez a comprovação plena que ainda lhes falta.

sobre o outro. O vínculo íntimo que une essas doutrinas fisiológica e cosmológica é a ideia – talvez emprestada de Alcmeão – do equilíbrio, por um lado, entre o trabalho e a nutrição e, por outro, entre os agentes cósmicos dessas funções.

Paremos aqui. Falamos o bastante para que o leitor atento perceba o caráter da obra, sua força e suas fraquezas. Encontramo-nos na presença de uma grande ideia, cujo alcance o autor sem dúvida exagera: "A integridade da economia orgânica repousa no equilíbrio de suas receitas e suas despesas"[303]. Não tivemos receio de citar palavra por palavra para evitar sermos acusados de atribuir, mesmo sem querer, uma ideia moderna a esse autor antigo. Essa grande generalização torna-se mais compreensível se lembrarmos que uma ideia análoga, embora de alcance mais reduzido, foi expressa por outros escritores médicos, e provavelmente em épocas mais antigas. Eurífon, o chefe da escola de Cnido, contemporâneo mais velho de Hipócrates, supunha que a causa das doenças era uma "superabundância" de alimento. Um outro cnídio, de nome Heródicos, aproximou-se mais ainda do ponto de vista do nosso dietetista ao escrever: "Os homens ficam doentes quando, com muito pouco movimento, consomem muita comida"[304]. Todavia, resta ao nosso autor o mérito de ter sido o primeiro a expressar uma verdade fundamental em sua forma mais geral, e a crítica por ter visto, em apenas uma das condições da saúde, sua única causa real, não o afeta mais que a seus predecessores, que ele ultrapassa pela extensão da visão. Descobrir novas e importantes verdades e perceber ao mesmo tempo os limites além dos quais elas cessam de ser legítimas são duas coisas distintas. É difícil exercer de maneira genial o instinto da generalização e ao mesmo tempo contê-lo dentro dos limites corretos. Por isso não poderíamos exigir razoavelmente do pioneiro de uma ciência nos seus primórdios que faça prova simultaneamente dessas qualidades opostas. O valor dessa tentativa foi afetado mais seriamente pelo desejo, louvável em si mesmo mas irrealizável com os meios de que dispunha então e de que dispõe ainda hoje a ciência, de basear a fisiologia na cosmologia. A teoria puramente especulativa da matéria e a astronomia estranhamente primitiva e antropomórfica da época já deviam, por si sós, acarretar graves inconvenientes. Do mesmo modo, a ideia de que o ser humano é uma imagem do Todo, um microcosmo ao lado do macrocosmo, só podia levar a comparações fantásticas, semelhantes às de Schelling e de Oken na sua filosofia da natureza. Ideia grande em si mesma, ela serviu, no mais das vezes e mesmo nas épocas mais avançadas, mais para obscurecer que para iluminar o caminho da ciência. Nesta que nos interessa, por exemplo, ela fez com que se estabelecesse uma relação entre o mar e o ventre, por ser este último "o reservatório universal que dá para

---

[303] A teoria do equilíbrio orgânico é formulada mais nitidamente em VI 606 Littré [*de victu* III 69] e no final do liv. III, p. 636 [cap. 85].

[304] O que dizemos aqui dos cnídios Eurífon e Heródicos foi tirado do papiro de Londres (p. 6 ss. e 14 ss.), em cujo índice estão indicados todos os fragmentos de Eurífon.

todos e recebe de todos"³⁰⁵. Mas não é somente contra essas barreiras objetivas que se choca a alta ambição do nosso dietetista. Ele brilha muito mais pela riqueza que pela clareza do pensamento. A sabedoria enigmática de Heráclito tinha-o, por assim dizer, inebriado. Seu desejo de ilustrar as teorias de seu mestre com exemplos sempre novos e tirados dos domínios mais diversos da vida perturba do modo mais inconveniente o curso tranquilo, a ordem metódica de sua exposição. Ele também recorre com enorme frequência ao direito, legitimado pelo menos aparentemente pelo exemplo do Efésio e de seu estilo paradoxal, de contradizer a si mesmo. Numa ocasião, ele fala, perfeitamente de acordo com o espírito e nos próprios termos de Heráclito, de uma "transformação" contínua e incessante da matéria; noutra, como Anaxágoras e Empédocles, ele reduz todo nascimento e toda destruição a uma combinação e a uma separação, e desculpa-se pelo uso dessas expressões dizendo que está se conformando com o modo de ver e de exprimir-se do povo. Aliás, ele tomou muita coisa emprestada de Empédocles sem se dar o trabalho de harmonizar esses empréstimos, nem mesmo exteriormente, com seus princípios heraclíticos. É por isso que ele não cumpre em nada, na exposição detalhada, aquilo que prometera ao fazer a declaração fundamental com a qual se inicia seu livro. É verdade que essa declaração constitui a ideia diretriz de um grande número de suas prescrições dietéticas, especialmente quando ele trata as questões da alimentação e aquelas que tangem aos exercícios ginásticos, e acerca das quais ele fornece uma quantidade de detalhes interessantes. Contudo, essa parte de sua empreitada, a mais importante, sofreu com as tentativas, vãs e repetidas à exaustão, que ele faz para derivar da relação entre essas duas pretensas matérias primordiais as diferenças dos estados corporais e até psíquicos. Para ser justo, acrescentemos que ele aproveitou uma grande quantidade de fatos constatados e que ele imaginou uma experiência particularmente original, a de provocar o vômito num indivíduo para avaliar o grau de digestibilidade de diversos alimentos ingeridos ao mesmo tempo.

Chegamos ao livro com o qual se encerra a obra. Podemos aplicar-lhe o verso de Horácio: consagrado aos sonhos, ele faz sonhar com a bela mulher cujo corpo se termina em rabo de peixe. Ele começa por estabelecer a distinção, que já conhecemos através de Heródoto (cf. liv. II, cap. VI, seção III, 1º §), entre as visões sobrenaturais e as visões naturais. A explicação das primeiras é deixada aos intérpretes, que possuem – e infelizmente isso é dito sem a mínima ironia – "uma ciência exata" a esse respeito³⁰⁶. Porém, os sonhos que derivam de causas naturais permitem fazer inferências relativas à constituição do corpo. Aqui não se oporá muita dificuldade para admitir que certos sonhos denotam um estado de obstrução e que cabe, consequentemente, prescrever purgantes. Mas os limites dentro dos quais, sem prometer uma rica colheita, essa

---

305 As citações referem-se ao liv. I, *Sobre o Regime*, VI 484, 474, 476 [cap. 10 e 4]. Sobre a experiência mencionada abaixo, cf. a observação de Littré, VI 527.

306 VI 642 [*de victu* IV 87]: aos intérpretes οἳ κρίνουσι περὶ τῶν τοιούτων ἀκριβῆ τέχνην ἔχοντες.

investigação evita o absurdo são logo ultrapassados. Não é preciso muito tempo para que o nosso autor navegue de vento em popa numa superstição pueril e chegue – guiando-se por raciocínios no estilo de Artemidoro – a portos até os quais não temos vontade nenhuma de segui-lo.

Um outro tipo muito característico revela-se a nós num pequeno livro intitulado *Das Carnes*, que contém traços não menos contraditórios, mas nem por isso menos atraentes que os do anterior[307]. Esse livro remete a páginas das quais ele constitui a sequência, e anuncia uma continuação. Portanto, estamos na presença de apenas uma seção de uma obra extensa *Sobre a Medicina*. Reconhecemos no seu autor um médico rico em experiência, que viu muitas coisas e sabe observar de maneira penetrante, pelo menos na medida em que suas opiniões preconcebidas não o impedem de ver e observar sem preconceito. Ele é o primeiro a saber que a medula espinhal não tem nada em comum com o tutano dos ossos, que ela é envolta em membranas e tem relação com o cérebro; logo, ele está infinitamente mais perto que seus predecessores de conhecer a verdadeira natureza e a verdadeira função dela. Ele viu indivíduos que haviam tentado cortar a própria garganta e estavam incapacitados de falar porque a faca havia penetrado até a traqueia, e aos quais a fala fora devolvida por meio da reaproximação dos lábios da ferida. Desse fato ele tirou a conclusão exata de que, se eles não podiam mais fazer-se ouvir, era porque sua respiração escapava através da ferida, e ele aproveitou essa observação para confirmar a teoria verdadeira da emissão da voz. Mas ele não se contenta com simples observações dessa natureza, com a experiência fortuita que podiam lhe fornecer uma lesão e o tratamento cirúrgico que ela exigia: ele imagina experiências propriamente ditas, ainda que em escala modesta. Ele sabe que o sangue coagula quando é extraído do corpo, mas soube prevenir a formação dos coágulos sacudindo-o. Para examinar a constituição diversa dos tecidos, ele submete-os a cozimento, distingue aqueles que cozem mais ou menos facilmente e tira daí conclusões a respeito da sua composição. Porém, ao lado dessas observações excelentes, dessas experiências metódicas, dessas conclusões lógicas, quantas observações incrivelmente errôneas, quantas afirmações arbitrárias: ele está persuadido que o número sete rege todos os fenômenos da vida da natureza e do homem, e essa crença cega-o positivamente quanto à evidência dos fatos. Ele sustenta com ousadia, por exemplo, que nunca um feto de oito meses poderia viver! Exceto a duração normal da gravidez, de nove meses e dez dias (280 ou 40 vezes 7 dias), o termo de sete meses é o único, segundo ele, que oferece chance de vida. Em contrapartida, ele afirma ter visto embriões de sete dias nos quais todos os órgãos já eram claramente reconhecíveis. Para ele é igualmente coisa provada que a abstenção

---

[307] O pequeno tratado περὶ σαρκῶν (*Das Carnes* ou *Dos Músculos*) encontra-se no vol. VIII de Littré. Querer, como Littré, considerá-lo pós-aristotélico porque o autor sabe que as duas artérias principais saem do coração talvez não seja justificado. Não é possível dizer com certeza em que data fatos anatômicos evidentes como esse foram descobertos. A data de composição do livro depreende-se sobretudo do seu caráter eclético, que mostraremos um pouco adiante.

de alimento e bebida não pode durar mais de sete dias sem trazer a morte, seja no curso desse período, seja – como ele acrescenta de modo bastante ingênuo – numa época posterior. Mesmo aqueles que, ao término dos sete dias, deixaram-se desviar dessa espécie de suicídio bastante frequente na Antiguidade, não puderam ser salvos porque seu corpo tinha se tornado incapaz de assimilar o alimento.

Se o rigor do pensamento do nosso médico não era suficiente para preservá-lo do sortilégio do número, ele tampouco soube resistir a outras seduções da imaginação. Mas como responder de outra forma que não a fantasia, naquele tempo, a questões que a ciência de nossa época, com os meios de que dispõe, não pode responder com segurança, mesmo de maneira aproximativa? E mais. As tentativas que ele fazia estavam condenadas de antemão à esterilidade; a ciência moderna chega a rejeitar definitivamente, por estarem fora do seu alcance, os problemas que ele investigava. De fato, ele preocupava-se com nada menos que a solução do enigma da criação orgânica. Porém, como todo pressentimento da teoria da evolução era-lhe estranho, ele não indagava o que os mais ousados dos nossos contemporâneos indagaram em vão até agora – como os organismos mais simples puderam surgir sobre a Terra –, mas quer fazer sair das substâncias primordiais, sem nenhum intermediário, o próprio ser humano, o coroamento das existências terrestres. E de que substâncias! É do calor e do frio, do úmido e do seco, do gorduroso e do glutinoso que, por meio da putrefação e da coagulação, da condensação e da rarefação, da fusão e do cozimento, se formaram nossos diversos tecidos e os órgãos que deles se compõem. Somente por exceção um "parece-me" vem introduzir um elemento de dúvida e de reserva nessa exposição de caráter absolutamente dogmático e decidido. "Assim nasceu o pulmão", "assim formou-se o fígado", "o baço nasceu como segue", "as articulações formaram-se desta maneira", "assim se formaram os dentes", eis de que modo começam uns após os outros os diversos parágrafos, numa monotonia desoladora. Nossos leitores são, sem dúvida, indiferentes ao conteúdo desses parágrafos. Não obstante, ficarão sabendo não sem interesse a que estágio de desenvolvimento intelectual relacionam-se essas tentativas prematuras de penetrar os segredos mais íntimos da natureza. Mas aqui uma distinção importante se faz necessária. Por mais difícil que isso possa ser para nós, devemos superar o acesso de mau humor que nos causa de início a temeridade da empreitada, a fim de podermos reconhecer nesse invólucro fantástico o núcleo de razão que está encerrado nele. Aqui vemos despontar uma ideia que mesmo a ciência de nossos dias não rejeitará. Digamos também que a medicina deve basear-se no conhecimento dos fenômenos patológicos, e este no conhecimento da vida normal; o conhecimento das funções corpóreas pressupõe o conhecimento dos órgãos dos quais elas dependem; este só pode ser adquirido se conhecermos primeiramente suas partes constitutivas e as matérias e forças que agem neles e sobre eles; e finalmente, para citar Aristóteles: "Aquele que visse as coisas crescerem desde o começo vê-las-ia da maneira mais perfeita"[308]. Em outras palavras: a terapêutica deve basear-se na patologia, esta na fisiologia e na anatomia, estas duas últimas na histologia, na química e na física; a teoria da descendência nos mostra o caminho que leva dos organismos mais ínfimos ou mais simples aos mais elevados e mais complicados; e, como objetivo supremo dessa longa viagem, brilha enfim diante dos nossos olhos a perspectiva de um dia lançar um olhar sobre o nascimento do próprio mundo orgânico. Na tentativa que temos diante de nós, faltam todos os graus intermediários, ou pelo menos só são indicados da maneira mais vaga e mais indecisa; o final dessa longa série está ligado, por assim dizer sem transição alguma, ao seu começo. Mas a temeridade que caracteriza numa medida tão excepcional a obra do nosso autor cessa de nos surpreender assim que consideramos essa obra como o produto de um pensamento ainda na infância. Animado por esperanças desmesuradas, o espírito que nenhum fracasso tornou prudente gaba-se de atingir sem dificuldade as metas mais elevadas do conhecimento: ele crê vê-las ao seu alcance. O autor do livro *Sobre as Carnes* é precisamente um discípulo da filosofia da natureza; não somente o espírito no qual ele empreende suas pesquisas, mas também numerosos detalhes da sua doutrina fazem-nos reconhecer nele um homem que se inspirou em Heráclito, Empédocles e Anaxágoras e que escreveu numa época em que a fusão eclética das suas doutrinas já havia começado. Afinal, ele refere-se, no início do seu livro, aos "ensinamentos comuns" de predecessores para cuja obra ele contribuiu com sua parte, e crê ter obrigação de falar "das coisas celestes tanto quanto for preciso para mostrar o que são o homem e o resto dos animais, como nasceram e se formaram, o que é a alma, o que são a saúde e a doença, o que são o bem e o mal no homem, e como ocorre sua morte". Como princípio primordial ele indica "o calor, que é imortal, que vê, ouve, conhece tudo e que sabe tudo, tanto o presente como o futuro". A maior parte desse "calor" desapareceu nas regiões superiores do espaço celeste por ocasião do "abalo" do Todo que, tanto para o nosso médico como para Anaxágoras e Empédocles, é o ponto de partida dos fenômenos cósmicos; é precisamente, diz ele, o que os antigos chamaram de "éter"[309]. Ao acrescentarmos que ele também vê a revolução do universo como uma consequência desse abalo, teremos indicado tudo que, na sua teoria fundamental, merece ser apontado.

Tampouco nos deteremos muito tempo no livro *Sobre o Número Sete*, cuja maior parte só foi conservada numa tradução árabe e noutra latina, e que consideramos como sequência da obra muito impropriamente intitulada *Das Carnes*[310]. Nele a crença

---

[308] Arist., *Polít.*, I 2, no começo.

[309] [Cap. 2 = FVS 51 C 2.]

[310] Acerca do tratado *Sobre o Número Sete* (Littré, VIII 634 ss., e uma versão melhor em IX 433 ss. [agora editado por Roscher: *Die hippokratische Schrift von der Siebenzahl in ihrer vierfachen Uberlieferung*, Paderborn, 1913]), cf. Ilberg, *op. cit.*, e Harder, *Zur pseudo-hippokratischen Schrift* περὶ ἑβδομάδων (*Rhein. Mus.*, nova série, XLVIII 433 ss.). Ver também Roscher, *Uber Alter, Ursprung und Bedeutung der hippokratischen Schrift von der Siebenzahl*, nas *Abhandlungen der Sächsischen Gesellschaft*

popular na extraordinária importância desse número conhece seu desenvolvimento mais maravilhoso e exibe as florações mais luxuriantes. Mais uma vez, aprendemos que "o embrião toma forma depois de sete dias e denota então sua origem humana". Novamente são apresentadas, como nos livros *Sobre o Regime*, as sete vogais, ou seja, os sinais das vogais gregas, entre as quais estão o *e* e o *o* longos, enquanto o *a*, o *i* e o *u* longos não são objeto de nenhuma menção especial, porque, por acaso, a escrita grega não os distingue dos *a*, *i* e *u* breves! O severo Sólon em pessoa já havia tratado do valor do número sete para a delimitação das idades do ser humano. Contudo, para o nosso autor, o próprio universo, os ventos, as estações, a alma humana, o corpo humano, as funções da cabeça, tudo sem exceção deve sentir os efeitos e levar a marca do número sete. Uma segunda ideia domina esse pequeno texto, ideia que já nos foi apresentada pelo livro *Sobre o Regime*: é a comparação dos indivíduos com o Todo, a analogia do microcosmo com o macrocosmo. Sobre isso ouçamos o próprio autor: "Os animais e as plantas que vivem na Terra têm uma constituição que se assemelha à do Todo. Logo, graças a essa semelhança coletiva, as partes desses seres devem revelar uma composição análoga à das partes do mundo [...]. A Terra é firme e imóvel; ela se assemelha, nos seus elementos pétreos e sólidos, aos ossos [...]. O que envolve esses elementos é análogo à carne do homem e é solúvel [...]. A água, nos rios, assemelha-se ao sangue que corre nas veias", etc., etc. As duas ideias amalgamam-se nessa comparação (na qual se quis ver recentemente uma prova de alta antiguidade) da Terra com o corpo humano que beira o absurdo e na qual o escritor considera, com a mesma arbitrariedade, sete partes de cada lado para opô-las umas às outras. O Peloponeso, "morada dos homens de espírito grande", é posto em paralelo com "a cabeça e o rosto"; a Jônia com o diafragma, o Egito e o mar egípcio com o ventre, etc. Esses desvios de uma imaginação desregrada só têm igual talvez na alquimia dos árabes com seus sete metais, suas sete pedras, seus sete corpos voláteis, seus sete sais naturais e seus sete

---

der Wissenschaften, XXVIII nº 5, e *Die neuentdeckte Schrift eines altmilesischen Naturphilosophen und ihre Beurteilung durch H. Diels* no *Deutsche Literarische Zeitung*, 1911, nº 30 (Memnon, V 3-4). Compartilho inteiramente a opinião de Diels a esse respeito. Como ele, considero o autor desse tratado um eclético que escreveu por volta do ano 400, e vejo na divisão da Terra em sete partes uma brincadeira tola. Quatro das sete pretensas partes da Terra são: o istmo de Corinto, o Helesponto, o Bósforo da Trácia e o Bósforo cimério. Ele chama estes dois últimos estreitos de os pés da Terra. A inacreditável estreiteza dessa imagem do mundo é, para Roscher, "*hocharchaisch*" (altamente arcaica) e "*altmilesisch*" (proto-milésia). No entanto, essa seria uma antiguidade que remontaria muito além de Homero, e não apenas além de Hecateu, que intitulou um de seus livros *Ásia, Líbia e Europa*. Por que, da ignorância do império medo-persa, Roscher tira a conclusão de que a composição do tratado data de antes da conquista de Mileto? Ele deveria, se estivesse diante de algo diferente de uma brincadeira, pensar numa época muito anterior aos inícios da literatura grega em prosa. Essa conclusão é duplamente absurda porque o autor do tratado conhece o alfabeto jônico com seus sinais para o *e* longo e o *o* longo e porque, em contraposição à estreiteza sem precedentes dessa imagem do mundo, vemos despontar no mesmo texto o conhecimento da esfericidade da Terra. Portanto, é claro como o dia que, ao lado da falta total de seriedade científica, estamos lidando aqui apenas com um ecletismo dos mais arbitrários.

sais artificiais, suas sete espécies de alume, suas sete operações químicas fundamentais, etc.[311]. Eles não poderiam deixar de produzir uma reação. Esta de fato não falhou, e foi a aurora da verdadeira ciência grega e ocidental.

V

Sem intrepidez, sem desprezo pelo perigo, não há ciência, ou pelo menos não há ciência da natureza. A conquista de um campo novo do conhecimento parece-se, sob muitos aspectos, com a tomada de posse de um país ainda virgem. Primeiramente, generalizações poderosas que não recuam diante de nenhum obstáculo unem – tal como grandes estradas – uma grande quantidade de pontos disseminados e até então isolados. Em seguida, ousados raciocínios por analogia transpõem abismos tal como pontes imensas. Enfim, a construção de hipóteses fornece moradas que oferecem abrigo, pelo menos provisoriamente, até construções menos rudimentares, assentadas em fundamentos mais profundos e feitas com materiais mais duradouros, venham tomar seu lugar. Mas ai da colônia se a mão dos seus fundadores se deixou guiar por um zelo cego ao invés de frio raciocínio. O tráfego retirar-se-á de suas estradas desertas, seus suntuosos palácios cairão em ruínas, suas habitações serão abandonadas. Eis o fado que ameaçava os produtos intelectuais da época de que tratamos. Aos *anos de aprendizagem*, dedicados simplesmente a reunir fatos, tinham sucedido-se os *anos itinerantes*, marcados por uma especulação inquieta e vagabunda. Esses anos já tinham durado muito tempo; eles deviam para que a ciência pudesse tornar-se estável e fixar-se, ao invés de degenerar num jogo mental vão e perder-se em círculos viciosos, ceder lugar aos *anos de domínio*; era preciso, em suma, elaborar, num trabalho tranquilo e metódico, os materiais que haviam sido coletados. É a glória eterna de escola de Cós ter provocado essa revolução no campo da medicina e ter assim exercido a influência mais salutar sobre o conjunto da vida intelectual da humanidade. "Ficção à esquerda! Realidade à direita!", tal foi seu grito de guerra na luta que ela foi a primeira a travar contra os excessos e os defeitos da filosofia da natureza. Quem mais poderia ter travado essa luta no seu lugar? A séria e nobre profissão do médico põe-no todo dia, a cada hora, em comunhão íntima com a natureza; os erros teóricos que ele pode cometer ao exercê-la produzem as consequências práticas mais funestas; portanto, ela contribuiu constantemente para desenvolver o senso mais puro e mais incorruptível da verdade. Os melhores médicos devem ser os melhores observadores. Ora, aquele que possui sentidos vigorosos, fortificados ainda mais e aguçados por um exercício contínuo, que tem a vista penetrante e a audição apurada, não pode, salvo raras exceções, ser um sonhador

---

311   O que digo aqui sobre o papel do número sete na alquimia dos árabes foi tirado de um estudo de Berthelot na *Revue des Deux Mondes* de 1º de outubro de 1893 [p. 557]. À mesma ordem de ideias também está ligado um fragmento recentemente descoberto de Heráclito (nº 126a da compilação de Diels, cujas dúvidas a respeito da sua autenticidade não compartilho).

ou um visionário. Para ele a linha de demarcação que separa a realidade das criações da imaginação torna-se mais profunda e alarga-se de certa forma até criar um abismo intransponível. A guerra contra as irrupções da fantasia no campo do conhecimento sempre o encontrará a postos. No século XIX, foram também os médicos que nos libertaram de uma filosofia arbitrária. As acusações mais amargas contra os desvios do pensamento e contra os efeitos funestos que decorrem deles saem ainda hoje dos lábios de homens que um dia se sentaram aos pés do grande fisiologista e anatomista Jean Muller. Não cabe objetar que entre a filosofia da natureza de Schelling ou Oken e a de Heráclito ou Empédocles há somente uma semelhança puramente nominal, externa e fortuita. É mais importante fazer notar que a falta de rigor no pensamento, que constitui o traço característico comum desse tipo de especulação tanto nos tempos modernos como na Antiguidade, era infinitamente mais perdoável então do que nos nossos dias. O que hoje nos parece uma degenerescência, um atavismo, uma fraqueza senil, era então o fenômeno concomitante da luta que travava o espírito científico para libertar-se pouco a pouco das concepções míticas da infância da humanidade. Seja como for, tanto num caso como no outro, tratava-se de dissipar sombras: lá elas tendiam a obscurecer uma luz que mal havia se acendido, aqui elas ameaçavam apagar uma chama que brilhava há muito tempo com vivo esplendor.

É o autor da obra *Sobre a antiga medicina* que inaugura o combate em toda a linha[312]. Imbuído da elevação e da dignidade de sua arte, persuadido do seu imenso valor para o bem-estar e a prosperidade dos homens, ele não quer ficar indiferente na presença de um movimento que tende a depreciá-lo, a suprimir toda distinção entre bons e maus médicos e, o que é pior ainda, a minar o edifício da própria ciência. Não é contra este ou aquele resultado das pesquisas dos seus adversários que ele se insurge; ele ataca o mal na sua raiz. É o próprio método da "nova" arte de curar que ele condena sem moderação e sem reserva. "Não temos o direito", diz ele, "de basear a arte da medicina numa hipótese. Sem dúvida, isso é muito cômodo. Tornamos as coisas muito fáceis para nós ao admitir uma única causa fundamental da doença e da morte, a mesma para todos os homens, e ao representá-la por um ou dois fatores, o quente ou o frio, o úmido ou o seco, enfim, a primeira coisa que aparecer [...]. Mas a arte de curar – que não é um fingimento de arte e que, aliás, lida com os objetos sensíveis – possui há muito tempo tudo que lhe é necessário: um princípio e um caminho aberto, ao longo do qual, no curso das eras, numerosas e magníficas descobertas foram feitas, ao longo do qual se descobrirá o que ainda se ignora, se homens suficientemente dotados e armados dos conhecimentos adquiridos até aqui tomarem-nas como ponto de partida para pesquisas ulteriores.

---

312 O tratado *Sobre a antiga medicina* encontra-se no fim do primeiro vol. de Littré [= *Hippocratis opera*, ed. Kuhlewein, I 1 ss.]. A demonstração de Littré segundo a qual o Hipócrates citado no *Fedro* de Platão (270e) é justamente o autor do tratado *Sobre a antiga medicina* não me parece desprovida de valor. Voltei a essa importante questão, que abordei no *Anzeiger* da nossa academia (1900, n° 4), no *Philologus*, nova série, XXIV 213 ss. (1911) [= *Hellenika*, II 324 ss.]. Os trechos que citamos no nosso texto encontram-se nas páginas 570 a 606 de Littré [cap. 1-15].

Mas aquele que rejeitar e desprezar tudo isso para dar seguimento às suas investigações num outro caminho e sob outras formas, e pretender ter feito assim alguma descoberta, terá se enganado e enganar-se-á sem cessar, pois isso é coisa impossível". À primeira vista, parece que ouvimos a voz de algum partidário empedernido das tradições, de alguém refratário a todas as novidades. Na realidade, não é nada disso, e acreditar nisso seria cometer injustiça contra o nosso autor. Ele justifica muito bem sua preferência exclusiva pelo método antigo e empírico – não diremos indutivo. Em primeiro lugar, ele indica os méritos deste último e esclarece-os ao máximo ampliando consideravelmente a ideia da medicina além do que o uso ordinário da língua entendia por essa palavra. Para ele, não somente a dietética, no sentido completo do termo, é parte integrante da arte de curar; ele também inclui no seu estudo a mudança da alimentação da humanidade desde a época remota na qual, como ele observa de modo excelente, ela compartilhava o alimento rude dos animais, até o momento em que a civilização traz os refinamentos da mesa. Por mais simples e natural que isso nos pareça hoje, não deixou de ser "uma grande invenção que, para desenvolver-se e aperfeiçoar-se ao longo dos séculos, exigiu uma medida pouco ordinária de inteligência e imaginação". As experiências que se teve nos tempos primitivos da dificuldade de suportar o alimento selvagem são perfeitamente análogas àquelas que levaram os médicos a proibir aos seus pacientes o regime do homem são para prescrever-lhes outro apropriado ao seu estado. Sem dúvida, não devemos nos espantar que a parte da arte de portar-se bem que cada qual conhece até certo ponto tenha sido separada daquele que somente o médico profissional possui. Na verdade, todavia, a ciência é uma só, e em ambos os casos ela procedeu exatamente da mesma maneira. Tratava-se de misturar, de suavizar, de diluir os alimentos que o corpo humano não podia digerir, de tal modo que o organismo são, no primeiro caso, ou o organismo doente, no segundo, pudessem assimilá-los e tirar proveito deles. Após essas considerações, nosso autor aborda as diferenças individuais que se manifestam no que tange ao regime alimentar e que ele ilustra com uma rica coleção de exemplos. Essas diferenças residem em parte em diferenças de temperamento, em parte nos hábitos, e não podem ser explicadas por um princípio geral qualquer, mas somente por uma observação contínua e das mais atentas. A necessidade de um tratamento estritamente individual que decorre disso não permite prescrever a cada vez o tratamento apropriado com precisão matemática. O autor vislumbra uma outra fonte de erro não menos fecunda no fato de que existem perigos de natureza exatamente contrária. Trata-se de precaver-se contra o excesso e a falta, contra uma alimentação demasiado forte e concentrada e contra uma alimentação demasiado diluída e fraca. Nessa exposição, vemos despontar pela primeira vez a ideia de uma ciência exata, ou seja, que admite a determinação de quantidades, mas como um ideal que nunca poderá ser atingido no campo da dietética e da medicina. "É preciso visar uma medida", lemos no médico grego, "mas não encontrarás uma medida, peso ou número que possa servir de norma, pois não há outra além da sensibilidade corporal". E como essa medida só é aproximadamente exata, e não rigorosamente, não se pode evitar de afastar-se legitimamente, para a direita ou a esquerda, da linha mediana do verdadeiro. Honra ao médico que só se tornar culpado de erros ligeiros! Mas a maioria assemelha-se, sem dúvida, àqueles pilotos que, num mar tranquilo e sob um céu sereno, cometem impunemente numerosos erros, e cuja incapacidade se revela do modo mais funesto quando se deflagra uma tempestade violenta.

Tem importância decisiva a objeção levantada a seguir contra a nova medicina, a saber, que suas premissas e suas prescrições não correspondem aos múltiplos aspectos da realidade. A nova doutrina – e por isso deve-se entender tanto a de Alcmeão quanto aquela desenvolvida nos livros *Do Regime* – ordena "recorrer ao frio contra o calor, ao calor contra o frio, ao úmido contra o seco, ao seco contra o úmido; cada vez que um desses fatores exerceu alguma influência nociva, deve-se obstar a ela fazendo intervir seu contrário [...]. Infelizmente, até onde eu sei esses médicos ainda não descobriram nada que seja quente, frio, seco ou úmido em si mesmo e sem mistura com nenhuma outra qualidade. A meu ver, eles só têm à disposição deles os alimentos e bebidas dos quais nós todos nos servimos. Portanto, é impossível que ordenem ao doente 'um quente', pois imediatamente o doente perguntaria: 'qual quente?'. Diante disso eles seriam necessariamente reduzidos ou a um palavreado desprovido de sentido ou ao emprego de uma das coisas conhecidas". Nesse caso, em contrapartida, seria da mais alta importância distinguir se o quente é ao mesmo tempo adstringente ou laxativo... ou de qual das muitas outras propriedades que se encontram na natureza ele é dotado – pois essas diferenças de propriedades manifestam seus efeitos não somente nos seres humanos, mas também na madeira, no couro e em muitos outros objetos infinitamente menos sensíveis que o corpo humano.

Porém, a passagem mais importante do livro de que estamos tratando é aquela na qual o autor exprime de modo particularmente incisivo seu princípio fundamental[313]: "Alguns dizem, tanto médicos quanto sofistas [com o que, a nosso ver, ele quer designar simplesmente os filósofos], que não é possível conhecer a medicina sem saber o que é o ser humano, e que aquele que quer praticar com habilidade a arte de curar deve possuir esse conhecimento. Esse discurso alude à filosofia tal como a praticaram Empédocles e os outros que escreveram e dissertaram sobre a natureza, sobre a essência do ser humano, sobre sua origem, sobre a maneira como suas diversas partes uniram-se umas às outras. Quanto a mim, creio que todas as coisas desse tipo que um sofista ou um médico disseram ou escreveram sobre a natureza são menos da alçada da medicina que da pintura. Penso, ao contrário, que só se pode adquirir um conhecimento seguro da natureza tomando como ponto de partida a ciência médica. Ora, esta pode ser adquirida com a condição de que se estude segundo os meios apropriados para esse fim e abarcando-a em toda a sua extensão. Mas me parece que há ainda um longo caminho a percorrer

---

313 O importante cap. 20 do tratado *Sobre a antiga medicina*, do qual tratamos em seguida, encontra-se nas p. 620-624 de Littré.

para chegar a uma ciência que possa nos dizer quais são as causas que produzem o ser humano, assim como todo o resto, e o que ele é nos mínimos detalhes".

Alguns pontos, nesse trecho, exigem esclarecimentos; outros pedem que nos detenhamos um pouco. Primeiramente, o que surpreende é a repetição quase literal das primeiras palavras do trecho que tiramos do livro *Sobre o Regime* (cf. neste cap. o início da seção IV), no qual a proposição contestada aqui tão vigorosamente é sustentada com não menos vigor[314]. É impossível não enxergar uma intenção de polêmica direta, e esse exemplo mostra de modo impactante o que devemos pensar da unidade da coleção das obras atribuídas a Hipócrates. A evocação da pintura nesse raciocínio pode nos deixar perplexos por um instante, mas um pouco de reflexão mostra que o autor não poderia ter dado ao seu pensamento uma expressão mais apropriada. O que ele quer dizer é evidentemente isto: "Quadros como aqueles apresentados por Empédocles acerca do nascimento dos animais e do ser humano podem ser atraentes, sedutores, fascinantes, mas não são ciência. A ciência não visa ao entretenimento, mas à verdade; desse ponto de vista, o campo das belas-artes pode ser considerado seu contrário, pois o que predomina nele é o jogo da invenção, que dispõe livremente das linhas e cores". O modelo de belas-artes que citamos mais espontaneamente é a poesia, mas ela não caberia aqui em virtude da forma poética da obra de Empédocles, e conviria pouco para designar precisamente o conteúdo desta. A maneira rude, quase brutal, com a qual o escritor opõe ficção e realidade e bane, por assim dizer, a primeira do domínio da discussão séria lembra a declaração, não menos incisiva, de Heródoto a respeito do Oceano (cf. liv. II, cap. VI, seção IV, últ. §). Gostaríamos de ver desenvolvida mais a fundo essa ideia de que a ciência médica, cultivada como deve ser e em toda a sua amplitude, é o ponto de partida de todo conhecimento verdadeiro da natureza. Será que temos o direito de supor que o autor dessa frase teria pelo menos vislumbrado a verdade, a saber, que toda ciência da natureza é apenas relativa, que o objetivo do conhecimento ao qual podemos aspirar não é o que a natureza é em si mesma, mas somente o que ela é com relação às faculdades perceptivas do ser humano? Pelo menos é a uma conclusão dessa espécie que tende a sequência desse importante trecho, da qual não queremos privar nossos leitores: "Pois parece-me necessário, a mim também, que todo médico tenha um conhecimento da natureza e que para adquiri-lo envide seus maiores esforços, se quiser estar à altura da tarefa. [Ele deve saber em especial] o que é o ser humano com relação aos alimentos e às bebidas que ingere, o que ele é com relação às suas ações: que efeito cada [agente] produz sobre cada um [dos elementos do corpo]. E [não basta] pensar que o queijo é um alimento ruim porque causa incômodos a quem come demais dele, mas [trata-se de saber] quais incômodos ele causa, por que ele os causa e a qual parte do corpo humano ele é contrário. Pois há muitos outros alimentos e bebidas que, pela sua natureza, são nocivos e que, no entanto, não afetam o ser humano da mesma

---

[314] Aproximar I 620 de VI 468 Littré [*de victu*, I 2].

maneira. Como exemplo citarei o vinho, que, bebido não misturado com água e em grande quantidade, afeta o homem de uma certa maneira. E a evidência ensina a todos que isso é obra e efeito do vinho. Sabemos igualmente por intermédio de quais partes do corpo ele produz sobretudo esse efeito. Eu gostaria de ver disseminar-se a mesma clareza sobre outros casos dessa espécie". Essa citação também pede uma palavra de explicação. Primeiramente, notemos o contraste surpreendente e intencional, cremos nós, entre o exemplo trivial invocado e o tom familiar no qual ele é exposto, por um lado, e por outro lado as ideias sublimes e o estilo geralmente magnífico de Empédocles e seus seguidores."Eu também", parece gritar o adversário dos filósofos para estes últimos, "aspiro a um conhecimento abrangente da natureza, tanto quanto vós, que credes já ter desemaranhado os fios dos seus enigmas mais recônditos e que proclamais vosso triunfo em termos empolados. Mas como são modestos meus objetivos imediatos, como permaneço aquém do voo audacioso de vossas ideias, como prendo-me à normalidade dos eventos ordinários e das questões do cotidiano, das quais, no entanto, apenas um pequeno número encontrou até agora sua solução!". O excelente escritor julga-se tão isento quanto possível de qualquer temeridade e de todo orgulho de estudioso. Contudo, é justamente aí que o espera o destino: a Nêmesis castiga-o pela pilhéria amarga que ele despeja tão generosamente sobre seus predecessores. Em virtude da prova que ele fornece do fundamento da sua ciência, seríamos tentados a proclamar que sua modéstia se revela imodesta, que sua humildade e sua renúncia são somente orgulho e presunção! O pouco que ele se gaba de saber de modo tão preciso, aquilo que para ele é verdade evidente, não passa de uma aparência de ciência. Afinal, como a química da digestão lhe é tão estranha quanto o conhecimento das funções do cérebro, do coração e dos vasos sanguíneos, as explicações que ele dá da pouca digestibilidade do queijo e da embriaguez produzida pela ingestão do vinho são, sejam quais forem, em parte radicalmente falsas e em parte insuficientes.

Essa estranha, quase diríamos humilhante, constatação suscita nos nossos leitores e em nós mesmos uma pergunta. A que servia ao esclarecido médico seu horror da arbitrariedade, toda a satisfação que ele sentia ao limitar-se à investigação dos fatos, seus furores perpétuos contra aqueles que desviavam a medicina de seu antigo caminho para arrastá-la no da hipótese? Ele mesmo não cedeu, sem perceber, às seduções da pesquisa conjectural? Pois, se olharmos de perto, veremos que aqui não se trata simplesmente de uma ou várias observações falsas, nem da interpretação errônea de fatos isolados, mas de tentativas de explicação que decorrem evidentemente de uma visão puramente hipotética da fisiologia. Será que isso nos dá o direito de rebaixar ou condenar os trabalhos científicos desse homem, ou pelo menos de considerar sua polêmica absolutamente ociosa e frívola? Nem uma coisa nem outra. Devemos, sem dúvida, recorrer a uma digressão para fundamentar nosso juízo, mas não tememos esse desvio, que nos levará a uma altura da qual esperamos poder apreciar de modo mais justo e mais compreensível as duas tendências em conflito.

VI

Uma hipótese consiste em supor algo. Quando e enquanto a plena certeza da ciência nos escapa, é duplamente necessário recorrer a suposições simples: o próprio objeto do estudo nos força a isso, e elas impõem-se à pessoa do pesquisador. Elas impõem-se a nós porque não foi dado ao espírito humano armazenar e guardar uma longa série de detalhes sem juntá-los uns aos outros por um elo comum. A memória quer ser aliviada, e esse alívio é trazido, no domínio da coexistência, pela classificação; no da sucessão e da causalidade, pela hipótese. Mesmo fora desse caso, a aspiração ao conhecimento e à inteligência das causas não pode existir realmente sem manifestar-se, pelo menos a título de tentativa, já nos primeiros estágios de uma investigação. Mas tentativas desse tipo são absolutamente indispensáveis também como preliminares das soluções verdadeiras, reservadas a uma fase ulterior e mais madura de desenvolvimento. Quase tudo o que hoje é teoria certa foi um dia, como observou-se com razão, hipótese. É impossível subjetivamente guardar como elementos esparsos de uma concepção e, por assim dizer, isolar psiquicamente uns dos outros os inúmeros fatos de detalhe que servirão para a elaboração final de uma teoria abrangente até o momento em que esta for construída. Do mesmo modo, é absolutamente impossível objetivamente procurar, reunir, triar fatos isolados ou até produzi-los recorrendo a meios artificiais como as experiências científicas a menos que uma suposição ou hipótese prévia que antecipa o resultado final venha guiar os passos do pesquisador e iluminar seu caminho. Até quando não se trata de formular verdades gerais, mas apenas de estabelecer fatos que ocorrerão somente uma vez, recorre-se exatamente ao mesmo procedimento. Antes de pronunciar sua sentença, o juiz aprecia as suspeitas que pesam sobre o acusado, e cada uma dessas suspeitas exprime-se por meio de uma suposição ou hipótese. Além disso, se seu espírito tiver alguma vivacidade, ele não poderá tomar conhecimento das deposições das testemunhas e dos outros indícios recolhidos com base numa primeira hipótese sem que, a cada fase do processo, surjam novas hipóteses, e estas equivalerão, se seu espírito for não somente vivo, mas justo, a novas e cada vez mais exatas aproximações da verdade que se trata de estabelecer. Somente em dois casos a suposição prévia deixa de atingir seu objetivo, que é de preparar o triunfo final da verdade: em decorrência de um erro do sujeito imputável a alguma falha de inteligência, ou em decorrência de uma imperfeição objetiva dos meios de investigação empregados. A hipótese não facilita, mas ao contrário complica ou impede a solução definitiva, quando o espírito do pesquisador não tem a medida necessária de flexibilidade, esquece o caráter provisório de suas conjecturas, detém-se prematuramente nelas e considera que o caminho percorrido – talvez muito curto – representa todo o caminho a percorrer. Mas uma hipótese também é desprovida, em si mesma, de valor científico, ou pelo menos só tem esse valor num grau reduzido, quando, em virtude de sua natureza, ela não é suscetível de transformar-se, de verdade provisoriamente aceita, em verdade definitivamente demonstrada; em outros termos, quando se furta inteiramente à verificação.

Não seria razoável esperar uma clareza plena sobre essa questão e as questões metodológicas conexas por parte do primeiro escritor no qual encontramos considerações sobre o valor das investigações por meio de hipóteses, do primeiro até – pelo menos na medida em que podemos afirmá-lo diante de tantas obras perdidas – que empregou a própria palavra "hipótese" num sentido técnico. É tanto mais honrável para ele que a mais importante das distinções aplicáveis aqui não lhe tenha escapado. É verdade que ele emprega o termo "hipótese" de maneira um pouco solta, sem distinguir expressamente as hipóteses verificáveis daquelas que não o são. Mas o furor do seu ataque é dirigido contra estas últimas, e é nessa espécie de contrafação de hipótese que ele parece pensar claramente todas as vezes que rompe uma lança contra a pesquisa hipotética em geral. Afinal, quando ele reclama da aplicação do novo método na medicina, ele fundamenta sua objeção numa observação muito significativa. Essa ciência, diz ele em substância, não necessita, como as coisas invisíveis e insondáveis, de hipóteses *vazias*. Sem dúvida, aquele que quer enunciar alguma opinião com relação a essas coisas deve recorrer à hipótese. É assim quando se trata das coisas do céu ou das que estão sob a terra. Mesmo se alguém soubesse e dissesse a verdade a esse respeito, nem ele nem seus ouvintes saberiam claramente se é a verdade ou não. *Pois ele não pode recorrer a nada para adquirir uma certeza plena*[315].

Registremos em primeiro lugar como um título raro de glória científica esse qualificativo de *vazio* aplicado à hipótese indemonstrável e por conseguinte análoga a uma ficção ociosa, que se deve banir do campo da verdadeira investigação. Lembremos ademais a declaração com a qual Xenófanes (cf. liv. II, cap. I, seção III, 2º §) insistia com tanta força na importância da verificação e com a qual o trecho que acabamos de citar oferece, pelo menos no texto original, uma analogia surpreendente. Enfim, não esqueçamos a opinião exprimida pelo historiador Heródoto (cf. liv. II, cap. VI, seção IV, 2º §), que testemunha um sentimento perfeitamente idêntico. E agora procuremos perceber o ganho que decorre dessas declarações de princípio. O combate travado pelo nosso autor contra a pesquisa hipotética, na qual reconhecemos que ele condenava uma espécie particular de hipótese, não o impedia necessariamente de recorrer ele mesmo à hipótese, e não se pode, quanto a isso, acusá-lo de incoerência. Era inevitável que ele formasse concepções hipotéticas sobre o processo da digestão e sobre as causas da embriaguez; era igualmente inevitável que essas concepções e todas aquelas formuladas pela infância da fisiologia e das ciências sobre as quais aquela se apoia se revelassem errôneas à medida que a ciência progredia. Mas uma hipótese inexata é outra coisa, e outra coisa muito diferente é uma hipótese contrária ao espírito da ciência, isto é, uma hipótese que se furta a toda possibilidade de verificação total ou parcial. Porém, poder-se-ia objetar

---

[315] Ver trad. Littré, I 572 [*de prisc. med.*, 1, fim].

que uma hipótese nem sempre carrega a marca visível de seu pertencimento a uma ou outra dessas categorias; nem sempre sabemos à primeira vista se ela é condenada a permanecer hipótese eternamente ou se ela contém em si a possibilidade de desenvolver ela mesma seus meios de prova, que permitirão julgar definitivamente, pelo menos de modo aproximativo, sua exatidão ou sua falsidade. Nem sempre, respondemos, e no entanto com alguma frequência. Mas não devemos nos deter nesse ponto, pois o "quente" e o "frio", o "seco" e o "úmido", considerados como os elementos essenciais do organismo humano ou como os principais entre os fatores que agem sobre ele, nem mesmo eram hipóteses, rigorosamente falando. Eram apenas ficções, ou melhor, abstrações revestidas de uma aparência de realidade. Qualidades isoladas haviam sido separadas do conjunto de propriedades às quais elas são indissoluvelmente ligadas na realidade, e ademais elas haviam sido investidas de uma supremacia à qual evidentemente não têm direito. De fato, a mudança de temperatura e o estado de agregação de que se trata aqui não têm absolutamente e sempre como consequência uma mudança decisiva de todos os outros atributos. É um dos maiores méritos positivos do escrito de que tratamos ter insistido nessa circunstância e mostrado a importância muito mais considerável das propriedades químicas dos corpos, lançando ao mesmo tempo um olhar sobre os efeitos que estas produzem sobre substâncias que não pertencem ao organismo vivo (cf. neste cap. a seção V, 3º §). Portanto, é com razão que o autor do livro podia ver no frio e no calor apenas qualidades e só atribuir-lhes uma influência (relativamente) muito restrita sobre o corpo; é com razão que ele podia lembrar, por exemplo, a reação de calor produzida internamente por um banho frio e as reações análogas.

Mas deixemos de lado esses detalhes, e inclusive a questão de saber qual dessas hipóteses apresentava o caráter mais científico, a maior medida de legitimidade, para voltar à querela do método que apresentamos ao nossos leitores, que é a única à qual devemos dar uma atenção prolongada. Essa querela pode ser apaziguada sem muitas dificuldades. "Partir do conhecido ou do sensível para concluir o desconhecido" é a regra da razão sã; ela era tão familiar para Heródoto, Eurípides e Anaxágoras quanto mais tarde para Epicuro[316], mas ela foi violada de maneira tão evidente quanto grosseira pelos médicos que seguiam os passos dos filósofos naturalistas. Problemas que a ciência atual considera insolúveis, como os da origem da vida orgânica ou da origem do gênero humano foram inscritos no topo do seu programa, e os princípios da arte de curar foram fundados nas tentativas não somente hipotéticas, mas fantásticas, feitas para resolvê-los. Logo, quem poderia se surpreender com a reação que ocorreu e que poderia pôr em dúvida os efeitos salutares? Todavia, cabe precaver-se mais uma vez contra a parcialidade e o exagero. Não somente era inevitável que se seguisse o "novo caminho", mas este não era absolutamente e exclusivamente um caminho de erro. As doutrinas da filosofia natural não podiam deixar de penetrar as ciências particulares nem de começar

---

316 Heródoto, II 33; Anaxágoras, *Vorsokratiker*, 322, 12 [46 B 21a]; Eurípides, frag. 574 Nauck, 2ª ed.; Epicuro em Dióg. L., X 32.

a transformar seus métodos. O elemento de arbitrariedade inerente à maioria dessas doutrinas seria eliminado, como já notamos, mas essa eliminação não anulou todos os efeitos, alguns dos quais muito felizes, dessas influências. E antes de mais nada, o ideal que se propõe nunca é completamente perdido para a posteridade, mesmo se as tentativas feitas para realizá-lo fracassam de modo lamentável, ou até grotesco. Ora, era um ideal arrancar a ciência médica do isolamento no qual ela ameaçava definhar com o tempo e considerá-la um ramo da árvore poderosa das ciências da natureza. É verdade que, no início e ainda por muitos anos, essa ambiciosa empreitada carecia da base necessária, e consequentemente era preciso uma reviravolta que foi ao mesmo tempo um retorno aos métodos de pesquisa mais antigos e confinados em limites mais estreitos. Mais uma vez, convém precaver-se contra mais de um mal-entendido. É pouco exato resumir as relações das duas tendências em conflito na fórmula convencional e dizer que, com a filosofia da natureza, sucumbiu o falso método dedutivo, e que com Hipócrates triunfou o verdadeiro método, que é o da indução. Afinal, quando se trata de fenômenos extremamente complicados, de processos coletivos compostos de uma infinidade de processos particulares, qual método poderia ser apropriado e recomendável senão o que consiste em construir o conjunto por meio de suas partes e a reduzir as leis ditas empíricas (ou seja, derivadas) às leis causais simples ou últimas, das quais elas resultam? Então, se a ciência devia e se ela deve ainda hoje usar métodos mais grosseiros que correspondem pior ao seu objeto, não é porque o método dedutivo seja falso ou contraditório, mas sim porque ele só pode ser empregado com sucesso num estágio infinitamente mais avançado do desenvolvimento científico. Acontece que, naquela época, a patologia carecia – como carece parcialmente ainda hoje – de base anatômica e fisiológica, que a fisiologia não conhecia a organização da célula e as leis da física e da química. Inaugurava-se um período de transição do qual ainda não saímos, já que as partes mais avançadas da biologia começam agora a admitir o emprego, e somente parcial, da dedução, e portanto estão apenas entrando na última e mais alta fase do estudo científico. O modelo da dedução é o cálculo, e este encontra atualmente seu emprego todos os dias na oftalmologia, na medida em que ela é baseada na óptica. Outros ramos muito desenvolvidos da terapêutica já repousam numa base dedutiva. Basta pensar, por exemplo, no tratamento dos ferimentos pela antissepsia. O objetivo da antissepsia é a eliminação dos micro-organismos nos quais se reconheceu com perfeita certeza agentes patogênicos, e ela é realizada através do emprego de substâncias cujas propriedades químicas garantem o sucesso com igual certeza. Há muita diferença quando as causas da doença não são conhecidas claramente, quando curas diretas e indiscutíveis não suprem essa ignorância (método experimental verdadeiro) ou quando não se tem certeza de resultados favoráveis graças a uma grande quantidade de observações suficiente para excluir todo acaso (método estatístico)! Então prescrevem-se os medicamentos dos quais se disse com razão "que eles são recomendados hoje, universalmente louvados amanhã e serão esquecidos dentro de dois anos"[317]. Portanto, o título de glória da escola de Cós não se encontra na escolha ou na aplicação de métodos melhores em si mesmos ou mais próximos da perfeição ideal. O que constitui uma grande honra para ela é ter compreendido que as premissas indispensáveis ao emprego do método dedutivo ainda estavam por descobrir, que ainda não eram nem pressentidas e que, ao invés das induções sólidas por meio das quais se poderia estabelecê-las, estavam disponíveis apenas concepções fantásticas. Uma sábia abnegação, uma resignação prudente, a renúncia provisória a ambições atraentes e verdadeiramente elevadas, mas irrealizáveis então e por muito tempo ainda, tais são as virtudes que distinguem seus seguidores de seus adversários, e elas são dignas de toda nossa admiração. Os membros dessa escola fizeram prova dos maiores méritos; sem nunca se cansarem, graças a uma grande quantidade de observações engenhosas e penetrantes, eles levaram muito longe os ramos da medicina suscetíveis de desenvolverem-se sem basearem-se em fundamentos mais profundos, e especialmente a semiologia, ou seja, o estudo dos sintomas das doenças. Nessa área, eles ainda constituem o prazer e a instrução dos adeptos dessa ciência pela riqueza quase infinita e pela fineza de suas constatações, pela acuidade das distinções que eles estabelecem. Eles não podiam condenar-se a não formular nenhuma teoria de conjunto; para isso também recorreram a hipóteses, e estas, na medida da sua compreensão, não eram menos falsas que as dos seus predecessores; se eram maculadas por uma dose menor de erro, é somente porque eram muito mais limitadas quanto ao seu objeto. A patologia dos humores, por exemplo, que é a obra por excelência da escola hipocrática e que relacionava todas as doenças internas à natureza e à proporção dos quatro pretensos humores cardeais, contém, na opinião da ciência moderna, tanta verdade quanto a teoria exposta no livro *Sobre as Carnes* a respeito da origem do ser humano ou a teoria fictícia da matéria combatida pela obra *Sobre a antiga medicina*.

VII

Porém, quer fossem verdadeiras ou falsas, o gênio dos médicos de Cós revelou-se extraordinariamente fértil em generalizações de toda espécie, cuja motivação pode ser procurada com razão, a nosso ver, na especulação dos filósofos naturalistas. A "antiga medicina" na qual se aplicavam e à qual se gabavam de retornar os médicos era tão pouco antiga quanto a França da Restauração era a do Antigo Regime. Mas o objetivo e a tendência do movimento eram doravante determinados pelo espírito crítico, pelo gênio cético da escola de Hipócrates. Assim como ela fizera com relação aos excessos fantásticos de diversas doutrinas filosóficas e teorias dos metafísicos que ultrapassavam todos os limites da experiência (cf. liv. II, cap. II, seção I, 1º §), muito cedo ela tomou partido a respeito da teologia supranaturalista. Mais uma vez, como aconteceu em mais

---

[317] Esta citação é emprestada de Bunge, *Lehrbuch der physiologischen und pathologischen Chemie*, 2ª ed., p. 86.

de uma ocasião, encontramo-nos na presença da oposição entre a escola de Cós e a de Cnido. Na obra *Sobre a natureza das mulheres*[318], que, tal como a obra mais considerável à qual ela se refere, intitulada *Das doenças das mulheres*, denota influências cnídias, o "divino" e as "coisas divinas" desempenham um papel predominante, contrariamente aos outros fatores e em detrimento deles. No início do *Prognóstico* hipocrático, o "divino" é mencionado como um agente de eficacidade mais ocasional, mas a guerra é declarada com extrema veemência a todo supranaturalismo em duas produções da escola de Hipócrates. A primeira é uma das mais espantosas da coleção; seu título é *Dos ares, das águas e dos lugares*. O autor é um homem cujo pé tocou o solo tanto da Rússia meridional quanto do Nilo, cujo olho perscrutante deteve-se numa quantidade inesgotável e infinitamente variada de objetos e cujo pensamento poderoso esforçou-se para combinar num único desenho essa massa inumerável de detalhes. Mas suas numerosas e preciosas observações, suas numerosas mas prematuras conjecturas sobre a relação que existe entre o clima e a saúde, entre a sucessão das estações e o curso das doenças, tudo isso é ultrapassado em muito pela imortal felicidade de ter sido o primeiro que tentou estabelecer um elo de causalidade entre os caráteres dos povos e as condições físicas nas quais eles vivem. Esse precursor de Montesquieu, esse fundador da psicologia dos povos protesta energicamente, a respeito da dita "doença feminina" dos citas, contra a ideia de que essa doença ou qualquer outra possa ser efeito de uma ação divina. A mesma ilusão é combatida em termos parcialmente idênticos na obra *Sobre a doença sagrada*, isto é, sobre o mal caduco ou epilepsia, tido aos olhos do povo como enviado pelos deuses. Mas os autores de ambos os casos tratados, ainda que neguem toda intervenção sobrenatural, exprimem a convicção de que a rigorosa e absoluta obediência dos fenômenos naturais a uma lei concilia-se perfeitamente com a fé religiosa numa fonte divina primordial da qual decorrem, em última análise, esses mesmos fenômenos. "Tudo é divino e tudo é humano" – esta é a fórmula maravilhosamente sugestiva que o autor do livro *Sobre a doença sagrada* cunhou e que, como ele mesmo explica, significa apenas que não há motivo para chamar uma doença mais divina que as outras. De fato, elas não são todas produzidas pelos grandes agentes naturais, como o calor, o frio, o sol, os ventos, que, sem exceção, são de natureza divina? E há entre elas alguma que seja "impenetrável e intratável", quer dizer, que escapa da inteligência e influência do ser humano? E mais adiante, de forma ainda mais geral: "A natureza e a causa dessa doença provêm precisamente do mesmo princípio que dá origem a todo o resto". Essa é também a linguagem do autor do livro *Dos ares, das águas e dos lugares*:

---

318 O tratado *Sobre a natureza das mulheres* encontra-se em Littré, VII 312; ler a introdução desse tratado assim como a do *Prognostikon* (II 110-112 Littré) [= I 78 ss. Kuhlewein]; o *Dos ares, das águas e dos lugares* encontra-se em II 12 ss. Littré [= I 33 ss. Kuhlewein] e o *Sobre a doença sagrada* em VI 352 ss. Littré. As frases sobre as doenças "ao mesmo tempo divinas e humanas" estão em [de morbo sacro 18 e 2 =] VI 394 e 364 Littré e em [de aer. aq. et loc. 22 =] II 76 Littré. Os trechos polêmicos citados abaixo encontram-se em VI 354-362 Littré [de morbo sacro 1]. [Importância do cérebro: cap. 14-17, VI 386-394 Littré.]

"A mim também", exclama ele, "esses males parecem divinos, tanto uns como os outros; nenhum mais divino, nenhum mais humano que o outro. Cada um deles possui sua causa natural e nenhum produz-se sem ela". O autor do livro *Sobre a epilepsia* é mais inclinado à polêmica. Ele estende-se em queixas prolixas e cheias de ironia amarga contra os "charlatães e vendedores de fumaça" que pretendem curar as doenças por meio de práticas supersticiosas, de "purificações e encantamentos", que se esforçam para "esconder sua ignorância e sua impotência sob o manto do divino" e que, se examinarmos suas práticas à luz do dia – esta é a acusação mais severa que ele lança contra eles –, não acreditam na verdade da sua própria doutrina. "Pois se esses males cedem a essas 'purificações' e aos outros tratamentos que alguns prescrevem contra eles, nada impede que eles ocorram e se abatam sobre os homens em decorrência de simulacros análogos. Mas então a causa deles não seria mais divina; ela seria puramente humana. Pois aquele que tem condições de afastar uma tal doença através de sortilégios e purificações poderia também produzi-la fazendo uso de outros meios, e isso seria o fim do divino (e de sua eficácia)". O mesmo ocorre com outros artifícios desse tipo, que repousam, diz ele, na suposição de que não existem deuses, ou pelo menos que eles são desprovidos de qualquer poder: "Pois se fosse verdade que um homem pudesse, por meio de sacrifícios e feitiços, fazer descer a lua e desaparecer o sol, levantar a tempestade ou tornar o céu sereno, então eu não consideraria nada disso divino, mas humano, já que, nesse caso, o poder da divindade seria domado e subjugado pela inteligência humana". Esse texto também é extremamente notável, diga-se de passagem, pelo fato de que a teoria de Alcmeão acerca do cérebro e do seu papel na vida psíquica (cf. liv. I, cap. V, seção V, 1º §) é desenvolvida e defendida com uma convicção ardorosa[319]. O autor, que como médico não é um hipocrático e como filósofo é um eclético, descobriu – e a ciência moderna confirmou – que a epilepsia é devida a uma anomalia do órgão central, e é isso que o levou a essa importante digressão.

Poderíamos terminar aqui este capítulo. De fato, o que nos falta ainda para provar nossa tese, a saber que, do estudo da medicina, saiu a terceira e não menos poderosa onda de criticismo e que daí ela se difundiu, espalhando com ela uma fecundidade benfazeja nos campos da ciência helênica? Os autores do livro *Sobre a antiga medicina* e das duas obras das quais acabamos de falar mostraram-se, em especial, tão livres quanto Hecateu ou Xenófanes de toda influência mítica. E não somente esses campeões das luzes baniram do seu espírito todo vestígio da maneira primitiva de pensar, mas – e é nisso que eles se distinguem daqueles entre os seus predecessores que abrem o grande período de transição – eles não se detiveram na simples negação. Tomaram como objeto de suas meditações os métodos de pesquisa positivo e científico, deixando-se guiar por esta máxima de Epicarmo, o poeta cômico e filósofo de Siracusa: "Sobriedade e dúvida

---

[319] [Cap. 14-17, VI 389-394 Littré.]

constante é o nervo da sabedoria"[320]. Além disso, não satisfeitos em abrir caminho para todos os progressos posteriores concebíveis graças a uma concepção das coisas divinas que não entravava o avanço da ciência, eles mesmos realizaram progressos consideráveis no campo especial das suas investigações. Não cabe no plano desta obra fornecer a prova disso. Mas não queremos nos separar da preciosa coleção hipocrática, infelizmente ainda pouco conhecida e pouco apreciada, sem oferecer aos nossos leitores mais alguns traços nos quais se manifesta o verdadeiro espírito científico pelo qual ela é animada na sua maior parte. As grandes ideias expressas pela primeira vez no campo adversário não são, em virtude de sua origem, desdenhadas ou desmentidas. É assim que a importantíssima doutrina da necessidade do equilíbrio entre o gasto de energia e o alimento, cuja primeira expressão encontramos nos médicos de Cnido, reaparece num livro intitulado *Do regime nas doenças agudas*, que no entanto se inicia com uma polêmica acerba contra a obra essencial dessa escola, as *Sentenças cnídias*. O médico de Cós está tão afastado de toda pretensão vã de originalidade quanto de toda busca de sucesso superficial e de triunfos baratos. Isso porque, de acordo com o verdadeiro espírito da ciência, ele se esforça, nessa ocasião, para fortalecer primeiramente com novos e sérios argumentos uma doutrina que ele combate. "Também se pode", diz ele certa vez, "apoiar a opinião contrária com a seguinte consideração". Identifica-se um senso igualmente poderoso e incorruptível da verdade no autor da obra *Sobre as articulações*, que Littré chegou a chamar de "o grande monumento cirúrgico da Antiguidade", acrescentando que "é também um modelo para todas as épocas". Esse médico, tão nobre no caráter quanto distinto no espírito, não teme assinalar aos seus confrades até os insucessos dos seus tratamentos. "Registrei isso propositadamente", exprime-se ele em termos inesquecíveis, "pois é preciso aprender a conhecer até as tentativas que fracassam, e saber por que razão elas fracassaram". Aqui ele fez questão de não privar seus sucessores de nenhum meio de conhecimento que pudesse lhes ser útil. Em outra ocasião, é o desejo de poupar aos pacientes toda espécie de sofrimento evitável que o leva para além dos limites habituais da exposição didática: "Pretender-se-á talvez que questões desse tipo estão fora do domínio médico e que não serve de nada dedicar um estudo mais longo a casos que já se revelaram incuráveis. Erro grave, eu responderia [...]. Nos casos curáveis, é preciso fazer de tudo para impedir que eles se tornem incuráveis [...]. Mas os casos incuráveis devem ser reconhecidos como tais a fim de preservar os doentes de torturas inúteis". Aliás, esse homem cheio do ardor no trabalho conferido pelo gênio não tem o hábito de impor limites aos seus esforços. De fato, ele estendeu suas pesquisas anatômicas ao mundo dos animais, comparou a estrutura do esqueleto humano à dos outros vertebrados e o fez de modo tão completo – como provam duas de suas próprias declarações – que não hesitamos em chamá-lo de um dos primeiros, se não for o primeiro representante da anatomia comparada. Terminamos citando

---

[320] [FVS 13 B 13.]

uma generalização esplêndida, igualmente importante pela sua amplitude, pela verdade sempre confirmada do seu conteúdo e pelo imenso alcance de suas consequências; referimo-nos à frase com a qual ele estabelece a necessidade da função para a preservação e a saúde do órgão: "Todas as partes do corpo, por serem destinadas a um uso preciso, mantêm-se sadias e conservam uma longa juventude enquanto servem para esse uso e enquanto exigimos delas, numa medida razoável, os serviços com os quais cada uma delas está acostumada. Porém, se elas ficam sem uso tornam-se doentes, definham e envelhecem prematuramente"[321].

---

[321] As declarações de médicos hipocráticos utilizadas aqui encontram-se em Littré, II 302, 318 [de diaet. acut., 11]; IV 212, 252 e 254 [de artic., 47 fim e 58]; o juízo de Littré acerca do livro *Sobre as articulações* está em IV 75. Chamo o autor desse livro de representante da anatomia comparada em virtude das declarações que lemos em IV 192 e 198 [de artic., 45-46].

Capítulo II

Os Atomistas

I. Leucipo e seu discípulo. Demócrito "refletiu sobre tudo".

II. Oposição entre a "verdade" e a "convenção". Demócrito e Galileu. Diferenças fundamentais dos corpos. Bases experimentais da teoria atomística. Impenetrabilidade da matéria. O mundo material não é contínuo.

III. Méritos da hipótese atomística. A dedução na química. A atomística antiga e a moderna. Quantidade infinitamente grande das formas atômicas. Explicação da dureza e do peso.

IV. Matérias simples e matérias compostas. "Ganchos" dos átomos. Cosmogonia dos atomistas. Gênese da teoria cosmogônica. O movimento primordial dos átomos. Duplo sentido da palavra "causa". Sobre a maneira como Leucipo e Demócrito formularam o problema. O movimento é exterior à matéria?

V. Atomistas e eleatas. Parmênides teria preparado a teoria dos átomos? Precursores mais antigos, mas desconhecidos, de Leucipo.

VI. O verdadeiro mérito de Leucipo. O que é imperecível na sua obra. Demonstrações apriorísticas de Leucipo. Caráter hipotético da teoria atomística.

VII. Valor duradouro da hipótese atomística. Os atomistas eram materialistas?

VIII. Psicologia dos atomistas. Demócrito era um cético? Polêmica de Colotes. O conhecimento "verdadeiro" e o conhecimento "obscuro". A verdadeira natureza do ceticismo de Demócrito.

IX. Crítica de Aristóteles. A discussão do problema da finalidade. Fecundidade da explicação mecânica da natureza.

X. Demócrito precursor de Galileu.

XI. Núcleo da ética de Demócrito. Autenticidade duvidosa dos fragmentos éticos.

I

A lenda dedicou-se logo a imaginar relações entre o pai da medicina e o homem que podemos chamar de o pai da física. Os cidadãos de Abdera, diz ela, impressionados com a conduta estranha do seu grande compatriota, conceberam dúvidas a respeito do seu estado mental e rogaram ao mestre na arte de curar que viesse examiná-lo. Hipócrates chega, convence-os do seu erro e encontra prazer e proveito em conversar, depois corresponder-se com o sábio Demócrito. O romance epistolar que foi conservado na coleção hipocrática reflete talvez até certo ponto a realidade dos fatos[322]. É pelo menos muito verossímil que esses dois naturalistas, que nasceram ambos em 460 e viajaram muito, tenham tido relações pessoais. E sabemos que, de fato, Hipócrates esteve em Abdera. Podemos acompanhá-lo nas suas visitas profissionais, numa vez à "Porta da Trácia", noutra à "Via Sacra", numa terceira à "Via Alta". E a lenda não se afasta muito da verdade quando nos mostra o sábio de Abdera sentado no seu jardim, atrás de uma das torres da muralha da cidade, sob a sombra espessa de um plátano, cercado de rolos de papiro e de cadáveres de animais, escrevendo sobre os seus joelhos, no momento em que o grande médico vem bater à sua porta.

A rica cidade mercante de Abdera, fundada por jônios na fronteira entre a Trácia e a Macedônia, à proximidade de minas de ouro muito produtivas e defronte a ilha de Tasos, desempenhou na história da ciência grega apenas um papel efêmero, mas extremamente brilhante. O amigo e mestre de Demócrito, Leucipo, mais velho que ele algumas décadas, era provavelmente originário de Mileto. Ele recebeu em Eleia, segundo conta uma tradição não indigna de fé, lições do sutil Zenão. Em todo caso, ele terminou seus dias na cidade dos abderitas e ali fundou a escola à qual seu aluno Demócrito proporcionou uma glória imperecível[323]. O mestre desapareceu quase completamente

---

[322] Ver *Obras de Hipócrates*, IX 320 ss., particularmente 350 e 354 Littré [*Hippocr. epist.*, 10 ss., especialmente 17]. Sobre as visitas feitas por Hipócrates a doentes de Abdera, ver o liv. III, certamente autêntico, do tratado *Sobre as epidemias* [doentes, nº 7-9], III 122, 124, 128 Littré [= I 237 ss. Kuhlewein].

[323] Sobre Leucipo, cf. Dióg. L., IX 30 ss. [FVS 54 A 1]. Parece mais provável que sua cidade natal tenha sido Mileto, pois se o fizeram nascer também em Eleia ou Abdera foi sem dúvida em decorrência de erros aos quais deram ensejo suas relações com Zenão e com Demócrito. A discussão sobre sua realidade histórica prosseguiu por último entre Rohde (*Verhandlungen der 34. Philologen-Versammlung*, p. 64 ss., e *Fleckeisens Jahrbuch*, 1881, 741 ss. = *Kleine Schriften*, I 205 ss. e 245 ss.), Natorp (*Rhein. Mus.*, XLI 349 ss.) e Diels (*Verhandlungen der 35. Philologen-Versammlung*, p. 96 ss.); cf. também *Rhein. Mus.*, XLII 1 ss. A autoridade de Aristóteles e de Teofrasto é decisiva contra as dúvidas exprimidas por Epicuro em Dióg. L., X 13 [FVS 54 A 2]. Embora eu esteja absolutamente de acordo com Diels nesse ponto, não posso admitir como ele que Leucipo tenha sido considerado por Teofrasto como um aluno de Parmênides, pois as palavras κοινωνήσας Παρμενίδῃ τῆς φιλοσοφίας, *Doxogr.*, 483, 12 [FVS 54 A 8] não significam necessariamente isso, a meu ver; não mais que a declaração exatamente igual sobre a relação de Anaxágoras com a doutrina de Anaxímenes: κοινωνήσας τῆς Ἀναξιμένους φιλοσοφίας. *Doxogr.* 478, 18 ss. [FVS 46 A 41], não nos obriga a atribuir a Teofrasto o anacronismo correspondente.

atrás da figura muito mais imponente do discípulo. Seus escritos pouco numerosos encontraram acolhida na vasta coleção dos de Demócrito; sobre sua personalidade e as circunstâncias particulares de sua vida, sabia-se tão pouco já na Antiguidade que pôde surgir dúvida sobre a realidade de sua existência. Todavia, sabemos hoje, graças a testemunhos bastante raros mas dignos de fé, que ele esboçou os contornos do sistema construído por Demócrito, sistema que este último escoraria numa infinidade de fatos da experiência e exporia num estilo tão perfeito que ele foi incluído entre os primeiros prosadores da Grécia. É dele que provém o dito que proclama de modo inequívoco o reino absoluto da causalidade:"Nada acontece sem razão, tudo tem uma razão e decorre de uma necessidade". Seu livro, intitulado *A Ordem do Universo*, que era chamado de *A Grande Cosmogonia* para distingui-lo de uma exposição mais breve da mesma doutrina da lavra de Demócrito, continha o núcleo da física atomística, enquanto seu escrito *Sobre o Espírito* desenvolvia, evidentemente, nas suas linhas principais a psicologia própria dessa escola. Já não é possível para nós distinguir em detalhe a parte de cada um desse homens na obra intelectual comum. Portanto, é forçoso renunciar a estabelecer diferenças entre eles e considerar a teoria atomística como um bloco. No entanto, fazemos questão de examinar primeiro a personalidade muito mais ilustre do mais jovem dos seus representantes[324].

Para isso não nos faltam indícios preciosos. Ouçamos primeiramente esta declaração do próprio Demócrito:"Entre meus contemporâneos, ninguém viajou mais do que eu; estendi minhas pesquisas mais longe que qualquer outro, vi mais regiões e climas, ouvi mais discursos de homens instruídos; ninguém superou-me na composição de linhas acompanhadas de provas, nem mesmo os atadores de cordas [geômetras] egípcios". A insistência surpreendente de Demócrito na simples *extensão* de sua cultura e de suas aquisições intelectuais combina à perfeição com a imagem que devemos ter desse homem, que nos aparece mais como um sábio continuado que como um criador propriamente dito. Quanto ao tom de suficiência que caracteriza essa frase, é preciso, para avaliá-lo, referir-se aos costumes antigos. Lessing observa, não sem algum exagero, que a polidez era coisa desconhecida dos antigos; ele poderia ter acrescentado, e com mais razão, a modéstia. O exemplo de Empédocles não terá saído da memória dos nossos leitores; o frio Tucídides, que tem o hábito de pesar suas palavras com cuidado, não teve escrúpulos ao chamar sua história de um "bem adquirido para sempre"; o próprio

---

Foi também Teofrasto que atribui a Leucipo (Dióg. L., IX 46) [FVS 55 A 33] a *Grande Cosmogonia*. O único fragmento existente, e que citamos no nosso texto, provém do tratado *Sobre o Espírito* de Aécio em *Doxogr*., 321 b 10 = *Vorsokratiker*, 350, 5 ss. [54 B 2]. Zeller fornece uma nova prova da realidade histórica de Leucipo em *Archiv*, XV 137-140 = *Kleine Schriften*, II 185 ss.

324 Sobre Demócrito, cf. Dióg. L., IX 34 ss. [FVS 55 A 1]. A respeito da data de seu nascimento, que foi situada, com base em declarações autobiográficas, na 80ª Olimpíada (= 460-457; trata-se provavelmente do 1º ano da Olimpíada), cf. Apolodoro em Dióg. L., IX 41. Os fragmentos foram coligidos de modo muito insuficiente por Mullach (*Democriti Abderitæ operum Fragmenta*, Berlim, 1843). São encontrados atualmente nos *Vorsokratiker*, 384 ss. [55 B].

Platão, que se apaga completamente nos seus diálogos atrás do seu mestre Sócrates, não hesita em citar um verso que o representa, com seus irmãos, como a "posteridade divina de um pai glorioso". Uma circunstância particular contribui também para explicar e desculpar o elogio que Demócrito faz de sua própria pessoa. Ele parece ter adquirido, enquanto vivia, apenas uma notoriedade local. "Fui a Atenas e ninguém me conhecia", diz ele num segundo fragmento autobiográfico[325]. Talvez o despeito que ele sentiu ao ver que, apesar dos seus trabalhos extraordinários, ele continuava um desconhecido na capital intelectual da Grécia impeliu-o a tornar-se o arauto de sua própria glória. E essa glória era das mais merecidas. Demócrito cultivou com zelo igual todos os ramos da ciência, desde a matemática e a física até a ética e a poética. Suas obras eram quase inumeráveis e seu valor científico era muito grande. É o que prova especialmente o testemunho do juiz ao mesmo tempo mais competente e mais imparcial, Aristóteles, que escreveu a respeito de Demócrito: "Ninguém, antes dele, falou, a não ser do modo mais superficial, do crescimento e da mudança", e viu nele um homem "que parece ter refletido sobre tudo". A piedade que ele manifesta para com seu mestre não o impede, como tampouco o abismo que o separa dos atomistas, de conferir a Leucipo e a Demócrito, em detrimento de Platão, um elogio dos mais sinceros. Sua teoria da natureza, diz ele mais ou menos, suscita grandes dificuldades, mas baseia-se numa hipótese fértil em consequências... A diferença é a seguinte: o hábito de observar a natureza sem cessar proporciona a faculdade de construir hipóteses que unem longas séries de fatos, enquanto a frequentação habitual dos conceitos diminui essa faculdade. Ela nos faz perder de vista a contemplação do real, não nos deixa perceber mais nada além de um círculo estreito de fatos e nos leva, ao limitar assim nosso campo de observação, a construir teorias insuficientes[326].

II

Nossa tarefa agora é expor essa "hipótese". Mas precisamos primeiramente considerar sua base não-hipotética, que pertence à teoria do conhecimento e era destinada a resolver o problema da matéria. Perdemos esse problema de vista há muito tempo. Deixamo-no nas mãos de Anaxágoras na mais crítica das condições. Postulados de valor igual conviviam irreconciliados e irreconciliáveis (cf. liv. II, cap. IV, seção IV,

---

[325] Esses dois fragmentos encontram-se em Clemente de Alex., *Stromata* [I 15, 69], I 357 Potter [= II 43, 13 Stein; FVS 55 B 299] e em Dióg. L., IX 36 [FVS 55 B 116]. Diels declara em duas ocasiões que o primeiro desses fragmentos é inautêntico, nos *Vorsokratiker*, 439, 7 ss. e 727 ss. [= 3ª ed., II 123 ss.]. Porém, após maduras reflexões, não posso filiar-me à sua opinião. Cf. meus *Beiträge zur Kritik und Erklärung*, VIII 23 ss. *Ibid.* p. 22-27, expliquei com detalhes por que não aprovo a forma como Diels tratou alguns fragmentos. A citação de Platão é tirada da *República*, II 368a.

[326] As duas declarações de Aristóteles encontram-se no *De generat. et corrupt.*, I 2, 315 a 34 ss. [FVS 55 A 35] e 316 a 6 ss. Cf. também os trechos importantes do *De generat. et corrupt.*, I 8, 324, 325 e 325 a 23 ss. [FVS 54 A 7].

1º §). Tratava-se de renunciar ou à constância qualitativa ou ao parentesco interno das matérias. Só restava escolher entre um ou alguns elementos pouco numerosos que mudavam bruscamente de propriedades, e inumeráveis substâncias primeiras estranhas umas às outras e desprovidas de toda ligação, de toda relação recíproca. Já notamos por antecipação que os filósofos de Abdera intervieram e puseram fim a esse dilema funesto. Embora a glória dessa façanha intelectual – como se depreende de uma declaração de Aristóteles – pertença a Leucipo, só conhecemos essa teoria memorável na forma que lhe foi dada por Demócrito: "É convenção o doce, convenção o amargo; é convenção o quente, convenção o frio; é convenção a cor: a realidade são os átomos e o vazio"[327]. Comecemos por deixar de lado os átomos e o espaço vazio e concentremos nossa atenção na parte negativa, tão importante, desse trecho. Na parte negativa porque, ao opô-la ao que existe "na realidade", Demócrito recusa toda verdade objetiva às propriedades citadas em primeiro: ao gosto (podemos acrescentar: ao cheiro e ao som), à cor, à temperatura. A expressão um pouco estranha de "convenção" exige uma palavra de explicação. O contraste entre a natureza e a convenção era familiar para o pensamento dessa época. A convenção, que muda de cidade para cidade, de região para região, de época para época (usos, costumes, leis), era frequentemente oposta à imutabilidade da natureza. Foi assim que essa ideia tornou-se, por assim dizer, o símbolo do mutável, do arbitrário ou do acidental. No que diz respeito às percepções dos sentidos, Demócrito dispunha de numerosas observações que provavam de modo seguro sua dependência da constituição cambiante dos indivíduos, dos estados mutáveis do mesmo sujeito, e enfim das disposições múltiplas das mesmas partículas de matéria. O mel parece amargo para aquele que tem icterícia; o ar ou a água nos parecem mais ou menos quentes ou frios se nós mesmos sentimos calor ou não (cf. liv. II, cap. IV, seção IV, 1º §); muitos minérios apresentam outra cor na forma de pó do que quando não são pulverizados, etc., etc. Nós modernos exprimimos essas diferenças de modo mais exato e mais apropriado; falamos de propriedades relativas em oposição às propriedades absolutas, ou ainda de verdade subjetiva em oposição à verdade objetiva. Além disso, uma análise mais penetrante e mais aprofundada nos ensinou a reconhecer também naquilo que chamamos de propriedades objetivas ou primárias das coisas pelo menos um elemento subjetivo, e por outro lado é absolutamente indubitável para nós que a produção das impressões subjetivas, na sua variedade infinita, não é nada anárquica, mas sim indissoluvelmente ligada às leis de uma causalidade estrita. A primeira dessas visões nos ocupará numa fase posterior desta exposição, quando falaremos dos antigos precursores de Berkeley e Hume, isto é, daqueles que chamamos de cirenaicos; a última não era, como veremos logo, mais estranha ao próprio Demócrito que aos seus sucessores modernos, Hobbes ou Locke. De fato, Leucipo ensinava o reinado absoluto e sem a menor exceção da causalidade. Contudo, nessa ocasião tratava-se apenas, para o grande

---

[327] Mullach, 204 = *Vorsokratiker*, de 388, 18 a 389, 24 [55 B 9; cf. B 125 e B 11].

pensador, de exprimir da forma mais enfática, e consequentemente mais geral possível, uma verdade nova e de importância fundamental. A maneira como um outro pensador, talvez maior, concebeu e expôs a mesma distinção fornece um paralelo surpreendente. Galileu Galilei, pois é dele que queremos falar, escreveu, talvez sem ter sofrido influência de Demócrito, a seguinte frase no seu panfleto intitulado *Il Saggiatore* (O Ensaiador) (1623)[328]: "Assim que imagino uma matéria ou substância corpórea, não consigo me impedir de pensar ao mesmo tempo que ela é limitada e possui tal ou tal forma [...], que se encontra em tal ou tal lugar [...], que está em repouso ou se move, que toca ou não toca um outro corpo", etc.; em contrapartida, ele não está menos persuadido "que esses gostos, esses odores, essas cores etc., com relação ao objeto no qual parecem ter sua sede, não são outra coisa além de simples nomes [*non sieno altro che puri nomi*]". Os dois ilustres pensadores, tanto o do século V a.C. quanto o do século XVII d.C., sabem que, naquilo que chamamos de propriedades secundárias das coisas, há mais do que suposições puramente arbitrárias, que opiniões ou denominações convencionais. Mas eles não concordam apenas em proclamar essa distinção muito importante, eles concordam também em proclamá-la de um modo que (em si mesmo e enquanto não o completamos com outras declarações dos mesmos autores) é passível de produzir uma impressão duvidosa e enganadora. Todavia, temos o direito de acrescentar que raramente ou nunca verdades novas e fundamentais vieram à luz ou formaram-se na alma daqueles que as descobriram de forma totalmente irretocável.

Porém, já dissemos o suficiente sobre a forma exterior dessa proposição. Vejamos seu conteúdo, que merece o nosso mais vivo interesse. Sua aparição afastou o obstáculo contra o qual a pesquisa, já na sua maioridade, se chocara por tanto tempo. O que importava agora ver uma folha, um dia verde, amarelecer no dia seguinte para ficar marrom noutro dia? Ainda cabia espantar-se que a flor, que outrora incensava, tivesse murchado em pouco tempo e perdido seu perfume? Ou que o fruto cujo sabor agradava ao paladar tivesse se tornado incomível devido à podridão? Até a aporia dos grãos de painço do sutil Zenão perdera seu significado perturbador e não oferecia mais dificuldade a ninguém. Todas essas propriedades das coisas não haviam sido despojadas do seu valor objetivo e exiladas do domínio da realidade? Compreendemos agora, diga-se de passagem, que Leucipo tenha sido levado precisamente por Zenão a resolver o problema da matéria. Seja como for, um objeto verdadeiro, estável, imutável do conhecimento fora adquirido no mundo dos corpos; às propriedades sensíveis fugidias, cambiantes e não-inerentes, ao sentido estrito desse termo, às coisas, a essas propriedades que chamamos de propriedades secundárias opunha-se, como verdadeira realidade, a matéria permanente e duradoura. De fato, as partes constitutivas desta última, os corpos individuais, só se distinguiriam uns dos outros pelo seu tamanho e sua forma, e pela faculdade, dependente de ambos, de agir sobre outros corpos por pressão e por choque.

---

[328] Ed. de Florença, 1844, IV 333 ss. [ponto 48].

Demócrito também expôs, ainda mais claramente, essas diferenças fundamentais dos corpos do ponto de vista das suas relações recíprocas. Ele distinguiu – e exprimiu essas distinções em termos técnicos particulares – a forma (incluindo o tamanho), o arranjo e a posição dos corpos. Aristóteles torna essas três ideias sensíveis por meio de exemplos emprestados das formas das letras gregas. Ele ilustra a diferença de forma opondo a letra A à letra N, a de arranjo – que Demócrito chamava de "contato" – pelos símbolos duplos AN e NA, e enfim a de posição – chamada por Demócrito de "orientação" – pela inclinação do H, que faz dele um H[329]. Todavia, é preciso notar que Demócrito não considerava aquelas formações materiais suficientemente grandes para entrar no campo da nossa visão, que ele chamava de "aparentes ao olho", mas só considerava suas menores partes constitutivas, tão pequenas que não podemos mais percebê-las, mas somente inferir sua existência; ela as designava pelo nome de átomos ou insecáveis. Quanto à questão de saber como os dois filósofos de Abdera chegaram a esta última concepção, e quanto ao uso particular que eles deram ao espaço vazio, só podemos responder lembrando ao leitor coisas conhecidas dele há muito tempo. Pois aqui, como em outros pontos, a teoria deles é, por assim dizer, a soma dos trabalhos anteriores; a atomística é o fruto maduro caído da árvore cultivada pelos antigos filósofos-naturalistas da Jônia.

Ao fazer decorrer da condensação e da rarefação as diferentes mudanças de forma de sua matéria primitiva e ao ensinar que a forma fundamental dessa matéria saía sempre ilesa dessas transformações, é difícil que Anaximandro não tenha tido a ideia, mais ou menos clara, que pequenas partículas que escapam à nossa percepção ora aproximavam-se, ora afastavam-se umas das outras para realizá-las (liv. I, cap. I, seção IV, 1º §). Quando Heráclito ensinava a incessante transformação das coisas e declarava que a permanência de um objeto particular era apenas pura aparência resultante da substituição das partículas desagregadas por um afluxo de partículas novas, ele supunha necessariamente tanto a existência de partes invisíveis de matéria quanto a dos seus movimentos invisíveis (cf. liv. I, cap. I, seção V, 8º §). Enfim, quando Anaxágoras queixa-se da "fraqueza" dos nossos sentidos, reúne em cada corpo um número infinito de "sementes" ou partículas primitivas muito pequenas e atribui o aspecto desse corpo à predominância de um dos seus inúmeros elementos (cf. liv. II, cap. IV, seção I, fim do últ. §), ele nos diz em termos precisos o que devemos ter inferido das teorias dos seus predecessores. E, de fato, eram tantas as constatações, e de caráter tão evidente, que levariam a essas hipóteses, que não devemos nos surpreender nem um pouco com seu rápido surgimento. Um pedaço de tela ou de tecido é encharcado pela chuva e depois secado pelo sol que ressurge; as partículas de água pelas quais era fora umedecido

---

329 O que dizemos aqui baseia-se em Arist., *Metaf.*, I 4 fim [= FVS 54 A 6]. A lição equivocada dos manuscritos foi retificada em primeiro por Bernays: *Uber die unter Philon's Werken stehende Schrift uber die Unzerstörbarkeit des Weltalls*, p. 75 (*Abhandlungen der Königlichen Preussischen Akademie*, 1882, III).

afastaram-se sem que o olho pudesse perceber sua partida. Uma essência preenche com seu perfume o apartamento no qual estava guardada; ninguém viu disseminarem-se no espaço as partículas odoríferas, e no entanto o frasco testemunha que seu conteúdo diminuiu ao longo do tempo. Essas experiências, ou outras de igual frequência, levaram a deduzir, ao lado das partículas e dos movimentos invisíveis, caminhos ou sendas invisíveis que vêm interromper a continuidade aparente dos corpos. Lembremos que a concepção muito próxima, provavelmente devida aos pitagóricos, de espaços vazio de matéria já era conhecida de Parmênides, que a elegeu como alvo de seus ataques mais ferozes (cf. liv. II, cap. II, seção IV, 1º §).

Embora esses dois fatores – corpúsculos invisíveis em movimento e interstícios vagos igualmente invisíveis – constituam, por assim dizer, os materiais da teoria atomística, ela só recebeu sua marca e sua forma de dois outros agentes, que eram ideais. Estamos falando dos dois postulados da matéria, que expusemos longamente e cuja paternidade atribuímos igualmente, e com toda nossa energia, aos filósofos da Jônia. Foi sem dúvida Parmênides quem os moldou em fórmulas definitivas, mas o primeiro, o da constância quantitativa, é o núcleo da teoria da matéria primordial, e produziu e dominou, a partir de Tales, todas as tentativas relacionadas a essa questão. Quanto ao segundo, o da constância qualitativa, já descobrimos seu primeiro traço em Anaxímenes (cf. liv. I, cap. I, seção IV, 2º §) e vimos seu germe desabrochar plenamente em Anaxágoras, que no entanto, como constatamos, não concorda em nenhum outro ponto com os eleatas, e opõe-se diametralmente a eles nas questões mais essenciais. Cabe notar, aliás, que Empédocles, que sofreu, sem dúvida alguma, influência de Parmênides, insiste muito mais fracamente nesse postulado e exprimiu-o de maneira muito menos perfeita (cf. liv. II, cap. V, seção VIII, fim do últ. §). Leucipo ateve-se com o mais extremo rigor a esses dois postulados, na realização dos quais se via com razão a condição indispensável de toda constância no domínio corpóreo; mas esse rigor não o levou a negar a natureza, como Parmênides, ou a forçá-la, como Anaxágoras. Será que ele percebia claramente que mesmo esses três importantes postulados só são, no fundo, perguntas feitas à natureza por aquele que a explora? Temos toda razão em duvidar disso, assim como temos de duvidar que ele tenha tirado a nova doutrina dos fatos empíricos somente através de inferências legítimas. Conhecemos a tendência de muitos grandes espíritos de fundar suas descobertas mais consideráveis não somente na base verdadeira do conhecimento, a saber a experiência, mas de querer elevar a certeza delas derivando-as de pretensas necessidades do pensamento. Podemos esperar *a priori*, não sem alguma probabilidade, algo desse tipo da parte do discípulo do metafísico Zenão. Seja como for quanto a esse ponto, sobre o qual, aliás, voltaremos mais tarde, em todo caso ainda nos falta um fator, na verdade o fator mais decisivo para explicar a gênese da teoria atomística. Aos conceitos contidos nos dois postulados, o da indestrutibilidade e o da imutabilidade da matéria, foi acrescentada uma descoberta física do mais alto valor, a da sua impenetrabilidade. Experiências do gênero daquela que vimos Anaxágoras realizar levariam a considerar essa propriedade como absolutamente geral (cf. liv. II, cap. IV, seção II, 1º §). De fato, não se podia evitar constatar não somente que o ar contido num odre inchado oferece uma resistência a toda tentativa de compressão, mas também que essa resistência aumenta de modo visível e rápido. Por esse motivo apresentava-se uma nova dificuldade, que não fora sentida anteriormente e que não se poderia sentir enquanto o caráter estritamente homogêneo do mundo material não fosse reconhecido, mas obscurecido e mascarado pela diversidade dos estados de agregação. Quando o ar está mais ou menos calmo, nenhum obstáculo digno de menção, e em todo caso nenhum obstáculo insuperável, atrapalha os movimentos do nosso corpo. Mas depois que experiências como essa que acabamos de mencionar e a de Empédocles, da qual falamos no capítulo dedicado a esse filósofo (cf. liv. II, cap. V, seção IV, 2º §) provaram a pressão do ar, depois que as teorias da matéria, particularmente a de Anaxímenes, que repousavam quase certamente em constatações análogas, fizeram com que a diferença dos estados de agregação não fosse mais vista como um fato fundamental, então essa dificuldade, que exigia uma solução, impôs-se urgentemente aos espíritos. Quer se tratasse do ar, da água ou de um corpo sólido, em toda parte era – não se podia duvidar – a matéria impenetrável que estava diante de nós. Por conseguinte, a pergunta devia ser como é possível um movimento através dessa matéria? De onde provêm as diferenças sensíveis de resistência que o mesmo movimento encontra em meios diferentes? Como pode ser que o ar não opõe nenhuma resistência considerável à flecha que voa, enquanto a rocha é para ela uma barreira intransponível? Aqui interveio a teoria do vazio, que, como observamos, não era mais inteiramente nova, e ela ofereceu ao pensador em apuros uma saída bem-vinda. Disse-se que a matéria não forma uma massa contínua, mas compõe-se, ao contrário, de núcleos absolutamente impenetráveis, separados uns dos outros por interstícios absolutamente penetráveis. Logo, o movimento é possível porque e na medida em que um impenetrável pode dar passagem a outro impenetrável. E conforme a constituição e as distâncias desses núcleos tornarem fácil, difícil ou impossível que um dê lugar ao outro, o movimento será fácil, difícil ou não acontecerá de modo algum. A indestrutibilidade, a imutabilidade e a impenetrabilidade da matéria são, na realidade, a indestrutibilidade, a imutabilidade e a impenetrabilidade desses núcleos tornados invisíveis pela sua pequenez, dessas unidades de matéria ou átomos que não são nem inextensos nem idealmente indivisíveis mas que, de fato, não podem ser divididos. É na forma e no tamanho desses corpúsculos primitivos que se encontrou a chave das propriedades do composto que deles resulta.

III

É difícil exprimir com palavras o valor e o alcance dessa grande teoria. Inicialmente, convém falar dos serviços que ela podia prestar em si mesma e daqueles que ela presta, de fato, à ciência moderna. Depois disso, não será muito tarde para mencionar as insuficiências que ela apresentava na sua forma mais antiga e nas suas primeiras aplicações. Toda espécie de movimento no espaço torna-se explicável por meio dela, ou seja, conciliável com a impenetrabilidade da matéria, seja qual for o grau de tamanho que ele atinge, quer seu teatro seja o universo ou uma gota d'água. As diferenças entre os três estados de agregação tornam-se não menos compreensíveis: os mesmos grupos de átomos ou moléculas que formam um líquido aproximam-se sob influência do frio, o espaço no qual eles se movem diminui e, ao congelar, eles se tornam um corpo sólido; em outra ocasião, sob influência do calor, eles se afastam uns dos outros, o espaço onde se executam seus movimentos expande-se ao infinito e eles volatilizam-se em gás. A aparência externa e superficial é a única que contradiz agora a indestrutibilidade da matéria. O nascimento de um corpo material aparentemente novo revela-se ser a união de complexos atômicos até então separados; sua destruição é a separação de complexos até então unidos. Da mecânica das massas, isto é, das relações de movimento e de equilíbrio nos grupos de átomos de grande extensão, descemos à mecânica dos próprios átomos e dos grupos que lhes são imediatamente superiores, a saber, as menores combinações de átomos ou moléculas, que constituem o objeto da química. As proporções, em volume e em peso, numa tal combinação de várias substâncias podem ser numerosas, mas nunca variam de maneira arbitrária, e a ciência moderna explica esse fato pela teoria dos equivalentes ou dos pesos atômicos, segundo a qual um número fixo de átomos de uma espécie entra em combinação com um número fixo de átomos de outra ou de várias espécies. As propriedades sensíveis e, pelo menos em parte, as propriedades físicas de um corpo dependem necessariamente das relações de posição e das condições de movimento de suas menores partes. Portanto, é perfeitamente natural que a mesma reunião de átomos, e de átomos da mesma espécie, mude de cor conforme os grupos de átomos ou moléculas sejam dispostos de tal ou tal maneira. Assim, em decorrência de uma disposição diferente dos átomos ou alotropia, o fósforo ordinário é amarelado, enquanto o fósforo amorfo é vermelho. O mesmo ocorre com as combinações químicas. As mesmas espécies de átomos reunidos em proporções exatamente idênticas (isomeria) manifestam propriedades diversas segundo a estrutura do composto. E acrescentamos juntamente com Fechner: "quando os átomos se agrupam diferentemente em direções diferentes, o objeto adquire qualidades diversas segundo a diversidade das direções (tais como os diversos graus de elasticidade, fissilidade e dureza dos minérios"[330]. A relação das propriedades de um composto com as das suas partes constitutivas nunca pode ser inteiramente simples e transparente, pois a formação de uma combinação química acarreta modificações profundas (condensação, desprendimento de calor etc.), de modo que não podemos esperar legitimamente que as propriedades da combinação equivalham perfeitamente à soma das propriedades das partes constitutivas. O fato de que as qualidades da água não são o simples total das do oxigênio e do hidrogê-

---

[330] Esta citação é tirada do livro de Fechner *Uber die physikalische und philosophische Atomenlehre*; ler toda essa discussão [Seção XI] (p. 79-81), tão notável pela profundidade do pensamento quanto pelo brilho da forma.

nio ou de que a cor do vitríolo azul não representa a simples mistura das do ácido sulfúrico e do cobre, assim como outros fatos análogos, deixou perplexos diversos pensadores, por exemplo John Stuart Mill, e fizeram-nos emitir sérias dúvidas sobre a perfectibilidade da química[331]. No entanto, pelo motivo que acabamos de indicar, eles não contradizem de modo algum a opinião de que os átomos numa combinação permanecem absolutamente tais como eram antes de entrar nela e que ainda o serão ao sair. Atualmente, aliás, a permanência invariável de várias de suas propriedades pode ser provada diretamente, e nestes últimos anos a ciência trilhou caminhos que nos levam a esperar ora essa prova direta numa ampla medida, ora a demonstração mais clara e mais abrangente da dependência das propriedades do composto com relação às de suas partes constitutivas. O calor específico dos elementos persiste nas suas combinações; o poder refringente do carbono encontra-se nas suas; outras relações entre as propriedades de um composto químico e as de suas partes surgem constantemente; tampouco é raro que se consiga prever as qualidades de uma combinação ainda não realizada experimentalmente, etc. Assim, a química, que repousa inteiramente na teoria atômica, aproxima-se cada vez mais do estado de perfeição no qual a dedução substitui o simples e grosseiro empirismo. Afinal, ela não conseguiu recentemente provar que as propriedades físicas dos elementos (extensibilidade, fusibilidade, volatilidade) dependem do peso e do volume dos seus átomos, e até, rivalizando com os resultados espantosos da astronomia, prever a existência e a natureza de certos elementos e confirmar em seguida a exatidão de suas previsões com descobertas de fato? Não falaremos mais dos serviços prestados pela teoria dos átomos e as confirmações que ela já recebeu; o que dissemos basta para justificar inteiramente o dito de Cournot: "Nenhuma das ideias que a Antiguidade nos transmitiu teve maior, nem mesmo igual fortuna"[332]. A teoria atômica moderna não é, aliás, uma simples reedição da doutrina de Leucipo e Demócrito. Mas ela é osso dos seus ossos e carne da sua carne. Será difícil determinar em que medida o criador da ciência moderna da natureza, Galileu, nascido em 1564, que sem dúvida conhecia os ensinamentos de Demócrito, foi influenciado por eles, e em que medida ele repensou por si mesmo algumas de suas ideias fundamentais. Mas o homem que introduziu definitivamente a teoria atômica na ciência moderna, o cônego Pierre Gassendi, nascido em 1592, partiu diretamente do estudo das doutrinas, dos escritos e também da vida de Epicuro, o continuador da teoria dos abderitas, e contribuiu grandemente para torná-la mais compreendida e apreciada. Enfim, René Descartes, nascido em 1596, embora rejeitasse a doutrina dos átomos, estava, com exceção feita da questão da fonte original do movimento, tão completamente no campo da explicação estritamente mecânica da natureza implicada

---

[331] J. S. Mill, *Lógica*, I, III cap. 6. Sobre o que segue, cf. Lothar Meyer, *Die modernen Theorien der Chemie*, 4ª ed., *passim*, especialmente p. 253, 273, 183.

[332] *Traité de l'enchaînement des idées fondamentales dans les sciences et dans l'histoire*, I 245.

nessa doutrina que acreditou dever responder à crítica de só ter, nessa parte do seu sistema, remendado os "farrapos de Demócrito"[333].

A teoria atômica tem uma história longa e movimentada; ela foi escrita recentemente de modo tão caloroso quanto erudito numa obra que, infelizmente, não conta seus inícios[334]. Não cabe no nosso contexto falar das suas vicissitudes e transformações, não mais que das objeções que foram levantadas contra ela por aqueles que são chamados de filósofos dinâmicos. Contentemo-nos em apontar algumas das diferenças essenciais que separam a moderna atomística da antiga. A física atual não admite mais o conceito do vazio. Ela substituiu-o pelo do éter, hipótese que, para a explicação dos fenômenos naturais, mostra-se infinitamente mais cômoda. Porém, no ponto decisivo que nos interessa aqui, as duas concepções concordam da maneira mais exata. O éter é, como o vazio, absolutamente penetrável; ele envolve os corpos impenetráveis e banha-os em todas as suas partes; como o vazio, ele é considerado dotado de elasticidade absoluta. Contudo, eis uma diferença de alcance mais considerável. A química de hoje contenta-se com um pouco mais de setenta elementos, e seus representantes não duvidam mais, desde a descoberta da "série natural" das matérias fundamentais, que a ciência do futuro reduza consideravelmente esse número, ou até que reduza todos os elementos a um único. Leucipo acreditava precisar supor uma infinita variedade de átomos, mas somente do ponto de vista do tamanho e da forma. Portanto, sua hipótese – e não é uma honra medíocre para ele – revelou-se infinitamente mais fecunda que ele supunha. O número de diferenças qualitativas que resultam das simples variações na quantidade e na disposição dos átomos combinados é incomparavelmente maior do que pressentiam Leucipo e Demócrito. O álcool e o açúcar oferecem uma aparência e produzem efeitos tão diferentes que os fundadores dessa grande doutrina não podiam imaginar que eles fossem compostos pelas mesmas três espécies de átomos, mas combinados em proporções diversas. A muscarina é um veneno violento e a colina é uma substância encontrada em todas as células animais e vegetais: poderiam eles ter suposto que a primeira só difere da segunda porque contém um átomo de oxigênio a mais[335]? Eles tampouco teriam imaginado que os seres organizados, na sua inesgotável variedade, são formados, na sua maior parte, de somente quatro tipos de átomos, mas em disposições e

---

[333] Descartes escreve a Mersenne [30 de agosto de 1640]: "Admiro aqueles que dizem que o que escrevi não passa de *centones Democriti*"etc., *Œuvres*, ed. Cousin, VIII 328; ed. Adam e Tannery, *Corr.* III 166 [cf. as cartas a Huyghens de março de 1638 e a Huyghens (?) de junho de 1645 (?), *ibid.* II 51, 15 e IV 223, 14]. É justo lembrar aqui o grande Robert Boyle (1627-1691), que disse: "talvez uma única e mesma matéria fundamental, extensa, divisível e impenetrável, seja a base de todos os corpos, e as diferenças que percebemos neles são a consequência somente de tamanhos e formas desiguais, de repouso ou movimento e da posição recíproca dos átomos". Kopp, *Geschichte der Chemie*, II 308.

[334] [Kurd Lasswiz, *Geschichte der Atomistik vom Mittelalter bis Newton*, Hamburgo e Leipzig, 1890.]

[335] As fórmulas dessas duas substâncias são as seguintes: muscarina $C_5 H_{15} N O_3$, colina $C_5 H_{15} N O_2$.

número diferentes. E no entanto indagamo-nos com algum espanto porque os atomistas não se contentaram com uma hipótese mais modesta no que diz respeito ao número presumível de formas e tamanhos dos átomos. Podemos certamente pensar com razão que a causa dessa superabundância é uma espécie de reação contra a concepção popular e não-científica do mundo material e, no que tange a Demócrito, uma reação contra a teoria da matéria professada por Anaxágoras. "Não é necessário", gritavam os criadores da nova doutrina para os seus adversários, "admitir, como fazeis, inúmeras diferenças qualitativas; na realidade, nada obriga a supor nem mesmo uma única. Variações de tamanho e da forma da substância primordial bastam amplamente por si mesmas para explicar a inesgotável abundância das diferenças fenomenais". Com isso foi dado um passo imenso no sentido da simplificação das suposições fundamentais. De uma só vez, fora contida a prodigalidade da natureza do ponto de vista qualitativo. Será que ela devia ser moderada do ponto de vista da quantidade? À primeira vista, não havia nenhuma razão para fazê-lo. Tratava-se, antes de mais nada, de dar condições à nova hipótese para responder às exigências mais extensas e até mais excessivas, e não podia parecer desrazoável esperar da natureza, desse ponto de vista essencial, a prodigiosa abundância de formas que ela manifesta nos outros campos. Somente o aumento gradual dos conhecimentos positivos podia trazer uma medida e um limite para isso. Aliás, se a doutrina de Demócrito conhece, pelo menos em casos isolados, átomos duplos, a concepção do grupo de átomos ou molécula geralmente lhe é estranha; por conseguinte, o papel que a ciência atual atribui a esta última incumbia ao próprio átomo, e é também por isso que era preciso conferir-lhe uma mais rica variedade de formas. Ao admitir que, nesse ponto, a hipótese pecava por excesso de generosidade, pelo menos sua riqueza não era dilapidada, mas encontraria o emprego mais produtivo que se pode imaginar. De fato, todas as diferenças físicas das substâncias simples eram reduzidas sem exceção a essas diferenças de tamanho e de forma. Demócrito estimava poder dispensar-se de admitir qualquer outra diversidade. Infelizmente não temos informações suficientes a esse respeito. Conhecemos pelo menos a explicação que ele dava para o peso específico: segundo ele, ele resultava absolutamente da maior ou menor densidade da estrutura material. Se uma matéria é mais leve, com volume igual ao de uma outra, é porque ela contém mais vazio[336]. Todavia, uma dificuldade apresentava-se. A dureza também devia, por força da concepção fundamental, aumentar com a densidade, e apenas com esta última. Logo, o que acontece quando a dureza e o peso específico não caminham juntos? O ferro é ao mesmo tempo mais duro e mais leve que o chumbo. Demócrito imaginou, para resolver o problema, um novo e engenhoso expediente. Encontrou a chave dessa contradição numa diferença de distribuição do vazio. Ele pensou que um pedaço de chumbo contém uma massa maior de matéria e menos vazio que o pedaço

---

[336] Sobre a explicação que dava Demócrito para o peso específico, ver Mullach, 215. O testemunho é de Teofrasto, *De sensibus* [61 ss.], a quem também devemos nossas outras informações sobre a teoria dos sentidos de Demócrito: *Doxogr.*, 516 ss. [FVS 55 A 135].

de ferro com igual volume, de outra forma seu peso não poderia ser superior. Mas a repartição do vazio deve ser mais igual no chumbo e a massa de matéria que ele contém atravessada por interstícios mais numerosos, mas menores; de outro modo, sua dureza não poderia ser menor.

IV

Aliás, não temos informações exatas sobre a questão de saber quais corpos Demócrito considerava simples e quais compostos, ou seja, quais matérias ele fazia consistir em *uma única* espécie de átomos e quais ele fazia consistir em *várias*. Somente em dois pontos do que podemos chamar de sua fisiologia dos sentidos um raio de luz vem iluminar nossa escuridão. Sabemos pelo menos que, se ele admitia essa multiplicidade infinita de tamanhos e formas de átomos, não era porque ele estivesse na impossibilidade de reconhecer ou supor um corpo composto num corpo aparentemente simples. Sua muito notável teoria das cores, que, diga-se de passagem, mereceria ser estudada novamente por algum estudioso competente, parte da suposição de quatro cores fundamentais: o branco, o preto, o vermelho e o verde. Eram – exceto a última, que tomou o lugar do amarelo – as que Empédocles já havia reconhecido como tais. Todas as outras são designadas como mistas. Concluímos disso que os numerosos corpos cuja cor não é uma dessas que acabamos de indicar deviam ser obrigatoriamente de natureza composta, ou seja, não conter somente partículas homogêneas. Quanto à tentativa que fez Demócrito para explicar a diferença das impressões de gosto, ela baseava-se em primeiro lugar nas diferenças de forma e, em menor medida, nas diferenças de tamanho dos átomos contidos em cada matéria. Um gosto picante provém, para ele, de átomos pontiagudos; o gosto doce, da forma arredondada de átomos de tamanho moderado; ele explicava do mesmo modo os gostos acres, salgados, amargos etc. Uma observação, para começar, a respeito dessas tentativas de explicação baseadas em simples e vagas analogias entre as impressões do paladar e as do tato. Sem dúvida nenhuma, elas são radicalmente falsas e, ainda por cima, de uma rudeza com a qual temos o direito de nos surpreender. No entanto, nosso leitores julgá-las-ão talvez com mais indulgência quando souberem, através do ensaio de Alexander von Humboldt *Sobre as fibras nervosas e musculares excitadas*, que teorias quase idênticas, que relacionavam, como as de Demócrito, as diferenças de gosto a diferenças de forma dos átomos, eram correntes ainda no século XVIII e gozavam de uma autoridade, por assim dizer, incontestada[337]. Mas o que atualmente suscita nosso interesse é outro ponto. Essas indicações sobre as formas atômicas aptas a provocar tal

---

[337] Alexander von Humboldt, *Versuch uber die gereizte Nerven-und Muskelfaser*, Berlim, 1797, I 429. Mas Humboldt não comunica tais opiniões como se fossem suas. O representante moderno mais importante dessa teoria é, sem dúvida, Nicolas Lemery, a quem Kopp, na sua *Geschichte der Chemie*, III 14, atribui a seguinte citação: "Não creio que me contestem quando digo que o ácido tem pontas [...], basta prová-lo para ter essa sensação, pois ele provoca picadas na língua", etc. (*Cours de chymie*, 1675).

ou tal sensação de gosto causam inicialmente a impressão de que cada matéria sápida, cada "suco" deve ser formado por uma única espécie de átomos, a saber, aqueles que possuem a forma e o tamanho apropriados. Mas basta lembrar o que notamos acima acerca das cores compostas para reconhecer que essa não pode ter sido a opinião de Demócrito. Ele podia sem dúvida supor sem contradizer-se que o sal de cozinha – que é branco – é composto por átomos homogêneos, mas ele não podia dizer o mesmo nem do mel "dourado", nem da bile humana, que é amarelo-pardo. Ele devia evidentemente relacionar a doçura do primeiro e o amargor da última à presença das formas atômicas das quais dependem essas impressões gustativas; todavia, como para ele o amarelo e o pardo eram cores compostas, a conclusão que devia se impor a ele era a de que tanto o mel quanto a bile contêm, além desses átomos, átomos de outra natureza. Portanto, essa teoria equivale, na realidade, a dizer que a espécie de átomo à qual se deve o gosto específico de todas as matérias de cor composta apenas predomina nelas e tem valor preponderante. Aliás, Teofrasto, nossa melhor autoridade no que tange à doutrina das sensações de Demócrito, afirma que é precisamente isso o que ele ensinava[338].

Dos átomos individuais, passemos aos grupos atômicos. Demócrito não via neles combinações propriamente ditas, mas junções no sentido técnico da palavra. Para ele, os átomos tocavam-se imediatamente e entrelaçavam-se ou enroscavam-se uns nos outros. Isso só poderia acontecer se os átomos fossem dotados de ganchos, e de fato Demócrito imaginou e devia imaginar, em virtude da infinita variedade de formas que sua doutrina pressupõe, uma enorme quantidade de átomos com ganchos. Das partículas desprovidas de qualquer encaixe e que só podiam permanecer em combinação se ficassem aprisionadas no meio de outras partículas, ele distinguia aquelas que eram munidas de alças ou ganchos, de bordas dobradas, de convexidades ou cavidades, de apêndices de todas as formas, e que, consequentemente, podiam ligar-se das maneiras mais variadas, umas num ponto, outras em dois. Esta última diferença e algumas outras análogas serviriam evidentemente para justificar também o grau maior ou menor de mobilidade, a coesão mais íntima ou mais frouxa dos átomos e a constituição correspondente dos corpos formados por eles. Essa explicação das combinações da matéria, cujo último eco percebemos em Descartes e Huyghens, tornou-se estranha para nós[339]. Todavia,

---

[338] [FVS A 135, § 67.]

[339] [FVS 54 A 11; A 23; 55 A 80.] Descartes e Huyghens: cf. [Descartes, *Princípios da filosofia*, III 88: "[...] quædam [...] ramenta [...] non possunt non habere figuras valde angulosas, & ad motum ineptas. Unde fit ut facile sibi mutuo adhæreant [...]"] e Huyghens, *Discurso da causa da gravidade*, no apêndice do *Tratado da luz*, p. 102 (ed. de Leipzig [por W. Burckhardt, sem data]): "Corpos feitos de um amontoado de pequenas partes encaixadas juntas [...]". Não obstante, ainda se encontram ideias análogas em Lemery (1645-1715), segundo Kopp, *op. cit.*, II 308. Descartes, segundo a expressão concisa que Huyghens dá ao seu ponto de vista, *op. cit.*, 94, reduz tudo a princípios "como aqueles que dependem dos corpos considerados sem qualidades e dos seus movimentos". Sobre o que segue, cf. L. Meyer, *op. cit.*, 223: "O termo 'saturação' é apenas uma palavra que faz as vezes de uma ideia, de uma concepção nítida que não existe"; cf. também a esse respeito p. 387.

cabe notar que a teoria moderna das afinidades químicas, que substituiu em parte essa concepção mecânica e grosseira, está igualmente longe de ser satisfatória; ela só tem razão de ser porque constitui uma maneira muito cômoda de exprimir-se, uma ficção útil, mas, nas palavras de um químico filósofo do tempo presente, ela usa frases que "fazem as vezes de uma concepção nítida que não existe". Podemos também observar que a ciência de hoje inclina-se cada vez mais, para explicar toda interação das partículas, a abandonar a teoria da atração à distância para recorrer à do contato por intermédio do éter, e que essa revolução foi preparada pelo profundo discurso de Huyghens, *Da causa da gravidade* (1690). Porém, a despeito dessas considerações, poder-se-ia dirigir a Demócrito o dito de Pascal sobre a teoria cartesiana da matéria: "Em suma, é preciso dizer: isso ocorre por figura e movimento, pois é verdade. Mas dizer quais, e compor a máquina, isso é ridículo; pois é inútil e incerto e penoso"[340].

Volteando no espaço vazio, esses átomos feitos para entrar em combinação chocam-se ao acaso, enlaçam-se uns nos outros em grupos maiores e formam pouco a pouco um invólucro que envolve e aprisiona os bandos de átomos que erram isolados. Eles separam-se assim do infinito do vazio e acabam por tornar-se um mundo particular ou cosmo, e esses mundos existem em número infinito[341]. Eles formam-se ali onde se encontram reunidas as condições favoráveis ao seu nascimento; eles são destruídos, isto é, desmancham-se nas suas partes constitutivas, assim que as condições cessam de ser propícias à sua manutenção. Mas para que se forme um cosmo – pelo menos tal como aquele que conhecemos – não basta a presença de imensos complexos atômicos; não basta que eles se combinem na maior escala; é preciso ainda, e na mesma medida, que aconteça uma separação das matérias. Aquilo que temos diante dos olhos não é um amontoado confuso de átomos, mas um pequeno número de massas materiais inteiramente ou quase inteiramente homogêneas: em cima o céu, aqui a terra, cujos abismos são recobertos pela vasta extensão dos mares. O antigo enigma põe-se diante dos atomistas e recebe deles uma nova resposta, ainda que não absolutamente nova. A atração do semelhante pelo semelhante, que vimos desempenhar em Empédocles o papel de ordenadora do universo, apresenta-se novamente a nós, mas numa forma um pouco modificada. Demócrito também reconhece na tendência dos semelhantes a associarem-se uma norma reguladora dos processos cósmicos. Porém, ela não a considera um fato final para o qual não se poderia ou não caberia dar explicação; ele quer compreendê-la, quer dizer, relacioná-la à sua causa, e como se trata de um fenômeno

---

340 *Pensées*, n° 371 ed. Michaut; frag. 79 da ed. Brunschwicg (*Œuvres*, XII 99).

341 Os testemunhos essenciais sobre a cosmogonia de Demócrito encontram-se em Dióg. L., IX 31 [FVS 54 A 1]; Hipólito, I 13 [FVS 55 A 40]; Demócrito, frag. 2 (*Física*), p. 207, e frag. 6, p. 208 Mullach = *Vorsokratiker*, 414-15 e 416, 6 ss. [55 B 164; B 167-168]. Cf. Platão, *Timeu*, 52e. Essa questão foi tratada recentemente e excelentemente por Brieger, *Die Urbewegung der Atome und die Weltentstehung bei Leukipp und Demokrit* (Programa do ginásio de Halle, 1884), e por Hugo-Karl Liepmann, *Die Mechanik der leukipp-democritischen Atome*, tese de doutorado, Berlim, 1885.

material, à sua causa física ou mecânica. A existência dessas aglomerações de matérias homogêneas, o fato de que um torrão de terra é vizinho de outro torrão, de que uma gota d'água encontra-se na companhia de outras gotas, equivale para ele ao fato de que os átomos ou complexos de átomos dos quais dependem as qualidades da terra, da água etc. estiveram um dia reunidos, associados em massas enormes. Assim, ele vê-se diante de um problema cuja solução o preocupa. Ele encontra-a numa lei que poderia ser exprimida nos seguintes termos: "As partículas de forma e tamanho igual têm um poder igual de reação; as partículas de tamanho e forma diferentes têm um poder diferente de reação". Refletindo sobre os fenômenos grandiosos que deram à nossa Terra seu aspecto atual, ele lembra-se dos efeitos produzidos pela joeira ou pelo choque das ondas nas praias. Ele imagina que os grãos de diversas espécies que o lavrador sacode na sua joeira são separados e triados pela corrente de ar que resulta dessa operação: "as lentilhas juntam-se com as lentilhas, os grãos de cevada com os grãos de cevada, os de trigo com os de trigo". Ocorre o mesmo na praia, onde "o movimento da onda associa os pedregulhos alongados aos pedregulhos alongados, os pedregulhos redondos aos pedregulhos redondos".

O papel da joeira e do choque das ondas é desempenhado no processo cósmico pelo *turbilhão dos átomos*. Em todo lugar onde, no espaço universal, cadeias de átomos em movimento encontram-se lateralmente, elas produzem um movimento giratório ou turbilhão que, arrastando de início essas duas cadeias, propaga-se cada vez mais longe, apanha os tecidos de átomos vizinhos, e finalmente tria e separa todas as massas assim aglomeradas. A separação ocorre segundo a lei formulada acima: os átomos de mesma forma e tamanho igual reagem da mesma maneira ao impulso recebido; a resistência que eles opõem é proporcional à sua massa: os maiores são movidos menos facilmente, os menores mais facilmente. Desse modo, não somente a reunião dos semelhantes, das partículas de água com as partículas de água, das de ar com as de ar, é ligada a uma causa, mas também a ordem na qual essas massas são dispostas encontra uma explicação: os átomos menores e mais móveis em virtude de sua forma opõem uma resistência mais fraca ao impulso que receberam; os maiores, cuja forma torna também menos móveis, opõem uma resistência maior. É por isso que a massa terrestre, composta de átomos desta última espécie, forma o ponto central, enquanto o éter, constituído pelos átomos menores e mais redondos do fogo, forma o invólucro externo do cosmo assim gerado. A compreensão exata dessa doutrina cosmogônica data apenas de uma dúzia de anos; devemo-la a dois estudiosos que, de forma independente um do outro, conseguiram afastar o emaranhado de absurdos amontoados pelos séculos e a restabelecer na sua pureza original as ideias de Leucipo e Demócrito. Esses dois pesquisadores notáveis deixaram, todavia, de insistir num ponto. Nenhum deles notou que o emprego do turbilhão como agente da ordenação cósmica não foi exatamente uma inovação dos atomistas. Já encontramos hipóteses análogas tanto em Anaxágoras como em Empédocles, e podemos, no mínimo com um alto grau de probabilidade, indicar a fonte primitiva à qual esses diversos pensadores – tanto os abderitas quanto o de Clazômenas e o de Agrigento – recorreram; essa fonte é a doutrina do patriarca da especulação cosmogônica, Anaximandro de Mileto. É o que nos ensina, com certeza quase completa, um trecho de Aristóteles negligenciado durante muito tempo[342]. Mas as divergências que constatamos no emprego desse agente cosmogônico não são menos notáveis que as concordâncias. É a um princípio imaterial, ou pelo menos meio imaterial, que Anaxágoras atribui o impulso que dá origem ao movimento rotatório. Esse movimento, ao triunfar sobre a fricção interna, desprende as massas até então amontoadas desordenadamente, numa confusão completa, e permite que sigam a solicitação da sua gravidade específica e encaixem-se na ordem em que as vemos. Não pudemos determinar em que ponto Empédocles encontrou a origem do movimento, que para ele também produz um turbilhão e, por intermédio deste, separa a massa confusa de matéria reunida até então no "sphairos" divino. A única coisa que pudemos afirmar com certeza é que para ele o processo mecânico cumpriu-se a serviço da "Discórdia", uma das duas potências não-materiais. Nos atomistas, todo vestígio de uma tal dependência desapareceu. O processo cosmogônico não é o meio de nenhum objetivo preconcebido; ele tampouco decorre da intenção de algum *noûs* que ordena o Todo, nem emana de outra potência qualquer que regulasse e dominasse os fenômenos cósmicos. Ele deriva inteira e exclusivamente de forças naturais no sentido mais estrito da palavra, de forças inerentes à própria matéria. A hipótese de Demócrito responde unicamente à necessidade de explicação científica; seu único objetivo é resolver, sem nenhum desígnio acessório e de modo absolutamente imparcial, a seguinte questão: como pôde acontecer que em tal ou tal ponto da infinita extensão do vazio, em tal ou tal ponto do decurso incessante do tempo, tenha ocorrido essa separação, essa ordenação das massas de matéria, das quais o mundo que nos cerca certamente não é um exemplo isolado? Muito cedo, uma parte dessa resposta foi especialmente objeto de explicações equivocadas, e é necessário determo-nos um pouco mais nelas para expô-las com toda clareza.

No começo desta exposição, falamos de átomos que volteiam no espaço vazio. Contamos como, segundo as teorias de Leucipo e de Demócrito, enormes quantidades de átomos encontram-se, como aqueles dentre eles que são suscetíveis de combinar-se combinam-se, como aqueles que não o são são mantidos, pelo menos em parte, por um tecido de átomos que os envolve e os impede de disseminar-se inteiramente. Enfim, mencionamos os complexos de átomos em movimento que, chocando-se lateralmente, produzem um turbilhão ordenador de mundos. Duas perguntas surgem aqui, uma de detalhe e outra de princípio; a primeira diz respeito ao turbilhão e aos efeitos que lhe são atribuídos. Estes não são exatamente o contrário do que deveriam ser segundo as

---

342 Arist., *De cælo*, II 13, no qual a teoria do turbilhão é atribuída "a todos", ou seja, como mostra o contexto, a todos os antigos filósofos-naturalistas e a todos os autores de cosmogonias (295 a 9 ss.) [FVS 46 A 88]. Teichmüller foi o primeiro a ver e demonstrar que Aristóteles também pensa, quase certamente, em Anaximandro (*Studien zur Geschichte der Begriffe*, Berlim, 1874, p. 83).

leis da física? A força centrífuga desenvolvida por um movimento circular é admiravelmente apropriada para operar a triagem de um aglomerado de matéria. No entanto, qualquer máquina centrífuga pode mostrar que são as matérias mais pesadas que são projetadas por ela a uma distância maior. Como Anaximandro raciocinou a esse respeito? Não sabemos. Mas seus sucessores, ao mesmo tempo em que se apropriaram da hipótese da rotação, procuraram na terra paralelos exatos do turbilhão cosmogônico. Encontraram um no campo dos fenômenos meteorológicos e deixaram induzir-se a erro! Um turbilhão de força moderada – como os ventos etésios produzem com certa frequência na Grécia – arrasta os objetos leves, mas é fraco demais para levantar aqueles de certo peso. Além disso, o movimento de todo vento turbilhonante à proximidade do solo toma, por força da fricção que ocorre, a direção do exterior para o interior e, por causa disso, forma um aglomerado de matéria perto do seu ponto central, que se encontra em repouso. Assim pode ter nascido a ideia errônea de que o movimento giratório carrega em si mesmo consequências dessa natureza e de que o suposto turbilhão cósmico também devia acarretá-las[343].

Incomparavelmente mais importante é a questão das causas de todos esses movimentos e de todas essas inibições de movimento. Já na mais alta Antiguidade, essa questão preocupou os espíritos e deu origem às principais objeções levantadas contra a teoria atomística. Numa certa medida, e até numa medida muito extensa, essa questão admitia uma resposta imediatamente satisfatória, uma resposta clara e nítida. Golpe, pressão, contragolpe, resistência que cresce com a massa eram os fatores essenciais tirados da experiência e que se imaginava que também tinham agido nesses processos cósmicos. O fato de que, além disso, os abderitas supuseram que um átomo, depois de ter se chocado contra outro, ricocheteia e afirma assim a elasticidade de corpos absolutamente rígidos pode ser dos mais inoportunos para a teoria atomística na sua forma tradicional, mais isso não tem importância alguma para a questão de princípio de que tratamos aqui. Para explicar mesmo as primeiras fases do processo cósmico, esses fatores mostravam-se suficientes numa medida muito maior do que poderia levar a crer um exame superficial. Afinal, os átomos que volteavam no espaço vazio podiam também, no decurso infinito do tempo passado, ter sido chocados por outros átomos e postos em movimento pelos choques recebidos deles. Porém, esse expediente certamente não podia ser definitivo. Se se supunha que A tinha recebido um impulso de B, B de C, C de D, etc., etc., o pensamento, regredindo na série desses impulsos, chegava inevitavelmente a indagar qual havia sido o ponto de partida, por mais numerosos que fossem os termos dos quais se compunha a série. A resposta que Demócrito deu a essa pergunta foi desaprovada por um grande número de pensadores, e precisamos ver agora até que ponto essa desaprovação era justificada. A explicação de Demócrito

---

[343] O que dizemos aqui sobre a ação dos ventos turbilhonantes, e em particular dos ventos etésios, foi aprovado por nosso colega o prof. Jules Hann e apoia-se em parte numa gentil e instrutiva comunicação de sua parte.

consistia em dizer que esse movimento dos átomos era original, eterno, sem começo, e que era ocioso e até absurdo procurar um começo ou uma causa para um processo que não tem nem um nem outra. Então criticaram-no por violar o princípio, proclamado tão solenemente por ele mesmo e por seu mestre, da causalidade universal, por fazer do puro acidente, do arbitrário, o soberano do mundo, por colocar o acaso no início do processo cósmico, etc., etc. E a grita não parou desde Aristóteles até nossos dias[344]. Para dar uma opinião equânime nessa querela, é preciso, antes de mais nada, considerar com a maior precisão possível o conceito de causa. A própria palavra que exprime esse conceito em português permite constatar a ambiguidade que ele encerra e apontar o motivo principal dessa antiga querela, já que, etimologicamente, a palavra "causa" é equivalente da palavra "coisa" (comparem com o alemão *"Sache"* – coisa – e *"Ursache"* – causa).

A palavra "causa" pode designar uma *coisa* que existe antes de um evento e o faz existir, uma *coisa* no sentido mais extenso da palavra, objeto, ser, substância de qualquer natureza. Demócrito tinha evidente e incontestavelmente o direito de não atribuir uma tal causa a um processo primordial, pois, embora ele considerasse que os átomos existiam desde sempre, ele certamente não era obrigado pela sua crença na causalidade a pôr antes do primordial um fato ainda mais primordial. Porém, a palavra "causa" tem também outro significado, aquele que hoje prevalece na linguagem científica. Queremos dizer com isso o *conjunto das condições* que produzem um determinado evento. Pouco importa que essas condições sejam – pelo menos parcialmente – exteriores ao objeto que constitui o palco desse evento, ou que se queira falar exclusivamente das energias ou propriedades inerentes a esse objeto e que determinam sua ação. Neste último sentido, pode-se indagar legitimamente sobre a causa de um processo, mesmo primordial. Responder a essa pergunta significava, nesse caso particular, indicar a *propriedade* dos átomos que os leva a moverem-se independentemente de qualquer choque exterior e anterior. E para que essa resposta pudesse satisfazer exigências mais rigorosas, ela devia indicar, além dessa propriedade, a lei que a rege, ou, em outros termos, a força e a direção desse movimento primordial. Demócrito realizou a primeira parte desse programa, mas não a segunda. Ele declarou que o movimento era o estado primitivo ou natural dos átomos, mas não pensou poder afirmar o que quer que fosse acerca da direção e da força desse movimento. E de fato, se ele não podia, é simplesmente porque ele não dispunha de nenhum dos elementos de observação necessários para esse fim. Toda a matéria que ele conhecia e que nós conhecemos, nós seres humanos em geral, havia saído há muito tempo do estado primordial, o único que poderia revelar essa lei do movimento. Para Demócrito, em especial, em virtude de suas hipóteses, ela passou por esse movimento turbilhonante que precedeu o estado atual do universo e foi seu ponto de partida. Aliás, independentemente disso, onde encontrar uma partícula de

---

[344] As declarações de Aristóteles a esse respeito encontram-se no *De cælo*, III 2 (300 b 8) e na *Metaf.*, I 4 (985 b 20) [FVS 54 A 16; A 6].

matéria que, ao longo dos séculos, não foi atingida por outras partículas, que não sofreu choque nem pressão por parte delas? Mesmo se essa partícula existisse, se ela se prestasse à observação e portanto tivesse condições de desvelar a lei desse movimento primordial, como poderia perguntar a essa partícula qual é essa lei o pensador que não conhece sua história passada do ponto de vista mecânico, ou melhor, no caso particular, a falta de uma tal história? Assim, Demócrito podia, ou mais ainda, devia fugir a essa exigência porque ela não era fundamentada e ele não podia fazer jus a ela. Ele contentou-se em declarar que os átomos movem-se desde sempre. Qualquer um que lhe recuse esse direito desconhece a base e o procedimento de sua exposição, ou não tem noções suficientemente claras sobre esse assunto. Leucipo e seu aluno tinham atribuído a si mesmos a tarefa de explicar o estado atual do universo. Para isso, estudaram em primeiro lugar a condição primeira de todos os processos atuais, a própria existência e origem de um cosmo tal como o nosso, a diferenciação e ordenação das massas materiais das quais ele é composto. Na sua qualidade de pensadores verdadeiramente científicos, que partem do conhecido para inferir o desconhecido, para eles era uma questão de formular um mínimo de hipóteses que, juntamente com as propriedades empiricamente estabelecidas da matéria, pudesse explicar a construção do universo e o funcionamento de suas partes constitutivas. Uma dessas hipóteses consistia em dizer que os corpúsculos primitivos encontram-se desde a origem em estado de movimento e não de repouso. Então eles podiam chocar-se uns com os outros, então podiam entrelaçar-se, então os agregados de átomos podiam e deviam, assim que se encontrassem de forma propícia, produzir um turbilhão, etc., etc. No entanto, querer emitir afirmações ou conjecturas sobre o caráter desse movimento teria sido uma temeridade que nada justificava, sobretudo não a natureza do problema. Ao recusarem-se a se render a essa exigência dos seus adversários, os abderitas deram da sua reserva científica uma prova que lhes confere a maior honra, a despeito de todas as audácias do seu pensamento.

Porém, precisamente nesse ponto, pretensas dificuldades metafísicas, que na realidade são apenas preconceitos metafísicos profundamente enraizados, vêm obstruir nosso caminho. Seríamos tentados a declará-los desenraizáveis quando pensamos que um dos naturalistas filósofos mais eminentes acaba de tratar novamente a questão do elo que liga o movimento à matéria, e classifica-a entre os enigmas insolúveis do universo[345]. E essa é uma das formas menos pretensiosas sob as quais se apresenta essa pretensa dificuldade. No fundo, são sem dúvida enigmáticos, isto é, inacessíveis ao que chamamos de explicação, todos os fatos últimos do mundo e de sua constituição, tanto a existência da própria matéria quanto seu movimento. Contudo, o fato de que, no conceito da matéria, esteja contido um elemento que torna particularmente difícil ou – como afirma a maioria dos metafísicos – totalmente impossível admitir que ela esteja associada desde o início ao movimento parece ser uma das ilusões mais espan-

---

[345] A esse respeito, cf. *Uber die Grenzen des Naturerkennens. Die sieben Welträtsel. Zwei Vorträge von Emil du Bois-Reymond*, 3ª ed., Leipzig, 1891, p. 83 [= *Reden*, 2ª ed., II 74 ss.].

tosas nas quais o espírito humano, tão propenso às ilusões de toda espécie, já tenha se deixado enredar. Nessa dificuldade, tal como nas dificuldades ou impossibilidades análogas do pensamento, só se pode ver um produto do hábito. O que é espantoso, único no seu gênero nesse hábito que usurpa o valor de uma norma do pensamento, é o fato de que podemos, com perfeita precisão, determinar os limites, que são muito estreitos, das nossas faculdades perceptivas das quais ele decorre. No universo, até onde o conhecemos, não é a matéria imóvel mas a matéria em movimento que é a regra, por assim dizer, sem exceção. A totalidade da ciência não conhece um estado de repouso propriamente dito, ela só conhece o repouso relativo. O planeta que habitamos e os corpos celestes em direção aos quais alçamos nossos olhares são arrastados numa fuga incessante; eles desconhecem o repouso tanto quanto os átomos e moléculas dos quais se compõe tudo que é corpo. É por puro acaso que não percebemos imediatamente a rotação que arrasta a nós mesmos através do espaço junto com o globo que habitamos e tudo que ele contém; é também por puro acaso, quer dizer, por causa da extrema estreiteza de nossas faculdades perceptivas, que a circulação incessante das partículas de matéria escapa à nossa visão. É devido a essa reunião de causas fortuitas que nosso olho se prende quase exclusivamente a objetos materiais de grandeza média; e de fato um objeto de grandeza média representa muitas vezes, se não o consideramos como parte do seu todo ou como o todo das suas partes, uma trégua das energias motrizes que lhe dá a falsa aparência de um eterno repouso. É nisso e somente nisso, a nosso ver, que se deve procurar a raiz dessa opinião singular, elevada à dignidade de um dogma, segundo a qual é mais *natural* para a matéria como tal permanecer imóvel do que se mover, ou segundo a qual é até absurdo contar o movimento entre as propriedades primordiais da matéria.

Desde a aurora dos tempos modernos, um grupo de espíritos seletos opôs-se ao estabelecimento desse dogma: Giordano Bruno, bem como Bacon de Verulamio; apesar da autoridade de Descartes, Leibniz e Spinoza também o repudiaram; os mais eminentes naturalistas do nosso século rejeitam-no por sua vez. Um deles, John Tyndall, escreveu esta bela frase: "Se a matéria passa pelo mundo como mendiga, é porque os Jacós da teologia a privaram do seu direito de primogenitura"[346]. Gostaríamos apenas de substituir a teologia pela metafísica, que assume tantas vezes a tarefa de embelezar, de transfigurar os preconceitos humanos. Afinal, os teólogos reconhecem à divindade os atributos da onipotência e da onisciência, e portanto seria mais natural para eles

---

[346] Grote reuniu no seu *Plato*, I 92 ss., um certo número de declarações de Bacon a esse respeito [entre outras aquela que reproduzimos abaixo e que se encontra no tratado *De principiis atque originibus secundum fabulas Cupidinis et Cœli, Works*, III 84 Spedding]; cf. além disso L. Stein, *Leibniz und Spinoza*, 66 ss. [especialmente Spinoza, *Epístola* 81 Van Vloten, de 5 de maio de 1667 a Tschirnhaus, e Leibniz, *Specimen dynamicum* I, escritos matemáticos VI 240 Gerhardt]. Tirei a frase de Tyndall dos seus *Fragments of Science*, 3ª ed., 355. A opinião expressa abaixo sobre a origem da atomística foi aprovada e desenvolvida por A. Brieger, *Das atomistische System durch Korrektur des anaxagoreischen entstanden*, em *Hermès*, XXXVI 161 ss.

acreditar que ela dotou a matéria de movimento desde a sua origem. Não seria contraditório supor que ela o acrescentou somente mais tarde e para consertar uma omissão? Certamente, Demócrito não tinha que se preocupar com essas questões. A concepção da matéria como massa inerte que obedece somente a impulsos externos é de data mais recente. Essa "invenção do espírito humano [...] a matéria despojada e passiva", nas palavras de Bacon, ainda estava por nascer; ela era desconhecida dos hilozoístas, e parece apropriado ressaltar que os próprios atomistas, embora dispostos a considerar o mundo como uma máquina, felizmente souberam resguardar-se contra essa falsa generalização fundada na mecânica das massas terrestres. Desse ponto de vista como de outros, eles receberam a herança dos seus grandes predecessores, os fisiólogos da Jônia.

V

Aliás, é de praxe insistir mais na dívida de gratidão contraída pelos fundadores da atomística com os criadores da doutrina da Unidade. O que significa realmente esse ponto? Aqueles entre os nossos leitores que nos seguiram com atenção nossa exposição até aqui podem responder sozinhos, e de modo bastante exato, a essa questão. Mas talvez não ficarão chateados de conhecer a resposta que dava o sábio da Antiguidade mais competente nesse campo: "Leucipo, natural de Eleia ou de Mileto", diz Teofrasto, "estava familiarizado com a doutrina de Parmênides; todavia, ele não seguiu o mesmo caminho que este último e que Xenófanes, mas, ao que me parece, seguiu o caminho oposto. Pois, enquanto eles concebiam o universo como único, móvel, incriado e limitado e recusavam-se até a tratar a simples questão do não-ser [ou seja, do vazio], Leucipo pressupôs corpos primeiros infinitamente numerosos e arrastados num movimento perpétuo, os átomos, e declarou que suas formas eram igualmente infinitas em número", pelo motivo, entre outros, "de que ele observava nas coisas uma produção incessante e uma mudança incessante. Além disso, ele não considerou o ser mais real que o não-ser [ou seja, o vazio] e vê igualmente em ambos a causa de todos os processos"[347]. Caso se queira deduzir da primeira frase que Leucipo foi discípulo de Parmênides – o que, a nosso ver, não se depreende dela de modo algum –, é preciso reconhecer que ele não deu mais satisfação ao seu mestre que Voltaire aos bons padres jesuítas cujas aulas ele tinha assistido. Sem dúvida, aqueles que veem no segundo postulado da matéria uma criação de Parmênides devem ter acerca desse ponto uma opinião diferente da nossa, e sustentar, apesar da oposição diametral que Teofrasto indica com tanta razão e tanta força entre as doutrinas fundamentais dos dois filósofos, que a atomística depende numa ampla medida do eleatismo. Temeríamos abusar da paciência dos nossos leitores se expuséssemos mais uma vez as razões que nos fizeram reconhecer nos dois postulados da matéria o fruto e o acabamento da especulação

---

[347] Teofrasto, *Doxogr.*, 483, 12 ss. [FVS 54 A 8].

jônica. Não queremos de modo algum diminuir o mérito que cabe a Parmênides por ter sido o primeiro a formulá-los com rigor; constataremos apenas que esse mérito seria maior se o autor não tivesse se esforçado em vão para baseá-los em argumentos *a priori*. Com certeza, os metafísicos de Eleia não exerceram sem utilidade sua poderosa faculdade de abstração. A proclamação do segundo postulado da matéria, o da constância qualitativa, só deixava ao pensamento a seguinte alternativa: admitir o que podemos denominar brevemente a teoria da matéria de Anaxágoras ou aquela à qual podemos atribuir o nome de Leucipo: ou tantas matérias primitivas quantas são as combinações das qualidades sensíveis produzidas, ou uma única matéria primitiva dotada de todas as propriedades fundamentais comuns aos corpos, mas desprovida, em contrapartida, das qualidades sensíveis divergentes. Parmênides preparou o caminho para esta última opinião no sentido em que ele também estabeleceu uma distinção entre as propriedades que caracterizam as substâncias corpóreas como tais e aquelas que só são, por assim dizer, acidentes dessas substâncias. Seu "ser", na realidade, apenas preenche o espaço e reduz-se a ser eterno e imutável. Como para ele o *movimento* é inconcebível e consequentemente impossível, as propriedades *mecânicas* dos corpos, das quais depende e que produzem todo movimento, não têm significado algum para ele; seu sistema conserva o silêncio mais absoluto sobre o choque e a pressão, bem como sobre as modificações desses processos. Embora, por conseguinte, a linha de demarcação que ele traça entre o ser verdadeiro e a simples aparência enganosa não coincida de modo algum com a que Leucipo traça entre a realidade objetiva e a realidade simplesmente subjetiva, entre as qualidades primárias e as qualidades secundárias das coisas, e embora ele relegue ao campo da aparência exatamente aquilo que forma o centro da teoria atomística, isto é, o movimento, ele trabalhou – poderíamos dizer que contra sua vontade – para a eclosão dessa teoria pelo próprio fato de ter estabelecido uma divisão, seja qual fosse, de ter distinguido no seu ser propriedades essenciais e propriedades não-essenciais e de ter erguido entre essas duas categorias uma barreira intransponível. Os caminhos do progresso intelectual entrelaçam-se estranhamente: justamente o pensador que negava todo movimento, toda mudança, todo processo, e que portanto privava o estudo da natureza do seu conteúdo, serviu, inconscientemente e sem querer, a causa da ciência que reconhece plenamente a mudança e os processos, que os reduz ao movimento mecânico e que trata exclusivamente desses problemas.

Porém, ao reconhecer isso, atribuímos à especulação eleática toda a parte que lhe cabe diretamente no progresso da ciência positiva. Talvez até tenhamos sido demasiado generosos com ela. Afinal, quem sabe se Leucipo, colocado diante dessa alternativa, não teria, mesmo sem o auxílio de Parmênides, escolhido o caminho certo e entrado na liça contra Anaxágoras? Seria ocioso, sem dúvida, discutir esse assunto. Mas é absurdo sustentar, só porque as duas doutrinas apresentam pontos de contato, que uma é dependente da outra. Elas tocam-se de fato em muitos pontos, assim como e precisamente porque os contrários se tocam. Os eleatas raciocinavam como segue: sem vazio, não há movimento; não há vazio, logo não há movimento. Os atomistas, ao contrário, disseram: sem vazio, não há movimento; o movimento existe, logo o vazio também existe. Porém, por mais fascinante que seja o contraste entre essas duas conclusões, o atomista não deve ao eleata a premissa maior que lhes é comum a ambos, e por conseguinte o impulso primeiro do qual saiu pela menos essa parte da sua doutrina? É o que se sustentou com frequência, contudo, a nosso ver, de forma completamente errônea. Pois os eleatas não podem ter sido os autores dessa premissa comum. Melisso já trata do espaço vazio, e não como se tivesse imaginado essa hipótese com o único propósito de combatê-la. O próprio Parmênides conhece e refuta a hipótese do vazio ou do não-ser num tom que não permite duvidar que ele tenha encontrado essa doutrina já estabelecida e que já se tivesse recorrido a ela para explicar a natureza. Não é por Parmênides que Leucipo foi influenciado aqui, mas sim por pensadores cujos nomes se perderam – provavelmente, como observamos uma vez (liv. II, cap. II, seção IV, 1º §; cf. liv. III, cap. II, seção II, 4º §), por pitagóricos – e que haviam precedido a ambos. Ousamos até dar um passo a mais. Esses desconhecidos já tinham imaginado não somente o vazio, mas também um análogo dos átomos. De fato, Parmênides fala de uma coisa na qual só podemos enxergar o vazio e que, segundo a suposição dos adversários que ele combate com afinco, ocupa por um lado um espaço contínuo e, por outro, "é regularmente distribuída em todos os lugares"[348]. Em outros termos, ele conhece uma doutrina que supõe não somente um espaço contínuo desprovido de matéria, mas também interstícios de vazio que atravessam todo o mundo dos corpos. As ilhotas de matéria – se podemos chamá-las assim – cercadas por esses interstícios como por uma rede de canais, deviam ter um propósito pelo menos muito análogo ao dos átomos de Leucipo. A concepção de uma massa material interrompida regularmente e sem exceção não podia ter outro objetivo senão explicar um fato universal, e qual podia ser ele senão precisamente o do movimento? Tais são nossas conclusões, e a força delas não nos parece menor só porque, até agora, ainda não foram tiradas por ninguém. Aqui, portanto, o historiador atento percebe um crescimento orgânico das ideias e essa continuidade de desenvolvimento que realça o valor dos resultados científicos sem diminuir seriamente o mérito dos seus autores.

VI

Agora nos perguntamos em que consiste o mérito essencial de Leucipo. Qual parte da sua doutrina leva no mais alto grau a marca do seu gênio original? Não foi ele que introduziu na ciência a concepção do espaço vazio; os germes da teoria atomística existiam antes dele; todavia, muito provavelmente eram apenas rudimentos grosseiros que ele desenvolveu, aperfeiçoou e elevou à dignidade de um sistema. Parmênides havia preparado a distinção entre as qualidades essenciais e as qualidades não-essenciais

---

[348] Cf. a citação de Parmênides sobre o vazio na nota ao 1º § do liv. II, cap. II, seção IV.

das coisas, ou, como dizemos depois de John Locke, entre as qualidades primárias e secundárias; resta saber se suas indicações, nesse ponto, eram indispensáveis ou não. Mas ninguém havia tentado, antes de Leucipo, ligar ao mundo das substâncias o mundo dos fenômenos ao invés de rejeitar este último, à maneira dos eleatas, como simples ilusão e fantasmagoria, e de bani-lo do templo do conhecimento. Leucipo estendeu uma ponte entre esses dois mundos, que, depois de terem sido confundidos um com o outro, só haviam sido distinguidos há pouco tempo separando-se violentamente um do outro. Ele tentou mostrar que o conjunto das propriedades sensíveis das coisas é, para usar a linguagem da matemática, uma função de suas propriedades corpóreas, do seu tamanho, da sua forma, da sua posição, da sua situação, da sua proximidade ou do seu afastamento, e tentou assim explicar o universo ao invés de negá-lo ou de violentá-lo, e essa grandiosa empreitada constitui o ponto capital de sua obra de pensador. E não é somente a parte mais original dela, mas também a mais duradoura, a parte verdadeiramente indestrutível. Talvez um dia a hipótese atomística ceda lugar a outra; do ponto de vista da teoria do conhecimento, a distinção entre as propriedades primárias e as propriedades secundárias perdeu muito do seu significado; mas a tentativa de ligar todas as diferenças de qualidade a diferenças de tamanho, forma, posição e movimento é própria a sobreviver a todas as mudanças de opinião e de ponto de vista. Sobre essa teoria, que reduz as qualidades a quantidades, ou, mais exatamente, estabelece relações precisas entre qualidades e quantidades, repousa todo conhecimento exato da natureza. Nela está contida como em germe toda a física matemática. Ela foi o ponto de partida da ciência dos tempos modernos. Galileu, Descartes, Huyghens seguiram exatamente o mesmo caminho. "Que seja preciso", disse Galileu, "para produzir em nós os gostos, os odores e os sons outra coisa além de tamanhos, formas, quantidades e movimentos lentos ou rápidos, é coisa na qual não creio"[349]. Huyghens supõe corpos formados por uma única e mesma matéria e "nos quais não se considera nenhuma qualidade [...], mas apenas [sic] diferentes tamanhos, figuras e movimentos", e é exatamente esse também o ponto de vista sustentado antes dele por Descartes. Todos esses precursores da ciência

---

[349] Galileu [*Saggiatore*, ponto 48, *Opere*, ed. Alberi, IV], 336: "Ma che ne' corpi esterni, per eccitare in noi i sapori, gli odori e i suoni, si richiegga altro che grandezze, figure, moltitudini e movimenti tardi o veloci, io non lo credo". Também Huyghens, *Tratado da luz*, p. 96, [Burckhardt]: "Ao supor na natureza apenas corpos que sejam feitos de uma mesma matéria, *nos quais não se considera nenhuma qualidade* nem inclinação para aproximarem-se uns dos outros, *mas somente diferentes tamanhos, figuras e movimentos* [...]" [N.T.: itálicos acrescentados por Gomperz]. Depreende-se da evidente alusão citada por Lasswitz, *op. cit.*, II 49 ["[...] *quei vacui disseminati di certo filosofo antico*", *Discorsi e dimostrazioni*, I, *Opere*, XIII 29] [N.T.: itálicos acrescentados por Gomperz], que Galileu conhecia bem as doutrinas de Demócrito. Aliás, Löwenheim, *Der Einfluss Demokrits auf Galilei*, mostrou recentemente que Galileu havia estudado Demócrito com atenção (*Archiv*, VII 230 ss.). No que toca a Huyghens, cf. a declaração, *op. cit.*, p. 93, na qual ele exprime seu espanto diante do fato de que não somente os outros filósofos, mas até mesmo Demócrito, deixaram de explicar a gravidade: "Podemos perdoá-lo naqueles que se contentavam com tais soluções em muitos encontros [sic], mas não em Demócrito e naqueles da sua seita, que, depois de ter procedido ao esclarecimento de tudo por meio dos átomos, excetuaram apenas a gravidade". Aliás, Platão segue evidentemente os passos dos atomistas nas *Leis*, X 897a.

moderna da natureza conhecem, como eles mesmos testemunham expressamente, a doutrina que para eles é a de Demócrito, mas cujo autor na realidade é Leucipo. E devemos notar bem que as perspectivas que ganhamos por esse meio sobre o encadeamento dos fenômenos naturais e a soberania que, graças a elas, exercemos sobre a natureza são completamente independentes dos sistemas filosóficos que preferimos ou aos quais nossos descendentes poderão se filiar. A lâmpada elétrica não brilha menos para o agnóstico, que considera a essência dos fenômenos como um mistério para sempre impenetrável. As leis da reflexão e da refração da luz são as mesmas para o simpatizante da concepção mecânica do universo que para aquele que procura em outro lugar que não a matéria e seus movimentos a causa íntima dos fenômenos. Seja qual for a resposta do futuro a essas questões fundamentais do conhecimento humano, um fato está doravante fora de qualquer contestação: os movimentos dos corpos, que constituem um elemento quantitativamente determinável, são uma chave que permitiu e ainda permitirá penetrar muitos segredos da natureza. Quanto a esse ponto podemos falar, se é que é permitido fazê-lo, de resultados definitivos. Ao dar essa chave à humanidade através da sua teoria, Leucipo adquiriu um título de glória imperecível no sentido absoluto da palavra.

As tentativas que ele fez para provar a grande doutrina que deu ao mundo têm, com frequência, o caráter do raciocínio *a priori*; isso se deve talvez à influência de Zenão, e não deve diminuir sua glória. Ele não se contentou em fundamentar sua ousada hipótese nos fatos da experiência, que na realidade constituem sua base, e em referir-se aos fatos, que ela tornou explicáveis, do movimento no espaço, da rarefação e da condensação, da compressão e da mudança de volume em geral (da qual o crescimento dos seres orgânicos é apenas um caso particular importante)[350]; ele quis também dar a seus argumentos essa forma imperiosa que calaria todos os seus contraditores, os reduziria ao absurdo e os forçaria à contradizerem-se assim que atacassem a nova teoria. "O cheio", dizia ele, segundo se relata, no início de uma de suas provas, "não pode admitir nada dentro dele". Certamente não, podemos acrescentar, já que "ser cheio", no sentido rigoroso, e "não poder admitir nada dentro de si" são duas expressões absolutamente sinônimas. Quando vertemos num vaso tanta água quanto ele pode conter, dizemos que ele está cheio; e se nos disserem que um vaso está cheio, o que entenderemos por isso é que não podemos pôr mais nada dentro dele. Será que essa tautologia é inocente, destinada somente a fazer compreender a noção de "cheio"? É o que veremos agora mesmo. "Mas se o cheio", continuava Leucipo, segundo Aristóteles, "pudesse admitir em si algo a mais, e se, por conseguinte, dois corpos (igualmente grandes) coubessem ali onde anteriormente só um cabia, então um número qualquer de corpos poderia caber no mesmo lugar, e o menor poderia admitir em si o maior". Essa frase é o trunfo decisivo de Leucipo. No entanto, ela esconde um equívoco que basta trazer a lume para derrubar todo o argumento.

---

[350] Provas da existência do vazio em Arist., *Física*, IV 6 (213 b 5 ss.) [cf. FVS 54 A 19].

O fato de que o menor possa admitir em si o maior como tal, de que, por exemplo, uma casca de noz possa abrigar um elefante, é coisa que nenhum adversário da teoria atomística era obrigado a conceder. O fato de que uma massa contínua de matéria do tamanho de um elefante pudesse ser comprimida a ponto de caber numa casca de noz ou de ovo é efetivamente contrário à verdade, mas não é uma suposição absurda ou contraditória em si mesma. Ela só se torna tal quando é admitida a incompressibilidade da matéria, logo, se aquilo que se deve provar já é tido como provado. O começo do argumento atende a essa petição de princípio; a noção de "cheio" aparece inicialmente num sentido puramente empírico que pode se conciliar com qualquer teoria; depois, por uma determinação que parece ser puramente explicativa ("que ele não pode admitir nada dentro dele"), ela transforma-se na noção de impenetrável ou incompressível, pela qual é então substituída. É somente após essa substituição que a premissa permite que se tire dela a conclusão desejada; de outra forma, o raciocínio deixa de ser concludente.

À mesma categoria de deduções pertence aquela através da qual os atomistas — e já o próprio Leucipo[351] — pretendiam estabelecer a infinidade das formas dos átomos. Mas ela é menos inocente ainda. "Não há razão", dizia ele, "para que os átomos afetem uma forma mais do que outra; é por isso que todas as formas imagináveis devem ser representadas neles." Se nos contentarmos em dizer com isso que a exuberante riqueza de formas exibida em outros campos pela natureza não deve, pelo menos de acordo com toda expectativa, ser desmentida nesse campo específico, encontrar-nos-emos, como já notamos uma vez, diante de uma conclusão por analogia à qual não se pode, enquanto presunção ou conjectura provisória, recusar um grau fraco de legitimidade. Mas se esse argumento reivindica um caráter verdadeiramente imperioso, é evidente que ele é nulo e

---

[351] Em Teofrasto, *Doxogr.*, 483, 17 ss. [FVS 54 A 8; cf. 55 A 38 e 3ª ed., II, p. VII, 1]. Considero um parêntese a frase καὶ τῶν ἐν αὐταῖς σχημάτων ἄπειρον τὸ πλῆθος διὰ τὸ μηδὲν μᾶλλον τοιοῦτον ἢ τοιοῦτον εἶναι, e como sujeito de τοιοῦτον eu substituo τὸ σχῆμα αὐτῶν. Costuma-se identificar essa afirmação de Leucipo com a de Demócrito atinente às qualidades secundárias οὐ μᾶλλον τοῖον ἢ τοῖον (em Plutarco, *Adv. Colot.*, 4, 1 = *Vorsokratiker*, 413, 4 ss. [55 B 156], e Sexto Emp., *Pyrrh. hyp.*, I 213). Todavia, por mais perdoável que seja essa confusão, o contexto no qual se encontram as duas frases não permite dúvida nenhuma sobre sua diferença. Quanta coisa é preciso introduzir na frase de Teofrasto para tirar dela, segundo essa suposição, um sentido meio inteligível! Como essa declaração de Demócrito, que, como o próprio Zeller confessa (5ª ed., p. 920 nota 2 [= 6ª ed., I 1135 nota 1]), "se refere apenas às qualidades secundárias sensíveis", pode servir para provar a quantidade infinita das formas atômicas? O número de variações subjetivas — cujo exemplo típico, também citado por Sexto, é o fato de que o mel parece amargo para a pessoa que sofre de icterícia — pode elevar-se a três ou quatro, até a dez, se quisermos. Porém, mesmo que houvesse cem ou mil, isso não significaria nada quanto ao número *infinito* das formas atômicas. O que é mais significativo é que a *existência* desse número infinito de formas e suas *combinações* em cada objeto sensível são duas coisas diferentes. Seria uma violência intolerável dever acrescentar em pensamento a segunda dessas hipóteses à primeira, a única de que se trata em Teofrasto e a única da qual se pode tratar segundo todo o contexto. E além de tudo isso, Teofrasto (*Doxogr.*, 518, 20 ss. [FVS 55 A 135, § 67]) só fala da combinação de *muitas* formas atômicas, mas nunca da de uma infinidade dessas formas num único objeto sensível. Aliás, para ele trata-se de um caso especial e não de uma regra geral. (Diga-se de passagem que esse trecho necessita uma correção e talvez estivesse escrito originalmente como segue: ἀλλ' ἐν ἑκάστῳ < λείῳ > πολλὰ εἶναι < καὶ τραχέα > καὶ τὸν αὐτὸν < χυλὸν μετ > έχειν λείου καὶ τραχέος κτλ.)

inválido, pois ele pressupõe um conhecimento dos recursos da natureza, um juízo sobre sua limitação ou ilimitação que nos é permanentemente proibido. Do ponto de vista do método, isso lembra a prova falaciosa que dava Anaximandro do estado de imobilidade da Terra, assim como as tentativas análogas de prova, que já mencionamos, daqueles mecânico-metafísicos que se esforçavam para basear a lei da inércia em considerações *a priori* ao invés de fundá-la na experiência (cf. liv. I, cap. I, seção III, fim do 1º §). Ainda é preciso acrescentar que esses pensadores davam uma razão insustentável para um fato real, ao passo que, desta vez, não somente a razão dada é falsa, mas o próprio fato a provar é duvidoso. Demócrito tinha o espírito mais inclinado para o empirismo; por isso podemos atribuir-lhe com probabilidade o seguinte raciocínio para provar diretamente a existência do espaço vazio. Um recipiente cheio de cinzas admite em si tanta água – ele quis dizer sem dúvida: mais ou menos tanta água – quanto se não houvesse cinzas; isso só é possível porque as cinzas contêm uma proporção muito grande de vazio. Será necessário dizer, para começar, que a interpretação do fato estava errada? Um corpo poroso como as cinzas contém uma grande quantidade de ar, e esse ar é expulso pela água vertida no recipiente. Certamente, se Demócrito soubesse desse ponto, poderia ter respondido: "Para onde então pode ter ido o ar que dá lugar à água se todo o espaço já está ocupado por uma matéria impenetrável?". E, modificado dessa forma, o argumento não teria tido nem mais nem menos alcance que aqueles baseados no movimento progressivo no espaço, pois este último supõe necessariamente a existência de espaços vazios, já que a impenetrabilidade da matéria foi estabelecida por outro meio.

VII

Tais enganos não são, nem isoladamente nem reunidos, de cunho a pesar gravemente sobre a memória daqueles que os cometeram. Todavia, não podíamos nos dispensar de mencioná-los por diversos motivos, dos quais o mais importante é o seguinte: não deveria haver absolutamente nenhuma dúvida de que a teoria atômica nunca foi, nem nos tempos modernos nem na Antiguidade, propriamente *provada*. Ela era, ela é e continua sendo não uma teoria no sentido rigoroso da palavra, mas uma hipótese. É verdade que é uma hipótese de uma vitalidade, de um vigor sem par, de uma fecundidade incomparável, a tocha das pesquisas físicas e químicas até os dias em que vivemos. Como, graças ao seu auxílio, fatos antigos sempre foram explicados de maneira satisfatória e novos fatos foram descobertos, ela deve conter um elemento importante de verdade objetiva, ou, mais exatamente, ela deve ser paralela, num longo percurso, à condição real e objetiva das coisas. Mas ela não deixa de ser uma hipótese, e uma hipótese que escapará para sempre à verificação direta porque aponta para muito além dos limites da nossa faculdade de percepção. Quanto à verificação indireta de uma hipótese, ela só pode ser completa mediante duas condições: se pudermos estabelecer não somente que ela concorda melhor com os fatos explicados por ela, mas também que nenhuma outra hipótese imaginável atingiria esse objetivo nem melhor nem tão bem. Contudo, certamente nunca poderemos dar uma prova mais do que aproximativa no caso que nos ocupa, que versa sobre os processos mais recônditos, mais afastados da apreensão dos nossos sentidos. É por isso que alguns dos pensadores mais circunspectos do tempo presente, embora tenham em alta estima a hipótese atomística, consideram-na apenas uma conjectura, que certamente se aproxima o bastante da verdade derradeira para poder ser empregada com o maior proveito, mas que nunca deveria sê-lo sem a ressalva tácita de que essa hipótese talvez não seja a verdade derradeira, nem mesmo a última à qual possamos chegar.

Vemo-nos forçados a fazer uma ressalva de natureza bem diversa e de alcance mais extenso assim que abandonamos o ponto de vista do naturalista-filósofo para colocar-nos no do teórico do conhecimento. Este indaga se ele pode, em última análise, aprender o que quer que seja sobre o mundo exterior, ou pelo menos se pode aprender mais do que aquilo que lhe é revelado pela existência de séries de sensações ligadas por leis. Para ele, a distinção, tão importante e tão útil no primeiro plano do conhecimento, entre as propriedades primárias e as propriedades secundárias perde seu significado fundamental. Um exame mais aprofundado de sua consciência obriga-o a reduzir a sensações não somente os cheiros, gostos, cores ou sons, mas também as características propriamente ditas da substância material, e a admitir que o próprio conceito de matéria é despojado do seu conteúdo assim que se abstrai todo sujeito que percebe e que tem condições de sentir essas impressões. Porém, mesmo para os pensadores que se situam nesse ponto de vista, a teoria atomística não perdeu seu alto valor. Eles veem nela "um modelo matemático para a representação dos fatos" e atribuem-lhe "na física uma função análoga àquela que desempenham certos conceitos matemáticos auxiliares"[352]. Mas voltaremos mais adiante e com mais detalhes sobre esse ponto, como já sugerimos uma vez (liv. III, cap. II, seção II, 1º §). Aqui precisávamos, previamente e pelo menos de passagem, mencionar também esse ponto de vista, nem que fosse apenas para fazer notar a esse respeito que os autores da atomística não imaginavam de modo algum esses escrúpulos, reservados a uma fase ulterior do desenvolvimento especulativo. E isso era bom para a ciência, pois nada poderia comprometer mais gravemente seu progresso do que se a energia dos seus representantes nas diversas épocas – das quais cada uma deve cumprir uma tarefa estritamente circunscrita – fosse paralisada pela contemplação de objetivos mais longínquos e elevados.

Assim, Leucipo e Demócrito ativeram-se ingenuamente ao mundo dos corpos sem incomodarem-se com nenhum escrúpulo inspirado pela teoria do conhecimento. Caso se queira chamar isso de materialismo, assim como se adornou com o nome de idealismo a contrapartida dessa filosofia, então os abderitas eram materialistas. Eles também o eram no sentido em que não supunham a sobrevivência da psiquê ou alma-sopro e que – mais coerentes que Parmênides e Empédocles, para os quais essa concepção só desempe-

---

[352] E. Mach, *Die Mechanik in ihrer Entwicklung*, 7ª ed. [cap. IV 4, 9], p. 467.

nhava, como vimos, um papel absolutamente ocioso e sem alcance para a explicação dos fatos – a baniam completamente e a substituíam pela de uma alma formada de átomos. Mas eles não eram materialistas se, com esse nome, forem designados pensadores que contestam ou negam a existência das substâncias espirituais – pela simples razão de que o conceito da substância ainda não havia sido transferido do domínio da matéria, onde surgiu, para o do espírito. Eles eram novamente materialistas, nem mais nem menos que todos os seus predecessores e contemporâneos que se dedicaram ao estudo da natureza (à exceção somente de Anaxágoras), pelo fato de que procuravam apenas no mundo material as causas ou condições dos estados ou qualidades de consciência. Sua atitude com relação ao divino tampouco era essencialmente diferente daquela da grande maioria dos seus antecessores. Eles ignoravam tanto quanto todos eles uma divindade criadora do mundo; eles não admitiam, como tampouco Empédocles, deuses individuais dotados de imortalidade no sentido próprio do termo. Demócrito derivava a fé nesses deuses e no seu poder do temor que o trovão e o raio, os eclipses do sol e da lua e outros fenômenos aterradores infundiram na alma dos primeiros homens. No entanto, relata-se que ele admitia a divindade dos astros, sem dúvida porque sua natureza é ígnea, ou seja, são compostos de átomos psíquicos; e ele acreditava, como Empédocles, na existência de seres superiores à humanidade e dotados de uma vida muito longa, sem ser ilimitada. Em suma, ele pensava que o curso do universo não está submetido à ação deles, e não obstante ele não conseguiu relegar ao campo da fábula tudo o que se contava acerca dos deuses e de sua influência sobre os destinos humanos[353]. É assim que, sem dúvida alguma através do encontro e encadeamento dos átomos, cujo número infinito e variedade de formas lhe ofereciam inesgotáveis recursos para tais construções, ele explicou a formação de seres que ultrapassam em muito os homens em tamanho e beleza. Esses seres movem-se nos campos do ar; as imagens que se desprendem deles insinuam-se em nossos corpos até nas suas partes mais diversas; e assim, direta ou indiretamente, penetrando até os órgãos dos sentidos, aparecendo em nossos sonhos ou até falando conosco, elas provocam os efeitos mais variados, uns salutares, outros funestos.

---

[353] Sobre as doutrinas teológicas de Demócrito, ver sobretudo Sexto Emp., *Adv. Math.*, IX 1, 19 e 24 [FVS 55 B 106; A 75] e Tertuliano, *Ad Nation.*, II 2 [FVS 55 A 74], aproximado com razão por Zeller do comentário de Eustácio à *Odisseia*, XII 63 [e 65; FVS 55 B 25]. Notar sua explicação racionalista da adivinhação por meio das entranhas, Cícero, *De Divinat.*, II 30 [cf. FVS 55 A 138], que Ihering declarou recentemente ser a verdadeira, *Vorgeschichte der Indoeuropäer*, 448. Embora esteja muito longe de realmente sê-lo, essa tentativa de explicação é característica de Demócrito. Em outras passagens ele esforça-se para encontrar um fundo de realidade nos costumes e nas crenças religiosas; ele não considerava simples ficções as aparições divinas e os sonhos significativos, e nos deuses da fé popular ele percebia designações de fatores naturais ou até de forças morais, sem dúvida desfiguradas e mal interpretadas pelo capricho dos poetas. Cf. Clemente de Alex., *Protrept.*, IV 68, p. 59 Potter [= I 52, 16 Stein] e *Strom.*, V 103, 709 Potter [= II 394, 21 Stein; FVS 55 B 30]. Para restabelecer as palavras corrompidas, consultar também Eusébio, *Præp. evang.*, XIII cap. 13 § 27, p. 675 a, III 322 Gaisford; Dióg. L., IX 46 [FVS 55 A 33]. Diels (*Archiv*, VII 154-157) discute a crença de Demócrito nos demônios (*Uber Demokrits Dämonenglauben*).

VIII

Nisso que acabamos de dizer, o leitor encontrou um antegosto da psicologia e sobretudo da teoria da percepção de Demócrito, que certamente era também a de seu mestre. Essa parte da sua doutrina gerou somente poucos frutos, embora Epicuro e seus discípulos não tenham tido escrúpulo algum de incorporá-la ao seu sistema. Por essas duas razões, seremos tão breves quanto possível e deixaremos para tratar dessa questão com mais amplos desenvolvimentos quando estudarmos o epicurismo; disporemos então de recursos mais abundantes e não ficaremos limitados às informações que nos fornecem os adversários do atomismo quando, como Teofrasto por exemplo, eles destacam pontos isolados da teoria democrítica do conhecimento para submetê-los a uma crítica incisiva[354]. Para Demócrito, os suportes das funções psíquicas encontravam-se nos átomos mais móveis, primeiramente pela razão de que a proverbial rapidez do pensamento – "rápido como uma asa ou como um pensamento", já dizia Homero – parecia exigir um tal veículo, mas também porque o processo da vida, no qual se via um produto da alma identificada com a força vital, oferece a imagem de mudanças incessantes. É por isso que se concebeu como suportes das funções da alma átomos particularmente pequenos, redondos e lisos; e como esses átomos deviam tender sem cessar, justamente por causa da sua grande mobilidade, a escapar do corpo, atribuiu-se à respiração a missão de retê-los dentro dele por meio de uma corrente de ar e de renová-los constantemente; se essa missão cessa de ser cumprida, os átomos psíquicos dispersam-se definitivamente. Como eles provinham do mundo exterior, é perfeitamente compreensível que Demócrito, seguindo nisso os passos de Parmênides e Empédocles, não tenha traçado entre o mundo animado e o mundo inanimado uma linha de demarcação estrita, mas estabelecido entre ambos somente uma diferença de grau[355]. É sem dúvida em virtude do calor vital dos organismos superiores, bem como do incessante movimento próprio à chama, que ele identificou, como outrora Heráclito, esses átomos com os do fogo.

Entre os diversos processos de percepção, é o da visão que Demócrito estudou com mais cuidado. Ele ensinava que finas membranas ou películas soltam-se continuamente dos objetos que nos cercam, que elas penetram no olho quando este se encontra na sua proximidade imediata e que se tornam visíveis como imagens na pupila. É o primeiro caso. No segundo, que acontece quando o objeto está distante, ele atribuía a visão ao

---

[354] Ver a exposição e a crítica da teoria do conhecimento de Demócrito por Teofrasto nos *Doxogr.*, 513 ss. [FVS 55 A 135]. Sobre os átomos psíquicos de Demócrito e de Leucipo e sobre o papel da respiração, cf. Arist., *De Anima*, I 2, 403 b 31 ss. [FVS 54 A 28].

[355] Cf. *Doxogr.*, 390, 19 ss. [FVS 55 A 117]. É importante insistir na duração da doutrina da animação universal, sobretudo porque a maioria dos historiadores da filosofia fazem cessar demasiado cedo o modo de pensamento hilozoísta, geralmente já com Anaxágoras e Empédocles.

intermédio do ar. Ele pensava que o ar recebe impressões dos objetos – impressões no sentido literal do termo, impressões idênticas àquelas que a cera recebe do sinete – e transmite-as aos nossos órgãos visuais. Todavia, para ele o ar não era de modo algum um agente favorável à percepção: se os objetos escurecem e acabam por desaparecer à medida que nos afastamos deles, é porque o ar exerce uma influência perturbadora. Se não fosse assim, pensava Demócrito, enxergaríamos até uma formiga que caminhasse na abóbada celeste[356]. Esse curto esboço basta para mostrar ao leitor que os elementos da óptica eram completamente estranhos ao grande pensador e que ele foi induzido a erro pelo esforço que empreendeu, não inteiramente sem sucesso em outras áreas, para relacionar ao contato imediato e a seus efeitos imediatos e mecânicos (pressão e choque) toda ação de um objeto sobre outro. Não podemos ignorar tampouco que, por esse traço da sua doutrina fundamental, suas especulações sobre as questões de óptica ficam aquém das tentativas menos grosseiras de Alcmeão e Empédocles. Aliás, não podemos dizer como ele se livrou das dificuldades que levantava sua própria hipótese. Ele deve ter imaginado que a incessante emissão dessas películas ou membranas, que ele chamava de "ídolos" ou imagens, deveria acarretar ao longo do tempo uma diminuição sensível do volume dos corpos, ou será que ele refutou essa objeção referindo-se à caducidade de todos os objetos que caem sob nossos sentidos? Somente um ponto dessa estranha teoria merece ser louvado. Ao reduzir as alucinações e em geral os fenômenos subjetivos a "imagens" que penetram a partir do exterior, ele concorda com a ciência de hoje no sentido em que ele não suprime todo parentesco entre as sensações produzidas pelos mais diversos agentes excitadores. Porém, ao invés de esclarecer o fator subjetivo que lhes é comum, ele faz o contrário; ao invés de reconhecer e identificar a energia específica dos nervos sensitivos e assimilar assim a percepção objetiva ao fenômeno subjetivo, ele assimila o fenômeno subjetivo à percepção objetiva. Isso era esperado e não deve nos surpreender, pois sua doutrina partia de uma crença inabalável e irrefletida, uma crença que não fora arranhada por nenhum ceticismo, nenhuma espécie de crítica, na matéria como realidade única e absoluta.

Dissemos que Demócrito não tinha nenhuma tendência ao ceticismo e repetimo-lo, embora, nos fragmentos demasiado curtos que nos restam de suas obras, encontremos várias afirmações que levam a supor o contrário. Mas isso é só aparência e nada mais. Essas afirmações dividem-se em três grupos que nem sempre foram distinguidos com suficiente cuidado. Como o de Fausto, seu coração é "consumido" pelo fato de que, ao cabo de uma longa vida de pensamento e de trabalho científico, ele só pode lançar sobre os segredos da natureza olhares dissimulados, furtivos e, sob muitos aspectos, incertos. "A verdade mora nas profundezas", "a realidade é inacessível aos homens", tais são as queixas que escaparam do seu coração. Elas chegaram até nós nos fragmentos do livro intitulado *Confirmações*, que denotam uma tendência essencialmente indutiva ou

---

[356] Arist., *De Anima*, II 7 [FVS 55 A 122].

empírica, em oposição talvez às tendências apriorísticas de Leucipo[357]. A frase seguinte dessa obra faz soar uma queixa ainda mais patética: "Na realidade, não percebemos nada certo, mas somente coisas que se transformam segundo a constituição do nosso corpo, daquilo que entra nele e daquilo que resiste a ele". Tirar desse trecho, como aquele cético da Antiguidade que o cita e o dobra a serviço da sua doutrina, a conclusão de que Demócrito esteve sujeito, ainda que momentaneamente, a um ceticismo de princípio é desprezar um ponto que, não obstante, é muito evidente. De fato, essa queixa baseia-se precisamente na natureza do elemento corpóreo, da qual o filósofo duvidou tão pouco ao escrever tais palavras quanto em qualquer outro momento. "Na verdade, existem átomos e o vazio", eis a doutrina fundamental de Demócrito, sobre cujo valor absoluto ele nunca exprimiu nem deixou entrever a mínima dúvida. Isso podemos afirmar categoricamente, pois Sexto, o cético mencionado acima, que ardia do desejo de saudar no grande atomista um espírito parente do seu, e não se cansou de folhear suas obras para encontrar trechos favoráveis à sua própria tese, mesmo assim não conseguiu descobrir um único que lhe desse razão.

Mas será que não estamos enganados? Um discípulo predileto de Epicuro, chamado Kolotes, não anotou um dito de Demócrito que suprime radicalmente toda certeza de conhecimento e até, de acordo com Kolotes, "põe a própria vida de cabeça para baixo"[358]? O mal-entendido foi esclarecido há muito tempo, e nesse dito ao qual se atribuiu um alcance tão nefasto não encontramos a prova da flutuação dos princípios de Demócrito, mas, muito pelo contrário, da confiança sem reservas que ele tinha na sua ideia fundamental e nas consequências que dela decorrem. Eis essa famosa proposição: "Uma coisa não é de modo algum constituída de tal maneira em vez de tal outra". Ela refere-se, como o mostra incontestavelmente o contexto, precisamente às propriedades das coisas que os pensadores modernos chamam de secundárias, e às quais Demócrito, como nossos leitores já sabem faz tempo, recusou realidade objetiva. Ora, a declaração reprovada pelo discípulo de Epicuro era concebida como era preciso para ressaltar essa distinção

---

357 Essas queixas são mencionadas por Sexto Emp., *Adv. Math.*, VII 135 ss. [FVS 55 B 9-10]; cf. também Dióg. L., IX 72 [FVS 55 B 117]. A. Brieger tratou recentemente e excelentemente (*Hermès*, XXXVII 56 ss.) da "pretensa negação por Demócrito da verdade dos sentidos" (*Demokrit's angebliche Leugnung der Sinnes-Wahrheit*). É do mais alto interesse o fragmento de Demócrito cujo original se tornou acessível para nós há pouco tempo; cf. H. Schöne, *Eine Streitschrift Galen's gegen die empirischen Ärzte, Berliner Sitzungsberichte* 1901, LI 5 [FVS 55 B 125]. Nesse fragmento, os sentidos dirigem a palavra ao espírito nestes termos: τάλαινα φρήν, παρ' ἡμέων λαβοῦσα τὰς πίστεις, ἡμέας καταβάλλεις; πτῶμά τοι τὸ κατάβλημα. Eles criticam o espírito por rejeitar o testemunho deles e dessa forma, por assim dizer, retirar de si mesmo toda autoridade. A imagem de Demócrito é tirada da palestra: ela faz pensar em dois lutadores dos quais um derruba o outro, mas cai ao mesmo tempo que ele. Gostaríamos de saber a resposta que Demócrito atribuiu ao espírito. Sem dúvida, ele só poderia tê-lo feito dizer o seguinte: a desconfiança com relação aos sentidos justifica-se quando suas afirmações se contradizem (ou seja, no que diz respeito às propriedades secundárias); em contrapartida, seu testemunho concordante, por exemplo com relação à matéria e a suas propriedades primárias ou fundamentais, permanece inatacável e constitui o fundamento do conhecimento.

358 Plutarco, *Adv. Col.*, 4, 1108 f. [FVS 55 B 156].

da maneira mais eficaz e mais impactante. O fato de que o mel é doce para o homem sadio, mas que o homem que sofre de icterícia o julga amargo, assim como os fatos análogos, eram comumente conhecidos e reconhecidos; mas a maneira ordinária de exprimi-los estava em contradição não somente com essa importante distinção, mas também com a razão sã. Naquela época as pessoas não se exprimiam a esse respeito com mais exatidão e correção do que o faz hoje a maioria das pessoas cultas. "O mel", dizia-se então, e diz-se ainda, "é doce, mas *parece* amargo para esses doentes". Não, respondia Demócrito, não é isso; não é o número que pode decidir sobre a verdade e o erro. Pois então, se a maioria dos homens sofresse de icterícia e apenas a minoria fosse poupada, a norma da verdade seria mudada; o que constatamos aqui não é a diferença entre *ser* e *parecer*, mas somente aquela entre o grande número e o pequeno. Uma das sensações é tão subjetiva, tão relativa, tão externa ao próprio objeto quanto a outra. A doçura normal é tão pouco uma qualidade objetiva do mel quanto seu amargor anormal. O mel não é "em nada mais" doce do que é amargo[359]. É um corpo composto de átomos de tal ou tal forma, de tal ou tal tamanho, dispostos de tal ou tal modo e que contêm tal ou tal proporção de vazio; todo o resto é um efeito que ele exerce sobre outros corpos, entre outros sobre os órgãos gustativos do ser humano, efeito que, consequentemente, depende também destes últimos e de sua condição permanente ou momentânea, geral ou individual. Demócrito não teve dúvida alguma sobre a existência objetiva dos corpos e de suas propriedades. Ao contrário, ele era animado pelo desejo de separar tão nítida e precisamente quanto possível a invariabilidade dessas causas da variabilidade dos efeitos que elas produzem de acordo com o fator subjetivo e cambiante, e de prevenir assim toda intrusão, no domínio do imutável, do ceticismo gerado por essa mudança. Eis o único motivo que ditou a Demócrito a frase que acabamos de discutir.

Ao terceiro grupo, enfim, pertence a célebre frase que estabelece uma distinção entre o conhecimento verdadeiro e o conhecimento obscuro[360]. Ela encontrava-se numa obra em três livros intitulada o *Cânone*, que, conforme se pode supor, expunha e fundava a lógica indutiva, e era concebida como segue: "Há duas espécies de inteligência, a verdadeira e a obscura. À obscura pertencem todas as coisas: visão, audição, olfato, paladar, tato; mas a verdadeira, separada desta [...]". Infelizmente, Sexto estava com pressa demais para citar a frase inteira, e não conhecemos seu final. Aparentemente, nesse ponto levam a melhor aqueles que querem fazer do físico de Abdera um metafísico ou um ontologista. De fato, eles podem dizer que ele rejeita em bloco o testemunho dos sentidos: que atitude lhe resta tomar senão refugiar-se nas alturas do puro Ser! No entanto, por mais apressado que tenha sido Sexto ao transcrever seu autor, ele nos fornece uma amostra suficiente para retificar essa primeira e inexata impressão. Depois

---

[359] [FVS 55 A 134.]

[360] As declarações sobre o conhecimento verdadeiro e o conhecimento obscuro são mencionadas igualmente por Sexto Emp., *Adv. Math.*, VIII 138 ss. = *Vorsokratiker*, 389, 16 ss. [55 B 11].

de uma ou duas linhas de sua lavra, ele recomeça a citar e acrescenta uma segunda frase, infelizmente também mutilada e da qual parece que perdemos o início: a verdadeira inteligência começa "quando a obscura não [basta] mais, ali onde ela não pode nem ver, nem ouvir, nem cheirar, nem provar, nem perceber as coisas pelo tato porque elas se tornam demasiado pequenas". Podemos dizer em duas palavras que o ardente desejo de Demócrito teria sido o de possuir um microscópio com potência ideal. Daquilo que lhe tivesse mostrado esse instrumento, ele teria deduzido a cor, como acréscimo subjetivo, e considerado o resto como a mais alta verdade objetiva acessível. O que ele critica no conjunto dos sentidos é não terem acuidade suficiente, de nos deixarem em dificuldade assim que tentamos apreender os corpos menores, os fenômenos mais sutis de que se compõem as massas materiais e os processos que se desenrolam nelas. Coisas corpóreas e processos materiais são para ele os objetos da inteligência verdadeira ou *não turva*, daquela que ultrapassa os limites do conhecimento obscuro ou *turvo*. Como lhe faltam, assim como ainda nos faltam, esses instrumentos de precisão dotados de perfeição ideal, seus meios de conhecimento nesse campo são, naturalmente, apenas inferências, e essas inferências visam somente descobrir as relações que existem no mundo material; como fundamento dessas inferências, ele só podia admitir os testemunhos dos sentidos, pois, embora ele criticasse vivamente sua insuficiência, ele não os desprezava propriamente falando; ao contrário, graças ao controle que eles exercem uns sobre os outros e que nos permite retificar seus erros, ele considerava-os manifestamente capazes de prestar serviços preciosos. Essas inferências eram evidentemente inferências por analogia ou, quando assumiam forma mais rigorosa, inferências por indução; elas tomavam como ponto de partida os fatos perceptíveis e, supondo que as energias ou as propriedades assim obtidas conservassem seu valor para além dos limites da percepção, elas aspiravam a transpor estes últimos tanto no espaço quanto no tempo. Agora podemos nos pronunciar em poucas palavras sobre o ceticismo de Demócrito. É preciso excluir dele não somente a crença no mundo dos corpos, mas também as hipóteses fundamentais referentes aos átomos, ao vazio e às propriedades da matéria. Embora essa região suprema do conhecimento esteja acima da dúvida, existe outra que está abaixo, se posso dizer. Ela é ocupada por esses fenômenos secundários ou subjetivos, cuja percepção, estritamente falando, não é nem verdadeira nem falsa, mas simplesmente um produto necessário e irrecusável. A região intermediária, situada entre as duas precedentes, a da *explicação da natureza* em detalhe, é a arena em que se agitam as dúvidas e os escrúpulos pelos quais Demócrito é atacado e perturbado. O filósofo estava constantemente preocupado em esclarecer as relações entre esses dois domínios e fazia sem cessar para si mesmo estas perguntas: quais processos reais que escapam à percepção direta podemos conjecturar por trás dos fenômenos que se impõem aos nossos sentidos? Quais movimentos corpóreos devemos pressupor para explicar os fenômenos sem cometer violência contra as energias naturais conhecidas ou as propriedades das coisas? E esses problemas, que obcecavam o espírito do Abderita, preferencialmente inclinado ao estudo dos fatos particulares, faziam-no sentir constantemente a insuficiência de seus recursos internos e externos e arrancavam dele essa queixa incessantemente renovada, que testemunha com a mesma força sua insaciável sede de conhecimento e a crítica vigilante que ele exercia sobre si mesmo.

IX

As regras de investigação contidas no *Cânone* de Demócrito desapareceram e foram esquecidas. Portanto, agora só podemos conhecer sua teoria a esse respeito deduzindo-a de sua prática, ou melhor, da crítica à qual ela foi submetida, especialmente por Aristóteles, que nisso merece nossa mais viva gratidão, mesmo nos pontos em que não podemos de modo algum associarmo-nos às suas objeções. A desaprovação que ele exprimiu com relação ao método de pesquisa de Demócrito assume, aos nossos olhos, o valor do maior elogio que é possível imaginar. O Estagirita censura seu predecessor por só responder, quando ele indaga as razões derradeiras dos processos naturais, com as seguintes frases: "Isso é ou acontece sempre assim" ou "Isso já aconteceu assim anteriormente"[361]. Em outros termos, para ele a *experiência* é a fonte última da ciência da natureza. Por mais longa que possa ser a cadeia de nossas deduções, seja qual for o número de elos de que ela se compõe, finalmente chegamos, segundo ele, a um ponto em que a explicação não é mais possível e no qual não nos resta opção senão reconhecer um fato irredutível. O próprio Aristóteles não desconheceu em princípio essa verdade fundamental de que toda dedução, em última análise, se reduz a induções. Porém, nos casos particulares, seu desejo de explicação não se satisfaz em admitir fatos derradeiros baseados somente na experiência e absolutamente impenetráveis ao nosso espírito. Muitas vezes, na sua teoria da natureza, encontramos um semblante de explicação ali onde caberia, na verdade, renunciar a toda tentativa ulterior. Demócrito ignorava essas pseudo-explicações, que decorrem, na maioria das vezes, de preconceitos sedutores. Assim, a teoria platônico-aristotélica dos "lugares naturais" (o elemento ígneo tende para cima, o elemento terrestre para baixo, etc.) é tão estranha para ele quanto a afirmação arbitrária já longamente discutida por nós segundo a qual a matéria recebeu de fora o primeiro impulso. Logo, quando Aristóteles o critica, como também critica Leucipo, por ter deixado, por inconstância, de estudar a origem do movimento, a ciência moderna da natureza não toma o partido daquele que faz a crítica, mas daquele que é objeto dela. A crítica que Aristóteles faz[362], acerca dessas questões

---

[361] A observação crítica de Aristóteles encontra-se na *Física*, VIII 1, 252 a-b [FVS 55 A 65]. Cf. acerca disso as declarações de Teofrasto – que, desta vez, não têm nada de aristotélico – sobre Platão, citadas por Proclo no seu comentário ao *Timeu*, p. 176 da ed. da Basileia = II 120 Diehl (e também *Doxogr.*, 485, 13 ss.).

[362] *Metaf.*, I 4 fim [FVS 54 A 6]. Cartas de Descartes a Mersenne, especialmente as de 22 de junho de 1637 (?), de 11 de outubro e de 15 de novembro de 1638, *Œuvres*, Adam e Tannery, I 392, II 380 e 433; cf. também as cartas de novembro ou dezembro de 1632, abril de 1634 e dezembro de 1638, *Œuvres*, I 261, 287, II 466. Ver também Duhring, *Kritische Geschichte der allgemeinen Principien der Mechanik*, 109-112.

fundamentais, ao modo como as tratam os atomistas assemelha-se de maneira surpreendente às objeções que levanta Descartes, nas suas cartas a Mersenne, contra Galileu e seu método de pesquisa. Em ambos os casos, o espírito metafísico mostra-se incapaz de fazer justiça à aplicação menos pretensiosa, porém mais fecunda, dos métodos empíricos.

É mais difícil pronunciar-se sobre os méritos e deméritos das duas tendências no que tange ao problema da finalidade e à maneira de abordá-lo. Os atomistas deixaram completamente de lado a preocupação com o fim no que concerne ao nascimento e à ordenação do mundo, ou, mais exatamente, dos mundos: eles não saíram do caminho da explicação mecânica e seguiram-no até onde puderam. Fato ainda mais significativo é que mesmo os fenômenos da vida orgânica não puderam levá-los a adotarem outro ponto de vista. Em ambas as circunstâncias, eles sofreram a ira de Aristóteles[363]. O discípulo de Platão julga inadmissível que a ordem e a beleza do cosmo tenham se produzido espontaneamente; para ele, é inacreditável no mesmo grau que os órgãos dos animais e das plantas fossem apropriados para suas funções se não tivessem se desenvolvido em virtude de um princípio, inerente a eles, de finalidade, ou, para empregar um termo criado por Charles-Ernest von Baer que corresponde exatamente à concepção de Aristóteles, sem *Zielstrebigkeit*, isto é, sem aspiração a um fim. Não seria mais chocante aos seus olhos sustentar que, quando fazemos uma punção num hidrópico, essa operação tem por causa a lanceta do cirurgião, mas não o desejo de curar o doente. Aqui adentramos o terreno de uma controvérsia que apaixona ainda hoje. Aliás, conhecemos tão mal o modo de proceder dos atomistas em cada caso particular que seria difícil para nós emitir um juízo sobre sua legitimidade, mesmo se as questões levantadas a esse respeito fossem resolvidas, pelo menos em princípio. É verdade que, nos manuais populares de materialismo, se encontra com certa frequência uma solução bastante sumária que podemos exprimir nesta fórmula: "Não é para correr rapidamente que os cervos têm pernas compridas, mas é porque têm pernas compridas que eles correm rapidamente". Sem dúvida, uma tal transformação da relação de causa a efeito em relação de meio a fim desempenha um papel bastante importante no pensamento humano. Sem dúvida, podemos, sob muitos aspectos, refutar vitoriosamente o ponto de vista teleológico dizendo que as formas capazes de duração são as únicas que podem desenvolver-se e manter-se; que formas que não cumprem essa condição podem ter surgido com certa frequência, mas que cedo ou tarde elas acabaram por desaparecer, e que justamente a maioria delas sucumbiu na luta pela existência. Mas para que um ou outro desses expedientes resolvesse completamente o problema da finalidade, seria preciso suprimir no domínio da vida orgânica pelo menos dois fatos fundamentais, que parecem exigir explicações de outra natureza. Em primeiro lugar, a cooperação – que eles explicam tão pouco – de vários e amiúde de muito numerosos órgãos e partes de órgãos para uma função comum; em segundo lugar, a estrutura, tão maravilhosamente apropriada

---

[363] As críticas de Aristóteles estão expressas na *Física*, II 4, 196 a 24 ss. [FVS 55 A 69], e no *De generat. animal.*, V 8, 789 b 2 [FVS 55 A 66].

para a ação dos agentes externos, dos órgãos dos seres vivos, e sobretudo dos órgãos dos sentidos. A ciência conserva inabalável a esperança de solucionar um dia esses temíveis enigmas, embora as perspectivas que a teoria de Darwin tinha feito surgir há quase meio século tenham sido um pouco frustradas pelas pesquisas subsequentes e os estudiosos mais versados nessa questão tendam a ver na "variação espontânea" e na "sobrevivência dos mais aptos" apenas um dos fatores que entram em causa aqui, e não a totalidade deles. Contudo, seja como for quanto a esse ponto, a tentativa dos atomistas de explicar mecanicamente a natureza mostrou-se fecunda, em todo caso incomparavelmente mais fecunda que as teorias que lhe foram opostas e que, detendo-se numa etapa menos avançada da investigação, põem fim prematuramente à necessidade de saber, seja supondo intervenções sobrenaturais, seja introduzindo forças equívocas e desprovidas de toda determinação precisa, tal como a famosa "força vital" dos vitalistas do século XVIII.

X

Assim como Demócrito evitou com cuidado erguer barreiras intransponíveis entre os diversos departamentos da natureza terrestre, ele também deixou de adotar a divisão, fundada em aparências externas, do universo em regiões essencialmente diferentes. Ele não conhece nada da oposição que separa o mundo sublunar cambiante do mundo imutável e constante dos astros divinos, distinção que assumiu um significado tão grande e tão funesto na filosofia aristotélica. Aqui também Demócrito está perfeitamente de acordo tanto com os grandes homens que, como Galileu, libertaram a ciência moderna das correntes do aristotelismo, quanto com os resultados atuais da pesquisa dos três últimos séculos. O véu que se estendia sobre os olhos de tantos pensadores posteriores não turvava sua inteligência; e essa única vantagem, graças a um efeito que se aproxima verdadeiramente do maravilhoso, o fez pressentir o que o telescópio e a análise espectral revelaram aos nossos olhares espantados. Um número indefinido de mundos de tamanhos diferentes, uns providos de várias luas, outros sem sol nem lua, uns em formação, outros em vias de desaparecer devido a alguma colisão, alguns deles inteiramente desprovidos de água, é disso que nos fala Demócrito. Não parece, ao ouvi-lo, que estamos ouvindo a voz de um astrônomo dos nossos dias que viu as luas de Júpiter, reconheceu a ausência de água na nossa lua, observou as nebulosas e as estrelas extintas graças aos admiráveis instrumentos de que dispomos hoje? E no entanto essa concordância repousa inteiramente ou quase inteiramente na ausência de um preconceito poderoso que obscurece o verdadeiro estado das coisas e na hipótese ousada, mas não temerária, de que, na infinitude do tempo e do espaço, as possibilidades mais diversas puderam tornar-se realidades. No que toca ao número infinito das formas atômicas, essa teoria não caiu nas graças da ciência atual; mas do ponto de vista dos processos e das transformações cósmicas ela recebeu plena confirmação. Pôde-se dizer com razão que a teoria democrítica do universo ultrapassou em princípio o ponto de vista geocêntrico[364]. E se Aristarco de Samos abandonou-o de fato, podemos dizer a partir de agora e com o mais alto grau de probabilidade que o caminho foi aberto pelo discípulo de Leucipo. Voltaremos a esse assunto num capítulo subsequente e procuraremos os fios parcialmente escondidos que ligam este último ao Copérnico da Antiguidade, bem como aos grandes físicos de Alexandria e ao seu aluno Arquimedes, e por meio dos quais Arquimedes, por sua vez, se liga a Galileu e aos outros pioneiros da ciência moderna.

Tanto hoje como há dois mil anos coloca-se a questão de saber se nosso globo é o único que serve de morada a seres vivos, e hoje não dispomos para resolvê-la de mais dados experimentais do que então. Mas Demócrito e os seus não merecem ser criticados por temeridade por terem recusado abrir, nisso também, uma exceção a favor do único astro que conheciam com alguma exatidão. O próprio Demócrito declarava que somente alguns mundos são desprovidos de plantas e animais, porque carecem da água necessária para sua subsistência. É uma declaração particularmente notável porque se baseia, segundo todas as evidências, na hipótese da unidade de composição do universo, tanto do ponto de vista das matérias de que ele é formado quanto do das leis que regem seu curso, e porque essa hipótese foi plenamente ressaltada pela física astral de nossos dias. Em Demócrito já se revela o espírito que inspiraria mais tarde a um dos seus discípulos, Metrodoro de Quios, esta comparação fulgurante: "Uma única espiga de trigo numa planície imensa não seria mais extraordinária que um único cosmo na infinitude do espaço"[365].

XI

Porém, ainda mais importante que essa genial antecipação das teorias mais modernas é a concepção da vida implicada nessa visão do mundo e que se depreende necessariamente dela. Como o ser humano deve parecer mesquinho aos seus próprios olhos, como devem parecer insignificantes os objetivos perseguidos com ardor fervoroso pela maioria dos seus semelhantes; como seu orgulho deve ceder lugar à modéstia e à humildade quando ele vê o globo que ele habita despojado de todo privilégio, de toda superioridade, para não ser mais que um grão de areia na margem do infinito! Cremos que é nisso que se encontra o núcleo da ética de Demócrito.

A posteridade viu no Abderita o filósofo "trocista"[366] porque a conduta das pessoas lhe parecia absolutamente absurda, absolutamente em desacordo com sua importância

---

[364] Cf. sobretudo Hipólito, I 13 [FVS 55 A 40], que Löwenheim aproveitou com felicidade ao observar que Demócrito "já havia abandonado em princípio o ponto de vista geocêntrico" (*Archiv*, VII 246).

[365] Metrodoro de Quios em Estobeu, *Ecl.*, I 496 = I 199, 1 Wachsmuth [FVS 57 A 6].

[366] [N.T.: a expressão usada na tradução francesa do texto de Gomperz é "*Jean qui rit*", tirada do título de um poema de Voltaire. Ver nota ao liv. I, cap. I, seção V, 1º.]

e seu valor. Infelizmente, as fontes às quais temos o hábito de recorrer e das quais somos em certa medida obrigados a tirar o conhecimento detalhado de sua filosofia moral são, na sua maioria, pouco límpidas. Sabemos apenas o suficiente sobre uma de suas principais obras éticas para poder esboçar, pelo menos parcialmente, seu plano e suas ideias diretrizes[367]. Essa obra ensinava às pessoas a arte de sentir-se em disposições felizes e era notável já pela modéstia do objetivo que lhes propunha. Não era a felicidade ou a alegria, mas simplesmente o bem-estar, a paz do coração que não é perturbada por nenhum temor supersticioso, nenhuma predominância das paixões, essa segurança ou esse equilíbrio psíquico que nada desconcerta e que era comparado à calma do mar. O tratado começava por uma descrição do estado miserável da maioria das pessoas que, vítimas de uma inquietação incessante, se consomem na busca da felicidade, agarrando cada coisa para em seguida abandoná-la e nunca encontrando satisfação duradoura. Parece que ele apontava, como principais fontes do infortúnio, a imodéstia dos desejos, o desconhecimento dos limites estreitos impostos à felicidade humana, os distúrbios trazidos à paz interna pela superstição. O estado de nossas fontes não nos permite restituir o brilho com o qual Demócrito exprimia essas ideias fundamentais. Na grande quantidade de máximas morais que lhe são atribuídas encontra-se um bom número cuja inautenticidade é demonstrável, e distinguir entre as outras as verdadeiras das falsas é uma empreitada que, pelo menos até hoje, só levou a resultados contestáveis. Cabe perfeitamente considerar propriedade indubitável do grande Abderita muitas ideias que se distinguem ao mesmo tempo pela vivacidade, pela originalidade da expressão, e antes de mais nada o magnífico fragmento que só chegou até nós, é verdade, numa forma mutilada, mas que podemos restituir com certeza quanto ao essencial, e no qual o filósofo flagela o mais grave inconveniente das instituições democráticas, o estado de dependência no qual se encontram os magistrados com relação aos cidadãos, enquanto o seu principal dever é justamente conter estes últimos. Esse fragmento muito significativo devia ser concebido mais ou menos nestes termos: "Na organização política atualmente existente, é impossível que os governantes não façam o mal, mesmo se forem excelentes em todos os pontos. Pois é absolutamente como se a águia [real] fosse entregue como presa aos vermes. Mas se deveria prover para que, por mais severamente que um

---

[367] Cf. o estudo de Lortzing "Sobre os fragmentos éticos de Demócrito", publicado no *Berliner Gymn.-Progr.*, 1873; Hirzel, *Demokrits Schrift* περὶ εὐθυμίης (*Hermès*, XIV 354 ss.); Natorp, *Die Ethika des Demokritos*, 1893, discutido por Diels na *Deutsche Literarische Zeitung*, 1893, nº 41. Dióg. Laércio só dá poucas informações, mas evidentemente autênticas, sobre a moral de Demócrito(IX 45) [FVS 55 A 1]. Por "arte de sentir-se em disposições felizes", traduzi as expressões democríticas εὐθυμίη, εὐεστώ e ἀθαμβίη. [A sequência das ideias do texto de Demócrito foi restabelecida segundo Hirzel, *op. cit.*; cf. FVS 55 B 174 e 235, depois B 3, B 189, B 191, B 286 (assim como B 223-4, 245, 283-5) e B 297]. Tentamos restabelecer o fragmento citado abaixo (e conservado por Estobeu, *Flor.*, 46, 48) [M = IV 5, 48 (IV 211 Hense, FVS 55 B 266)] nas nossas *Beiträge zur Kritik und Erklärung griechischer Schriftsteller*, III 26 (= *Wiener Sitzungsberichte* 1876, 586), e defendemos o texto estabelecido por nós contra o de Diels nas *Beiträge*, VIII 22 ss. [*ibid.* 1905].

magistrado puna os malfeitores, ele não caia em poder deles; ao contrário, uma lei ou uma instituição qualquer deveria garantir plena proteção àquele que exerce a justiça".

No entanto, supondo-se até que não se pudesse afirmar a autenticidade de nenhum dos seus fragmentos, o conjunto deles – por mais paradoxal que isso possa parecer – não caracterizaria de modo menos concludente a moral de Demócrito. Quanto escândalo não causou à ortodoxia tanto pagã quanto cristã sua explicação puramente mecânica da natureza! Não obstante, tanto os escritores cristãos como os escritores pagãos da Antiguidade deleitaram-se em emprestar ou atribuir ao fundador da atomística uma grande quantidade de declarações que denotam os sentimentos mais puros e testemunham a mais alta concepção da vida humana. De onde, podemos indagar com razão, proviria essa impressão senão das obras autênticas de Demócrito? Delas depreendia-se sem dúvida uma personalidade que exigia, ou melhor, que forçava a admiração e o respeito; o preconceito e a parcialidade certamente não encontravam nelas uma palavra que pudesse se prestar ao equívoco ou à depreciação. O preconceito, ainda tão disseminado nos nossos dias, que pretende estabelecer uma conexão necessária entre o materialismo científico e o que se pode chamar de materialismo ético é refutado vitoriosamente pela imagem que toda a Antiguidade teve da pessoa e da doutrina moral do sábio de Abdera e que se conservou intacta até a época mais recente.

Capítulo III

Os Epígonos da Filosofia da Natureza

I. Sistemas ecléticos. Diógenes de Apolônia.
Fragmentos extensos desse filósofo. Ecletismo e
exclusivismo. Características da nova filosofia.

II. Hípon e os *Omnividentes* de Kratinos. Arquelau e Metrodoro.

III. Interpretação alegórica de Homero.

I

A atomística era a conclusão dos esforços de vários séculos para resolver o problema da matéria. Poderíamos crer que uma hipótese que viria a se manter por mais de dois mil anos satisfizesse também os contemporâneos e servisse imediatamente de ponto de partida para novos progressos. Mas numerosos obstáculos se opunham a ela. Nem a arte experimental nem as disciplinas matemáticas estavam suficientemente avançadas para ativar o desenvolvimento do germe fecundo contido na atomística. Uma outra circunstância que entravaria o reino da nova doutrina era a estima profundamente enraizada da qual gozavam suas velhas rivais. As formas cambiantes que o monismo da matéria tinha assumido uma após a outra eram feitas, sem dúvida, como tentamos mostrar acima (liv. II, cap. II, seção III, 1º §), para destruírem-se sucessivamente umas às outras, para abalar a autoridade exclusiva de cada um dos sistemas antigos e até para provocar um ceticismo de cunho a questionar o testemunho dos próprios sentidos e, por esse meio, a base da doutrina que lhes era comum. Mas outro efeito ainda se produziria. Resultados puramente negativos ou mesmo apenas céticos só costumam satisfazer uma parte pequena dos espíritos ávidos por conhecimento. Aliás, à discordância das teorias particulares de Tales, Anaxímenes, Heráclito e outros opunha-se a concordância de suas premissas fundamentais. Além disso, nesse ínterim outras doutrinas importantes e sustentadas por homens de valor tinham surgido. Nada era mais natural que tentar reconciliar essas autoridades colocando no primeiro plano os elementos que lhes eram comuns e esforçando-se para fazer desaparecer o que as separava, transformando-as para fazê-las concordar. Essa tendência foi favorecida por um fato: fora percorrido todo o círculo das soluções pelas quais podem ser explicados os velhos enigmas do mundo, pelo menos daquelas permitidas pelo grau de conhecimento ao qual se tinha chegado até então. Compromisso e ecletismo é o mote que adotarão os numerosos sistemas que eclodirão agora e que formam, propriamente falando, a conclusão da época de pesquisa cujas diversas etapas nos detiveram por tanto tempo.

Já fomos apresentados a um desses filósofos ecléticos, Hípaso, que se esforçou para conciliar Heráclito com Pitágoras (liv. I, cap. V, seção IV, 6º §). Encontraremos outros representantes dessa tendência. O mais notável deles é Diógenes de Apolônia[368]. Ele nasceu em Creta, a ilha longínqua que tinha desempenhado um papel de destaque

---

[368] Dióg. Laércio fala dele (IX 57 [FVS 51 A 1]) de modo muito insuficiente, mas cita seu preâmbulo. Fragmentos em Schorn (ver nota sobre Anaxágoras) em Fr. Panzerbieter, *Diogenes Apolloniates*, Leipzig, 1830, e especialmente nos *Vorsokratiker*, 333-340 [51 B]. Devemos a Aristóteles, *Hist. Anim.*, III 2, 511 b 30 ss. [FVS 51 B 6], um longo fragmento referente à anatomia. Ele trata do percurso dos vasos sanguíneos sem distinguir as veias das artérias e sem perceber a posição central do coração nessa rede. Cf. Krause, programa do Ginásio de Gnesen, Páscoa de 1909: *Diogenes von Apollonia*, II 12. Sobre Diógenes, ver também Chr. Petersen, *Hippocratis nomine quæ circumferuntur scripta* etc. (Hamburgo, programa do Ginásio, 1839), o trabalho já citado de Diels sobre Leucipo e Demócrito,

no início da história das belas-artes, mas que ainda não tinha se tornado conhecida no desenvolvimento literário da Grécia. Ávido de ciência, ele foi para Atenas, atraído talvez pela estima da qual gozava Anaxágoras naquela cidade; e a liberdade de pensamento que ele experimentou lá o expôs aos mesmo perigos que o grande clazomeneu. Um fragmento extenso relativo à anatomia, do seu livro *Sobre a natureza do homem*, mostra que ele estava a par da ciência médica daquele tempo e leva a supor que ele próprio exercia a arte de curar. Ele atribuiu-se a tarefa de reconciliar Anaxágoras com Anaxímenes, ou, mais exatamente, a doutrina do *noûs* do primeiro com a doutrina da matéria do segundo. Numa medida menor, ele também foi influenciado por Leucipo, de quem ele tomou emprestado a teoria do turbilhão que forma os mundos e que lembra a expressão de "necessidade" pela qual Diógenes manifesta uma certa predileção. As brincadeiras dos autores cômicos, que não o pouparam, e a repercussão que sua doutrina obteve tanto nos dramas de Eurípides quanto nas obras médicas provam superabundantemente que ele estava entre as figuras mais em voga na época de Péricles.

No entanto, não estamos limitados a esses testemunhos indiretos para termos uma ideia do seu sistema, que – é preciso dizer – era desprovido de toda originalidade marcada e de toda coesão íntima. Ainda possuímos restos relativamente importantes de sua obra principal *Sobre a natureza*; eles distinguem-se por uma simplicidade digna, pela precisão e pela clareza; o prefácio do livro mostra, aliás, que o autor visava essas qualidades. Graças a elas, esses fragmentos nos permitem expor de modo surpreendentemente nítido os motivos e os método de sua investigação e nos dizem amiúde em termos expressos o que, com relação aos seus predecessores, só pudemos estabelecer indiretamente. Isso é verdade sobretudo para o motivo fundamental do monismo da matéria, cuja verdade Diógenes se esforça para provar nos termos seguintes: "Se o que é agora neste mundo, terra, água e todas as outras coisas que se revelam existentes neste mundo, se uma dessas coisas fosse diferente das outras, diferente pela sua própria natureza e não a mesma, mas alterada e transformada em toda ocasião, então as coisas não poderiam misturar-se umas às outras e nenhuma delas poderia ser útil ou nociva para as outras; então nenhuma planta poderia sair da terra, nenhum animal, nenhuma coisa poderia nascer se não fossem todas as mesmas segundo sua composição. Mas todas essas coisas procedem do mesmo e, pela transformação, tornam-se outras em outros tempos, para enfim tornarem-se novamente as mesmas". Porém, ao mesmo tempo, o argumento teleológico de Anaxágoras causou sobre ele a mais profunda impressão: "Pois é impossível que toda coisa tenha sido distribuída sem inteligência [mais exatamente sem intervenção de um *noûs*] de tal modo que ela tivesse uma medida: o inverno e o verão, a noite e o dia, a chuva, o vento e o brilho do sol. E quem refletir sobre o resto verá que sua organização é tão bela quanto possível".

---

seus ensaios sobre Leucipo e Diógenes de Apolônia (*Rhein. Mus.*, XLII 1 ss.) e *Uber die Excerpte von Menons Iatrika* (*Hermès*, XXVIII 427 ss.). O testemunho capital é o de Teofrasto, *Doxogr.*, 477, 5 [FVS 51 A 5]. [Sobre o que segue, cf. 51 C 1, C 2, C 4 e B 1-3.]

Mas a doutrina do *noûs* de Anaxágoras não basta para satisfazê-lo, e ele viu-se obrigado a completá-la retornando à teoria mais antiga do ar, de Anaxímenes. Dois motivos podem tê-lo conduzido a essa atitude. A teoria da matéria de Anaxágoras pareceu-lhe sem dúvida tão absurda e mal fundada quanto o é na realidade. Temos o direito de concluir isso do fato de que ele a abandonou. Mas ele queria evidentemente que o *noûs*, ou princípio ordenador do universo, fosse ligado a uma das formas materiais que nos são conhecidas; somente assim sua soberania, e sobretudo sua difusão e sua ação universais, lhe pareciam inteligíveis e explicáveis. É o que ele diz nos seguintes termos, sem equívoco algum: "E o que possui a inteligência [ver acima] me parece ser o que os homens chamam de *ar*, e é o que, na minha opinião, conduz e governa tudo. Pois me parece ser dele que provém o *noûs*; é [por meio desse veículo] que ele penetra em toda parte, ordena tudo e encontra-se em tudo. E não há uma única coisa que não participe dele, mas não há duas que participam do mesmo modo. Pois há muitas variedades tanto do próprio ar quanto da inteligência. De fato, ele apresenta estados diversos, ora mais quente, ora mais frio, ora mais seco, ora mais úmido, ora mais tranquilo, ora animado por um movimento mais rápido; e ele oferece ainda outras e inúmeras diferenças dos pontos de vista do odor e da cor. Aliás, a alma de todos os seres vivos é formada pelo mesmo elemento, a saber de ar, e esse ar é mais quente que o ar externo que nos envolve, no entanto muito mais frio que aquele que envolve o sol. Mas esse calor não é igual em nenhum dos animais, e tampouco nos seres humanos, se os compararmos uns aos outros. A diferença não é considerável, contudo grande o bastante para que não haja entre eles perfeita igualdade, mas apenas semelhança. Porém, nada que se transforma pode de um tornar-se outro antes de ter se tornado o mesmo"[369]. Em outros termos: a passagem de uma forma material particular para outra tem por condição necessária e por transição a passagem pela forma fundamental ou primitiva da matéria. Diógenes continua: "Então, como a transformação é múltipla, os seres vivos são múltiplos e diversos e, em decorrência da grande quantidade de transformações, eles não se parecem nem pelo seu aspecto, nem pelo seu modo de vida, nem pela inteligência. Não obstante, aquilo mediante o qual todos eles vivem, veem e ouvem é uma única e mesma coisa, e o resto de sua inteligência vem, para todos eles, do mesmo princípio", a saber, do ar. A prova destas últimas afirmações é fornecida pela conclusão de outro fragmento, já citado parcialmente acima: "Aliás, também há provas sólidas disso. O ser humano e os outros animais vivem respirando, graças ao ar. E este é para eles tanto alma quanto inteligência [...]. E quando ele se separa deles, eles morrem e a inteligência os abandona". Essa essência primeira também foi chamada por Diógenes de "corpo [ou matéria] eterno e imortal", numa outra vez de "ser grande, poderoso, eterno, imortal e multisciente", ocasionalmente também de "divindade".

---

[369] Sobre o texto desse trecho ligeiramente corrompido [FVS 51 B 5], cf. as *Beiträge zur Kritik und Erklärung* etc., I 39 (= *Wiener Sitzungsberichte* 1875, 271) [= *Hellenika*, I 204]. [Sobre o que segue, cf. FVS 51 B 4; B 7-8].

O conhecimento de todas as teorias particulares do Apoloniata, expostas por ele não somente nas duas obras mencionadas acima, mas também na *Teoria do Céu*, não ofereceria grande interesse para os nossos leitores[370]. Era um erudito, e seu espírito móvel exercitou-se em todos os domínios então explorados das ciências da natureza. Ele recebia incentivos de todos os lados; ele aprendia com todos os mestres e, embora não soubesse, propriamente falando, conciliar e superar as contradições entre essas múltiplas doutrinas, imprimiu a todas elas sua marca. Todos os caminhos de investigação seguidos por seus predecessores conduziram-no ao seu princípio, o ar. Nessa combinação de amplitude de vistas e de exclusivismo, de ecletismo sem escolha e de coerência obstinada, encontra-se o segredo do seu sucesso. "Aquele que traz muitas coisas traz alguma coisa para cada um." Explicação mecânica do universo, concepção teleológica da natureza, monismo da matéria e submissão desta última a uma princípio inteligente – tudo isso e muitas outras coisas estavam contidas nas dobras do seu manto. A teoria de uma matéria primordial única era familiar há várias gerações aos espíritos cultos da Grécia; ela não foi abandonada. A suposição de um princípio diretor que se fixava um objetivo era tida recentemente, aos olhos de muitos, como indispensável.; ela não foi rejeitada. O nascimento do cosmo segundo as leis de uma necessidade cega fora exposto com brilho, e esse sistema havia encontrado adeptos perto e longe; um pequeno lugar foi reservado para ele na nova filosofia. Nela, o turbilhão de Leucipo deve comportar-se fraternalmente para com o *noûs* de Anaxágoras, assim como este deve fazê-lo para com o deus-ar de Anaxímenes. Mas os espíritos aferrados às velhas crenças tampouco tinham o que temer dessa ciência de um gênero novo. Pois Homero, segundo sustentava Diógenes, não tivera a intenção de contar mitos, mas tinha inserido nos seus relatos poéticos uma verdade mais alta[371]. Seu Zeus não é outra coisa senão o ar. Em outros termos, o filósofo também se lançava no caminho da interpretação alegórica da poesia e da fé nacionais. Nisso ele foi um precursor da escola estoica, que, por intermédio dos cínicos, também lhe deve diversas doutrinas físicas particulares[372].

E agora o reverso da medalha: o exclusivismo levado aos limites mais extremos e que só quer reconhecer em todos os fenômenos, físicos, cosmológicos, fisiológicos e até psíquicos, a ação de um princípio material único. Para Diógenes, o ar é o veículo de todas as percepções dos sentidos. Ele tinha explicado a visão – seguindo nisso, sem dúvida, o exemplo de Leucipo – por meio de uma impressão que o objeto percebido

---

[370] Simplício, a quem devemos mais uma vez quase todos os fragmentos, não leu a *Teoria do Céu* (μετεωρολογία) nem o tratado περὶ ἀνθρώπου φύσεως, mas apenas os encontrou mencionados na obra principal de Diógenes, *Física*, p. 151, Diels (FVS 51 A 4).

[371] A observação sobre Homero encontra-se em Filodemo, *Da Piedade*, p. 70 da minha ed. [FVS 51 A 8].

[372] Dummler procura provar (*Akademika*, 113) que os estoicos dependem de Diógenes "na sua teoria da percepção e também na sua [...] embriologia". O mesmo autor (*ibid.* 225) e Weygoldt (*Archiv*, I 161 ss.) estudam as relações de Diógenes com alguns tratados da coleção hipocrática.

produz sobre a pupila por intermédio do ar. Contudo, a essa explicação ele acrescenta um detalhe que lhe é particular: a pupila, segundo ele, comunica essa impressão ao ar que se encontra no cérebro. Quanto a considerar este último como o centro propriamente dito da sensação, ele provavelmente (diga-se de passagem) o soubera de Alcmeão. Diógenes também conhece a inflamação do nervo óptico e a cegueira que decorre dela. Ele explicava o fato dizendo que a veia inflamada – pois para ele o nervo era uma veia – impedia a entrada do ar no cérebro e que, por causa disso, a percepção visual não ocorria bem, embora a imagem aparecesse na pupila. Na opinião dele, se o ser humano se distingue por uma inteligência mais alta é porque ele caminha em pé e, graças a esse fato, respira um ar mais puro, enquanto os animais, que costumam ter a cabeça inclinada, aspiram um ar poluído pela umidade da terra. A mesma coisa é verdadeira, embora em menor medida, para as crianças, por causa da sua pequena estatura. Mesmo para a explicação das emoções Diógenes recorre ao ar e à sua ação sobre o sangue. Quando a constituição do ar o torna pouco próprio para misturar-se ao sangue e, por conseguinte, este torna-se menos fluido e mais espesso, temos uma impressão dolorosa; no caso contrário, quando o movimento do sangue é acelerado pelo ar, temos uma impressão de prazer. Detemo-nos aqui na nossa análise. Embora essa teoria, pelos motivos indicados acima, tenha exercido uma profunda influência sobre seus contemporâneos, os defeitos que ela apresenta não escaparam nem à crítica incisiva da posteridade, nem à zombaria da musa cômica. Por que, exclama Teofrasto no exame judicioso que ele faz da psicologia de Diógenes[373], os pássaros não nos ultrapassam em razão se é a pureza do ar respirado que decide da fineza e da excelência dos dons intelectuais? Por que o curso dos nossos pensamentos não é completamente alterado cada vez que mudamos de moradia e conforme respiramos o ar das montanhas ou dos pântanos? Desta vez, Aristófanes concorda de modo impressionante com o sábio discípulo de Aristóteles. Na peça *As Nuvens*, representada em 423, ele atinge com as setas mais afiadas de sua sátira as mais diversas manifestações do "período das luzes" e, como já se observou há muito tempo, ele não se preocupa em poupar o Apoloniata. A exclamação sacrílega: "Tendo destronado Zeus, o Turbilhão é Rei!"; Sócrates planando acima da terra numa cesta, a fim de respirar um ar inacessível à poluição da umidade terrestre e insuflar-se assim a mais pura inteligência; a deusa "Respiração", em direção à qual os discípulos de Sócrates estendem as mãos em preces; enfim, as Nuvens com os longos narizes dos quais o poeta teve o cuidado de dotá-las para fazê-las respirar o mais possível o ar-espírito; tudo isso são epigramas dirigidos contra Diógenes e que, sem dúvida, provocaram no teatro de Atenas explosões de riso e salvas de aplausos[374].

---

[373] Para [a exposição] que Teofrasto fez da psicologia de Diógenes, ver *De sensibus*, 39 ss.; *Doxogr.*, 510 ss. [FVS 51 A 19], e para a [crítica] ligada a ela, [*ibid.* 46 ss.; *Doxogr.*, 512 ss.].

[374] O verso de *As Nuvens* (828 Meineke, repetido 1471) é o seguinte: Δῖνος βασιλεύει τὸν Δί᾽ ἐξεληλακώς [FVS 51 C 1]; cf. também 380 ss.

II

Um outro poeta cômico, mais velho que Aristófanes, Crátinos, amigo da divina garrafa, dedicou uma de suas peças a escarnecer da filosofia do seu tempo. Essa peça era intitulada *Aqueles que tudo veem* (Πανόπται), nome que, propriamente falando, era reservado a Zeus e ao guardião de Io, Argo dos cem olhos, e que, dessa vez, caracteriza não sem amargura os discípulos dos filósofos que ouvem crescer a grama[375]. Os "Videntes" que formavam o coro do drama eram reconhecíveis já pelas suas máscaras: duas cabeças e inúmeros olhos. Dessa vez, o alvo das pilhérias era Hípon, apelidado o *Ateu*, que viera para Atenas da Itália meridional ou de Samos. Talvez o poeta tivesse acrescentado a ele algumas outras vítimas. Sabemos somente pouca coisa sobre esse pensador; não faz muito tempo que possuímos um fragmento dele, aliás excessivamente curto; Aristóteles o inclui entre os espíritos grosseiros; ele mal o julga digno de figurar entre os filósofos, dada a "pobreza do seu pensamento". Nós o classificamos entre os ecléticos porque ele se mostra preocupado em combinar as teorias de Parmênides e de Tales[376]. De fato, no começo do processo cósmico ele situa o "úmido" e faz sair dele o "frio" e o "quente" (água e fogo); o fogo desempenha o papel de princípio ativo e criador, a água representa a matéria passiva.

Mais perto de Diógenes que de Hípon estava Arquelau[377], ateniense ou milésio tido como discípulo de Anaxágoras, mas que transformou as doutrinas deste em pontos essenciais e, por assim dizer, fê-las regredir a modelos mais antigos. É sobretudo no que tange à sua cosmogonia que ele se afastava de seu mestre. Segundo ele, não é de fora que o *noûs* penetrou na matéria para organizá-la e formar um cosmo a partir dela. Se compreendemos bem os testemunhos de nossas autoridades, Arquelau considerava-o mais como inerente à matéria desde a origem, e por isso aproxima-se dos mais antigos representantes da filosofia da natureza e ao mesmo tempo – temos o direito de acrescentar – do espírito das antigas concepções helênicas relativas ao universo. Por força desse fato e do seu desejo de ver na matéria um princípio divino – desejo que não podia

---

[375] Fragmentos de Πανόπται em Kock, *Attic. Comic. Fragmenta*, I 60 ss. O fragmento isolado que se encontra nas *Scolies genevoises de l'Iliade*, ed. Nicole, Genebra, 1891, I 198, sustenta a opinião, então muito disseminada, de que a água de todas as minas e de todas as fontes provém do mar. Cf. a esse respeito Diels nos *Berliner Sitzungsberichte* 1891, 575 ss. (*Uber die Genfer Fragmente des Xenophanes und Hippon*), e *Vorsokratiker*, 225 ss. [26 B 1].

[376] A observação de Aristóteles encontra-se na *Metaf.*, I 3, e no *De Anima*, I 2 [FVS 26 A 7; 21 A 4]. Minha própria maneira de ver repousa na combinação da observação de Aristóteles (*Metaf.*, I 3) com o comentário de Alexandre a esse trecho (p. 21, 17, Bonitz) [= 26, 21 Hayduck; FVS 26 A 6] e com Hipólito, I 16 (*Doxogr.*, 566, 20) [FVS 26 A 3]. A indicação instrutiva deste último nos permite incluir Hípon no movimento eclético da época, enquanto a declaração seca e demasiado concisa de Aristóteles fazia ver nele um adepto estranhamente atrasado de Tales.

[377] Sobre Arquelau, cf. Dióg. L., II 16-17, Teofrasto nos *Doxogr.*, 479 ss., Aécio (*ibid*. 280) e Hipólito, I 9 (*ibid*. 563), entre outros. Cf. *Vorsokratiker*, 323-325 [47 A 1-18].

ser satisfeito pela dispersão da matéria nas "sementes" infinitamente pequenas ou nos átomos de Leucipo –, era natural que, mais ou menos como Diógenes de Apolônia, ele procurasse estender uma ponte entre a doutrina de Anaxágoras e a de Anaxímenes. Ele não nega os inúmeros elementos que o Clazomeneu chamara de "sementes" ou homeomerias; mas as grandes formas materiais que haviam desempenhado o papel principal no sistema dos "fisiólogos" voltam para o primeiro plano. A mais imaterial, de certa forma, das matérias – o ar – devia ter, na qualidade de massa primitiva, contido essas "sementes" e ao mesmo tempo ter sido a sede do *noûs*, princípio intelectual que inaugurou a formação do mundo. Dessa forma material média saíram por rarefação e condensação, ou seja, pela separação ou reunião das "sementes", o fogo e a água, suportes do movimento e do repouso. Será necessário ressaltar que Arquelau foi influenciado nisso por ideias não apenas de Anaxímenes, mas também de Parmênides e até de Anaximandro? Ele tentou igualmente, e nisso ele parece ter dado prova de uma originalidade maior, descrever os inícios da sociedade humana e expor as noções fundamentais da moral e da política. Mas voltaremos a esse assunto em outra oportunidade.

III

O desejo de reconciliar o novo com o antigo, dessa vez a nova ciência com a antiga fé, manifesta-se também em outro discípulo de Anaxágoras, Metrodoro de Lâmpsaco, cuja interpretação alegórica de Homero nos choca à primeira vista pela sua extravagância[378]. Quais motivos podem tê-lo levado a identificar Agamenão com o éter, Aquiles com o sol, Heitor com a lua, Páris e Helena com o ar e a terra, e mesmo a ver em Deméter, Dionísio e Apolo partes do corpo animal, a saber, o fígado, o baço e a bile? Não sabemos. Essas explicações lembram-nos os desvios mais desordenados daqueles que, nos nossos dias, veem mitos em todo lugar, e também as temeridades análogas de outras épocas, nas quais a impossibilidade de sustentar a verdade literal de relatos sagrados levou a ver neles apenas o invólucro de um núcleo totalmente diverso. Pensemos no judeu-grego Fílon de Alexandria, que viu no Jardim do Éden a sabedoria divina, nos quatro rios que saem dele as quatro virtudes cardinais, no altar e no tabernáculo os objetos inteligíveis do conhecimento, etc. Ernest Renan nota com razão, sobre a interpretação alegórica de Fílon, que esse sistema, tão prenhe de consequências e que parece tão bizarro aos nossos espíritos impregnados de ciência, não se baseia numa arbitrariedade, mas num sentimento de piedade. "Ao invés de renunciar a crenças caras [podemos acrescentar: à autoridade de escritos altamente estimados], não há identificação falsa nem viés

---

[378] Encontrei a interpretação alegórica à qual Metrodoro submetia Homero baseando-me na curta observação do lexicógrafo Hesíquio: Ἀγαμέμνων τὸν αἰθέρα Μητρόδωρος ἀλληγορικῶς, nos *Vol. Hercul. Coll. altera*, VII 90 (comunicada inicialmente na *Academy* de 15 de janeiro de 1873). Ver Th. Gomperz, *Hellenika*, I 104. Isso e pouca coisa a mais está em *Vorsokratiker*, 326 (48, 1-6). Cf. também W. Nestle, *Philologus*, 1907, 503 ss., e Carolus Reinhardt, *De Graecorum theologia capita duo*, Berlim, 1910, p. 72 e 99.

indulgente que não sejam admitidos"[379]. Recorre-se até a interpretações que parecem delirantes para quem está de fora do círculo dos crentes.

Voltando a Metrodoro, ele lançou-se com ousadia crescente num caminho aberto muito antes dele. Antes do fim do século VI, Teágenes de Régio já tinha tentado salvar com ajuda da interpretação alegórica a autoridade de Homero, tão vivamente combatida por Xenófanes[380]. O combate dos deuses descrito no livro XX da *Ilíada* tinha chocado no mais alto grau. Como? As potências celestes, nas quais todos se haviam acostumado mais e mais a ver os representantes de uma ordem natural e moral única, teriam chegado às vias de fato? A razão sã e o sentimento moral não podiam não ficar ofendidos com essa ideia. Era preciso pôr fim a esse escândalo. Recorreu-se a um expediente. Disse-se que o poeta tinha entendido, sob o nome de deuses, em parte os elementos hostis uns aos outros, em parte as qualidades contrárias da natureza humana. Hefesto, o deus do fogo, Poseidon, o mestre do mar, Apolo e Ártemis, o irmão e a irmã identificados com tanta frequência com o deus do sol e a deusa lunar, embora na origem talvez não se confundissem com eles, o rio Xanto haviam participado desse combate; não era preciso mais para dar um certo ar de veracidade à primeira parte dessa interpretação; encontrou-se em seguida recursos inesgotáveis na etimologia, que se mostrava tão complacente na Antiguidade; enfim, procedeu-se a toda espécie de considerações moralizantes, entre as quais a ideia, digna de Elihu Burritt, de que Ares, o deus da guerra, é a personificação da desrazão e, por conseguinte, o antagonista da razão, encarnada em Atena. É precisamente a esse respeito que se apresenta o nome de Teágenes; ele foi o primeiro apologista dos poemas homéricos. Demócrito e Anaxágoras tampouco deixaram de contribuir com seu pequeno quinhão para a interpretação alegórica da poesia nacional[381]; já mencionamos Diógenes de Apolônia; em Antístenes, discípulo de Sócrates, encontraremos um novo representante dessa tendência que, passando da escola cínica à escola estoica, conheceu o mais extraordinário desenvolvimento.

---

379 Hist. du Peuple d'Israël, V 349. Sobre Teágenes e seus sucessores, cf. Bergk, *Griechische Literaturgeschichte*, I 264 e 891.

380 A apologia de Teágenes é mencionada num escólio da *Ilíada*, XX 67. Esse personagem cujo acme (ou nascimento: γεγονώς!) é situado por Taciano (*Adv. Græc*, cap. 31) na época de Cambises – ou seja, entre 529 e 522 – era portanto tão próximo de Xenófanes do ponto de vista do tempo quanto daquele do espaço [FVS 72, 2; 72, 1].

381 Já falamos da contribuição de Demócrito à interpretação alegórica; quanto à de Anaxágoras, ela é atestada por uma tradição que encontrou repercussão em Dióg. L., II 11 [FVS 46 A 1] e da qual se duvidou sem razão alguma.

Capítulo IV

Os Primórdios da Ciência do Espírito

I. Panorama retrospectivo da história da civilização grega. Retórica e política. Progresso das luzes.

II. Obstáculos encontrados por esse novo movimento científico. A técnica suplanta o empirismo.

III. A especulação sobre as épocas remotas. Os inícios da cultura. Ponto de vista orgânico e ponto de vista mecânico.

IV. Teoria do contrato social. Comparação com Locke e Marsílio. Origem da teoria do contrato social.

V. Origem da linguagem. Teoria natural e teoria convencional. Demócrito adversário da teoria natural. Crítica da teoria da linguagem de Demócrito. Ilustração das teorias da linguagem. Verdade relativa das duas teorias.

VI. "Natureza" e "convenção". Numerosos sentidos da palavra "natureza". Relativismo na moral e na política.

VII. Teoria do direito natural. O culto aos heróis em Carlyle e o absolutismo de Haller.

VIII. Diágoras de Melos. Soberania da reflexão. Projetos de reforma política.

I

As tentativas cada vez mais numerosas de compromisso entre a antiga tradição nacional e a nova concepção do mundo e da vida permitem-nos medir a profundidade do abismo que tinha se aberto entre ambas. Nossos leitores puderam acompanhar a evolução desse divórcio. Eles sabem como cresceu em silêncio o conhecimento experimental da natureza; eles sabem que rico alimento o espírito crítico tirou da especulação aprofundada dos filósofos, da ampliação do horizonte intelectual devida aos progressos da geografia e da etnografia, da luta das escolas médicas e da confiança maior que elas foram as primeiras a depositar na percepção sensível em detrimento das suposições arbitrárias de toda sorte. Aqui é necessário estender um pouco nossos olhares e mencionar brevemente as transformações que a vida política e social dos gregos tinha sofrido desde a época da tirania (cf. Introdução, seção II, § 1-3).

Em Atenas, que deveremos considerar doravante como o centro da vida intelectual dos helenos, a luta de classes tinha terminado, como alhures, com a vitória da burguesia. Os privilégios dos nobres foram cada vez mais eliminados; a influência da fortuna móvel, fruto do comércio e da indústria, tinha crescido sem cessar em detrimento daquela da propriedade fundiária. Graças ao afluxo do campo e às imigrações, a população das cidades tornou-se cada vez mais densa; os residentes estrangeiros, e entre eles antigos escravos, adentraram em grande número as fileiras dos cidadãos. As reformas de Clístenes (509 a.C.), que seguiram de perto a queda dos pisistrátidas, tiveram precisamente por objetivo a fusão de todos esses elementos. As guerras médicas marcam uma etapa essencial nessa evolução, que levaria à democracia absoluta. Para enfrentar com alguma chance de sucesso o inimigo nacional, superior em poderio, era preciso mobilizar todas as forças disponíveis. Os efeitos consideráveis que foram produzidos outrora pela criação da infantaria pesadamente armada dos burgueses em detrimento da cavalaria dos nobres renovar-se-iam com o emprego das massas para tripular a frota. A obrigação para todos de colaborar para a defesa da pátria acarretou, dentro de poucos anos, a acessão de todos aos direitos políticos. Logo, dotada de marinha forte, Atenas viu-se à frente de uma confederação que modificou tanto as condições econômicas quanto as condições políticas de sua existência. Monopólios comerciais produtivos, as ricas receitas obtidas com os direitos de entrada e de saída, tributos e taxas judiciárias impostas aos confederados, enfim, de tempos em tempos, a repartição de um território confiscado de algum membro revoltado da confederação, tais eram as fontes de renda por meio das quais se provia à manutenção de uma numerosa população de cidadãos. A democracia instituída sobre essa base tornou-se um modelo que foi imitado repetidas vezes pelos Estados dependentes de Atenas e até fora deles. No entanto, quer o cetro fosse detido pela democracia absoluta ou pela democracia moderada, o poder da palavra tornou-se logo, em quase toda a Grécia, o principal meio de governo. Mais que isso. Pois não era somente no conselho e na assembleia do povo que a palavra era eficaz; nos tribunais populares, nos quais tinham assento, muitas vezes, centenas de jurados, era uma arma cujo manejo hábil aumentava as chances de vitória. O dom, o exercício da eloquência não eram apenas o único caminho para chegar ao poder e à honra; eram também a única proteção contra a injustiça, seja ela qual fosse. Quem carecia dessa arma estava, na sua própria pátria e no seio da paz mais profunda, tão exposto aos ataques como se tivesse se precipitado no tumulto de uma batalha sem gládio e sem escudo. Portanto, era muito natural que, nas democracias dessa época, a retórica fosse cultivada pela primeira vez como uma profissão e que ela adquirisse imediatamente um lugar importante e até preponderante na educação da juventude[382].

Mas a retórica oferece um aspecto duplo: ela é meio dialética, meio estilística. Para dominá-la realmente, não bastava dispor de todos os meios de expressão; era preciso também tornar-se mestre do pensamento, familiarizar-se com os múltiplos pontos de vista cuja influência se faz sentir nos diversos departamentos da vida pública. Todavia, a tendência do "espírito novo" tampouco se esgotava no ardor crescente com o qual as pessoas se esforçavam para adquirir a cultura *formal*. A vida política oferecia à pesquisa e ao pensamento um novo e rico *conteúdo*. Uma enorme quantidade de problemas decorria da transformação das condições políticas e sociais. Foram abordados e discutidos com verdadeira paixão. De fato, todos interessavam-se pelos resultados da discussão, e o conflito das opiniões e dos sentimentos não era menos vivo que a luta dos interesses. E assim como o movimento intelectual criado pela retórica, serva da política, irradiava-se em vários sentidos, assim também o fazia, e num grau ainda mais alto, aquele que criou a própria ciência política. Depois que se indagou o que, em tal caso particular, em tais ou tais circunstâncias dadas, era equitativo e justo, só faltava dar um passo para fazer esta pergunta mais geral: "O que é que, na vida política em geral, é equitativo e justo?". E era impossível que a curiosidade, a necessidade de conhecimento despertadas no domínio político se detivessem nos limites deste, impossível que elas não se estendessem a outros e finalmente a todos os círculos da atividade humana. Em outros termos, o estudo da política levou ao da economia, da educação, das artes e sobretudo da moral. Melhor ainda: depois de ter se aplicado às regras da ação humana, o estudo foi procurar a fonte dessas regras, perscrutar as origens do Estado e da sociedade. Lembremos enfim, para termos uma ideia completa dos fatores que agem aqui, as condições intelectuais da época. O senso crítico, hostil a toda autoridade, tinha adquirido grande força e viria, nas condições reveladas pela vida social e política do século V, a reforçar-se ainda mais e de maneira notável. A base de toda crítica é a comparação. Ora, as guerras médicas, ao colocar os gregos em contato com populações estrangeiras, forneceram-lhes numerosos elementos para isso. O avanço do comércio, o desenvolvimento das relações pessoais no círculo da confederação naval

---

[382] Neste capítulo e no seguinte, reproduzi algumas partes de um antigo ensaio: *Die griechischen Sophisten* (Deutsches Jahrbuch fur Politik und Literatur, abril de 1863), às vezes tal como estavam, às vezes com mais de um acréscimo ou correção.

liderada por Atenas desempenharam um papel talvez mais considerável ainda nesse aspecto. Porções extensas e longínquas da Grécia encontravam-se agora reunidas numa única liga. Uma corrente ininterrupta trazia à capital os habitantes da Ásia Menor e das ilhas; uma corrente contrária levava os cidadãos atenienses para todas as partes da confederação. A reunião nos centros urbanos de massas de homens dos quais uma boa parte pertencia a raças e estados diferentes produziria, ao provocar o intercâmbio de informações e sentimentos, o que foi excelentemente chamado de fricção dos espíritos. Enfim, é preciso mencionar também a circunstância de que as guerras médicas foram seguidas de uma invasão de cultos estrangeiros e que, depois disso, o número de seitas religiosas aumentou consideravelmente em Atenas; que os cidadãos, os metecos e os estrangeiros fundiram-se também sob esse aspecto, que a religião nacional perdeu sua dominação exclusiva e que assim, indiretamente pelo menos, um grande passo foi dado no sentido da emancipação dos espíritos[383].

II

Tais são, até onde podemos julgar, as circunstâncias nas quais aconteceu o mais poderoso progresso na vida intelectual da Grécia e da humanidade. Ao lado da sua irmã mais velha, a ciência da natureza, uma ciência nova, a ciência da moral ou do espírito, tomou seu lugar e, quase desde o início, em toda sua amplidão. Porém, não sem uma séria limitação do seu conteúdo, pois, oriunda das necessidades da vida, essa ciência não podia desmentir sua dependência do solo nutritivo da experiência prática. Daí o frescor, a abundância de seiva que a caracteriza, mas, ao mesmo tempo, a falta de rigor lógico, de plenitude sistemática que ela demonstra. Uma outra cadeia pesava ainda sobre ela: era a necessidade de exprimir-se sempre segundo as regras de uma dicção perfeita, e embora essa cadeia fosse composta de flores ela não deixou de fazer-se sentir. Exceto talvez os logógrafos profissionais, naquela época não existia um público que se ocupasse especialmente dessas questões. É verdade que os logógrafos tinham à sua disposição manuais secos e prosaicos, mas compostos de maneira metódica. Fora isso, tudo que foi criado em outros campos dirigia-se aos círculos mais amplos das pessoas cultas, cujo gosto refinado precisava ser afagado por toda espécie de artifícios de estilo. No entanto, a união entre a beleza e a verdade só pode subsistir de maneira duradoura nas alturas do conhecimento. É particularmente difícil fundar uma ciência, sobretudo uma ciência cujas noções fundamentais exigem antes de mais nada uma extrema precisão e uma delimitação estrita, e tornar suas doutrinas imediatamente populares. Excelentes espíritos esforçaram-se para superar essas dificuldades, por exemplo Pródico, cujos estudos sobre a sinonímia prestaram tão grandes serviços, mas

---

[383] Sobre a invasão dos *cultos estrangeiros*, cf. M. Clerc, *Métèques Athéniens*, Paris, 1893, 118 ss. Sobre a afeição dos atenienses pelos estrangeiros e pelos seus deuses, Estrabão, X 3, 18, p. 471. Cf. Foucart, *Les associations religieuses chez les Grecs*, Paris, 1873, p. 57.

sobretudo um filho da época da qual tratamos, aquele cuja ação, apesar de ter sido a menos pretensiosa, não deixou de ser a mais fecunda. Estamos falando de Sócrates, filho de Sofroniscos. Nas suas conversas sem afetação, ele aproveitava as coisas mais simples e mais familiares para elevar-se às considerações mais altas, mas interrompia a cada instante o curso do pensamento para sondar sua profundidade e testar sua limpidez: suas questões barravam o caminho, se podemos dizer, de todo conceito que não podia apresentar seu passaporte, tornavam manifestas todas as incertezas latentes, ressaltavam todas as contradições ocultas; e assim ele contribuiu mais que qualquer outro para o trabalho de clarificação e depuração dos conceitos fundamentais que, naquela época, era necessário antes de mais nada.

Embora Sócrates, que só poderemos estudar muito mais tarde de maneira aprofundada, fosse muito superior nisso à maioria dos seus contemporâneos, em outro ponto ele concordava completamente com eles. Referimo-nos à altíssima consideração que ele tinha pela inteligência e pela razão, àquilo que nos parece que podemos chamar a justo título de seu intelectualismo. Esse é sem dúvida o traço mais característico dessa época. Ao mesmo tempo que a confiança gerada pela crítica e o desprezo pela autoridade, a fineza do pensamento tinha se desenvolvido grandemente, inicialmente, é verdade, no solo da Itália e da Sicília. As sutis demonstrações de Zenão de Eleia ainda estão muito frescas na memória dos nossos leitores. Já anteriormente, mais ou menos meio século antes, o legislador Carondas, de Catânia[384] tinha cumprido sua missão de uma maneira que Aristóteles caracteriza com as seguintes palavras: "Ele ultrapassou até os legisladores de hoje por sua precisão e sutileza". Um exemplo entre tantos. Carondas tinha repartido a tutela dos órfãos entre os parentes paternos e maternos de tal forma que os primeiros tivessem que gerir a fortuna e os segundos zelar sobre as pessoas dos seus pupilos. Assim, a administração dos bens era confiada àqueles que, na qualidade de herdeiros presumidos, tinham maior interesse na multiplicação destes, enquanto a vida e a saúde dos órfãos eram entregues àqueles que não podiam ter nenhum motivo vil para comprometê-las. Desde então, a arte de viver, que consiste em subordinar a regras inteligentes todas as ações, tinha se desenvolvido constantemente. Era chegada a hora em que o empirismo rotineiro devia ceder cada vez mais diante da norma consciente. Não houve nenhum campo da vida que ficou de fora dessa tendência. Ali onde não houve reforma, houve codificação. Porém, em geral as duas coisas caminharam juntas. Em todo lugar surgiram obras especializadas. Os manuais foram compostos em grande número. Tudo que se refere à atividade humana foi submetido a preceitos e, se possível, reduzido a princípios, tanto a preparação das refeições como a execução das obras de arte, tanto o exercício do passeio como a direção das operações militares.

---

[384] A questão de saber quando Carondas exerceu sua atividade foi estudada recentemente por Busolt, *Griechische Geschichte*, I 279 nota 1 [= 2ª ed., I 426 nota 7], que infelizmente não chegou a uma solução definitiva. Aristóteles fala de Carondas, *Polít.*, II 12. Sobre sua lei acerca da tutela, cf. Diodoro, XII 15.

Alguns exemplos ilustrarão o que acabamos de dizer. Mitaicos tinha reduzido a um sistema a arte culinária; o filósofo Demócrito tinha tratado da tática e do manejo das armas; Heródicos de Selímbria da dietética como disciplina separada da medicina; até a arte de cuidar dos cavalos tinha atraído um escritor chamado Simão. Todos os ramos das belas-artes foram expostos teoricamente. Lasos de Hermíona, que, já no século VI, tinha ao mesmo tempo aumentado os meios de expressão musical e fundado sua teoria, teve vários sucessores, entre eles o amigo pessoal de Péricles, Damon, e Hípias de Élis, que dava aulas de rítmica e harmonia. Até Sófocles, precedido por um certo Agatarcos (fora isso desconhecido), não deixou de escrever sobre a técnica teatral; e o grande escultor Policleto, no seu *Cânone*, deu às principais proporções do corpo humano uma expressão numérica. Demócrito havia formulado a teoria da pintura e da perspectiva cênica; e este último assunto também fora tratado por Anaxágoras. A agricultura, que Hesíodo fora o primeiro a escolher como assunto de uma obra literária e cujo método ele expusera no seu calendário rústico (*Os Trabalhos e os Dias*), tornou-se para Demócrito objeto de uma obra filosófica. Até aqueles que praticavam a mântica ou divinação viram-se dotados de prescrições teóricas. Nada devia mais ser deixado à mercê do arbitrário e do acaso. A arquitetura das cidades encontrou seu reformador em Hipódamo de Mileto, um excêntrico que julgava dever exibir sua excentricidade e que a fazia aparecer até na sua maneira de se vestir e de cortar os cabelos. Esse inovador recomendava o sistema de ruas traçadas com prumo que se cruzavam em ângulo reto, sistema que nos parece simbolizar a tendência cada vez mais preponderante de submeter todas as coisas às regras da razão[385].

---

[385] Sobre a *Arte da Cozinha* de Mitaicos, ver Platão, *Górgias*, 518b. Ateneu (I 5b) conservou alguns trechos de um tratado versificado de Filoxeno de Leucádia sobre essa arte. Os livros de Demócrito *Sobre a Tática e o Manejo das Armas* são mencionados no catálogo de suas obras, Dióg. L., IX 48 [FVS 55 A 33]; no mesmo lugar são citados seus escritos *Sobre a Pintura e a Agricultura*. (As dúvidas de Gemoll sobre a autenticidade desta última obra – *Untersuchungen uber die Quellen* [...] *der Geoponica*, Berlim, 1883, p. 125 – parecem-me inteiramente sem fundamento.) A *Dietética* de Heródicos de Selímbria é mencionada diversas vezes por Platão, nos tratados hipocráticos, por Galeno, etc., e enfim no papiro de Londres. Xenofonte fala de Simão como um predecessor seu na sua pequena obra περὶ ἱππικῆς. Um fragmento extenso dela foi estudado por W. Oder em *Rhein. Mus.*, LI 67-69. Lasos de Hermíone, que viveu na corte dos pisistrátidas, é citado por Suidas como o mais antigo teórico da música. Parece-me indubitável, sobretudo diante das citações de Filodemo (cf. meu ensaio *Zu Philodems Buchern von der Musik*, Viena, 1885, 10), que Damon, cuja personalidade e significado são geralmente conhecidos, também escreveu sobre música. A reserva de Bucheler (*Rhein. Mus.*, XL 309 ss.) não pode ser mantida na presença desses trechos. Mais adiante trataremos de Hípias. Sobre o pintor Agatarcos, que escreveu sobre a decoração cênica, cf. o prefácio de Vitrúvio ao seu liv. VII § 11 [FVS 46 A 39], no qual também é abordado Anaxágoras. Sófocles aperfeiçoou a técnica teatral e escreveu, em todo caso, sobre o coro (Suidas s.v.). Sobre o *Cânone* de Policleto, cf. Galeno, *De Hippocr. et Plat. placitis*, V 448 Kuhn [= 426 Muller; FVS 28 A 3]; um pequeno fragmento foi conservado por Fílon, *Mechanic. syntaxis*, ed. Schöne, IV 50, 5 ss. [FVS 28 B 2]. Uma biblioteca sobre a arte da divinação, ao que parece bastante considerável, é mencionada pelo orador Isócrates (*Orat.*, 19, 5). Aristóteles trata de Hipódamo de Mileto, *Polít.*, II 8 [e VII 11; FVS 27, 1-2]. Aos escritos especiais pertencem também os manuais de matemática, astronomia e retórica, que não são mencionados aqui.

III

Uma época inquieta e ávida por novidades chega a indagar espontaneamente, por assim dizer, de onde vêm o direito, a moral e a lei, em que se baseia seu caráter coercitivo. Em seguida ela pergunta quais são as normas supremas que devem dirigir a aspiração de reforma, despertada em toda parte. Essa pesquisa das origens faz o espírito pensante retornar aos primórdios da raça humana. A lenda popular e a poesia didática tinham representado há muito tempo sob as cores mais brilhantes os encantos de uma idade de ouro. Para nós, Hesíodo é o representante mais antigo dessa tendência do sentimento e do pensamento a dourar o passado remoto. Essa tendência combina muito bem com a tristeza, o pessimismo que formam o fundo do seu caráter e do dos seus ouvintes. Pois é precisamente para escapar das preocupações, das misérias da vida cotidiana que o espírito dos gregos, como o de outros povos, alça voo em direção aos campos elísios da felicidade futura ou de um passado em que tudo era alegria (cf. liv. I, cap. II, seção I). A imagem dos tempos primitivos é muito diferente no olhar de uma idade fascinada pelo criticismo, contente com os resultados de sua cultura e que espera outros progressos, progressos ilimitados. Aquele que se sente superior aos seus antepassados, que se sente orgulhoso, que talvez se gaba de suas próprias luzes é pouco propenso a procurar seu ideal na distância crepuscular do passado, a considerá-lo com admiração ou até com um arrependimento doloroso. Essa tendência do sentimento não é desprovida de algumas intuições verdadeiras. Foi logo uma convicção geral, para não dizer um lugar comum evidente por si mesmo, que no início da história reinava a barbárie. Da selvageria, da animalidade, a espécie humana elevou-se lentamente, insensivelmente, aos primeiros graus, depois a graus cada vez mais altos de civilização. Lentamente, insensivelmente – assim exprime-se o pensamento científico, que não crê mais em intervenções maravilhosas, sobrenaturais; assim ele se exprime, sobretudo porque suas investigações no domínio da natureza lhe ensinaram que os menores efeitos, ao acumularem-se, levam a grandes resultados. Lembremos a esse respeito que encontramos em Anaximandro os rudimentos da teoria da descendência (liv. I, cap. I, seção III, 3º §), que Xenófanes podia ser classificado entre os geólogos anticatastróficos e que ele tinha pontos de vista sobre o desenvolvimento da civilização aos quais se poderia aplicar o mesmo epíteto (liv. II, cap. I, seção III, 1º §). Num escritor médico encontramos o mesmo modo de ver com relação aos progressos da arte culinária, que distingue o ser humano atual dos seus grosseiros ancestrais e do mundo animal (liv. III, cap. I, seção V, 2º §).

"Os homens das cavernas, aos quais o arado era tão estranho quanto as ferramentas de ferro em geral, que na sua rudeza e violência não recuavam diante da antropofagia, tornaram-se civilizados que cultivam o trigo, plantam a vinha, aprenderam a construir moradias, a fortificar suas cidades, e finalmente a prestar aos mortos a homenagem da sepultura." Eis como o poeta trágico Mósquio – que, é verdade, já pertence ao século IV – descreve as primeiras etapas da civilização; mas ele não se pronuncia nitidamente sobre a questão de saber se esta é um presente de Prometeu, o titã amigo dos humanos, ou se devemos ver nela o produto da necessidade ou da longa prática e da habituação gradual, na qual a "natureza" desempenhou o papel de "professora". Ideias análogas já haviam preocupado espíritos eminentes do século V; pelo menos é o que podemos concluir dos versos com os quais se iniciava o *Sísifo* do estadista e poeta dramático Crítias, bem como do título de um livro perdido de Protágoras de Abdera *Sobre o estado primitivo da raça humana*, ao qual Mósquio parece justamente fazer alusão no início do fragmento de que falamos acima: "Que o estado primitivo da humanidade vos seja desvelado". Poderíamos qualificar de orgânica a concepção do progresso da cultura que predomina em Mósquio. Afinal, embora esse poeta, como já observaram, aborde de passagem a lenda de Prometeu, ele insiste principalmente nos efeitos produzidos pela natureza, pela necessidade, pelo hábito e sobretudo pelo "tempo que engendra tudo e alimenta tudo". Aqui prevalece a ideia do desenvolvimento, do qual a ordem social é considerada fruto; é por isso que Crítias chamou de "brilho radioso do céu estrelado" a "bela obra do sábio artista", ou seja, precisamente o Tempo.

A solução que Protágoras dava a esses problemas apresentava em certa medida um outro caráter. Por oposição ao ponto de vista orgânico, poderíamos qualificar o seu de mecânico, ou, no sentido que damos a essa palavra, intelectualista. A reflexão, o desígnio, a invenção tomam o lugar da natureza, da força espontânea e inconsciente do hábito. Pelo menos é a conclusão que tiramos com certeza aproximativa da imitação dessa descrição feita por Platão[386]. Sem dúvida, essa imitação não é desprovida de um toque de zombaria, mas precisamente, ao exagerar, ao travestir os traços do original, a caricatura ajuda a apreendê-los e reconhecê-los. Nela lemos mais ou menos que os seres humanos dos tempos primitivos não podiam sustentar vitoriosamente o combate contra as feras "porque não possuíam ainda a arte do governo, da qual a arte militar é uma parte". Eles prejudicavam uns aos outros pelo mesmo motivo de que "não possuíam ainda a arte do governo". O roubo do fogo, que a lenda atribui a Prometeu, é interpretado de modo alegórico: o titã furta a "sabedoria da arte" no cômodo em que Atena e Hefesto a exerciam. Se ele roubou também o fogo para dá-lo aos seres humanos, foi unicamente porque a sabedoria da arte teria sido para eles somente uma fraca vantagem sem esse agente material. Mais adiante, quando Zeus faz descer à Terra o "Direito" e o "Pudor", Hermes, encarregado de transmiti-los aos seres humanos, pergunta se deve distribuir igualmente a todos esse dom precioso ou se deve reparti-lo entre eles da maneira como são repartidas as artes, isto é, se para um único mestre ou especialista deve haver muitos leigos. E assim por diante, tanto no que precede como no que segue. É pela "arte" que os seres humanos começaram a emitir sons articulados e a criar a linguagem. Por meio da

---

[386] Ver o fragmento 6 de Mósquio em Nauck, *Trag. græc. fragm.*, 2ª ed., p. 813. O grande fragmento do *Sísifo* de Crítias encontra-se na mesma obra, p. 771 [FVS 81 B 25]. O escrito de Protágoras *Sobre o estado primitivo* é mencionado por Dióg. L., IX 55 [FVS 74 A 1]. A imitação de Platão encontra-se no seu *Protágoras*, 320c ss. [FVS 74 C 1].

"arte", da "sabedoria" ou das "virtudes" – essas palavras são evidentemente empregadas como equivalentes e usadas intencionalmente umas no lugar das outras – eles constroem casas, governam o Estado, satisfazem as obrigações morais. A "arte" e aqueles que a exercem, os "mestres" – duas palavras às quais está ligada uma ideia de trabalho manual que lembra mais nossos ofícios que a arte no sentido moderno –, de um lado, a natureza e o acaso, do outro, formam um contraste permanente. Através de toda a caricatura platônica transparece a concepção da vida que estamos suficientemente preparados para encontrar nessa época: esse respeito extraordinário e exagerado, com cheiro de mestre-escola e de pedante, pela razão, pela reflexão, por tudo que pode ser aprendido e reduzido a uma regra. Essa é uma forma de entender a vida que convém perfeitamente à infância das ciência intelectuais e morais. Nós a encontraremos mais de uma vez nessa época, mas em nenhum pensador ela desenvolveu-se mais nem se acentuou mais fortemente do que em Sócrates.

IV

Para quem precisamos dizer que é contrário à história projetar assim na aurora indecisa do gênero humano as conquistas de uma época de maturidade intelectual? Não que em algum momento se tenha podido dispensar o espírito de invenção, o gênio de alguns indivíduos. Uma grande quantidade dos progressos mais notáveis, que nossa idade de razão considera como coisas absolutamente naturais, foi obra, sem dúvida nenhuma, de heróis anônimos da civilização, e filiamo-nos de bom grado ao hino entusiasta entoado por Georges Foster em honra do grande desconhecido que foi o primeiro a domar o cavalo e dobrá-lo a serviço do ser humano[387]. Porém, aos serviços excepcionais prestados por alguns espíritos superiores acrescentaram-se os progressos lentos e insensíveis devidos à multidão das pessoas modestamente dotadas, que ascendiam, por assim dizer, os degraus dados pela própria natureza. Por isso, é um completo erro, desmentido pelos fatos, querer situar no início do desenvolvimento o que pertence somente ao seu fim, quer dizer, a posse do sistema ou do conjunto de regras que constitui propriamente uma arte prática. Não obstante, essa falta de senso histórico caracteriza amiúde as grandes épocas de emancipação intelectual. Involuntariamente, essas épocas moldam o passado à sua imagem e deleitam-se em pintar a infância da nossa raça com os traços de uma sabedoria precoce.

É nesse momento também que vemos surgir a doutrina do contrato social. Os espíritos que se libertaram do jugo da tradição, que se livraram quase completamente da autoridade do sobrenatural e que veem nas instituições políticas e sociais apenas os meios para fins humanos são demasiado propensos a desconhecer a diferença entre as épocas e atribuir aos seus antepassados mais longínquos suas próprias maneiras de

---

[387] Na sua introdução a *Cook, der Entdecker*, V 67 ss. na ed. de Gervinus, Leipzig, 1843.

pensar e agir. O indivíduo como tal não tem nenhum significado na origem; ele só vale como membro de uma família, uma horda ou tribo; seu pertencimento ao grupo do qual ele é um dos elementos é condicionado pelo seu nascimento ou é imposto a ele pela força; não se trata para ele de escolha livre e determinação voluntária, mas somente de obediência cega. No entanto, os apóstolos das "luzes" desconhecem absolutamente esse estado de coisas e têm justamente a imagem contrária dele. Às vezes essa tendência natural é singularmente reforçada pelas exigências da política prática. Perguntamo-nos se nossos olhos não nos enganam quando lemos, por exemplo, as duas dissertações de John Locke (1632-1704) *Sobre o governo civil*[388]. Esse pensador sagaz e profundo sustentava com a maior seriedade que a comunidade política é oriunda sem exceção do acordo voluntário, da eleição livre dos governos, da livre escolha das formas de governo, e dobrava, com tanto zelo quanto insucesso, os fatos históricos e os dados da etnografia a serviço dessa tese errônea. Mas sua teoria só nos causa um espanto moderado quando consideramos seus adversários os teóricos do absolutismo. Eles também estão no terreno da ficção, e de uma ficção muito mais absurda que a de Locke. Adão – pretendiam os defensores do direito divino – tinha recebido do Criador a plenitude do poder real e tinha transmitido-o a todos os monarcas da Terra. E a questão foi discutida então absolutamente como se só houvesse escolha entre essas duas opiniões contrárias à história e à razão, e como se uma das duas devesse necessariamente formar o terreno do direito atual. É verdade que, ocasionalmente, desponta no espírito de Locke a ideia – a única correta – de que "a conclusão a partir do que foi para o que deve ser de direito não tem muita força". Mas esse lume não o impede de discutir a causa da liberdade política ao longo de centenas de páginas como se ela devesse subsistir ou sucumbir conforme sua teoria pseudo-histórica triunfasse ou fosse vencida. Para não falar dos numerosos intermediários desse grande movimento, lembremos que aconteceu o mesmo na aurora da filosofia moderna, no início do século XIV. Marsílio de Pádua (nascido por volta de 1270), contemporâneo de Petrarca, embora um pouco mais velho que ele, e amigo do ousado irmão minorita Guilherme de Ockham, escreveu um tratado intitulado o

---

[388] Tratados de Locke *Of Government* no vol. IV de suas *Obras completas* [*Works*, 9ª ed., Londres, 1794]. Trechos principais: [liv. II, cap. 8, § 102, 106, 112], p. 398, 400, 405 [§ 103]. Na p. 398, esta notável declaração: "So at best an argument from what has been to what should of right be has no great force". "O estado de natureza é, para Locke, uma verdade histórica. Ele realmente existiu uma vez entre os homens numa época há muito desaparecida [...]. Rousseau tem opinião diversa. Nunca houve, diz ele, estado de natureza. Esse estado não existiu nem mesmo antes do dilúvio. Pois Deus já esclareceu os primeiros homens e familiarizou-os com os seus mandamentos", diz Robert Redslob, *Die Staatstheorien der französischen Nationalversammlung von 1789*, Leipzig, 1912, p. 33 ss., que cita em apoio de sua opinião trechos do *Discurso sobre a desigualdade* [que não parecem refletir exatamente o verdadeiro pensamento de Rousseau]. Cf. também p. 35: "Não é a origem histórica do Estado que se trata de descobrir, mas sua origem moral". A esse respeito, citação do *Contrato Social* [liv. I, cav. X]: "Como essa mudança ocorreu? Ignoro-o. O que pode torná-la legítima? Creio poder resolver essa questão". A história da teoria do *Contrato Social* é contada de modo muito detalhado por Otto Gierke, *Johannes Althusius* [...], 2ª ed., Breslau, 1902, p. 96 ss.

Defensor da Paz[389], que ele dedicou a Luís da Baviera e no qual ele se esforçou para estabelecer a doutrina do contrato social. Ele também estava persuadido que era preciso reconhecer a soberania popular e a pretensa base histórica que ele lhe dava para encontrar o único terreno jurídico no qual se podia combater com alguma chance de sucesso as pretensões da hierarquia romana e assegurar o triunfo de uma monarquia limitada somente por um freio semiconstitucional ou democrático. A tendência exatamente oposta tinha produzido efeitos análogos numa data um pouco anterior. No intuito de subordinar o poder laico à autoridade eclesiástica, ela tinha trabalhado para difundir a ideia de que o Estado saíra da confusão causada pelo pecado do primeiro homem, que ele não fora instituído por Deus e que devia seu nascimento apenas à necessidade em que se estava de conter, por meio de um contrato social, a anarquia na qual se vivia[390].

Se alguém viesse nos dizer: "Usareis a faculdade que tendes de caminhar em pé somente com a condição de nunca ter, quando fostes bebês, caminhado sobre vossas quatro patas", teríamos o direito de ficar um pouco surpresos. Mas não o ficaríamos menos caso se quisesse proibir às pessoas de hoje a livre escolha nos assuntos políticos a pretexto de que seus antepassados mais longínquos não a tinham exercido. Acabamos de ver como esse modo de pensar – que deriva, talvez não de um desprezo, mas, muito pelo contrário, de uma estima muito exagerada pelo direito positivo – surgiu nos tempos modernos. Se essa forma de justificar a teoria do contrato social era estranha à Antiguidade, a teoria em si mesma não o era. Já descobrimos sua raiz psicológica. Reduzida a seus elementos, essa teoria pode exprimir-se na forma de uma pergunta e uma resposta, e a resposta em si mesma é inteiramente ingênua e livre de toda parcialidade, mas maculada de erro pela falta de senso histórico. Perguntou-se: "Como nossos ancestrais puderam renunciar à sua [pretensa] independência individual e consentir nas limitações a essa independência impostas pela organização política?". Respondeu-se: "Eles aceitaram a desvantagem em troca de uma vantagem maior; eles renunciaram em certa medida à sua própria liberdade para serem protegidos contra os abusos da liberdade dos outros, para preservar da violência dos outros a vida e a propriedade sua e dos seus". Encontramo-nos aqui diante de um caso particular de uma tendência intelectual de grande alcance, mas cheia de erros. Quando uma coisa atinge

---

389 O *Defensor Pacis*, de Marsílio de Pádua, foi publicado em manuscrito em 1346; no entanto, o livro foi terminado antes de 11 de julho de 1324; cf. O. Lorenz, *Deutschlands Geschichtsquellen im Mittelalter*, 3ª ed., II 349. Lemos no cav. XII [Parte I, ed. *princeps*, Basileia, 1522, fol. e 2 frente] esta frase memorável: "Convenerunt enim homines ad civilem communionem propter commodum et vitæ sufficientiam consequendam et opposita declinandum". E esta outra ainda: "Quia [...] nemo sibi scienter nocet aut vult iniustum, ideoque volunt omnes aut plurimi legem convenientem communi civium conferenti" (esta última palavra no sentido do grego συμφέρον = utilidade).

390 Sobre as antigas formas medievais da doutrina do contrato social, cf. H. v. Eicken, *Geschichte und System der mittelalterlichen Weltanschauung* [III Parte II 1, p. 356 ss.]. Fred. Gentz escreveu ainda: "O contrato social é a base da ciência política geral", mas acrescentou à sua frase esta correção: "O contrato original não foi [...] realmente concluído em parte alguma" (*Biester's Berliner Monatsschrift*, 1793, II 535 ss.).

um fim, ficamos tentados, em virtude de uma falsa generalização, a crer que ela deve necessariamente sua existência a algum desígnio intencional dirigido precisamente para esse fim. Platão já conhece essa teoria; ele situa-a, no começo do livro II da *República*, na boca de seu irmão Glauco: "Como os homens causam dano uns aos outros e sofrem uns sob os outros, os mais fracos, por não poderem evitar os ataques dos mais fortes nem atacá-los por sua vez, julgaram que era do interesse comum impedir que se fizesse e se sofresse algum dano"[391]. Daí surgiram as leis e as convenções; por causa disso, o que era ordenado pela lei foi chamado justo e reto; e essa é a essência, essa é a origem da justiça. Epicuro apropriou-se dessa teoria e, como ele deve imensamente a Demócrito, somos tentados a supor que, aqui também, ele segue os passos do seu grande predecessor. Todavia, pelo menos por enquanto, essa conjectura não pode pretender à certeza, nem mesmo a um grau muito alto de probabilidade.

V

Num domínio totalmente vizinho, o espírito de Demócrito manifestou-se de maneira análoga. Estamos falando da questão da origem da linguagem. Acerca desse ponto, confrontavam-se na Antiguidade dois partidos inimigos. Sua divergência de opinião representava do modo mais espantoso o que John Stuart Mill chamou de uma "troca de meias verdades"[392]. Uns sustentavam que a linguagem resulta da própria natureza, os outros que ela decorre de uma simples convenção. A primeira dessas fórmulas implicava duas opiniões muito diferentes: a primeira era que a formação da linguagem não deriva de uma intenção deliberada, mas de um impulso instintivo e espontâneo; a segunda era que a relação primordial e natural entre o som e o significado ainda é reconhecível e demonstrável nas formas atuais da linguagem, isto é, nas palavras gregas. Para os linguistas de hoje, a primeira dessas assertivas é tão exata quanto a segunda é falsa. Basta pensar na dificuldade que temos para determinar com inteira certeza raízes verdadeiramente primitivas. Mesmo naquelas que a análise comparada atribui à língua indo-europeia original, quase nunca temos certeza de ter produtos realmente primordiais do instinto da palavra, produtos desprovidos de qualquer história anterior. Não obstante, como as condições nas quais nos encontramos são mais favoráveis que aquelas em que se encontravam os filólogos gregos, que quase sempre sabiam apenas uma língua e aos quais faltavam, além dos meios de comparação, também os de uma análise segura e penetrante! Diante do problema da origem da linguagem, que ainda hoje não pode ser considerado definitivamente resolvido, eles estavam tão desarmados quanto diante daquele da origem dos seres organizados, mas não o abordaram com

---

[391] Platão, *Repúb.*, II 358e. Epicuro em Dióg. L., X 150, e Lucrécio, V 1017 ss. e 1141 ss. [K. Reinhardt (*Hermès*, XLVII (1912) 492 ss.) parece efetivamente ter provado que aqui Lucrécio se baseia realmente em Demócrito.]

[392] J. S. Mill, *Essays on some unsettled questions of political economy*, Londres, 1844, p. 157.

menos confiança. Em ambos os casos, eles caíram na ilusão de considerar simples aquilo que era, na realidade, um dos problemas mais complicados, e de ver um início naquilo que era somente o termo final de um longo desenvolvimento. O resultado só podia ser, e foi, um malabarismo com etimologias insustentáveis. Impotentes para lutar contra as dificuldades materiais da tarefa, além disso eles foram vítimas de uma causa subjetiva e irresistível de erro, a saber, a associação que se costuma fazer no espírito entre a palavra e seu significado. Eles lembram aquele francês que julgava sua língua materna muito mais natural que o alemão porque ela chama de *pain* (pão) aquilo que é realmente pão, enquanto o alemão lhe dá o nome de *Brot*. E mesmo quando eles se esforçaram para tratar a questão de maneira mais racional, quando eles tentaram não estabelecer a origem das palavras – o que não podia dar nenhum resultado –, mas analisar as impressões produzidas por estas últimas, eles foram vítimas de novas ilusões e não obtiveram um único resultado sério. Com esses etimologistas cujas especulações Platão ridiculariza no seu *Crátilo* aconteceu exatamente, mesmo quando suas tentativas tinham uma certa plausibilidade, o que acontece com os etimologistas amadores de hoje. Pois não se pretendeu, por exemplo, ver no verbo *rouler*[393] uma imitação do carro ou do trovão que rugem? No entanto, o verbo *rouler* vem do baixo-latim *rotulare*, derivado de *rota*, a roda, e *rota*, como o alemão *Rad* (mesmo significado), deriva da mesma raiz que o adjetivo *rasch* (rápido); por conseguinte, a semelhança de som é absolutamente fortuita. Considera-se que Heráclito foi o mais antigo representante dessa teoria que mistura tão estranhamente a verdade e o erro. Mas é provável que ele a tenha pressuposto tacitamente, sem formulá-la expressamente e sem procurar defendê-la. Na consonância das palavras, ele via, sem dúvida nenhuma, uma indicação do parentesco das ideias às quais elas correspondem, como mostram alguns dos seus fragmentos que, precisamente por causa disso, são intraduzíveis (mas cf. liv. I, cap. I, seção V, 5º §). Do mesmo modo, ele se alegra ao ver sua doutrina da coexistência dos contrários prefigurada na língua, pois o grego designa com a mesma palavra (βίος e βιός) ora a vida, ora o arco, que é um instrumento de morte[394]. Todavia, é no mínimo duvidoso que ele tenha discutido a origem das formações linguísticas e expresso seu ponto de vista sobre esse assunto. Mas como em toda atividade humana ele via uma imagem e uma emanação da atividade divina, ele devia estar muito longe de considerar artificial a expressão pelos sons dos fenômenos psíquicos, e provavelmente não teria deixado de combater aqueles que pretendiam o contrário, se já tivessem manifestado sua opinião nessa época.

    Porém, isso é pouco crível. De fato, é Demócrito que é indicado como o autor ou como o mais antigo representante dessa contrateoria. Nossas fontes também nos dão a conhecer, pelo menos nas suas grandes linhas, a argumentação que ele opunha à origem

---

393   [N.T.: aqui no sentido de ressoar, retumbar, ribombar.]

394   Ver Heráclito, frag. 66 Bywater [= 48 Diels].

natural da linguagem[395]. O sábio abderita observou inicialmente que muitas palavras oferecem vários sentidos e que, por outro lado, muitas coisas podem ser designadas por nomes diferentes. Em seguida, ele constatou que as denominações dos objetos mudam às vezes ao longo do tempo, e enfim que a certos objetos, a certos conceitos não correspondem termos apelativos. É fácil ver para onde tendem os dois primeiros desses quatro argumentos. Se, como havíamos suposto, é verdade que sempre há uma relação interna e necessária entre a palavra e a coisa que ela nomeia, a mesma combinação de sons não poderia designar objetos diferentes, como é o caso, por exemplo, das palavras *maio, paio e raio*. Essa suposição também era contradita pelo fato de que um mesmo objeto pode ser designado de vários modos diferentes; por exemplo, chamamos o mesmo espaço ora de *caminho*, ora de *estrada*; o mesmo objeto ora de *assento*, ora de *cadeira*; o mesmo animal ora de *égua*, ora de *besta*, outro ora de *cachorra*, ora de *cadela*. O terceiro argumento não passa de uma variante do primeiro, pois pouco importa que o mesmo objeto possua ao mesmo tempo várias denominações ou que ele as assuma sucessivamente, como é o caso, por exemplo, do tabaco, que nos séculos XVI e XVII chamava-se *petume*, do coelho, que foi durante muito tempo o *conélio*, ou da raposa, que era *rapiega*. Mas a quarta prova parece sair do contexto dessa argumentação, pois se objetos ou conceitos permanecem anônimos, seria possível tirar disso algum argumento contra a existência de um elo interno entre o nome e a coisa nomeada? Pensamos que aqui o filósofo de Abdera deve ter considerado uma ideia diversa e mais abrangente. Ele parece ter querido dizer que, se a linguagem é um dom da divindade ou um produto da natureza, deveríamos encontrar nas suas criações um grau mais alto de finalidade que elas de fato revelam. De um lado falta, do outro superabundância; inconstância e variação, e finalmente ausência absoluta do meio correspondente a um fim dado, eis a imagem que nos oferecem cem vezes as criações imperfeitas da imaginação humana, mas não aquelas que temos o direito de atribuir à ação da natureza ou à providência das potências divinas. Numa forma moderna e científica, o pensamento de Demócrito, tal como o entendemos, poderia ser expresso nesta curta fórmula: "A linguagem não é um organismo, pois a experiência mostra nos organismos um grau muito mais alto de perfeição do que encontramos nela". A despeito de sua repugnância em admitir qualquer causa final, o filósofo atomista podia fazer essa concessão à teleologia.

É verdade que essa crítica incisiva da teoria da origem natural da linguagem só se aplica a esta última na sua forma mais grosseira e imperfeita. Os seres humanos não foram obrigados, por assim dizer, por uma necessidade irresistível a nomear os objetos com seus nomes atuais e não por outros. É o que ele demonstrou, e para isso teria bastado, na verdade, ressaltar a existência de línguas diferentes nos diversos países do mundo. Por outro lado, a doutrina de Demócrito não é mais isenta que a dos seus contraditores do vício fundamental dessa teoria. Ele também confunde o que é original

---

[395] Os argumentos de Demócrito são citados por Proclo no seu comentário ao *Crátilo* de Platão, p. 6 da ed. Boissonade [cap. 16, p. 6, 20 Pasq.; FVS 55 B 26].

com o que se tornou, ele também desconhece o que chamamos de evolução linguística. Para livrar-se das dificuldades levantadas pela teoria que ele combate, ele vê-se obrigado a admitir uma hipótese que acarreta outras mais sérias. Segundo ele, a linguagem tem origem puramente *convencional*. Os seres humanos dos tempos primitivos entraram em acordo para atribuir às coisas tais ou tais denominações a fim de se instruírem e de ter, dali em diante, um meio de comunicação entre eles. Mas como puderam eles – já objetavam os críticos da Antiguidade, e em particular Epicuro[396] – concordar quanto aos nomes a serem dados às coisas se eles careciam do principal meio de entendimento, que é precisamente a linguagem? Será que devemos, indaga o autor epicurista de um livro gravado na pedra e recentemente descoberto, conceber o "dador de nomes" mais ou menos como um mestre-escola que mostra aos seus alunos ora um seixo, ora uma flor, e comunica-lhes seus nomes, recomendando a eles que os fixem na memória? Que motivo podiam ter os homens instruídos desse modo para ater-se inviolavelmente a esses nomes? Como estes podiam chegar intactos e sem deformação à longínqua posteridade ou até mesmo ao conjunto dos habitantes do país? Ou será que se deve supor que esse extraordinário ensino era ministrado ao mesmo tempo para uma grande multidão de pessoas? Seria então por meio da escrita, que no entanto não podia preceder a criação da linguagem? Ou então massas de homens espalhados por um grande território reuniam-se num único ponto numa época em que faltavam todos os meios aperfeiçoados de comunicação? Ignoramos em que medida a exposição de Demócrito merecia as pilhérias que lhe foram distribuídas com tanta abundância. É bem possível que ele tenha se abstido de desenvolver sua ideia em detalhe e que tenha se contentado em opor, à teoria confusa da origem natural da linguagem que ele havia encontrado estabelecida e que, no seu conjunto, ele condenaria, a teoria da origem convencional, única solução que lhe restava para resolver o problema. Fora reservado precisamente a Epicuro o papel de dissipar a profunda obscuridade que envolvia essa questão e, ao admitir um elemento linguístico natural e um elemento convencional, desemaranhar a meada tanto quanto possível fazê-lo com os meios imperfeitos de que a Antiguidade dispunha. Quando chegarmos a esse filósofo, convirá considerar mais seriamente esse problema e expor com mais detalhe e completar a explicação (exata em princípio) que ele dava, referindo-nos aos resultados que devemos ao estudo comparado das línguas.

Somente um exemplo para esclarecer o que entendemos por elementos naturais e elementos convencionais da linguagem. A língua indo-europeia primitiva possuía uma raiz *pu*, à qual estava ligado o significado de purificação. Supomos – o que é, no mínimo, muito provável – que essa raiz não é derivada, mas realmente original, e permitimo-nos exprimir uma conjectura sobre a maneira como ela adquiriu seu significado fundamental. Quando, com a própria boca, órgão da fala, queremos fazer

---

[396] O trecho essencial de Epicuro encontra-se em Dióg. L., X 75 ss. Além de Lucrécio (V 1026 ss. Bernays) e Orígenes (*Contra Celso*, I 24, p. 18 ss. Spencer [= I 74, 15 Koetschau]), ver sobretudo a pedra de Oenoanda no *Bulletin de correspondance hellénique*, 1897, p. 391 ss. [= frag. X-XI, p. 17 William].

desaparecer de uma superfície plana qualquer os grãos de pó que a cobrem, nós os sopramos. Se procedermos com vigor, avançando e aproximando energicamente os lábios, produzimos sons como *p*, *pf* ou *pu*. É assim que essa sílaba pode ou deve ter adquirido seu significado primordial. Supondo-se que tenha sido realmente assim, uma certa posição, um certo movimento dos órgãos da fala formou, nesse caso como sem dúvida em inúmeros outros, o elo que uniu o som e o significado. A nosso ver, aliás, essa imitação de movimentos foi de longe a fonte mais fecunda da linguagem, uma fonte muito mais fecunda que a imitação de sons simplesmente ouvidos e não produzidos pelo ser humano, como aconteceu, por exemplo, com o nome do *cuco* ou com o verbo *miar*. Pode-se ter opinião diversa quanto a isso. Mas essas são certamente amostras daquilo que, de maneira inteiramente racional e sem nenhum traço de misticismo, podemos chamar de elemento natural da linguagem.

Porém, assim que consideramos os numerosos derivados que uma raiz primitiva como essa produziu nas diversas línguas indo-europeias, vemos aparecer a ação do arbitrário, da seleção, do bel-prazer, em suma, da convenção. Afinal, ao lado dessa forma de exprimir a ação de *purificar*, vemos surgir uma quantidade de outras que denotam precisamente a mesma operação, embora com nuanças muito diferentes. Ninguém teria a ideia de afirmar que o romano *devia* servir-se do adjetivo *purus* (puro), derivado dessa raiz, ou que o romano e o grego *deviam* servir-se dos substantivos *pœna* e *poiné* (punição), formados igualmente a partir dela. Só podemos conceder que muitos empregos dessas palavras, em particular sua aliança com expressões que designam a alma, a disposição de espírito ou o sentimento (*mens pura*, *pureté d'âme*, *purity of mind*, etc.), correspondem plenamente ao sentido primeiro da raiz e oferecem, por assim dizer, um reflexo dela. Para exprimir a punição no sentido de expiação religiosa ou de purificação, os derivados dessa raiz também parecem mais apropriados em si mesmos que os das raízes que exprimem a mesma atividade, mas com a ideia acessória do emprego de forças materiais mais grosseiras, por exemplo os verbos *varrer* ou *lavar*. Não se pode tratar aqui de qualquer necessidade, qualquer obrigação, mas somente de tendências que poderiam tanto ter sido aniquiladas pelos acasos do uso quanto ter se tornado vitoriosas graças aos seus favores cambiantes. Quanto mais descemos na história de uma língua, para chegar enfim às formações novas das épocas posteriores ou do tempo presente, mais os acasos emaranhados de um longo processo histórico ganham importância, e mais esvanece-se a força da tendência primitiva inerente ao elemento natural para ceder lugar ao capricho daqueles que falam ou escrevem. Pois uma vez que uma palavra, por força do uso popular ou do emprego que fizeram dela escritores renomados, foi apropriada por um círculo preciso de ideias, ela continua ligada, dali em diante, à expressão dessas ideias. É assim que as palavras se tornam cada vez mais simples sinais convencionais, medalhas apagadas cuja marca original muitas vezes só pode ser encontrada e renovada pela perspicácia genial dos artistas da linguagem, e sobretudo dos poetas. Em outros casos, um eflúvio do seu perfume de outrora volteia ainda em torno dessas flores ressecadas do pensamento, chega até a guiar o sentimento menos refinado do povo e permite que este as empregue com propriedade. Voltemos à nossa raiz e aos seus derivados. Se um dos últimos dentifrícios recebeu o nome de *puritas*, é unicamente em virtude do bel-prazer do seu inventor. Mas mesmo no francês *peine* (pena) e sobretudo na expressão *à peine* (parcamente), assim como na palavra alemã *Pein* (sofrimento), não é mais possível encontrar um vestígio do significado primitivo. Os *Puritanos* ingleses receberam esse nome porque se esforçavam para restabelecer as instituições eclesiásticas na sua forma original, despojada de todas as adjunções ulteriores, na sua pureza. A nuança exprimida pela raiz linguística só teve, na escolha desse nome, uma influência parcamente sensível; mas ela reagiu depois de maneira tácita e inconsciente, já que essa denominação foi logo transportada para o domínio ético, no qual se começou, e desde então não se parou, a falar do *puritanismo* moral.

O argumento tirado por Demócrito da pluralidade de sentidos de muitas palavras está longe de ser sempre concludente, mesmo nos casos de identidade de raízes originais e não derivadas: é o que nos mostra o exemplo ao qual já recorremos. Quando *sopramos* alguma coisa, não é sempre com a intenção de limpar um objeto; também o fazemos no intuito ou – se nossa ação é instintiva ou involuntária – com o resultado de afastar de nós um objeto que julgamos feio ou repugnante. Por causa disso, esse gesto tornou-se, em muitos povos, como assegura Darwin[397], o símbolo da repugnância e do desprezo; é por isso também que os sons aos quais esse gesto dá origem, como o *pfui* dos alemães ou o *pooh* dos ingleses e dos nativos australianos, servem para exprimir pela linguagem esses sentimentos da alma. Do mesmo modo, palavras gregas e latinas que designam os maus odores (pus, pútrido, putrefação, piemia) são derivadas da mesma raiz. E como a fonte de onde brotam as línguas, apesar de jorrar com pouca força, ainda não secou completamente, o inglês começa a empregar essa interjeição como verbo; assim, o insular que quer manifestar de maneira um pouco rude suas dúvidas sobre a lealdade das intenções do seu interlocutor pode reunir os dois significados fundamentais desse gesto e desse som nesta única pequena frase: "I poohpooh the purity of your intentions".

VI

No entanto, por mais importante que possa ser para nós o início dessa grande controvérsia sobre a origem da linguagem, mais importante ainda é a oposição que nela se revela entre a natureza e a convenção. Essa oposição já não nos é mais estranha. Já a encontramos acerca da teoria de Leucipo e de Demócrito sobre a percepção sensível. Nelas aprendemos a ver na ideia da convenção o tipo do cambiante, do subjetivo e do relativo, que se gostava de opor à imutável constância do mundo objetivo. Todavia, o verdadeiro domínio dessa antítese não era nem o da percepção sensível, nem o da linguagem, mas o dos fenômenos políticos e sociais. Considera-se que o primeiro

---

[397] Darwin, *The expression of the emotions*, 258 e 261 ss. [2ª ed., 267 e 270].

pensador que exprimiu essa distinção fundamental foi Arquelau, o discípulo de Anaxágoras[398]. Mas tudo o que sabemos com certeza desse aspecto da sua atividade reduz-se ao seguinte: que ele tratou, no sentido dessa distinção, da beleza, da justiça e das leis e que, a esse respeito, ele expôs a "separação" entre os seres humanos e os outros seres vivos, bem como os inícios do estado social. Essa oposição só é percebida nas épocas em que o espírito crítico atingiu um alto grau de desenvolvimento. Em todo lugar onde a autoridade e a tradição exercem um poder sem partilha, as regras em vigor parecem ser as únicas naturais ou, falando mais exatamente, sua relação com a natureza não é objeto de nenhuma dúvida, nem de discussão alguma. O maometano a quem a revelação de Alá, tal como exposta no Corão, aparece como a autoridade suprema e sem apelação em todas as questões de religião, de direito, de moral e de política representa ainda entre nós, como um fóssil vivo, esse grau recuado de desenvolvimento intelectual.

Duas grandes séries de efeitos decorrem dessa distinção muito importante. Por um lado, ela fornece armas para a crítica incisiva e impiedosa à qual são submetidas logo em seguida as leis e os costumes; por outro lado, ela oferece uma nova norma, uma norma suprema para a reforma à qual se tende imediatamente nos campos mais diversos. O equívoco que apresenta a palavra *natureza*, as numerosas interpretações que ela permite e que só foram percebidas numa época mais recente da Antiguidade tornam essa norma extremamente vacilante e incerta. Mas essa circunstância só fez aumentar a tendência dos antigos a servirem-se dessa norma; de fato, era fácil para eles compreender sob essa fórmula vaga e geral suas aspirações, seus desejos mais diversos. Quando o poeta Eurípides exclama: "É a natureza que o fez, a natureza que não conhece convenção", ele está pensando no poder do instinto, que zomba de todas as convenções incômodas. Mas quando ele diz do bastardo: "Seu nome é um opróbrio, mas a natureza é a mesma", ele está falando da condição real dos homens e quer dar a entender que ela é independente das distinções artificiais criadas pela sociedade. O retor Alcidamas (século IV) exprime-se de maneira análoga mas não idêntica no seu *Discurso messênio*: "A Divindade fez todas as pessoas livres; a natureza não criou nenhum escravo"[399]. Ao escrever isso, o orador era assombrado pela ideia de um pretenso estado natural primitivo no qual reinava a igualdade geral; talvez ele tenha pensado também num direito natural fundado precisamente nessa crença ou em qualquer outra e que deve prevalecer sobre todas as instituições humanas.

Trataremos primeiramente do emprego crítico ou negativo que foi feito dessa distinção. Ao ampliarem as noções que se tinha das condições morais e políticas das diversas tribos, das diversas nações em diversas épocas, os estudos históricos e etnográficos haviam feito com que se compreendesse a infinita variedade dos costumes e das instituições humanas. Começou-se a aproximar, não sem prazer, os contrastes

---

[398] Cf. Dióg. L., II 16 ss., Hipólito, I 9 (*Doxogr.*, 564, 6 ss.) [FVS 47 A 1; A 4].

[399] Eurípides, frag. 920 e 168 Nauck, 2ª ed. Alcidamas, *Oratores attici* (ed. de Zurique), II 154.

mais instigantes. Nasceu um gênero literário que, na Antiguidade, atingiu seu apogeu na obra do gnóstico sírio Bardesane (nascido por volta de 200 d.C.) *Sobre o destino*[400] e que encontrou numerosos adeptos no século dos Enciclopedistas. Heródoto já se deleita com tais antíteses. Ele conta[401] que o rei Dário perguntou aos gregos que viviam na sua corte por qual preço eles consentiriam devorar os cadáveres de seus pais. Eles responderam que nenhum preço seria alto o bastante para convencê-los. Então o rei dos persas mandou chamar os representantes, que estavam no seu palácio naquele momento, de uma tribo da Índia na qual o uso ordenava aquilo que, aos olhos dos gregos, era um sacrilégio, e perguntou a eles na presença daqueles, por meio de um intérprete, por qual preço eles consentiriam queimar os cadáveres de seus pais. Eles soltaram altos gritos e rogaram ao rei que nem mesmo falasse de um tal horror. O historiador tira disso esta notável conclusão prática: se apresentássemos ao conjunto dos seres humanos todos os costumes existentes em todos os lugares e pedíssemos que escolhessem os mais belos, cada povo, depois do mais aprofundado exame, escolheria aqueles que já tem. Portanto, ele acrescenta, Píndaro teve razão ao dizer: "A convenção reina sobre todos os seres"[402]. A mesma ideia é mais desenvolvida e com ainda mais vivacidade num tratado que foi atribuído com probabilidade a essa época: "Se ordenássemos a todos os homens de reunir numa pilha todos os usos que consideram bons e nobres, e depois de escolher aqueles que consideram maus e vergonhosos, não sobraria nada: tudo seria distribuído entre todos"[403]. Não é possível exprimir de maneira mais precisa e mais clara essa ideia de que nenhum costume, nenhuma instituição é suficientemente vil ou odiosa para não ser tida em grande estima por alguma fração da humanidade. Detenhamo-nos um instante na consequência libertadora desse ponto de vista relativista. Em nenhum lugar ela se apresenta com tanta força como nos dramas de Eurípides, o grande defensor das luzes. Já vimos como, para ele, a mancha da ilegitimidade do nascimento tem pouca importância. Ele tampouco se preocupa com o estigma que a escravidão impingia à criatura humana. Isso também, segundo ele, não passa de uma questão de nome e de convenção, mas a natureza em si mesma não está em jogo. "O que desonra o escravo é apenas o nome; em todo o resto, um honrado servidor não é inferior em nada ao

---

[400] Excertos em Eusébio, *Præp evang.*, VI 10 [II 79 ss. Gaisford]. Texto siríaco no *Spicilegium Syriacum* de Cureton. À mesma categoria pertence também o fragmento publicado em *The Flinders Petrie Papyri*, I nº 9 (Dublin, 1891).

[401] Heródoto, III 38. Notem também o cuidado com o qual o historiador ressalta nos mínimos detalhes o contraste entre os costumes egípcios e os gregos, II 35. Uma tendência análoga e fortemente marcada caracteriza as descrições de um viajante da Idade Média, John de Maundeville.

[402] O fragmento de Píndaro encontra-se em Bergk, *Poetæ lyr. græc.*, 4ª ed., I 439.

[403] Esta citação é tirada do que se chama de Διαλέξεις, escritas em dialeto dórico (*Opusc. moral.*, col. Orelli, II 216 = Mullach, *Fragm. phil. græc.*, I 546 b, editados novamente por E. Weber nas *Philologisch-historische Beiträge Curt Wachsmuth*, 53 ss., e nos *Vorsokratiker*, 639, 24 [81, 2, § 18]). Cf. sobre isso Rohde, *Kleine Schriften*, I 327 ss., Dummler, *Akademika*, 250, bem como minhas observações na *Deutsche Literarische Zeitung*, 1889, col. 1340.

homem livre." Mesmo sentimento no que toca ao alto nascimento e à baixa extração. "Todo homem honesto, para mim, é gentil-homem; mas qualquer um que não respeita o direito, mesmo que seu pai fosse Zeus ou até um mais ilustre, para mim é da ralé." Falta muito pouco para que as barreiras da nacionalidade também sejam rompidas e para que se veja surgir o ideal do cosmopolitismo, que encontraremos em toda sua amplitude entre os cínicos. Esse ideal foi entrevisto por Hípias de Élis, a quem Platão faz dizer: "Vós todos que estais presentes, considero-vos como parentes, como irmãos e como concidadãos, segundo a natureza e a despeito da convenção. Pois, segundo a natureza, o semelhante é parente do semelhante; mas a convenção, essa tirana da humanidade, muitas vezes nos violenta contra a natureza."[404]

VII

Se, no que precede, entendemos por *natureza* o instinto social e a igualdade original, real ou pretensa, dos seres humanos, a concepção contrária não podia deixar de ter também seus representantes. O mais forte prevalece sobre o mais fraco; o mais dotado faz sentir sua superioridade àquele que o é menos. Como poderia acontecer que esse fato, sobretudo numa sociedade baseada na conquista e na escravatura, não chamasse atenção e não fosse considerado decorrente da ordem natural? Lembremos de Heráclito e de sua glorificação da guerra, "pai e rei" de todas as coisas, que separou uns dos outros não somente os deuses e os homens, mas também os livres e os escravos (cf. liv. I, cap. I, seção V, 13° §). O sábio de Éfeso foi provavelmente o primeiro a compreender claramente e a exaltar o imenso significado que a guerra ou o emprego da força têm para a fundação dos Estados e para a constituição da sociedade. Encontraremos em Aristóteles uma opinião análoga, mas menos geral e, além disso, turvada pelo preconceito nacionalista; de fato, o grande filósofo tenta basear a escravatura na natureza; ele defende-a no interesse dos próprios escravos, que ele julga incapazes de se governarem, e combate aqueles que só querem ver nela o efeito de uma convenção arbitrária. Teria essa tendência encontrado representantes nas letras na época das "luzes"? Isso é incerto, e parece que devemos responder mais com uma negação que com uma afirmação. O próprio Platão, que é hostil à escravatura, escolhe para defendê-la, entre os contemporâneos de Sócrates, não um escritor ou um dos mestres da juventude, mas um dos seus inimigos mais aguerridos, um político prático que quer ser somente prático e que, aliás, nos é desconhecido: Calicles[405]. Ele o faz defender com paixão, no *Górgias*, o direito do mais

---

404 Eurípides, *Íon*, 854 ss., e frag. 336 Nauck, 2ª ed. Hípias em Platão, *Protágoras*, 337c [FVS 79 C 1].

405 O que dissemos sobre a afinidade da doutrina representada por Calicles com ideias de Heráclito é reforçado pelo eco direto que se encontra no *Górgias*, 490 a: πολλάκις ἄρα εἷς φρονῶν μυρίων μὴ φρονούντων κρείττων ἐστί, e mais adiante εἰ ὁ εἷς τῶν μυρίων κρείττων, do frag. 113 B = 49 D de Heráclito: εἷς ἐμοὶ μύριοι, ἐὰν ἄριστος ᾖ. Aliás, esse eco não passou despercebido já na Antiguidade.

forte. Calicles recorre ao domínio que o forte exerce sobre os fracos; ele vê nele um fato que ele declara fundado na natureza e que ele orna, por esse motivo, com o nome de "lei natural". E, na sua boca, a lei natural torna-se imediatamente o "direito natural", ou seja, o que é naturalmente justo. Pois, coisa bastante compreensível em si, reconhecer o fato natural acarreta facilmente a aprovação da conduta que decorre dele; essa tentação era fortemente encorajada pela circunstância de que ambas as coisas se confundiam quase absolutamente na opinião dos antigos pelo menos num campo, o das relações internacionais. Considerava-se ao mesmo tempo natural e permitido que os Estados poderosos subjugassem e absorvessem os fracos.

Porém, no caso do qual estamos tratando, essa explicação certamente não é a única. Afinal, ainda que Calicles recorra ao direito de conquista e ao exemplo dado pelos animais, ele afasta-se em dois pontos essenciais tanto de Heráclito como de Aristóteles. Ele justifica a submissão não de uma fração, mas do conjunto da humanidade, e suas simpatias dirigem-se, senão exclusivamente, pelo menos em grande parte, aos fortes e hábeis ao invés da massa dos fracos e dos espíritos obtusos. Ele toma o partido do gênio, do "super-homem", como gostamos de dizer hoje, contra a multidão que procura escravizar a alma dele e rebaixá-lo ao nível da sua própria mediocridade. Ele exulta ao pensar que o homem genial, tal como um filhote de leão indomado, ergue-se de repente, orgulhosamente, na plenitude de sua força, "rompe suas correntes, joga fora e espezinha toda a papelada, toda a confusão de fórmulas e fantasmagorias sob a qual pretendiam soterrá-lo e, por direito de natureza, quer ser nosso mestre e não nosso servidor". Esses discursos revelam o prazer estético proporcionado pela força indomável de uma natureza poderosa; eles exprimem, outrossim, o sentimento que fez o teórico moderno do absolutismo dizer: "O reino dos mais poderosos é a eterna ordenança de Deus". No entanto, um pouco adiante, Platão faz Calicles sustentar uma tese em contradição menos brutal com as instituições populares: o melhor homem e o mais inteligente, diz ele, deve exercer a supremacia, certamente – já que não vivemos num mundo ideal – não sem tirar proveito pessoal. Em outros termos, é aos mais capazes, aos mais qualificados que pertence a maior influência e, por isso mesmo, as mais altas recompensas na vida política. Todavia, na sequência do diálogo, o caráter de Calicles sofre uma estranha transformação. O representante desse culto dos heróis *à la* Carlyle, das teorias políticas de Haller do princípio das aristocracias puras torna-se subitamente o apóstolo de um evangelho do prazer sem freio. Esse sentimento ainda

---

Cf. *Olympiodori Scholia in Plat. Gorg.*, p. 267, ed. Jahn, no *Jahns Jahrbuch*, XIV vol. supl., Leipzig, 1848. Bergk (*Griechische Literaturgeschichte*, IV 447) conjectura que Calicles é uma máscara transparente de Caricles, oligarca notável daquela época. Isso não é nada provável. Essa ligeira modificação de nome não teria servido de nada, já que diversos traços informam a personalidade desse homem (ver em especial 487 c), os quais, se não se relacionassem ao original, teriam sido de mau gosto e, no caso contrário, teriam frustrado o intuito de Platão. Calicles aparece como um inimigo aguerrido dos sofistas no *Górgias*, 250 a, no qual, à pergunta οὐκοῦν ἀκούεις τοιαῦτα λεγόντων τῶν φασκόντων παιδεύειν ἀνθρώπους εἰς ἀρετήν, ele responde ἔγωγε. ἀλλὰ τί ἂν λέγοις ἀνθρώπων πέρι οὐδενὸς ἀξίων.

não havia encontrado nenhum defensor nessa época; Platão no-lo dá a entender de forma bastante clara com esta observação: "Você diz o que os outros pensam, mas não ousam declarar"[406]. Podemos afirmar sem temor que o poeta-filósofo amalgamou essa doutrina com a da superioridade natural do mais forte e do mais capaz, com a qual ela não tem nada em comum, para fazer esta última aparecer sob um viés mais desfavorável e odioso. Mas o que nos parece um retrato absolutamente fiel são os arroubos de raiva de Calicles contra o jugo de uma maioria niveladora e do regime tantas vezes desastrado da democracia. Esse protesto era muito compreensível contra a organização política de então, tão rica em sombras quanto em aspectos luminosos, e ele assumia as formas mais diversas segundo a diversidade dos temperamentos e dos caráteres. Uns eram inclinados ao culto dos heróis e faziam de Alcibíades seu modelo e seu ídolo; os outros tendiam para um restabelecimento das instituições inteiramente ou parcialmente aristocráticas; quanto a Platão, que odiava do fundo do coração a democracia, ele pregava o reinado utópico dos filósofos. Assim, a "natureza" e o "direito natural" tinham se tornado, por um lado, o apoio e o *shibboleth* de uma aspiração à igualdade que se transformava pouco a pouco em cosmopolitismo e, por outro lado, o grito de guerra dos partidários da aristocracia e do culto à personalidade marcante. As duas tendências apresentavam um traço comum: ambas visavam quebrar as correntes com as quais o poder da tradição havia prendido as almas humanas.

VIII

Aqui uma dupla pergunta apresenta-se a nós. Até que ponto se estendeu essa diminuição da autoridade? E por quais efeitos ela foi acompanhada? A nenhuma dessas perguntas podemos dar uma resposta, nem mesmo aproximada. Mas uma coisa pelo menos é clara: nenhum campo da vida nem da fé ficou ao abrigo dos ataques da crítica. A curiosidade cética da época não poupou nem os deuses. Um poeta ditirâmbico, Diágoras de Melos[407], de quem só nos sobraram alguns versos cheios do maior respeito

---

[406] Os trechos citados do *Górgias* encontram-se em 483 e ss. e 492 d. A citação intercalada entre ambas sobre a dominação dos mais poderosos é de Haller [*Restauration der Staatswissenschaft*, 2ª ed., I 375], ao qual Hegel, na sua *Filosofia do Direito* (*Gesammelte Werke*, VIII 316 ss.) retruca com tanta verve quanto espírito.

[407] Possuímos de Diágoras de Melos cinco versos tirados de dois poemas diferentes (Filodemo, *Da Piedade*, p. 85 da minha ed.) [= *Poetae lyr. Gr.*, 4ª ed., III 562 Bergk], e além disso (*ibid.*) o título de um terceiro poema. Esses versos são imbuídos dos sentimentos mais pios e parecem dar crédito à anedota relatada por um escólio de Aristófanes (*As Nuvens*, 830 Meineke), por Sexto Empírico (*Adv. Math.*, IX 53) e por Suidas no verbete "Diágoras". Este último, vítima de uma injustiça que ficou impune, teria perdido sua crença nos deuses e na Providência. Dos seus escritos em prosa conhecemos dois títulos, os ἀποπυργίζοντες e os Φρύγιοι λόγοι (Suidas, Taciano *Orat. ad Gr.*, cap. 27), que designam provavelmente uma mesma obra. Nela ele parece ter zombado da fé nos mistérios e exposto a doutrina teológica à qual se deu mais tarde o nome de evemerismo (para mais detalhes, ver Lobeck, *Aglaophamus*, 370 ss.). A única indicação cronológica precisa a seu respeito é fornecida por Diodoro (XIII 6 fim), que diz que em 415/4 os atenienses, vivamente enfurecidos pelo crime dos hermocópidas e outros fatos análogos,

pela divindade, após ter sido vítima de uma injúria que ficou impune parou de acreditar na justiça celeste. Ele deu expressão a essa mudança de disposição num livro cujo título (*Discursos destrutivos*) faz pressentir os furores sacrílegos desse devoto tornado blasfemador. Trataremos mais tarde das dúvidas religiosas de Protágoras, expressas de forma infinitamente mais comedida, bem como da teoria de Pródico sobre a origem da religião. O trono abandonado pela autoridade é atacado de todos os lados pela reflexão e pela razão. Todas as questões relativas à condução da vida são discutidas; tudo sem exceção é submetido ao julgamento da inteligência. Não somente os escritores filosóficos e os retores, mas também os poetas e os historiadores nos espantam pela sutileza dos seus argumentos. A tragédia, que já em Sófocles deixa transparecer a influência do espírito novo, com Eurípides torna-se literalmente uma arena de torneios intelectuais. Até Heródoto, que, como vimos, ainda estava, em suma, penetrado pelos sentimentos de outra época, deleita-se em discutir as grandes questões relativas à vida humana com uma sutileza que nos espanta. O problema da felicidade é levantado tanto por ele como por Eurípides, e ambos o tratam com métodos fundamentalmente idênticos[408]. O primeiro, no diálogo entre Sólon e Creso, opõe o tipo abstrato do homem repleto de riquezas, mas infeliz sob todos os outros aspectos, ao do pobre a quem o destino oferece todos os seus outros favores; o segundo, no seu *Belerofonte*, pôs em cena três personagens, muito menos artificiais, que disputavam a palma da felicidade: o homem de baixa extração, mas rico, o fidalgo pobre e aquele que não possui nem uma nem outra dessas vantagens; e, por meio de uma demonstração paradoxal, ele nos ensina que é este último que merece o prêmio da vitória. No trecho em que ele mostra a disputa dos três nobres persas sobre a melhor forma de governo, Heródoto empresta sem dúvida os argumentos mais fortes ao defensor da democracia porque esta tem sua preferência, mas ele dá prova de um certo grau de cultura dialética ao colocar na boca dos adeptos da monarquia e da oligarquia razões que não são desprezíveis. Nenhum tema era discutido então com mais paixão que o problema da educação. Qual será o fator mais importante, esta última ou as disposições naturais, o ensino teórico ou

---

puseram sua cabeça a prêmio. Isso não é contradito pela alusão contida no discurso do Pseudo-Lísias contra Andócido [cap. 17], o qual, segundo Blass (*Attische Beredsamkeit*, 2ª ed., I 562), foi composto em 399. É mais difícil conciliar com isso a alusão de *As Nuvens*, 830, segundo a qual a impiedade do poeta já era notória em 423 (ou em 418). É totalmente desconcertante a indicação de Suidas que situa seu acme na 78ª Olimpíada e ao mesmo tempo diz que ele foi tirado da escravidão por Demócrito, que ainda não tinha nascido nessa data! Eusébio tampouco presta auxílio algum, pois uma vez ele classifica Diágoras entre os filósofos naturalistas e outra vez o relaciona com o poeta lírico Bakchylide, situando seu acme ora na 75ª Olimpíada, ora na 78ª (*Chron.*, II 102 ss. Schöne). Mencionemos de passagem a anedota relatada por Cícero (*De natura deorum*, III 89) e que Dióg. Laércio (VI 59) não sabe se deve atribuir a Diágoras ou a Diógenes o Cínico. Não esqueçamos tampouco as divertidas contradições nas quais se enreda Cícero (*loc. cit.* comparado com *De natura deorum*, I 2 e I 117). Essa questão de data foi discutida recentemente por v. Wilamowitz (*Textgeschichte der griechischen Lyriker*, Abhandlungen der Göttinger Gesellschaft der Wissenschaften, nova série, IV 3, 80 ss.).

408 Heródoto, I 32; Eurípides, frag. 285. Além disso, Heródoto, III 80 ss.; Eurípides, frag. 810; *Suplicantes*, 911 ss. Nauck e frag. 1027 Nauck, 2ª ed.

a prática e o hábito? Essas questões provocavam o mais vivo interesse e recebiam as respostas mais diversas. Eurípides, que nisso como em tudo é acessível a influências múltiplas, sustenta que a "virtude viril" pode ser ensinada, mas não insiste menos na necessidade de acostumar-se logo cedo com tudo que é bom; em outra ocasião, ele faz um dos seus personagens dizer: "Assim a natureza é tudo, e é em vão que a educação se esforça para transformar o mal em bem". O paralelo entre a cultura do espírito e a dos campos torna-se um dos lugares-comuns da época: a natureza do solo é comparada às disposições naturais, o ensino à semeadura, o zelo do aluno ao trabalhado obstinado do lavrador, etc.[409]. Nessa comparação, à qual teremos a oportunidade de retornar, percebemos que as diversas teses relativas à educação, originalmente separadas, já foram fundidas num só todo.

Ambiciosos projetos de reforma também foram concebidos nessa época. Faléas de Calcedônia[410], na segunda metade do século V, declarava-se favorável à igualização das fortunas e fazia para tanto propostas que, é verdade, visavam somente à fortuna imóvel. A nacionalização de todo o trabalho industrial, ou seja, sua execução por escravos pertencentes ao Estado, formava um outro artigo desse programa de reformas. Um outro reformador, nascido pouco antes de Faléas, Hipódamo de Mileto, arquiteto que queria ruas retas que se cruzassem em ângulo reto, também queria transformar radicalmente a constituição dos Estados. Ele propôs repartir os cidadãos em três classes: os artesãos, os agricultores e os soldados. Um terço apenas do solo devia ser propriedade particular, o segundo terço devia ser reservado ao serviço dos cultos e o terceiro à manutenção dos soldados. A cidade, no seu conjunto, devia ter dez mil homens, aos quais era atribuída

---

[409] Comparação da cultura do espírito com a da terra no pseudo-hipocrático Νόμος [cap. 3] (IV 640 Littré) e em Antífon o Sofista, frag. 134 Blass (= Vorsokratiker, 602, 1 ss. [80 B 60]). As disposições naturais, a educação, o conhecimento, o exercício já têm o aspecto de moedas gastas pelo uso em Tucídides, I 121. Trataremos mais tarde das opiniões de Protágoras a esse respeito. Cultura e disposições naturais já são reunidas pelo autor do escrito pseudo-hipocrático Sobre a Arte [cap. 9 fim], VI 16 Littré [= p. 48 Gomperz, 2ª ed.]. Ver também Demócrito (?), frag. mor., 130 (Mullach, frag. que parece ser rejeitado por Natorp e Diels) e 133 (Mullach = Vorsokratiker, 398, 3 ss. [55 B 33], que podemos aproximar do frag. trag. adesp., 516, e de Crítias, frag. 6 Bergk (= Vorsokratiker, 616, 16 [81 B 9]). Ecos de todas essas discussões em Isócrates, Orat., 13, 17 ss., e em Platão, Fedro, 269d.

[410] Faléas de Calcedônia: Arist., Polít., II 7 [FVS 27, 1]. Sua época pode ser determinada aproximativamente pelo fato de que ele era mais jovem que Hipódamo (que πρῶτος τῶν μὴ πολιτευομένων ἐνεχείρησέ τι περὶ πολιτείας εἰπεῖν τῆς ἀρίστης, loc. cit., cap. 8) e evidentemente anterior a Platão. Na análise feita por Aristóteles do ideal político de Hipódamo, posso relacionar somente às leis penais as palavras: ᾤετο δ' εἴδη καὶ τῶν νόμων εἶναι τρία μόνον. περὶ ὧν γὰρ αἱ δίκαι γίνονται, τρία ταῦτ' εἶναι τὸν ἀριθμόν. ὕβριν βλάβην θάνατον, não somente porque αἱ δίκαι sugere essa interpretação e porque as três categorias indicadas só podem servir de base para uma divisão do direito penal, mas também porque Hipódamo, muito longe de suprimir ou limitar as leis com vistas ao bem público, estendeu-as além da medida habitual. Fora isso, de outra forma que lugar restaria para as leis constitucionais, administrativas e civis? Aristóteles emprega igualmente a palavra νόμοι num sentido limitado no trecho em que ele chama Pítaco e, em termos mais ou menos iguais, Drácon de autores νόμων ἀλλ' οὐ πολιτείας (Polít., II 12, 1274 b 15-19). Não sabemos o que a palavra μόνον, na citação acima, deve excluir; talvez as partes do direito criminal nas quais as vítimas – ou então os culpados – não são seres humanos?

a eleição dos magistrados. A fascinação pelo número três manifestava-se também na divisão do código penal em três seções – delitos contra a vida, delitos contra a honra e delitos contra a propriedade – e na dos assuntos administrativos, que deviam formar igualmente três grupos: assuntos referentes aos cidadãos, assuntos referentes aos órfãos e assuntos referentes aos estrangeiros. Pela primeira vez, vemos constar desse projeto a ideia de que o Estado deve conferir marcas de distinção aos autores de invenções úteis. Hipódamo também foi o primeiro a exigir a criação de um tribunal de apelação e a absolvição dos acusados *ab instantia*; enfim, ele propôs, mas nisso Aristóteles nega-lhe o mérito da originalidade, que os filhos dos soldados mortos na guerra fossem criados às custas do Estado. Todavia, os discípulos de Sócrates ultrapassariam em muito todas essas ousadias; é no seu círculo que nasceriam as dúvidas que minam as bases da ordem social existente ainda hoje.

Não obstante, abstração feita das consequências extremas que Platão e os cínicos tirariam da soberania da razão, resta o bastante, no que acabamos de mencionar, para lembrar o radicalismo da Revolução Francesa. Contudo, não podemos ignorar uma diferença importante. A época da emancipação grega não viu acontecer nenhuma tentativa séria de pôr suas teorias em prática. A esse respeito, eis um paralelo perfeitamente típico. Em Paris, a deusa Razão foi objeto de um culto que, apesar de efêmero, não deixou de ser real. A Atenas da época que nos interessa também conheceu essa deusa, mas somente no teatro, na cena em que Aristófanes, zombando de Eurípides, o faz rogar assim: "Ouça-me, Razão, e vós, órgãos do Olfato"[411]. As outras doutrinas radicais desse tempo tampouco tentaram sair da sombra das bibliotecas e escolas para entrar no domínio da realidade. Mas nada seria mais falso que querer concluir disso que o radicalismo antigo era pouco intenso. A história do cinismo nos mostrará que não faltaram indivíduos que levassem muito a sério as teorias que rompiam mais violentamente com a tradição. Veremos, aliás, que a influência *indireta* do radicalismo filosófico foi extremamente grande sobre o desenvolvimento da civilização nos séculos seguintes. Todavia, se, no fim das contas, a filosofia, embora seja um poderoso fermento da vida intelectual, não exerceu sua influência diretamente sobre os fatos, é essencialmente por força das circunstâncias que vamos enumerar. A situação econômica da época – muito diferente daquela que apresentaria Esparta no século III – era, no mínimo, tolerável para as massas; sem dúvida, ocorriam com certa frequência conflitos violentos, mas eles não diferiam essencialmente das lutas de classe dos séculos precedentes; a surpreendente acuidade que eles ganharam ao longo da Guerra do Peloponeso foi provocada pelas conjunções passageiras que aconteceram no cenário político. A religião era flexível o bastante para acomodar as imensas mudanças ocorridas no mundo do pensamento.

---

[411] Em *As Rãs*, verso 892 ss. Meineke:
  αἰθὴρ ἐμὸν βόσκημα καὶ γλώττης στρόφιγξ
  καὶ ξύνεαι καὶ μυκτῆρες ὀσφραντήριοι.

Enfim, o caráter nacional dos gregos, e especialmente dos atenienses, tinha uma repugnância instintiva por tudo que se fazia repentinamente e sem transição, um sentimento do tato e da medida muito favorável ao desenvolvimento regular das instituições. Essas observações parecem-nos responder de maneira suficiente, pelo menos por enquanto, às questões que levantamos acima. Antes de prosseguir nosso estudo sobre esse ponto, é necessário abordar algumas das figuras mais marcantes desse grande movimento intelectual, retores e preceptores da juventude, poetas e historiadores.

Capítulo V

Os Sofistas

I. Os sofistas. O que o sofista pregava e ensinava. Ele era meio professor, meio jornalista.

II. O que, na realidade, era comum aos sofistas. Razões da repugnância que eles inspiravam. Ataques de Platão contra os sofistas. Seus diversos procedimentos de polêmica. Os sofistas combatidos pelo velho Platão. Variações de sentido das palavras "sofista" e "sofística".

III. Os sofistas não foram nem espadachins intelectuais nem deturpadores de palavras. O escrito *Sobre a Arte*.

IV. Pródico de Céos. Sua sinonímia. Sua filosofia moral.

V. Hípias de Élis. Um paralelo na época da Renascença. O *Diálogo troiano*.

VI. O sofista Antífon. Novos fragmentos. Antífon é o antípoda de Calicles.

I

Por mais fértil que tenha sido o século V em produções literárias, ele esteve longe de ser um século livresco. O grego preferia – ainda nessa época – instruir-se pelos ouvidos que pelos olhos. A raça dos rapsodos extinguia-se pouco a pouco, mas um novo personagem começava a tomar seu lugar na vida pública dos helenos. Vestido, como o rapsodo, de um manto de púrpura, o "sofista" recitava em Olímpia ou em qualquer outra cidade, diante dos seus compatriotas reunidos em grande número para assistir aos jogos, não mais os antigos poemas épicos, mas os discursos de aparato dos quais ele era o autor[412]. Nas reuniões menos numerosas e mais íntimas, ele pronunciava conferências extremamente estudadas sobre as questões científicas ou sociais mais diversas (cf. liv. II, cap. II, seção I, 1º §). A esses fatos está ligada a revolução que aconteceu pouco antes do último terço do século no campo do ensino. Para as maiores exigências da vida política, para o desenvolvimento das necessidades intelectuais não bastava mais o conhecimento elementar da leitura, da escrita e do cálculo, que, junto com a música e a ginástica – às quais já nessa época veio acrescentar-se o desenho[413] – formava toda a cultura da juventude. Nenhum estabelecimento oficial ou particular exerce a função das nossas escolas secundárias e das nossas escolas superiores cujo programa abarca o conjunto dos estudos.

Chegou o momento em que homens cheios de talento e originalidade procuraram preencher essa lacuna. Formaram-se mestres que, indo de cidade em cidade, agrupavam os jovens em torno de si e ministravam-lhes aulas. Nelas o adolescente era iniciado nos elementos das ciências positivas, nas doutrinas dos filósofos-naturalistas, na interpretação e na crítica das obras poéticas, nas distinções gramaticais (que se começava justamente a estabelecer), nas sutilezas da metafísica. Mas o centro desse ensino era formado, obviamente, pela preparação para a vida prática e sobretudo a vida pública. Assim, Protágoras de Abdera, o mais antigo e mais eminente desses mestres itinerantes cujo nome nos é conhecido, formula desta forma, num diálogo de Platão, o objetivo do seu ensino: "Prudência nas coisas domésticas, para que o jovem possa um dia administrar sua casa do melhor modo possível; prudência nas coisas civis, para que ele se torne tão

---

[412] Eliano, *Var. Hist.*, XII 32 [FVS 76 A 9], conta que Górgias e Hípias usavam um manto de púrpura nas ocasiões solenes. Sobre o hábito análogo dos rapsodos, cf. Platão ou Pseudo-Platão, *Íon*, 530b. Eustácio dá detalhes mais numerosos, mas de fundamento inepto, no seu comentário aos primeiros versos da *Ilíada*. Encontra-se em Nicolau de Damasco (*Frag. hist. græc.*, III 395, frag. 62) a descrição de um rapsodo ricamente ornado, que se refere, é verdade, a uma época absolutamente primitiva.

[413] O impulso para o ensino do desenho foi dado pelo pintor sicíônico Pânfilo, que é mencionado no *Pluto* de Aristófanes (representado em 388), verso 385. Cf. Hermann-Blumner, *Privat-Alterthumer*, p. 342 e 473.

capaz quanto possível de discutir e gerir os assuntos da cidade"[414]. Em suma, o que formava o núcleo desse ensino eram as ciências morais e políticas, ou pelo menos os rudimentos delas que já existiam ou que tinham acabado de ser criados. Mas a alma da política prática era a arte oratória, cujo alto significado e constante exercício já mencionamos (cf. liv. III, cap. IV, seção I, 2º §). Portanto, era muito natural que esses homens que chamavam a si mesmos de "sofistas", isto é, mestres ou professores de sabedoria, não limitassem sua atividade ao ensino da juventude. As mesmas faculdades, os mesmos conhecimentos que os tornavam capazes de ensinar permitiam-lhes também destacar-se como oradores e escritores. Aliás, era uma necessidade da sua condição investir-se sem contar nessas múltiplas direções, pois, como eles não recebiam absolutamente nenhum salário do Estado, ficavam reduzidos às suas próprias forças; além disso, eles passavam mais tempo entre estrangeiros do que entre seus concidadãos, e para adquirirem seu lugar ao sol eles eram obrigados a lutar contra uma árdua concorrência e contra o descrédito que estava ligado amiúde à sua pessoa. Não existe, no mundo atual, um termo de comparação exato. O sofista distingue-se do professor de hoje tanto pela ausência de qualquer relação, vantajosa ou nociva, com o Estado, quanto pela impossibilidade que tinha de limitar-se a uma especialidade. Na qualidade de estudiosos, a maioria deles era mais ou menos universal; na qualidade de oradores e escritores, eles estavam, assim como nossos jornalistas, sempre prontos para entrar na arena e enfrentar um combate. Metade professor, metade jornalista, essa é a fórmula que talvez nos dá, a nós modernos, a melhor ideia do que era um sofista no século V. Esses homens obtinham aplausos muito vivos e um sucesso material dos mais consideráveis; os mais destacados entre eles provocavam um entusiasmo delirante entre os jovens da Grécia, sempre muito sensíveis à beleza da forma e à cultura do espírito.

    O surgimento de um desses corifeus que, segundo diz Platão, eram carregados em triunfo agitava de perto e de longe a juventude ateniense. Já antes do nascer do sol, segundo conta um diálogo desse filósofo, um jovem de excelente família precipita-se na casa, depois no quarto de dormir de Sócrates, e desperta-o gritando: "Já sabes a grande notícia?". O sábio levanta-se assustado sobre seu leito: "Em nome do céu! Não vens anunciar-me uma desgraça?", "Deus me livre! A maior felicidade. *Ele* chegou.", "Quem?", "O grande sofista de Abdera". E o jovem roga a Sócrates que interceda em nome dele junto do célebre Protágoras para que este o admita entre os seus discípulos. Chegado o dia, os dois homens dirigem-se à casa do rico Callias, de quem o estrangeiro é hóspede. Eles encontram-na já na mais viva agitação. Protágoras caminha de um lado para outro sob o pórtico, ladeado à direita e à esquerda de três amigos dos mais distintos, entre os quais o dono da casa e os dois filhos de Péricles, e seguido por uma multidão de adoradores do segundo escalão. "E nada", observa brincando o Sócrates de Platão, "me

---

[414] Protágoras de Abdera no diálogo platônico homônimo, 318 e [FVS 74 A 5]. Cf. o objetivo muito próximo que persegue o orador Isócrates no seu ensino, *Orat.*, 15 § 304 ss., assim como a maneira como Xenofonte considera as conversas de Sócrates com os jovens (*Memorab.*, I 2 64).

alegrou tanto quanto ver o cuidado que os jovens tomavam para sempre dar passagem ao mestre, e como, assim que a cabeça do cortejo chegava a uma extremidade da arcada, o séquito se dividia e se separava para fechar-se imediatamente e em ordem atrás do grande homem e dos seus companheiros". Nos diversos cômodos da casa, outros sofistas mantinham suas cortes, todos cercados, como a rainha de um baile, de um círculo de admiradores. Sócrates apresenta seu pedido no estilo familiar da conversa, e o artista da linguagem responde-lhe prontamente com um discurso longo e muito estudado, em termos medidos e solenes; uma discussão filosófica inicia-se entre os dois homens, enquanto os assistentes correm para trazer todos os bancos, todas as cadeiras da casa e sentam-se em círculo para apreciar essa festa dos ouvidos e do espírito. Protágoras deixa à assembleia a tarefa de decidir se ele deve responder a Sócrates de maneira concisa ou de maneira discursiva, por um mito ou por um simples discurso. Assim que ele começa a falar, seus ouvintes, numa espera ansiosa, suspendem-se aos seus lábios; mal ele acabou, irrompe uma tempestade de aplausos contidos há muito. Esse é o quadro que pinta Platão[415] e ao qual a magia do seu estilo garante um frescor imperecível. Seu relato denota um forte tom de caricatura, mas mesmo assim é fácil encontrar nele os traços da realidade.

II

Se nos perguntarem agora o que de fato era comum aos diversos sofistas, responderemos: absolutamente nada além da sua profissão e das condições gerais impostas ao seu exercício pelas circunstâncias gerais da época. Fora isso, o único laço que os une era aquele que os unia a muitos não-sofistas, ou seja, sua participação no movimento intelectual contemporâneo. Não é justo, e é até absurdo, falar de um espírito sofístico, de uma moral sofística, um ceticismo sofístico etc. Que milagre poderia ter feito com que os sofistas, isto é, os mestres que pediam pagamento para instruir a juventude, tivessem entre si afinidades intelectuais e morais mais fortes do que com os outros representantes do pensamento de então, se um tinha vindo da colônia de Abdera, na Trácia, outro de Élis, no Peloponeso, um terceiro da Grécia central, um quarto da Sicília? O que podemos presumir *a priori* é que os mestres e os escritores aclamados dessa época, como os de outras épocas, deviam seguir sobretudo as tendências novas e destinadas a triunfar, ao invés das tendências cujo declínio já havia começado. E de fato foi assim. Por serem dependentes do seu público, os sofistas precisavam ser os veículos das ideias que, se ainda não eram reinantes, estavam pelo menos em vias de sê-lo. Portanto, não é de modo algum ilegítimo considerar os representantes dessa profissão em geral como propagadores das "luzes", embora certamente nem todos os sofistas fossem campeões das ideias avançadas, nem muito menos todos esses campeões fossem sofistas. Veremos,

---

[415] No *Protágoras*, que reproduzimos livremente.

aliás, que a maioria deles, precisamente em virtude dessa dependência, conservou uma atitude mais moderada, e que nem um único deles chegou ao radicalismo político e social que Platão e os cínicos não tiveram medo de proclamar.

As palavras "sofista" e "sofística" têm uma história da qual nossos leitores precisam adquirir algum conhecimento, sob pena de serem induzidos a erro por algumas associações falaciosas de ideias. Derivada indiretamente do adjetivo σοφός (sábio) e diretamente do verbo σοφίζεσθαι (imaginar, inventar), a palavra σοφιστής ou sofista designa originalmente aquele que, em qualquer domínio, se destaca por trabalhos eminentes. Assim, esse nome foi aplicado aos grandes poetas, aos grandes filósofos, aos músicos famosos e aos sete estadistas ou particulares que, graças a suas máximas profundas, haviam sido qualificados de Sábios[416]. Uma nuança de desfavor começou logo cedo a estender-se sobre esse nome; todavia, de início foi certamente apenas uma ligeira nuança. Pois, de outra forma, Protágoras e seus sucessores não teriam dado esse nome a si próprios. Mas esse desfavor, que logo iria se acentuar notavelmente, derivava de diversas causas. Em primeiro lugar, toda tentativa de penetrar os segredos da natureza despertava a desconfiança dos espíritos religiosos. Os filósofos naturalistas eram considerados suspeitos do ponto de vista teológico, e também outras palavras que na origem tinham um significado neutro, como "meteorólogo" (investigador do céu), ganharam um sentido acessório nefasto. "Não crer na divindade" e "estudar o céu" eram duas coisas associadas como equivalentes no decreto do povo dirigido contra Anaxágoras e apresentado por Diópites[417]. Devemos nos espantar que as especulações novas, relativas aos problemas do conhecimento e às questões de moral e de direito, valessem aos seus autores a crítica de curiosidade indiscreta?

A essa apreensão dos perigos reais ou pretensos que podia acarretar a dedicação à ciência em geral, acrescentou-se a repulsa que inspiravam, por muitos motivos, os homens devotados por profissão à pesquisa científica e à vulgarização de suas descobertas. Os gregos tiveram desde sempre uma concepção aristocrática da vida. Eles tiveram ainda menos estima e consideração pela atividade remunerada que as outras

---

416 O retor Aristides [*Orat.*, 46] (II 407 Dindorf [FVS 73 B 1]) reuniu já na Antiguidade exemplos preciosos do emprego da palavra "sofista". Ésquilo e Sófocles designam por ela músicos hábeis (ver as provas nos dicionários especializados). Além disso, Ésquilo também confere esse título a Prometeu (versos 62 e 943 Kirchhoff [= 62 e 944 Wilamowitz], não sem um certo amargor neste último trecho. Píndaro aplicou-o a músicos e poetas (*Isthm.*, 5, 28). O cômico Cratino compreende indistintamente sob essa denominação todos os poetas, inclusive Homero e Hesíodo (σοφιστῶν σμῆνος: *Att. comic. fragm.*, I 12 frag. 2 Kock). Em Ateneu, XIV 621 f., é assim que se chamam os atores de farsas. O historiador Andrócio chamou de sofistas os Sete Sábios (Aristides, *loc. cit.*). Heródoto também fala assim, pelo menos implicitamente, de Sólon, I 29, e de Pitágoras, IV 95 [FVS 4, 2]. Simplício (*Física*, 151, 26 Diels) diz que Diógenes de Apolônia designava por esse nome seus predecessores. Em Isócrates, o sofista é o oposto do leigo e do homem ordinário (*Helena*, 9); cf. também *Ad Nicocl.*, 13, e *Ad Demonic.*, 51 (embora de autenticidade duvidosa). Alcidamas emprega esse termo num sentido não menos honorífico no início do seu discurso *Sobre os sofistas*.

417 Sobre esse decreto, ver Plutarco, *Vida de Péricles*, cap. 32 [FVS 46 A 17].

nações nas quais existia a escravatura. "São os coríntios que desprezam menos os artesãos, os lacedemônios que os desprezam mais", diz Heródoto ao indagar se os helenos não teriam aprendido com os egípcios o desprezo pela indústria. Em Tebas, uma lei recusava elegibilidade às magistraturas para qualquer um que não tivesse se abstido durante dez anos de todo comércio; e nem Platão nem Aristóteles acreditavam poder conferir a posse integral dos direitos cívicos aos artesãos e comerciantes. A consideração social só era compatível com um número muito pequeno de profissões assalariadas, das quais a principal era a medicina[418]. Considerava-se particularmente vergonhoso consagrar, mediante pagamento, sua atividade intelectual a serviço de outrem. Parecia haver nisso uma falta de dignidade, uma servidão voluntária. Quando o logógrafo ou advogado fez sua primeira aparição, ele não foi menos perseguido que o sofista pelas pilhérias da comédia. Aquele que, como o orador Isócrates, havia exercido durante algum tempo essa profissão procurava, tanto quanto possível, fazer com que essa lembrança fosse esquecida; quando o mesmo Isócrates viu-se obrigado a abrir uma escola de eloquência, dizem que ele chorou lágrimas de vergonha ao receber seus primeiros honorários[419]. Isso lembra os escrúpulos que sentiram Lord Byron e os aristocráticos fundadores da *Edinburgh Review* quando foram pagos pelos seus primeiros artigos[420].

---

[418] Sobre o desprezo pelo trabalho manual, cf. Heródoto, II 167. Sobre o decreto de exclusão de Tebas, cf. Arist., *Polít.*, III 5 (1278 a 25). Falaremos mais adiante do desdém de Platão e Aristóteles pela atividade industrial. Bastará dar aqui dois exemplos, provisoriamente: τοὺς φαύλους τε καὶ χειροτέχνας, lê-se na *República* de Platão, III 405a; ἡ δὲ βελτίστη πόλις οὐ ποιήσει βάναυσον πολίτην, diz Aristóteles na *Polít.*, III 5 (1278 a 8).

[419] Sobre o desprezo pelos logógrafos, cf. o que é contado na *Vida dos dez oradores* do Pseudo-Plutarco, I 833 c (= II 1015 Dubner), e de modo mais vago por Filóstrato, *Vidas dos Sofistas*, I 15, 2 (= II 16 Kayser), sobre o sarcasmo do cômico Platão [frag. 103; I 269 Kock] dirigido a Antífon. Quanto a Isócrates, cf. Blass, *Attische Beredsamkeit*, 2ª ed., II 14, e o trecho ao qual ele próprio remete (p. 21) do Pseudo-Plutarco, *loc. cit.*, IV 837 b (= 1020, 20 Dubner). Notar também a satisfação com a qual Teopompo, aluno de Isócrates, se vangloria (na *Biblioteca* de Fócio, cod. 176, p. 120 b 34 Bekk.) de sua independência material, que o dispensou de escrever discursos com vistas a um ganho e de dar aulas como sofista.

[420] Sobre Lord Byron, que troçava de Walter Scott porque este era pago por suas obras e "trabalhava para os seus patrões", cf. Brandes, *Hauptströmungen* etc., IV 190. O que digo dos fundadores da *Edinburgh Review* é tirado das declarações de Lord Jeffrey; cf. *Life of Lord Jeffrey* de Cockburn, I 133, 136 e II 70 (Edimburgo 1852). Todos sabem da repugnância que Rousseau sentia ao escrever por dinheiro; ver suas *Confissões*, liv. IX. Diz Scherer, *Poetik*, 122 (1888): "No século XVI, a remuneração dos escritores pelos editores ainda não estava estabelecida; ainda se duvidava que fosse honroso aceitar honorários".

Para entender bem a opinião dos antigos, comparem o dito atribuído a Isócrates (*loc. cit.*): ὅτε καὶ ἰδὼν τὸν μισθὸν ἀριθμούμενον, εἶπε δακρύσας ὡς "ἐπέγνων ἐμαυτὸν νῦν τούτοις πεπραμένον", com Xenofonte, *Memorab.*, I 2, 6: τοὺς δὲ λαμβάνοντας τῆς ὁμιλίας μισθὸν ἀνδραποδιστὰς ἑαυτῶν ἀπεκάλει. Não menos surpreendente é a concordância entre a declaração de Platão, *Repúb.*, IX 590c: βαναυσία τε καὶ χειροτεχνία διὰ τί, οἴει, ὄνειδος φέρει, com a de Xenofonte, *Cyneg.*, 13, 8: ἀρχεῖ ἑκάστῳ σοφιστὴν κληθῆναι, ὅ ἐστιν ὄνειδος παρά γε τοῖς εὖ φρονοῦσιν. É esse ponto de vista que nos permite compreender os termos insultuosos com os quais Xenofonte (*Memorab.*, I 6, 13 [FVS 80 A 3]) exprime seu desprezo pelos sofistas: καὶ τὴν σοφίαν ὡσαύτως τοὺς μὲν ἀργυρίου τῷ βουλομένῳ πωλοῦντας (cf. ὁ πεπραμένον de Isócrates) σοφιστὰς ὥσπερ πόρνους ἀποκαλοῦσιν, embora o mesmo Xenofonte (*Memorab.*, I 1, 11)

Uma terceira fonte de desfavor era a inveja daqueles que não tinham os meios de pagar o ensino dos sofistas e que, por isso, estavam ou acreditavam estar em estado de inferioridade na administração dos negócios públicos ou na defesa dos seus interesses privados com relação aos seus rivais ou adversários mais afortunados. Desse ponto de vista, comparou-se com muito acerto a situação dos sofistas na litigiosa Atenas com aquela que teriam os mestres de armas numa comunidade em que o duelo teria se tornado uma instituição. A esses motivos espontâneos, mas cuja ação permaneceu na sombra, acrescentou-se enfim a vontade deliberada de uma personalidade poderosa, cuja arma foi um gênio literário de primeira grandeza. Platão só teve desprezo pela sociedade que o cercava. Os maiores estadistas da sua cidade pareceram-lhe medíocres; medíocres seus poetas e seus filósofos. Sua principal preocupação foi separar do modo mais absoluto, isolar com um fosso e uma paliçada, por assim dizer, sua doutrina e sua escola – fora das quais, segundo ele, não havia salvação – de tudo que poderia ser confundido com elas, de tudo que poderia sequer fazer pensar nelas. Dotado das mais brilhantes faculdades, oriundo de uma das famílias mais nobres da Ática, ele poderia ter tido na vida pública uma participação importante e gloriosa; ele preferiu "conversar em voz baixa, na escuridão de uma escola, com alguns jovens", destrinchar palavras e cortar ideias em quatro[421]. Ele foi certamente criticado por isso e ninguém, com certeza, criticou-o mais do que seus parentes mais próximos. Portanto, ele sentia-se compelido a opor o mais vivamente possível a altura da sua própria empreitada, que visava ao renascimento da humanidade, à baixeza de todos os outros esforços, dirigidos para objetivos menos sublimes. Longe de separar seu mestre Sócrates dos sofistas, a opinião dos contemporâneos havia feito dele o próprio tipo do sofista; teremos mais adiante a oportunidade de ver como Platão conseguiu, não sem alguma violência, a garantir-lhe um lugar à parte aos olhos da posteridade.

A arte satírica de Platão usa todos os meios, grosseiros e finos. Seus ataques contra os sofistas são ainda mais notáveis pela sua extensão que pela sua intensidade. Nenhum representante dessa classe pode introduzir-se na cena dos seus diálogos sem ser acolhido com alguma mostra de desprezo ou, pelo menos, sem ser ridicularizado. Ou melhor: essa regra tem *uma* exceção. Por falta de vigilância e como por descuido, Platão deixou

---

entenda simplesmente por sofistas os filósofos: ὁ καλούμενος ὑπὸ τῶν σοφιστῶν κόσμος, e IV 2, 1: γράμματα πολλὰ συνειλεγμένον ποιητῶν τε καὶ σοφιστῶν τῶν εὐδοκιμωτάτων. E é mais ou menos o que Platão quer dizer quando, ao nos mostrar o jovem Hipócrates, "filho de casa grande e rica", ávido das aulas de Protágoras, ele faz este perguntar àquele se ele próprio quer se tornar um sofista, e Hipócrates responde corando com um "não" decidido (*Protágoras*, 312a). Para não se enganar nesse ponto, reler a observação de Plutarco na biografia de Péricles, cap. 2: "Não há um só jovem bem nascido que, tendo visto em Olímpia a estátua de Zeus ou a de Hera em Argos, queira ser Fídias ou Policleto; ele tampouco gostaria de ser Anacreonte, Fíletas ou Arquíloco só porque tem prazer em ler seus versos".

421 Cf. Platão, *Górgias*, 485d: μετὰ μειρακίων ἐν γωνίᾳ τριῶν ἢ τεττάρων ψιθυρίζοντα. Essas palavras são endereçadas a Sócrates, mas, como se percebeu há muito tempo, aplicam-se infinitamente melhor ao próprio Platão que ao seu mestre.

escapar a expressão de uma real consideração por *um* sofista. No *Lísis*, ele deu a Mikkos o título de amigo e panegirista de Sócrates e qualificou-o de homem hábil e excelente sofista[422]. Fora isso, Mikkos nos é totalmente desconhecido, e temos talvez o direito de acrescentar que é graças à sua insignificância que ele escapou dos ataques. Em todas as outras ocasiões, o discípulo de Sócrates dá livre curso à sua malícia. Quando seu olho de Argus não percebe absolutamente nada condenável nas teorias de um sofista, ele encontra um meio de divertir a plateia fazendo-os expô-las fora de contexto ou de maneira inoportuna; é assim que ele procede com Hípias e Pródico[423]. A saúde fraca do segundo é para ele objeto de pilhéria tanto quanto a universalidade dos dons intelectuais do primeiro. Ele presta sem restrição à grande figura de Protágoras o tributo de respeito que exigia sua honrabilidade pessoal; mas ele oferece à zombaria do leitor, com uma mímica consumada, a nuança arcaica e ultrapassada da sua eloquência, expondo na luz mais crua todas as fraquezas reais ou pretensas dos seus raciocínios. Porém, no mais das vezes, Platão destaca os traços mais chocantes para o senso aristocrático dos seus concidadãos, e sobretudo dos homens de sua sociedade. Ele tem predileção pelas alusões ao lado profissional e, para ele, mercenário e mercantil da atividade dos sofistas, ao salário que eles recebiam. Quando esse salário é modesto, ele vê nisso uma prova da mediocridade do ensino dado; quando é elevado, é uma recompensa desproporcional e imerecida[424]. Nossos leitores já viram quão pouco a modéstia era considerada uma virtude nessa época e quão pouco ela era a virtude de Platão (cf. liv. III, cap. II, seção I, últ. §). Portanto, é bem provável que os sofistas, obrigados como eram a conquistar uma posição em circunstâncias difíceis, também deixassem transparecer um pouco de presunção na sua atitude. É preciso crer igualmente que entre os membros dessa classe estouravam invejas e rivalidades como entre os representantes de todas as profissões concorridas. Mas isso não significa que temos um quadro fiel e completo da sofística contentando-nos em descrever as formas que nela assumia uma fraqueza humana que se manifesta por toda parte. Não poderíamos recorrer ao mesmo sistema para depreciar os sucessores atuais dos sofistas, ou seja, os professores e escritores populares, ou mesmo os advogados e deputados? O desprezo de Platão pelos sofistas pode ser comparado ao desdém de Schopenhauer pelos professores de filosofia e aos ataques de Auguste Comte contra os acadêmicos.

Num ponto, entretanto, é incontestável que a crítica de Platão acerta o alvo. Nas lutas dialéticas que ele faz os sofistas travarem contra Sócrates, os primeiros sucumbem

---

[422] Foi J. S. Mill que chamou a atenção para este trecho (*Lísis*, 204a), negligenciado até então no exame da questão. Ver sua discussão da obra de Grote sobre Platão (*Dissertations and Discussions*, III 295). No *Mênon*, 85b, são os geômetras que são chamados de sofistas.

[423] [Hípias: FVS 79 A 11-12; C 1. Pródico: *ibid.* 77 A 2; A 13-14.]

[424] Platão zomba, na *Apologia* (20c) e no *Crátilo* 384b [FVS 77 A 11], da mediocridade dos honorários pagos aos sofistas; no mesmo diálogo, 391b-c [FVS 74 A 24] e em outros lugares, ele critica-os, ao contrário, por exigirem pagamento demasiado alto.

quase sempre. Embora todos esses diálogos sejam somente puras ficções, não podemos duvidar da realidade histórica do fato, pois a superioridade dialética de Sócrates é o fundamento incontestado da sua glória e da influência duradoura que ele exerceu sobre a posteridade. Mas eis o que é muito estranho: nos seus escritos em que Platão deixa de lado a arma leve da troça para atacar seus adversários com as maiores peças do seu arsenal, não somente ele não menciona mais Protágoras, Hípias, Pródico etc., mas a própria sofística assume um aspecto essencialmente diferente. Enquanto os antigos e verdadeiros sofistas tinham se mostrado totalmente incapazes de proceder à maneira de Sócrates e de pôr seu interlocutor no devido lugar interrogando-o, encontramo-nos agora na presença de sofistas particularmente hábeis nesse jogo. A chave desse enigma foi encontrada há muito tempo. A atividade literária de Platão estende-se por um período de mais de meio século. Logo, não é nada espantoso que os sofistas aos quais se dirigem as obras da sua velhice sejam inteiramente diversos daqueles de que tratam os seus diálogos mais antigos. Isso é tanto mais natural porque os primeiros sofistas eram uma raça em vias de extinção no momento em que o filósofo se pôs a escrever. De fato, pelo menos três das comédias dirigidas contra as tendências dos sofistas e suas inovações pedagógicas foram escritas precisamente na década em que ocorreu o nascimento de Platão. *Os Convivas de Héracles* de Aristófanes foi representada algumas semanas antes (inverno de 427); *As Nuvens* quatro anos depois, e *Os Aduladores* de Êupolis seis anos depois (423 e 421). Portanto, não podemos nos surpreender se o pensador ateniense, numa fase mais avançada de sua vida, pensou muito pouco nesses sofistas e muito mais em outros, isto é, em filósofos que ele detestava e que ele tinha prazer em chamar por esse nome ofensivo. Em suma, os "sofistas" combatidos com tanto amargor no *Sofista* e nas obras análogas são os discípulos de Sócrates e os discípulos desses discípulos, e mais do que todos o inimigo mortal de Platão, Antístenes e seu grupo[425]! Platão empregou toda sua arte para estabelecer relações entre esses sofistas e aqueles aos quais esse nome pertencia legitimamente, mas nenhum leitor atento do *Eutidemo* e do *Sofista* pode deixar de perceber o que essa tentativa tem de artificial.

É fácil entender que Aristóteles herdou o emprego dessa palavra: não há um único trecho nos seus numerosos escritos em que o termo "sofista" designa expressamente um membro dessa antiga geração; ao contrário, pelo menos uma vez, ao falar do sistema

---

[425] H. Sidgwick foi o primeiro, e sem dúvida o único até agora, a chamar a atenção para a transformação de sentido que a palavra "sofista" sofre no próprio Platão (*Journal of Philology*, IV 288 ss.). Esse estudo notável (*The Sophists*) é sem dúvida ainda hoje o complemento mais importante do célebre capítulo que Grote lhes dedicou, e que foi mais citado do que levado em conta, embora constitua o que Sidgwick chama com razão de "a historical discovery of the highest order". Certamente, a sofística já é classificada no *Górgias* entre as artes relacionadas à bajulação, mas a mesma fortuna é reservada à retórica e a toda a poesia! Embora o *Eutidemo* não seja uma obra da velhice de Platão, ele não deixa de ser o primeiro dos diálogos nos quais Antístenes e os megáricos constituem o alvo dos ataques. Na escala dos seres que conhecem a transmigração das almas no *Fedro* (que não foi composto numa época demasiado tardia), o sofista ocupa um lugar bem inferior, mas é associado ao orador popular! Não temos o direito de ver nisso tudo exceções que confirmam a regra?

dos honorários, ele opõe vivamente Protágoras, e da forma mais honrosa para ele, aos "sofistas". Ele emprega essa palavra em três sentidos: no sentido antigo e ingênuo que não implica nenhum tipo de crítica, já que ele mesmo o aplicou aos Sete Sábios; em segundo lugar, para designar um certo número de filósofos cuja maioria lhe era pouco simpática, por exemplo Aristipo, um dos discípulos de Sócrates; enfim, na maioria dos casos, ele denomina assim precisamente os "erísticos", ou seja, os dialéticos chicaneiros oriundos das escolas de Antístenes e de Euclides, discípulo de Sócrates fixado em Mégara, e com os quais ele esteve em conflito durante toda sua vida[426]. Ora, como esses filósofos exercitavam seu espírito principalmente em combinar raciocínios capciosos e falsos, aconteceu que não apenas a palavra "sofista", mas também as palavras "sofisma" e "sofística" adquiriram, na polêmica dirigida pelo velho Platão e por Aristóteles contra os erísticos, o significado desfavorável que predomina desde então. Até o final da Antiguidade, o nome de sofista conservou o valor que lhe havia dado o último desses filósofos. Às vezes, nessa época, ele ainda foi empregado no seu sentido primitivo e neutro, quando não precisamente honrável; e até, em certos momentos, sobretudo na época imperial, na qual reinava a jovem sofística, esse sentido prevalecia; mas na grande maioria dos casos a palavra era utilizada como um termo injurioso mais ou menos ofensivo. Aliás, é nesse sentido que Platão foi tratado algumas vezes de sofista por seus adversários e rivais, os oradores Lísias e Isócrates[427], que Aristóteles o foi pelo historiador Timeu, seu primo Calístenes por Alexandre o Grande, Anaxarco, discípulo de Demócrito, pelo aristotélico Hermipo, o socrático Eubulides por Epicuro, e em geral todos os filósofos, sem exceção, pelos seus contraditores. O próprio fundador do cristianismo não foi classificado entre os "sofistas" por Luciano?

III

A história dessa variação de sentido não foi contada aqui pela primeira vez. Mas é necessário determo-nos nela e considerá-la com cada vez mais exatidão e detalhe para impô-la de uma vez por todas, mesmo contra a vontade, aos leitores competentes. Pois muitos estudiosos, obrigados a admitir a verdade dos fatos que acabamos de

---

[426] Todos podem ver no excelente índice de Bonitz o emprego que faz Aristóteles da palavra "sofista".

[427] As provas do que dizemos aqui encontram-se em Isócrates, *Philipp.*, 12; Aristides, *loc. cit.*; Políbio, XII 8; Plutarco, *Vida de Alexandre*, cap. 28 [FVS 59 A 4], 53 e 55, e também nos *Neue Bruchstucke Epikurs*, publicados por nós nas *Wiener Sitzungsberichte* 1876, 91 ss. (p. 7 da separata); em Luciano, *De Morte Peregrini*, § 13. Sobre o emprego da palavra "sofista" na época imperial romana, encontramos indicações preciosas em Edw. Hatch, *The Influence of Greek Ideas and Usages upon the Christian Church* (The Hibbert Lectures, 1888), p. 101 nota 2, Londres 1890. Exatamente como Platão zomba dos honorários elevados pagos aos sofistas, os escritores eclesiásticos, sobretudo Justino e Taciano, troçam daqueles que eram pagos aos filósofos e retores pagãos do seu tempo (ver E. Renan, *Origine du Christianisme*, VI 483 ss.).

expor, esquecem-nos rapidamente ou não os levam em conta. Mais de um começa por reconhecer lealmente e sem desvios que a equivocidade do nome "sofista" e o uso desfavorável que foi feito cada vez mais dele provocaram um grave prejuízo àqueles que o ostentavam no século V, e que lhes devemos uma reabilitação. Porém, apesar de reconhecida, essa dívida não é paga: o escritor retorna ao círculo habitual de suas ideias e fala desses homens mais ou menos como se, na realidade, eles tivessem sido somente espadachins intelectuais, como se tivessem brincado sem escrúpulos com as palavras ou ensinado doutrinas perniciosas. Por mais que o espírito queira, ele só opõe uma resistência fraca aos hábitos inveterados do pensamento. Na verdade, os sofistas nasceram sob um signo ruim. Pagaram com séculos de ultraje por uma hora muito curta de sucesso triunfante. Dois inimigos particularmente temíveis conspiraram contra eles: o capricho da língua e o gênio de um grande, se não do maior escritor de todos os tempos. Sem dúvida, ao disparar os projéteis da sua verve e da sua ironia, o filho de Ariston não podia prever que as criações aladas da sua fantasia maravilhosa e da sua exuberância juvenil seriam um dia invocadas como testemunhos históricos sérios. Ele jogava seu jogo com os vivos, não com os mortos. Mas os sofistas tornaram-se mortos para nós, e é a terceira e mais funesta desgraça com a qual o destino os atingiu. Esses mestres itinerantes não fundaram escolas. Não tiveram discípulos fiéis para zelar pelos seus escritos e preservar sua memória. Apenas alguns séculos depois deles, só restavam das suas produções literárias miseráveis fragmentos. Desses fragmentos, somente algumas frases mutiladas chegaram até nós, de modo que nos faltam quase absolutamente testemunhos imparciais sobre o papel que eles desempenharam[428].

Antes de estudarmos individualmente os sofistas e de nos familiarizarmos com suas pessoas e suas doutrinas, temos que mencionar aqui um monumento literário que não chegou até nós sob o nome de um sofista, mas que, independentemente das conjecturas que podemos fazer sobre o nome do seu autor, é totalmente apropriado para nos dar

---

428 É deplorável, a meu ver, que, embora o sentido da palavra "sofista" tenha sido determinado nitidamente hoje em dia sobretudo graças aos esforços de Grote, essa palavra seja novamente empregada de maneira imprecisa por estudiosos de grande renome. É assim que Crítias é classificado entre os sofistas por Diels e Wilamowitz, seguindo o exemplo de Filóstrato, e que Eurípides e Tucídides também o sejam (cf. Wilamowitz, *Aristoteles und Athen*, I 175; II 6 e I 117). Mas aquele que vai mais longe na extensão dada ao significado dessa palavra é meu distinto colega H. v. Arnim no pequeno livro, aliás cheio de mérito, que ele publicou em Viena em 1910: *Die politischen Theorien des Altertums*. Ele escreve na p. 20: "Die Sophistik, d.h. die attische Aufklärungsbewegung des V. Jahrhunderts" [A sofística, isto é, o movimento das luzes na Ática do século V] etc. Se empregarmos a palavra "sofística" num sentido tão abrangente, então é preciso incluir entre os sofistas não somente Tucídides e Eurípides, mas também Anaxágoras e Demócrito. (A limitação implicada pela palavra "Ática" é inconciliável com o fato de que os principais representantes desse grupo, Protágoras, Hípias, Pródico, não eram de origem ática.) Rogamos nossos leitores de considerar que a extensão dessa designação discutida aqui torna difícil para nós – e se triunfasse tornaria impossível – expor de maneira inteligível o fenômeno histórico em tela, ou seja, estudar a classe profissional dos *professores enciclopédicos* dessa época, as qualidades que lhes eram comuns enquanto colegas, as condições e os resultados da sua atividade. O próprio v. Arnim não pode deixar de dizer, na frase que segue, que os "sofistas" "se gabavam de fazer dos seus alunos oradores e estadistas".

uma ideia de pelo menos uma parcela da literatura sofística. A coleção hipocrática, composta, como nossos leitores se lembram, de um grande número de escritos díspares, contém um que podemos, com inteira certeza, atribuir a esse círculo e a essa época. É um pequeno tratado *Sobre a Arte* (ou seja, sobre a arte de curar), destinado a defender a medicina dos ataques que ela enfrentou desde o primeiro momento[429]. A *Apologia da Medicina* apresenta todas as características que esperamos encontrar no produto intelectual de um sofista dessa época. Não é exatamente uma obra, mas um discurso; ele é feito mais para ser ouvido do que lido; por isso, sua estrutura é extremamente clara e a execução de todos os pontos perfeita. Só por essa razão, já não poderíamos ver nele a obra de um médico, mas outras circunstâncias suprimem qualquer dúvida a esse respeito. Ao terminar, o autor opõe o discurso que acaba de pronunciar "às provas de fato dadas pelos médicos"; poderíamos dizer que, ao despedir-se deles educadamente, ele dá prova de seu respeito por eles e solicita, por sua vez, o respeito deles por ele e pelos seus confrades. Ele remete por antecipação a um discurso que ele pretende escrever sobre as outras artes. Acerca de uma discussão sobre a teoria do conhecimento – que, diga-se de passagem, revela nele um adversário de Melisso –, ele alude a um trabalho mais aprofundado sobre essa questão, e é difícil não supor que ele seja igualmente o seu autor. Ele está tão acostumado com os duelos oratórios que imagina ter sempre diante de si um adversário cujas objeções ele precisa prevenir. Sua cultura é enciclopédica e ele aproveita avidamente todas as oportunidades que lhe permitem sair dos limites estreitos do seu tema imediato e, ora por breves alusões, ora numa forma mais desenvolvida, ele despende com mão pródiga seus pensamentos sobre as questões mais variadas. Assim, no espaço de algumas páginas, ele aborda tanto o problema da origem da linguagem quanto os da causalidade, do papel do acaso nas ações humanas, das relações entre a percepção sensível e a realidade objetiva, as disposições naturais e os meios de cultura, as indústrias e os materiais que elas empregam, etc., etc. Podemos chamá-lo com razão de metade retor, metade filósofo. Mas é difícil não notar também certos traços que denunciam o mestre-escola. O hábito de ensinar transparece no tom de segurança que ele nunca abandona e no trabalho que ele tem de distinguir e definir com precisão as ideias novas à medida que as introduz. Os esforços que ele faz visivelmente, e aliás com sucesso, para dar ritmo e harmonia ao seu estilo lembram-nos que a prosa sustentada só havia rompido há pouco tempo as amarras do verso. Por outro lado, a estrutura regular, compassada da frase, a separação ansiosa do seu conjunto em pequenas seções e o destaque dado às ideias e às palavras essenciais testemunham também que a arte da prosa ainda estava na sua infância. Esse tratado, com sua eloquência cheia de ideias e sua pesquisa da perfeição da forma, nos faz compreender o entusiasmo que suscitou esse novo método de exposição e a impressão poderosa que ele causou nos espíritos.

---

[429] O autor dedicou ao tratado *Sobre a Arte* uma dissertação extensa que foi utilizada repetidas vezes neste parágrafo e no seguinte (*Die Apologie der Heilkunst, Wiener Sitzungsberichte* 1890, nº IX, 2ª ed. Leipzig, 1910).

No entanto, não podemos deixar de notar, por outro lado, as fraquezas e os lados prejudiciais desse gênero literário, e como ele era apropriado para fornecer armas aos adversários. A ênfase do retor, a forte dose de presunção que ele demonstra, a jactância com a qual ele fala de sua "sabedoria" e do seu "saber" – como outrora se vangloriara o rapsodo Xenófanes –, tudo isso era pouco apto a agradar um gosto refinado. A impetuosidade da eloquência, deslizando rapidamente sobre as partes fracas do pensamento, parecia oferecer apenas uma garantia limitada da solidez das demonstrações. Uma certa predileção pelos fraseados extraordinários e pelos termos violentos da polêmica podia ser tida por uma procura pelo efeito. O estilo dos retores, com suas formas um pouco rígidas, com sua regularidade um pouco canhestra, sua cor um pouco berrante, e que nos lembra as obras da escultura arcaica, iria logo envelhecer. Quando Platão, e até certo ponto Isócrates, tiver criado uma língua mais rica e mais harmoniosa, de feitio mais livre e mais ousado, de arquitetura mais poderosa, a do sofista produzirá uma impressão de frieza, de puerilidade e até de repulsa.

IV

Contudo, precisamos evitar uma generalização ilegítima. Não é duvidoso que a descrição acima contém mais de um traço puramente individual. Em todo caso, seguiríamos um caminho errado se atribuíssemos valor de modelo ao tratado *Sobre a Arte*, do qual trataremos mais adiante em virtude do grande significado do seu conteúdo. Afinal, nos detalhes e mesmo no espírito das suas doutrinas, os sofistas afastam-se tanto uns dos outros que é por respeito pela tradição e não por razões internas que os reunimos num capítulo especial; de fato, apesar das aparências eles nunca constituíram uma classe ou uma escola específica no círculo dos filósofos gregos.

Pródico de Céos foi enviado em embaixada a Atenas pelos seus compatriotas e exerceu lá uma influência considerável[430]. Ele costuma ser considerado o menos per-

---

[430] Sobre Pródico, cf. antes de mais nada o *Prodikos von Keos, Vorgänger des Sokrates* de Welcker, estudo notável tanto pela riqueza do seu conteúdo quanto pela ausência de parcialidade (*Rhein. Mus.*, I, reimpresso nos *Kleine Schriften*, II 393 ss.); ver também o trabalho pequeno mas meritório de Cougny, *De Prodico Ceio Socratis magistro et antecessore*, Paris, 1857. Não possuímos fragmentos propriamente ditos de Pródico, pois mal podemos dar esse título às três frases que se encontram em Estobeu [*Floril.*, X 34 e LXIV 28 Meineke I = III 10, 34 (III p. 416, 13) e IV 20, 65 (IV p. 468, 9) Hense; estes últimos = FVS 77 A 7] e em Plutarco [*De Sanit præc.*, cap. 8 (p. 126 d) = 151, 4 ss. Dubner (FVS 77 B 10 = Euenos, frag. 10 Bergk)]. Tanto Xenofonte (*Sympos.*, IV 62 = FVS 77 A 4 a) como Platão (*Teeteto*, 151b, *Mênon*, 75e = FVS 77 A 11; A 15-18; A 20) falam, desta vez com concordância surpreendente, das relações de amizade entre Sócrates e Pródico; Platão, todavia, como de costume, não pode relatar esse fato manifestamente estabelecido sem uma ponta de ironia. A brincadeira de Aristófanes encontra-se nos Ταγηνισταί, frag. 490 Kock, *Att. Com. fragm.*, I 518. O mesmo poeta menciona Pródico com especial estima em *As Nuvens*, 361 (FVS 77 A 5). A alusão em *Os Pássaros*, 692, não permite nenhuma conclusão segura. A citação que fazemos no texto do *Cálias* de Ésquines foi fornecida por Ateneu, V 220b (FVS 77 A 4b). Como Ésquines, o historiador Diodoro chama Anaxágoras de sofista numa frase que não revela nenhuma animosidade (XII, 39, 2): Ἀναξαγόραν τὸν σοφιστήν, διδάσκαλον

nicioso dos sofistas. Concedem-lhe de bom grado um lugar especial entre eles e até o chamaram de "precursor de Sócrates". Ele teve certamente relações de amizade com este último, mas nem por isso foi tratado por Platão com menos rigor que seus congêneres. Em geral, nos diálogos platônicos o "onisciente" Pródico é alvo de pilhérias mordazes, mas às vezes de cunho um tanto grosseiro. Ele tampouco escapou dos ataques da comédia. Em *Os Trapaceiros* de Aristófanes, por exemplo, encontravam-se estes dois versos: "Se ele não foi corrompido por um livro, ele o foi por um falastrão como Pródico". Do mesmo modo, o socrático Ésquines, no seu diálogo *Cálias*, atacou os dois "sofistas" Anaxágoras e Pródico – o leitor notará essa associação de nomes – e criticou este último por ter educado o político oportunista Teramenes, frequentemente censurado pela sua falta de princípios, mas no qual Aristóteles, conforme sabemos há pouco tempo, via um estadista altamente honrável. Aqui temos o direito de ficar surpresos. O paralelismo com Sócrates é demasiado evidente. Ele também não foi acusado de corromper a juventude, e em primeiríssimo lugar pelos autores cômicos? Não foi julgado responsável pela conduta de Alcibíades e de Crítias porque eles tinham assistido às suas aulas? Mas nem esse paralelo, nem a honra prestada a Pródico de unir seu nome ao do venerável Anaxágoras não poderiam ter salvo sua memória. O que a preservou da condenação é a circunstância fortuita de que, aos epigramas dos seus adversários, tanto do filósofo como do poeta cômico (que aliás glorifica em outro trecho a sabedoria do sofista), opõem-se outros testemunhos, desta vez imparciais.

Pródico era um homem de caráter profundamente sério e exerceu sobre a posteridade uma influência duradoura, principalmente por intermédio dos cínicos. Não temos mais condições de dizer quais foram seus méritos como filósofo-naturalista, pois de seus trabalhos nesse campo só nos restam os títulos de duas obras: *Sobre a natureza* e *Sobre a natureza do homem*. E é somente através das alusões zombeteiras de Platão que conhecemos uma outra faceta de sua atividade, seu *Ensaio de sinonímia*. Ele havia assumido a tarefa de reunir as palavras de significado vizinho e de distingui-las umas das outras anotando de maneira precisa as nuanças de sentido que as separavam. Que motivo o guiava? Era o desejo de auxiliar os escritores? Conta-se que, de fato, Tucídides tirou proveito desse trabalho. Será que ele acreditava contribuir para o progresso da ciência delimitando os diversos conceitos com mais exatidão? Ou teria ele se fixado os dois objetivos ao mesmo tempo? Não sabemos. Não sabemos nem até que ponto o sucesso

---

ὄντα Περικλέους, ὡς ἀσεβοῦντα εἰς τοὺς θεοὺς ἐσυκοφάντουν [FVS 46 A 17]. Com relação à influência de Pródico sobre os cínicos, cf. sobretudo, além de Welcker, Dummler, *Akademika, passim*. Galeno, *De elem.*, I 9 (I 487 Kuhn = 54, 21 Helmr.), *De virt. phys.*, II 9 (II 130 K. = III 195, 17 Helmr.; FVS 77 B 3-4), e *In Hippocr. de alim.*, III 17 (XV 325 K.), cita suas duas obras sobre a filosofia da natureza com um toque de desdém e sem dar uma transcrição exata. Cícero, *De orat.*, III 128 (FVS 77 B 3), diz que, como Protágoras e Trasímaco, Pródico estudava a *natura rerum*. Antilos, citado por Amiano Marcelino, *Vida de Tucídides*, § 36 (FVS 77 A 9; cf. também Spengel, *Artium scriptores*, 53 ss.), afirma que Tucídides foi influenciado por Pródico. Diels reproduz nos *Vorsokratiker*, 567 ss. (77 B), as poucas palavras e frases de Pródico que foram conservadas.

recompensou seus esforços. A única coisa que podemos considerar certa é que sua empreitada respondia a uma necessidade real da época. Desde o início, a especulação linguística, assim como os estudos cósmicos, tinha atacado os problemas mais difíceis, problemas que, dado o grau de desenvolvimento no qual se encontravam então, eram absolutamente insolúveis; fazê-la descer dessas alturas, fazê-la estudar não a origem da linguagem, mas a matéria e as formas da linguagem contemporânea era uma empreitada muito meritória por si mesma. Veremos Protágoras tratar da análise das formas; Pródico foi o primeiro a julgar conveniente submeter o próprio tesouro da língua a um exame científico. Se com isso ele contribuiu mais ou menos para o aperfeiçoamento do estilo é uma questão para a crítica literária; o que nos interessa é que o efeito de sua tentativa deve ter sido o aperfeiçoamento do instrumento do pensamento. É muito deplorável que seu exemplo não tenha sido seguido com mais zelo. Já vimos, ao estudar as doutrinas eleatas, a abundante fonte de erro que se encontrava na ambiguidade das palavras e na ausência de uma definição clara das ideias expressas por elas. Se o caminho no qual Pródico se lançou tivesse sido trilhado com mais diligência, um grande número desses enganos dos quais nem mesmo as obras de Platão são isentas poderia ter sido evitado, e não precisaríamos assinalar tantas pseudo-demonstrações *a priori* e sofismas erísticos.

Temos informações muito mais exatas sobre as opiniões de Pródico em matéria de filosofia moral. Sua concepção da vida era triste; é permitido ver nele o primeiro dos pessimistas. É nele que pensa Eurípides ao falar do homem para quem os males da existência ultrapassam os bens[431]. Seria um efeito da sua constituição enfermiça? Ou deve-se acusar a disposição habitual dos habitantes da ilha de Céos, entre os quais o suicídio era muito mais frequente que entre os outros gregos? Não sabemos. Seja como for, uma viva emoção tomava conta de todos os seus ouvintes quando do seu corpo franzino saía uma voz profunda e estranhamente poderosa e ele descrevia as misérias da vida humana[432]. Umas após as outras, ele passava em revista todas as idades, falando primeiro do recém-nascido que saúda com gritos plangentes a luz do dia, e prosseguindo até a segunda infância, a da senilidade. Enfim, ele mostrava na morte um credor de coração empedernido que arranca sucessivos penhores do seu devedor retardatário: um dia a audição, na outro a vista, no outro enfim a flexibilidade dos membros[433]. Uma outra vez, antecipando Epicuro, ele procurou armas seus dis-

---

[431] Eurípides, *As Suplicantes*, 196 ss.:

— ἔλεξε γάρ τις ὡς τὰ χείρονα
πλείω βρότοισίν ἐστι τῶν ἀμεινόνων.

[432] A voz profunda de Pródico é mencionada por Platão, *Protágoras*, 316a, que também alude ao seu estado precário de saúde [FVS 77 A 2]. No mesmo diálogo, 341e, Platão fala da concepção séria que os habitantes de Céos tinham da vida; para mais detalhes, ver Welcker, *Rhein. Mus.*, I 614.

[433] A descrição dos males da vida e a comparação ligada a ela encontram-se no pseudo-platônico *Axíoco*, 366c ss. [FVS 77 B 9]. Sobre o que segue imediatamente, cf. igualmente *Axíoco*, 369b; observação análoga de Epicuro em Diόg. L., X 125.

cípulos contra os pavores da morte explicando-lhes que ela não nos diz respeito nem enquanto estamos vivos, nem depois que já não existimos. Afinal, enquanto vivemos ela não existe para nós, e assim que ela existe para nós, somos nós que não existimos mais para ela. Não lhe faltavam motivos para fortalecer as coragens com tais exortações, pois o objetivo supremo de sua sabedoria pessimista não era uma resignação muda, nem um recolhimento ascético longe do mundo; muito menos ele aconselhava pescar nas águas turvas da vida as pérolas cintilantes do prazer. Ele prezava mais o trabalho que o gozo, e sua conduta concordava com seus princípios. A Antiguidade louvou-o por ter cumprido até o fim, apesar da fraqueza e do estado doentio do seu corpo, seus

---

Aqui, todavia, é necessária uma ressalva. As últimas citações provêm do *Axíoco*, diálogo falsamente atribuído a Platão. É um produto literário de uma época relativamente recente, sobre cujo estilo K.-F. Hermann (*Geschichte und System der platonischen Philosophie*, 583) exprime uma opinião ainda demasiado favorável quando diz encontrar quase em toda parte as marcas do ático puro, embora recuse ao diálogo o caráter platônico. Esse pequeno diálogo data mais provavelmente da época pós-alexandrina, como parece provar a presença de uma enorme quantidade de palavras, formas e construções não-platônicas e não-áticas. Como as ideias que são atribuídas a Pródico nesse escrito encontram-se parcialmente em filósofos posteriores (p. ex. no cínico Crates, em Epicuro e, pelo menos aparentemente, em Bíon de Borístenes), podemos inicialmente indagar se o autor do *Axíoco* e esses escritores recorreram à mesma fonte ou se o primeiro não recorreu aos segundos. Vários estudiosos pronunciaram-se a favor desta última alternativa em datas diversas; entre eles, recentemente, numa dissertação muito aprofundada e sem nenhuma reserva, H. Feddersen, *Uber den pseudo-platonischen Dialog Axiochos*, Cuxhavener Realschul.-Progr., 1895. Depois de um exame mais sério da questão, não posso associar-me a esse juízo. Sem dúvida, não é absolutamente impossível que o autor do *Axíoco* tenha atribuído erroneamente ao velho sofista tal ou tal ideia ou fragmento de ideia. Mas quando lemos com atenção os trechos principais, ou seja, a resenha das idades da vida e a comparação da morte com um credor, no *Axíoco* e depois nas suas pretensas "fontes", e quando as aproximamos com cuidado, não podemos evitar a impressão de que a descrição do diálogo pseudo-platônico apresenta todas as características de uma originalidade plena. A extinção sucessiva das funções vitais, por exemplo, a morte parcial dos órgãos isolados, que precede a morte total do organismo, é comparada com muita propriedade aos confiscos, isto é, às prestações forçadas com as quais o credor impaciente procura ressarcir-se da espera do pagamento completo. A comparação de Bíon é exteriormente análoga, mas no fundo inteiramente diferente; ele aproxima as infirmidades da idade às medidas que toma o proprietário de uma casa para forçar o locatário a deixar o local quando este não paga as prestações: retirada das portas, privação da água etc. Aqui, age-se sobre a *vontade* do locatário de modo a tornar-lhe intolerável a permanência no imóvel. E como ao procedimento impiedoso do proprietário corresponde a crueldade da natureza, ao *abandono da moradia* no primeiro caso deve corresponder, no segundo, o *abandono da vida*. É do *suicídio* que fala Bíon, é o *suicídio* que ele recomenda no caso de aflições tão penosas, no trecho de que tratamos (Teles [p. 15, 11 Hense] em Estobeu, *Florileg.*, V 67 Meineke = III 46, 6 [III 1, 98] Wachsmuth-Hense). Quanto mais a opinião que temos do autor do *Axíoco* é medíocre – e não temos o menor motivo para apreciá-lo altamente –, somos menos inclinados a admitir que ele tenha sabido transformar tão habilmente e empregar para um objetivo essencialmente diferente a comparação de Bíon, que no seu gênero é excelente. Não podemos entrar aqui em maiores detalhes. Mas como a composição do diálogo, por mais recente que possamos supô-lo, quase certamente não pode ser situada numa época em que as obras de Pródico – e especialmente *As Estações*, na qual devemos sobretudo pensar aqui – já estavam esquecidas, não podemos duvidar que as palavras postas na boca do sofista correspondam ao caráter essencial de sua opinião sobre a vida; e, de fato, concordam bem com a ideia que temos dele segundo o apólogo de Héracles, algumas indicações isoladas de Platão e o testemunho não suspeito de outro diálogo, o *Eríxias*, que, até onde podemos julgar pelo estilo, remonta a uma data mais antiga que o *Axíoco*. (Sobre esse ponto, aliás, tenho o prazer de concordar com Zeller, *Philos. der Griechen*, 5ª ed., I 1124 nota 2 [= 6ª ed., I 1392 nota 5].)

deveres de cidadão. Ele participou de numerosas embaixadas a serviço de sua pátria. Seu modelo era Héracles, o tipo da força viril e da ação salutar. Todos conhecem o apólogo de *Héracles entre o Vício e a Virtude*, obra-prima de eloquência parenética inspirado pela rivalidade entre Atena e Afrodite no *Julgamento de Páris*, de Sófocles[434]. Esse relato, por sua vez, influenciou toda a Antiguidade e suscitou ecos até na literatura cristã dos primeiros séculos, por exemplo no *Pastor de Hermas*. Ele fazia parte de uma obra intitulada *As Estações*; infelizmente, ignoramos o que mais ela continha. Talvez nela se encontrassem as descrições pessimistas das quais falamos acima; talvez também, como contrapartida, a descrição dos gozos mais sadios e menos expostos ao abuso, das alegrias que nos dão a natureza e suas obras. De fato, essa descrição não pode ter faltado no elogio da agricultura atribuído a Pródico. Como se vê, podemos ter uma ideia bastante nítida da sua concepção e do seu ideal de vida. Ele tinha esvaziado até o fundo o cálice de amargor da existência humana. Ele opõe a ele a energia viril, que espera pouco do gozo passivo e procura sua satisfação nos seus próprios esforços e sobretudo numa condição simples e modesta.

Todavia, ele não era apenas o eloquente predicador de um ideal parcialmente novo; o espírito sutil que denotavam suas pesquisas sobre a "correção da linguagem" manifesta-se também nos seus estudos de filosofia moral. Ele introduziu na ética uma noção que desempenhou um papel considerável na escola dos cínicos e dos seus sucessores, os estoicos: a noção das coisas indiferentes em si mesmas, que só adquirem significado mediante o uso correto que se faz delas, conformando-se às indicações da razão[435]. Entre essas coisas ele classificava a riqueza e, sem dúvida, tudo o que costumamos chamar de bens exteriores. Veremos mais tarde como nisso ele se aproximava de Sócrates. Ainda temos que mencionar uma doutrina do sábio de Céos, sua especulação sobre a origem da crença nos deuses[436]. Ele conjecturava que os objetos naturais que exercem sobre a vida humana a influência mais duradoura e mais benfazeja foram os primeiros a gozar das honras divinas, como, por exemplo, o sol, a lua, os rios (quanto a isso, ele lembra a adoração da qual o Nilo era objeto), assim como os frutos da terra, sobre os quais ele

---

[434] Esse apólogo é relatado por Xenófanes, *Memorab.*, II 1, 21 [FVS 77 B 2]. A respeito do modelo fornecido por Sófocles [frag. 334] e já reconhecido como tal por Ateneu, XII início (510 c), cf. Nauck, *Frag. trag. gr.*, 2ª ed., 209. Cougny estuda de maneira muito aprofundada a influência desse apólogo, *op. cit.*, 79 ss.; alguns detalhes novos em Dieterich, *Nekyia*, 191. Sob o termo de *Estações*, Cougny (*loc. cit.*, 38) compreendia, não sem probabilidade, as diferentes idades da vida. Pôde-se inferir que Pródico havia feito o elogio da agricultura a partir de uma referência de Temístio: τὰ καλὰ τῆς γεωργίας, *Orat.*, XXX 422 Dindorf (FVS 77 B 5). Contudo, recentemente, e talvez com razão, Kalbfleisch levantou dúvidas a esse respeito na coletânea de dissertações que me foi oferecida, p. 94-96.

[435] A teoria das *coisas indiferentes* em si mesmas é exposta em detalhe e atribuída a Pródico no diálogo pseudo-platônico *Eríxias* [397 d; FVS 77 B 8], que podemos comparar ao *Eutidemo*, 279 ss.

[436] Origem da crença nos deuses: trecho principal em Filodemo, *Sobre a Piedade*, 71 e 75 ss. da minha ed. (minha restituição foi completada por Diels, *Hermès*, XIII 1); há uma curta frase tirada provavelmente da mesma fonte em Cícero, *De natura deorum*, I 118; cf. também Sexto Emp., *Adv. Math.*, IX 18, 39 e 52 [FVS 77 B 5].

poderia ter remetido aos cultos babilônicos. A esses objetos naturais ele acrescentava os heróis da civilização, deificados pelos homens por causa das invenções importantes e salutares das quais eles foram autores. Segundo ele, por exemplo, Dionísio teria sido um homem que, como dizia ainda em 1834 Jean-Henri Voss, teria se tornado deus porque inventara o vinho[437]. Se nisso Pródico estava enganado, ele pelo menos desnudou uma das raízes das crenças religiosas, o fetichismo. Teria ele admitido, na base dessas crenças, um fundo objetivo real, ou então contestado absolutamente a realidade do divino? É quase certo que ele se pronunciou a favor do primeiro termo dessa alternativa. De outra forma, como compreender que um homem tão profundamente religioso como Xenofonte tenha podido elogiar Pródico e que um representante notável do estoicismo, Perseu, o aluno favorito do fundador dessa escola panteísta, tenha aprovado, no seu livro *Sobre os deuses*, as doutrinas que acabamos de expor? Logo, tudo nos leva a crer que os traços de polêmica contidos nessa tentativa de explicação eram dirigidos contra os deuses da crença popular, mas não pretendiam despojar o universo de todo conteúdo divino.

V

Vimos que Pródico realizava estudos naturais e linguísticos, de filosofia moral e de história religiosa. Mas sua variedade de aptidões e de trabalhos é ultrapassada em muito pela que constatamos em Hípias, cujo gênio era verdadeiramente universal[438]. Ele tratou de astronomia, geometria e aritmética; escreveu sobre a fonética, a rítmica e a música; discutiu as teorias da plástica e da pintura; era versado na mitologia e na etnografia, e dedicou-se à cronologia e à mnemotécnica. Ele escreveu exortações morais e foi embaixador de sua cidade natal, Élis, no Peloponeso. Ele arriscou-se igualmente na poesia, e nos gêneros mais diversos: epopeias, tragédias, epigramas e ditirambos. Enfim, ele não desdenhou o aprendizado da maioria dos ofícios. Foi assim que ele pôde um dia comparecer aos Jogos Olímpicos com uma vestimenta feita inteiramente de mão própria, inclusive as sandálias que protegiam seus pés, o cinto trançado que rodeava sua cintura e os anéis que brilhavam nos seus dedos. Filhos de uma época que levou ao extremo o princípio da divisão do trabalho, temos dificuldade em levar a sério um homem que se pretendia apto

---

[437] J.-H. Voss, *Mythologische Forschungen*, I 62. Sobre Perseu, cf. Filodemo, *op. cit.*

[438] Sobre Hípias, cf. os trechos reunidos por C. Muller, *Fragm. histor. græc.*, II 59-63. Somente o nº 6 merece o nome de fragmento; ele foi conservado por Clemente de Alex., *Strom.*, VI 15, 745 Potter [= II 434, 19 Stein; FVS 79 B 6], e foi discutido por último por mim nas minhas *Beiträge zur Kritik und Erklärung*, IV 13 ss. (*Wiener Sitzungsberichte* 1890, ensaio IV) [= *Hellenika*, I 288 ss.]. A personalidade de Hípias é descrita no *Hípias menor* de Platão e no *Hípias maior*, que é talvez de outro autor [FVS 79 A 6-11]; cf. também *Protágoras* [especialmente 337e ss.; FVS 79 C 1]; ver também Filóstrato, *Vidas dos Sofistas*, I 11 = II 13 ss. Kayser [FVS 79 A 2]. Seus trabalhos como geômetra são apreciados muito favoravelmente por Tannery, *Pour l'histoire de la science hellène*, 247: "Hípias de Élis foi um matemático notável". Para mais detalhes, cf. Allman, *Greek geometry* etc., 191.

para tantos trabalhos diversos. Mas nossos antepassados nem sempre sentiram e julgaram como nós. Houve épocas em que a pessoa importava muito mais que sua obra, e nas quais não se acreditava que a dispersão das forças era um preço caro demais para a realização completa da personalidade, o desenvolvimento integral dos talentos que dormitam em nós, a consciência de não ser inferior a nenhuma tarefa, de não ser pego desprevenido por nenhuma dificuldade. É assim que se pensava na época de Péricles, assim que se pensava novamente na época da Renascença italiana, que oferece o equivalente exato de Hípias. O veneziano Leone Battista Alberti (1404-1472) distinguiu-se como arquiteto, como pintor, como músico, como prosador e como poeta, seja em italiano, seja em latim; elaborou tanto uma teoria da economia doméstica quanto uma das artes plásticas; seu espírito brilhava nas conversas e seu corpo estava habituado a todos os exercícios ginásticos; enfim, ele tinha se iniciado em todos os ofícios do mundo, "interrogando sobre seus segredos e suas experiências os artesãos de toda espécie, até os sapateiros"[439].

Podemos admitir *a priori* que esses trabalhos tão diversos não eram todos igualmente excelentes. A obra poética de Hípias desapareceu sem deixar vestígios, sem dúvida porque seu mérito não era transcendente. A geometria deve-lhe alguns progressos não desprovidos de valor. Sua *Arte mnemotécnica*, na qual ele não teve outro predecessor além do poeta Simônides, parece ter produzido resultados espantosos. Graças a essa arte, ele ainda podia, numa idade muito avançada, recitar sem erro e sem nenhuma interversão uma série de cinquenta nomes que ele ouvia pela primeira vez. Ele prestou serviço à cronologia redigindo a lista dos vencedores olímpicos; esse trabalho respondia às necessidades da historiografia, que ainda não tinha base sólida para a determinação das datas; mais ou menos nessa época, o historiador Helânico fundou sua cronologia sobre a sucessão das sacerdotisas de Hera em Argos. É verdade que Plutarco acusou Hípias de inexatidão, e para nós é impossível dizer se e em qual medida essa acusação era merecida[440]. Da sua "Coleção" de eventos memoráveis possuímos, além de um fragmento insignificante, apenas o curto prefácio, que nos permite avaliar a graça do seu estilo e nos mostra quão pouco justificada era a crítica de vaidade que foi dirigida a Hípias com base nas pilhérias de Platão. De fato, nesse prefácio, ele não afirma outra pretensão além da de ter colhido nos relatos dos poetas e prosadores, gregos e não-gregos, os eventos mais importantes, e de tê-los classificado segundo a sua natureza. É a única originalidade da qual ele se orgulha, a única novidade que ele declara ter introduzido na sua obra. Destinada evidentemente a divertir mais que instruir, ela não forneceu ao espírito crítico oportunidade para se manifestar. No entanto, ela continha observações interessantes aqui e ali; uma delas, conservada por acaso, nos informa que a palavra "tirano" foi empregada pela primeira vez pelo poeta Arquíloco.

---

[439] Sobre L. B. Alberti, cf. Burckhardt, *La civilisation em Italie au temps de la Renaissance*, I 173 ss.

[440] Ela foi formulada na *Vida de Numa*, cap. 1 [FVS 79 B 3] e Mahaffy concorda com ela, *Problems in Greek History*, 68 e 225 ss. [Sobre o que segue, cf. FVS 79 B 4, B 6, B 9, B 2, C 1, A 12, A 9-10.]

Sabemos muito poucas coisas sobre sua obra *Sobre os nomes dos povos*, mas o suficiente para constatar que um trabalho de seca erudição não assustava esse sofista, cuja atividade estendeu-se por tantos campos. Foi sem dúvida ao tratar dos costumes e tradições de povos muito diferentes que Hípias acabou por atribuir tanta importância à distinção entre a natureza e a convenção, da qual falamos acima (cf. liv. III, cap. IV, seção VI, 1º §). Sua tendência já mencionada ao cosmopolitismo manifesta-se no fato de que ele usou tanto as fontes bárbaras quanto as gregas e que ele focou seus estudos tanto nos povos estrangeiros quanto nas cidades da sua nação. O ideal da vida, para ele como para os cínicos, sobre os quais se exerceu sua influência, é "bastar-se a si mesmo". Infelizmente, não temos um único resto de suas exortações morais. Sua obra-prima, nesse campo, era um diálogo cujo palco era a cidade de Troia depois da entrada dos gregos, e os personagens o eloquente Nestor e Neoptolomeu, filho de Aquiles. Nesse *Diálogo troiano*, sem dúvida um dos mais antigos espécimes do gênero, o venerável príncipe dos pilienses dava ao ambicioso herdeiro do mais bravo entre os gregos uma enorme quantidade de sábios e nobres conselhos e prescrevia-lhe uma regra de vida. Esse moralista encontrou outro tema no paralelo entre Aquiles e Odisseu. Os dois heróis disputavam a palma, e ela foi adjudicada ao primeiro devido à sua veracidade, virtude que não era geralmente muito prezada entre os gregos. Ao recitar essas peças e outras análogas, compostas numa linguagem elaborada, mas natural e sem nenhuma empáfia, Hípias obteve grandes sucessos não somente nos jogos nacionais, mas também nas partes mais diversas do território grego. Um grande número de cidades concederam-lhe direito de cidadania e ele também auferiu lucros materiais consideráveis. Fato muito significativo: apesar do seu apego pelas antigas ideias e da sua repugnância por todas as novidades, os espartanos tiveram alta estima por Hípias, encantados como ficaram por suas leituras históricas e morais[441].

VI

Mal é permitido classificar Hípias de Élis entre os apóstolos das luzes, mas é absolutamente impossível incluir entre eles o sofista Antífon[442]. Ele era considerado um dos membros menos importantes da confraria, mas mesmo assim foi metafísico e moralista, geômetra e físico, e além disso intérprete de sonhos e presságios! Ele redigiu uma obra

---

[441] Dummler apresenta em *Akademika* mais de uma observação interessante sobre o conteúdo positivo e a extensa influência das doutrinas de Hípias. Pequenos e pouco numerosos fragmentos de Hípias em *Vorsokratiker*, 583 ss. [79 B].

[442] Sobre Antífon, cf. sobretudo H. Sauppe, *De Antiphonte sophista*, Programa da Universidade de Göttingen, 1867, e as coletâneas de fragmentos nos *Oratores attici*, ed. de Zurique, II 446 ss., e no apêndice das *Antiphontis orationes* de Blass, 2ª ed., 130 ss.; e *Vorsokratiker*, 591 ss. [80 B]; cf. também A. Croiset no *Annuaire de l'association pour l'encouragement des études grecques*, 1883, 143 ss. [Sobre o que segue, cf. FVS 80 B 1, onde a lição presumida pelo autor também é mencionada.] Traços de realismo ingênuo: cf. minha *Apolog. der Heilk.*, 2ª ed., 20.

em dois livros intitulada *A Verdade*. Nos fragmentos do segundo encontramos teorias filosóficas sobre a natureza que lembram fortemente teorias mais antigas. O conteúdo do primeiro era talvez mais geral; nele o autor tratava de questões metafísicas e da teoria do conhecimento. Ele lançava-se numa polêmica contra a transformação das ideias em hipostasias; ignoramos e seria difícil determinar hoje quem ele visava. Eis a tradução de um fragmento que foi conservado: "Aquele que examina quaisquer objetos longos não vê o comprimento por meio de seus olhos e tampouco o reconhece por meio de seu espírito". É evidente que aqui o conceito do comprimento vale como modelo. O que Antífon questiona nessa frase é sem dúvida nenhuma a existência substancial ou objetiva dos conceitos gerais. Portanto, poderíamos considerá-lo o mais antigo dos *nominalistas*. Conhecemos declarações muito análogas nas quais Antístenes e Teopompo combateram a teoria platônica das Ideias. Mas essa teoria ainda não tinha surgido quando Antífon, contemporâneo de Sócrates, escreveu. Por conseguinte, não podemos designar pelo nome o adversário ao qual ele se dirigia e devemos nos contentar em lembrar que a língua, ao exprimir abstrações por meio de substantivos e ao dar-lhes uma aparência de objetividade, preparou o terreno em toda parte para um realismo ingênuo – no sentido filosófico do termo (cf. liv. II, cap. III, seção II, últ. §) – do qual já encontramos traços nessa época. A Antiguidade também possuía de Antífon uma *Arte das Consolações*, o primeiro escrito de um gênero que mais tarde se mostraria muito fecundo[443]. Mas sua obra mais considerável era sem dúvida aquela que ele intitulara *Sobre a Concórdia*, em

---

443 Sobre a *Arte das Consolações* [FVS 80 A 6], cf. Buresch, *Consolat. hist. crit.*, 72 ss. Sobre o estilo e conteúdo do tratado *Sobre a Concórdia*, cf. Filóstrato, *Vidas dos Sofistas*, I 15, 4 (II 17 Kayser) [FVS 80 B 44 a]; sobre a composição literária de Antífon em geral, Hermógenes [*De ideis*, II 11, 7] (*Rhet. Gr.*, II 415 Spengel) [= 412, 8 Rabe; FVS 80 A 2]. [Utilizado no que segue imediatamente: FVS 80 B 52, B 61, B 59.]

Ao que disse Sauppe (*op. cit.*, 9 ss.) sobre a influência exercida sobre Antífon pelos filósofos da natureza que o precederam, acrescentamos que o frag. 94 Blass [FVS 80 B 23] parece revelar uma reminiscência das doutrinas de Empédocles. De fato, Antífon designou a ordem atual do universo como a "διάστασις presentemente em vigor", e isso concorda exatamente com o resultado de um exame atento dos fragmentos de Empédocles, a saber que o estado atual do universo, no qual os elementos estão, na sua maioria, separados uns dos outros, não se encontra sob o signo da Amizade, mas sob o da Discórdia, que voltou a crescer. Cf. também o frag. 105 Blass [FVS 80 B 32], no qual o mar é chamado de exsudação, com a expressão de Empédocles γῆς ἱδρῶτα θάλασσαν, verso 165 Stein [FVS 21 B 55]. Sauppe já tratou (*op. cit.*) com desconfiança muito justificada a observação ocasional de Orígenes, de acordo com quem o autor da Ἀλήθεια teria "suprimido a Providência" (*Contra Celso*, IV cap. 25) [FVS 80 B 12]. Associamo-nos absolutamente à sua opinião segundo a qual Orígenes tirou essa ideia do livro de Antífon "*interpretando et concludendo*". Em todo caso, não só o frag. 108 Blass [FVS 80 B 48], mas também – como observa igualmente Sauppe, e sem dúvida com razão – o frag. 80 Blass [FVS 80 B 10], tendem a mostrar que ele reconhecia a Divindade. O fato de que duas figuras tão díspares como a do adivinho e do livre-pensador agressivo se encontrassem reunidas numa única pessoa não é, digamos, completamente impossível, mas improvável num grau tão alto que essa informação deveria ser comprovada muito melhor para parecer crível. Um escritor eclesiástico podia ver a supressão da Providência em toda tentativa de um filósofo naturalista de explicar o universo, e com mais razão numa tentativa que, como a de Empédocles, reduz a causas naturais a constituição aparentemente teleológica dos seres organizados.

cujos fragmentos encontramos as qualidades louvadas pelos antigos: o brilhantismo e a fluência do estilo, a espantosa riqueza do pensamento. Era um livro de filosofia prática no qual o autor fustigava sem moderação o egoísmo, a fraqueza de caráter, a indolência, para a qual a vida é um jogo que podemos recomeçar após cada derrota, a anarquia, o "pior dos males humanos", e no qual ele louva com muito ardor e brilho o domínio de si, fruto de um conhecimento aprofundado das paixões e, acima de tudo, o poder da educação.

A coleção dos fragmentos que possuímos da literatura sofística dessa época aumentou consideravelmente há alguns anos em decorrência de uma descoberta tão engenhosa quanto certa[444]. Esses novos fragmentos estão repletos de ensinamentos fecundos. Eles revelam um conhecimento muito fino da natureza humana, como mostra, por exemplo, este belo dito: "Os homens nunca fazem questão de honrar quem quer que seja; eles imaginam que assim perderiam sua própria dignidade". Mas esses longos trechos contínuos têm a vantagem, bem mais importante para nós, de fornecer enfim um exemplo das instruções morais que davam os sofistas. Neles possuímos enfim a prova documental de um fato há muito tempo reconhecido e enunciado pelos historiadores mais profundos, mas que, até agora, só encontrava aprovações isoladas. Resumiu-se em duas palavras a opinião de Grote como segue: "Os sofistas eram os mestres normais da moral grega, e nisso não estavam nem acima nem abaixo do nível usual do seu tempo"[445]. Essa generalização é demasiado absoluta, sem dúvida, e reduz demais a originalidade dos sofistas tomados individualmente, mas há um ponto que nunca se deveria ter questionado: em virtude de sua dependência do público em geral, era praticamente impossível para eles difundir doutrinas antissociais. Eles estavam muito mais expostos ao perigo de pregar, se podemos nos exprimir assim, doutrinas hipersociais, de sacrificar o indivíduo à tirania da opinião pública ou pelo menos – para não exagerar sua influência – de se tornarem porta-vozes de opiniões que tendessem a esse resultado.

Essa é exatamente a impressão que nos dão os novos fragmentos. Neles encontramos uma maneira de pensar e sentir inconcebível fora de uma sociedade democrática, e que sem dúvida não existe em nenhum lugar atualmente, a não ser na Suíça e nos Estados Unidos. O desejo de granjear o favor dos seus concidadãos, de ocupar entre eles um lugar importante e honrável manifesta-se nesses fragmentos com uma intensidade absolutamente extraordinária. Não temos a intenção de julgar os lados luminosos e os

---

[444] É ao *Protréptico* de Iâmblico que devemos esse aumento dos fragmentos de um escrito sofístico (ed. Pistelli, 95 ss.) [FVS 82]. Blass, que foi o primeiro a reconhecer a data de composição e a natureza especial desses fragmentos (*Kieler Festprogramm*, 1889), atribuíra-os ao sofista Antífon. Essa opinião, que eu também considerava fundamental, foi desde então questionada repetidas vezes, e um de meus antigos alunos, R. Töpfer, afastou-a definitivamente baseando-se numa análise penetrante da língua (*Arnauer Gymnasium Programm*, 1901-1902). [Sobre o que segue, cf. FVS 82, 2, 3 e 6, 1.]

[445] Um crítico de Grote, W. Smith, de quem Grote cita, aprovando-a, a reprodução "fiel" de sua própria opinião (*H. of Gr.*, 2ª ed., VIII 549; cf. *The personal life of G. Grote*, 231).

lados sombrios desse estado social e da atmosfera moral que ele produziu. No entanto, não podemos deixar de notar que, se ele exerce efeitos muito salutares ao reprimir os instintos nocivos ao conjunto e ao estimular as empreitadas que lhe são úteis, ele oferece, por outro lado, um perigo cuja gravidade não podemos desconhecer. Esse perigo ameaça os campos da vida nos quais a variedade do desenvolvimento e a liberdade de ação são indispensáveis para a prosperidade do indivíduo e, por causa disso, são favoráveis indiretamente à do conjunto. A tirania da maioria ameaçou incomparavelmente menos a liberdade individual na Atenas do século V que na maioria dos outros países e outras épocas históricas. Quem duvidar disso pode convencer-se lendo um dos monumentos mais preciosos que possuem os homens do verdadeiro espírito de liberdade: a oração fúnebre dos cidadãos mortos pela pátria, que Tucídides põe na boca de Péricles no segundo livro da sua história. Não obstante, os fragmentos que acabaram de nos ser restituídos revelam um estado de espírito que subordina absolutamente o indivíduo à comunidade e, como seríamos tentados de crer, sujeita-o à discrição da "mediocridade coletiva". Por isso se entende o sentimento de resistência e de protesto que tomou conta das personalidades superiores e conscientes do seu valor, e os discursos como os que Platão empresta a Calicles, o desprezador do povo e inimigo jurado dos sofistas, surpreendem-nos menos do que antes. E, em mais de um trecho do sofista ressuscitado – quando, por exemplo, ele combate a opinião daqueles que, na obediência às leis, veem uma covardia –, parece até que ouvimos um protesto contra os sentimentos dos quais Calicles se faz o intérprete no *Górgias* e que Crítias e Alcibíades encarnavam na vida real.

Voltemos a Antífon e à educação. Ela foi posta por ele no primeiríssimo nível das coisas humanas[446]. "Este é", diz ele, "o grão da semente que enterramos no solo, estes são os frutos que podemos esperar. Se enraizarmos nobres disposições num espírito jovem, elas darão origem a flores que duram até o fim e que não são despojadas nem pela chuva nem pela seca". Essas palavras lembram ideias análogas, expressas em termos muito semelhantes, do mais eminente dos sofistas, Protágoras. Seu nome já é conhecido dos nossos leitores; agora vamos tentar esboçar sua figura da maneira mais completa e fiel que nos permite a pobreza de nossas fontes.

---

[446] Fragmento de Antífon sobre a educação: [FVS 80 B 60]; cf. as notas ao 1º e 2º § da seção I deste capítulo.

Capítulo VI

Protágoras de Abdera

I. Protágoras dá leis aos habitantes de Túrio. Acusação feita contra ele; seu fim.

II. Ideias de Protágoras com relação à educação. Seus estudos gramaticais. Suas reformas linguísticas.

III. Suas obras de moral. Diálogo entre Péricles e Protágoras. O objetivo da punição e a teoria da intimidação.

IV. A possibilidade de conhecer os deuses questionada.

V. Os *Raciocínios demolidores*. O homem medida das coisas. Essa proposição tem um sentido genérico. A verdade relativa ou humana. Protágoras e Melisso. O pretenso subjetivismo extremo de Protágoras. Contradição entre o *Protágoras* e o *Teeteto* de Platão. O desígnio de Platão neste último diálogo. Opinião de Aristóteles sobre a proposição *homo-mensura*.

VI. "Sobre cada coisa, há dois discursos". Ideias análogas de Diderot, Goethe e J. S. Mill. Características da dialética protagórica. Influência de Protágoras sobre seus contemporâneos.

VII. Escrito de Protágoras *Sobre as Artes*. Mais uma vez o escrito *Sobre a Arte*. Seu conteúdo filosófico.

VIII. Como Protágoras entendia e praticava a retórica. Ele tornou "mais forte" a causa "mais fraca". Sua honradez pessoal.

I

Protágoras era filho de Abdera[447]. Nessa cidade, ele respirou o ar do livre-pensamento. Não se pode duvidar que ele tenha tido contato com seu concidadão Leucipo, mais velho que ele, e com seu contemporâneo mais jovem Demócrito. Porém, ele certamente não se dedicou muito tempo às pesquisas naturais. Ele interessava-se sobretudo pelas coisas humanas. Antes de trinta anos, ele havia adotado a carreira, então nova, de mestre itinerante, ou seja, de sofista. Ele deteve-se repetidas vezes em Atenas, onde teve a honra de ser admitido na intimidade de Péricles e travou relações estreitas com Eurípides e outros personagens importantes. Seu ensino era extremamente rebuscado: o centro dele era, como vimos, a preparação para a vida pública. Mas ele se autorizava numerosas digressões sobre os temas mais variados. A arte oratória e as disciplinas que preparam para ela, depois a educação, a jurisprudência, a política e a moral ocuparam seu espírito ativo e fértil em recursos. Ele tinha talentos tão diversos que concebeu um aparelho para uso dos carregadores e se distinguiu como legislador. Na primavera de 443, quando os atenienses fundaram numa planície fértil, perto das ruínas de Síbaris, a cidade de Túrio, Péricles pediu-lhe que desse leis à cidade. Tratava-se provavelmente de acomodar às circunstâncias particulares da nova colônia as leis do "sutil" Carondas, que haviam sido adotadas em muitas cidades da Itália meridional. Ele conseguiu torná-las ainda mais sutis do que eram. Essa missão foi o ponto culminante de sua vida e de sua obra. Vários dos personagens mais distintos da Grécia estabeleceram-se em Túrio ou passavam temporadas lá. Quando Protágoras passeava sob os pórticos dessa cidade

---

[447] Sobre Protágoras, cf. Dióg. L., IX 50 ss. [FVS 74 A 1]. Os fragmentos pouco numerosos que foram conservados de seus escritos e as outras informações que possuímos sobre ele foram coligidos e comentados copiosamente por Joh. Frei, *Quæstiones Protagoræ*, Bonn, 1845, e por A.-J. Vitringa, *Disquisitio de Protagoræ vita et philosophia*, Gröningen, 1852; encontramo-nos enfim nos *Vorsokratiker*, 525 ss, [74]. Dos estudos de Protágoras no campo das ciências naturais, só chegaram até nós parcos vestígios, mas que não julgo duvidosos. Cf. Cícero, *De Orat.*, III 128 [FVS 77 B 3]; Dionísio, *Sobre Isócrates*, I (536 Reiske = I 55 Usener-Radermacher); Êupolis em *Os Aduladores*, frag. 146 e 147 (I 297 Kock) [FVS 74 A 1; A 11]. O catálogo que fornece Dióg. Laércio (IX 55) de suas obras não só se atém àquelas que foram "conservadas" (σωζόμενα βιβλία), mas não menciona todas elas; falta a obra metafísica capital de Protágoras, que Porfírio ainda pôde ler. O fato de que Protágoras deu leis aos habitantes de Túrio é atestado por Heráclides do Ponto (Dióg. L., IX 50). Fundamentei de modo mais aprofundado a conjectura formulada por mim sobre a natureza dessa legislação nas *Beiträge zur Geschichte des griechischen und römischen Rechts*, do meu finado colega o prof. de direito Franz Hoffmann (Viena, 1870, p. 93 ss.). Pelo que vejo agora, fui antecedido nisso por H.-E. Meier, *Opusc.*, I 222. A. Menzel (*Protagoras als Gesetzgeber von Thurii*, Leipzig, 1910 [*Berichte der Sächsischen Gesellschaft der Wissenschaften*, 62-7]) oferece observações interessantes sobre essa legislação. Não é dito que Protágoras tenha visitado pessoalmente Túrio, mas podemos supô-lo com alta probabilidade. Sobre a arquitetura dessa cidade, cf. Diod., XII 10; sobre Hipódamo, provas em Schiller, *De rebus Thuriorum*, 4 [FVS 27, 2-4]. Em versos ainda existentes de sua crônica, Apolodoro diz que Empédocles deteve-se em Túrio pouco depois de sua fundação: Dióg. L., VIII 52 [FVS 21 A 1]. A estadia de Heródoto lá é notória; Aristóteles (*Retór.*, III 9 [1409 a 27]) qualifica-o de turino.

magnífica, construída com perfeita regularidade segundo o projeto de Hipódamo (cf. liv. III, cap. IV, seção II, 3° §), ele podia conversar com Heródoto sobre questões de etnologia ou com Empédocles sobre os problemas levantados pelas ciências da natureza. Todas as tribos gregas estavam representadas na população de Túrio, e os cidadãos eram repartidos em dez categorias de acordo com sua origem[448]. O rápido progresso dessa colônia fundada num espírito pan-helênico parecia o presságio feliz de um entendimento fecundo entre os helenos. Mas se a esperança de uma era de concórdia enchia o coração de Protágoras e dos outros mestres de sabedoria, dos escritores ou dos poetas, que eram então os verdadeiros representantes da ideia nacional, eles estavam fadados à mais cruel das decepções. Mal haviam se passado dez anos e as duas principais cidades, Atenas e Esparta, enfrentavam-se incitadas uma contra a outra pelo ódio mais implacável, e toda a Grécia estava dividida em dois campos inimigos. Protágoras estava em Atenas quando aos horrores da guerra se acrescentou a terrível devastação da peste, e ele foi testemunha do heroísmo com o qual seu protetor Péricles suportou o terrível golpe com que foi atingido. "Seus filhos", escreveu Protágoras depois da morte prematura do grande estadista, "pereceram no intervalo de oito dias, no esplendor da juventude e da beleza, e ele não foi abatido pela sua perda. Manteve com firmeza a serenidade que contribuía muito cada dia para o seu bem-estar, sua tranquilidade e sua glória entre o povo. Pois qualquer um que o visse suportar com constância sua dor considerava-o um espírito nobre e viril, muito superior a si mesmo, por bem saber qual seria sua própria perplexidade num caso como esse"[449]. Se as desgraças da nação, e sobretudo as de Atenas, toldaram tristemente os últimos anos do nosso sofista, pelo menos ele foi poupado pelas enfermidades da extrema velhice. Ele o deveu a um desses acessos súbitos de intolerância contra os quais o *demos* ateniense não estava suficientemente premunido. Com aproximadamente setenta anos, sem dúvida estimulado pela consideração obtida graças a uma longa e honrosa carreira, Protágoras ousou dar às suas ideias mais ousadas uma expressão franca, embora muito comedida. Segundo se conta, foi na casa de Eurípides que ele organizou a primeira leitura de seu livro *Sobre os Deuses*, conforme o antigo procedimento para dar publicidade a uma obra. Então um intransigente oficial de cavalaria, político descontente que logo tomaria parte na conjuração dos Quatrocentos contra a constituição existente, o rico Pitodoro[450], sentiu a necessidade de salvar a sociedade. Ele apresentou contra Protágoras

---

[448] Cf. sobre isso Diod., XII 11.

[449] Esse fragmento encontra-se em Plutarco, *Consol. ad Apollon.*, 33 [p. 118 e] (= 141, 52 Dubner) [FVS 74 B 9].

[450] Uma estátua equestre descoberta em Elêusis (cf. Bruckner em *Athenische Mitteilungen*, XIV 398 ss.) foi apontada com alto grau de probabilidade como a do acusador de Protágoras (opinião contrária em Kalbel, *Stil und Text der* πολιτεία Ἀθηναίων, 186). Se esse Pitodoro é colocado por Dióg. Laércio (IX 54) entre os Quatrocentos, vejo nisso, como tantos outros, apenas uma designação mais precisa da pessoa do acusador, e não a indicação da data da acusação, pois é extremamente pouco provável que os tribunais tenham funcionado nesse curto interregno oligárquico (411) e que quinhentos heliastas (número exigido para as acusações de asebia, como mostra o processo de Sócrates) tenham sido con-

uma acusação de impiedade; o livro foi condenado; os exemplares que já haviam sido distribuídos foram procurados e queimados por ordem do tribunal. O filósofo deixou Atenas, provavelmente antes da condenação, em direção à Sicília; ele naufragou no caminho e encontrou a morte nas águas. Se não estamos enganados, seu amigo Eurípides dedicou-lhe uma recordação na tragédia *Palamedes*, apresentada na primavera do ano 415. Nos dois últimos versos do coro, ele exclama: "Ah! Vós o matastes, o grande sábio, desgraçadamente! O inocente rouxinol das musas!".

Protágoras, também apelidado "a Sabedoria", devia sem dúvida lembrar o inventor Palamedes, invejado por causa de sua sabedoria, e que fora, como ele, vítima de uma odiosa acusação. Mas é difícil para nós ter uma ideia clara do que excitou a admiração dos contemporâneos. Fragmentos que juntos somam vinte linhas no máximo e cuja interpretação dá ensejo às mais vivas discussões; testemunhos fortemente marcados pela malevolência, amontoado caótico de informações em parte sem autoridade e em parte incompreensíveis, transmitido pela mão de um compilador realmente miserável; enfim, a brilhante mas tendenciosa descrição de Platão, aliás contradita pelas alusões platônicas, nas quais se misturam fatos e inferências, seriedade e brincadeira – esses são os materiais de que dispomos para reconstruir a imagem desse homem notável.

II

Protágoras era, antes de mais nada, um mestre hábil e renomado. Como tal, ele refletiu sobre o problema da educação. Suas opiniões a esse respeito denotam um espírito livre de toda estreiteza, calmo e bem equilibrado. "As disposições naturais, o exercício

---

vocados. Mas essa hipótese tem contra ela razões bem mais decisivas. Platão faz Protágoras dizer, no diálogo que leva seu nome (317c) [FVS 74 A 5]: "Não há nenhum dentre vós de quem eu não pudesse ser o pai no que toca à idade". Nessa ocasião, Platão, que não tinha o menor motivo para embaralhar as datas, devia estar pensando sobretudo em Sócrates. Como este, morto em 399, não pode ter nascido depois de 471 – pois a lição πλείω ἑβδομήκοντα na *Apologia*, 17d, pode ser considerada intacável – nem tampouco ter nascido antes – pois de outra forma o número redondo de 70 anos seria inadmissível no *Críton*, 52e –, vemos que Protágoras não pode ter nascido depois de 485; ele nasceu mais provavelmente em 486 ou 487. Essa data concorda com a da legislação de Túrio (443), da qual Protágoras – que havia adotado a profissão de sofista por volta dos 30 anos de idade, segundo o *Mênon*, 91e [FVS 74 A 8] –não podia ter sido encarregado antes de ter adquirido a autoridade necessária mediante uma prática de certa duração. Como Apolodoro diz que ele viveu 70 anos (cerca de 70 de acordo com Platão, *loc. cit.*), somos obrigados a situar sua morte, que, dizem, ocorreu imediatamente após a acusação, alguns anos, pelo menos cinco ou seis, antes de 411. Disso decorre para nós a possibilidade de relacionar a Protágoras os versos do *Palamedes* de Eurípides (frag. 588, 2ª ed. Nauck), nos quais a Antiguidade já havia visto, com razão, uma alusão (Dióg. L., II 44), mas que ela relacionava erroneamente à morte de Sócrates, condenado dezesseis anos depois da representação desse drama. Um outro dialético, Zenão, é comparado a Palamedes (por Platão, no *Fedro*, 261d [FVS 19 A 13], porque, diz o escoliasta, ele era πανεπιστήμων), e as palavras de Xenofonte (*Memorab.*, IV 2, 33: τοῦτον γὰρ δὴ πάντες ὑμνοῦσιν ὡς διὰ σοφίαν φθονηθείς... ἀπώλετο) nos fazem ver como era natural que a morte de Protágoras fizesse pensar na do herói mítico. (Numa comunicação manuscrita que ele teve a gentileza de me encaminhar, I. Hilberg compara com ἀηδόνα Μουσῶν, Filóstrato, *Vidas dos Sofistas*, I, 21, 3 e II 10, 5 = II 29, 20 e 93, 20 Kayser.) Podemos indagar se o poeta pensou também no seu defunto amigo no seu *Íxion* (Filócoro em Dióg. L., IX 55).

e o ensino são indispensáveis, e devemos aprender desde a nossa juventude", "A teoria não é nada sem a prática, a prática não é nada sem a teoria", "A cultura não germina na alma, a menos que desçamos a uma grande profundidade" – esse é o sentido de alguns dos fragmentos que foram conservados, dos quais o último lembra de modo espantoso uma palavra profunda do Evangelho (Mateus, XIII 5)[451]. Protágoras foi o primeiro a introduzir a gramática no ensino. O fato de que nenhuma tentativa, nem mesmo a mais tímida, tenha sido feita antes dele para distinguir as formas da linguagem, para classificá-las e reduzi-las a princípios é um dos mais curiosos na história do espírito grego. Algumas das distinções mais grosseiras e mais evidentes, por exemplo aquela entre o verbo e o substantivo, já haviam encontrado sua expressão na língua; mas faltava muito para que essas noções elementares fossem definidas com precisão ou para que seus nomes fossem empregados de maneira coerente. O que é um advérbio ou uma preposição, quais regras presidem ao emprego dos modos e dos tempos, são coisas das quais Píndaro ou Ésquilo nunca tinham ouvido falar. A língua grega tinha chegado à sua mais alta perfeição antes que se tentasse explicar minimamente as leis que a regem. Esse fato não encerra mais de um ensinamento proveitoso? O emprego correto da língua não é independente em grande medida da aplicação consciente de suas regras? Será necessário ou mesmo vantajoso introduzir no cérebro da criança o condão das abstrações lógico-gramaticais? São questões que não devemos discutir aqui. Mas numa época em que a curiosidade científica estava plenamente desperta, em que ela se esforçava para coordenar todos os materiais do conhecimento, em que ela inquiria em toda parte sobre as razões e as regras, era muito natural que o principal instrumento, o principal veículo do pensamento se tornasse objeto de um estudo refletido.

Protágoras reuniu suas pesquisas gramaticais num livro cujo objetivo era expor a teoria da "correção da linguagem". Essa expressão indica em alguma medida a intenção do autor. Ele estava certamente tão afastado quanto toda a Antiguidade do único método verdadeiramente proveitoso de considerar as línguas, isto é, o método histórico. Todavia, a codificação das regras da linguagem oferecia um vasto campo de atividade. E uma tal empreitada não podia ser tentada numa época tão orgulhosa de sua razão sem ser, aqui e ali, acompanhada de tentativas de reforma. O conhecimento de uma regra levava a indagar o motivo ou – segundo a opinião reinante nessa época – a intenção que havia guiado o legislador da linguagem. Acontece que se descobriu que essa intenção não fora

---

[451] Os dois primeiros fragmentos relativos à educação encontram-se em Estobeu, *Florileg.*, 29, 80 M = III 29, 80 (III 652) Hense e Cramer, *Anecd. Par.*, I 171 [FVS 74 B 10; B 3]; o terceiro foi recuperado muito recentemente na tradução em siríaco do tratado falsamente atribuído a Plutarco περὶ ἀσκήσεως, trad. publicada por Lagarde em 1858 (ver Bucheler e Gildemeister em *Rhein. Mus.*, XXVII 526 ss.) [FVS 74 B 11]. No momento em que escrevo isto, Diels teve o obséquio de advertir-me da existência de um novo fragmento pretensamente de Protágoras, relativo à educação e publicado nos *Inedita Syriaca* de Sachau, pref. V [FVS 74 B 12]. O palavrório vazio desse discurso não permite considerá-lo autêntico, ainda mais porque outro fragmento do mesmo gênero, conservado no mesmo lugar e que leva o nome de Anaxágoras, parece ainda mais indigno do Clazomeneu que aquele do Abderita [FVS 46 B 23].

realizada nem completamente nem coerentemente, e surgiu a tentação de restabelecer a obra do legislador na sua pureza primitiva afastando as exceções aparentes, mais ou menos como se faz desaparecer de um texto corrompido os erros dos copistas. É nesse espírito que Protágoras – em quem temos boas razões de ver um partidário da teoria convencional da linguagem (cf. liv. III, cap. IV, seção V, 3º §) – parece ter tratado dos problemas linguísticos[452]. O conhecimento das regras baseado na observação e as instruções que ele pode fornecer para o emprego correto da língua compunham provavelmente o conteúdo essencial desse livro; nele se encontravam também algumas indicações relativas a reformas. Assim como ele havia distinguido os tempos do verbo, ele foi o primeiro a distinguir os modos da enunciação. Ele chamava-os de "bases" do discurso e dividia-os em "pedido", "pergunta", "resposta" e "ordem"; ele via essas quatro categorias de ideias expressas – sem dúvida forçando um pouco um dos casos – nos quatro modos do verbo que chamamos de optativo, conjuntivo, indicativo e imperativo. Ele parece ter procurado de preferência em Homero os exemplos dessas e de outras regras da linguagem, e ao mesmo tempo as derrogações que ele julgava constatar. Pois não pode ser por acaso que, das três únicas observações gramaticais de Protágoras que chegaram até nós, duas se referem às duas primeiras palavras do primeiro verso da *Ilíada*. Ele evidentemente deleitou-se ao anotar incorreções de linguagem nos poemas mais louvados e cujo conteúdo já havia sido atacado tão vivamente pela crítica de Xenófanes. O imperativo, diz ele, foi empregado incorretamente nas palavras "Canta, deusa, a cólera...", já que o poeta não pretende dirigir à Musa uma ordem, mas somente um pedido ou uma prece. Além disso, a palavra que em grego significa "cólera" (μῆνις) é considerada feminina, enquanto o gênero masculino lhe conviria melhor. Sobre o alcance dessa crítica, só podemos fazer conjecturas. Foi sem dúvida com razão que ela foi entendida no sentido de que o sentimento da cólera apresenta um caráter mais masculino que feminino. Mas não é nem um pouco provável que Protágoras tenha sido ousado o bastante para empreender uma reforma integral dos gêneros em todo o domínio da língua grega. A temeridade de uma tal tentativa teria certamente causado uma sensação considerável, e não ficaríamos reduzidos, nesse tema, ao trecho no qual Aristóteles trata, de passagem, de uma palavra ou outra. Eis, ao que parece, aquilo de que se tratava exatamente.

Em nenhum campo a formação desordenada da língua se manifesta de modo tão evidente quanto na atribuição dos gêneros aos nomes das coisas. Várias famílias de línguas consideraram uma larga proporção de objetos inanimados como animados, e por conseguinte consideraram-nos ora como masculinos, ora como femininos. Esse

---

[452] Sobre os estudos linguísticos de Protágoras, cf. Dióg. L., IX 52 e 53, mais Arist., *Poética*, cap. 19, *Retór.*, III 5, *Sophist. elench.*, cap. 14 [FVS 74 A 27-29], e a brincadeira de Aristófanes em *As Nuvens*, 658 ss. [FVS 64 C 3. "Correção da linguagem": *Fedro*, 267c = FVS 74 A 26; cf. o título idêntico de um escrito de Demócrito, FVS 55 B 20 a]. Sobre Protágoras como adepto da teoria convencional da linguagem, cf. minha *Apolog. der Heilk.*, 2ª ed., 102 ss.

fato notável decorre do mesmo instinto de personificação que vimos desempenhar um papel tão importante na origem da religião (cf. Introdução, seção V). A esse instinto propriamente dito associou-se um sentimento extremamente fino e delicado da analogia, ao qual se revelou masculino tudo que era energia, atividade, vigor, nitidez, aspereza, dureza, e feminino tudo que era repouso, passividade, calma, suavidade, moleza[453]. Mas a essas analogias de sentido opunham-se analogias de formas, e as duas influências cruzaram-se em muitos pontos. Quando uma terminação de substantivo era atribuída preferencialmente a um dos sexos, uma palavra nova de mesma natureza recebia frequentemente o mesmo gênero, sem levar em conta seu significado; em outros casos, e sobretudo nas épocas em que a força criadora da língua ainda estava em todo o seu vigor, a consideração do sentido prevaleceu sobre a da forma. É por isso que as regras dos gêneros, baseadas ora na comunhão de sentido, ora na de forma, oferecem essa multidão desconcertante de exceções que fazem o desespero dos estudantes. Logo, compreendemos que Protágoras, pouco inclinado – na sua qualidade de filho de uma época intelectualista – em simpatia pelas criações ingênuas dos tempos primitivos (cf. liv. III, cap. IV, seção III, 3º §) e amigo da regularidade da razão, como veremos, tenha tentado pôr aqui e ali um pouco de ordem nessa confusão. O segundo exemplo autêntico da crítica que ele exerceu nesse campo refere-se a uma palavra que significa "capacete" (πήληξ) e da qual ele também queria fazer uma palavra masculina ao invés de feminina. É pelo menos muito improvável que ele tenha seguido nisso um princípio geral em virtude do qual todos os substantivos relativos à guerra – ocupação masculina – deveriam ser masculinos. Ao contrário, ele se deixou guiar por uma consideração mais modesta. A terminação ξ é, na regra, um sinal do gênero feminino, mas essa regra não é de modo algum desprovida de exceções. E entre essas exceções encontram-se três palavras que designam objetos de equipamento militar[454]. Sem dúvida, ele encontrou a razão dessa exceção na analogia de sentido entre essas três palavras, e é por causa disso que ele queria atribuir o mesmo gênero à quarta palavra dessa categoria. Com relação à palavra μῆνις, da qual falamos acima, sua crítica pode ter tirado argumento do fato de que a terminação ις está longe de pertencer somente a substantivos femininos. Quanto à brincadeira de Aristófanes, que foi relacionada com razão à tentativa de reforma do

---

453 Os rudimentos da teoria indicada aqui encontram-se em Wilhelm von Humboldt, carta a Abel Rémusat "Sobre a natureza das formas gramaticais" etc., Paris, 1827; *Werke*, VII 304 [= *Gesammelte Schriften*, I 5, 262]: "A distinção dos gêneros das palavras [...] pertence inteiramente à parte imaginativa das línguas". Essa ideia foi desenvolvida por Jacob Grimm, *Deutsche Grammatik*, III cap. 6; cf. III 344 ss. [= 2ª ed., III 342 ss.]: "O gênero gramatical é, portanto, uma extensão, nascida na fantasia da linguagem humana, do natural a todo e qualquer objeto". Essa teoria foi atacada de dois lados. Uns queriam ver nas analogias das formas o único fator em jogo, outros acreditavam dever reconhecer no gênero gramatical apenas um caso particular da distinção mais geral entre o forte e o fraco, o ativo e o passivo. Uma defesa bem-sucedida – até onde podemos julgar – da opinião de Grimm é apresentada por Röthe no prefácio a uma nova edição dessa obra, v. XXI-XXXI.

454 Estas três palavras são θώραξ, πόρπαξ e στύραξ.

nosso sofista, ignoramos se ela era ou não fundada nos fatos. No dizer do poeta cômico, Protágoras teria querido suplantar uma lacuna da antiga língua, que empregava nos dois gêneros a palavra correspondente à nossa palavra "galo", e dar a essa palavra uma forma feminina por analogia com outros exemplos, como faríamos em português dizendo "galo" e "gala", assim como dizemos "gato" e "gata".

III

Outras facetas da atividade de Protágoras mostram que a ideia da *correção* era nele a ideia verdadeiramente dominante[455]. Uma das obras nas quais ele tratava da ética era intitulada *Da conduta incorreta dos homens*; não sabemos como ele concebia a moral, mas o mais provável é que ele não se afastava sobremaneira dos pontos de vista familiares a todos os gregos. Um outro dos seus escritos relativos à filosofia moral tinha o título *O discurso imperativo*, que concorda com o tom de certeza dogmática e de ênfase com o qual Platão faz Protágoras falar quando ele se esforça para caracterizar a maneira deste último. O conteúdo do seu livro *Sobre o Estado* ou *Sobre a Constituição* nos é completamente desconhecido. É bem possível que ele tenha discutido a questão do direito penal, da qual trataremos em seguida, e que ele tenha tentado determinar quem era o verdadeiro culpado "segundo a opinião correta". A esse respeito, lembramos a brincadeira de Platão sobre a tendência de Protágoras a reduzir o conjunto das ações, da conduta dos homens, a *artes*, ou seja, a sistemas de regras, e cremos poder aproximar deles duas frases do tratado *Sobre a Arte* mencionado acima (liv. III, cap. V, seção III, 2º §), cujo fundo e forma nos fazem amiúde pensar em Protágoras[456]: "Como não haveria arte quando o correto e o incorreto têm cada um seu limite designado? Pois vejo uma ausência de arte naquilo que não determina nem o correto nem o incorreto". Essa viva aspiração a uma concepção racional, à racionalização de todos os campos da vida, na qual já vimos a característica de toda a época e que atingiria seu maior desenvolvimento no socratismo, essa aspiração já era extremamente viva em Protágoras. A prova é que ele ousou levar perante o tribunal da razão tanto as criações do direito como as da linguagem. O que sabemos dele quanto a esse ponto reduz-se a pouca coisa, mas é absolutamente significativo.

As más línguas de Atenas tinham prazer em falar de uma conversa de várias horas que o maior estadista da cidade teria tido com o sofista estrangeiro e cujo assunto parecia pouco digno de monopolizar o tempo e suscitar o interesse do primeiro, pelo menos, dos interlocutores[457]. Numa competição, um jogador tinha inadvertidamente

---

[455] Cf. a lista de suas obras em Dióg. L., IX 55.

[456] [Duas frases do escrito *Sobre a Arte*, cap. 5 fim, p. 42, 8 Gomperz, 2ª ed.]

[457] Cf. Plutarco, *Vida de Péricles*, cap. 36 [FVS 74 A 10]. A fonte, Estesímbroto, é citada na frase seguinte.

matado um dos seus concorrentes com um dardo mal dirigido. Dizem que Péricles e Protágoras discutiram um dia inteiro a questão de saber quem deveria ser punido: o organizador da prova, aquele que havia lançado o dardo ou o próprio dardo? É antes de mais nada o último termo dessa questão que provoca nosso espanto e nos leva a ver nessa história, apesar da autoridade que a garante, somente uma brincadeira de mau gosto. Porém, na realidade é esse termo que nos fornece a chave do problema. Aos nossos olhos, a condenação de objetos inanimados é perfeitamente absurda, tanto quanto a execução sem motivo de animais. No entanto, sobre isso a Antiguidade pensava de modo diverso do nosso, e não somente a Antiguidade grega. Tanto o direito helênico quanto o direito romano, tanto o antigo direito norueguês quanto o antigo direito da Pérsia, tanto o direito hebreu quanto o direito eslavo conheciam os processos intentados contra animais[458]. Toda a Idade Média está cheia deles. Eles até alcançam e ultrapassam em muito os limites dos tempos modernos. Os registros judiciais da França mencionam touros e porcos que, nos séculos XV e XVI, e mesmo no começo do século XVII, terminaram suas vidas no patíbulo. Os últimos vestígios dessa prática – ainda hoje viva no Oriente – são encontrados no Ocidente em 1793, em 1845 e em 1856[459]! Na primeira dessas datas, Cambacérès estava ocupado com a preparação da reforma judiciária que foi consagrada pelo Código de Napoleão. Se esse jurista da escola moderna tinha assistido, no 27 brumário do ano II, à execução de um cachorro que aconteceu na casa *Au Combat de Taureau*, seu espanto não foi maior que o do sofista grego quando ele via condenar, purificar e banir do país armas ou outros objetos que haviam causado a morte de uma pessoa. Portanto, é perfeitamente possível que esse diálogo tenha ocorrido acerca de um caso dessa natureza. Mas não se deve supor que os interlocutores tenham se restringido a esse tema. "Era uma discussão", já dizia Hegel, "sobre a grande e importante questão da responsabilidade"[460]. Ou melhor, a nosso ver, tratava-se da questão ainda maior e mais importante do objetivo da punição. Protágoras era um homem que agregaria a esse caso de flagrante desrazão ou "incorreção", como ele diria sem dúvida – caso certamente familiar àqueles que acompanhavam os assuntos tratados no tribunal do Pritaneu –, uma discussão

---

[458] Sobre os processos movidos contra animais, cf. sobretudo Karl von Amira, *Tierstrafen und Tierprozesse* nas *Mitteilungen des Instituts fur österreichische Geschichtsforschung*, XII 545 ss.; o periódico *Ausland*, 1869, 477 ss.; Miklosich, *Die Blutrache bei den Slaven*, 7 (extraído dos *Wiener Denkschriften*, 1887); Tylor, *Civilis. primitive*, I 328; *Zend Avesta* [*Vendîdâd*, XIII 5, 31], *Sacred Books of the East*, IV 159; Zitelmann no *Rhein. Mus.*, XLI 129 ss.; e enfim Sorel, *Procès contre les animaux* etc., Compiègne, 1877, p. 16. O livro citado por Usener (*Götternamen*, 193) de C. d'Addosio, *Bestie delinquenti*, continua desconhecido para mim. Os processos movidos contra animais também foram objeto de um estudo de E.-P. Evans, *The criminal prosecution and capital punishment of animals*, Londres, 1906.

[459] O conde Hubner, nos seus *Neuf ans de souvenirs d'un ambassadeur*, I 457, conta que o imperador Napoleão III lhe disse, em 6 de fevereiro de 1856: "No Estado do Papa, acontecem coisas inacreditáveis; perto de Bolonha, um cão foi condenado à morte".

[460] *Geschichte der Philosophie*, 3ª ed., II 29 (*Werke*, XIV).

de princípio, e que a elevaria gradualmente aos mais altos cumes. Ele era um homem que examinaria o valor e a essência do direito criminal estabelecido, que exporia suas raízes principais – instinto de represália e necessidade de expiação –, que indagaria se é verdadeiramente permitido, por tais motivos, infligir cruéis sofrimentos aos membros da sociedade, e enfim que procuraria uma base mais sólida para o direito penal. E não estamos limitados a conjecturas sobre a questão de saber onde ele encontrou essa base e em que consistia o núcleo positivo da sua exposição. De fato, no *Protágoras*, Platão põe na boca do sofista um protesto formal contra a simples e brutal vingança e o faz proclamar solenemente a teoria da intimidação[461]. Parece-nos, ao ouvi-lo, que estamos nos aposentos de Péricles seguindo o diálogo ao mesmo tempo sério e animado que está acontecendo, e que apreendemos seu sentido profundo melhor do que pôde ou quis fazê-lo aquele a quem devemos o conhecimento dessa conversa, Xantipo, o filho degenerado do grande estadista, ou do que aquele a quem ele o contou, o panfletário falastrão Estesímbroto.

IV

Qual foi a atitude desse espírito tão penetrante na sua crítica dos problemas da teologia? O primeiro auto de fé literário, que tivemos o triste dever de relatar acima, consumiu a resposta exata que gostaríamos de dar a essa pergunta. Só conservamos integralmente uma única frase do livro condenado, a sua epígrafe: "Quanto aos deuses, não posso saber nem que existem, nem que não existem, nem qual é seu aspecto; pois muitas coisas impedem de sabê-lo, sobretudo a obscuridade da questão e a brevidade da vida humana"[462]. Uma enorme quantidade de perguntas surgem para nós aqui, e antes de mais nada esta: qual pode ter sido o conteúdo de um livro cuja primeira frase já situa seu objeto fora do alcance do conhecimento humano e, de fato, parece colocá-lo fora de questão?

Para respondê-las, somos obrigados a considerar com toda a penetração possível as poucas palavras que foram conservadas e tirar delas tudo o que contêm. Para começar, o que nos impressiona é a palavra "saber", que, pela sua repetição, adquire um relevo especial. Saber e crer: dois termos que os antigos, no domínio que nos ocupa, distinguiram com tanto vigor que temos o hábito de fazê-lo nós mesmos. Mal precisamos lembrar a distinção precisa e fecunda que Parmênides fazia entre o *conhecimento* e a *opinião* (cf. liv. II, cap. II, seção V, 1º §, e cap. III, seção IV, penúlt. §). O uso habitual da língua exprimia também as convicções religiosas, especialmente a crença nos deuses, por uma palavra (νομίζειν) que não tem absolutamente nada em comum com o conhecimento

---

[461] *Protágoras*, 324b.
[462] Esta frase é citada por Dióg. L., IX 51.

científico. Portanto, devemos, conforme a importante indicação de Christian August Lobeck, considerar certo que o assunto da obra não era a *crença* nos deuses, mas o *conhecimento* dos deuses[463].

Aliás, várias circunstâncias tornam improvável no mais alto grau que Protágoras tenha tido a intenção de combater ou mesmo de apenas questionar a crença. Platão nos informa o curioso procedimento por meio do qual o sofista cortava toda discussão a respeito dos honorários que lhe eram devidos. Quando um rapaz que havia terminado os estudos se recusava a pagar a soma que o mestre exigia, este levava-o a um santuário e fazia-o declarar, sob fé de juramento, a quanto ele mesmo estimava o ensino que tinha recebido[464]. Uma outra prova, não desprezível, encontra-se no modo como Platão faz Protágoras descrever, no diálogo homônimo, os primórdios da sociedade humana. De fato, se não fosse por isso, será que o escritor mais hábil na caracterização de seus personagens teria posto na boca de um adversário da crença nos deuses esse mito que, do começo ao fim, só fala dos deuses e de sua influência sobre os destinos dos homens, e no qual se encontra esta frase significativa: "Como o homem participava do divino, ele foi de início, em virtude do seu parentesco com a divindade, o único entre todos os seres a crer nos deuses, e pôs-se a erigir altares e estátuas para eles"? Isso é muito pouco crível. Logo, tudo nos leva a pensar que, nesse fragmento, não é a crença nos deuses que é questionada, mas somente o conhecimento científico ou racional da sua existência. A palavra que traduzimos por "obscuridade" apresenta uma nuança de sentido particular; ela exprime sobretudo o fato de não poder ser percebido pelos *sentidos*. Nessa frase, portanto, se Protágoras invoca a *obscuridade* como obstáculo ao conhecimento, o que ele quer dizer exatamente é que os deuses não podem ser objeto da percepção sensível direta[465]. Porém, quando a percepção falha, o espírito humano recorre à inferência; isso é verdade de maneira geral, e muitos fatos mostram que essa distinção era familiar na época da qual falamos. A menção da brevidade da vida só pode significar, portanto, uma coisa: que os poucos dias que temos para viver não põem à nossa disposição fatos de experiência suficientes para poder concluir a existência ou não-existência dos deuses.

Eis que tudo que se depreende com certeza desse memorável fragmento. O resto é conjectura. Para podermos fazê-la sem avançar num terreno pouco sólido, precisaríamos saber a quais tentativas contemporâneas de prova favorável ou contrária Protágoras fez alusão quando as declarou insuficientes e recomendou, a respeito delas, a suspensão do

---

463 A sugestão de Lobeck encontra-se na *Auswahl aus Lobecks akademischen Reden*, editada por A. Lehnerdt, 189: "Protágoras foi acusado de ateísmo por ter negado que Deus pudesse ser conhecido *pela razão*" [N.T.: itálicos acrescentados por Gomperz].

464 A esse respeito, cf. Platão, *Protágoras*, 328b-c [FVS 74 A 6], e Arist., *Ética a Nicômaco*, IX 1 [1164 a 24] (aqui, todavia, o juramento não é mencionado).

465 Sobre a ἀδηλότης (obscuridade, defeito de perceptibilidade), ver *Apolog. der Heilk.*, 2ª ed., 131 ss.; ἀφανές é empregada mais ou menos no mesmo sentido que ἄδηλον.

juízo como o único método são de pensamento. Seja como for, ao lembrar os limites estreitos do conhecimento humano àqueles que afirmavam ou negavam com segurança injustificada, ele marcou uma data importante na história do desenvolvimento do espírito científico. Ele teria talvez concordado com estas palavras que Ernest Renan escreveu em 1892, pouco antes de sua morte: "Não sabemos, eis tudo que podemos dizer com clareza sobre o que está além do finito. Não negamos nada, não afirmamos nada; esperamos"[466].

V

Da teologia à metafísica, há somente um passo. Mais uma vez, somos limitados a uma única frase para penetrar o conteúdo de todo um livro. Esse livro é citado com três títulos diferentes: *Sobre o Ser*, *A Verdade* e os *Raciocínios demolidores*[467]. O último deles indica que a polêmica ocupava nessa obra um lugar considerável, e não estamos desprovidos de toda informação sobre o objetivo que o autor perseguia. O neoplatônico Porfírio, que morreu pouco depois do ano 300 de nossa era e que pôde ler a obra inteira, informa que os golpes de Protágoras visavam aos eleatas. Quanto à frase que foi conservada, ela encontrava-se em epígrafe do livro e é formulada nestes termos: "O homem é a medida de todas as coisas: daquelas que são, que são, e daquelas que não são, que não são". A analogia de estilo do fragmento metafísico com o fragmento teológico salta aos olhos, mas a necessidade de uma interpretação rigorosa não é menos evidente. Antes de mais nada, cabe estabelecer o que esse fragmento importante, e infelizmente absolutamente isolado, *não pode* significar. Ele não pode ter um sentido ético; seria um erro ver nele o *shibboleth* do subjetivismo moral, embora ele tenha sido invocado com frequência como tal por escritores populares. Mas nem os termos nos quais ele é concebido, nem os ataques aos quais ele servia de ponto de partida contra a doutrina eleata da unidade oferecem o mínimo apoio a uma tal interpretação. Está inteiramente fora de dúvida que a frase que declara o homem medida de todas as coisas – a proposição *homo-mensura* – se relacionava à teoria do conhecimento. Além do mais, o "homem" que é contraposto ao conjunto das coisas não pode razoavelmente ser o indivíduo, mas apenas o homem em geral. Em todo caso, não é necessário provar que esse é o significado mais natural, aquele que adotará o leitor desprevenido. Foi o caso de Goethe, por exemplo. O grande poeta alemão abordou somente uma vez, e de passagem, o dito de Protágoras, mas, guiado pelo instinto de um espírito superior, ele

---

[466] *Feuilles détachées*, XVI ss.

[467] Os três títulos da obra capital de Protágoras são indicados por Porfírio (em Eusébio, *Præp. evang.*, X 3, 25 = II 462 ss. Gaisford), por Platão (*Teeteto*, 161c) e por Sexto Emp. (*Adv. Math.*, VII 60). O trecho essencial é citado no *Teeteto*, 152a [FVS 74 B 1] e em Dióg. L., IX 51.

o compreendeu melhor que inúmeros exegetas. Ele escreve: "Podemos observar, medir, calcular, pesar a natureza; mas é apenas segundo nossa medida e nosso peso, já que o homem é a medida das coisas"[468].

Contudo, se, à primeira vista, a interpretação no sentido genérico parece preferível, pensamos poder demonstrar rigorosamente sua inteira certeza[469]. De fato, qualquer pessoa que se ativer à interpretação tradicional, a do sentido individualista, que é a dos especialistas e que só foi abalada seriamente há pouco tempo, pode escolher entre dois caminhos, mas dois caminhos equivocados. Pois uma pode, a rigor, ser aceita quanto à sua ideia, mas cometendo-se violência contra a língua, enquanto a outra respeita a língua mas é inaceitável quanto à ideia. Se Protágoras quisesse declarar o indivíduo medida de todas as coisas, ele deveria pensar ou nas *propriedades* ou na *existência* das coisas. A primeira hipótese é aquela que não julgamos absolutamente inadmissível do ponto de vista dos fatos, pois as diferenças individuais entre as percepções sensíveis já tinham começado, nessa época, a atrair a atenção dos filósofos. Porém, ela choca-se indiscutivelmente com a gramática, pois ela dá o sentido de "como" à pequena palavra grega que, juntamente com a grande maioria dos intérpretes competentes, traduzimos por "que", apoiando-nos em numerosos exemplos paralelos que não deixam nenhuma dúvida, e em especial no fragmento de Protágoras relativo aos deuses. Além disso, pode-se observar que, de outra forma, o pedaço de frase negativo ("daquelas que não são, *como* elas não são") não teria nenhum sentido razoável; de fato, quem teria a ideia de perquirir as qualidades negativas daquilo que não tem existência alguma? Enfim, em terceiro lugar, a posição dada a essa frase no começo do livro todo, os termos gerais nos quais ela é concebida ("medida de *todas* as coisas", etc.), a grande importância que o autor certamente lhe atribuía, tudo isso não permite admitir que ele tenha querido proclamar uma verdade, sem dúvida não sem importância, mas subordinada e especial, a da variação, de um indivíduo para outro, das percepções sensíveis (o mel parece amargo para quem tem icterícia, etc.). Quanto à segunda interpretação individualista, ela é refutada por uma simples consideração. O que significa que o indivíduo humano é declarado o cânone ou a medida da existência das coisas? Se isso significa alguma coisa, seria somente a completa negação da realidade objetiva enquanto conhecível por nós; seria a expressão – aliás muito desajeitada – daquela teoria do conhecimento que chamamos hoje de teoria fenomenalista, e que era representada na Antiguidade pela

---

468 Declaração de 2 de agosto de 1807, em Riemer, *Briefe von und an Goethe*, 316 [= Biedermann, *Goethes Gespräche*, 1ª ed., II 180].

469 Discutimos em detalhe o sentido dessa frase na *Apolog. der Heilk.*, 2ª ed., 22 ss. Nossos predecessores na interpretação genérica da palavra "homem" são Peipers, *Die Erkenntnistheorie Platons*, 44 ss.; Laas, *Neuere Untersuchungen uber Protagoras* (na *Vierteljahrsschrift fur wissenschaftliche Philosophie*, VIII 479 ss.), e Halbfass, *Die Berichte des Platon und Aristoteles uber Protagoras... kritisch untersucht* (nos *Jahrbucher* de Fleckeisen, supl., XIII, 1882). Nossos argumentos foram parcialmente reforçados e parcialmente modificados por W. Jerusalem, *Zur Deutung des Homo-mensura-Satzes* (*Eranos Vindobonensis*, 153 ss.).

escola socrática de Cirene, na África. É o ponto de vista segundo o qual não há lugar nem para as coisas, nem para o conceito do ser objetivo ou da existência em geral, mas somente para as impressões subjetivas. No entanto, motivos tanto internos quanto externos impedem absolutamente de crer que a doutrina de Protágoras coincidia com a de Aristipo e seus sucessores.

Resumamos nosso raciocínio. O célebre e muito controvertido fragmento que se encontrava em epígrafe dos *Raciocínios demolidores* diz respeito à teoria do conhecimento. O "homem" do qual ele trata não é tal ou tal exemplar da espécie: não é Pedro ou Paulo, mas o homem em geral; a proposição tem um significado genérico e não individual. Enfim, o homem é declarado medida não das propriedades, mas da existência das coisas. Aliás, o testemunho de Porfírio relativo à polêmica dirigida contra a doutrina eleata permite aprofundar esse texto importante. Ele nos faz pensar, em primeiro lugar, em Melisso, o contemporâneo mais imediato de Protágoras, e, pela mais curiosa das coincidências, acontece que a "tese de Melisso" é exatamente a contrapartida da de Protágoras. A repudiação eleata do testemunho dos sentidos reveste em Melisso esta expressão cortante: "Segue-se, portanto, que não vemos nem conhecemos o Ser [propriamente os seres]". A essa negação sumária da realidade do mundo sensível opõe-se, em Protágoras, uma afirmação igualmente sumária. O homem ou a natureza humana é a medida da existência das coisas, o que equivale a dizer: somente o real pode ser percebido por nós; o irreal não pode de modo algum ser objeto da nossa percepção. E nessas ideias fundamentais – cuja demonstração desconhecemos – encontra-se evidentemente implícita esta ideia acessória exigida pela ênfase dada à palavra "homem": nós humanos não podemos ultrapassar os limites da nossa natureza; a verdade, pelo menos na medida em que nos é acessível, deve encontrar-se dentro desses limites; se rejeitamos o testemunho das nossas faculdades perceptivas, com que direito podemos ter confiança nas nossas outras faculdades, e principalmente onde nos resta matéria de conhecimento? Mais que isso, onde devemos procurar um critério de verdade e que sentido podemos dar às palavras "verdadeiro" e "falso" a partir do momento em que rejeitamos em bloco a única verdade que existe para nós, a verdade humana?

No tratado *Sobre a Arte*[470], que já mencionamos mais de uma vez, a proposição de Protágoras aproxima-se ainda mais, na forma, da de Melisso, e por causa disso opõe-se a ela de maneira mais viva. Ela é formulada nestes termos: "O Ser [mais exatamente os seres] é sempre visto e conhecido; mas o não-ser [mais exatamente os não-seres] nunca é visto nem conhecido". Como podes, grita mais ou menos o autor para Melisso, pretender que as coisas percebidas por nós são irreais? Como o irreal poderia oferecer-se à nossa percepção? "Afinal", diz o autor na frase que precede imediatamente a que acabamos de citar, "se o não-ser pode ser visto tanto quanto o Ser, não sei como podemos considerá-lo como não-ser. Não podemos vê-lo com os olhos e conhecê-lo com

---

[470] [Cap. 2 = FVS 80 B 1.]

o espírito na qualidade de Ser? Mas sem dúvida não é isso; ao contrário, o Ser..." etc. Segue a proposição acima. Nesse trecho, cuja importância não poderíamos exagerar, o raciocínio é como iluminado por um raio de pensamento relativista ou fenomenalista. O autor está muito firmemente convencido que às nossas percepções corresponde cada vez um objeto perceptível, uma realidade objetiva. Mas mesmo se, contra todas as expectativas, não fosse o caso, mesmo assim, pensa ele, o ser humano deveria admitir como tal aquilo que suas faculdades perceptivas o fazem perceber. Isso seria, diríamos se quiséssemos completar seu pensamento, a *sua* verdade, a única que lhe seria acessível, a verdade relativa ou humana. "Mas sem dúvida não é isso"! Com isso, do ponto de vista relativista que acaba de brilhar diante dos seus olhos como um relâmpago o escritor logo volta à antiga e ingênua concepção do mundo.

Essa reabilitação do testemunho dos sentidos deve ter criado entre Protágoras e os naturalistas a relação exatamente contrária àquela que existia entre estes últimos e o filósofo "antinaturalista", o "homem do completo repouso" que era Melisso (cf. liv. II, cap. II, seção I, 1º §). Na realidade, não encontramos no escrito *Sobre a Arte*, como acabamos de mostrar, somente a proposição *homo-mensura*, mas também as doutrinas fundamentais de um método e de uma filosofia estritamente empíricos. Voltaremos mais tarde a esse ponto, porém faremos ainda uma observação. O único e muito insuficiente testemunho que temos sobre a atividade que desempenhou Protágoras no campo da matemática – sobre a qual ele escreveu um livro – nos informa igualmente sobre a tendência empírica do seu pensamento: "A regra [isto é, a tangente] não toca a circunferência em um ponto apenas: foi sobre isso que Protágoras chamou a atenção na sua polêmica contra os geômetras". Esses são aproximadamente os termos nos quais se exprime Aristóteles para apoiar a observação que ele próprio acabara de fazer: "Pois as linhas perceptíveis pelos sentidos não são como o geômetra as supõe; nada do que se percebe pelos sentidos é reto ou curvo *dessa forma*"[471]. Ou seja, nas palavras de John Stuart Mill: "Não há objetos reais que correspondam completamente às definições geométricas; não há pontos sem extensão, nem linhas sem largura; tampouco há linhas perfeitamente retas, nem circunferências cujo diâmetro seja exatamente igual, etc."[472]. Contudo, sobre esse assunto nunca houve desacordo entre os representantes das tendências mais divergentes. O desacordo só se manifesta quando se pergunta se as definições da geometria foram deduzidas do mundo sensível e, portanto, são apenas abstrações aproximadamente verdadeiras, embora respondam bem aos objetivos da ciência, ou se elas são de origem suprassensível e são a expressão da verdade absoluta. Não se pode duvidar que Protágoras tenha adotado a primeira opinião; é até provável que ele tenha sido o primeiro a exprimi-la e tenha sido, por conseguinte, o precursor

---

[471] Arist., *Metaf.*, III 2, 997 b 35 – 998 a 4 [FVS 74 B 7] [N.T.: itálicos acrescentados por Gomperz].

[472] J. S. Mill, *Lógica*, liv. II, cap. V § 1.

dos pensadores que, como Sir John Leslie, Sir John Herschel, J. S. Mill e finalmente Helmholtz no século XIX[473], sustentaram que os conhecimentos geométricos – tanto os axiomas quanto as definições – são de origem experimental.

Portanto, o método do sofista de Abdera era exclusivamente experimental, e a constatação que acabamos de fazer é confirmada por Platão. De fato, segundo ele, a proposição *homo-mensura* é absolutamente idêntica à tese de que "o conhecimento é a percepção sensível" e equivale a dizer que toda ciência repousa na percepção. Mas não podemos fazer um uso mais amplo dos testemunhos platônicos pelo simples motivo de que as declarações posteriores de Platão a esse respeito não são testemunhos, mas tendem todas a derivar da proposição de Protágoras as consequências reais ou pretensas que ela implica. Se as percepções sensíveis, conclui mais ou menos Platão, contêm somente a verdade, e se a percepção de um indivíduo difere frequentemente da de outro indivíduo, resulta dessa proposição que percepções contraditórias contêm a mesma medida de verdade. E como Protágoras, semelhante nisso à maioria dos seus contemporâneos, nem sempre distinguiu com o rigor necessário as percepções reais das conclusões tiradas delas, Platão deduz da sua proposição a consequência ulterior de que até opiniões contrárias são igualmente verdadeiras ou, em suma, *que o que parece ser verdadeiro para cada um é, de fato, a verdade para ele*[474]! E é assim que chegamos à famosa doutrina que se atribui a Protágoras e à qual ainda se faz deferência demais qualificando-a de *subjetivismo extremo* ou *ceticismo extremo*. De fato, ela dá um golpe fatal em toda previsão, em toda ciência. No entanto, esse pretenso negador de toda verdade objetiva, e consequentemente de toda norma universal, ensinou, falou e escreveu durante mais de quarenta anos nas mais diversas regiões da Grécia, procurado, admirado e aplaudido em todo lugar; ele não apenas formulou uma enorme quantidade de máximas positivas, mas soube dar-lhes a forma mais penetrante e mais impressionante, e proclamou-as com a autoridade de um moralista ou de um pregador. Esse pretenso iconoclasta, como já vimos e ainda teremos a oportunidade de ver, almejou o papel de legislador nos mais diversos campos do saber, e a distinção entre o correto e o incorreto, entre o que é conforme à regra e o que não é, ocupou no seu pensamento um lugar que não poderíamos julgar pequeno demais, mas que seríamos tentados a achar demasiado grande.

No entanto, não deixará sem dúvida de perguntar um ou outro dos nossos leitores, não colhemos declarações céticas dos próprios lábios do sofista? Ele não nos revelou suas dúvidas sobre a existência dos deuses em termos que testemunham de modo impactante suas disposições intelectuais? Isso é perfeitamente verdadeiro e, precisamente, esse fragmento sobre os deuses vai nos fornecer a prova definitiva e irrefutável de que o tipo de ceticismo depreendido por Platão da proposição *homo-mensura*

---

[473] Sir John Herschel, *Essays*, Londres, 1857, p. 216; Helmholtz em *Academy*, vol. I, 128 ss. (12 de fevereiro de 1870) e *Populäre Aufsätze*, 3º caderno, p. 26 [= *Vorträge und Reden*, 4ª ed., II 1 ss.].

[474] [*Teeteto*, 151e ss.; FVS 74 B 1.]

era perfeitamente estranho ao autor desta. Afinal, Protágoras motiva sua suspensão de juízo, nesse caso isolado, com razões de fato tiradas da própria natureza desse problema específico. Até agora – é mais ou menos o que ele nos diz – ninguém viu deuses; quanto a reconhecer com alguma certeza ou negar os sinais da atividade deles no curso das coisas, a duração da vida humana não é grande o bastante e o campo das nossas observações no tempo demasiado estreito para isso. É por isso que não podemos dar nenhuma resposta categórica a essa pergunta, nem no sentido afirmativo nem no negativo. Mas se a máxima de que "o que parece ser verdadeiro para cada um é, de fato, a verdade para ele" tivesse realmente sido a estrela pela qual se guiavam suas ideias, a resposta não teria sido outra? Não deveria ele então ter declarado que os deuses existem para aqueles que creem neles e não existem para aqueles que não creem?

Mas não são apenas as declarações autênticas demasiado raras do sofista que se opõem a uma tal reconstrução do seu sistema. O próprio Platão testemunhou contra essa interpretação. No seu *Protágoras*, ele compôs desse homem uma imagem certamente fiel nos seus traços essenciais, embora com cores um pouco vivas e com mais de um detalhe acessório inapropriado. No entanto, essa imagem não tem um único traço em comum com a caricatura que ele faz no *Teeteto*. No primeiro desses diálogos, o pensador de Abdera peca não por falta, mas por excesso de certeza e de ênfase dogmática, enquanto no segundo nós o ouvimos negar toda distinção entre a verdade e o erro. E notem bem que, no mais antigo, Protágoras é mostrado como vivo; no outro, muito posterior, é um personagem morto há muito tempo. Ali, o autor o representa de acordo com lembranças recentes e precisas; aqui, ele só tem diante dos olhos uma sombra fugaz. No *Protágoras* lidamos com um homem, no *Teeteto* só encontramos uma fórmula. Ao abandonar-se à intuição, Platão pintou um quadro cheio de vida; ao recorrer à inferência, ele só produziu um raciocínio demasiado sutil. Qualquer um que conhece realmente esse filósofo e percebe essa oposição saberá, sem sentir a mínima hesitação, onde procurar a verdade histórica e em qual desses diálogos o autor se dispôs a apresentá-la.

Teremos que procurar e mostrar a verdadeira intenção que guiava o autor do *Teeteto* quando chegarmos ao estudo dessa obra platônica. Mas somos obrigados a antecipar um pouco esse assunto. A forma dialogada levou Platão a uma dificuldade de uma espécie totalmente peculiar. Ele tinha escolhido como principal interlocutor seu mestre Sócrates, mas não queria e não podia renunciar de modo algum a expor e discutir as doutrinas pós-socráticas. Sem dúvida, ele não se preocupava em demasia em evitar os anacronismos. Todavia, era inadmissível fazer francamente com que Sócrates atacasse teorias que só surgiram após sua morte. Era preciso, evidentemente, recorrer a desvios; tratava-se de achar expedientes, e sabemos que a fecunda imaginação do poeta-filósofo nunca se deixou pegar desprevenida. Uma vez, por exemplo, ele supõe que Sócrates soube num sonho da existência de uma doutrina, pelo simples motivo de que essa doutrina fora emitida pelo seu discípulo Antístenes e que ele não podia ter tomado conhecimento dela pelas vias ordinárias[475]. Ele recorre a um artifício semelhante na parte do *Teeteto* de que acabamos de falar. Nela, ele faz Sócrates expor e combater uma teoria do conhecimento que ele apresenta como uma "teoria secreta" de Protágoras e que ele representa como muito diferente daquela que o sofista havia revelado "à massa". Um admirador entusiasta de Protágoras, que participa do diálogo e que conhece a fundo a obra metafísica principal do sofista, não se mostra pouco surpreso com essa revelação. Em outros termos, Platão diz a seus leitores, tão claramente quanto lhe permite a forma de arte escolhida por ele, que ele recorre a uma *ficção*. Na realidade, trata-se para ele, como se percebeu há muito tempo, mas sem que a coisa tenha sido geralmente reconhecida, de tomar partido com relação à teoria do conhecimento formulada por Aristipo. Sem dúvida, Platão poderia ter recorrido a outra ficção. Mas esse artista, *qui nil molitur inepte*, tinha em vista um objetivo específico, que era o de estabelecer uma relação interna entre a doutrina de Aristipo e a de Protágoras. Porém, a interpretação da proposição *homo-mensura*, da qual já falamos, constitui o ponto de partida, a preparação indispensável para essa mistificação transparente. Aqui a intenção de Platão é lutar ele mesmo com as dificuldades do problema do conhecimento; a exposição e a discussão da doutrina de Aristipo ligeiramente disfarçada constituem apenas um passo nesse longo desenvolvimento de ideias, e é sobretudo por necessidade artística que ele lança mão de uma ficção e menciona o nome de Protágoras. Logo, nada é mais estranho ao seu intuito que destacar e apreciar a figura do célebre sofista; por outro lado, nada o impede e tudo o compele a separar a proposição de Protágoras tanto do seu autor quanto do seu contexto; nada o leva a perguntar-se em que sentido esse autor a entendia e qual uso havia feito dela; seu interesse o leva a ver nessa fórmula o significado que o texto lhe permite encontrar. Seria cometer injustiça contra Platão falar aqui de uma violação da verdade, pois tudo na sua obra tende a avisar o leitor que ele não deve buscar nela a exatidão da história.

Mas aquilo que não devíamos esperar aconteceu. Sem ter intenção, graças à imensa autoridade do seu nome, o "divino Platão", tanto nesse caso específico como com relação à pretensa sofística, realmente falseou a história. Quase toda a Antiguidade, e a ciência moderna até os tempos mais próximos de nós, acreditaram ingenuamente na interpretação que ele deu dessa proposição. Aqui e ali, entrevemos nas obras dos escritores antigos os indícios de um desacordo com Platão; mas a grande maioria deles nem sequer examinaram com seriedade o texto desse curto fragmento. Isso não deve nos espantar em demasia, pois Tímon, nascido pouco antes do ano 300 a.C., não havia se dado o trabalho – como provam seus versos cômicos – de compreender corretamente, do ponto

---

[475] *Teeteto*, 201d-e. Entre as numerosas obras relativas ao *Teeteto*, citemos em especial a *Introdução* de Schleiermacher; Bonitz, *Platonische Studien*, 2ª ed., especialmente p. 46-53 [= 3ª ed., 49-56]; Dummler, *Antisthenica*, 56 ss. (*Kleine Schriften*, I 59 ss.) e *Akademika*, 174 ss.

de vista gramatical, o fragmento de Protágoras relativo aos deuses[476]. Em decorrência principalmente da influência de Platão, os escritos dos sofistas haviam, como vimos, caído em descrédito e já não encontravam mais leitores; porém, a esse fator negativo de erro acrescentou-se no presente caso um positivo: a interpretação, ou melhor, a deturpação dessa frase, da qual se tornou culpado o chefe da Academia. É por isso que, até os nossos dias, ninguém teve a ideia de indagar como era preciso preencher o abismo profundo que se abre, visível a todos os olhos, entre a exposição do *Protágoras* e a do *Teeteto*, como o trecho relativo aos deuses e os outros fragmentos eram compatíveis com o pretenso ceticismo universal do seu autor. Nossos leitores não deixarão de perguntar se Aristóteles também não teve alguma culpa nesse vasto mal-entendido. Sim e não. Em duas passagens da sua *Metafísica*, ele menciona a proposição *homo-mensura* de modo a deixar supor que Platão, no seu *Teeteto* e repetindo-se quase palavra por palavra no *Crátilo*, irmão gêmeo do *Teeteto*, teria dado uma interpretação autêntica. Mas num terceiro trecho ele a entende e julga de maneira totalmente diferente[477]. Neste último, para ele o "homem" não é mais o indivíduo, mas o representante das qualidades da espécie; a interpretação individual deu lugar à interpretação genérica. E o dito de

---

476   Tímon, frag. 48 [Wachsmuth] (*Corpusculum poesis epicæ Graecæ ludibundæ*, II 163) [= 5 Diels (*Poet. philos. fragm.*, 185; FVS 74 A 12)].

477   Arist., *Metaf.*, IV 4, 1007 b 22 ss.; IV 5, 1009 a 619 [FVS 74 A 19]; X 1, 1053 a 35. Platão, *Crátilo*, 385e ss. [FVS 74 A 13]. Segundo os critérios linguísticos, o *Crátilo* não é mais recente, mas mais antigo (ligeiramente) que o *Teeteto* (cf. Dittenberger, *Hermès*, XVI 321 ss., e Schanz, *ibid.*, XXI 442 ss.). Outros não deixarão, sem dúvida, de aproveitar esta oportunidade para combater nossa maneira de ver o *Teeteto*. Mas o intervalo provavelmente curto que separa os dois diálogos não exclui a possibilidade de que Platão já estivesse trabalhando no *Teeteto* quando publicou o *Crátilo*; independentemente dessa possibilidade e de outras ainda, não pretendo de modo algum que somente o plano do *Teeteto* tenha permitido a Platão interpretar a proposição *homo-mensura* no sentido individualista ao qual ele deu a preferência. Esse era o lugar mais apropriado a esse fim, já que essa exposição abria caminho para a análise ampla da pretensa teoria do conhecimento de Protágoras. Mas nada o impedia de expô-la ou mencioná-la ocasionalmente alhures, como fez no *Crátilo*, à condição que a figura histórica de Protágoras não aparecesse com tanto destaque quanto no diálogo que leva seu nome. Não me opus a reconhecer que essa interpretação podia ser deduzida da afirmação diretamente contida nas palavras de Protágoras de que toda percepção tem na base uma realidade objetiva. Concederei igualmente o fato de que a teoria subjetiva está diretamente contida nessa proposição e de que a intenção do sofista foi de exprimi-la dessa forma assim que se tiver refutado meus argumentos contra a interpretação tradicional da frase. Mas nenhum dos meus críticos fez a mínima tentativa nesse sentido. Compare-se, aliás, ao que dizemos no nosso texto nossa *Apolog. der Heilk.*, 2ª ed., 162 ss. É extremamente lamentável que, acerca da polêmica de Demócrito contra Protágoras, só tenha sido conservada uma nota isolada em Sexto Emp., *Adv. Math.*, VII 389 [FVS 55 A 114]. Cf. sobre isso *Apolog. der Heilk.*, 2ª ed., 164 ss. Caberia acrescentar que, quando Platão (*Eutidemo*, 286c [FVS 74 A 19]) relata a Protágoras e "outros mais antigos ainda" a doutrina (de Antístenes) segundo a qual não há ἀντιλέγειν, ele não pode ter se referido à proposição *homo-mensura*, que é, ao contrário, sempre representada como desconcertante pela sua novidade. Para terminar, lembremos ainda a paráfrase de Hermias, que concorda quase absolutamente com nossa interpretação: Πρωταγόρας... φάσκων ὅρος καὶ κρίσις τῶν πραγμάτων ὁ ἄνθρωπος, καὶ τὰ μὲν ὑποπίπτοντα ταῖς αἰσθήσεσιν ἔστιν πράγματα, τὰ δὲ μὴ ὑποπίπτοντα οὐκ ἔστιν ἐν τοῖς εἴδεσι τῆς οὐσίας. (*Irrisio gent. philos.*, cap. 9; *Doxogr.*, 653) [FVS 74 A 16]. Cf. também sobre isso *Apolog. der Heilk.*, 2ª ed., 162 ss.

Protágoras, que em outro lugar ele considerou um paradoxo perigoso, capaz de pôr fim a qualquer discussão, agora só lhe parece ser uma pretensiosa trivialidade: "Mas quando Protágoras diz que o homem é a medida de todas as coisas, isso significa que aquele que sabe ou aquele que percebe pelos sentidos é a medida, e isso porque este possui a percepção sensível e aquele a ciência, que caracterizamos como a medida dos objetos dos sentidos. Portanto, por mais vazia que seja a proposição de Protágoras, no entanto ela parece dizer coisas extraordinárias".

A exposição que acabamos de fazer será criticada não somente por romper a tradição que prevaleceu desde a Antiguidade, mas também por ser incompleta. E devemos reconhecer que não será sem alguma aparência de razão. Podia-se e ainda se pode fazer muitas conjecturas sobre a atitude que adotou Protágoras com relação aos problemas do conhecimento. Mas parece-nos pouco indicado levantar questões secundárias enquanto não for fechado o debate sobre a questão principal. Só se pode fundar uma superestrutura hipotética sobre uma base de certeza. No entanto, permitiremo-nos uma única hipótese. Muitas circunstâncias levam-nos a crer que, na sua polêmica contra os eleatas e seu repúdio do testemunho dos sentidos, Protágoras afirmava a verdade subjetiva, a infalibilidade, ou melhor, a irrecusabilidade de todas as impressões sensíveis. E é provável que, nisso, ele não distinguisse com todo o rigor necessário a sensação, a percepção, o juízo baseado nesta última e o juízo em geral, e que assim ele tenha suscitado a crítica, sem dúvida imerecida, de ter atribuído o mesmo grau de verdade a todas as representações ou opiniões. Enfim, é possível que essa crítica tenha contribuído, por sua vez, para a falsa interpretação que foi dada da proposição *homo-mensura*. Mas seja como for quanto a esse ponto, e por mais mal informados que estejamos acerca da teoria protagórica do conhecimento, um fato está doravante ao abrigo de toda contestação. Impelido pelo ardor da polêmica ou confundido pela extrema imperfeição da terminologia psicológica da época, Protágoras pode ter, em algum lugar ou em algum momento, exprimido uma opinião que dava ensejo a essa acusação; porém, apesar do seu pequeno número e da sua brevidade, os fragmentos que nos restam dele bastam perfeitamente para provar que o ceticismo universal, apesar de tudo que se diz, nunca constituiu a base do seu pensamento.

VI

"Sobre cada coisa, há dois discursos em oposição um ao outro"[478]. Esse precioso fragmento também foi explorado em prol da teoria cuja falta de fundamento estamos tentando demonstrar há tanto tempo. Mas aqueles que o usam contra Protágoras não

---

[478] Cf. Dióg. L., IX 51; Eurípides, frag. 189, 2ª ed. Nauck; Isócrates, *Orat.*, 10 início. Sêneca foi o único (*Epist. Moral.*, 88, 43 [FVS 74 A 20]) que compreendeu a frase como se os dois λόγοι tivessem valor igual. No entanto, como já observou Bernays (*Rhein. Mus.*, VII 467 = *Ges. Abh.*, I 120), isso não está implicado nos termos dessa declaração. De resto, é a teoria de Pirro e Arcesilau (cf. Dióg. L.,

pensaram que, se essa declaração tivesse o significado que lhe é atribuído – a saber, se ela fosse um corolário da proposição segundo a qual todas as opiniões são igualmente verdadeiras –, ela deveria falar não de dois discursos apenas, mas de uma infinidade de discursos. O sentido real desse fragmento depreende-se de uma passagem de Eurípides na qual o poeta amigo de Protágoras o reproduz quase palavra por palavra, e também do contexto que lhe dá Isócrates em um dos seus discursos. Na sua *Antíopa*, Eurípides fez Amphion dizer: "Em cada coisa, a arte daquele que fala sabe despertar o conflito de discursos contraditórios". E o orador Isócrates enumera entre os paradoxos inúteis e absurdos com os quais se deleitou a geração anterior a tese exatamente oposta: "que é impossível opor dois discursos sobre o mesmo assunto". Portanto, não devemos procurar uma tendência cética nessa declaração; o que encontramos nela é somente a expressão de uma verdade que nos é bastante familiar a nós modernos e que Diderot formulou assim: "com exceção das questões matemáticas [...], há prós e contras em todas as outras". Encheríamos muitas páginas se quiséssemos indicar todas as aplicações salutares que se pode fazer dessa máxima. Observou-se com razão que a ideia central da primeira parte da *Liberdade* de J. S. Mill era a necessidade de levar em conta o lado negativo de toda afirmação positiva, de opor a cada proposição sua contraproposição. De fato, a qual leitor inteligente dos debates parlamentares ou dos artigos de jornal é necessário dizer o quanto a discussão das questões práticas é estéril e até enganosa quando ela se limita a identificar ou as vantagens ou os inconvenientes de uma instituição qualquer? Quem não sabe que a fraqueza do espírito humano só pode se gabar de chegar, pela via da discussão, a resoluções salutares se lhe for permitido pesar os prós e os contras expondo tão completamente uns quanto outros? A decisão não depende, tanto na teoria quanto na prática, "do que se pode dizer a favor de uma opinião, mas de saber se é possível dizer mais em seu favor que contra ela. Só possui uma verdadeira ciência e convicções realmente dignas de confiança quem pode tanto refutar a opinião contrária quanto defender a sua com sucesso contra os ataques". Esse princípio, segundo J. S. Mill o mais importante dentre os que se depreendem das obras de Platão, encontra-se esboçado na frase de Protágoras de que estamos tratando. Contudo, ao proclamar essa verdade fecunda, o grande sofista insistia provavelmente no valor educativo desta. Ele compartilhava sem dúvida o sentimento que devia exprimir Goethe quanto louvava os maometanos por começar o ensino da filosofia pelo princípio de que "não há nenhuma afirmação cujo contrário não possa ser sustentado". Assim, acrescenta o poeta, eles exercitam o espírito dos jovens dando-lhes por tarefa encontrar e exprimir a opinião contrária a toda proposição que foi apresentada; e seus alunos adquirem com isso uma grande habilidade de pensamento e de palavra. A dúvida

---

IX 61, e Sexto Emp., *Pyrrh. hyp.*, I 10; Eusébio, *Præp. evang.*, 14, 4, 15 = III 430 Gaisford). Sobre o que segue, cf. Diderot, *Œuvres complètes*, ed. Asségat, II 120 [conversas entre d'Alembert e Diderot, perto do fim]; Bain, *J. S. Mill, a criticism*, 104; Mill, *Dissertations and Discussions*, III 331; Goethe, *Gespräche mit Eckermann*, 3ª ed., I 241 [11 de abril de 1827].

assim despertada – é ainda Goethe quem fala – leva o espírito deles a procurar, a examinar sempre mais a fundo, até que eles chegam à certeza. "Vês", diz ele ao seu fiel Eckermann para acabar, "que não falta nada a esse método, e que nós não somos mais avançados com todos os nossos sistemas". Nisso, o interlocutor do poeta declara – e o poeta concorda plenamente – "que isso lembra os gregos, cujo método de ensino filosófico deve ter sido análogo". De fato, os primeiros auxiliares desse método foram precisamente as *Antilogias* de Protágoras.

Infelizmente, dos dois livros dessa obra célebre não possuímos uma única linha, exceto a pequena frase citada acima, que constituía sem dúvida seu começo. Tampouco temos informação alguma sobre o conteúdo do tratado. É verdade que possuímos uma breve indicação do músico Aristóxenes[479], mas ela chegou até nós mutilada, e tudo que podemos concluir dela, aliás sem pretender a uma certeza plena, é que Platão colheu em grande parte nessa obra a brilhante exposição dialética da ideia da justiça que lemos no primeiro livro da sua *República*. Porém, mesmo se essa indicação fosse inexata, ela não seria desprovida de todo valor. Pois Aristóxenes, contemporâneo de Platão, embora mais jovem, e discípulo de Aristóteles, não poderia ter afirmado nada disso se o conteúdo das *Antilogias* – que então não haviam caído no esquecimento – não tivesse apresentado mais de um ponto de contato com o da grande obra de Platão. Em outros termos: as *Antilogias* certamente trataram também, em forma dialética, das questões de moral e de política. Consequentemente, nisso Protágoras foi um precursor de Sócrates, assim como, por outro lado, ele foi um sucessor de Zenão, o "inventor da dialética". A tradição anedótica também o pôs em relação, ele, o "astuto atleta" – como o chama Tímon – com o "Palamedes de Eleia"[480]. O raciocínio relativo aos grãos de painço, do qual se lembram nossos leitores (cf. liv. II, cap. III, seção II, 3º §), chegou até nós na forma de um jogo de perguntas e respostas justamente entre Zenão e Protágoras. O primeiro, como adversário do testemunho dos sentidos, dirige ao segundo, que se ergue como defensor daquele, suas perguntas capciosas. Assim, o Eleata teria desempenhado o papel ativo, enquanto o Abderita teria se contentado com um papel totalmente passivo. Do mesmo modo, no diálogo platônico, vemos o sofista tão elogiado pela sutileza do seu espírito impotente para responder às perguntas de Sócrates; não é curioso constatar também que a tradição, tão rica em apotegmas, não atribui um único aforismo a Protágoras?

Portanto, podemos conceber com bastante exatidão, nas suas grandes linhas, a dialética de Protágoras. Ele evidentemente não tinha prática na troca de perguntas e respostas imaginada por Zenão, desenvolvida por Sócrates e cujos principais represen-

---

[479] Aristóxenes em Dióg. L., III 37 [FVS 74 B 5]; para mais detalhes, ver minha *Apolog. der Heilk.*, 2ª ed., 171 ss.

[480] Tímon, frag. 10, p. 109 W. [= frag. 47, p. 196 Diels; FVS 74 A 1]. Sobre o que segue, cf. o comentário de Simplício à *Física* de Aristóteles, VII 5, p. 1108, 18 ss. Diels [FVS 19 A 29].

tantes foram os socráticos de Mégara⁴⁸¹. A dialética praticada por ele era, sem dúvida, de natureza mais oratória. Seu forte não era confundir seu adversário e envolvê-lo em contradições interrogando-o habilmente; a arma principal que ele usava nos torneios filosóficos eram os discursos, geralmente longos, que ele opunha aos discursos análogos daqueles com quem ele discutia. O modelo desses jogos de eloquência encontrava-se sem dúvida nos debates – estes sérios – que ecoavam na corte judiciária e na tribuna; por outro lado, esses jogos contribuíam, por sua vez, para fortalecer os músculos dos atletas do espírito que lutavam uns contra os outros na arena da vida pública.

Não se pode duvidar que poetas dramáticos, como por exemplo Eurípides, tenham adquirido aí uma parte de sua habilidade. Os dois versos da *Antíopa* que citamos acima são talvez a expressão da gratidão que o aluno testemunha ao seu mestre. E seria de fato um milagre se o mais filósofo dos historiadores, Tucídides, não tivesse sentido essa influência, logo ele em quem admiramos a maravilhosa riqueza dos pontos de vista, a incrível habilidade de procurar com a maior profundidade as oposições de interesses e os argumentos implicados por todas as situações dadas, para desfraldá-los aos olhos dos leitores na sua extraordinária abundância. O próprio Platão certamente abasteceu-se nessa fonte de vigor e flexibilidade intelectual. Se um dos seus diálogos mais recentes, o *Sofista*⁴⁸², abunda em invectivas contra todo tipo de "antilógica" é porque, na sua velhice, ele se tornara hostil à dialética. Na sua última obra, as *Leis*, ele relega-a ao último plano; longe de ver nela, como outrora, um meio educativo de primeira ordem, ele substitui-a nesse papel pela matemática e pela astronomia. Se o *Sofista* tivesse sido perdido, poder-se-ia, *a priori*, reconstituir essa parte do seu conteúdo. Afinal, antes que a tendência antidialética celebrasse no espírito de Platão seu último e mais estrondoso triunfo, ela devia necessariamente prevalecer nesse ponto em que encontrava menos resistência. No *Sofista*, ele luta contra Antístenes, mas agrava sua querela contra o modo como este último usa o método dialético procurando no passado as origens da "antilógica". Mais uma vez, encontramos o nome de Protágoras envolvido numa questão que merece toda nossa atenção.

---

481 Embora Diógenes Laércio (IX 55) atribua a Protágoras uma τέχνη ἐριστικῶν e (51) acrescente à frase relativa aos dois λόγοι esta observação οἷς καὶ συνηρώτα, nenhum desses fatos pode nos dar da dialética protagórica uma outra ideia além da que se depreende da descrição de Platão. Como ninguém nunca deu a si mesmo o qualificativo de erístico, pois esse termo sempre foi considerado uma injúria (cf. p. ex. Isócrates, *Orat.*, 10 início: οἱ περὶ τὰς ἔριδας διατρίβοντες), é impossível que o próprio Protágoras tenha escolhido esse título para o seu livro. Mas se este último – certamente sua τέχνη ou manual de retórica – denotava uma grande habilidade de argumentação e instruía na arte de falar a favor e contra uma tese, isso bastava ao nosso compilador, ou melhor, às suas autoridades, para dar-lhe essa designação.

482 Ao chamar o *Sofista* de "um dos diálogos mais recentes" de Platão, estou de acordo com a grande maioria dos estudiosos que tratam hoje desse filósofo. Mas como uma autoridade tão considerável como Zeller contradiz esse julgamento, eu certamente não deixaria de motivá-lo se o segundo volume dessa obra não me fornecesse uma oportunidade muito melhor de fazê-lo.

VII

O sofista, lemos aproximadamente no trecho do qual acabamos de falar, torna todos aqueles que se aproximam dele chicaneiros e amantes da contradição em qualquer campo, com relação às coisas divinas, com relação ao que se encontra no céu e na terra, no que tange ao futuro e ao ser, assim como no que toca às leis e ao conjunto das instituições políticas. "Com relação à generalidade das artes", diz ainda o interlocutor, "e a cada arte específica, qualquer um que procurar isso encontrará em escritos muito difundidos as objeções que se pode fazer a todos os artesãos. – Estás falando, sem dúvida", respondem-lhe, "das discussões protagóricas sobre a arte da luta e sobre as outras artes? – Das *suas* obras, meu caríssimo, e também das de muitos outros"[483]. Eis tudo que nos é relatado sobre esse ramo da atividade literária de Protágoras. Dissertações ou controvérsias sobre a arte da luta e provavelmente também sobre as outras artes especiais, e além disso um escrito sobre o conjunto das artes, eis o que, até onde podemos julgar, saiu de sua pena. Essa curta alusão não fornece nenhuma indicação sobre a tendência dessas obras. A pressa com que Platão aborda esse tema para logo abandoná-lo autoriza-nos a conjecturar que ele só via nele um argumento fraco a serviço da sua tese. É mais importante lembrar que, na obra *Sobre a Arte* já mencionada repetidas vezes, temos um espécime do gênero literário de que se trata aqui. É, como sabem nossos leitores, uma apologia da medicina escrita por um sofista combativo. Ela contém alguns enganos grosseiros, e aqui e ali alguns exageros, mas o autor emprega, para defender a arte de curar, uma rara penetração dialética e uma habilidade oratória extrema. Segundo ele, os insucessos médicos são imputáveis não tanto à própria ciência quanto às dificuldades dos casos e à insuficiência dos representantes da arte. Ele diz, por exemplo: "Aqueles que criticam os médicos por não tratarem as pessoas que sofrem de doenças incuráveis exigem que eles façam tanto o que não convém quanto o que convém; e ao exigir isso, eles são admirados pelos médicos de nome, mas malhados por aqueles que o são na realidade. Pois os mestres dessa arte não desejam nem bajuladores nem

---

[483] Na *Apolog. der Heilk.*, 1ª ed., 181 ss., eu havia compreendido e traduzido de outra forma esse trecho do *Sofista* de Platão (232d) [FVS 74 B 8]. Desde então, não me opus a ceder às observações dos meus críticos e dos meus correspondentes e a reconhecer que essa interpretação – que era também a de Campbell e de Jowett – estava equivocada. O contexto nos obriga incontestavelmente a admitir o hipérbato um pouco duro apresentado pela posição de αὐτόν. Esse é o único ponto no qual acreditei dever modificar as opiniões contidas nesse livro mencionado tantas vezes aqui. E estou firmemente persuadido que a argumentação edificada nele não perdeu nada da sua solidez com o afastamento desse apoio tornado caduco. Cf. a 2ª ed. da *Apolog. der Heilk.*, Leipzig, 1910, p. 169 ss. Quanto às "antilogias" contra as τέχναι em geral (Diels, *Vorsokratiker*, 2ª ed., 538 ss. [= 3ª ed., II 231]), não pude encontrar nada no texto de Platão. Expus com detalhes no lugar citado há pouco por que não posso atribuir a ninguém menos que Protágoras um ataque contra o conjunto das artes, e quão pouco as críticas dirigidas a certos mestres de estado supõem dúvidas acerca das artes representadas por eles. [Trechos utilizados do livro *Sobre a Arte*: cap. 8 fim, cap. 9 fim e depois começo, cap. 2-3 começo, mais adiante cap. 13 (p. 56, 7 Gomperz 2ª ed.), cap. 6 fim, cap. 3.]

críticos tão insensatos; o que eles querem são pessoas capazes de julgar quando seus trabalhos atingem o objetivo e são completos, quando eles ficam aquém desse objetivo e são defeituosos; e que possam dizer, com relação a esses defeitos, quais devem ser atribuídos aos artistas [literalmente, artesãos] e quais aos seus materiais de trabalho". Lemos igualmente no final da seção seguinte: "Ele foi descoberto [o tratamento das doenças cuja natureza é manifesta] não para aqueles que *querem* exercê-lo, mas para aqueles dentre eles que *podem* fazê-lo; mas aqueles que o podem são aqueles cujo caráter não tem repugnância por ele e que não careceram dos meios de instruírem-se". Vê-se que tampouco faltam aqui as expressões de crítica dirigidas contra os "artesãos", e o único traço característico dessas controvérsias anotado no trecho do *Sofista* pode aplicar-se em certa medida a essa que foi conservada. Porém, há algo ainda mais significativo. Imediatamente após o fim do capítulo, que citamos acima, vem uma frase formulada assim: "O que concerne às outras artes será ensinado em outro momento e em outro discurso". Portanto, o autor prevê uma dissertação relativa às outras artes exatamente nos termos que Platão utiliza no *Sofista* para mencionar a existência de um tal tratado de Protágoras. Essa coincidência, acrescida de muitas outras circunstâncias, nos fez atribuir ao sofista de Abdera a composição do pequeno livro pseudo-hipocrático *Sobre a Arte*. Nossos leitores já não ignoram mais que o princípio metafísico fundamental de Protágoras aparece nessa pequena obra (cf. liv. III, cap. V, seção III, 2º §, e cap. VI, seção V, 5º §) e que nela o autor faz referência a "outros discursos" que "devem esclarecê-lo ainda mais". Estes últimos podem ter sido os *Raciocínios demolidores*. E como o dialeto, o estilo e o tom desse livro fazem pensar precisamente na época, no círculo e até no caráter de Protágoras, e lembram com uma enorme quantidade de traços surpreendentes a elocução protagórica tal como Platão a reproduziu, acreditamos poder atribuir à nossa conjectura um alto grau de probabilidade. Esperamos que as considerações seguintes a tornarão ainda mais provável. Segundo o testemunho justamente desse trecho do *Sofista*, houve um grande número de ensaios literários sobre artes especiais, e poderia parecer, por conseguinte, que a coincidência é pouco concludente. Mas, nesses dois casos, não se trata somente da discussão das artes individuais: numa ocasião se anuncia, na outra se menciona uma discussão de conjunto. Uma tal concordância tem motivos para nos surpreender. Ainda poderíamos, para explicá-la, sustentar que estamos lidando com um adversário de Protágoras que quer rivalizar com ele também nesse campo, se a concordância dos pontos de vista metafísicos fundamentais não se opusesse a uma tal suposição. Vemo-nos portanto, se não queremos admitir a paternidade do sofista, colocados diante de uma alternativa peculiar. É preciso supor ou que o Abderita, que no entanto não carecia de originalidade, dessa vez segue um caminho já trilhado, ou então que um sofista, seu parente intelectual próximo e por conseguinte certamente seu discípulo, tentou sobrepujá-lo. Ignoramos como Protágoras tratou as artes individuais. Mas podemos supor com verossimilhança que seu modo de tratá-las variava conforme a variedade dos sujeitos. Pois enquanto, por exemplo, a realidade da medicina era contestada e precisava ser afirmada e provada, nada disso podia estar em jogo no que diz respeito às artes manuais. Negou-se com frequência que a arte médica proporciona a saúde, mas nunca que a arte do tecelão produz tecidos ou a do sapateiro, sapatos. Por conseguinte, em muitas partes era a tendência crítica, em outras a tendência apologética que predominava. Mas, tanto num caso como no outro, não faltavam ocasiões para criticar os trabalhos dos "artesãos". De fato, para uma grande parte, era acusando aqueles que a exerciam que se justificava uma arte contra as críticas formuladas contra ela. Finalmente, mesmo se a expressão dessas críticas era seguida pela sua refutação, elas não haviam deixado de ser expressas, e Platão podia tirar pretexto delas no sentido indicado acima.

Detivemo-nos longamente nesse tema porque o tratado *Sobre a Arte* acrescenta vários traços importantes ao quadro da atividade dos sofistas no século V e porque, se for admitida sua origem protagórica, ele nos permite completar mais de um ponto essencial do retrato do primeiro e mais eminente deles. Não podemos entrar aqui em todos os detalhes, mas é permitido dizer que nenhuma outra produção intelectual dessa época é tão fortemente e tão nitidamente impregnada pelo espírito positivo, quase poderíamos dizer pelo espírito positivista moderno. A percepção sensível e as inferências que ela autoriza são, para o autor desse pequeno escrito, a única fonte da ciência, em especial da ciência médica. A natureza, por se recusar a falar voluntariamente, é submetida à tortura e obrigada a entregar seus segredos; essa comparação baconiana, tão familiar para o mundo moderno e que, além disso e até onde sabemos, era absolutamente estranha à Antiguidade, aparece aqui pela primeira vez. Ali onde a observação, a experiência e as conclusões baseadas nela se revelam impotentes, erguem-se barreiras intransponíveis pelo espírito humano. A causalidade universal é reconhecida e proclamada norma absoluta de todos os fenômenos com uma precisão e um rigor de que somente os atomistas, nessa época, oferecem outro exemplo. A relação de causa a efeito torna-se a base de toda previsão, e a previsão o ponto de partida de toda conduta inteligente. As coisas possuem propriedades fixas e nitidamente definidas. Para obter efeitos diferentes, é preciso introduzir causas diferentes; o que é útil num caso deve ser nocivo num caso muito diferente, e sobretudo num caso oposto; aquilo que, empregado corretamente, se revelou salutar deve revelar-se nefasto se usado incorretamente. O limite da potência humana é tão claramente reconhecido quanto fortemente expresso. O autor não reivindica para os humanos uma dominação quimérica sobre a natureza; ele abstém-se de qualquer arbitrariedade e fantasia na explicação dos fenômenos naturais. Não é surpreendente que um escrito que pode ser considerado com razão como o evangelho preciso e penetrante do espírito indutivo tenha escapado completamente, até agora, à atenção tanto dos historiadores quanto dos naturalistas? Completamente? Não exatamente. A indiferença que nos espanta não foi desprovida de exceções. Um brilhante representante da última grande época das "luzes", Pierre-Jean-Georges Cabanis, prestou ao tratado *Sobre a Arte*, que ele considerava obra do grande Hipócrates, a homenagem merecida, no seu livro *Sobre o grau de certeza da medicina*[484]. Sobre todos os pontos essenciais da sua demonstração, não somente o médico de Mirabeau concorda da maneira mais estreita com as teorias do autor grego, mas cita longos excertos delas. E no fim da sua dissertação, quando ele se põe a resumir seus argumentos, ele não faz outra coisa senão reproduzir, em termos um pouco diferentes, as ideias fundamentais do tratado que lhe era tão familiar.

VIII

Aqui poderíamos nos despedir de Protágoras se não tivéssemos algumas observações a apresentar sobre o modo como ele exerceu a retórica. Primeiramente, devemos protestar contra a injustiça cometida contra ele. Os helenos, diz mais ou menos Aristóteles[485], criticaram Protágoras com razão por ter se vangloriado de fazer triunfar o discurso mais fraco (ou seja, a causa mais fraca) sobre o mais forte. Aqui convém dar algumas explicações. Aristóteles menciona uma crítica que sempre foi feita tanto aos filósofos como aos retores. Sócrates situa-o, na *Apologia* que lhe faz Platão, entre aqueles "que se deixa de lado contra todos os filósofos". O orador Isócrates fala dele no mesmo sentido, tendo sido ele também acusado por seus adversários de falsear o direito e corromper a juventude. É um pouco difícil crer que Protágoras – que, segundo Tímon, sempre evitava com cuidado tudo que era tido como inconveniente – possa ter se gabado precisamente daquilo que, alguns anos mais tarde, provocaria uma reprovação tão viva. Porém, quer Aristóteles estivesse bem informado ou quer tenha sido induzido a erro por alguma falsa tradição, devemos, em todo caso, distinguir entre essa fórmula e o sentido que ela realmente contém. A fórmula era impopular e chocou no mais alto grau porque levava a crer que o retor pretendia defender não tanto a causa mais fraca, mas a pior, isto é, fazer triunfar a injustiça. Mas a questão não tinha relação imediata com a moral e o direito. Fazer da causa mais fraca a mais forte, ou seja, assegurar a argumentos mais fracos por si mesmos a vitória sobre argumentos mais fortes, foi na realidade o objetivo perseguido por todos os retores da Antiguidade. E isso vale tanto para o próprio Aristóteles, de quem possuímos a *Retórica*, como para todos aqueles que trataram da arte da palavra. Sobre o fato de que a flexibilidade dialética podia gerar abusos, de que nas mãos de adeptos mal intencionados ela desempenhara um

---

[484] Cabanis, *Du degré de certitude de la médecine*, especialmente 112 ss., 124, 160 da ed. de Paris, ano XI-1803.

[485] Arist., *Retór.*, II 24 fim [FVS 74 A 21]. Sobre o que segue, cf. Platão, *Apologia*, 23d, e Isócrates, *Orat.*, XV 15 e 30. Cf. também as excelentes observações de Grote, *History of Greece*, 2ª ed., VIII 499 ss. O historiador inglês condena de maneira decisiva o uso que se costuma fazer da cena burlesca na qual Aristófanes faz falarem o δίκαιος e o ἄδικος λόγος: "If Aristophanes is a witness against any one, he is a witness against Sokrates, who is the person singled out for attack in the *Clouds*. But these authors [Grote cita Ritter e Brandis], not admitting Aristophanes as an evidence against Sokrates whom he *does* attack, nevertheless quote him as an evidence against men like Protagoras and Gorgias whom he *does not* attack".

papel funesto, todo mundo entre os antigos concordava, ou mais ou menos. Por esse motivo e outros ainda, Platão condenou a retórica no *Górgias* – para reedificá-la, aliás, sobre outras bases no *Fedro* –, mas sua severidade provocou os mais vivos protestos de Aristóteles, justamente. O Estagirita observou com muita força que, com a arte oratória, acontecia o mesmo que com as outras coisas úteis. De todas elas pode-se fazer mau uso, "e as mais úteis são até as que mais se prestam a isso, como a força corporal, a saúde, a riqueza, a tática militar; tudo isso, se for usado conforme a justiça, proporciona o maior proveito, mas se for usado injustamente é causa do maior dano"[486]. Portanto, não é a faculdade que merece reprovação, mas a disposição de fazer mau uso dela. Aliás, é igualmente humilhante, senão mais, não saber defender-se por meio da eloquência que não saber defender-se com os punhos.

Desse modo de pensar decorre a comparação atribuída inicialmente pelo próprio Platão a Górgias e depois repetida à exaustão – às vezes, é verdade, para contestar sua legitimidade – pelos representantes de todas as escolas: estoicos, epicuristas e céticos. A arte da palavra é uma arma que deve servir a objetivos louváveis, não a objetivos repreensíveis, mas que não se deveria condenar por causa do mau uso que se pode fazer dela. "O atleta que maltrata seu pai", diz um desses escritores, "não o faz por causa de sua arte, mas por causa de sua abjeção moral". Na sua *Retórica*, Aristóteles também visa sobretudo fazer com que os meios de prova de que se dispõe produzam o máximo efeito possível. Ele não deixa de indicar os meios para "amplificar" ou "encolher" um assunto, ou seja, dar importância àquele que não tem e tirar toda importância daquele que tem. Ele ensina, seguindo Górgias, que devemos nos esforçar para atingir dois objetivos: atenuar com uma barragem de zombarias a seriedade dos argumentos do adversário e fazer da sua própria seriedade um escudo contra o qual vêm se romper os dardos do espírito daquele que combatemos. Nenhum artifício da eloquência dos advogados sofre por si mesmo a desaprovação do filósofo do Liceu, que, impelido sem dúvida pelas necessidades da vida antiga (cf. liv. III, cap. IV, seção I, 2º §), vai muito além da medida na qual nós modernos acreditamos dever nos deter[487]. Contudo, nós também julgamos do interesse da justiça que a acusação e a defesa sejam apresentadas com toda a arte e todo o vigor possíveis para que até o argumento mais insignificante seja desenvolvido e plenamente esclarecido, mesmo que a habilidade superior de um defensor ao qual se opõe um adversário desigual perturbe às vezes o julgamento do juiz e desvie sua decisão. Aristóteles parte sempre da ideia de que nenhum desses artifícios

---

[486] Cf. em especial Arist., *Retór.*, I 1 (1355 a-b); Platão, *Górgias*, 456d; Sexto Emp., *Adv. Math.*, II 44; Filodemo, tratados de retórica, *passim* [*Voll. rhet.*, I 20, 9; 25, 32; 345, 1; II 142, 7 Sudhaus] (esses trechos foram discutidos por nós na *Zeitschrift fur das österreichische Gymnasium*, 1866, p. 697 ss.); Crísipo [*Frag. log. et phys.*, nº 129 (*Sto. Vet. Frag.*, II 39) Arnin] em Plutarco, *De Stoic. repugn.*, cap. 10, 1037 b = *Mor.*, 1268, 37 ss. Dubner; enfim, Arist., *Retór.*, II 26 início e III 18 fim.

[487] Arist., *Retór.*, I 1 fim; sobre o que segue, cf. a nota 2 no liv. III, cap. VI, seção IV, 3º §; e ver também Platão, *Protágoras*, 351d.

deve ser empregado com intenção desonesta. Não temos o menor motivo para duvidar que Protágoras sempre tenha feito a mesma ressalva, pois a honradez pessoal do sofista é garantida tanto pela delicadeza que ele empregava, segundo Platão, no trato com seus alunos em matéria de honorários e que lhe valeu os elogios de Aristóteles, quanto pelo retrato que o primeiro desses filósofos faz do seu caráter. Todas as vezes que, no diálogo homônimo, ele o põe na situação de escolher entre duas opiniões de valor moral desigual, Platão o faz escolher a mais alta, e até, num caso, ele o faz declarar expressamente que não se deixa guiar pelas considerações do momento, mas que também pensa no resto de sua vida. Enfim, seus escritos relativos à ética, entre os quais são citados um *Sobre as virtudes* e outro *Sobre a ambição*, devem ter pelo menos respondido às ideias morais que circulavam então; prova disso são o papel que Platão atribui ao seu autor e o silêncio muito significativo dos outros adversários deste último.

Persuadido que os exercícios práticos não têm menos importância para a educação que o ensino teórico, Protágoras esforçou-se por todos os meios para desenvolver e fortalecer as faculdades dos seus alunos. Ele formulou teses que propunha aos futuros oradores, convidando-os a argumentar a favor e contra. Eram questões de cunho totalmente geral, isoladas e como que despojadas das complicações da realidade, o que fazia delas uma feliz preparação para a discussão dos problemas mais difíceis e mais embaralhados que a vida oferece. Isso lembra o conselho que Aristóteles[488] dá a todos aqueles que querem dedicar-se à poesia e também aos poetas já iniciados na carreira: reduzir à mais simples expressão possível o tema complexo de uma epopeia ou de um drama, e somente depois agrupar em torno desse núcleo as circunstâncias que darão a cada personagem sua individualidade. Uma outra espécie de ginástica intelectual era a elaboração do que os antigos chamavam de *lugares-comuns*. Não se tratava mais de descobrir e expor argumentos a favor ou contra uma tese qualquer, mas de desviar o rio da eloquência para um leito determinado onde ele pudesse seguir seu curso livremente e sem obstáculo. Esses exercícios consistiam em fazer o elogio ou a crítica de objetos de qualidade evidente e não duvidosa, por exemplo de virtudes e vícios, dos seus representantes humanos, de condições de vida, de modos de conduta etc. Se a discussão das teses desenvolvia a perspicácia e a flexibilidade dialética, o objetivo dos lugares-comuns era adquirir força, clareza e plenitude de expressão, e ao mesmo tempo mobiliar a memória com ideias e expressões das quais eles poderiam se servir todas as vezes que surgisse a oportunidade. Desse modo, para usar a expressão de Quintiliano, eram dados os membros com os quais o futuro orador deveria formar suas estátuas[489].

Esses auxiliares da retórica chegaram em filiação direta até nossa época, na qual sobrevivem na forma de dissertações e amplificações. Reclama-se amiúde, e não sem

---

[488] *Poética*, cap. 17.

[489] Sobre o ensino retórico de Protágoras, ver os trechos citados por Frei, *Quæst. Protag.*, 150 ss. [Suidas s.v.; Dióg. L., IX 51 e 53; FVS 74 A 3-4; A 7; A 10-21; A 26; B 5-6]. A comparação de Quintiliano encontra-se nas suas *Instit. Orat.*, II 1, 12.

razão, do formalismo malsão que esses exercícios contribuem para propagar, do hábito que eles criam de manejar sem dificuldade ideias emprestadas e sentimentos não vividos; mas de quem é a culpa se não temos energia para romper com tradições que não têm mais objeto? Não se poderia culpar, em contrapartida, os homens notáveis que, há mais de dois mil anos, imaginaram para os gregos as formas de educação exigidas imperiosamente pelas circunstâncias da época. Mas já basta quanto a esse ponto: enquanto Protágoras fazia avançar a eloquência no fórum, um dos seus contemporâneos e confrades mais eminentes cultivava e aperfeiçoava outro gênero igualmente importante, que precisamos examinar agora.

Capítulo VII

Górgias de Leontinos

I. Górgias diante da assembleia do povo ateniense. Ele foi um dos fundadores da prosa artística grega. Górgias e o "eufuísmo". Paralelos literários na época da Renascença.

II. Górgias como filósofo-naturalista e como moralista. As três teses de Górgias. Não existe o Ser. Se ele existisse, não seria cognoscível. Em todo caso, o conhecimento do Ser não é comunicável.

III. Objetivo dessa sequência de teses. O pretenso niilismo de Górgias. Motivo de sua polêmica contra os eleatas.

IV. Progresso do pensamento exato. As mais antigas definições. Górgias e Sócrates. A cosmologia suplantada pela antropologia.

I

No ano 427, numa bela manhã de fim de verão, uma agitação extraordinária reinava nas esplanadas rochosas que se erguem a oeste da Acrópole de Atenas e que formam a Pnyx. Uma delegação das cidades sicilianas havia chegado para pedir ajuda e proteção contra Siracusa. Quando os embaixadores terminaram de expor sua missão na sessão do conselho dos Quinhentos, foram conduzidos pelos prítanes à assembleia do povo para defender sua causa diante dela. Seu principal orador era Górgias, filho de Carmantidas[490]. Ele fora delegado pela sua cidade, Leontinos, então florescente, em cujo sítio ergue-se hoje a pequena cidade de Lentini, perto da estrada de ferro que liga Catana a Siracusa. A arte da eloquência já não era mais absolutamente estranha aos atenienses. Um dos seus representantes, o famoso Trasímaco de Calcedônia, havia sido ridicularizado poucos meses antes em *Os Trapaceiros* de Aristófanes[491]. Mas nem o retor veemente e altivo, de quem Platão, nesse momento ainda no berço, traçaria na sua *República* uma imagem tão repugnante, nem o olímpico Péricles, morto há somente dois anos e cuja palavra naturalmente possante tinha causado tão grande impressão, nunca tinham oferecido aos ouvidos e ao espírito *blasé* dos atenienses um deleite comparável àquele que oferecia o jônico da Sicília cuja voz eles ouviam pela primeira vez. Górgias faria pelo menos mais uma viagem a Atenas. Ali ele obteve brilhantes triunfos oratórios, assim como em muitas outras partes da Grécia, especialmente em Delfos e Olímpia, quando as festas levavam para lá grande afluxo de espectadores. Foi tido em alta estima tanto pelo povo quanto pelos príncipes – entre os quais podemos citar Jasão de Féres, na Tessália – e terminou sua carreira com mais de cem anos de idade, sem ter perdido nada do seu vigor intelectual. "O sono já começa a entregar-me para o seu irmão", disse

---

[490] A vida de Górgias foi contada por Hermipo e Clearco em suas biografias (Ateneu, XI 505 d e XII 548 d) [FVS 76 A 11]. Não temos indicações certas sobre seu nascimento e sua morte. Apolodoro diz – e podemos acreditar – que ele viveu 109 anos (Diog. L., VIII 58) [FVS 76 A 10]. Ele sobreviveu a Sócrates (Platão, *Apologia*, 19e) [FVS 76 A 8 a] e passou os últimos anos de sua vida na Tessália, onde gozou do favor de Jasão de Féres, que subiu ao trono por volta de 380 (Pausânias, VI 17, 9) [FVS 76 A 7]. Mas a parte muito mais longa de sua vida cai evidentemente no século V, de modo que ele já se aproximava da velhice quando foi enviado em embaixada a Atenas (Diodoro, XII 53) [FVS 76 A 4]. Diels (*Gorgias und Empedokles*, 2) "atém-se firmemente à delimitação de Frei, 483-375" (*Rhein. Mus.*, nova série, VII 527 ss.). Não sem probabilidade, Wilamowitz (*Aristoteles und Athen*, I 172 nota 75) situa seu *Discurso Olímpico* no verão do ano 408. As informações mais detalhadas que temos sobre ele são fornecidas por Filóstrato, *Vitæ sophist.*, cap. 9 [FVS 76 A 1], todavia não sem impossibilidades cronológicas (cf. *Apolog. der Heilk.*, 2ª ed., 160). Entre os trabalhos modernos, ver sobretudo Blass, *Attische Beredsamkeit*, 2ª ed., I 47 ss. Os fragmentos estão reunidos nos *Orat. Att.*, II 129 ss.; cf. *Vorsokratiker*, 552 ss. [76 B]. O dito sobre Penélope e suas criadas [FVS 76 B 29] também é atribuído a outros (ver Gercke na ed. Sauppe revista por ele do *Górgias* de Platão, introd., VI nota 5). Bernays (*Rhein. Mus.*, nova série, VIII 432 = *Ges. Abh.*, I 121) acrescentou o fragmento conservado em Clemente de Alex. (*Strom.*, I cap. 51, 346 Potter) [= 33, 18 Stein; FVS 76 B 8] do discurso olímpico.

[491] Nos Δαιταλῆς (frag. 198, 8). *Att. Com. Fr.*, I 439 Kock [FVS 78 A 4].

ele sorrindo quando sentiu que adormecia pela última vez. Uma estátua de ouro que ele próprio havia oferecido ao deus de Delfos e uma estátua que seu sobrinho-neto Eumolpos (ele permanecera solteiro) mandara erguer para ele em Olímpia "por amor e em reconhecimento pelas suas lições" proclamariam sua glória pelos séculos vindouros. "Nenhum mortal", diz a inscrição gravada no pedestal recentemente descoberto da estátua de Olímpia, "já imaginou arte mais bela para preparar os homens para as obras da virtude"[492].

Górgias foi um dos fundadores da prosa erudita grega. Os críticos antigos distinguiam dois principais gêneros de eloquência e um terceiro, intermediário entre os dois outros. O primeiro, cheio de brilho e elevação, florido e colorido, mas pouco movimentado, ora prendia a alma pela harmonia acariciadora dos seus períodos, ora excitava e abalava os sentidos pela grandeza e ousadia das imagens; ele foi empregado sobretudo nos discursos de gala. O segundo, preciso e conciso, sóbrio e claro, de movimento rápido e às vezes impetuoso, agia mais pelos raciocínios que pelas imagens e mais sobre a razão que sobre a imaginação; ele tornou-se o tipo essencial do discurso judiciário. É principalmente a Protágoras que este último gênero deve seu desenvolvimento; o primeiro é obra sobretudo de Górgias. O sofista siciliano recebera da natureza um espírito fulgurante, uma imaginação de riqueza transbordante. Conservamos dele frases esplendorosas que nos permitem admirar ainda hoje seus dons intelectuais. Por exemplo, o dito sobre a ilusão do palco, por meio da qual "o enganado é mais sábio que o não-enganado", ou então o sarcasmo que ele dirigia àqueles que desprezam a filosofia em prol do estudo das ciências específicas: eles parecem, dizia ele, aqueles pretendentes de Penélope que cortejavam as criadas. Muitas das suas comparações foram criticadas pelos puristas da Antiguidade por serem empoladas; por exemplo, ele chamava, mais ou menos como faria Shakespeare no *Macbeth*, os abutres de "túmulos vivos" e dava a Xerxes o título de "Zeus dos persas"[493]. Percebemos a diferença dos tempos e das revoluções do gosto na leitura dos trechos um pouco extensos que restam dele e nos quais irrompe o caráter consideravelmente artificial do seu estilo. Constatá-lo-emos pelas poucas linhas que seguem, extraídas do fragmento mais longo da oração fúnebre que ele pronunciou em honra dos atenienses mortos na guerra: "Pois o que estava ausente desses homens daquilo que deve estar presente nos homens? E o que estava presente neles daquilo que não deve estar presente? Pudesse eu dizer o que quero, e querer o que devo, sem suscitar o desfavor divino, sem provocar a inveja humana. Pois estes [os heróis mortos] tinham um bem divino, a virtude, um mal humano, a mortalidade. Preferiram amiúde ao rigor do direito a brandura da equidade; também amiúde, à letra do código a exatidão da

---

[492] As últimas palavras de Górgias são relatadas por Eliano, *Var. hist.*, II 35 [FVS 76 A 15]. A inscrição na base da estátua de Olímpia encontra-se em Kaibel, *Epigr. gr.*, n° 875 a, p. 534 [FVS 76 A 8].

[493] [FVS 76 B 23; B 29; B 5 a]. Shakespeare, *Macbeth*, III 4: "Our monuments shall be the maws of kites". As duas comparações de Górgias são criticadas por Longino, *Do sublime*, III 2 [Oração fúnebre: FVS 79 B 6].

razão, considerando que a lei mais divina e mais universal era esta: dizer e calar, omitir e fazer a coisa necessária no momento necessário".

Lembremos que, no momento das grandes reformas do estilo, o artificial geralmente precede o artístico. Os defeitos que foram criticados tão fortemente, seja na Antiguidade, seja nos tempos modernos, na prosa de Górgias têm paralelos de exatidão surpreendente nas produções da Renascença. "Predileção por um número igual de palavras em frases antitéticas que fazem contrapeso uma à outra pelo número de sílabas, destaque dado às palavras que se correspondem por aliterações, assonâncias ou até por rimas propriamente ditas", além disso, "exageração de hipérboles e de metáforas rebuscadas"... Não diríamos que acabamos de caracterizar o estilo do nosso sofista? Pois bem, tomamos essa fórmula de uma descrição do *alto estilo* do espanhol Guevara, que publicou em 1529 seu *Libro aureo de Marco Aurelio* e cuja maneira foi introduzida na Inglaterra por John Lyly. Este publicou em 1578 seu romance *Euphues*[494]. Quando Shakespeare zomba do que, depois desse livro, foi chamado de eufuísmo, ele o faz por meio de expressões perfeitamente apropriadas para nos dar uma ideia das excrescências do estilo de Górgias. Para citar somente uma frase, eis o que Falstaff diz ao príncipe no *Henrique IV*: "For, Harry, now I do not speak to thee in *d*rink, but in *t*ears, not in *p*leasure but in *p*assion, not in *w*ords only but in *w*oes also"[495]. Aqui podemos efetivamente falar de excrescências. De fato, a história dos desenvolvimentos do estilo – e não apenas nas artes ligadas à linguagem – compreende geralmente três fases: primeiro aqueles que inventam ou reintroduzem novos procedimentos fazem uso abundante deles, mas sem cair no exagero; aliás, a riqueza da ideia compensa o que a expressão pode ter de artificial; depois vêm os imitadores, que cometem um verdadeiro abuso: nas suas mãos desajeitadas a maneira transforma-se em maneirismo; enfim, os novos procedimentos são admitidos no círculo alargado dos meios de expressão artística e passam a ser empregados apenas ocasionalmente, com medida e quando o tema se presta a isso. Nos tempos modernos, os dois primeiros estágios desse desenvolvimento são representados, na opinião dos juízes competentes, por Guevara e por Lyly; eles o são, na Antiguidade, por Górgias e pelo autor ou autores das declamações que lhe foram falsamente atribuídas (o *Elogio de Helena e Palamedes*)[496], e em parte também por Isócrates. Não obstante, o eufuísmo não é somente, para Shakespeare, objeto de pilhéria. Um dos elementos dos quais ele se compõe, aquele por meio do qual Guevara e Górgias se tocam imediatamente, passou tanto para ele como para Calderón e tornou-se carne de sua carne. Estamos falando

---

[494] Tomo emprestada a característica do *alto estilo* ao ensaio de Landmann "Shakspere and Euphuism", nas *Transactions of the New Shakspere Society*, série I, 1880-86, p. 250; no mesmo lugar também é citada a passagem de *Henrique IV* (1ª parte, II 4) que citamos abaixo como característica.

[495] [N.T.: itálicos acrescentados por Gomperz.]

[496] Ao rejeitar as duas declamações que chegaram até nós sob o nome de Górgias, filio-me à demonstração de Leonard Spengel, que foi frequentemente ignorada, mas nunca refutada: *Artium Scriptores*, 71 ss. (cf. *Apolog. der Heilk.*, 2ª ed., 153 ss., e Wilamowitz, *Aristoteles und Athen*, I 172 nota 75).

dessa troca de sutis *concetti*, dessa riqueza transbordante, dessa superabundância de imagens que não servem mais para precisar ou animar o pensamento, que não são mais criadas com vistas a um objetivo, mas têm de certa forma seu objetivo em si mesmas. Talvez possamos reduzir a duas causas fundamentais os traços característicos da língua de Górgias e de seu paralelo da Renascença. A primeira é a necessidade, tão natural no início de uma grande época literária, de novos meios de expressão, os quais, justamente por causa da sua novidade, são estimados além do seu valor. A segunda é a vitalidade borbulhante, indomável, de uma era de sangue jovem, impetuoso, cujo espírito não encontra alimento suficiente para o seu ardor. Ainda hoje encontramos às vezes homens que possuem tanto espírito e são tão pouco mestres dele que não conseguem exprimir as ideias, mesmo as mais ordinárias, de outra forma senão com meios extraordinários. A ideia desdenha, por assim dizer, vestir um hábito já usado; ela cria a cada vez e por si própria uma nova roupagem.

Dos discursos de Górgias, cinco nos são conhecidos em parte graças a curtas indicações e em parte também por fragmentos. São eles: os discursos *olímpico* e *pítico*, um *Elogio de Aquiles*, um *Elogio dos eleenses*, e enfim a *Oração fúnebre* mencionada acima[497]. Esta última e o *Discurso olímpico* distinguem-se pela sua tendência pan-helênica. Já observamos uma vez (liv. III, cap. VI, seção I, 1º §) que os mestres itinerantes, que se sentiam em casa em todas as regiões da Grécia, eram tanto quanto os poetas, se não mais, animados pelo patriotismo da raça ao invés do da cidade, e viriam a ser, no meio das dissensões intestinas dos helenos, os representantes naturais da ideia nacional. Duas ideias de Górgias apoiam esse modo de ver e precisam ser citadas aqui. No *Discurso olímpico*, o sofista conclamava seus compatriotas a fazer trégua de suas querelas e "almejar conquistar não suas próprias cidades, mas o país dos bárbaros". E na *Oração fúnebre dos atenienses*, ele lembrava as façanhas realizadas em comum pelos gregos na luta contra os persas e resumia suas exortações exclamando: "As vitórias obtidas sobre os bárbaros pedem cânticos de triunfo; aquelas que gregos obtêm sobre gregos pedem cânticos de luto".

II

Porém, na sua qualidade de pensador, Górgias nos interessa mais que na sua qualidade de reformador do estilo, orador ou patriota. Ele tratou de filosofia natural, de filosofia moral e sobretudo de dialética. Infelizmente, faltam-nos informações precisas sobre sua atividade nos dois primeiros desses campos. Sabemos apenas que, como físico, ele estudou os problemas da óptica, que nisso ele seguiu os passos de seu mestre Empédocles[498] e que, baseando-se nos princípios postos por este último, ele tentou

---

[497] [São encontrados em FVS 76 B 7-8; B 9; B 17; B 10; B 5a-6.]

[498] [FVS 76 B 4-5]. Sobre a relação de Górgias com Empédocles, cf. Satiro em Dióg. L., VIII 58 [FVS 76 A 3] e a frutífera discussão de Diels no estudo já citado muitas vezes, *Gorgias und Empedokles*, *Berliner Sitzungsberichte* 1884, 343 ss. Virtude: FVS 76 A 21; B 19.

explicar o funcionamento dos espelhos ardentes. Ele nunca se fez passar por mestre de virtude; é por isso que, se pudéssemos estabelecer uma distinção rigorosa entre os retores e os sofistas, deveríamos classificá-lo entre os primeiros. Contudo, como ele era meio retor e meio filósofo, podemos incluí-lo entre os sofistas no sentido mais amplo do termo. Aliás, embora ele não tenha ensinado a virtude, ele tratou dela nas suas obras. Ele não tentou simplificar a ideia da virtude ou reduzir suas diversas ramificações a uma raiz comum; ele preferiu expor e explicar na sua multiplicidade as virtudes particulares, distinguindo aquelas que são mais próprias do homem daquelas que são mais próprias da mulher. Como dialético, ele tomou como ponto de partida a doutrina eleata do Ser, que vimos decompor-se espontaneamente com Zenão, e avançou tanto nesse caminho que acabou por negar completamente o conceito de existência. Também é de se deplorar a perda da obra na qual Górgias tratava desse assunto. Ela intitulava-se *Da Natureza ou do Não-Ser*; a primeira parte expunha certamente a filosofia do autor; a segunda era talvez dedicada à física. Devido ao seu desaparecimento, só conhecemos imperfeitamente a doutrina, e sobretudo a demonstração que Górgias fazia dela. Nossa fonte principal é uma pequena obra que outrora era considerada de Aristóteles mas que, na realidade, deve ser tida como uma produção tardia da sua escola[499]. Essa obra trata, além disso, das doutrinas de Xenófanes e Melisso. Qualquer um reconhece que ela só pode ser usada com precaução no que diz respeito a esses dois filósofos, mas temos o costume – coisa estranha – de estimá-la digna de toda confiança quanto à doutrina de Górgias. No entanto, caberia considerar que, se essa confiança é quase ilimitada, é porque somos absolutamente desprovidos de fragmentos originais e quase completamente de indicações que nos permitem controlá-la ou completá-la.

Górgias empreendeu a prova de uma tese tripla: não existe o Ser; mesmo se ele existisse, ele não seria cognoscível; mesmo se ele existisse e fosse cognoscível, o conhecimento dele não seria comunicável. Duas provas são fornecidas para apoiar a primeira dessas teses. Eis primeiramente a que é considerada "a primeira, e própria de Górgias". Ela consiste em formular de início esta proposição insignificante e de aparência totalmente inocente: "O Não-Ser é o Não-Ser". Desse princípio, tiram-se em seguida as conclusões mais extensas. Admitindo-se que o Não-Ser seja apenas o Não-Ser, todavia ele é alguma coisa; logo, ele *é* e não podemos lhe recusar existência. Assim, a diferença entre o Ser e o Não-Ser é suprimida; o Ser perde sua superioridade sobre o Não-Ser. Além disso, se o Não-Ser (como acabamos de mostrar) *é* ou existe, conclui-se que o Ser, como seu contrário, não é ou não existe. Portanto, encontramo-nos diante da seguinte alternativa: ou a diferença entre o Ser e o Não-Ser deve ser considerada suprimida, como exige a primeira parte do argumento, e nesse caso nada existe, pois o Não-Ser não existe e consequentemente o Ser também não, já que foi demonstrado que ele é equivalente ao seu contrário; ou então a diferença não deve ser considerada

---

[499] As informações fornecidas pelo *Libellus* [de MXG 5-6] são completadas por Sexto Emp., *Adv. Math.*, VII 65 ss. [FVS 76 B 3]. Cf. a nota ao liv. II, cap. I, seção I, 1º §.

anulada, e então a segunda parte do argumento nos obriga, por sua vez, a concluir a não-existência do Ser, precisamente porque ele é o contrário do Não-Ser e porque se demonstrou que este existe.

Uma palavra de crítica imediatamente depois dessa exposição. Sem dúvida, não é necessário chamar a atenção do leitor para o fato de que as palavras *Ser* e *Não-Ser* são empregadas aqui indistintamente como equivalentes de *ser* e *não ser*, sem que saibamos se essa confusão deve ser imputada ao próprio Górgias ou à nossa fonte. Tampouco precisamos observar que o Não-Ser não pode mais ser considerado como tal a partir do momento em que lhe atribuímos uma existência, enquanto o autor dessa série de argumentos considera sucessivamente o lado negativo e o lado aparentemente afirmativo desse conceito e os faz depor um contra o outro. Mas mesmo a pequena proposição de identidade que serve de ponto de partida para a argumentação é, a nosso ver, inadmissível e até, examinada de perto, desprovida de sentido. "Branco é branco" é uma proposição que, na nossa opinião, não é nem evidente por si mesma, nem mesmo inteligível. De fato, aqui o sujeito é simplesmente repetido como predicado, enquanto o juízo ou proposição tem por objetivo aproximar dois conceitos ou dois termos e informar sobre as relações que de fato existem entre ambos. Não cabe aqui insistir nessa questão. O que é mais importante ainda e muito menos discutido é que, no argumento de que estamos tratando, a proposição de identidade só fornece a conclusão procurada graças ao duplo sentido atribuído à palavra *é*. Na frase "o Não-Ser é o Não-Ser", a palavra *é* só exerce o papel de cópula. Porém, no que segue ela é empregada como se exprimisse a existência, a existência exterior e objetiva. É exatamente como se desta frase: "Um centauro é um produto da imaginação" se quisesse concluir não apenas – o que se pode concluir legitimamente – que simplesmente a concepção de um centauro deve existir na nossa consciência antes que falemos dela, mas também que o centauro possui uma existência exterior e objetiva. A isso se acrescenta, aliás, a conversão de juízo ilegítima que ocorre na segunda parte do argumento. Pois mesmo se devêssemos admitir que o "Não-Ser é", disso não resultaria de modo algum que "o Ser não é". Ou será possível concluir da proposição "o Não-Branco existe" que "o Branco não existe"? No entanto, por mais graves que possam ser esses erros, eles não são de modo algum próprios de Górgias. O abuso das proposições de identidade, o abuso da cópula e das conversões ilícitas de juízos encontrar-se-ão frequentemente no curso desta história e muito frequentemente em Platão, e não somente no brilhante fogo de artifício dialético que se chama *Parmênides*.

O segundo argumento a favor da primeira tese apresenta um caráter essencialmente diferente. Aqui Górgias parte das assertivas contraditórias às quais tinham chegado seus predecessores e faz uma soma delas. O Ser deve ser ou um ou múltiplo; ele deve ou ter nascido ou não ter nascido. Porém, cada uma dessas hipóteses foi refutada por meio de argumentos igualmente bons – pelo menos aparentemente – em parte por Zenão, em parte por Melisso e em parte, podemos acrescentar, pela combinação dos seus argumentos. Mas se o Ser não é nem um nem múltiplo, nem criado nem incriado, ele simplesmente não pode existir. Se ele for despojado sucessivamente de todos os predicados concebíveis, sua própria realidade deve necessariamente tornar-se caduca. O procedimento de argumentação utilizado aqui nos interessará mais tarde como o princípio do "terceiro excluído". É tanto menos necessário determo-nos aqui porque podemos – pelo menos – indagar se Górgias pretendia reconhecer a esse segundo argumento mais que um valor condicional. Talvez ele quisesse somente dizer isto: se atribuirmos força plena aos argumentos contraditórios dos filósofos, e em especial às objeções levantadas por Melisso e por Zenão tanto contra a pluralidade como contra a unidade, etc., do Ser, não podemos subtrair-nos à conclusão ulterior que nenhum dos dois tirou, a saber que esse pretenso Ser não existe de modo algum. Nossa principal fonte, pelo menos, leva a essa interpretação, já que ela distingue entre a primeira prova, "própria de Górgias", e a segunda, na qual "ele resume o que foi dito por outros"[500].

Chegamos à segunda tese: o Ser é incognoscível, mesmo admitindo sua existência. Cremos poder reproduzir de maneira um pouco livre o próprio fundo da prova. Para que o Ser fosse cognoscível, seria preciso que tivéssemos de alguma forma uma garantia da exatidão desse conhecimento presumido. Mas onde encontrar essa garantia? Não na percepção sensível, cuja verdade é tão vivamente contestada. Então no pensamento ou na imaginação? Poderia ser, sem dúvida, se não tivéssemos a faculdade de imaginar coisas manifestamente falsas, por exemplo uma corrida de carros na superfície do mar. E se a concordância de um grande número de homens no que tange às percepções dos sentidos não prova a verdade destas, como a concordância de um grande número de homens quanto ao pensamento e à imaginação poderia provar a infalibilidade destes últimos? Só o poderia na eventualidade de perdermos a faculdade de imaginar o irreal, o que não é absolutamente o caso, como acaba de nos mostrar o exemplo citado acima.

Quanto a isso, temos duas observações a fazer, uma de alcance geral e a outra sobre um ponto especial. Esta relaciona-se às proposições filosóficas da época, e especialmente à de Parmênides. Nossos leitores lembram-se desta: "O Não-Ser é inexprimível e inconcebível" (cf. liv. II, cap. II, seção II, 3º §) e desta outra: "Pensar e Ser são a mesma coisa" (cf. liv. II, cap. II, seção IV). Em tais asserções, podia-se efetivamente ver a afirmação segundo a qual o que não é verdadeiro tampouco é imaginável. E como foi Melisso quem sustentou com tanta força o caráter ilusório da percepção sensível, é permitido supor que a ponta desse argumento de Górgias também estivesse dirigida contra os eleatas e que seu sentido devia ser mais ou menos o seguinte: Melisso ensinou a irrealidade dos objetos sensíveis e dirigiu nossa necessidade de conhecimento para o "Ser" escondido atrás deles. Mas no que, então, deve basear-se esse conhecimento? Ele só pode apoiar-se no pensamento ou na imaginação, já que Parmênides sustentou que essas faculdades só se aplicam ao real. Mas essa afirmação é contradita pelos fatos a partir do momento em que podemos imaginar também o irreal. E agora, acerca da questão em si mesma, podemos

---

[500] Um paralelo muito moderno do segundo argumento da primeira tese é fornecido pela demonstração de Mansel, citada na *Examination of Sir W. Hamiltons philosophy*, de Mill, 3ª ed., 114 [Cap. VII].

fazer a seguinte observação geral. É verdade e não é verdade que nossa imaginação não pode se aplicar a simples fantasmas. É verdade no que se refere aos elementos de nossas representações; não é verdade no que se refere às suas combinações. A corrida de carros sobre a superfície do mar é uma combinação de representações arbitrária e contrária à natureza das coisas, assim como um centauro ou um leão alado. Mas os diversos elementos envolvidos precisam ter entrado previamente na nossa consciência por meio da experiência. Portanto, eles podem filiar-se pelo menos à verdade empírica, e – quer a identifiquemos ou não com a verdade absoluta – a distinção que acabamos de fazer entre as representações elementares e as representações combinadas é, em todo caso, de grande alcance, porém nunca é levada em conta na demonstração de Górgias. Todavia, aqui devemos lembrar, mais uma vez, que Górgias não é o único que podemos criticar por tal deslize, pois todos os filósofos de sua época também o cometeram. A questão de saber se e como é possível imaginar o falso constituía uma série dificuldade para os pensadores dessa época e para os da época imediatamente posterior. Veremos que Platão abordou-a vigorosamente, e não sem sucesso, no *Teeteto*.

A terceira tese é a seguinte: "O conhecimento do Ser, mesmo se este existisse e fosse cognoscível, não seria comunicável". A demonstração dessa tese consiste em dizer que nosso meio de comunicação é a linguagem e que é impossível comunicar com palavras outra coisa além de palavras. A linguagem não tem a mesma natureza que as coisas que ela procura exprimir; ela é apenas um símbolo, e como tal só pode transmitir símbolos. Como, por exemplo, poderia ela comunicar uma sensação de cor? "A vista é tão pouco capaz de perceber os sons quanto a audição é apta para perceber as cores." E se, por acaso, mostrarmos àquele que queremos instruir o objeto que produziu em nós a impressão da cor, quem nos garante que a impressão produzida em outrem corresponde exatamente àquela que nós mesmos sentimos? E a conclusão desse raciocínio, que nossa fonte principal infelizmente não conservou, dizia sem dúvida que a língua, que faz parte integrante da nossa natureza, pode muito menos ser qualificada para comunicar a outros o Ser estranho e exterior à nossa essência subjetiva, mesmo se tivéssemos conhecimento dele! Cabe notar que, para fundar essa tese, Górgias exprime e demonstra uma ideia realmente importante, e de um modo que não tolera nenhuma contradição. Essa ideia é que nunca podemos ter certeza da completa identidade entre nossas sensações elementares e as dos outros. Fora isso, pouco importa para nós que o raciocínio seja maculado por alguns erros que eram correntes naquela época. "A mesma ideia não pode existir em dois sujeitos", diz o sofista, "senão a unidade seria ao mesmo tempo dualidade". É claro que ele confunde a identidade de espécie com a de número. O mesmo ocorre na seguinte proposição: "Mesmo que se admitisse isso, um ainda poderia *parecer* diferente a ambos, já que eles não são completamente semelhantes um ao outro; pois, se o fossem, não seriam *dois* sujeitos, mas *um só*"[501]. Mesma confusão.

---

501 [N.T.: itálicos acrescentados por Gomperz.]

III

Se não é muito difícil pronunciar-se sobre o valor lógico dessa série de teses, é muito mais difícil determinar seu objetivo propriamente dito. Ninguém duvida que Górgias tenha se inspirado do panfleto de Zenão, e podemos no mínimo indagar se a intenção que guiou este último não guiou também seu imitador. Zenão queria, como sabem nossos leitores, vingar seu mestre Parmênides dos ataques de que este fora alvo (liv. II, cap. III, seção II, 1º §). Nada impede de supor que Górgias tenha sido animado por um desejo semelhante com relação a Empédocles. Entre a fé relativamente ingênua no testemunho dos sentidos professada por seu mestre Empédocles e a negação que lhe opunham os eleatas, em todo caso há um abismo. A doutrina da natureza formulada por Empédocles envelheceria rapidamente diante das novas correntes intelectuais; Zenão e Melisso só podiam sentir desprezo por ela. De fato, a Antiguidade possuía uma *Discussão crítica* da doutrina de Empédocles, da lavra de Zenão[502]. No entanto, a ponta dos argumentos de Górgias, como vimos, é dirigida essencialmente, senão exclusivamente, contra os eleatas. Ele gosta particularmente de opor entre si os dois mais jovens representantes da doutrina do Ser. É o que ele faz numa parte do segundo argumento em apoio da primeira tese, que devemos examinar ainda mais exatamente. Do antigo dogma dos físicos acerca da eternidade ou infinitude na duração do universo, Melisso deduzira sua infinitude no espaço (cf. liv. II, cap. III, seção I, 2º §). Agora Górgias prova em pormenores que uma tal infinitude não pode existir. Pois onde existiria ela? Não em si mesma, e menos ainda em outra, pois, neste último caso, ela não seria infinita, e no primeiro haveria dois infinitos, um contido e outro continente. E nossa fonte diz expressamente que aqui Górgias se apoiava no argumento de Zenão sobre o espaço. Fazer um dos mais jovens eleatas refutar o outro é algo que certamente lhe proporcionou um prazer considerável, e temos o direito de crer que seja pelo menos possível que esse prazer se baseasse num sentimento pessoal.

Porém, se não estamos muito enganados, é na segunda tese de Górgias que descobrimos o motivo fundamental de sua polêmica. Ela nos informa que, nas demonstrações eleatas, ele ficava chocado precisamente com o que não pode deixar de chocar um leitor moderno desprevenido. Quando lemos os raciocínios de Parmênides e Melisso, uma objeção surge continuamente nos nossos lábios; somos tentados a gritar para esses dois pensadores: como podeis, depois de ter relegado com perfeita certeza ao reino da ilusão uma parte tão considerável do conhecimento humano, considerar o restante, com a mesma certeza, uma verdade inatacável? Quem vos garante que uma parte de vossas faculdades vos conduz a uma verdade infalível se a outra vos induz a um erro

---

[502] A ἐξήγησις τῶν Ἐμπεδοκλέους (FVS 19 A 2) mencionada por Suidas no verbete Ζήνων era, como mostrou Diels com muita probabilidade (*Gorgias und Empedokles*, 17, 359), uma discussão crítica da doutrina de Empédocles.

completo? Onde está a ponte que, do mundo da aparência subjetiva no qual estais tão inteiramente mergulhados, vos transporta à morada do Ser objetivo puro? A doutrina de Parmênides abria muitas brechas para essa objeção porque fazia os fenômenos psíquicos repousarem inteiramente no elemento físico. É verdade que ele só se exprime assim no seu *Caminho da Opinião* (cf. liv. II, cap. II, seção V, 1º §), mas o *Caminho da Verdade* não contém nada que o contradiga. Nem ele nem seus partidários dispunham, para resolver essa dificuldade, do recurso que consiste em dizer: o corpo nos envolve no erro, mas a alma imortal nos traz uma mensagem do mundo da verdade sem mistura. Afinal, não há uma palavra nele que indique – e toda verossimilhança interna proíbe crer – que Parmênides tenha atribuído à "psiquê", a não ser em sonho, uma participação qualquer na vida do espírito e consequentemente no processo do conhecimento, apesar de que, segundo a doutrina órfico-pitagórica, ele a fez sobreviver ao corpo e sofrer múltiplos destinos (cf. liv. II, cap. V, seção VII, 4º § fim). Será que estamos equivocados ao ver no espanto que causava em Górgias a confiança dogmática tão mal fundada dos eleatas o motivo principal da polêmica que ele sustentou contra eles e sua teoria do Ser?

IV

Aqui permitir-se-nos-á lembrarmos algumas manifestações análogas da época. Sentimento de modéstia crescente, reação contra a certeza e o dogmatismo das antigas escolas, assim se mostrou o lema de Hipócrates e dos seus alunos na revolução que operaram na arte de curar. A isso acrescentava-se naturalmente a tendência ao *relativismo* cujos primeiros traços já encontramos em Heráclito. Estudar não o que o ser humano é em si mesmo, mas o que ele é com relação ao que ele come e bebe e com relação ao que ele faz de modo geral, eis o objetivo limitado, mas dificilmente acessível, que o profundo autor do livro *Sobre a antiga medicina* havia proposto aos estudiosos (cf. liv. III, cap. IV, seção II, 1º §). Às ficções pomposas que ele proscreveu do campo da ciência ele opõe os resultados relativamente modestos, mas certos, da experiência e da observação. Constatamos o mesmo abandono das pretensões tão ambiciosas de outrora e ao mesmo tempo o mesmo espírito de relativismo no único monumento literário que foi conservado daquilo que chamamos de sofística, ou seja, no discurso *Sobre a Arte*. E quer tenhamos ou não o direito de atribuí-lo a Protágoras, em todo caso encontramos nele a proposição metafísica fundamental desse sofista, e numa forma que é um reflexo evidente desse espírito relativista. Independentemente disso, aliás, o pensador que situou com tanta força o "homem" no centro do problema do conhecimento não podia deixar de perceber mais ou menos claramente a limitação de toda ciência pelos limites das faculdades humanas.

Sentimento de modéstia e relativismo são traços que encontraremos novamente na próxima grande etapa do nosso relato, isto é, na doutrina de Sócrates: nela também encontraremos, no esforço feito para precisar nitidamente os conceitos, uma outra prova do rigor crescente das exigências científicas. A tentativa, infelizmente mal conhecida, que fez Pródico para distinguir exatamente os sinônimos assinala um passo nessa direção. Aliás, a precisão dos termos caracteriza os discursos que pronuncia Protágoras no diálogo de Platão. O esforço que este último faz para ridicularizá-la não consegue nos impedir de ver nela um progresso. Assim, quando, ao falar do papel do azeite na alimentação dos doentes, ele faz o sofista dizer que o único objetivo daquele é "extinguir o desprazer concomitante das sensações que nos chegam pelo nariz quando comemos legumes ou carne"[503]. A comicidade resulta aqui da desproporção entre a sutileza da expressão e a circunstância trivial, para não dizer repugnante, que acarreta o uso daquela. No entanto, esse artifício do incomparável caricaturista não pode nos fazer perder de vista que uma distinção tão rigorosa – totalmente estranha a essa época – entre a impressão sensível e seu objeto, por um lado, e por outro lado entre a própria sensação e a dor ou o prazer que a acompanham era extremamente meritória.

A primeira tentativa propriamente dita de definição encontra-se no escrito *Sobre a Arte*, no qual lemos esta frase: "E primeiramente quero precisar o que considero a essência [ou o objetivo] da medicina, a saber, libertar plenamente os doentes dos seus sofrimentos, amainar a violência das doenças e [acrescenta ele num paradoxo que parece intencional] abster-se completamente com relação àqueles que já estão vencidos pelas doenças". Demócrito prepara-se para dar uma outra definição, à qual ele renuncia logo em seguida, com estas palavras: "O homem é – o que todos sabemos", mas aquelas que ele dera dos conceitos de calor e frio, e que Aristóteles conhecia, não foram conservadas. O campo no qual essas tentativas germinaram era, conforme a natureza das coisas, o da matemática. É o que nos informa – independentemente da definição do número atribuída a Tales – a objeção já mencionada de Protágoras à definição da tangente, assim como as definições com as quais Autólico começa seus dois livros elementares *Sobre a esfera em movimento* e *Sobre o nascer e o ocaso dos astros*. Pois embora esses escritos não sejam anteriores ao final do século IV, eles supõem uma série muito longa de antepassados. Os pitagóricos, precisamente, segundo nos informa Aristóteles, também se dedicaram a precisar algumas ideias morais. Enfim, conhecemos duas definições de Górgias: a da retórica, da qual não trataremos aqui, e a da cor, de cuja forma um pouco peculiar Platão zomba quando a cita pela primeira vez, mas de cujo conteúdo ele se apropria numa obra de maturidade, assim como, num produto de sua velhice, ele estende às doutrinas éticas desse sofista o profundo respeito que sempre demonstrou pela sua personalidade. Essa definição repousa na doutrina empedocliana dos poros e eflúvios, segundo a qual a percepção da cor só pode ocorrer se estes forem conformes com aqueles. Ela é concebida da seguinte forma: "A cor é o eflúvio de uma forma qualquer, correspondente à vista e sujeito à percepção". O diálogo platônico intitulado *Mênon* nos informa que o jovem que atende por esse

---

[503] Platão, *Protágoras*, 334c.

nome recolhera essa definição da boca de Górgias na Tessália, onde o sofista passou os últimos anos de sua vida[504].

Aliás, desse fato – já que Platão evita os anacronismos perfeitamente inúteis – decorre que Górgias, mesmo na sua velhice, e por conseguinte muito tempo depois da publicação das suas teses dialéticas, tratou de questões de física. A mesma constatação resulta da circunstância de que a maioria dos seus discípulos, embora essencialmente retores e políticos, revela um certo gosto pelas ciências da natureza. Alcidamas, que nossos leitores já conheceram como teórico do direito natural (cf. liv. III, cap. IV, seção VI, 2º §), deixou um excelente discurso no qual ele exalta a arte da improvisação e estima seus produtos incomparavelmente mais preciosos que as arengas elaboradas com vagar[505]. Mas ele também escreveu, talvez em forma de diálogo, um livro que trata da física. Outro discípulo de Górgias, menos considerável, o logógrafo Polos, é igualmente mencionado por Platão como versado no estudo da natureza[506]. Enfim, embora Isócrates tenha renunciado tanto à física como à dialética, é como mestre de ciências naturais que ele imortalizou Górgias: de fato, na placa de mármore que cobria seu túmulo, via-se, entre muitos outros motivos, o sofista dirigindo a atenção do seu aluno para uma esfera celeste[507]. E como um mestre não vive na memória dos seus discípulos como representante de uma fase antiga e abandonada por ele de sua atividade, essa circunstância não permite crer que as teses paradoxais do sofista tenham operado uma espécie de ruptura na sua carreira e dividido-a em duas metades totalmente díspares. É perfeitamente impossível dizer se, desde aquela época, ele cercou de uma ressalva suas

---

504 Cf. [Hipócrates] *De Arte*, cap. 3, e Demócrito, 209 Mullach (tirado de Sexto Emp., *Adv. Math.*, VII 265) (FVS 55 B 165): ἄνθρωπός ἐστιν ὁ πάντες ἴδμεν. Pascal dizia de modo absolutamente análogo: "Qual necessidade há de se explicar o que entendemos pela palavra *homem*? Não sabemos o bastante qual é a coisa que queremos designar com esse termo?" (*Pensées*, I 2, p. 28 da ed. de Paris, 1823) [*Œuvres*, ed. Brunschwicg, IX 247]. Aristóteles menciona tentativas reais de definição de Demócrito e dos pitagóricos na *Metaf.*, XIII 4 (1078 b 19 ss.) [FVS 55 A 36]. Cf. também *Autolyc. de Sphæra* etc., ed. Hultsch, Leipzig, 1885, p. 2 e 48, bem como a definição de número atribuída a Tales em Iâmblico, *In Nicomachi arithm. introduct. liber* (p. 10 Pistelli), com as observações de Hultsch, *Berliner philologische Wochenschrift*, 15 de junho de 1895, col. 775. [Definições morais dos pitagóricos: FVS 45 B 4.] Sobre as primeiras fases do estudo da geometria, temos informações por meio do inestimável fragmento de Eudemo (*Frag. coll.* Spengel [nº 84], 113 ss.), bem como através da mais antiga demonstração geométrica (de Hipócrates de Quios, meio do século V), que foi conservada por Simplício, *Física*, 60 ss. Diels [FVS 30, 3]. Definição da retórica por Górgias: *Orat. Att.*, II 130 b 18 [FVS 76 A 28]. Definição da cor em Platão, *Mênon*, 76d [FVS 76 B 4] (onde eu gostaria de manter σχημάτων apesar de Diels, *Gorgias und Empedokles*, 8, 350, que aliás contribuiu muito para tornar essa definição inteligível). Sobre o que segue, cf. (segundo Hirzel, *Hermès*, X 254, e Dummler, *Akademika*, 33) Platão, *Timeu*, 67c, e *Filebo*, 58a ss. [FVS 76 A 26].

505 O discurso de Alcidamas *Sobre os Sofistas* encontra-se agora no apêndice às *Antiphontis orationes*, 2ª ed. Blass, Leipzig, 1881. Seu Φυσικός é mencionado por Dióg. L., VIII 56.

506 Sobre Polos como naturalista, cf. Platão, *Górgias*, 465d.

507 Sobre o túmulo de Isócrates, cf. Pseudo-Plutarco, *Vit. X Orat.*, IV [838 d] (1021, 43 Dubner) [FVS 76 A 17].

teorias físicas, tal como Parmênides; se, ao discutir o conceito do Um, ele considerava exclusivamente a forma estrita que lhe haviam dado os eleatas, ou se ele tinha chegado a uma visão puramente fenomenalista análoga à do seu aluno Licófron, que evitava empregar o verbo *ser* até mesmo como cópula[508]. Não temos condições nem mesmo de resolver a contradição que existe entre as indicações da nossa fonte principal, segundo a qual Górgias, ao mesmo tempo em que sustentava que "nada existe", contestava tanto o conceito do Não-Ser quanto o do Ser.

Do pretenso niilismo de Górgias, tirou-se a conclusão de que, desde aquela época, ele havia renunciado a toda pesquisa científica propriamente dita e tinha se dedicado exclusivamente à arte da persuasão, ou pelo menos, já que os fatos não se prestam a essa afirmação, que teria sido mais coerente da sua parte agir assim. Porém, é curioso que ninguém pensa, num caso análogo, em fazer o mesmo raciocínio. Xenofonte faz Sócrates expor as contradições dos seus predecessores em filosofia emprestando-lhe uma linguagem totalmente semelhante à de Górgias: alguns sustentaram que o Ser é um, outros que ele é infinito em número; uns ensinaram que ele está em movimento incessante, outros que ele está em repouso absoluto; uns afirmaram que tudo nasce e tudo perece, outros negam todo nascimento e toda destruição[509]. Sócrates conclui disso a inutilidade e a esterilidade dessas espécies de investigação que, na sua opinião, ultrapassam os limites das faculdades humanas. Mas ele não chega ao ponto de deduzir que qualquer esforço para penetrar os segredos da natureza é vão. Ao contrário, ele quer que seus discípulos adquiram, no campo das ciências naturais, conhecimentos suficientes para suas necessidades práticas; que o piloto, por exemplo, seja suficientemente versado em astronomia para conduzir sua nau. Ele nunca pensou que, naquele momento e enquanto não fosse apaziguado esse conflito de opiniões, faltasse chão para todo tipo de ciência; ele estava tão longe de pensar isso que abriu um novo campo de pesquisas, esforçando-se para fazer das "coisas humanas" um objeto de exame mais aprofundado do que haviam sido até então. E a dúvida que fizeram nascer nele as contradições dos seus antecessores não diminui em nada suas esperanças no sucesso da sua empreitada.

É verdade que Sócrates não tinha, como Górgias, dissolvido com sua crítica e rejeitado o conceito do Ser. Mas ele se abstinha, tanto quanto Górgias, de atribuir com certeza qualquer predicado a esse conceito, e ninguém afirmará que este desempenhou o menor papel na sua vida de pensador. A única coisa certa é que Sócrates abandonou as veredas antigas e batidas da investigação porque elas não lhe pareciam levar a nenhum resultado útil. E aqui tocamos um ponto da mais alta importância para o estudo da vida intelectual da época. A perspectiva de não poder resolver os problemas com os quais as gerações precedentes haviam lutado sem trégua constitui um dos fatores da transformação que já reconhecemos por tantos sinais particulares. A cosmologia, no sentido mais

---

[508] Sobre a supressão da cópula por Licófron, cf. Arist., *Física*, I 2 (185 b 27).

[509] *Memorab.*, I 1, 14 e IV 7, 2 ss.

extenso da palavra, é cada vez mais substituída pela antropologia, concebida igualmente da maneira mais abrangente. Mas outros fatores agiram em conjunto com este último. Já tentamos apreciar alguns deles em detalhe mais acima (cf. liv. III, cap. IV, seção I), mas falta mencionar aquele que, embora seja o menos aparente, talvez tenha sido, na realidade, o mais eficaz, ou seja, o simples decurso do tempo. Um número bastante considerável de anos passaria antes que o ser humano olhasse para si próprio como um objeto digno de estudo científico. E, além desses anos, era preciso o crescimento da autoestima, da qual dependia esse estudo e que seria desenvolvida pelo domínio cada vez maior sobre a natureza, pelo aperfeiçoamento das instituições políticas e sociais e sobretudo pelo enriquecimento incessante do tesouro intelectual.

Primeiramente, a necessidade de saber, ao despertar, aplicou-se exclusivamente à natureza exterior. Embora nessa época o ser humano não tenha esquecido completamente de si mesmo, ele só se via como o espelho turvo e frágil do mundo exterior. Chegou o momento em que um sentimento mais consciente de si mesmo o fez ver nas suas próprias faculdades ao mesmo tempo a condição e o limite de todo conhecimento, em que as numerosas e vãs tentativas que ele havia feito para resolver, por assim dizer, de uma só vez o problema do universo o desencorajaram desse estudo, enfim em que ele aprendeu a estimar-se mais. Então a atenção dos pensadores voltou-se para o ser humano e eles viram nele, nas palavras de Pope, "o objeto mais digno de estudo dos homens". Um dos efeitos dessa transformação foi a seriedade mais profunda, a maior intensidade com a qual o campo de história foi cultivado a partir de então. Espíritos de primeira ordem, que, meio século antes, teriam certamente engrossado as fileiras dos filósofos naturalistas, voltaram-se então, como pedia seu contemporâneo Sócrates, para as "coisas humanas". Antes de tratarmos do grande pensador ateniense que já citamos tantas vezes, do pensador que formulou esse desejo da maneira mais expressa e realizou-o da maneira mais vigorosa, lancemos um olhar sobre as mudanças consideráveis que aconteceram na historiografia em decorrência das influências que acabamos de assinalar.

Capítulo VIII

O Desenvolvimento da Ciência Histórica

I. Desenvolvimento que conhece a ciência histórica

II. A obra *Sobre a Constituição dos atenienses*. Relações entre as condições políticas e as condições sociais. A tendência sob o manto da doutrina.

III. A obra histórica de Tucídides. Heródoto e Tucídides. Objetivos que este último se propôs; meios aos quais ele recorreu. Tucídides e a lenda heroica. A concepção que ele tem dos tempos primitivos.

IV. Juízo de Tucídides sobre os oráculos. Sua atitude com relação à religião popular em geral.

V. Uso que ele faz dos discursos. Tucídides e Maquiavel. Características e exposição das ideias. Tucídides e Cleonte. Tucídides é às vezes parcial, nunca pérfido. Considerações finais.

I

Nessa época, os estudos históricos conheceram um desenvolvimento prodigioso. Não satisfeitos em recolher as lendas em massa como fazia Ferécides, os escritores começaram a relatar os eventos contemporâneos. A pena do historiador não se limita às façanhas de Urano e de Cronos: ela traça a carreira de Péricles e de Cimon. Ela não teme descer do éter radioso que envolve o Olimpo para a crônica escandalosa do dia. Às vezes o mesmo espírito movia-se com a mesma desenvoltura naqueles cumes e nestas baixuras. Assim, Estesímbroto de Tasos, no seu livro *Sobre os Mistérios*, procurava com um zelo pio os mitos meio esquecidos e recolhia com avidez no seu panfleto histórico as palavras obscenas com as quais ele conspurcava as grandes figuras dos estadistas atenienses. Além disso, ele tinha disponibilidade para tratar com detalhes, numa obra singular, da vida de Homero e da interpretação dos seus poemas. Aliás, a história da arte e da literatura encontrava representantes cheios de ardor. São citados como os dois mais antigos Damastes e Glauco de Régio; o primeiro compôs uma obra *Sobre os poetas e os sofistas* – pelo termo de sofista, deve-se entender evidentemente os filósofos, o que mostra o fato de que ele os justapõe aos poetas; o segundo, contemporâneo de Demócrito, escreveu *Sobre os antigos poetas e músicos*. O próprio Demócrito, o grande enciclopedista, inquiriu sobre os inícios da poesia nas suas obras sobre a epopeia e a língua homérica, e sobre os da música em outros trabalhos; acerca disso, ele exprimiu a opinião que desenvolveriam mais tarde Platão e Aristóteles, a saber que o ócio e uma certa medida de bem-estar material são necessários para as criações da arte e da ciência. Talvez mais antigo que as obras que acabamos de mencionar era um catálogo cronológico de poetas e músicos que era guardado em Sicíone e que foi utilizado por Heráclides do Ponto. A cronologia não era somente, como nesse catálogo ou em Helânico e Hípias, uma simples auxiliar da história (cf. liv. III, cap. V, seção V, 2º §); ela também foi cultivada por si mesma, já no século VI por Cleóstrato, que a redigia em versos, no século V por Harpalo e outros ainda, entre os quais é preciso citar na primeira linha os dois grandes reformadores do calendário, Enópides e Méton. Os gregos já não se contentavam mais em escrever a história do seu próprio povo; Caronte de Lâmpsaco e Dionísio de Mileto compuseram *Histórias da Pérsia*, enquanto o lídio Xanto serviu-se, para compor sua *História da Lídia*, do veículo da língua grega, como fariam mais tarde outros estrangeiros. Novos materiais foram fornecidos à história pelos relatos de exploradores como Escílax de Carianda e Eutimeno de Massília, assim como pelo gênero nascente das memórias; a ele pertenciam, entre outras, as *Impressões de viagem* do poeta Íon[510], das quais só foram conservados alguns fragmentos, mas preciosos.

---

510 Os fragmentos dos historiadores citados aqui encontram-se em C. Muller, *Frag. hist. græc.* [I 70 ss.; II 52 ss.; 64 ss.; 23 ss.]. Sobre Estesímbroto, cf. a *Dissertation* de Heuer (Munster, 1863); ver também os novos fragmentos contidos no tratado de Filodemo *Sobre a Piedade*, 22, 41 ss. e 45 da minha ed. Sobre as

Porém, se o campo da história aumentou consideravelmente nessa época, a transformação interna que ela sofreu é ainda mais importante. O senso político atinge uma altura que ultrapassa em muito as concepções de Heródoto; parece que, da ingenuidade da infância, se passa à maturidade de espírito do homem feito. Os primeiros sinais dessa mudança encontram-se no único vestígio que foi conservado da rica coleção de panfletos que surgiu no final do século V.

II

O tratado *Sobre a Constituição dos atenienses* é um dos produtos literários mais característicos de todos os tempos[511]. Nele, uma viva paixão política alia-se a uma inclinação muito notável para o método científico; nele reconhecemos ao mesmo tempo um espírito muito poderoso e um coração profundamente ferido. Poderíamos comparar o autor a um oficial que observa as fortificações de uma fortaleza inimiga no intuito de reconhecer seus pontos fracos e bolar o melhor plano de ataque. Mas ele fica tão surpreso com a disposição hábil, a coordenação inteligente de todas as partes que, não satisfeito em desaconselhar com a maior seriedade qualquer ataque precipitado, ele exprime uma admiração sem reserva por tais trabalhos tão extensos e faz, por assim dizer, um elogio do inimigo detestado. É o ódio, com certeza, que aguçou a visão desse oligarca ateniense e o fez perceber diversas verdades políticas fundamentais até então desconhecidas. A harmonia das instituições políticas e dos estados sociais, a concordância entre as formas exteriores e o conteúdo da vida pública de uma comunidade são ressaltadas pela primeira vez no seu livro. O poder marítimo de Atenas, a supremacia comercial que resulta dele, o sistema militar da cidade, a relação entre o exército de terra e a marinha, a constituição democrática, tantas coisas que, a um observador superficial, podiam parecer apenas abusos desta última, como por exemplo a obrigação dos aliados de julgarem seus processos em Atenas, o adiamento dos processos, o caráter arrogante e indisciplinado dos metecos e dos escravos – tudo isso é estudado com tanta penetração, todos os elementos do quadro são tão bem relacionados uns aos outros e reduzidos a causas comuns que se pôde, não sem razão, conferir a esse tratado aparentemente

---

mais antigas obras relativas à história da literatura e da música, cf. Hiller, *Rhein. Mus.*, XLI 401. A ideia de Demócrito que citamos encontra-se no *De Musica* de Filodemo, col. 36, 29 (p. 108 Kemke) [FVS 55 B 144; ver também B 15e-26a]; cf. Platão, *Crítias*, 110a, e Arist., *Metaf.*, I 1, 981 b 20. Sobre as mais antigas publicações cronológicas, cf. Unger no *Handbuch der klassischen Altertumswissenschaft* de Iw. Muller, I 573 § 22 ss. [2ª ed., I 736 ss.]. [Fragmentos de Helânico, Caronte, Dionísio, Xanto em C. Muller, *F. H. Gr.*, I 45 ss.; I 32 ss.; II 5 ss.; I 36 ss.; fragmentos cronológicos de Hípias, Cleóstrato, Enópides em FVS 79 B 3; 70 B 4; 29, 9. Heráclides: frag. 83 (p. 78) Voss. Escílax: C. Muller, *Geogr. Gr. Min.*, I 15 ss. Sobre Eutidemo, ver Jacoby em Pauly-Wissowa, VII 1509. Impressões de viagem de Íon em *Frag. hist. græc.*, I 46 ss.]

511 Cf. sobretudo a alocução acadêmica tão repleta de ideias do saudoso Rod. Schöll, do qual a ciência foi privada prematuramente: *Die Anfänge einer politischen Literatur bei den Griechen*, Munique, 1890. Todavia, não pudemos concordar com sua avaliação da obra *Sobre a Constituição dos atenienses*, e combatê-la-emos mais adiante. [Sobre o que segue, cf. *Const. dos aten.*, I 1; III 9; I 9; I 7-8; III 12.]

insignificante um elogio muito significativo e ver nele a mais antiga aplicação do método dedutivo aos problemas sociais e políticos.

Quanto a nós, na verdade, não podemos conferir esse elogio sem ressalvas. Apreciamos por seu justo valor o esforço do autor de reduzir a alguns grandes princípios gerais a multiplicidade dos fenômenos particulares, bem como o senso de causalidade que se manifesta nesse mesmo esforço; porém, não deixa de existir o fato de que o método dedutivo não se presta a explicar os resultados do desenvolvimento histórico, a esclarecer o processo do devir. Mas nosso autor tem a seu favor uma extraordinária riqueza de observações argutas e inferências penetrantes. Em mais de uma exposição detalhada louvou-se nele o precursor de Burke, de Maquiavel e de Paolo Sarpi. No entanto, exagerou-se quando se chamou esse tratado de "a primeira contribuição ao conhecimento das leis naturais que regem as instituições políticas". O ponto de partida de todas as suas considerações é a relação íntima que existe entre o poder marítimo e a democracia. Contudo, se essa relação existia, ela era somente o resultado do desenvolvimento especificamente ateniense. De fato, basta lançar um olhar sobre Cartago, sobre Veneza, sobre a Holanda e a Inglaterra para persuadir-se que isso não é uma "lei natural". Suas deduções também sofrem por vezes do erro de serem forçadas. Eis como, no começo de sua obra, ele enuncia a tese que ele se propôs demonstrar: "Não louvo os atenienses por terem preferido esse tipo de constituição política, pois com isso eles preferiram a prosperidade dos maus à dos bons. Mas o que quero provar é que, uma vez sua escolha feita, eles sabem conservar sua constituição e que, até nas coisas em que eles estão equivocados aos olhos dos gregos, eles atingem seu objetivo". E, perto do fim, ele se exprime como segue: "Podemos imaginar muitas coisas para aperfeiçoar a constituição; mas não seria fácil encontrar um meio para conservar a democracia e no entanto assegurar uma melhora séria. Só podemos ter sucesso nisso em proporção restrita, acrescentando algo aqui, subtraindo-o ali". A democracia ateniense lhe parece ser uma obra de arte acabada, que deve ser o que é para atingir seu objetivo, ou seja, para satisfazer a multidão. Ao mesmo tempo, não somente o autor concede, mas afirma da maneira mais forte e com evidente exagero, que a baixeza e a ignorância têm a primazia em Atenas, que os "loucos" desempenham o papel principal no Conselho e na Assembleia do povo. Mas o povo, que persegue com razão seu interesse próprio, é melhor atendido pela "ignorância, baixeza e boa vontade" dos seus chefes atuais que pela "virtude, inteligência e má vontade" dos "bons ou nobres". Sem dúvida, com uma tal conduta não se realiza a melhor organização política, mas é assim que a democracia é garantida com mais segurança. "Pois o povo não almeja ser escravo num estado bem ordenado e dotado de boas leis, mas a possuir a liberdade e o domínio... É precisamente daquilo que consideras o contrário da ordem e da lei que o povo tira sua força e sua liberdade." Será necessário observar que, nessas deduções políticas puramente objetivas em aparência, há uma forte dose de doutrinarismo contido, ou mais exatamente de amargor escondido sob o véu da doutrina? O que aconteceria se essa ignorância, essa baixeza, essa loucura dos chefes do povo pusessem em risco o poder do Estado e levassem à ruína da frota, à perda dos tributos, do próprio império? Onde estaria então a vantagem para o povo, que se pretende estar tão bem preservada? A verdade é que, se as assertivas do nosso oligarca atingem diretamente o alvo em muitos casos particulares, no entanto sua pena é essencialmente guiada por uma tendência. Toda sua argúcia está a serviço do seu espírito partidário, toda a sutileza do seu pensamento torna-se o instrumento do seu rancor. Para ele a democracia ateniense não é, em nenhum respeito e em nenhum sentido, suscetível de melhora. Os defeitos mais graves, precisamente aqueles sentidos mais dolorosamente pelas pessoas da classe e do partido do autor, devem aparecer sem exceção como consequências inevitáveis do princípio fundamental do Estado. Pois trata-se, para ele, de condenar radicalmente a constituição ateniense, de atingi-la no seu nervo vital. É como se ele clamasse aos seus amigos: "Não esperai reformas! Não esperai nada dos compromissos! O que vos parece serem somente erros ocasionais, apenas males fortuitos, só uma decadência momentânea decorre, na realidade, unicamente de um princípio funesto de governo. A esse princípio está ligada a prosperidade da multidão, que, precisamente por causa disso, o apoiará sempre com todas as suas forças. Portanto, nada de meias-medidas, nada de precipitação. E sobretudo nada de atacar em momento inoportuno e com forças insuficientes: se queremos um dia dar o grande golpe, que ele seja decisivo e que ponhamos fim de uma vez por todas à tirania do 'maldito *demos*'[512]! É para isso que deveis estar resolutos e bem preparados, e então os aliados vigorosos não vos faltarão. Pois [e aqui não precisamos mais ler entre as linhas] não será preciso pouco para dar o golpe de misericórdia na supremacia do povo ateniense!".

III

Esse livro no qual se misturam de modo tão espantoso a paixão política e a inteligência política foi publicado no ano 424[513]. Um homem que aliava nele os mesmos elementos, mas desenvolvidos a uma potência incomparavelmente mais alta e numa proporção muito mais sadia, encontraria justamente nesse mesmo ano o tempo de que precisava para terminar a obra de sua vida. Essa disponibilidade não era voluntária. Tucídides, filho de Oloros, era um homem de grande riqueza e origem nobre; nas suas veias corria não somente sangue grego, mas também sangue trácio. Na época do cerco de Anfípolis, ele comandou uma esquadra baseada perto da ilha de Tasos, e não partiu dali suficientemente cedo para desbloquear a cidade ameaçada. Ele pagou esse atraso com vinte anos de exílio,

---

512 O "maldito *demos*" é mencionado no epitáfio de Crítias (Escólios do discurso de Ésquines contra Timarco, 39; *Orat. Att.*, II 15 [FVS 81 A 13]).

513 Foi Kirchhoff quem, na dissertação intitulada *Die Abfassungszeit der Schrift vom Staate der Athener* (Berlim, 1878), fixou em 424 a.C. a data dessa obra. É com razão que se deixou de considerar Xenofonte como o autor da Ἀθηναίων πολιτεία; mas até agora esse livro não foi atribuído com alguma probabilidade a nenhum escritor conhecido. [A edição mais recente é a de Ern. Kalinka: *Die pseudo--xenophontische* Ἀθηναίων πολιτεία. *Einleitung, Übersetzung, Erklärung*, Leipzig e Berlim, 1913.]

que ele usou em parte em viagens de pesquisa e em parte na redação, na propriedade que ele possuía no litoral trácio, da obra considerada pela quase totalidade dos críticos como o maior monumento histórico da Antiguidade. Lancemos aqui um rápido olhar sobre o espírito do qual ele se inspirou, sobre os métodos de sua investigação e sobre alguns outros pontos que têm importância para nós[514]. Aliás, se precisássemos deter-nos um pouco mais do que somos absolutamente obrigados a fazer sobre a personalidade desse grande ateniense e sua obra imperecível, temos certeza que nossos leitores não poderiam reclamar. De fato, aqui chegamos a um dos pontos culminantes do desenvolvimento intelectual: por uma coincidência rara, encontramo-nos diante do historiador que amou mais apaixonadamente a verdade, que pôs a serviço dela o mais rico tesouro de ideias e que soube ao mesmo tempo dar-lhe a expressão artística mais cativante.

Não se pode imaginar dois contemporâneos que formam um contraste mais marcante que Heródoto e Tucídides. O surgimento de suas obras é separado por um intervalo de mais ou menos vinte anos, mas a julgar pelo espírito que anima tais obras parece que há entre elas um abismo de alguns séculos. Heródoto nos dá uma impressão totalmente antiga, Tucídides tem um sabor totalmente moderno. Do senso poético e religioso, do gosto pela lenda e pela anedota, da simplicidade da crença do halicarnassense, temperada por raros lampejos de crítica, não resta mais o menor vestígio na obra do seu confrade mais jovem. O olhar deste último volta-se, antes de mais nada, para os fatores políticos, para as relações reais das forças em presença, para a base natural, poderíamos dizer, dos eventos políticos. As fontes desses eventos não estão de modo algum, para ele, nas intervenções de seres sobrenaturais, e somente em pequena medida nos caprichos e paixões dos indivíduos; em toda parte ele procura, por trás deles, as forças que agem universalmente, as condições nas quais se encontram os povos, os interesses dos Estados. Antes de enumerar os conflitos isolados que provocaram a Guerra do Peloponeso, ele formula esta observação muito significativa: "O motivo mais verdadeiro, embora menos confessado, da guerra foi o desenvolvimento excessivo do poderio de Atenas, que suscitou a desconfiança de Esparta"[515]. De acordo com seu biógrafo, ele foi aluno do físico Anaxágoras, para quem quase todos os fenômenos naturais se reduziam à mecânica, e esse fato, verdadeiro ou não, concorda à perfeição com sua concepção do mundo e sua forma de compreender a história[516]. Ele esforça-se, antes de mais nada, para descrever o curso das coisas humanas, como faria com as coisas da natureza, à luz de uma causalidade inflexível. Sua paixão pela objetividade estrita é tão intensa que podemos ler longos

---

[514] Excelentes observações sobre o método de pesquisa de Tucídides encontram-se em Schöll, *op. cit.*, e em Köhler, *Uber die Archäologie des Thukydides* (*Commentationes Mommsenianæ*, 370 ss.). Há também uma passagem de justeza impressionante em Scherer, *Poetik*, 67.

[515] Tucídides, I 23.

[516] A essa indicação de Marcelino ([*Vida de Tucídides*] § 22), O. Muller relaciona esta excelente observação: "Podemos com razão chamá-lo de Anaxágoras da história" (*Geschichte der griechischen Literatur*, 2ª ed., II 362) [= 4ª ed., II 1, 157]).

trechos de sua obra sem termos o mínimo indício de para qual lado vão suas preferências ou antipatias. Isso quer dizer que ele carecia de sensibilidade? Certamente não, e com isso concordarão todos aqueles que sabem que só se pode penetrar profundamente nos assuntos humanos e fazer um relato vivo deles com a condição de ter um forte interesse pessoal por estes. Aliás, não é raro que essa calma objetiva à qual Tucídides almeja com tanto cuidado seja interrompida pela explosão súbita de uma emoção contida há tempos: o relato da desastrosa expedição da Sicília é pungente como uma tragédia.

Heródoto escreve a história "para que as ações dos homens não empalideçam com o tempo e para que as grandes e maravilhosas façanhas [...] não sejam privadas da glória que lhes cabe"[517]. Com certeza, Tucídides também se sentia impelido por motivos dessa natureza. Mas ele põe em primeiro plano e como para justificar a si próprio "o proveito que se poderá tirar do conhecimento certo do passado para prejulgar os eventos ou análogos ou idênticos que nascerão no futuro do fundo comum da natureza humana"[518], que é sempre a mesma. Nessa linha, mesmo percebendo que ele priva seu livro de um certo charme ao despojá-lo de todo elemento lendário, ele chama-o, com um sentimento de amor-próprio muito característico mas muito justificado, de "mais um bem adquirido para sempre do que um jogo de espírito apto a agradar por um instante". Sóbrio e rigoroso ao fixar seu objetivo, Tucídides também o é na escolha dos meios propícios para alcançá-lo. Recentemente causou espanto o fato de que ele tenha se limitado a contar um curto período da história sua contemporânea ao invés de retraçar um longo período da história universal. Ele mesmo responde a essa observação queixando-se com veemência da dificuldade que existe para o historiador de obter plena certeza até sobre os eventos de seu tempo: "Quanto aos eventos da guerra, não quis contá-los nem com base nas informações de qualquer pessoa, nem segundo o que me parecia ser verdade [cf. o prefácio de Hecateu no liv. II, cap. VI, seção I, 2º §]; retracei uma parte dela como testemunha ocular e outra parte baseando-me, na medida do possível, em informações precisas. Mas foi difícil descobrir a verdade, pois aqueles que haviam assistido aos eventos não concordavam entre si, mas afastavam-se uns dos outros conforme suas inclinações pessoais e a força da sua memória"[519]. E ele queixa-se com amargor que "a maioria dos homens preocupa-se muito pouco com a busca da verdade e prefere ater-se ao que tem na mão!"[520]. Comparemos com as palavras de Bacon: *"ex iis quæ præsto sunt pronuntiant"*. Com essa mania de criticar que estava no sangue de quase todos os gregos, e da qual Heródoto, geralmente tão bonachão, não conseguiu livrar-se com relação ao seu predecessor Hecateu (cf. liv. II, cap. VI, seção IV, 1º §), Tucídides anota os erros cometidos justamente pelo pai da História, sobretudo no que

---

[517] Heródoto, I 1.
[518] Tucídides, I 22.
[519] Tucídides, I 22.
[520] Tucídides, I 20.

tange às instituições de Esparta, e vale-se deles para observar que "só temos ideias falsas sobre muitos fatos, mesmo contemporâneos e que o tempo não apagou da memória".

Todavia, Tucídides não pôde ou não quis deixar completamente de lado a história dos tempos remotos da Grécia. Os capítulos nos quais ele trata dela revelam certas particularidades do seu método que merecem ser examinadas. Primeiramente, convém notar dois pontos essenciais. O filho de Oloros é o primeiro a empregar, no campo da história, o método da dedução inversa. Quando ele carece de informações dignas de fé, ele parte das condições, das instituições e até das denominações do presente para tirar conclusões relativas ao passado. Assim, para provar que a cidade inteira de Atenas cabia outrora no recinto da Acrópole, ele refere-se à língua de sua época, que, pelo nome de "cidade" (πόλις), designava sempre a "cidade alta" (ἀκρόπολις). E para apoiar sua afirmação, ele ressalta que os santuários mais importantes encontram-se ora no interior desse espaço, ora na sua vizinhança imediata, e que certas cerimônias do culto têm relação com uma fonte que jorra precisamente nesse local[521]. É esse o método que encontramos na obra recentemente recuperada de Aristóteles. O segundo ponto a notar é o recurso de Tucídides às condições em que vivem no seu tempo os povos menos desenvolvidos para esclarecer os estados anteriores de civilização das nações mais avançadas. Ele foi o primeiro a servir-se desse meio de informação do qual o historiador dos costumes, das religiões e do direito faz hoje o uso mais extenso e que aproximou tão estreitamente a etnografia da pré-história: basta pensar, por exemplo, que hoje em dia a Idade da Pedra ainda existe no centro do Brasil e que as habitações lacustres ainda são corriqueiras na Nova-Guiné. Na *Odisseia*, quando Telêmaco chega em Pilos, o velho Nestor interroga-o sobre o objetivo de sua viagem e, além dos negócios comerciais que poderiam tê-lo levado até ele, indica como coisa totalmente natural, e sem nenhuma desaprovação, a pirataria[522]. Sobre isso, espanto doloroso e toda espécie de explicações constrangidas por parte dos sábios da corte de Alexandria, bem como entre vários estudiosos livrescos do século XIX. Os primeiros já haviam perdido o senso da ingenuidade antiga; os segundos ainda não o tinham reencontrado. Desse ponto de vista, Tucídides é muito superior a eles. Muito longe de impor aos versos da epopeia um sentido estranho a eles, ele expõe totalmente a rudeza de espírito dos heróis homéricos comparando-a ao modo de pensar e de viver das tribos gregas mais atrasadas, e nunca deixa de vivificar e completar com aproximações desse tipo a imagem dessa época remota[523].

Não há dúvida possível sobre a legitimidade do emprego desse testemunho homérico. Mesmo supondo-se que eles não possam fornecer outras informações seguras, os poemas populares podem, em todo caso, informar-nos sobre os sentimentos daqueles para os

---

[521] Tucídides, II 15. Do ponto de vista do método, há uma discussão muito análoga a esta última em Aristóteles, *Constituição de Atenas*, cap. 3.

[522] Cf. *Odisseia*, III 73, e ver Aristarco [em Eustácio, p. 1458, 2].

[523] Tucídides, I 5-6.

quais eles foram escritos. Mas Tucídides vai além disso e faz com que as indicações da epopeia sirvam ao seu ensaio de reconstituição da história primitiva da Grécia. A esse respeito, se lhe aplicarmos as regras da crítica atual, não poderemos absolvê-lo da falha de não ter conseguido mais que Heródoto e Hecateu libertar-se do método semi-histórico. Não mais que Heródoto e Hecateu, mas – podemos acrescentar logo em seguida – tanto quanto Aristóteles e quase todos os outros pensadores e escritores da Antiguidade. Mais exatamente, eis o ponto de vista de Tucídides. Ele crê, em suma, na realidade histórica dos personagens humanos de que falam a epopeia e – até certo ponto – a lenda, e na das façanhas que lhes são atribuídas. Para ele, Heleno, o ancestral dos helenos, é uma personalidade histórica assim como Íon, antepassado dos jônicos, o é para Aristóteles[524]. Nesse ponto, podemos ter certeza absoluta que nosso ceticismo é justificado e que os gregos, até os mais inclinados à crítica, são vítima da sua credulidade. Será que podemos dizer o mesmo no que tange à raça dos atridas, a Agamenão e aos combates em torno de Troia? Sobre isso, em todo caso, a ciência ainda não deu sua última palavra. Por mais livremente que a lenda heroica se comporte com eles, ela geralmente toma da realidade a maior parte dos seus personagens e eventos essenciais. A epopeia francesa da Idade Média embaralha completamente as datas; ela faz, por exemplo, Carlos Magno participar das Cruzadas! Mas ela não inventou nem Carlos Magno nem as Cruzadas, e ela não os tomou emprestados de algum mito religioso. Tucídides também se atém aos traços essenciais da tradição dos quais se inspiraram os poetas, e exprime diversas vezes, e nos termos mais categóricos, sua desconfiança com relação aos detalhes dos seus relatos; ele é cheio de desprezo pelos mosaicos históricos que seus predecessores tanto apreciam. Ele não quer nem *transformar* nem *harmonizar*, mas apenas *completar* suas fontes. Claramente persuadido que ele não tem nenhum meio à sua disposição para tirar dos embelezamentos, dos exageros e das deformações dos poetas uma imagem fiel do passado longínquo, ele se lança num caminho de pesquisa que é uma prova espantosa da extensão e da profundidade do seu olhar de historiador. O grande instrumento que ele usa com ousadia, mas no fundo sem temeridade, é a dedução, mas somente na forma que se presta a esclarecer os problemas históricos, ou seja, na forma inversa. Armado desse método e dotado de uma faculdade de visão para a qual nada era grande demais nem pequeno demais, ele tampouco era desviado ou paralisado por nenhum acesso de vaidade nacional, por nenhuma tendência a embelezar seus quadros. Por isso ele conseguiu, baseando-se no pequeno número de dados que ele considerava dignos de fé, compor uma imagem seguramente fiel das primeiras etapas do desenvolvimento helênico. Ele mostrou que os gregos só haviam adquirido muito tarde a consciência da sua unidade nacional; que, numa fase recuada da sua civilização, eles quase não se distinguiam dos bárbaros ou não-gregos; que a pilhagem em terra e a pirataria no mar eram alguns dos seus principais recursos; e que a insegurança do

---

[524] Heleno é chamado de ancestral dos helenos por Tucídides, I 3; Íon é tido como personagem histórico por Aristóteles, *Constituição de Atenas*, cap. 3. Sobre o que segue, cf. Tucídides, I 1-19.

comércio, a raridade e indigência da população atrasaram por muito tempo seu progresso. Na sua prova ele faz intervir as mudanças trazidas pelo tempo na disposição das cidades, os avanços graduais na arte das construções navais, as transformações do vestuário e do penteado, assim como as modificações feitas na vestimenta dos competidores nos Jogos Olímpicos. Ele não esquece de mencionar a pobreza do solo da Ática, a segurança que ela proporciona contra os ataques externos (cf. Introdução, I, 2º §), a estabilidade das instituições que decorre disso, estabilidade favorável, por sua vez, à imigração de famílias estrangeiras; disso vem um crescimento mais rápido da população, que tem por consequência a colonização da Jônia. Ele observa que a ausência de agricultura regular em certas tribos gregas enfraquece sua ligação com o solo e compele-as a uma vida errante; que são precisamente as regiões mais férteis que mudaram de proprietário com mais frequência; que o aumento da riqueza contribuiu para a transformação da realeza patriarcal naquilo que se chama de tirania. São exemplos que ilustram os métodos empregados por Tucídides e os resultados aos quais eles levaram.

IV

Se o historiador demonstra uma desconfiança tão fria com relação aos poetas quando eles falam de ações humanas e de eventos conformes às leis da natureza, ele repudia absolutamente os seus relatos que se referem aos deuses ou nos quais o maravilhoso desempenha algum papel. Ele pertencia evidentemente a um meio intelectual para o qual essa incredulidade era perfeitamente natural e não precisava nem de menção particular, nem de justificação. Com ele estamos muito longe do tom barulhento no qual Heródoto contesta alguns dos relatos que lhe parecem inacreditáveis (cf. liv. II, cap. VI, seção II, 1º §). Para Tucídides, todas as coisas desse tipo são simplesmente inexistentes. Ele não pensa por um instante que se poderia atribuir a ele a crença numa interrupção do curso natural das coisas. Ele demonstra um frio desprezo pelos oráculos e predições, salvo quando fala deles com ironia mordaz. Ele conhece a fundo as fraquezas da inteligência que se tornam cúmplices da superstição, e caracteriza-as às vezes com um dito cáustico. No momento em que a peste estourou em Atenas e veio aumentar os sofrimentos causados pela guerra, foi lembrado um pretenso oráculo antigo que dizia: "Um dia virá a guerra dórica e com ela a epidemia". Todavia, continua o historiador, essa predição levantou uma discussão. Algumas pessoas afirmaram que o verso não falava em epidemia (λοιμός), mas em fome (λιμός). "Nesse momento, prevaleceu naturalmente a opinião de que o oráculo falava em epidemia, pois as pessoas faziam concordar suas lembranças com os seus sofrimentos. Mas se um dia ocorrer uma guerra com os dóricos acompanhada de fome, eles citarão naturalmente o verso sob a outra forma"[525]. Mas não são somente as predições anônimas que Tucídides ataca; seus sarcasmos não poupam nem mesmo os oráculos do deus pítico.

---

[525] Tucídides, II 54.

Quando a população fugiu em massa da planície devastada pelos peloponésios para Atenas, o território situado a noroeste da Acrópole e chamado Pelásgico ou Pelárgico foi também ocupado pelos fugitivos, embora um velho oráculo advertisse contra tal ocupação. A necessidade não teve nenhuma consideração pela proibição divina, mas logo se atribuiu à violação desta última uma parte das graves calamidades que se abateram sobre a cidade. "Para mim, parece-me", observa o historiador, "que o oráculo se cumpriu no sentido contrário ao que se esperava. Não foi a ocupação [desse território] contrária à proibição do deus que causou a calamidade que atingiu a cidade, foi a guerra que trouxe a necessidade da ocupação; sem dúvida, o oráculo não mencionou a guerra, mas ele havia previsto que essa ocupação não aconteceria em nenhuma outra conjuntura"[526]. E ele denuncia não apenas como sem fundamento, mas também como funesta, a superstição "que impele a multidão, em situações em que ela ainda poderia ser salva pelos meios humanos, a recorrer às predições, aos oráculos e às coisas de mesma natureza, que produzem sua ruína excitando nela esperanças [enganadoras]"[527]. Diante dessa declaração e de outras análogas, temos o direito de acreditar que, se ele relatou a única profecia justificada pelo evento que lhe era conhecida – a saber, que a Guerra do Peloponeso duraria três vezes nove anos –, isso só pode significar uma coisa, isto é, que ele via nisso apenas uma coincidência singular, e consequentemente digna de nota[528]. O mesmo ocorre com a enumeração dos fenômenos naturais, uns cheios de ameaças misteriosas, outros devastadores, que acompanharam os incidentes da grande guerra e aumentaram seus horrores[529]. Nesse ponto de sua introdução, no início do drama poderoso sobre o qual ia se levantar a cortina, o escritor que queria lançar plena luz sobre a grandeza e a majestade do tema que tinha escolhido não podia introduzir ressalvas intempestivas; porém, em outro lugar, ele exprime-as com muita franqueza. Ao falar das predições dos profetas e do terremoto de Delos, que, "como se dizia e se acreditava", anunciou a deflagração das hostilidades, ele não perde a oportunidade de fazer esta observação importante: "E todos os incidentes do mesmo gênero que se produziam em qualquer outro lugar eram cuidadosamente anotados"[530].

É fato muito evidente que o grande ateniense tinha rompido completamente com as crenças do seu povo. Na sua boa, a palavra "mítico" já tem o sentido desfavorável que assumirá na de Epicuro. Contudo, gostaríamos de saber não somente o que ele nega, mas também o que ele afirma, e antes de mais nada qual era sua atitude com relação aos grandes problemas da origem e do governo do universo. Mas nem uma palavra sequer na sua obra nos fornece a menor indicação a respeito. Já mostramos suficientemente que ele perdera a fé nas intervenções sobrenaturais. Ele gosta de reduzir às suas causas

---

[526] Tucídides, II 17.
[527] Tucídides, V 103.
[528] Tucídides, V 26.
[529] Tucídides, I 23.
[530] Tucídides, II 8.

naturais os fenômenos considerados maravilhosos ou, no mínimo, extraordinários, como por exemplo os eclipses, os furacões, as inundações, o turbilhão de Caribde; aliás, além dos ataques que ele lançou contra a superstição, ele tinha um gosto muito marcado e era excepcionalmente dotado para a observação e a explicação da natureza. Lembremos, quanto a isso, sua descrição particularmente cuidadosa das circunstâncias geográficas que fazem com que o grupo de ilhas situado perto da foz do Aquelôo se confunda cada vez mais com o continente, e sua descrição magistral da peste de Atenas, que desde sempre suscitou a admiração dos médicos[531]. Mas embora ele se sentisse atraído para o lado dos físicos e dos "metereólogos" e embora devamos considerar um favor especial do destino que ele tenha preferido a historiografia ao estudo da natureza, mesmo assim não podemos supor que ele teria se atido de modo duradouro a uma das tentativas de explicação dos grandes enigmas do mundo que então disputavam a primazia, seja a de Leucipo, seja a de Anaxágoras. Ele não as teria criticado, sem dúvida, por estarem em contradição com os ensinamentos da religião popular, mas sim por serem demasiado ousadas e não admitirem nenhuma demonstração. Ele se queixa vivamente da impossibilidade de obter informações sobre as peripécias de uma batalha, mesmo interrogando os soldados que participaram de cada lado[532]. Cada um, diz ele, vê-se sem condições de responder exatamente assim que não se trata mais do que se passou na sua vizinhança imediata. Disposto dessa maneira, como poderia ele declarar-se de acordo com aqueles que se gabavam de descrever o nascimento do mundo com a certeza de uma testemunha ocular? Certamente, Tucídides não deixou de acompanhar com a maior atenção as questões mais elevadas que se apresentam ao espírito humano, mas acreditamos estar muito perto da verdade ao dizer que o resultado das suas reflexões sobre elas foi uma prudente suspensão do juízo.

O autor da *Guerra do Peloponeso* procurou a verdade com um zelo infatigável; nenhum esforço, nenhum sacrifício lhe parecia grande demais para descobri-la, e é talvez esse o traço mais marcante do seu caráter. Apesar do valor que ele atribui à perfeição artística de sua obra, ele não hesita em romper ocasionalmente o quadro desta e até em comprometer a unidade das formas linguísticas apenas no intuito de dar aos seus leitores um conhecimento totalmente exato de documentos importantes. É por isso que ele introduz no seu texto o relatório de um general e alguns tratados redigidos parcialmente em dialeto dórico. No entanto, sem falar de um pequeno número de enganos que provam apenas que Tucídides era falível como todos os outros homens, podemos indagar se a apreciação que acabamos de fazer da sua veracidade não é contradita pelos numerosos casos nos quais ele relatou os discursos de personagens históricos cujas palavras, na verdade, era-lhe impossível reproduzir fielmente. A resposta é fácil, já que o próprio historiador explicou seu ponto de vista a esse respeito nos primeiros capítulos do seu

---

[531] Cf. I 21 (palavra "mítico"); II 28 (eclipse do sol); VII 50 (eclipse da lua); VII 79 (furacão); III 89 (inundação); IV 24 (Caribde); II 102 (Aquelôo); II 47 ss. (descrição da peste).

[532] Tucídides, VII 44.

livro, e de uma maneira que previne qualquer erro possível. Enquanto na exposição dos fatos ele visa a maior exatidão concebível, ele renuncia a ela – assim se exprime ele mais ou menos – na reprodução dos discursos, porque ela não está ao seu alcance. Na falta do próprio texto das palavras pronunciadas, ele contenta-se ora com uma verdade objetiva aproximativa, ora com uma verdade simplesmente interna, correspondente à situação e ao caráter dos oradores[533]. Assim, a reconstrução desses discursos foi para ele um grande meio artístico: ela permitiu-lhe introduzir uma alma no corpo da história.

V

Nada mais maravilhoso que o uso que ele faz desse meio, do qual ele não é o inventor, mas que ele foi sem dúvida o primeiro a empregar segundo um plano definido. Independentemente da vivacidade dramática que ele confere assim à sua narrativa, ele o faz atender a dois objetivos: caracterizar os oradores e comunicar aos leitores suas próprias ideias. O primeiro desses objetivos foi muito bem atingido, já que, no mais das vezes, esses discursos fazem parte de debates nos quais os representantes das tendências contrárias se sucedem, e produzem assim um poderoso efeito de contraste. É o que acontece na discussão travada na assembleia popular de Atenas acerca da expedição da Sicília, na qual Alcibíades e Nícias encontram-se frente a frente. Cada palavra do primeiro traduz o fogo, a impetuosidade, a paixão ambiciosa de sua natureza genial, e ressalta tanto mais vivamente a circunspecção e o espírito cáustico do ancião experiente, que se mostra tão vigoroso na crítica quanto logo se mostrará insuficiente na ação. Às vezes, um personagem caracteriza-se mais ou menos tanto por aquilo que cala quanto por aquilo que diz. Não pode ser por acaso que Péricles deixou de lado toda alusão aos deuses da religião popular na magnífica oração fúnebre que pronunciou por ocasião do funeral dos atenienses caídos no campo de honra, e na qual, entretanto, ao lado de tantos pensamentos profundos, ele também abriu lugar para as frases convencionais, inevitáveis num caso como esse. Reconhecemos nisso a intenção bem decidida de caracterizar como tal o discípulo livre-pensador de Anaxágoras, cujo espírito tinha se libertado de toda influência mitológica. Enfim, o historiador não caracteriza somente os indivíduos através dos discursos que lhes atribui; ele também sabe pintar dessa forma as classes sociais e nações inteiras. É assim que, aos beócios ardorosos, mas de espírito um pouco embotado, ele empresta discursos mais notáveis pelo sentimento que pelas ideias; e quando ele introduz um homem do povo espartano, como por exemplo o éforo Estenelaidas, ele o torna reconhecível não apenas pelo laconismo nervoso da expressão, mas também e sobretudo pelo bom senso rápido e robusto, característico de todas as classes da raça dórica.

---

[533] Cf. Tucídides, IV 118 ss.; V 18 ss., 23 ss., 47, 77, 79 (textos de tratados, abstração feita daqueles que se encontram no livro VIII, provavelmente inacabado). Entre esses excertos, V 47 foi encontrado em texto epigráfico [*Inscr. Gr.*, 1 supl. nº 46 b]; V 77 e 79 estão em dialeto dórico; cf. Kirchhoff, *Thucydides und sein Urkundenmaterial*, Berlim, 1895), VII 11 (relatório de um general, a saber, de Nícias), I 22 (declaração sobre o caráter dos discursos).

Porém, como dissemos, Tucídides também se vale dos discursos para comunicar aos leitores suas próprias ideias. Nesse quesito ele é de uma riqueza incrível e sabe exprimi-las sem nunca deixar transparecer sua personalidade e impô-la de maneira inoportuna. Como louvá-lo dignamente por isso evitando a aparência sequer de exagero? Que profusão de observações acertadas, de demonstrações penetrantes, de máximas sempre verdadeiras! Para encontrar um tesouro equivalente de sabedoria política, somos realmente obrigados a descer até Maquiavel. Mas em Tucídides todas as reflexões desprendem-se por si mesmas, por assim dizer, das situações históricas dadas; não se sente nelas a mínima pretensão didática, o menor vestígio de secura sistemática. Por isso, desses dois escritores, não é o ateniense que parece inferior ao outro, mas o florentino que é ultrapassado pelo seu antecessor. Às vezes também, os discursos de circunstância amplificam-se em Tucídides e transformam-se em discussões de um alcance totalmente geral e cheias de substância filosófica. Exprimimos acima a hipótese de que Protágoras foi o primeiro a querer que o castigo tivesse por objetivo intimidar o criminoso e prevenir o crime. Portanto, convém lembrar que Tucídides encontrou uma ocasião especialmente oportuna para fazer com que essa teoria fosse combatida por um orador. Quando começa em Atenas a discussão sobre a punição a ser infligida aos rebeldes de Lesbos, Diodoto, talvez em resposta aos argumentos do sofista, observa, num discurso de rara profundidade, o quanto a paixão é frequentemente irresistível, a que ponto ela cega o juízo daqueles que se entregam a ela. Em outros casos, o historiador substitui a exposição sistematizada pelos traços isolados que ele semeia aqui e ali na sua obra e que, no espírito do leitor atento, se reúnem e formam um quadro de conjunto. Foi assim que ele pintou o caráter do povo ateniense.

Poder-se-ia supor que os dois objetivos para os quais serve o artifício dos discursos contrariam-se por vezes, e especialmente que o enunciado das ideias do autor causa ocasionalmente prejuízo às suas características. Tucídides tem tanto a dizer que seria compreensível que ele nem sempre tivesse empregado o meio mais apropriado. Também lhe era difícil, para não dizer impossível, chegar a uma completa harmonia a esse respeito, já que as situações que lhe inspiravam tal ou tal ideia e exigiam o desenvolvimento da mesma eram tão dadas de fato quanto os personagens que nelas se manifestavam. Não afirmamos que o historiador tenha sempre triunfado sobre essa dificuldade. Mas, até onde podemos avaliar, esses não passam de casos isolados, e aliás eles apresentam um interesse muito especial e deles depreende-se para nós um ensinamento precioso. Pois precisamente através dessas fendas do edifício artístico brilha como uma chama a personalidade do autor. Na oração fúnebre pronunciada por Péricles, na qual a filosofia da política ateniense é reduzida à sua quintessência, nesse trecho maravilhoso no qual parece que um tema antigo foi tratado por um espírito moderno de primeira linha, como Alexis de Tocqueville, por exemplo, nessa joia preciosa, talvez a mais preciosa da prosa grega, nenhum traço da vida social de Atenas é destacado com mais força que a liberdade individual, que permite a cada um organizar sua vida privada como quiser, sem coação, sem dobrar-se sob o jugo da maioria. Mas o historiador retorna alhures a essa vantagem, e dessa vez ele faz com que ela seja proclamada por Nícias, imediatamente antes do combate decisivo travado no porto de Siracusa, o fruto mais precioso das instituições políticas da cidade. Não cremos nos enganar ao dizer que essa observação na boca do velho Nícias, o homem da fria correção e da estrita observância, estava incomparavelmente pior colocada que na de Péricles, o amigo dos filósofos; que, nessa ocasião, Tucídides levou muito mais em conta a situação que o personagem chamado a desempenhar um papel; que, dessa vez, é somente Tucídides que fala por intermédio de Nícias, e que ele dá uma expressão ao sentimento do qual seu coração está cheio sem preocupar-se com a pessoa do orador. É possível que mais de um equívoco desse tipo nos escape, pois, na maior parte das vezes, só conhecemos um pouco exatamente os caráteres através do próprio Tucídides, e só podemos muito raramente controlar suas pinturas através de outros testemunhos dignos de fé. Mas são certamente apenas exceções totalmente isoladas, pois é precisamente nesse ponto que a arte incomparável do mestre atinge seu mais alto grau de perfeição. Um exemplo para motivar nosso julgamento. Nenhum dos personagens que aparecem em cena no seu grande drama histórico inspira-lhe menos simpatia que o curtumeiro Cleonte. Pois bem, quando ele tem um interesse evidente em mostrar a contrapartida das vantagens que ele apontou com tanta frequência e indulgência no caráter ateniense, com que habilidade ele sabe servir-se desse personagem que tanto o repugna! Evidentemente, o próprio historiador está persuadido que, de tanto serem cultos, seus compatriotas o são demais, que sua fineza de espírito é muitas vezes prejudicial à certeza e à retidão do seu pensamento, que eles são frequentemente desorientados pela abundância dos pontos de vista e que eles são mais espirituais que razoáveis. Poderia ele exprimir melhor essa convicção do que por intermédio do grosseiro demagogo que, por assim dizer, a alta cultura não havia tocado? Portanto, é ele que Tucídides encarrega de dirigir aos seus compatriotas estas duras reprimendas: sois escravos do paradoxo, desprezadores da tradição; assistis aos debates sobre as questões mais vitais em voga nas mesmas disposições que se se tratasse de desfrutar de um torneio oratório sem importância; vedes os fatos somente através dos discursos; é a estes que vos dirigis para deduzir o futuro e julgar o passado; a realidade, para vós, não passa de aparência; a aparência vos faz as vezes de realidade[534]!

Mas o nome de Cleonte nos lembra a questão da qual talvez já nos afastamos demasiado. Tratava-se da paixão do historiador pela verdade. Sua imparcialidade não foi mais seriamente contestada – e com razão, admitimos de bom grado – com relação a ninguém do que precisamente com relação a esse personagem. Sem dúvida nenhuma, a veemência agressiva do demagogo, sua conduta vulgar, seu desprezo por tudo o que era delicado e elevado chocaram Tucídides no mais alto grau e fizeram-no perder de vista os méritos reais de Cleonte, tal como aconteceu com Aristóteles, como o prova a *Constituição de Atenas*. Porém, se podemos afirmá-lo, devemo-lo unicamente

---

[534] Cf. VI 8 ss. (discursos de Nícias e de Alcibíades), II 35 ss. (oração fúnebre pronunciada por Péricles), I 86 (discurso de Estenelaidas), III 45 (Diodoto contra a teoria da intimidação), VII 69 (discurso de Nícias antes do combate decisivo), III 38 (invectivas de Cleonte).

às abundantes informações que nos forneceu o próprio Tucídides com escrupulosa lealdade. É sobretudo no que diz respeito aos eventos dos quais a ilhota de Esfactéria foi palco que os fatos relatados pelo historiador e o juízo feito por ele se encontram em contradição flagrante. Essa contradição salta aos olhos até do leitor menos dotado de senso crítico. Cleonte afirmara ser capaz de levar a Atenas, vivos ou mortos, num prazo de vinte dias, os quatrocentos hoplitas espartanos que se encontravam naquela ilhota, cortados de todo socorro dos seus compatriotas. Graças a forças de uma superioridade esmagadora e ao apoio de Demóstenes, o melhor general que os atenienses possuíam então, o sucesso correspondeu plenamente às suas previsões. Apesar disso, o historiador, aparentemente cheio de desprezo pelo curtumeiro e também de ódio pessoal, taxa esse desafio de insensato. Justamente, esse caso de parcialidade gritante parece-nos fornecer o melhor argumento a favor da sua veracidade, pois teria sido muito fácil para ele fazer sumir, ou pelo menos atenuar consideravelmente o desacordo extraordinário que reina entre seu relato dos fatos e as apreciações que estes lhe inspiram. Ele poderia, por exemplo, ter insistido sobre as circunstâncias tão felizes quanto imprevistas que colaboraram para a realização dessa "promessa insensata". No entanto, sua narrativa não contém uma única sílaba que possa insinuar tal ideia. Nesse ponto em que o ódio mais perturbou seu juízo, ele não revela a mínima aparência de deslealdade; a ideia de desnaturar os fatos ou apresentá-los de modo a justificar suas prevenções nem o roçou. E não é diferente quando seu juízo é feito sob influência de simpatias calorosas. Quando Nícias paga com sua vida o desastre da expedição à Sicília, que ele havia conduzido com uma incapacidade espantosa, Tucídides entrega-se a lamentações que revelam não somente sua profunda piedade pelo destino trágico do infeliz general, mas ainda, e com a convicção mais ardente, a grande estima que ele tinha pelo seu caráter. Mas nem por isso ele procurou calar ou paliar um só dos numerosos e quase incompreensíveis erros de Nícias; ele nos forneceu, se não contra o homem, pelo menos contra o general, um dossiê verdadeiramente esmagador. Pois nele também, apesar da profundidade do seu gênio, residia essa "simplicidade" de coração que constitui, como ele próprio dizia, "uma parte tão essencial de toda nobreza de alma"[535].

E agora, embora muito nos custe, devemos nos despedir de Tucídides. Aliás, logo o reencontraremos, pois antes de abordar a grande figura de Sócrates e de estudar nele a primeira tentativa séria de ética sistemática, será necessário traçar, pelo menos nos seus contornos essenciais, a evolução das ideias morais e políticas que precedeu sua entrada na carreira. Procuraremos os elementos de nossa investigação nas obras dos poetas, sobretudo dos poetas trágicos, mas não deixaremos de lado os testemunhos dos oradores e dos historiadores, e sobretudo do mais profundo dentre estes últimos, o autor da *Guerra do Peloponeso*.

---

535 [Aristóteles sobre Cleonte: *Constituição de Atenas*, cap. 28]. Cf. Tucídides, IV 39 ("promessa insensata" de Cleonte), VII 86 (lamentações sobre Nícias), III 83 ("simplicidade" de coração: τὸ εὖηθες οὖ τὸ γενναῖον πλεῖστον μετέχει).